会计实战大全

会计 出纳 账务 税务 财报

全流程演练

彭 伟——编著

人民邮电出版社

北 京

图书在版编目（CIP）数据

会计实战大全 : 会计 出纳 账务 税务 财报全流程演练 / 彭伟编著. -- 北京 : 人民邮电出版社, 2019.10（2023.3重印）
ISBN 978-7-115-49869-4

Ⅰ. ①会… Ⅱ. ①彭… Ⅲ. ①会计学－基本知识 Ⅳ. ①F230

中国版本图书馆CIP数据核字(2018)第244985号

内 容 提 要

会计工作是现代经济发展的重点工作，而会计基础工作也是企业经营发展的重点。本书所涉会计基础，依据会计准则及财税政策，是财务工作人员都应该了解的工作内容。

全书有5篇共27章，从认识会计职责讲起，并对出纳实操、账务核算、纳税业务、财务报表进行了详细解读。第1—5章简述岗位职责、职业道德、应知技能等入门知识，详解会计凭证、会计账簿、建账理论等建账业务。第6—8章介绍出纳的现金及票据管理业务、银行结算业务等。第9—18章先介绍账务处理程序，再通过实际案例、规范详解货币资金、应收项目、存货、固定资产、投资、无形资产、负债项目、所有者权益项目及收入、费用、利润项目的具体账务处理。第19—22章介绍常见的增值税、企业所得税、个人所得税、附加税及其他税种（印花税、资源税等）的报税流程及具体报表填制、纳税筹划等内容。第23—27章介绍资产负债表、利润表、现金流量表、所有者权益变动表及报表附注的编制及分析。

本书结合作者10余年的实战经验，通过案例分析帮助读者将理论知识与实际操作紧密地联系起来，通过综合演练让读者对所学知识加以巩固，使之能灵活地应用于工作中。本书适合会计入门者、在职会计人员、财务管理专业的师生作为工作、学习的参考手册。

◆ 编　　著 彭 伟
责任编辑 郭 媛
责任印制 周昇亮

◆ 人民邮电出版社出版发行　　北京市丰台区成寿寺路 11 号
邮编 100164　　电子邮件 315@ptpress.com.cn
网址 https://www.ptpress.com.cn
涿州市京南印刷厂印刷

◆ 开本：787×1092 1/16
印张：33.25　　2019 年 10 月第 1 版
字数：1 005 千字　　2023 年 3 月河北第 5 次印刷

定价：89.90 元

读者服务热线：(010)81055296　印装质量热线：(010)81055316
反盗版热线：(010)81055315
广告经营许可证：京东市监广登字 20170147 号

前 言

“营改增”实施后，企业日常会计处理与传统营业税税务处理差别较大，个别行业企业不仅需要针对“营改增”改革方案来调整企业的会计工作，而且企业的财务状况也受到了改革方案实施的影响。相当一部分财务工作从业者因为知识不能实时更新，给公司造成了损失。还有很多刚毕业的会计新人更是无所适从，找工作战战兢兢。

本书旨在让更多的会计人员更新自己的知识、实践最新的会计实务。本书针对“营改增”方案的实施对企业财务的影响进行分析，从5大模块（会计、出纳、账务、税务、财报）入手，提高会计人员的管理能力、学习能力、应用能力、实战能力。

说明：本书中出现的公司名称、账号、人名均为虚构，特此声明。

本书的特点

本书以图解和练习方式，对新准则、新税法进行说明，由浅入深地给读者介绍了建账、做账、编报表、报税的基本原理和实务操作。全书特色如下。

(1) 全流程真账实操，即学即会

用27章内容总结了资深会计们10多年的工作和培训经验，通过做账实务案例，让读者活学活用会计原理，避免会计在规则、体系等方面的死板、晦涩和枯燥，促使读者亲手提笔做账并终生受用。

(2) 提升会计从业价值，树立正确的会计理念

读完本书，读者能够清楚地分析，哪些会计人员是在做“对”的事情，是在增加企业的价值；哪些会计人员是在做“错”的事情，是在降低企业的价值。全书不仅讲解了会计实务的方法技巧，更是将会计人员放到企业管理的层面，让会计人员可以站得高、看得远。

(3) 会计知识必备速查、面面俱到

全书涉及500余个会计知识点，针对会计工作从建账至报税的全套账务流程以及所涉及的基本要素、环节、种类等进行了全面、细致的讲述，是每个会计人员案头必备的技术速查宝典。

(4) 每章配备综合演练，学而时习之

本书始终强调提升会计人员的动手能力，每章最后配备了多个综合演练，使会计人员不仅能够复习本章的技术内容，还能检验自己学得是否透彻，从而加深对每个知识点的理解。

全书层次分明、通俗易懂、适用范围广、可读性强，在保证时效、准确、全面的基础上，力求指导初学者或财务从业人员快速入门。

本书的主要内容

全书包括会计入门、出纳实操、账务核算、纳税业务、财务报表内容，有5篇共27章，每个部分都是从企业的实际账务出发，帮助会计人员将理论知识融入到实际的工作中。

第一篇（第1～5章）会计入门

本篇通过岗位职责、职业道德、必备技能及会计的理论知识、核算方法、会计科目、会计等式、工作流程等内容的讲解使读者快速打开会计之门。通过会计凭证、会计账簿、建账的理论知识的讲解使读者学会简单的建账业务。

第二篇（第6～8章）出纳实操

本篇介绍出纳的现金及票据的管理业务及银行结算业务等内容，对出纳工作所涉及的方方面面都进行了详细阐述，让出纳人员可以瞬间上手新岗位。

第三篇（第9～18章）账务核算

本篇先介绍账务处理程序，再通过实际案例，结合账务处理规范详细讲解货币资金、应收项目、存货、固定资产、投资、无形资产、负债项目、所有者权益项目以及收入、费用、利润项目的具体账务处理。

第四篇（第19～22章）纳税业务

本篇讲解会计的报税业务，包括常见的增值税、企业所得税、个人所得税、附加税及其他税种（印花税、资源税等）的报税流程及具体报表填制、纳税筹划等内容。目的是让读者可以了解并掌握新准则、新税法。

第五篇（第23～27章）财务报表

本篇讲解会计的报表业务，包括资产负债表、利润表、现金流量表、所有者权益变动表及财务报表附注的编制及分析。目的是让读者了解企业财务报表的重要性以及财务报表透露了哪些信息，重点掌握财务与报表之间的关系，从而为企业制定内部决策或投资决策提供依据。感谢白羽对本书新税率的修订。

目 录

第一篇 会计入门

第三篇 账务核算

第四篇 纳税业务

第五篇 财务报表

第一篇　会计入门

第1章

认识会计人员

会计人员作为企业财务工作的执行者，不仅承担着记录企业经营状况的基础工作，而且也为现代企业的日常管理、发展规划等提供数据分析，是企业名副其实的“军师”。如何做好企业会计工作、按照相关规定完成各类核算和纳税申报，并在此基础上，为企业管理者提供客观、真实、准确的财务数据和合理的财务管理建议，是每一个会计人员需要面对的实际问题，也是会计作为一种职业的基本职能。

1.1 “三清”了解会计

“会计”已经成为一个大众化的职业，人们的工作和生活都离不开会计，以会计为职业的人也越来越多。会计是以货币为主要计量单位，从价值量上对一个单位（即一定会计主体，这一主体可以是一个企业，也可以是某一企业内一个独立核算的部门）的经济活动过程及其结果进行完整、连续、系统而综合的计量和记录、核算与监督，并向有关方面提供相关信息的一种经济管理活动。

1.1.1 “认清”会计的职能

会计的职能就是会计在经济管理中所具有的功能。会计的主要职能是核算和监督。

1. 会计的核算职能

会计的核算职能如表1-1所示。

表1-1 会计的核算职能

项目	内容	
概念	会计的核算职能是指会计通过确认、计量、记录、报告等方式，将一个单位所有的、能以货币计量的经济活动内容转换成对报表使用人有用的会计信息 这一职能是会计的首要职能	
特点	可验证性	即同样的经济活动形成的财务资料，不同的会计人员能核算出同样的会计数据
	完整性	即凡属于会计反映的内容都必须加以记录，不能遗漏
	连续性	即对会计主体的各种经济业务应当按照其发生的时间顺序，依次进行记录，不能中断
	系统性	即会计记录和最终提供的数据资料，必须在科学分类的基础上形成相互联系的有序整体，不能杂乱无章 注意：只有可验证的，完整、连续和系统的数据资料才能全面、系统地反映各单位的经济活动情况，考核其经济效益，才能实现会计的核算职能

2. 会计的监督职能

会计的监督职能如表1-2所示。

表1-2 会计的监督职能

项目	内容	
概念	会计的监督职能是指会计人员在进行会计核算的同时，对被核算的这一经济主体经济活动的合法性、合理性进行审查	
内容	监督经济业务的真实性 监督财务收支的合法性 监督企业财产的完整性	
分类	事前监督	是对将要发生的经济活动进行的监督 （注意：通过会计的事前监督，有利于企业对各项经济活动的可行性、合理性、合法性和有效性做出有效的规划）
	事中监督	是对正在发生的经济活动进行的监督 （注意：通过会计的事中监督，财务部门能在日常会计工作中对已发现的问题提出建议，促使有关部门采取措施，使其按照预定的目标和要求执行）
	事后监督	是对已经发生的经济活动进行的监督 （注意：会计事后监督工作在防范企业生产经营风险、杜绝业务差错、完善业务操作流程中发挥着关键性的作用）
	不同阶段的监督之间的关系	事前监督与事中监督有利于及时发现问题、及时采取补救措施，防患于未然；而事后监督便于全面、真实、准确地检查经济活动的全过程，提高会计监督的准确性 注意：事前监督、事中监督和事后监督都是内部监督，但事实上，会计监督既有内部监督，又有外部监督。随着经济一体化的发展，不同国家、不同区域、不同行业领域、不同企业之间的联系越来越紧密，现代会计的监督体系已经发展成为一个单位内部会计监督、国家会计监督和社会会计监督与行业规则相结合的“三位一体”的会计监督体系

例如，一个生产压缩机的制造型企业，通过会计核算可知，在保持目前生产规模的情况下，其电机的安全库存为15台，厂商要求的最小订购量为50台，本月需要90台，那么，会计能为采购部门何时开始订货、每次订多少台等提供有效的依据，这就是事前监督。

仍然以压缩机制造企业为例，企业通过基本的逻辑关系和设计图纸确认，生产1台压缩机需要1个机头、1台电机、1个空气桶、2个皮带轮、24个8号螺栓、9个14号螺栓……，那么如果本月投产200台压缩机，在不计算特殊损失的情况下，车间应该领用的机头、电机和空气桶均为200个，而皮带轮需要400个，在物料管理正常的情况下，会计看到领料单，只领用了300个皮带轮，就基本可以确认，生产的机器只有150台，而不是200台，这就是事中监督。

仍然以压缩机制造企业为例，成本核算确认，本月生产了200台压缩机，但是领用了440个皮带轮，车间负责人解释说，装机试车到最高转速时，部分皮带轮发生异响，被迫进行了更换。财务部门由此可以得出结论，本批采购的皮带轮质量存在问题，不良率高达10%，说明品保部门的来料检验工作存在问题，这就是会计对品保部门工作的事后监督。

又例如，财务部门定期、不定期对已经购入的固定资产进行盘点，确认是否保存完好、是否及时维护保养等，就是对购入资产的事后监督。

3. 会计的其他职能

会计除具有核算和监督两项基本职能外，还有预测、决策、分析等职能，其内容如表1-3所示。

表1-3 会计的其他职能

职能	内容
预测职能	会计预测是会计人员对会计对象未来发展的一种预先反映 会计人员不仅可以对资金运动这一客观存在的过去和现在进行反映，而且可以在此基础上预测未来。会计预测具有超前性，它是对未来资金运行的事先反映，因而能够突破资金运动的现实规定和历史界限，科学、逻辑地推测未来。这样，会计预测所获得的知识便走在实践前面，指导经济活动 会计预测主要可以从销售预测、利润预测、成本预测、资金预测等几方面进行
决策职能	所谓决策，就是从各种备选方案中选出最优方案，以获得最大的经济效益 决策在现代管理中起着重要的作用，正确的决策可以使企业获得最大效益，决策失误将会造成重大损失与浪费。决策必须建立在科学预测的基础上，而预测与决策都需要掌握大量的财务信息，这些资料都必须依靠会计来提供。因此，为企业取得最大经济效益奠定基础的决策职能，是会计的一项重要职能。运用各项会计信息，进行决策分析，做出最优决策 注意：决策管理的目的是取得最佳的经济效益。它是缜密的计算和有根据的预测的有机结合。决策需要会计参与，这是由会计工作的对象和作用所决定的。会计反映经济活动的过程和成果，只有会计参与了决策，决策才不会陷入盲目性
分析职能	核算和反映经济活动并不是会计的最终目的，核算只是会计实现企业管理目标的“原始阶段”。会计实现企业管理需要进行分析，以便为预测和决策提供依据。从这个角度来看，会计核算的过程就是为分析研究工作提供“原料”。会计需要根据核算资料进行分析研究，如对企业业绩进行评价，总结经验教训，认识企业经济活动发展的趋势等
	会计实现分析职能的方法有： 定性分析，即分析人员运用自己的主观判断，对企业的资金成本、利润等方面进行分析的分析方法 定量分析，即运用统计技术，考察事物的规定性，从而把握事物性质的分析方法 静态分析，即对已发生的经济活动成果进行综合性的对比分析的分析方法 动态分析，即对企业正在进行的经济活动进行分析的分析方法 预测分析，即对企业经济活动未来发展趋势进行分析的分析方法 注意：随着我国经济体制的建立和完善，会计分析职能的运用也越来越广泛，目前使用比较普遍的分析指标有很多，如评价企业生存和发展状态的偿债能力、盈利能力及发展能力的财务指标分析等

4. 会计在企业内部的职能

我们在理论上对会计的职能进行了各种说明，而实际操作中，会计通过数据处理，对企业内部的作用是系统而全面的，它在企业内部与研究开发、生产、销售、经营管理、财务决策和人力资源等部门均有着十分密切的关系，这些“千丝万缕”的联系和作用如图1-1所示。

5. 会计在企业外部的职能

会计提供的经济信息是企业外部相关人员或部门（如股东、银行、潜在的投资者）做出投资或信贷决策的依据，也是国家宏观管理部门做出宏观决策的依据，它对企业外部人员的作用如图1-2所示。

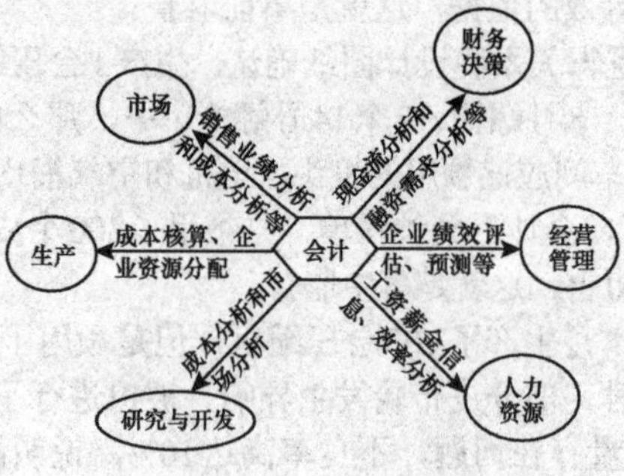

图1–1　会计对企业内部的作用

图1–2　会计对企业外部人员的作用

1.1.2 “辨清”会计的对象

会计对象是指企事业单位在日常经营活动或业务活动中所表现出的资金运动，即资金运动构成的会计核算和会计监督的内容。

例如，妈妈给了正在上小学的二丫10元，要她交班费6元，买2支铅笔，剩下的钱作为零花钱，结果二丫交了班费后没有买铅笔，用剩下的4元直接买了一支雪糕，全部花掉了。这样就发生了两项经济业务，作为会计，我们就能确认。这里的会计主体是二丫，对二丫怎么花钱这件事进行记账就是会计核算。而钱怎么花的，就是会计对象。

再例如，妈妈又给了二丫7元，这一次的用途也是确认的，为了防止二丫再次挪作他用。作为会计，要采取措施避免二丫乱花钱，这就是会计监督。监督什么？监督7元怎么花，这7元怎么花就是会计对象。

通过上面的例子不难看出，凡是能让会计进行核算和监督的经济业务就是会计对象。

按不同企业经营内容特点的不同，会计对象也稍有差异，具体区分为工业企业的会计对象和商品流通企业的会计对象。

1. 工业企业的会计对象

工业企业的会计对象就是工业企业的资金运动。所谓资金，即能够用货币表现的财产物资，而资金运动由“资金投入、资金在企业内部周转、资金退出”三部分组成。工业企业资金运动过程如图1-3所示。

2. 商品流通企业的会计对象

商品流通企业的会计对象就是商品流通企业的资金运动。同工业企业相比，商品流通企业主要是没有生产环节，其资金运动过程如图1-4所示。

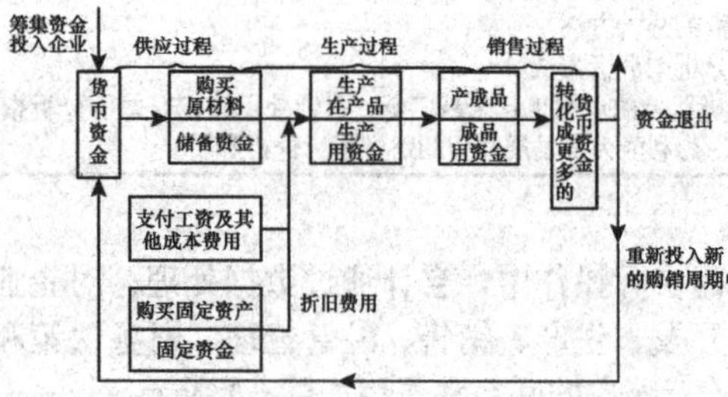

图1–3　工业企业资金运动过程

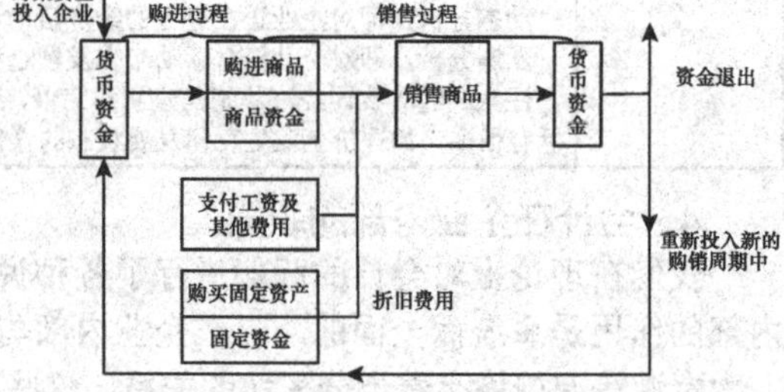

图1–4　商品流通企业资金运动过程

1.1.3 “分清”会计与出纳的异同

会计与出纳工作的区别如表1-4所示。

表1-4 会计与出纳工作的区别

区别	主要工作内容	负责凭证种类	负责账簿	主要对账内容
会计	各种财务核算、账务处理、报表出具	转账凭证	总账、除现金与银行存款以外的明细账	账账核对、账证核对、账表核对
出纳	现金收付、银行结算相关业务及账务处理	现金收付凭证、银行存款收付凭证	现金日记账、银行存款日记账	账实核对、账账核对、账证核对

会计的工作内容还包括对出纳的管理与指导。

从所分管的账簿来看，财务工作可分为总账会计、明细账会计和出纳。三者既有区别又有联系，是分工与协作的关系。

（1）总账会计、明细账会计和出纳，各有各的分工。总账会计负责公司经济业务的总括核算；明细账会计分管公司内部除了现金和银行存款以外的明细账，提供公司的总体情况和非资金类的明细情况；出纳则分管各种票据、货币资金，以及有价证券等的收付、保管、核算工作。

在一个企业中必须实行钱账分管，出纳人员不得兼任稽核和会计档案保管，不得负责收入、费用、债权债务等账目的登记工作。总账会计和明细账会计则不得管钱管物。也就是说，企业再小、业务量再少也不能只用一个财务人员，必须钱和账分开管。

（2）三者之间有着密切的联系，既互相依赖又互相牵制。这就涉及账和账之间的对应关系，“平行登记必然得出相同的结果”。三者的记账依据是相同的，会计所需与资金相关的账面数据来自出纳所做的凭证，而且共同来自原始单据。

出纳所负责的现金和银行存款日记账与总账会计负责的现金和银行存款总账，排除单据传递过程中的延误，得出的金额一定是相等的。

（3）出纳的工作要求与明细账会计的其他明细账的部分要求是一样的，出纳核算也是一种特殊的明细核算。现金和银行存款日记账，要逐笔序时地进行登记处理；银行存款还要按照不同户头分别设置日记账。现金日记账要每天结出余额，并与库存数进行核对；银行存款日记账也要在月内多次结出余额，与开户银行进行核对；月末都必须按规定进行结账。

（4）财务人员“管账不管钱，管账不管物”。出纳工作是一种账实兼管的工作，既管理现金、银行存款、支票、汇票等实物，还要做相应的凭证，登记现金和银行存款日记账。

1.2 会计的岗位

由于企业规模大小及业务量多少的差异，按照“会计事项的审批人员、经办人员、财物保管人员的职责权限应当明确，并相互分离、相互制约”的要求，各企业的会计部门需要对会计工作进行合理分工，划定不同的岗位，确定不同岗位的工作内容，以确保会计工作能及时、高效地完成。

1.2.1 会计的职责权限

会计人员的职责，概括起来就是及时提供真实可靠的会计信息，认真贯彻执行和维护国家的财经制度和财经纪律，积极参与经营管理，提高经济效益。

会计人员作为企业财务数据的编制、汇总和处理者，在保证会计资料真实、完整，确保会计信息质量方面负有直接责任。会计人员在实现其职能时，《中华人民共和国会计法》（以下简称《会计法》）对其基本的职责权限和法律责任有明确规定，会计人员的职责权限内容如表1-5所示。

表1–5　会计人员的职责权限

项目	内容
职责	及时提供真实可靠的会计信息，认真贯彻执行和维护国家财经制度和财经纪律，积极参与经营管理，提高经济效益。根据《会计法》的规定，会计人员的主要职责如下： （1）进行会计核算 会计人员要以实际发生的经济业务为依据，记账、算账、报账，做到手续完备，内容真实，数字准确，账目清楚，日清月结，按期报账，如实反映企业财务状况、经营成果和财务收支情况并进行会计核算，及时地提供真实可靠的、能满足各方需要的会计信息。这是会计人员最基本的职责 （2）实行会计监督 各单位的会计机构、会计人员对本单位实行会计监督。会计人员对不真实、不合法的原始凭证，应不予受理；对记载不准确、不完整的原始凭证，应予以退回，要求更正补充；发现账簿记录与实物、款项不符的时候，应当按照有关规定进行处理；会计人员无权自行处理的，应当立即向本单位行政领导人报告，请求查明原因，做出处理；对违反国家统一的财政制度、财务制度规定的收支，应不予办理 （3）拟订本单位办理会计事务的具体办法 （4）参与拟订本单位的经济计划、业务计划，考核、分析预算、财务计划的执行情况 （5）办理其他会计事务
权限	（1）会计人员有权要求本单位有关部门和人员认真执行国家批准的计划、预算，遵守国家法令、纪律和财务制度等 （2）会计人员有权参与本单位编制计划、制定定额、签订经济合同，有权参与有关的生产、经营管理会议 （3）会计人员有权监督、检查本单位有关部门的财务收支、资金使用和财产保管、收发、计量和验收等经济活动的执行效果等 注意：《会计法》规定，任何单位或者个人都不得以任何方式授意、指使、强令会计机构、会计人员伪造、变造会计凭证、会计账簿和其他会计资料，不得对会计人员进行打击报复，并要对忠于职守的会计人员给予物质和精神上的奖励

1.2.2　会计的岗位设置

很多小企业的财务部门不需要设置分支机构，只需要一个会计和一个出纳就足以满足工作需要。笔者在这里讲的都是比较大型的生产企业财务部门的岗位设置问题。

会计岗位涉及的内容非常丰富，从工业企业经济业务的一个循环来看，会计岗位可以细分为材料物资核算岗、库存商品核算岗、往来结算岗、工资核算岗、成本费用核算岗等，此外还有固定资产核算岗、资金核算岗、总账报表核算岗和稽核岗等。每个岗位均是企业经济运行“大铁路线”上的一个“驿站”，负责“划定段落”内“本环节”的会计核算工作，其具体工作内容如表1-6所示。

表1–6　会计的岗位设置

会计岗位	工作内容
材料物资核算岗	（1）与有关岗位和部门（如成本核算岗、采购部门、生产部门及销售部门等）一起，拟订材料物资的核算与管理办法 （2）审查、汇编材料物资的采购资金计划 （3）负责材料物资的明细核算 （4）与有关部门（如采购部门、生产部门等）一起，编制材料物资计划成本目录 （5）配合有关部门制定材料物资消耗定额，安全库存等内容 （6）参与材料物资的盘点清查
库存商品核算岗	（1）负责库存商品的明细分类核算，如核算购进、领用、销售和结存商品的数量等 （2）与有关岗位和部门（如成本核算岗、采购部门、生产部门和销售部门等）一起，编制库存商品计划成本目录 （3）配合有关部门，制定库存商品的最低、最高限额及安全库存，最小订购量，订购批次等 （4）参与库存商品的盘点清查

续表

会计岗位	工作内容
往来结算岗	（1）建立往来款项结算手续制度 （2）按公司财务制度的要求，依据其他岗位传递的合法、完整的凭证，办理与外单位往来款项的对账和结算 （3）负责往来款项结算的明细核算 （4）负责销售业务处理，包括开票和与销售部门核对出货等 注意：业务量特别大的企业，应收账款和应付账款可能分别设置会计岗位
工资核算岗	（1）制定工资发放的实施细则，如工资分类、工时工资计算、考勤计算等 （2）按国家法律要求，核算、扣缴并办理企业员工的养老保险、医疗保险等基本保险事项 （3）审核发放工资、奖金 （4）负责工资的明细核算，包括工资在各个部门的分布情况，生产部门的工资分配的核算等 （5）处理与“应付职工薪酬”科目相关的其他事项，如工会经费的上缴，福利费和职工教育经费的扣除比例及额度等的核算
成本费用核算岗	（1）依据企业生产特点，拟订成本核算办法 （2）制订成本费用计划，评估计划执行情况，并及时调整 （3）负责成本费用的归集、分配，核算产品成本和期间费用 （4）审核费用类报销单据，审核出纳现金及银行存款余额是否账实相符 （5）编制成本费用报表并进行分析 （6）协助管理在产品和自制半成品
固定资产核算岗	（1）与有关岗位和部门（如资财部门、预算部门、成本核算岗等）一起，拟订固定资产的核算与管理办法 （2）参与编制固定资产更新改造和大修理计划 （3）负责固定资产的明细核算和有关报表的编制 （4）计算提取固定资产折旧和大修理资金 （5）建立固定资产台账，并核对固定资产实物与台账是否相符 （6）参与固定资产的盘点清查
资金核算岗	（1）拟订资金管理和核算办法 （2）编制年度、半年度和季度等一定期间内企业的资金收支计划 （3）负责资金调度 （4）负责资金筹集的明细核算 （5）负责企业各项投资的明细核算
总账报表核算岗	（1）负责编制收入、利润计划 （2）负责收入和利润的明细核算 （3）负责登记总账 （4）负责利润分配的明细核算 （5）负责编制资产负债表、利润表、现金流量表（对外）等有关财务报表 （6）协助有关部门对产成品进行盘点清查 （7）负责管理会计凭证和财务报表 （8）负责办理报税等与税务相关事宜
稽核岗	（1）审查财务成本计划，并核算其执行效果 （2）审查各项财务收支 （3）复核会计凭证和财务报表 （4）定期、不定期复核企业财务制度内部控制的执行情况，包括对内部控制的符合性测试、实质性测试等 实质性测试的概念源于审计概念，是指稽核人员在审核会计人员核算工作时，为证明会计核算的真实、合理而运用检查、监盘、观察、查询、函证、计算、分析性复核等方法，对被审核的财务报表的真实性和财务收支的合法性进行审查的过程 （5）审查出纳的工作内容，如复核银行对账单，抽查库存现金、库存有价证券和应收票据等 （6）其他会计岗位工作的审核

上述9个会计岗位，除了稽核岗必须专人负责并垂直报告外，在业务量允许的情况下，其余8个岗位都可以一人多岗或者一岗多人，或定期、不定期对不同岗位进行轮换等。有了上述9个会计岗位，企业会计核算工作就能有效地执行。但是，从企业内部组织结构设置及财务管理工作统筹的角度来看，一般企业还会设置财务负责人（或者叫会计主管）岗、财务软件系统管理岗和档案管理岗等，其具体工作内容如表1-7所示。

表1-7　其他岗位的设置及工作内容

工作岗位	工作内容
财务负责人岗	（1）根据会计部门岗位分工、内部不同岗位互相牵制的原则，提出本部门岗位设置和人员配备方案 （2）认真贯彻国家的财经方针政策、法律、法规，严格遵守财经纪律和各项规章制度。对本企业的财务会计制度进行督促检查，发现问题，及时纠正；如发现重大问题，需及时向企业负责人或上级主管部门报告 （3）根据本企业的发展规划、业务工作计划及上级下达的各项控制指标，按年度编制各类财务计划、预算，并组织实施。在此基础上，加强企业预算执行分析，及时提供信息，调整预算，加强业务收支管理 （4）按有关规定，严格审查应缴纳的税金及职工养老保险、失业保险、医疗保险金等款项，并督促及时办理缴纳手续，做到按时、足额上缴 （5）协调会计部门与本企业其他部门的工作，保证企业的正常运转 （6）负责组织财务软件系统运行环境的建立，确定操作人员，并对操作人员的权限做出规定。负责会计电算化日常工作管理，协调各电算化岗位的工作关系 （7）定期、不定期地检查计算机输出的财务报表数据、凭证数据的正确性和及时性 （8）在财务软件系统发生故障时，及时组织有关人员尽快恢复系统的正常运行 （9）通过对会计资料的汇总和分析，采用科学方法，进行销售预测，找出企业运行中的漏洞和不足之处，提出改进方向、意见和具体措施，充分挖掘增收节支的潜力，为企业管理者决策当好参谋 （10）组织和督促本部门的会计人员学习政治理论和会计业务，遵守职业道德，不断提高会计人员的政治思想素质和业务水平，并对所属人员按照各自的岗位职责进行检查考核，奖惩分明，公正处事，促使财务管理和会计核算工作规范化、制度化 （11）其他与财务相关的工作，如企业临时性重大投融资项目的评估，外部审计工作的组织和配合，企业合并分立事项处理等
财务软件系统管理岗	（1）负责财务软件操作系统的维护，定期对计算机设备进行检查，确保机器设备正常运转，但不得擅自修改已经经过测验和检验的程序和计算公式 （2）严格遵守计算机管理和维护的各项制度规定，做好密码与口令的保密工作，做好权限开通履行核准手续工作 （3）定期检查计算机病毒，维护好机内会计数据，并及时备份 （4）负责电算化系统升级换版的调试和人员变动的重新设置工作 （5）定期做好电算化系统操作运行情况的总结工作，并提出改进意见
档案管理岗	（1）指导各个会计岗位对各种会计资料的收集、编号、整理、装订工作。年终负责将全年的会计资料收集齐全，完成审查、核对、整理立卷、编制目录、装订成册的工作 （2）当年的会计档案保管一年后，需填写归档清册，按时间、类别进行长期资料的统一保管 （3）按企业对会计档案的管理制度要求，协调办理企业内、外各个部门的档案归集、查询、复印或外借工作 （4）对需销毁的会计档案，要填写会计档案销毁清册，提出申请，并经相应级次的主管核准后才可执行。会计档案销毁前，如果档案管理人员认为其中某部分会计资料非常重要，应留存复印件

1.2.3　会计的工作流程

会计的工作从根本上来说是一项技术性的工作，有其自身特有的流程。

会计工作流程如图1-5所示。

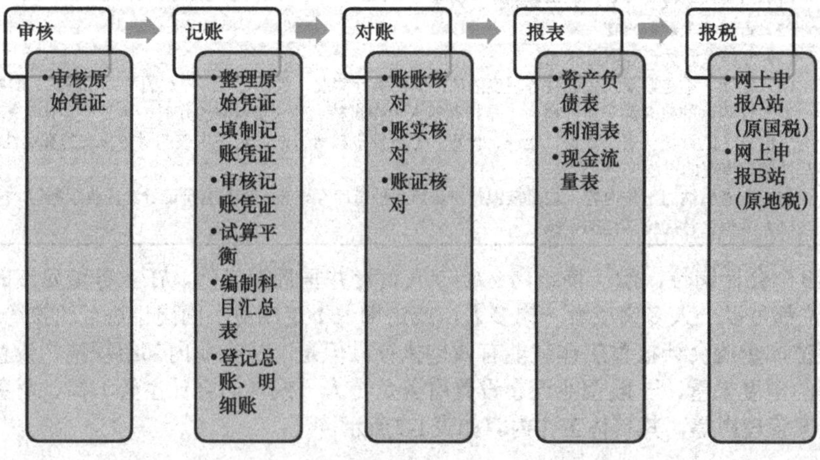

图1-5　会计工作流程

会计的工作内容如下。

（1）日常会计工作中的首要内容就是根据原始凭证编制记账凭证，每发生一笔业务就要根据记账凭证登记明细账，在月末或定期编制科目汇总表登记总账。月末还应进行试算平衡，保证记录、计算不出错。

（2）月末要注意提取折旧、摊销待摊费用等；若是新的企业，开办费在第一个月应全部转入费用。计提折旧的折旧额是根据固定资产原值、预计净残值值和使用年限计算出来的。

（3）月末需要正确计提工资等各项费用。

（4）月末要提取税金及附加，除了正确计算增值税、消费税等，还要提取城市维护建设税、教育费附加等。

（5）月末编制完科目汇总表之后，要将损益类科目的总发生额转入本年利润。在季末，还需要正确计提预缴的企业所得税；年末还应把本年利润余额转入利润分配。

（6）最后根据资产（如库存现金、银行存款、固定资产、应收账款、应收票据等）、负债（如应付票据、应付账款等）、所有者权益（如实收资本、资本公积、未分配利润、盈余公积）总账科目的余额编制资产负债表，根据总账或科目汇总表的损益类科目（如管理费用、主营业务成本、投资收益、其他业务成本等）的发生额（发生额是指本月的发生额）编制利润表。

（7）其余相关工作，如每月分析往来账的账龄和金额，包括应收款项、应付款项、其他应收款项。

1.3 会计的技能

会计本身是一种管理活动，而会计工作却是一项“技术活”。同所有的技术工作一样，从事会计工作的人员也要在专业技能方面具备一定的条件。

1.3.1 会计人员的基本素质

任何一个行业都要求从业人员具备相应的素质，会计人员是会计工作的主要承担者，其素质、水平、能力将直接影响会计职能的发挥和会计工作的质量。会计作为一个专业性很强的工作，对从业人员专业素质的要求也较高。

会计人员的基本素质如表1-8所示。

表1–8 会计人员的基本素质

基本素质	说明
职业道德	热爱本职工作，忠于职守，廉洁奉公，严守职业道德；认真学习国家财经政策、法令，熟悉财经制度；积极钻研会计业务，精通专业知识，掌握会计技术方法；严守法纪，坚持原则，执行有关会计法规，维护国家利益，抵制一切违法乱纪、贪污盗窃的行为，要勇于负责，不怕得罪人，不怕打击报复；身体状况能够适应本职工作的要求
组织管理能力	会计作为一种经济管理活动，除了具有基本的会计核算和会计监督职能外，还应具有预测经济前景、控制经济过程、评价经营业绩等职能，这就需要会计人员具有综合组织协调能力和管理决策能力。会计人员应能很好地组织、协调财务部门与企业其他各部门的关系，以实现内部控制的有效管理
职业判断力	职业判断力主要是指会计人员在处理各种业务时，有自己的思维习惯和动作，能够应对自如。在遇到个别突发事件时，会计人员应当有主见并坚持正确的观点；行动有分寸，即要求会计人员要“经验老到，心对得当”

1.3.2 会计人员的相关证书

会计人员应当具备从事会计工作所需要的专业能力、会计专业技术资格和执业资格等。不管是在国内还是国外，被大众广泛接受和认同，并与会计人员的工作密切相关的会计专业证书有很多。

1. 国内会计证书

目前常见的国内会计证书分为了以下2个级别。

（1）通过会计专业技术资格考试可取得会计师职称，考试分为初级资格考试（获取助理会计师职称）和中级资格考试（获取中级会计师职称）。另外，我国对已取得中级职称的会计人员，采用考评结合的方式，通过评审制来认证高级会计师职称。

（2）通过注册会计师全国统一考试可以取得注册会计师执业资格。

2. 国外会计证书

随着全球经济的一体化，会计也成为了一种国际化的职业。由于经济的互相渗透和关联，世界范围内企业与企业的交往越来越频繁。为了不同国家的企业能在财务数据上较简便地互通有无，读懂对方的财务报表和其他财务资料，很多国际性大企业倾向于共同遵循《国际会计准则》及相关内容来完成本企业的会计核算。

随着《国际会计准则》的推广，应运而生的国际性会计行业证书也在被世界各国的会计行业认同。就我国目前的情况来看，被大众熟悉，被国家相关部门认同，并且可在国内参加考试、国外认证的会计师资格证书主要有：ACCA（英国特许公认会计师公会）认证、AIA（国际会计师公会）认证、CGA（加拿大注册会计师协会）认证、CMA（美国注册管理会计师协会）认证及ASCPA（澳大利亚注册会计师协会）认证5种资格证书。

1.3.3 会计人员的职业道德

现在，许多企业在招聘会计人员时，都会把对人品的考核放在首位，考核的就是会计人员的职业道德。会计工作是一项特殊的职业，每天接触的是大把大把的金钱，可谓“万贯家财手中过”。如果会计人员没有良好的职业道德，很难顺利通过“金钱关”。

会计人员作为会计机构的主体，是企业顺利完成会计工作重要的决定因素之一，会计人员的素质，很大程度上决定着企业会计信息的质量。作为会计人员，要及时、高效地完成会计工作，就需要遵守基本的职业道德。

1. 会计职业道德的含义

职业道德，是指某一行业的就职人员的职业品质、工作作风和工作纪律等内容的综合规范。会计职业道德，是会计人员在会计工作中应当遵循的与其特定职业活动相适应的行为规范。

会计职业道德要求会计人员在工作中正确处理三种关系，分别是人与人之间、个人与企业之间、个人与社会之间的关系。只有按照会计职业道德的行为规范和准则来处理这些关系，才能实现个人利益与非个人利益的协调，这也体现了我国市场经济对会计工作的要求。会计职业道德是规范会计行为的基础，是实现会计目标的重要保证，是对会计法律制度的重要补充。

2. 会计职业道德的内容

会计人员应当遵守职业道德、提高业务素质。会计职业道德可以概括为爱岗敬业、熟悉法规与坚持准则、依法办事、提高技能、做好服务、保守秘密。

（1）爱岗敬业。

爱岗敬业，指的是会计人员忠于职守的事业精神，这是会计职业道德的基础。

热爱自己的职业，是做好一切工作的出发点。会计人员只有确立了这个出发点，才会勤奋、努力钻研业务，使自己的知识和技能适应所从事的会计工作的要求。

在实际工作中，会计人员常常会出现不是由于业务技术深浅的问题，而是由于粗心大意和缺乏扎实工作作风造成一些失误的情况。另外，基础会计工作本身就是每天“数钱”“记账”，长年累月、周而复始，这种天天与数字打交道的工作，细致而烦琐，如果会计人员不耐劳尽责、缺乏基本的职业责任感，就会觉得工作单调、枯燥，甚至慢慢地产生厌烦情绪；如果带有这样的工作态度，就谈不上热爱会计工作，更谈不上主动钻研会计业务，也就做不好会计工作。

（2）熟悉法规与坚持准则。

熟悉法规、坚持准则，是指会计人员在处理业务时，要严格按照会计准则和相应的法律法规办事，不为主观或他人意志所左右。坚持准则是会计职业道德的核心。

会计工作不只是单纯地记账、算账和报账，它时时、事事、处处涉及执法、守纪方面的问题。会计人员不但自己应当熟悉财经法律、法规和国家统一的会计准则，还要结合会计工作对企业其他相关人员进行宣传和督导，使自己处理的各项经济业务都能有法可依、事事把关。

（3）依法办事。

严格实行会计监督，依法办事，是会计职业道德的前提。

会计人员应当按照会计法律、法规、规章规定的程序和要求开展会计工作，保证所提供的会计信息合法、真实、准确、及时、完整。会计信息的合法、真实、准确、及时和完整，不但要体现在会计凭证和会计账簿的记录上，还要体现在财务会计报告上，使企业外部的投资者、债权人、社会公众以及社会监督部门能依照法定程序得到可靠、客观的会计信息资料。虽然要做到这一点会有各种阻力和压力，但会计人员应严格按职业道德的要求，树立自己的职业形象和职业尊严，敢于抵制歪风邪气，同一切违法乱纪的行为做斗争。

（4）提高技能。

提高技能，是指会计人员通过学习、培训和实践等多种途径，在工作的同时，持续提高会计职业技能，以达到和维持足够的专业胜任能力。由于社会经济的发展和国家法律法规的调整，遵守会计职业道德客观上需要会计人员不断提高会计职业技能。

会计人员只有不断地学习和提高技能，才能保持持续的专业胜任能力、职业判断能力和交流沟通能力，才能适应我国深化会计改革和会计国际化的要求。

（5）做好服务。

做好服务，就是要求会计人员具有文明的服务态度、强烈的服务意识和优良的服务。会计工作的特点决定会计人员应当熟悉本企业的生产经营和业务管理情况，以便运用所掌握的会计信息和会计方法，为改善企业的内部管理、提高经济效益服务。这一点与爱岗敬业相呼应，如果说爱岗敬业是会计职业道德的出发点，那么，做好服务、奉献社会就是会计职业道德的归宿点。

注意：在会计工作中提供好的服务质量，并非是无原则地满足服务主体的需求，而是在坚持原则、坚持准则和依法办事的基础上尽量满足用户或服务主体的需要。

（6）保守秘密。

保守秘密，就是会计人员应当保守本企业的商业秘密，除法律规定和企业领导人同意，不能私自向外界提供或者泄露企业的会计信息。

会计人员由于工作性质的原因，有机会了解到本企业的重要机密。对企业来说，财务数据、关键技术、工艺规程、配方、控制手段和成本资料等都是非常重要的商业秘密，这些商业秘密一旦泄露给明显的或潜在的竞争对手，会给本企业的经济利益造成重大的损害。会计人员应当确立泄露商业秘密是大忌的观念，对自己知悉的内部机密，在任何时候、任何情况下都要严格保守，不能信口吐露，也不能为了自己的私利而向外界提供。

3. 会计职业道德与会计人员法律责任的关系

在从事会计工作的过程中，会计人员若有违反《会计法》及其他法律规定的情况，不管是主观还是客观因素引起，都将作为直接责任人而承担应有的法律责任。会计职业道德规范也对会计人员的基本行为做了具体规范，那么，会计人员在完成其本职工作时，应该如何通过遵守职业道德来化解其责任风险呢？具体表现如下。

（1）依法核算、化解风险。

会计人员法律责任的明确和增大，使会计人员只有依法进行会计核算，才能化解会计人员的法律责任风险。

会计核算，是会计工作的核心和重点。会计核算的基本要求和法律规定是从立法的高度对保障会计信息质量做出的明确规定。同时，《会计法》相关条款对每一个重要会计核算环节提出了具体而明确的要求，这些要求前后衔接，形成系统的规定，可以达到保证会计核算的正确性、真实性的目的。会计人员只有严格遵守《会计法》中关于会计核算的规定，依法核算，才能化解法律责任风险。

（2）健全、完善内部会计监督制度，减少会计人员的法律责任风险。

《会计法》规定：各单位应当建立、健全本单位内部会计监督制度。不仅如此，《会计法》相关条款对单位内部会计监督制度的基本内容和要求做出了明确规定，具体有：确认了会计事项相关人员的职责权限应当明确，即“记账人员与经济业务事项和会计事项的审批人员、经办人员、财物保管人员的职责权限应当明确，并相互分离、相互制约”；确认了企业重大经济业务事项的决策和执行程序应当明确；要求进行财产清查；要求对会计资料进行内部审计。

企业的会计部门和会计人员需要认真执行《会计法》的相关规定，要明确每个会计人员的职责权限，并落实到岗位分工和业务操作中。同时也要加大会计机构的会计监督权力，明确相互监督、相互制约程序，以减少会计人员的法律责任风险。

（3）遵守职业道德。

会计职业道德是会计人员从事会计工作应当遵循的道德标准。建立会计职业道德规范，是对会计人员强化道德约束、防止和杜绝会计人员在会计工作中出现不道德行为的有效措施。会计工作是企业的重要经济管理工作，是处理企业内、外部各方面经济利益关系的“重要关卡”，这就要求会计人员遵守会计职业道德，公私分明，依法、客观、公正办事，同时还要经得起金钱、物质的诱惑。如果没有良好的道德观念，从个人私利出发，利用自己工作之便以图私利、弄虚作假，违反《会计法》的规定，甚至挪用公款、贪污盗窃，那就必须承担法律责任，受到法律的制裁。

（4）加强学习，提高业务素质。

会计作为一门应用科学，具有很强的政策性和业务性，知识更新很快，这就要求会计人员认真学习会计专业知识和理论、技术，不断更新知识，努力提高自己的专业业务水平。同时，会计人员要认真学习《会计法》和有关法律法规，做到懂法、依法、不违法，这样才能消除和化解从事会计工作中的法律责任风险。

1.4 综合演练

1.4.1 设计财务部组织结构

演练要求：

编制财务管理制度之财务部组织结构。

演练解读：

组织结构一般由组织结构图、职责、权力三部分构成。组织结构图是组织架构的直观反映，是常见的表现雇员、职称和群体关系的一种图表，它形象地反映了组织内各机构、岗位上下左右相互之间的关系。

财务部组织结构如表1-9所示。

表1-9　财务部组织结构

<table>
<tr><td colspan="2" rowspan="2">制度名称</td><td colspan="3" rowspan="2">财务部组织结构</td><td>编号</td></tr>
<tr><td>财务001</td></tr>
<tr><td colspan="6">第一条　部门组织结构图
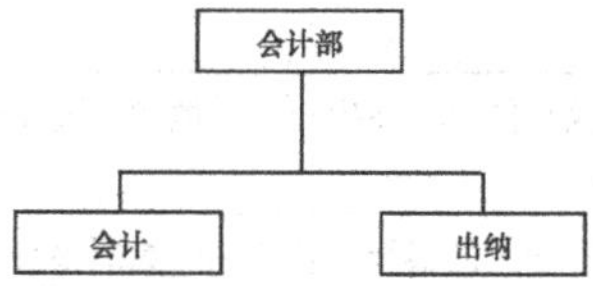

第二条　职责
（1）根据国家财政部颁发的会计准则，制定企业内部财务会计制度和工作程序，组织实施并监督执行
（2）编制企业的财务收支计划、成本费用计划等各项财务计划并监督执行
（3）负责企业资金管理，加强资金的使用管理与现金作业管理，提高资金使用效率
（4）负责企业会计核算及会计监督等工作的组织、管理与改进
（5）编制企业财务报表，审查对外提供的会计资料
第三条　权力
（1）对违反国家法律法规和企业财务会计管理制度的行为有拒绝权、制止权和处罚建议权
（2）有对各项费用开支的监督检查权
（3）有向相关部门索取业务数据、财务资料的权力
（4）有对会计部员工和各项业务工作的管理权
（5）有对财会人员的任用和调配的建议权
附则
第一条　本制度由财务部制定并负责解释
第二条　本制度报总经理批准后，自颁布之日起生效。之前与此有关的制度自即日起废止</td></tr>
<tr><td>相关说明</td><td colspan="3">此制度共1页</td><td>修改次数</td><td></td></tr>
<tr><td>编制人员</td><td></td><td>审核人员</td><td></td><td>批准人员</td><td></td></tr>
<tr><td>编制日期</td><td></td><td>审核日期</td><td></td><td>批准日期</td><td></td></tr>
</table>

1.4.2　编写财务部岗位职责

演练要求：

编制财务管理制度之财务部岗位职责（即财务部岗位说明书）。

演练解读：

岗位说明书，实际上就是整理岗位分析结果的工作描述的书面文件，包括工作基本信息、岗位设置目的、主要职责、工作环境，以及任职资格要求（如技能、学历、训练、经验、体能）等。

总的来说，编写岗位说明书涉及两个方面的工作。一方面是对岗位本身的研究，即研究每个工作岗位的目的，该岗位所承担的工作职责与工作任务，以及它与其他岗位之间的关系等；另一方面是对上岗资格的研究，即研究能胜任该岗位工作并完成目标的任职者必须具备的条件与资格，如工作经验、学历、能力特征等。因此，岗位说明书的规范化编写在企业中有重要的作用。

出纳、会计的岗位说明书如表1-10、表1-11所示。

表1-10　出纳岗位说明书

岗位名称	出纳	岗位代码		所属部门	财务部
直接上级	财务主管	管辖人数		职位等级	
晋升方向	会计	轮流岗位		薪资标准	

续表

工作模块	工作大项	工作细化	目标与成果
工作内容	业务工作	（1）掌管公司现金收支、银行基本账户收支	收支要有凭有据
		（2）每日定时到银行查账，做现金及银行往来款记录	细心做好记录，保证出错率为零
		（3）登记资金的收付情况，并根据收入填制现金缴款通知单给主办会计	支出必须有负责人签字
		（4）登账及结转前一天的银行存款余额，编制银行存款余额调节表	日事日毕
		（5）对银行存款及现金付款数额进行入账，汇报资金回笼、使用及结余情况	日事日毕
		（6）每10日编制银行、现金收付报告表，连同凭证交至负责人处	真实、准确
		（7）负责掌管公司的财务保险柜	保密性
		（8）认真审查临时借支的用途、金融和批准手续，严格执行市（县）内采购领用支票的手续，控制使用限额和报销期限	工作完成程度
		（9）审核现金收付单据，并对发现的问题予以报告	不要出现过多借支款，借支要手续齐全
		（10）配合各部门办理电汇、信汇等有关手续	对现金的管控
		（11）负责销售发票的开具及保管	手续要完善
		（12）协助会计做好各种账务处理工作	记账金额与发票金额一致
		（13）办理公司有关税款的申报及缴纳	月底对账后确保税款金额足够付款
		（14）完成财务部经理临时交办的其他工作	工作协调
	支持性工作	（1）销售部的销售往来款的查询工作	部门的投诉率，金额的差错率
		（2）采购部的材料付款工作	部门的投诉率，金额的差错率
		（3）各个部门的费用与差旅费付款工作	部门的投诉率，金额的差错率
		（4）财务部内部配合的工作	部门的投诉率，金额的差错率
权责范围	（1）要求相关人员配合工作的权力 （2）对违反财务制度的行为，有报告的权力 （3）对违反财务制度的行为，在报告批复之前，有暂缓办理的权力 （4）财务经理授予的其他权力		
工作关系	（1）报告工作对象：财务主管 （2）监督对象：销售人员，报销人员 （3）指导对象：销售人员，报销人员 （4）合作者：财务部内部职员 （5）外部关系：银行相关公共关系		
任职资格	（1）具备从事会计工作所需要的专业能力 （2）能熟练应用财务管理软件及各种办公软件 （3）有职业责任心		
相关说明			

编制人员		审核人员		批准人员	
编制日期		审核日期		批准日期	

表1-11　会计岗位说明书

<table>
<tr><td>岗位名称</td><td>会计</td><td>岗位代码</td><td></td><td>所属部门</td><td>财务部</td></tr>
<tr><td>直接上级</td><td>财务主管</td><td>管辖人数</td><td></td><td>职位等级</td><td></td></tr>
<tr><td>晋升方向</td><td>财务主管</td><td>轮流岗位</td><td></td><td>薪资标准</td><td></td></tr>
<tr><td>工作模块</td><td>工作大项</td><td colspan="2">工作细化</td><td colspan="2">目标与成果</td></tr>
<tr><td rowspan="14">工作内容</td><td rowspan="13">业务工作</td><td colspan="2">（1）审核记账凭证，并据实登记各类明细账</td><td colspan="2">记账准确，出错率为零</td></tr>
<tr><td colspan="2">（2）根据审核无误的记账凭证汇总表登记总账</td><td colspan="2">记账准确、细心，出错率不超5%</td></tr>
<tr><td colspan="2">（3）定期对总账与各类明细账进行结账，并进行总账与明细账的对账，保证账账相符</td><td colspan="2">记账的准确率</td></tr>
<tr><td colspan="2">（4）月底负责结转各项期间费用及损益类凭证，并据以登账</td><td colspan="2">会计业务熟悉度</td></tr>
<tr><td colspan="2">（5）制作月末资产负债表、利润表、费用明细表等报表，进行财务报表分析，上报高层管理人员</td><td colspan="2">每月10日前提交上月数据报表</td></tr>
<tr><td colspan="2">（6）抽单：根据业务员列出的回款明细查找缴款通知单及相应客户的欠款</td><td colspan="2">回款率100%</td></tr>
<tr><td colspan="2">（7）为企业预算编制及管理提供财务数据，为统计人员提供相关财务数据</td><td colspan="2"></td></tr>
<tr><td colspan="2">（8）为外部审计工作提供各明细账情况表及相关审计资料</td><td colspan="2">对税务机关、有关部门的审查给予工作配合</td></tr>
<tr><td colspan="2">（9）对账：负责定期或不定期与内部各部门对账，同时监督业务员建立台账，核对业务账本</td><td colspan="2">对业务员的价格起到监督作用</td></tr>
<tr><td colspan="2">（10）收集资产产权登记年检数据，填制资产产权登记年检相关资料并按时上报</td><td colspan="2">在下年年初4月前完成年检工作</td></tr>
<tr><td colspan="2">（11）参与建立企业内部控制体系和编制企业内部控制制度</td><td colspan="2">对会计工作提出合理性建议</td></tr>
<tr><td colspan="2">（12）按时完成领导交办的其他相关工作</td><td colspan="2">完成能力</td></tr>
<tr><td colspan="2">（13）管理和监督出纳人员的工作</td><td colspan="2">认真对账，出错率为零</td></tr>
<tr><td>支持性工作</td><td colspan="2">为财务部内部提供财务支持</td><td colspan="2">财务工作的满意度</td></tr>
<tr><td>权责范围</td><td colspan="5">（1）对涉及财务开支的人员有财务监督权
（2）对财务开支手续不完善、不合法的支出，有拒绝办理的权力
（3）要求相关部门和人员配合工作的权力
（4）部门主管授予的其他权力</td></tr>
<tr><td>工作关系</td><td colspan="5">（1）报告工作对象：财务主管
（2）监督对象：费用开支人员、出纳
（3）指导对象：出纳
（4）合作者：财务部内部所有职员
（5）外部关系：与工作相关的社会公共关系</td></tr>
<tr><td>任职资格</td><td colspan="5">（1）具备从事会计工作所需要的专业能力
（2）能熟练应用财务管理软件及各种办公软件
（3）有职业责任心</td></tr>
<tr><td>相关说明</td><td colspan="5"></td></tr>
<tr><td>编制人员</td><td></td><td>审核人员</td><td></td><td>批准人员</td><td></td></tr>
<tr><td>编制日期</td><td></td><td>审核日期</td><td></td><td>批准日期</td><td></td></tr>
</table>

第2章

会计理论知识

对会计来说，会计实务是非常重要的，然而实践的前提是熟练掌握会计理论。本章简单描述了会计目标、会计假设以及会计信息的质量要求。通过本章，要了解会计的核算方法、会计要素的构成、会计的等式，明确会计科目和会计账户的内容和它们之间的区别，还要掌握会计账户和借贷记账法对经济业务进行记录的基础。

2.1 会计目标和会计假设

会计工作所要达到的目的在很多情况下特指企业财务会计的目标，或者财务会计报告目标。会计目标是会计信息系统存在的依据，也是其他理论要素的逻辑起点，会计假设从属于会计目标。

2.1.1 会计目标

为了满足相关人员对企业会计信息的需求，会计人员就要明确会计对象，从而保证会计信息的针对性。

会计对象是指会计核算和监督的内容，具体是指社会再生产过程中能以货币表现的经济活动，即资金运动或价值运动。

凡是特定主体能够以货币表现的经济活动，都是会计核算和监督的内容，也就是会计对象，但并非所有的经济活动都是会计对象。

明确会计对象的目的，是要明确会计在经济管理中的活动范围，也就是说为谁管账和管谁的账的问题。

会计目标也称会计目的，是要求会计工作完成的任务或达到的标准，即向财务会计报告使用者提供与企业财务状况、经营成果和现金流量等有关的会计信息，反映企业管理层受托责任履行情况，有助于财务会计报告使用者做出经济决策。

在近代财务会计理论的概念中，会计目标是具有统驭作用的一个概念。

2.1.2 会计假设

会计是有它的一定之规的。要真正理解会计的含义进而做好会计工作，首先要了解它的几个假设前提。

1. 会计主体

会计的前提之一是主体要明确，即明确需要进行会计核算的范围有多大。比如对领导来说，既有个人的花销也有为公司所付的费用，在核算时就要注意，公司是公司，个人是个人，经济责任一定要划分清楚。公司的钱不能装进自己的腰包里，个人也不能花公司的钱办自己的事，只有等到公司分了红，钱归自己时才可以支配。

2. 持续经营

会计还有一个前提，就是会计主体是持续经营的，不会随时倒闭。这个前提规定了会计核算的时间范围。这样，投出的钱赚回来，才能还清债务，最后才能有钱赚，否则长期投资就无法进行了。有了持续经营的前提，才使得待摊与预提成为可能，也有利于利润的正确核算。

3. 会计分期

会计的第三个前提就是会计分期。企业为了编制财务报表，并定期给使用者提供信息，就把连续的经营划分为许多时间段，一般分为年、季、月。比如，你想投资一家公司，不可能等它经营到最后才看它是亏是盈；而应在中期就要了解公司是盈是亏，有没有前景，然后做决定。所以对于和企业有利益关系的单位和个人，确定会计分期及定期编制财务报表是非常重要的。

会计分期只是一种人为的划分，与业务周期是不同的。有的业务周期不足一个会计周期，而有的业务周期又持续经历几个会计周期。单纯销售的业务可能业务周期就是几天，如果是一个大些的制造项目就有可能是几个月甚至可能跨年度。

4. 货币计量

会计的最后一个前提是货币计量。不同的物品有不同的计量单位，电脑论“台”、服装论“件”，但会计计量时，这些物品的计量单位应统一，即采用货币计量。货币计量还要假设币值稳定，外币均要折算成人民币。

2.2 会计信息质量要求

会计信息质量要求是对企业财务会计报告中所提供会计信息质量的基本要求，是使财务会计报告中所提供会计信息对投资者等使用者决策有用所应具备的基本特征，它主要包括可靠性、相关性、可理解性、可比性、实质重于形式、重要性、谨慎性和及时性等。

2.2.1 可靠性

可靠性要求企业应当以实际发生的交易或者经济事项为依据，对资金运动进行确认、计量和报告，如实反映财务状况和经营成果，做到内容真实、数字准确、资料可靠。

会计信息要有用，必须以可靠为基础，如果财务会计报告所提供的会计信息是不可靠的，不仅不能真实反映企业的实际情况，使会计工作失去了存在的意义，而且还会给投资者等使用者的决策产生误导甚至造成损失。

具体而言，会计信息的可靠性要求企业的会计信息符合以下3点。

1. 真实性

真实性是可靠性的一个内容，但并不等同于可靠性。真实性强调会计信息应与实际相符，应具有客观性。可靠性不但强调会计信息的客观真实性，而且强调会计信息的主观可信性。具有可靠性的信息必然是真实的，但仅仅具有真实性的信息不一定具有可靠性。

2. 中立性

会计信息要可靠，就必须是中立的，也就是不带偏向的。如果会计信息通过选取和列报资料去影响决策和判断，以求达到预定的效果或结果，那么它们就不是中立的。

3. 可验证性

可验证性是指不同的人员通过检查相同的证据、数据和记录，能够得出相同的或相近的结论。这个原则并非要求每次都得出完全相同的结果，它允许在有限的范围内存在差异。

2.2.2 相关性

相关性的“相关”，是指与决策相关，有助于决策，如果提供会计信息以后，对经济决策并没有什么作用，这类信息就不具有相关性。

会计信息是否有用、是否具有价值，关键是看其与使用者的决策需要是否相关，是否有助于使用者决策或者提高决策水平。相关的会计信息应当能够有助于使用者评价企业过去的决策，证实或者修正过去的有关预测，因而具有反馈价值。相关的会计信息还应当具有预测价值，以便于使用者根据财务会计报告所提供的会计信息预测企业未来的财务状况、经营成果和现金流量。例如，区分收入和利得、费用和损失，区分流动资产和非流动资产、流动负债和非流动负债以及适度引入公允价值等，都可以提高会计信息的预测价值，进而提升会计信息的相关性。

会计信息质量的相关性要求，需要企业在确认、计量和报告会计信息的过程中，充分考虑使用者的决策模式和信息需要。但是，相关性是以可靠性为基础的，两者之间并不矛盾，不应将两者对立起来。也就是说，会计信息在满足可靠性前提下，尽可能做到相关，以满足投资者等财务会计报告使用者的决策需要。

2.2.3 可理解性

可理解性，它要求企业提供的会计信息应当清晰明了，简明、易懂，能够简单明了地反映企业的财务状况、经营成果和现金流量，从而有助于实现财务会计报告的目标，便于投资者等会计信息使用者正确理解、准确掌握企业的情况，满足向投资者等财务会计报告使用者提供决策有用信息的要求。

企业编制财务会计报告、提供会计信息的目的在于使用，而要使使用者正确使用会计信息，应当能让其了解会计信息的内涵，弄懂会计信息的内容，这就要求财务会计报告所提供的会计信息应当清晰明了，易于理解。

根据可理解性原则，会计记录应当准确、清晰，填制会计凭证、登记会计账簿必须做到依据合法、账户对应关系清楚、文字摘要完整；在编制财务报表时，项目勾稽关系清楚、项目完整、数字准确。

会计信息毕竟是一种专业性较强的信息产品，在强调会计信息的可理解性要求的同时，还应假定使用者具有一定的企业经营活动和会计方面的知识，并且愿意去研究这些信息。对于某些复杂的信息，如交易本身较为复杂或者会计处理较为复杂，但其对使用者的经济决策相关的，企业就应当在财务会计报告中予以充分披露。

2.2.4 可比性

企业提供的会计信息应当具有可比性，能满足纵向与横向的两方面比较，使会计信息使用者能对企业的具体情况有一个相对的认识，此要求包含两部分内容。

1. 同一企业不同时期可比（纵向可比）

这一可比性比较的是企业的变化趋势。为了便于投资者等财务会计报告使用者了解企业财务状况、经营成果和现金流量的变化趋势，比较企业在不同时期的财务信息，从而全面、客观地评价过去、预测未来，从而做出决策。会计信息质量的可比性要求同一企业不同时期发生的相同或者相似的交易或者事项，应当采用一致的会计政策，不得随意变更。

满足会计信息可比性要求，也不是说企业就绝对不能变更会计政策，如果按照规定或者在会计政策变更后可以提供更可靠、更相关的会计信息，便可以变更会计政策。有关会计政策变更的情况，应当在附注中予以说明。

2. 不同企业相同会计期间可比（横向可比）

这一可比性比较的是企业与其他企业相比的整体状况。为了便于投资者等财务会计报告使用者评价不同企业的财务状况、经营成果和现金流量及其变动情况，会计信息质量的可比性要求不同企业同一会计期间发生的相同或者相似的交易或者事项，应当采用规定的会计政策，确保会计信息口径一致、相互可比，以便不同企业按照一致的确认、计量和报告要求提供有关会计信息。

2.2.5 实质重于形式

实质重于形式要求企业应当按照交易或者事项的经济实质进行会计确认、计量和报告，不仅仅以交易或者事项的法律形式为依据。

企业发生的交易或事项在多数情况下，其经济实质和法律形式是一致的。但在有些情况下，会出现不一致。例如，以融资租赁方式租入的固定资产，虽然从法律形式来讲承租企业并不拥有其所有权，但是从经济实质来看，承租企业能够控制融资租入固定资产所创造的未来经济利益，在会计确认、计量和报告上就应当将以融资租赁方式租入的固定资产视为企业的资产，列入企业的资产负债表。

又如，企业按照销售合同销售商品但又签订了售后回购协议，虽然从法律形式上实现了收入，但如果企业没有将商品所有权上的主要风险和报酬转移给购货方，没有满足收入确认的各项条件，即使签订了商品销售合同或者已将商品交付给购货方，也不应当确认销售收入。

有时，经济业务的外在法律形式并不能真实反映其实质内容。为了真实反映企业的财务状况和经营成果，就不能仅仅根据经济业务的外在表现形式来进行核算，而要反映其经济实质。

2.2.6 重要性

重要性是指在选择会计方法和程序时，要考虑经济业务本身的性质和规模，根据特定的经济业务对经济决策影响的大小，来选择合适的会计方法和程序。重要性要求企业提供的会计信息应当反映与企业财务状况、经营成果和现金流量有关的所有重要交易或者事项。

重要性的应用需要依赖职业判断，企业应当根据其所处环境和实际情况，从项目的性质和金额两方面加以判断。在实务中，如果会计信息的省略或者错报会影响投资者等财务会计报告使用者做出决策的，该信息就具有重要性。

如果一笔经济业务的性质比较特殊，不单独反映就有可能遗漏一个重要事实，不利于所有者以及其他方面全面掌握这个企业的情况，就应当严格核算，单独反映，提请注意；反之，如果一笔经济业务与通常发生的经济业务没有特殊之处，不单独反映也不致于隐瞒什么事实，就不需要单独反映和提示。

如果一笔经济业务的金额在收入、费用或资产总额中所占的比重很小，就可以采用较为简单的方法和程序进行核算；反之，如果一笔经济业务的金额在收入、费用或资产总额中所占的比重较大，就应当严格按照规定的会计方法和程序进行核算。

重要性原则与会计信息成本效益直接相关。坚持重要性原则，就能够使提供会计信息的收益大于成本。

2.2.7 谨慎性

谨慎性要求企业在存在不确定因素的情况下做出判断时，对交易或者事项进行会计确认、计量和报告应当保持应有的谨慎，不应高估资产或者收益、低估负债或者费用。

在市场经济环境下，企业的生产经营活动面临着许多风险和不确定性。会计信息质量的谨慎性要求，就是要求企业在面临不确定性因素的情况下做出职业判断时，应当保持应有的谨慎：对于可能发生的损失和费用，加以合理估计，充分估计各种风险和损失，既不高估资产或者收益，也不低估负债或者费用。

要求企业对可能发生的资产减值损失计提资产减值准备、对售出商品可能发生的保修义务等确认预计负债等，就体现了会计信息质量的谨慎性要求。

企业经营存在风险，实施谨慎原则，对存在的风险加以合理估计，就能在风险实际发生之前化解风险，并防范风险，有利于企业做出正确的经营决策，有利于保护所有者和债权人的利益，有利于提高企业在市场上的竞争力。

比如，当存货、有价证券等资产的市价低于成本时，相应地减记资产的账面价值，并将减记金额计入当期损益，便体现了谨慎原则，体现了谨慎原则对历史成本原则的修正。

谨慎性的应用也不允许企业设置秘密准备，如果企业故意低估资产或者收益，或者故意高估负债或者费用，将不符合会计信息的可靠性和相关性要求，会损害会计信息质量、扭曲企业实际的财务状况和经营成果，从而对使用者的决策产生误导，这是会计准则所不允许的。

2.2.8 及时性

会计信息的价值在于帮助所有者或者其他方面做出的经济决策具有时效性。即使是可靠、相关的会计信息，如果不及时提供，失去了时效性，对于使用者的价值就大大降低甚至不再具有实际意义。及时性要求企业对于已经发生的交易或者事项，应当及时进行确认、计量和报告，不得提前或者延后。在会计确认、计量和报告过程中贯彻及时性，应从以下3方面入手。

（1）要求及时收集会计信息，即在经济交易或者事项发生后，及时收集整理各种原始单据或者凭证。

（2）要求及时处理会计信息，即按照会计准则的规定，及时对经济交易或者事项进行确认或者计量，并编制财务会计报告。

（3）要求及时传递会计信息，即按照国家规定的有关时限，及时地将编制的财务会计报告传递给财务会计报告使用者，便于其及时使用和决策。

在实务中，为了及时地提供会计信息，可能需要在有关交易或者事项的信息全部获得之前即进行会计处理，这样就满足了会计信息的及时性要求，但可能会影响会计信息的可靠性；反之，如果企业等到与交易或者事项有关的全部信息获得之后再进行会计处理，这样的信息披露可能会由于时效性问题，大大降低投资者等财务会计报告使用者决策的有用性。这就需要会计人员在及时性和可靠性之间做出权衡，以满足投资者等财务会计报告使用者的经济决策需要为判断标准。

2.3 会计核算方法

会计核算方法是指会计对已经发生的经济活动进行连续、系统、全面反映和监督所采用的方法。会计核算方法是用来反映和监督会计对象的。会计对象的多样性和复杂性，决定了用以对其进行反映和监督的会计核算方法不能采取单一的方法形式，而应该采用方法体系的模式。因此，会计核算方法由设置账户、复式记账、填制和审核凭证、登记账簿、成本计算、财产清查和编制财务会计报告等具体方法构成。这7种方法构成了一个完整的、科学的方法体系。

2.3.1 会计的记账方法

“有借必有贷，借贷必相等”这一会计原理来源于“复式记账法”规则下的“借贷记账法”。

复式记账法，是指以资产与权益平衡关系作为记账基础，对于每一项经济业务，都要在两个或两个以上的账户中相互联系进行登记，系统地反映资金运动变化结果的一种记账方法。

复式记账的理论依据是会计基本等式。复式记账法是由资产等于负债加所有者权益这一平衡原理所决定。任何一笔经济业务的发生，都会引起至少两个项目的资金增减变动，且增加金额和减少金额相等。要想通过会计核算把客观存在的这个现象全面地反映出来，就需要在两个或两个以上相互联系的账户中进行登记。

复式记账按记账符号、记账规则、试算平衡方法的不同，可分为借贷记账法、增减记账法和收付记账法。借贷记账法是一种较复杂、当今运用较广泛的复式记账法，也是目前我国法定的记账方法。

采用复式记账法，可以全面地、相互联系地反映各项经济业务的全貌，并可利用会计要素之间的内在联系和试算平衡公式，来检查账户记录的准确性。具体哪一方记增加金额，哪一方记减少金额取决于账户所要反映的经济内容和业务性质。

2.3.2 会计的记账原则

会计的记账原则实际上是进行账务处理的指导，具体有以下几个。

1. 权责发生制

在一般的企业会计核算制度下，会计的记账原则中最重要的就是权责发生制，是指业务的核算以发生的时间为准，而不以账款是否收回来为准：本月发生的销售业务，不管本月是否收款，都应该把它确认为本月的收入；同理，对于费用，就算当月未付款，只要它是为当月的业务而发生的，就要按时间确认其归属。也就是说，只要经济业务发生在本期，相关收入或费用就要记入本期，所以权责发生制又叫应计制或应收应付制。

2. 配比原则

配比原则是以权责发生制为基础的，就是说在计算利润的时候，只计算与业务相关的收入与费用，或者说只计算当期的收入与费用。把收入与费用进行匹配比较，就可以看出当期是盈是亏，或是某笔业务是盈是亏。

3. 历史成本原则

在历史成本计量下，资产按照其购置时支付的现金或者现金等价物的金额，或者按照购置资产时所付出的对价的公允价值计量。如去年买的电脑，当时用了8 000元，今年只值5 000元，但在账面上还是记8 000元。

在历史成本计量下，负债按照其因承担现时义务而实际收到的款项或者资产的金额，或者承担现时义务的合同金额，或者按照日常活动中为偿还负债预期需要支付的现金或者现金等价物的金额计量。

2.4 会计要素和会计等式

会计要素又称会计对象要素，是对会计对象按照交易或事项的经济特征所做的基本分类，是会计核算和监督对象的具体化。会计要素分为反映企业财务状况的会计要素和反映企业经营成果的会计要素。我国《企业会计准则》规定会计要素包括资产、负债、所有者权益、收入、费用、利润6个方面。

2.4.1 会计要素

会计要素是对资金运动两种形态的基本分类。企业的资金运动有两种表现形式，即静态表现和动态表现。企业的资金运动是静动结合的统一体，也就是说会计6要素存在着有机联系。

资金运动的静态表现为资产、负债和所有者权益，因此资产、负债和所有者权益3项会计要素亦可称为静态3要素。静态3要素反映企业的财务状况，是组成资产负债表的会计要素，也称为资产负债表要素。它们之间的数量关系可用下列会计等式表示。

资产=负债+所有者权益

资产是资金的占用形态，负债和所有者权益是与资产相对应的取得途径。

资金运动的动态表现为资金循环与周转，具体由收入、费用、利润3要素来体现，这3个会计要素亦可称为动态3要素。收入、费用和利润3项会计要素反映企业的生产经营成果，是组成利润表的会计要素，也称为利润表要素。它们之间的数量关系可用下列会计等式表示。

收入－费用=利润

收入是经济活动中经济利益的总流入，费用是经济活动中经济利益的总流出，收入与费用相配比，即形成经济活动的利润，利润是资金运用的成果。

1. 会计要素的分类

会计要素是对资金运动所做的基本分类。会计人员按照会计要素设置各类账户，并按账户收集、整理、提供分类会计信息，在此基础上编制财务报表，用财务报表对账户资料反映的交易和其他事项进行归纳分类，总括提供企业的财务信息。

财务报表要素是指为描绘和揭示交易和其他事项对财务状况影响的过程，对账户资料进行加工编表，将交易和其他事项按照经济特性所分成的大类。

会计要素与财务报表要素都是分类的项目，两者在本质上没有区别，仅仅是认识归纳的角度不同。两者的口径是一致的，名称也是相同的，可以理解为：会计要素是初始分类，而财务报表要素是终结分类。会计要素的具体含义如表2-1所示。

表2-1　会计要素的含义

类别	名称	含义
反映财务状况（静态3要素）	资产	指企业过去的交易或者事项形成的，由企业拥有或者控制的，预期会给企业带来经济利益的资源
	负债	指企业过去的交易或者事项形成的，预期会导致经济利益流出企业的现时义务
	所有者权益	是指企业资产扣除负债后，由所有者享有的剩余权益
反映经营成果（动态3要素）	收入	指企业在日常活动中形成的，会导致所有者权益增加的，与所有者投入资本无关的经济利益的总流入
	费用	指企业在日常活动中形成的，会导致所有者权益减少的，与向所有者分配利润无关的经济利益的总流出
	利润	指企业在一定会计期间的经营成果，包括收入减去费用后的余额、直接计入当期利润的利得和损失

在确定了会计要素后，为了能正确地将企业的经济活动登入账簿、报表，就需要确定其金额，确定金额的过程称为会计计量。

【例2-1】

举例说明下列各类经济业务中会计要素的变化。

（1）购入材料5 000元，货款暂未支付。（资产增加，负债增加）

（2）接受投资者投入资金2 000 000元。（资产增加，所有者权益增加）

（3）从银行提取现金3 000元。（资产类要素此增彼减）

（4）投资者撤回投资额300 000元。（资产减少，所有者权益增加）

（5）用银行存款偿还短期借款4 000元。（资产减少，负债减少）

（6）发生广告费2 000元，款项暂未支付。（费用增加，负债增加）

（7）摊销应由本月负担的保险费1 200元。（费用增加，资产减少）

（8）收到被投资企业分来的利润23 000元。（利润增加，资产减少）

（9）销售已预收货款的产品，价值6 000元。（利润增加，负债减少）

2. 会计计量属性

会计计量属性反映的是会计要素金额的确定基础，主要包括历史成本、重置成本、可变现净值、现值和公允价值等，具体内容如表2-2所示。

表2-2　会计计量属性

会计计量属性	含义	资产确认原则	负债确认原则
历史成本	又称为实际成本，就是取得或制造某项财产物资时所实际支付的现金或者其他等价物	按照购置资产时支付的现金或者现金等价物的金额，或者按照购置资产时所付出的对价的公允价值计量	按照因承担现时义务而实际收到的款项或者资产的金额，或者承担现时义务的合同金额，或者按照日常活动中为偿还负债预期需要支付的现金或者现金等价物的金额计量
重置成本	又称现行成本，是指按照当前市场条件，重新取得同样一项资产所需支付的现金或现金等价物金额	按照现在购买相同或者相似资产所需支付的现金或者现金等价物的金额计量	按照现在偿付该项债务所需支付的现金或者现金等价物的金额计量
可变现净值	是指在正常生产经营过程中以预计售价减去进一步加工成本和销售所必须的预计税金、费用后的净值	按照资产正常对外销售所能收到现金或者现金等价物的金额扣减该资产至完工时估计将要发生的成本、估计的销售费用以及相关税金后的金额计量	——

续表

会计计量属性	含义	资产确认原则	负债确认原则
现值	是指对未来现金流量以恰当的折现率进行折现后的价值，是考虑货币时间价值因素等的一种计量属性	按照预计从资产持续使用和最终处置中所产生的未来净现金流入量的折现金额计量	按照预计期限内需要偿还的未来净现金流出量的折现金额计量
公允价值	是指市场参与者在计量日发生的有序交易中，出售一项资产所能收到或者转移一项负债所需支付的价格，即脱手价格	按照在有序交易中，出售一项资产所能收到或转移一项负债所需支付的价格计量	按照在有序交易中，出售一项资产所能收到或转移一项负债所需支付的价格计量

注意：企业在对会计要素进行计量时，一般应当采用历史成本。在某些情况下，为了提高会计信息质量，实现财务会计报告目标，企业会计准则允许采用另外的计量属性计量的，应当保证所确定的会计要素金额能够取得并可靠计量，如果这些金额无法取得或者可靠地计量，则不允许采用其他计量属性。

2.4.2 会计等式

在明确了会计相关假设和记账原则后，会计里还有一个概念：会计恒等式。

1．资产=负债+所有者权益

会计恒等式是指各个会计要素在总额上必须相等的一种关系式，它的理论基础是“资产=权益”。

权益并不等同于所有者权益。资产和权益是一物的两面，是对立统一的。有一定的资产，同时就有一定的权益；反之，有一定的权益，同时就有一定的资产。资产同权益的关系是：互相联系，互相制约，互相依存，互相平衡。所有者权益有限定，是资产剔除负债后的部分。

“资产=权益”这个会计恒等式是会计中重要的理论基础。会计的实际工作如会计科目和账户的设置、复式记账、试算平衡、结账、财务报表的设计与编制，都必须以这一会计恒等式为指导。平常所说的会计恒等式其实是一系列的等式。

资产=负债+所有者权益（1）

上述等式可理解为：资金运用=资金来源。这个等式是会计记账的基础，也是编资产负债表的基础，它表明了所有者与债权人在企业的资产中到底占了多大份额。在负债不变时，资产与所有者权益同方向变化；如果所有者权益不变，资产就与负债同方向变化；而当所有者权益与负债都变化的时候，资产的变化则等于两者变化之和。“资产=负债+所有者权益”恒等式反映企业资金运动的静态状况，也就是企业经营中的某一天，一般是开始日或结算日的财务状况。

等式（1）从时间方面分析是静态的，反映了会计主体在某一时点上的财务状况，因此，以此为理论依据编制的资产负债表也被称为静态财务报表，其数据资料在会计中被称为余额，在统计中被称为时点数。

这类数据资料的特点是：不同时间点上的数据不具有可加性，数据往往以非连续统计方式得到，数据自身大小与统计的时间间隔长短无必然联系。

2．收入-费用=利润

如果一个会计主体的财务状况总是停留在某一状态下静止不变，那么该会计主体也就失去了存在的意义。毕竟企业类会计主体是以追求利润为存在目标的，这就注定会计主体在拥有一定资产为物质基础的前提下，要积极开展各项生产经营活动，以期取得盈利，努力使资产保值并增值。在这个过程中发生的经济业务可用以下会计等式体现。

收入－费用=利润（或亏损）（2）

上述等式可理解为：得到的－付出的=赚的（或亏的）。这个等式从时间方面分析是动态的，反映了会计主体在某一段时期的经营成果，因此，以此为理论依据编制的利润表也被称为动态财务报表，其数据资料在会计中被称为发生额，在统计中被称为时期数。

此类数据资料的特点是：不同时间段上的数据具有可加性，数据往往以连续统计方式得到，数据自身大小与统计的时间间隔长短有关。

3. 资产=负债+所有者权益+收入−费用

企业的目标就是获利，只有取得的收入抵消了为这笔收入所花的费用还有剩余，企业才算是盈利了。企业持有资产是为了获利，而资产一旦运用并取得收入时，就转化为费用；收入减去费用即为利润，又叫净收益。实现的净收益会作为资产用到下一轮的经营，于是就产生了等式（3）。

资产=负债+所有者权益+收入−费用（3）

根据“收入−费用=利润”，企业实现的现金流入大于现金流出，即实现了利润，也就是企业资产增多；从另一个方面说，这一时刻负债不变，盈利或亏损都由股东承担。

新所有者权益=旧所有者权益+利润=旧所有者权益+收入−费用；新资产=负债+新所有者权益=负债+旧所有者权益+收入−费用

等式（3）并没有破坏等式（1）的恒等关系，当利润分配后，一部分作为股东收益，一部分作为税款上交，都流出企业了，等式（3）又回到等式（1）。所以会计6要素不管如何变化，最后都会回到“资产=负债+所有者权益”这一等式。在实际工作中要是出现等式不平，那就说明记账有错误。

4. 资产=负债+（所有者权益+利润）

当提及会计恒等式时，一般指的是等式（1），而非等式（2）。原因是：等式（1）是等式（2）的前提和基础，没有等式（1）就不可能有等式（2），等式（2）的结果又直接服务、作用于等式（1）。因此，可以说等式（2）源于等式（1）又回归于等式（1），即经营成果以资产为前提，且不论盈亏，最终归属于所有者。因此，等式（2）对等式（1）的影响可以表达为：

资产=负债+（所有者权益+利润）（4）

此时，当利润不为零时，等式（1）中的资产、负债、所有者权益3要素中，至少有一项会因为利润这一要素的加入而发生或增或减的变化，但恒等关系不会改变，改变的只可能是等式两边的金额。

5. 资产+费用=负债+所有者权益+收入

将等式（4）中的利润按等式（2）展开，并将各类要素按其对应的账户性质进行归类、移项，于是就得到等式（5）。

资产+费用=负债+所有者权益+收入（5）

当然，生产经营过程中还会发生不影响利润的经济业务，即资产、负债、所有者权益3要素之间或某一要素内部发生增减变化，但这并不会改变等式（5）的表现形式，可能改变的也仅是等式两边的金额。

这样，会计扩张恒等式便将动态与静态的会计要素巧妙地结合起来，将等式（1）反映的某一个时点上的原财务状况发展到了另一个时点上的新财务状况，并以此形成会计主体又一轮生产经营的新起点，如此周而复始。

【例2-2】

用会计等式解析下列经济业务。

（1）2018年2月12日，企业收到投资者追加的投资500 000元，该款项已存入银行。

解析：该项经济业务使银行存款增加了500 000元，即等式（1）左边的资产增加了500 000元，同时等式右边的所有者权益也增加了500 000元，因此并没有改变等式（1）的平衡关系。

（2）2018年7月1日，企业用银行存款购买了一批机器设备，金额为100 000元。

解析：该项经济业务使企业的固定资产增加了100 000元，但同时银行存款也减少了100 000元，等式（1）左边一增一减，且增减金额相等。也就是说企业的资产内部发生增减变动，但资产金额不变，因此等式（1）仍保持平衡。

（3）2018年7月1日，企业用银行存款偿还所欠B企业的货款80 000元。

解析：该项经济业务使企业的银行存款即资产减少了80 000元，同时应付账款即负债也减少了80 000元，也就是说等式（1）两边同时减少了80 000元，等式（1）依然成立。

（4）2018年7月1日，企业向银行借款200 000元的短期借款用于偿还已到期的5年期银行借款。

解析：该项经济业务使企业的短期借款增加了200 000元，而长期借款减少了200 000元，实际上是企业借新债还旧债。也就是说，等式（1）右边一个项目增加一个项目减少，增减金额相等，总金额不变，因此并没有改变等式（1）的平衡关系。

2.5 会计科目和会计账户

会计科目与会计账户，是会计在从事财务工作时，必须记录的两个项目。设置会计科目，是设置会计账户、账务处理所遵循的规则和依据；而会计账户的设置，则能够反映会计要素的增减变动及结余情况，因此两者缺一不可。

2.5.1 会计科目

会计科目是按照经济业务的内容和经济管理的要求，对会计要素的具体内容进行分类核算的科目。

1. 会计科目的分类

（1）会计科目按其所反映的经济内容的不同，可分为资产类、负债类、共同类、所有者权益类、损益类和成本类会计科目6大类。

（2）会计科目按其所提供信息的详细程度及其统驭关系的不同，又分为总分类科目和明细分类科目。前者是对会计要素具体内容进行总括分类，提供总括信息的会计科目，如“应收账款”“原材料”等科目；后者是对总分类科目作进一步分类，提供更详细、更具体的会计信息的会计科目，如“应收甲公司货款”科目是对“应收账款”科目按债务人名称设置的明细分类科目，反映应收账款的具体对象。

2. 会计科目的设置

会计科目是设置会计账户、账务处理所遵循的规则和依据，是正确组织会计核算的一个重要条件。企业应在遵守国家相关规定的前提下，设置符合本企业实际经营情况的会计科目。设置会计科目时，应遵循以下几项原则。

（1）全面性原则。

会计科目是对会计要素具体内容进行分类核算的项目，会计科目的设置应能保证对各会计要素进行全面反映，形成一个完整的体系。

（2）合法性原则。

合法性原则，是指所设置的会计科目应当符合国家统一的会计制度的规定。中国现行的统一会计制度中均对企业设置的会计科目作出了规定，以保证不同企业对外提供的会计信息具有可比性。企业应当参照会计制度中统一规定的会计科目，根据自身的实际情况设置会计科目。企业设置的会计科目不得违反现行会计制度的规定，对于国家统一会计制度规定的会计科目，企业可以根据自身的生产经营特点，在不影响统一会计核算要求以及对外提供统一的财务报表的前提下，自行增设、减少或合并某些会计科目。

（3）相关性原则。

相关性原则，是指所设置的会计科目应当为提供有关各方所需要的会计信息服务，满足对外报告与对内管理的要求。根据企业会计准则的规定，企业财务会计报告提供的信息必须满足对内、对外各方面的需要，而设置会计科目必须服务于会计信息的提供，必须与财务会计报告的编制相协调、相关联。

（4）清晰性原则。

会计科目作为对会计要素分类核算的项目，要求简单明确，字义相符，通俗易懂。同时，企业对每个会计科目所反映的经济内容也必须做到界限明确，既要避免不同会计科目所反映的内容重叠的现象，也要防止全部会计科目未能涵盖企业某些经济内容的现象。

（5）简要实用原则。

在合法性的基础上，企业应当根据组织形式、所处行业、经营内容、业务种类等自身特点，设置符合企业需要的会计科目。会计科目设置应该简单明了、通俗易懂、突出重点，对不重要的信息进行合并或删减。

2.5.2 会计账户

会计账户简称账户，是根据会计科目设置的，具有一定的结构和格式，用来对会计对象的具体内容进行分类核算和监督的一种工具。会计账户的作用在于能够反映会计要素的增减变动及结余情况。

1. 会计账户的结构

经济业务引起会计要素的变化，不外乎增减两种类型，所以，任何一个账户都可以分为左右两方，这就是账户的基本结构。实际工作中，账户格式的设计一般包括以下内容：账户名称、日期和摘要、凭证号数、增加和减少金额。

在账户的左右两方中，到底哪一方记增加额，哪一方记减少额，取决于各账户所记录的经济业务内容和所采用的记账方法。会计账户结构如表2-3所示。

表2-3 会计账户结构

账户类别	借方	贷方	余额
资产类账户	增加额	减少额	借方
负债和所有者权益类账户	减少额	增加额	贷方
费用、成本类账户	增加额	减少额	无或在借方
收入类账户	减少额	增加额	无或在贷方

2. 会计科目与会计账户的联系与区别

会计科目是对会计要素对象的具体内容进行分类核算的项目，设置会计科目就是对会计对象的具体内容加以科学归类，从而进行分类核算和监督的一种方法。

会计账户是根据会计科目开设的,具有一定结构，用来系统、连续地记载各项经济业务的一种工具。会计科目与会计账户既相互联系又有所区别，如表2-4所示。

表2-4 会计科目与会计账户的联系与区别

<table>
<tr><td rowspan="3">联系</td><td colspan="2">会计账户根据会计科目设置，是会计科目的具体运用
会计科目是会计账户的名称，会计科目所反映的经济内容就是会计账户所要登记的内容</td></tr>
<tr><td colspan="2">二者开设的目的一致，都是为了对经济业务进行分类、整理，以提供管理所需要的会计信息</td></tr>
<tr><td colspan="2">二者的内容相同</td></tr>
<tr><td rowspan="3">区别</td><td>结构不同</td><td>会计科目是对会计要素具体内容的分类，本身没有结构
会计账户则有相应的结构，具体反映资金的运动状况，因此会计账户比会计科目分类更为明晰，内容更为丰富</td></tr>
<tr><td>具体作用不同</td><td>会计科目的具体作用主要表现为将会计对象的具体内容分为若干个相对独立的项目
会计账户则是在会计科目的基础上，再赋予一定的结构，能指明记账的方向，以核算各会计要素的增减变动方向和金额</td></tr>
<tr><td>制定或设置的方法不同</td><td>会计科目由国家统一制定，是会计制度的组成部分
会计账户则是由各单位根据会计科目的要求，结合本单位的实际情况开设的。实际工作中，先有会计科目，后有会计账户</td></tr>
</table>

【例2-3】

某企业2018年3月1日有关资金内容及金额如下。

（1）存放在企业的现金1 000元。

（2）存放在银行的款项300 000元。

（3）库存的各种材料19 000元。

（4）房屋900 000元。

（5）机器设备800 000元。

（6）投资者投入资本1 755 000元。

（7）购货方拖欠货款80 000元。

（8）从银行借入的半年期借款120 000元。

（9）库存的完工产品50 000元。

（10）拖欠供货方货款350 000元。

（11）企业留存的盈余公积75 000元。

（12）尚未完工的产品150 000元。

根据所给资料，利用表2-5说明每一项资金内容应属于资产、负债和所有者权益中的哪一类，具体应归属于哪一个会计科目。将各项金额填入各会计要素内容的相应栏次，并计算表中的合计数。

表2-5　企业资产、负债及所有者权益分析计算表

单位：元

<table>
<tr><th rowspan="2">资料序号</th><th colspan="3">属于会计要素类别及金额</th><th rowspan="2">应当归属会计科目</th></tr>
<tr><th>资产</th><th>负债</th><th>所有者权益</th></tr>
<tr><td>（1）</td><td>1 000.00</td><td></td><td></td><td>库存现金</td></tr>
<tr><td>（2）</td><td>300 000.00</td><td></td><td></td><td>银行存款</td></tr>
<tr><td>（3）</td><td>19 000.00</td><td></td><td></td><td>原材料</td></tr>
<tr><td>（4）</td><td>900 000.00</td><td></td><td></td><td>固定资产</td></tr>
<tr><td>（5）</td><td>800 000.00</td><td></td><td></td><td>固定资产</td></tr>
<tr><td>（6）</td><td></td><td></td><td>1 755 000.00</td><td>实收资本</td></tr>
<tr><td>（7）</td><td>80 000.00</td><td></td><td></td><td>应收账款</td></tr>
<tr><td>（8）</td><td></td><td>120 000.00</td><td></td><td>短期借款</td></tr>
<tr><td>（9）</td><td>50 000.00</td><td></td><td></td><td>库存商品</td></tr>
<tr><td>（10）</td><td></td><td>350 000.00</td><td></td><td>应付账款</td></tr>
<tr><td>（11）</td><td></td><td></td><td>75 000.00</td><td>盈余公积</td></tr>
<tr><td>（12）</td><td>150 000.00</td><td></td><td></td><td>生产成本</td></tr>
<tr><td rowspan="2">合计</td><td rowspan="2">2 300 000.00</td><td>470 000.00</td><td>1 830 000.00</td><td rowspan="2"></td></tr>
<tr><td colspan="2">2 300 000.00</td></tr>
</table>

2.6　综合演练

2.6.1　酒店行业会计科目的设置

演练要求：

为明辉酒店设置会计科目。明辉酒店是一家集餐饮、住宿为一体的综合性酒店。

演练解读：

对会计科目的选择与应用，可以从公司的实际情况入手，结合会计科目设置的原则，在整体的会计科目表中挑选出符合自己公司实际情况的会计科目。新会计准则下的会计科目表如2-6所示。

表2-6　会计科目

一、资产类		
序号	会计科目名称	会计科目适用范围
1	库存现金	
2	银行存款	
3	存放中央银行款项	银行专用
4	存放同业	银行专用
5	其他货币资金	
6	结算备付金	证券专用
7	存出保证金	金融共用
8	交易性金融资产	
9	买入返售金融资产	金融共用
10	应收票据	
11	应收账款	
12	预付账款	
13	合同资产	
14	合同资产减值准备	
15	应收股利	
16	应收利息	
17	应收代位追偿款	保险专用
18	应收分保账款	保险专用
19	应收分保未到期责任准备金	保险专用
20	其他应收款	
21	坏账准备	
22	贴现资产	银行专用
23	拆出资金	金融共用
24	贷款	银行专用
25	贷款损失准备	银行专用
26	代理兑付证券	银行和保险共用
27	代理业务资产	
28	材料采购	
29	在途物资	
30	原材料	
31	材料成本差异	
32	库存商品	
33	发出商品	
34	商品进销差价	
35	委托加工物资	
36	周转材料	承包商专用
37	消耗性物物资产	农业专用
38	贵金属	金融共用
39	抵债资产	金融共用
40	损余物资	保险专用
41	融资租赁资产	租赁专用

续表

序号	会计科目名称	会计科目适用范围
42	存货跌价准备	
43	持有待售资产	
44	持有待售资产减值准备	
45	长期股权投资	
46	长期股权投资减值准备	
47	投资性房地产	
48	长期应收款	
49	未实现融资收益	
50	存出资本保证金	保险专用
51	固定资产	
52	累计折旧	
53	固定资产减值准备	
54	在建工程	
55	工程物资	
56	固定资产清理	
57	未担保余值	租赁专用
58	生产性生物资产	农业专用
59	生产性生物资产累计折旧	农业专用
60	公益性生物资产	农业专用
61	油气资产	石油天然气开采专用
62	累计折耗	石油天然气开采专用
63	无形资产	
64	累计摊销	
65	无形资产减值准备	
66	商誉	
67	长期待摊费用	
68	递延所得资产	
69	独立账户资产	
70	待处理财产损溢	
二、负债类		
序号	会计科目科目名称	会计科目适用范围
71	短期借款	
72	存入保证金	金融共用
73	拆入资金	金融共用
74	向中央银行借款	银行专用
75	同业存放	银行专用
76	吸收存款	银行专用
77	贴现负债	银行专用
78	交易性金融负债	
79	卖出回购金融资产款	金融共用
80	应付票据	
81	应付账款	
82	预收账款	
83	合同负债	
84	应付职工薪酬	
85	应交税费	
86	应付股利	

续表

序号	会计科目科目名称	会计科目适用范围
87	应付利息	
88	其他应付款	
89	应付保户红利	保险专用
90	应付分保账款	保险专用
91	代理买卖证券款	证券专用
92	代理承销证券款	金融共用
93	代理兑付证券款	证券和银行共用
94	代理业务负债	
95	递延收益	
96	持有待售负债	
97	长期借款	
98	长期债券	
99	未到期责任准备金	保险专用
100	保险责任准备金	保险专用
101	保户储金	保险专用
102	独立账户负债	保险专用
103	长期应付款	
104	未确认融资费用	
105	专项应付款	
106	预计负债	
107	递延所得税负债	
三、共同类		
序号	会计科目名称	会计科目适用范围
108	清算资金往来	银行专用
109	外汇买卖	金融共用
110	衍生工具	
111	套期工具	
112	被套期项目	
四、所有者权益类		
序号	会计科目名称	会计科目适用范围
113	实收资本	
114	资本公积	
115	其他综合收益	
116	盈余公积	
117	一般风险准备	金融共用
118	本年利润	
119	利润分配	
120	库存股	
121	专项储备	
五、成本类		
序号	会计科目名称	会计科目适用范围
122	生产成本	
123	制造费用	
124	劳务成本	
125	研发支出	
126	工程施工	建造承包商专用
127	工程结算	建造承包商专用

续表

序号	会计科目名称	会计科目适用范围
128	机械作业	建造承包商专用
129	合同履约成本	
130	合同履约成本减值准备	
131	合同取得成本	
132	合同取得成本减值准备	
六、损益类		
序号	会计科目名称	会计科目适用范围
133	主营业务收入	
134	利息收入	金融共用
135	手续费收入	金融共用
136	保费收入	保险专用
137	租赁收入	租赁专用
138	其他业务收入	
139	汇兑损益	金融专用
140	公允价值变动损益	
141	投资收益	
142	资产处置损益	
143	其他收益	
144	摊回保险责任准备金	保险专用
145	摊回赔付支出	保险专用
146	摊回分保费用	保险专用
147	营业外收入	
148	主营业务成本	
149	其他业务成本	
150	税金及附加	
151	利息支出	金融共用
152	手续费及佣金支出	金融共用
153	提取未到期责任准备金	保险专用
154	提取保险责任准备金	保险专用
155	赔付支出	保险专用
156	保户红利支出	保险专用
157	退保金	保险专用
158	分出保费	保险专用
159	分保费用	保险专用
160	销售费用	
161	管理费用	
162	财务费用	
163	勘探费用	
164	资产减值损失	
165	营业外支出	
166	所得税费用	
167	以前年度损益调整	

酒店行业会计科目如表2-7所示。

表2-7　酒店行业会计科目

酒店会计科目			
属性	科目名称	级类	往来科目三级设置
资产	库存现金	一级	
资产	银行存款	一级	
资产	其他货币资金	一级	
资产	交易性金融资产	一级	
资产	应收账款	一级	
资产	应收账款——商务单位	二级	××客户
资产	应收账款——酒店职员	二级	××职员
资产	坏账准备	一级	
资产	应收票据	一级	
资产	应收票据——商务单位	二级	××客户
资产	预付账款	一级	
资产	预付账款——供应单位	二级	××供应商
资产	其他应收款	一级	
资产	其他应收款——员工短款	二级	××职员
资产	其他应收款——备用金	二级	××部门
资产	其他应收款——借款	二级	××职员/××单位
资产	其他应收款——其他	二级	××个人
资产	物料用品	一级	
资产	物料用品——服务用品	二级	
资产	物料用品——清洁用品	二级	
资产	物料用品——印刷品及文具	二级	
资产	物料用品——工程用品	二级	
资产	物料用品——玻瓷器皿	二级	
资产	物料用品——厨房用品	二级	
资产	物料用品——其他物资	二级	
资产	原材料	一级	
资产	原材料——毛料	二级	
资产	原材料——净料	二级	
资产	原材料——边脚料	二级	
资产	库存商品	一级	
资产	库存商品——食品	二级	
资产	库存商品——饮品	二级	
资产	库存商品——香烟	二级	
资产	库存商品——高档干货	二级	
资产	待处理财产损溢	一级	
资产	长期股权投资	一级	
资产	固定资产	一级	
资产	固定资产——土地及建筑物	二级	
资产	固定资产——供电设备	二级	
资产	固定资产——空调设备	二级	
资产	固定资产——通信设备	二级	
资产	固定资产——厨房设备	二级	
资产	固定资产——电脑设备	二级	
资产	固定资产——电梯	二级	

续表

属性	科目名称	级类	往来科目三级设置
资产	固定资产——营业家具	二级	
资产	固定资产——办公家具	二级	
资产	固定资产——音响设备	二级	
资产	固定资产——其他设备	二级	
资产	固定资产——装潢	二级	
资产	累计折旧	一级	
资产	累计折旧——土地及建筑物	二级	
资产	累计折旧——供电设备	二级	
资产	累计折旧——空调设备	二级	
资产	累计折旧——通信设备	二级	
资产	累计折旧——厨房设备	二级	
资产	累计折旧——电脑设备	二级	
资产	累计折旧——电梯	二级	
资产	累计折旧——营业家具	二级	
资产	累计折旧——办公家具	二级	
资产	累计折旧——音响设备	二级	
资产	累计折旧——其他设备	二级	
资产	累计折旧——装潢	二级	
资产	固定资产清理	一级	
资产	在建工程	一级	
资产	无形资产	一级	
资产	累计摊销	一级	
资产	递延所得税资产	一级	
负债	交易性金融负债	一级	
负债	应付账款	一级	
负债	应付账款——供应单位	二级	××供应商
负债	预收账款	一级	
负债	预收账款——商务单位	二级	××客户
负债	其他应付款	一级	
负债	其他应付款——员工押金	二级	××职员
负债	其他应付款——员工长款	二级	××职员
负债	其他应付款——员工工资	二级	××职员
负债	应付职工薪酬	一级	
负债	应交税费	一级	
负债	应交税费——应交增值税	二级	
负债	应交税费——应交城建税	二级	
负债	应交税费——应交教育费附加	二级	
负债	应交税费——应交房产税	二级	
负债	应交税费——应交城镇土地使用税	二级	
负债	应付利润	一级	
负债	长期借款	一级	
所有者权益	实收资本	一级	
所有者权益	资本公积	一级	
所有者权益	资本公积——资本溢价	二级	
所有者权益	资本公积——其他资本公积	二级	

续表

属性	科目名称	级类	往来科目三级设置
所有者权益	盈余公积——法定盈余公积	二级	
所有者权益	盈余公积——任意盈余公积	二级	
所有者权益	本年利润	一级	
所有者权益	利润分配	一级	
所有者权益	利润分配——未分配利润	二级	
所有者权益	利润分配——提取法定盈余公积	二级	
所有者权益	利润分配——提取任意盈余公积	二级	
成本	劳务成本	一级	
损益	主营业务收入	一级	
损益	主营业务收入——客房	二级	
损益	主营业务收入——食品	二级	
损益	主营业务收入——饮品	二级	
损益	主营业务收入——海鲜	二级	
损益	主营业务收入——香烟	二级	
损益	主营业务收入——其他	二级	
损益	主营业务成本	一级	
损益	主营业务成本——食品	二级	
损益	主营业务成本——饮品	二级	
损益	主营业务成本——海鲜	二级	
损益	主营业务成本——香烟	二级	
损益	销售费用	一级	
损益	销售费用——员工工资	二级	
损益	销售费用——员工福利	二级	
损益	销售费用——员工膳食	二级	
损益	销售费用——印刷品及文具	二级	
损益	销售费用——洗衣及制服	二级	
损益	销售费用——布草棉织品	二级	
损益	销售费用——布草洗涤	二级	
损益	销售费用——清洁用品	二级	
损益	销售费用——报刊杂志	二级	
损益	销售费用——服务用品	二级	
损益	销售费用——电信费	二级	
损益	销售费用——差旅费	二级	
损益	销售费用——水果鲜花植物	二级	
损益	销售费用——装饰费	二级	
损益	销售费用——广告及推销费	二级	
损益	销售费用——试餐费	二级	
损益	销售费用——厨房用具	二级	
损益	销售费用——燃料	二级	
损益	销售费用——维修费	二级	
损益	销售费用——排污费	二级	
损益	销售费用——电费	二级	
损益	销售费用——水费	二级	

续表

属性	科目名称	级类	往来科目三级设置
损益	销售费用——其他摊销	二级	
损益	销售费用——杂项	二级	
损益	税金及附加	一级	
损益	管理费用	一级	
损益	管理费用——员工工资	二级	
损益	管理费用——员工福利	二级	
损益	管理费用——员工膳食	二级	
损益	管理费用——印刷品及文具	二级	
损益	管理费用——洗衣及制服	二级	
损益	管理费用——报刊杂志	二级	
损益	管理费用——电信费	二级	
损益	管理费用——差旅费	二级	
损益	管理费用——招待费	二级	
损益	管理费用——招工费	二级	
损益	管理费用——培训费	二级	
损益	管理费用——保险费	二级	
损益	管理费用——证照费	二级	
损益	管理费用——开办费摊销	二级	
损益	管理费用——维修费	二级	
损益	管理费用——董事会费用	二级	
损益	管理费用——其他摊销	二级	
损益	管理费用——其他	二级	
损益	财务费用	一级	
损益	财务费用——银行手续费	二级	
损益	财务费用——利息	二级	
损益	投资收益	一级	
损益	营业外收入	一级	
损益	营业外收入——资产盘盈	二级	
损益	营业外收入——罚款收入	二级	
损益	营业外收入——杂项	二级	
损益	营业外支出	一级	
损益	营业外支出——资产盘亏	二级	
损益	营业外支出——罚款支出	二级	
损益	营业外支出——杂项	二级	

2.6.2 物业行业会计科目的设置

演练要求：

为聚地物业公司设置会计科目。聚地物业公司具有国家物业二级管理资质，承接各种类型的物业。

演练解读：

物业行业会计科目如表2-8所示。

表2-8　物业行业会计科目

代码	一级科目	二级科目	三级科目	四级科目
一、资产类				
1001	库存现金			
1002	银行存款			
1101	交易性金融资产			
1121	应收账款	01管理费	03按单位或个人开设	
		02水电费		
		03煤气费		
		04采暖费		
		05车位费		
		06开发商		
1231	坏账准备			
1221	其他应收款	01按单位或个人开设		
		02代收款项	01电费	
			02暖气费	
			03冷水	
			04热水	
			05天然气费	
			06电话初装费	
			07有线收视费	
			08租金	
			09卫视	
			10其他	
1403	原材料	01五金		
		02电料		
		03水暖		
		04其他		
1411	周转材料	01在用	01办公类	
			02电器类	
			03工具类	
			04机械类	
			05其他	
		02摊销		
		03在库		
1601	固定资产	01房屋及建筑物		
		02机器设备		
		03电子设备		
		04运输设备		

续表

代码	一级科目	二级科目	三级科目	四级科目
		05其他设备		
1602	累计折旧			
1606	固定资产清理			
1801	长期待摊费用			
1901	待处理财产损溢			
二、负债类				
2001	短期借款			
2202	应付账款	按单位开设		
2203	预收账款	01管理费		
		02保证金		
		03其他		
2211	应付职工薪酬			
2221	应交税费	01增值税		
		02城建税		
		03个人所得税		
		04车船税		
		05企业所得税		
		06教育费附加		
2232	应付股利	按投资单位或个人开设		
2241	其他应付款	01装修押金		
		02办证押金		
		03灭火器押金		
		04气罐押金		
		05其他		
2501	长期借款			
2701	长期应付款	01代管基金	01按幢开设	
			02基金利息	
		02开办费	按项目发展商名称开设	
三、所有者权益类				
4001	实收资本			
4002	资本公积			
4101	盈余公积	01法定盈余公积		
		02任意盈余公积		
4103	本年利润			
4104	利润分配	01未分配利润		
		02盈余公积补亏		

续表

代码	一级科目	二级科目	三级科目	四级科目
		03 应付现金股利或利润		
		04 提取盈余公积		
四、成本类				
5001	物业工程	01 公共部位、设施维修		
		02 管理用房、商业用房装修		
五、损益类				
6001	主营业务收入	01 物业管理收入	01 管理费	
			02 垃圾清运费	
			03 工本费	
			04 摆台	
			05 特约服务收入	
			06 其他	
		02 物业经营收入	01 停车场收入	
			02 球场收入	
			03 会所收入	
			04 商场	
			05 游泳池	
		03 物业大修收入	01 设备大修收入	
			02 房屋公用部位	
6401	主营业务成本	01 物业管理成本	01 维修费	01 人工费
				02 维修材料
				03 维修工具
				04 机电维修费
				05 电梯维修费
				06 楼宇维修费
				07 天线维护费
				08 材料工具费
				09 其他
			02 清洁绿化费	01 保洁费
				02 材料工具费
				03 能源费
				04 垃圾清运费
				05 化粪池清掏费
				06 绿化费
				07 其他
			03 保安消防费	01 保安费

续表

代码	一级科目	二级科目	三级科目	四级科目
				02服装费
				03材料工具费
				04其他
		02物业经营成本	01停车场成本	
			02球场成本	
			03会所成本	
			04商场成本	
			05游泳池成本	
		03物业大修成本	可根据需要设置明细科目	
6403	税金及附加	01城建税		
		02教育费附加		
		03印花税		
6051	其他业务收入	01手续费收入		
		02材料物资销售收入		
		03废品回收收入		
		04其他收入		
6402	其他业务成本			
6602	管理费用	01工资薪金		
		02办公费		
		03差旅费		
		04通信费		
		05固定资产折旧		
		06低值易耗品摊销		
		07水电费		
		08修理费		
		09租赁费		
		10审计费		
		11公共责任保险费		
		12广告宣传费		
		13业务招待费		
		14制装费		
		15上级经费		
		16社区文化活动费		
		17管委会经费		
		18其他		
6603	财务费用	01手续费		

续表

代码	一级科目	二级科目	三级科目	四级科目
		02银行利息		
6111	投资收益			
6901	以前年度损益调整			
6301	营业外收入			
6711	营业外支出			
6801	所得税费用			

第3章

会计凭证

会计核算中，不论发生什么样的经济业务，都需要按照记账规则，通过填制记账凭证来确定经济业务的会计分录，以便正确地进行账簿记录和事后检查。

会计凭证就是用来记录经济业务，明确经济责任，按一定格式编制，据以登记账簿的一种具有法律效力的书面证明。

3.1 会计凭证基础知识

会计凭证是进行会计工作的“第一要素”，也是推动会计工作、监控会计运作和完成进程的工具，故在公司法、票据法、会计法和企业会计制度等法规中，对会计凭证的内容、格式等都有统一的规定。

3.1.1 会计凭证的作用

正确地填制和严格地审核会计凭证，保证会计凭证的合法性，既是会计核算工作的起点，也是会计监督的第一道关口。

会计凭证的主要作用就是提供会计信息。会计人员可以根据会计凭证，对日常大量、分散的各种经济业务，进行整理、分类、汇总，经过专门的会计方法的处理，为经济管理提供有用的会计信息。会计凭证的具体作用表现为以下几个方面。

（1）通过会计凭证可以检查经济业务的真实性、合法性和合理性，为会计监督提供重要依据，以便监督、控制经济活动。通过对会计凭证的审核，可以检查经济业务的发生是否符合有关法律规定和企业内部管理制度规定，是否符合本企业业务经营、账务收支及预算的规定，以确保经济业务的合理、合法和有效性。

（2）通过会计凭证可以提供记账依据。所有的会计记录都要求有据可查，会计凭证就是用来记账的依据。通过会计凭证可以对经济业务进行适时的记录，再按照一定会计方法对会计凭证进行及时传递，这样会计凭证的填制和审核过程，就可以反映经济业务的发生和完成情况，从而为会计核算提供原始依据。

（3）通过会计凭证可以区分经济责任，为落实岗位责任制提供重要文件，强化企业的内部控制。在每项经济业务发生后，经办人员都需要取得或填制相应的会计凭证，证明经济业务的发生或完成；同时还需要有关人员在凭证上签字、盖章以明确责任。这样通过会计凭证的填制和审核程序，就可以使有关责任人能做到各负其责，而且可以在企业内部实现互相制约、互相监督，完善岗位责任制，进而防止错弊的发生。

（4）通过会计凭证可以反映相关经济利益关系，为维护合法权益提供法律证据。经济业务的发生是由单据来证明的，单据的证明效力体现为对双方的经济利益关系的同时证明。会计凭证是证明经济业务发生有力的法律文件，由此可明确双方的权利与义务。

3.1.2 会计凭证的种类

为了具体地认识、掌握和运用会计凭证，首先要对会计凭证加以分类。会计凭证按照填制程序和用途，分为原始凭证和记账凭证两类。

原始凭证根据来源，分为自制原始凭证和外来原始凭证。自制原始凭证又按其填制内容和填制方法不同，分为一次凭证、累计凭证和汇总凭证。

记账凭证按与货币资金的关系，分为收款凭证、付款凭证和转账凭证；按适用的经济业务，分为专用记账凭证、通用记账凭证和汇总记账凭证；按涉及科目是否单一，分为复式记账凭证和单式记账凭证。

会计凭证的分类如图3-1所示。

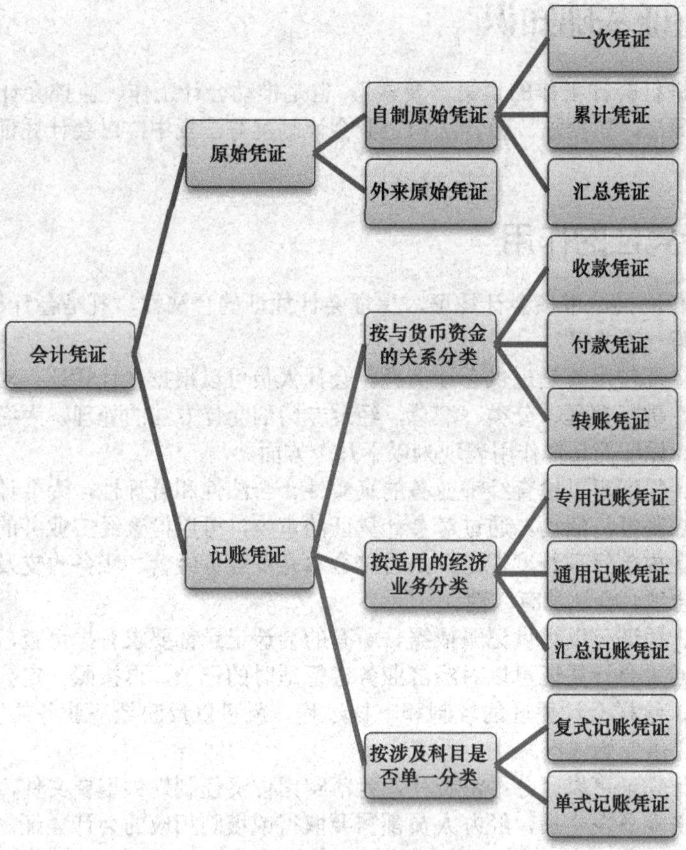

图3-1　会计凭证的分类

原始凭证和记账凭证同属于会计凭证，它们之间存在着密切的联系：原始凭证是记账凭证的基础，一般附在记账凭证后面，作为记账凭证的附件；记账凭证需要根据原始凭证编制，是对原始凭证所记载信息的提炼与概括。二者之间存在着以下区别。

（1）填制人员不同：原始凭证由业务的经办人员填制，经办人员可能来自本企业也可能来自于外单位；记账凭证则一律由本企业会计人员填制。

（2）填制的依据不同：原始凭证要对经济业务的发生或完成做出证明，根据已经发生或完成的经济业务填制；记账凭证依照规定取得并经过审核后的原始凭证归类整理后填制。

（3）所起的作用不同：原始凭证的作用在于证明，仅用以记录、证明经济业务已经发生或完成；记账凭证的作用则在于整理与提取，要依据会计科目对已经发生或完成的经济业务进行归类、整理，以便从中提取所需要的数字信息。

（4）后续的处理过程不同：原始凭证是填制记账凭证的依据，记账凭证根据整理后的原始凭证填制；记账凭证则是登记账簿的依据，记载证明经济业务发生的原始凭证不能直接作为登记账簿的依据。

3.2　原始凭证

原始凭证是证明经济业务发生的“一手”证据，用来表明经济业务已经发生或完成，进而明确经济责任，是作为记账依据的书面证明文件。证明差旅费用发生的车票、机票，证明材料采购的发票，证明货物入库的入库单等，都属于原始凭证。

3.2.1 原始凭证的分类

企业的日常经济业务中，原始凭证种类繁多，样式各异。由于标准不同，对原始凭证的分类也各有差异，原始凭证的分类如下。

1. 自制原始凭证

自制原始凭证是指在经济业务发生、执行或完成时，由本单位的经办人员自行填制的原始凭证，如产品入库单、领料单、报销单等。自制原始凭证按填制手续划分，又可分为一次凭证、累计凭证、汇总凭证和记账编制凭证4种。

（1）一次凭证。

一次凭证，是指只反映一项经济业务，或者同时反映若干项同类性质的经济业务，其填制手续是一次完成的会计凭证。一次凭证在企业中是一种常见的凭证，如企业购进材料验收入库，由仓库保管员填制的入库单（如图3-2所示）；由报销人员填制的、出纳人员据以付款的费用报销审批单（如图3-3所示），都是一次凭证。

入 库 单

供应商名称：德生药业　　2018年2月15日　　NO.000123

品名	规格	单位	数量	单价（不含税）	金额（不含税）	备注
双黄连片	12T	盒	50	2.11	105.50	票到
双黄连片	24T	盒	50	4.22	211.00	票到
清开灵片	12T	盒	50	0.74	37.00	票到
清开灵片	24T	盒	50	1.48	74.00	票到
小儿热速清	8袋	盒	50	5.56	278.00	票到
小儿热速清	6袋	盒	50	4.17	208.50	票到
合 计					914.00	

进货员：陈佳佳　　仓管员：周洲

图3-2　入库单

费 用 报 销 审 批 单

报销部门：销售部　　2018年6月20日　　单据及附件共　9　页

用途	金额（元）	备注	
餐费	580.00		
车费	68.00		
		领导审批	
合计	648.00		
金额大写　陆佰肆拾捌元整		原借款：　元	应退余款：　元

复核：　　出纳：王文　　报销人：田方　　领款人：

图3-3　费用报销审批单

（2）累计凭证。

累计凭证是指在一定期间内，连续多次记载不断重复发生的同类经济业务的原始凭证。对于累计凭证，直到期末，凭证填制手续才算完成，在这类凭证中作为记账依据的是期末累计数。工业企业常用的限额领料单是典型的累计凭证，如图3-4所示。

限额领料单

领料单位：生产一车间　　发料仓库：五金仓

用途：产品生产　　2018年8月　　凭证编号：08003

材料类别	材料编号	材料名称及规格	计量单位	领料限额	实际领用	单价	金额	备注
五金	1008	皮带扣	千克	500	480	5	2 400	
日期	请领数量	实发数量	退库数量	限额结余	发料人	领料人		
8.2	150	150		350	叶华	志清		
8.18	200	200		150	叶华	志清		
8.22	130	130		20	叶华	志清		
合计	480	480						

第三联财务联

供应部门负责人：　　生产部门负责人：伟峰　　仓库负责人：叶华

图3-4　限额领料单

由于在凭证填制的过程中已经对重复发生的业务记录进行了合并处理，所以使用累计凭证可以简化核算手续；同时，因为事先根据产品的特性与组成制定了材料耗用的预算，进而对材料的领用设定了限额，对材料消耗、成本管理也起到了事先控制的作用，可以帮助企业进行有效的计划管理。

（3）汇总凭证。

汇总原始凭证也称原始凭证汇总表，是指在会计核算工作中，将一定时期内若干份记录同类经济业务的原始凭证汇总编制一张汇总凭证，以简化记账凭证的编制工作，并按照一定的管理要求集中反映某项经济业务总括的发生情况。材料耗用汇总表就是一种汇总原始凭证，如表3-1所示。

表3-1　材料耗用汇总表

日期：　年　月　日　　　　　　　　共　页第　页

材料名称			规格			料号		单价		
制造单号	日期	生产车间	计划生产数	实际生产数	标准用量	领用量	退库量	实际用量	超用量	超耗率（%）
合计										
合计超用金额（单价*合计超用量）										

经理　　　　　　　　　　　　　　　　主管　　　　　　　　　　　　　　　　制表

在一张汇总凭证中，不能将两类或两类以上的经济业务汇总填列。

由于汇总凭证可以简化核算手续，提高核算工作效率，并能够直接为管理者提供某些综合指标，故在大中型企业中使用得非常广泛。

汇总凭证与累计凭证的区别在于，汇总凭证是对一系列相同的原始凭证进行整理合并后的“二手”原始凭证，而累计凭证就是“一手”的原始凭证。

（4）记账编制凭证。

记账编制凭证是由会计人员根据一定时期内某一账户的记录结果，对某一特定事项进行归类、整理而编制的，以满足会计核算或经济管理的需要的一种自制原始凭证。例如，在计算工资时编制的工资计算表，就是根据各种明细账记录按计算项的不同编制的，如表3-2所示。

表3-2　工资计算表

编制单位：　　　　　　　　　　所属月份：　　　　　　　　　　金额单位：元

序号	姓名	应发工资					其他应发			其他应扣						应扣部分（社保公积金）				代扣款项			实发金额
		基本工资	加班工资	施工津贴	绩效考核	小计	全勤奖	加班补贴	小计	缺勤扣款		事假扣款	病假扣款	迟到扣款	小计	养老保险	医疗保险	失业保险	住房公积金	个人所得税	其他	小计	
										天数	扣款												
合　计																							
单位负责人：　　　　财务：　　　　审核：　　　　制表人：																							

一般的原始凭证直接根据业务记录，即先有证明业务发生的原始凭证，再进行记账凭证的编制；而记账编制凭证是根据账簿记录和经济业务的需要编制的一种自制原始凭证，其是一种为了编制记账凭证而专门编制的原始凭证。

2. 外来原始凭证

外来原始凭证是指在同其他单位发生经济业务往来时，从对方单位取得的用以证明业务发生的凭证。企业在购买材料、商品时，从供货单位取得的发票就是外来原始凭证。

外来原始凭证都属于一次凭证，常见的有：增值税专用发票（如图3-5所示）、增值税普通发票（如图3-6所示）、增值税电子普通发票（如图3-7所示）、通用机打发票（如图3-8所示）、机动车销售统一发票等。

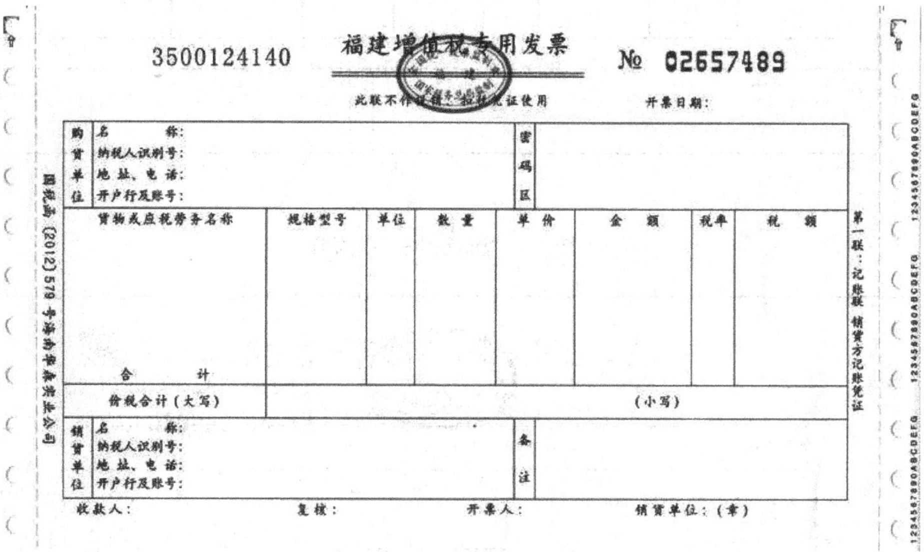

3500124140　福建增值税专用发票　№ 02657489

此联不作报销、扣税凭证使用　开票日期：

购货单位	名　称： 纳税人识别号： 地 址、电 话： 开户行及账号：	密码区					
货物或应税劳务名称	规格型号	单位	数量	单价	金额	税率	税额
合　计							
价税合计（大写）				（小写）			
销货单位	名　称： 纳税人识别号： 地 址、电 话： 开户行及账号：	备注					

收款人：　复核：　开票人：　销货单位：（章）

国税函〔2012〕579号海南华森实业公司

第一联：记账联　销货方记账凭证

图3-5　增值税专用发票

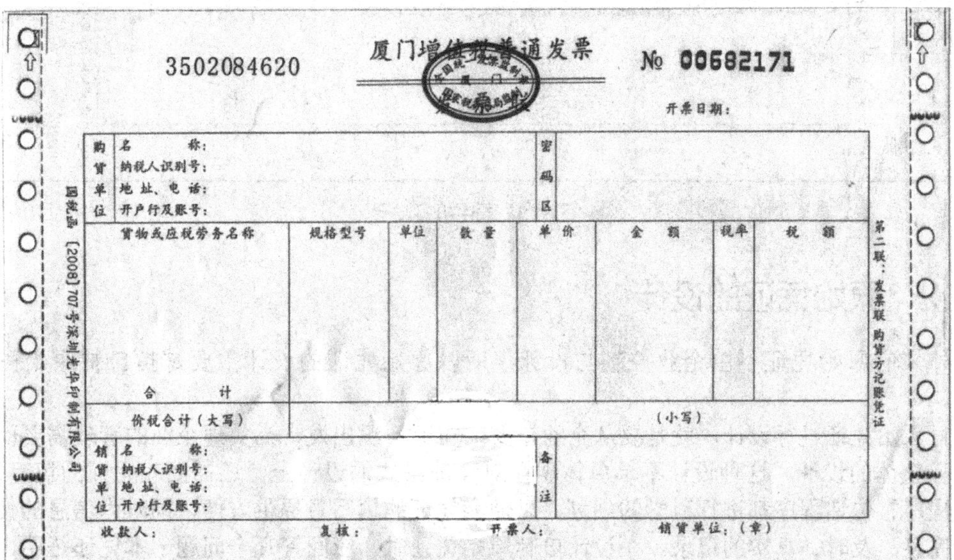

3502084620　厦门增值税普通发票　№ 00682171

开票日期：

购货单位	名　称： 纳税人识别号： 地 址、电 话： 开户行及账号：	密码区					
货物或应税劳务名称	规格型号	单位	数量	单价	金额	税率	税额
合　计							
价税合计（大写）				（小写）			
销货单位	名　称： 纳税人识别号： 地 址、电 话： 开户行及账号：	备注					

收款人：　复核：　开票人：　销货单位：（章）

国税函〔2008〕707号深圳光华印制有限公司

第二联：发票联　购货方记账凭证

图3-6　增值税普通发票

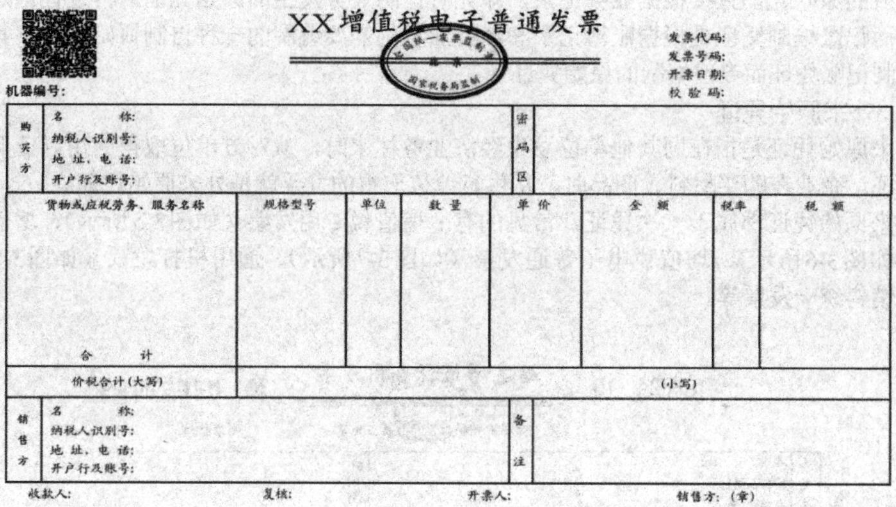

图3-7　增值税电子普通发票

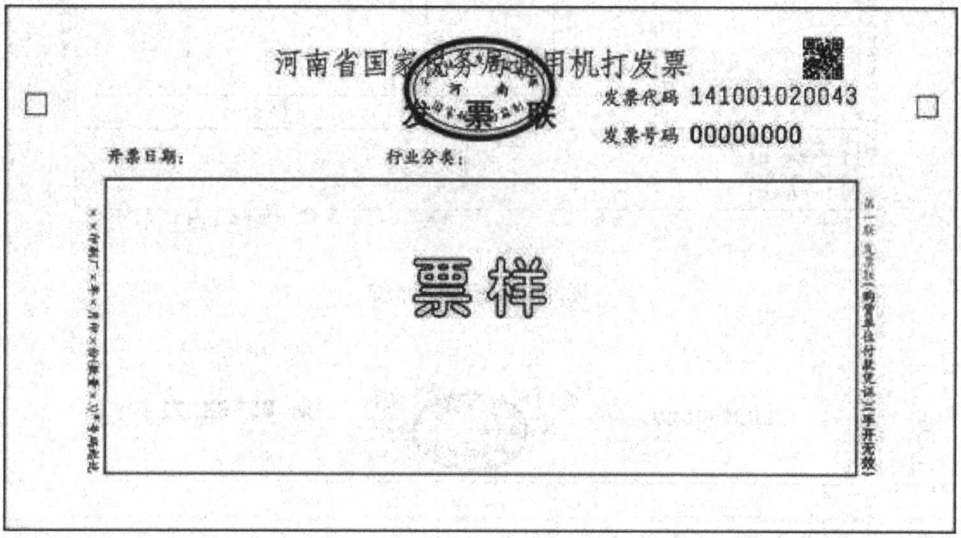

图3-8　通用机打发票

3.2.2　原始凭证的设计

外来的原始凭证不由企业控制与设计，所以原始凭证的设计主要是指自制原始凭证的设计。

对原始凭证进行设计，就是要从企业自身的实际情况出发，为实现企业的管理需要而对凭证进行整体的设计。这种设计不单单体现在对凭证格式的设计上，还需要对凭证的填写规范、审核程序、传递程序都进行科学的规划，以便为凭证的填写者提供方便，同时为信息的使用者提供完整、及时、真实的记录。在设计自制原始凭证时，应回答几个问题：本凭证是用来证明什么经济事项？需要记录经济事项的哪些方面才能起到证明的效果？处理本项经济事项时需要经过哪几道手续，涉及的相关人员有哪些？作为编制记账凭证或登记分类账、日记账的依据时对数据有什么专门要求？审核本原始凭证时会从哪些方面入手？

1. 原始凭证的设计内容

在对以上问题有了清楚的答案后，就可以着手设计原始凭证的内容、格式和联次等具体事宜了。一份完整的原始凭证应该包括以下内容。

（1）原始凭证的名称。

（2）凭证的编号。

（3）填制凭证的日期。

（4）对方单位的名称。

（5）经济业务或事项的内容摘要。

（6）经济事项所涉及的数量、单价和金额。金额要求大小写齐全，在设计原始凭证时要预留大写的位置。

（7）填制凭证单位、人员的签章。

（8）凭证的联次、相关的附件等。

2. 设计原始凭证的步骤

设计原始凭证的基本步骤包括以下5个方面。

（1）确定所需原始凭证的种类。

（2）明确各种原始凭证的用途。

（3）确定原始凭证的格式。

（4）规定原始凭证的传递程序。

（5）严格原始凭证的保管制度。

原始凭证的设计过程就是按照上述5个步骤来回答问题的过程，答案不唯一，但是要想很好地回答这几个问题，就需要在设计时遵循一定的原则。

3. 设计原始凭证的原则

在设计原始凭证时，一般可以遵循实用、清晰、统一、经济等原则。

（1）实用原则。

实用可以说是自制原始凭证设计的出发点，在实际的工作中往往是有需求才会有原始凭证的设计。在设计时要时刻围绕这一基本原则，务必做到凭证设计出来后能在实际工作中发挥作用，能够满足凭证使用者的要求、企业的管理需要和内部控制的需要。实用原则的要求及作用如表3-3所示。

表3-3 实用原则的要求及作用

要求	作用
适应企业生产经营的特点	满足统计部门、业务部门以及其他有关部门对业务管理的具体要求
适应企业内部机构设置和人员分工情况	贯彻内部控制制度，防止错误及舞弊行为
保证原始凭证简便易行，促使会计信息及时、高效传递	便于各种核算、控制、分析和检查

（2）清晰原则。

作为实用原则的延伸，在设计自制原始凭证时还要注意遵循清晰原则。这就要求所设计的凭证能够对所发生经济事项真实正确地反映，做到反映全面、内容齐全、重点突出、易于区分，清晰原则的内容如表3-4所示。

表3-4 清晰原则的内容

原则	内容
反映全面	能全面反映经济活动的真实情况，如经济活动的发生时间、地点、内容、责任等情况，使人们一看便知
内容齐全	凭证要素齐全，如对外原始凭证中应设计凭证名称、填制日期、填制单位、接受单位、业务内容、数量、单价、计量单位、金额大小写、填制人签章等内容

续表

原则	内容
重点突出	中心内容或主要内容应排列在凭证的重要位置
易于区分	颜色鲜明、易于区分不同用途的联次，如收款收据一般为三联，第一联为存根联，第二联为收据联，第三联为记账联，各联颜色应有明显区别，在凭证中标明各联联次

（3）统一原则。

统一性原则是指既有凭证格式的统一要求，也有凭证内容的统一要求，一个单位的凭证内容和格式应尽量做到统一和标准化。

统一性原则要求，凭证的内容和格式应尽量做到统一和标准化。全国范围内使用的凭证如船票、机票、增值税专用发票等，有关部门设计时应做到全国统一，不能大小不一、内容不一。单位内部使用的凭证应做到标准化。贯彻统一性原则不仅使凭证内容更清晰，同时也便于装订和归档保存，还有利于标准化的处理以及电子化操作和在更大范围内传递及使用信息。

（4）经济原则。

经济原则要求设计者做到：尽量考虑一证两用或多用，以节约纸张和减少数字的转抄。如借款凭证代付款凭证等；凭证面积以能充分反映业务内容为原则，不宜过大或过小，过大则浪费纸张，增加了印刷成本，过小则不便于保管；专用凭证的常用项目应事先印刷在凭证上，以免手写耽误时间且影响整洁和美观。

3.2.3 原始凭证的填制

企业需要开具的原始凭证有两类：一类是面向外单位，是对双方经济往来业务的证明，一般是以发票的形式开具；另一类是自己内部使用的单据，用来证明内部发生的经济事项。这两种原始凭证填制的要求基本是一样的，只是在证明效力的格式上略有不同。具体来说，原始凭证填制的要求如下。

（1）所发生的业务真实可靠，出具的票据内容完整。

（2）票据的填写时限符合要求，填制及时。

（3）大小写金额相符，数量、金额的合计数正确，所要求的附件齐全。

（4）填制原始凭证，要用蓝色或黑色笔填写，字迹必须清晰、工整，数字、文字的书写要符合规范。

（5）一式多联的原始凭证，应当注明各联的用途，只能以一联作为报销凭证。一式多联的发票和收据，必须一次套写清楚，不可以进行重复描写，并连续编号，不允许跳号使用。

（6）原始凭证不得涂改、挖补。发现原始凭证有错误的，应当由开出单位重开或者更正，更正处应当加盖开出单位的公章。

（7）发票禁止外借其他单位使用，禁止超出经营范围开具发票。

对于原始凭证的书写要求，对内与对外的要求是一样的，但是在证明效力的格式上对内与对外有所不同：对外单位的票据一般是以发票的形式出现，而发票是由税务部门统一印制的，有着自身具体的填写要求，这部分只要按照规定填写齐全，没有空白项目，并且在指定的位置加盖发票专用章就可以实现它的证明效力。

注意：机制发票的打印基本是统一的，遵循填制规则即可，无需变动；如果是手写发票，就要遵循前面的要求填制。

对于单位内部用以流转证明的原始票据，一般不需要盖章证明（在一些大的企业中也会要求加盖本部门的章），但是要求经手人员签字以分清责任，落实企业的内部控制制度。在书写方面，也同样要求内容齐全、书写清晰，不能因为在内部使用就降低书写的要求。

3.2.4 原始凭证的审核

取得的原始票据要作为填制记账凭证的依据，为了防止错弊的发生，原始票据的所有填写项目不得涂改、刮擦；如果发票有错误，应由开票单位重开，不得在原始凭证上自行更正；有涂改、大小写金额不符、假发票以及未盖章的票据一律不得作为报销凭据。

对于原始凭证的审核，应从内在与外观两方面入手，审核原始凭证的真实性、合理性、合法性、完整性与正确性。

对于原始凭证的审核，一方面要求企业有一套严格的报销审批制度，对发票所记载事项及其合理性由相关人员进行解释，并由其直接上级进行预审报批；另一方面要求财务人员具备相应的专业知识，对发票的真伪验证有一定的专业技能；还要对本单位的业务情况有所了解，对经济事项的发生与否有着自己独立的判断。

对于凭证的外观，可以从发票审核的“八审八看”入手，如表3-5所示。

表3–5 发票审核的“八审八看”

“八审”	具体内容	“八审”	具体内容
审“内容”	看是否符合财务制度、法律法规规定和费用开支标准	审“财务签章”	看是否与企业或单位名称相符
审“抬头”	看是否与本单位名称（报账人姓名）相符	审“金额”	看计算是否正确、完整
审“填制日期”	看是否与报账日期相近	审“大小写”	看大小写是否一致
审“用途”	看是否与“发票”或“收据”相关联	审“脸面”	看有无涂改、刮擦、纸贴现象

从外单位取得的原始凭证如发生遗失，应当取得原开出单位盖有公章的证明，并注明原来凭证的号码、金额和内容等，由本单位会计主管人员和单位领导人批准后，才能代作原始凭证。如果确实无法取得证明的，如火车票、轮船票、飞机票等凭证，由当事人写出详细情况，由本单位会计主管人员和单位领导人批准后，代作原始凭证。

3.3 记账凭证

记账凭证是企业内部会计人员根据审核后的原始凭证对经济业务事项按其性质进行归类、整理和汇总，并按照会计准则和记账规则确定会计分录编制而成的凭证，是直接登记账簿的依据。

由于原始凭证来源不同，种类繁多，格式不一，不能准确清楚地提取所应记入账簿的信息。为了便于登记账簿，需要对原始凭证加以归类和整理，确定会计分录，这就要求填制具有统一格式的记账凭证，并将相关的原始凭证附在记账凭证后面。

将原始凭证进行整理后编制记账凭证，可以简化后续的账簿登记工作、减少差错，而且在实务处理时将原始凭证附在记账凭证之后，不仅有利于原始凭证的保管，而且便于对账和查账。

3.3.1 记账凭证的分类

记账凭证根据分类依据的不同可分为不同的类别。

1. 按适用的经济业务分

记账凭证按适用的经济业务，分为专用记账凭证和通用记账凭证两类。

专用记账凭证，是用来专门记录某一类经济业务的记账凭证。专用凭证按所记录的经济业务是否与现金和银行存款的收付有关，可分为收款凭证、付款凭证和转账凭证三种。其中，收款凭证和付款凭证又根据现金和银行存款的不同而具体细分为现金收款凭证、银行存款收款凭证、现金付款凭证和银行存款付款凭证。

通用记账凭证，也就是以一种格式记录全部经济业务，一般就叫作记账凭证。在经济业务比较简单的单位，为了简化凭证填制手续，可以使用通用记账凭证记录所发生的各种经济业务。

（1）收款凭证。

收款凭证是用来记录货币资金收款业务的凭证，根据库存现金和银行存款收款业务的原始凭证填制，如图3-9所示。

（2）付款凭证。

付款凭证是用来记录货币资金付款业务的凭证，根据现金和银行存款付款业务的原始凭证填制，如图3-10所示。

收款凭证和付款凭证用来记录货币资金收付业务，是现金日记账、银行存款日记账、明细分类账及总分类账等的登记依据。理论上，为了加强对货币资金的管理与监督，出纳人员不能仅仅依据现金、银行存款收付业务的原始凭证收付款项，必须根据会计主管人员或指定人员审核批准的收款凭证和付款凭证收付款项。

收 款 凭 证

借方科目：银行存款　　2018 年 5 月 2 日　　银收字第 2 号

摘要	贷方科目		金额	记账√
	总账科目	明细科目		
收货款	应收账款	德鑫公司	80 000.00	
合计			¥80 000.00	

附单据1张

财务主管：　记账：　出纳：　审核：　制单：王文

图3-9 收款凭证

付 款 凭 证

贷方科目：库存现金　　2018 年 8 月 11 日　　现付字第 1 号

摘要	借方科目		金额	记账√
	总账科目	明细科目		
提取现金	银行存款	中国银行	20 000.00	
合计			¥20 000.00	

附单据1张

财务主管：　记账：　出纳：　审核：　制单：王文

图3-10 付款凭证

在实际的业务处理中，为了避免烦琐的凭证传递手续，出纳人员往往是先进行款项支付再填制记账凭证，这时就涉及一些自制的原始凭证（记账编制凭证），如报销凭证、请款单等。

（3）转账凭证。

转账凭证是用来记录与收付款业务无关的，即不需要收付现金和银行存款的各项业务的凭证，根据有关转账业务的原始凭证填制，如图3-11所示。

（4）通用记账凭证。

通用记账凭证的格式类似于转账凭证，两者的不同之处在于转账凭证中的科目不涉及库存现金和银行存款，而通用记账凭证中的科目可能涉及库存现金和银行存款。通用记账凭证，如图3-12所示。

转 账 凭 证

2018 年 8 月 31 日　　转字第 66 号

摘要	会计科目		借方金额	贷方金额	记账√
	总账科目	明细科目			
计提本月折旧费	管理费用	折旧费	8 000.00		
	累计折旧			8 000.00	
合计			¥8 000.00	¥8 000.00	

附单据1张

财务主管：　记账：　出纳：　审核：　制单：王文

图3-11 转账凭证

通 用 记 账 凭 证

2018 年 9 月 18 日　　第 35 号

摘要	会计科目		借方金额	贷方金额	记账√
	总账科目	明细科目			
付货款	应付账款	盛明公司	200 000.00		
	银行存款			200 000.00	
合计			¥200 000.00	¥200 000.00	

附单据2张

财务主管：　记账：　出纳：　审核：　制单：王文

图3-12 通用记账凭证

记账凭证按适用的经济业务进行分类是常见的一种分类方式，其他的分类方式对理解账务处理有所帮助，但是实际使用不多，可以只进行理论学习。

2. 按包括的会计科目是否单一分

记账凭证按包括的会计科目是否单一，分为复式记账凭证和单式记账凭证两类，如表3-6所示。

表3-6　记账凭证按会计科目是否单一分类

凭证类别	说明	优点	缺点
复式记账凭证	又称多种科目记账凭证，要求将某项经济业务所涉及的全部会计科目集中填列在一张记账凭证上	可以集中反映账户的对应关系，因而便于了解经济业务的全貌，了解资金的来龙去脉；便于查账，同时可以减少填制记账凭证的工作量，减少记账凭证的数量	不便于汇总计算每一会计科目的发生额，不便于分工记账
单式记账凭证	又称单科目记账凭证，要求将某项经济业务所涉及的每个会计科目，分别填制记账凭证，每张记账凭证只填列一个会计科目，其对方科目只供参考，不据以记账	便于汇总计算每一个会计科目的发生额，便于分工记账	填制记账凭证的工作量大，出现差错不易查找

前述收款凭证、付款凭证和转账凭证以及通用记账凭证都是复式记账凭证，单式记账凭证用得比较少。

图3-12所示的通用记账凭证为一份复式记账凭证，如果将其中反映的业务使用单式记账凭证填写，涉及两张凭证，如图3-13和图3-14所示。

记　账　凭　证

2018 年 9 月 18 日　　第 35 号

摘要	会计科目		借方金额	贷方金额	记账√
	总账科目	明细科目			
付货款	应付账款	盛明公司	200 000.00		
合计			¥200 000.00	¥0.00	

附单据2张

财务主管：　记账：　出纳：　审核：　制单：王文

图3-13　单式记账凭证（1）

记　账　凭　证

2018 年 9 月 18 日　　第 35 号

摘要	会计科目		借方金额	贷方金额	记账√
	总账科目	明细科目			
付货款	银行存款			200 000.00	
合计			¥0.00	¥200 000.00	

附单据2张

财务主管：　记账：　出纳：　审核：　制单：王文

图3-14　单式记账凭证（2）

3. 按是否经过汇总分

记账凭证按是否经过汇总，可以分为汇总记账凭证和非汇总记账凭证。

汇总记账凭证是根据记账凭证按一定的方法汇总填制的记账凭证，又可分为分类汇总记账凭证（如图3-15所示）和全部汇总记账凭证（如图3-16所示）两种。

非汇总记账凭证是没有经过汇总的记账凭证，前面介绍的收款凭证、付款凭证、转账凭证以及通用记账凭证都是非汇总记账凭证。

记　账　凭　证

2018 年 9 月 30 日　　第180号

摘要	会计科目		借方金额	贷方金额	记账√
	总账科目	明细科目			
管理费用汇总	管理费用		171 675.86		
	银行存款			51 679.32	
	库存现金			7 947.55	
	应付职工薪酬			96 264.73	
	累计折旧			15 784.26	
合计			¥171 675.86	¥171 675.86	

附单据　张

财务主管：　记账：　出纳：　审核：　制单：王文

图3-15　分类汇总记账凭证

记　账　凭　证

2018 年 9 月 10 日　　第50号

摘要	会计科目		借方金额	贷方金额	记账√
	总账科目	明细科目			
1-10 日汇总	银行存款		256 483.59	178 927.46	
	库存现金		5 000.00	7 947.55	
	管理费用		36 867.42		
	应交税费		157 469.12	159 734.88	
	库存商品		576 484.79		
	主营业务收入			446 095.03	
	其他业务收入			165 600.00	
	应收账款		276 000.00	350 000.00	
合计			¥1 308 304.92	¥1 308 304.92	

附单据　张

财务主管：　记账：　出纳：　审核：　制单：王文

图3-16　全部汇总记账凭证

3.3.2　记账凭证的填制

确认了记账凭证的基本内容后，会计人员还需要掌握填制记账凭证的一般要求，这些要求具体如下。

（1）依据真实。即填制记账凭证前，要认真复核原始凭证，确认其记载的经济事项真实后才能据以填制记账凭证。

（2）分类正确且内容完整。即在填制记账凭证时，涉及货币资金的业务，要按收付款业务分别采用收款凭证或付款凭证；不涉及货币资金的经济业务采用转账凭证，且要将所有相关项目填列完整。

（3）编号连续。为了方便对记账凭证的管理和日后资料的查找，对所有记账凭证均需连续编号。如果一笔经济业务需要填制两张以上记账凭证，可以采用分数编号法编号。

一般企业都会采取1个月内连续编号的方式。随着计算机技术在会计核算中的应用，很多企业的财务核算体系采用了双编号方式：每月按凭证顺序编号，全年内还有统一、连续的档案编号等。

（4）日期正确。即记账凭证的填制日期与经济业务的发生日期不一定一致。

（5）摘要简明正确。摘要是对经济业务的高度概括，如果不翻阅原始凭证，直接通过记账凭证了解经济业务的详细资料，简单明了的摘要就非常重要。

（6）分录正确。编制会计分录时，要选择正确的会计科目，只有会计科目正确，最终的财务报表才能正确。

（7）附件数量完整。即记账凭证上应注明所附的原始凭证张数，以便查核。

除结账和更正错误的记账凭证可以不附原始凭证外，其他记账凭证必须附有原始凭证。如果一张原始凭证涉及多张记账凭证，可以把原始凭证附在一张主要的记账凭证后面，并在其他记账凭证上注明附有该原始凭证的记账凭证的编号或者附原始凭证复印件。

另外，如果一张原始凭证所列支出需要几个单位共同负担，应当按其他单位应负担的部分，向对方开出原始凭证分割单。原始凭证分割单必须具备原始凭证的基本内容，如凭证名称、填制凭证日期、填制凭证单位名称或者填制人姓名、经办人的签名或者盖章、接受凭证单位名称、经济业务内容、数量、单价、金额和费用分摊情况等。

（8）填制凭证人员、稽核人员及会计主管人员签名或者盖章。

（9）书写规范、清楚。

（10）记账凭证可以根据每一张原始凭证填制，或者根据若干张同类原始凭证汇总填制，也可以根据原始凭证汇总表填制。但不得将不同内容和类别的原始凭证汇总填制在一张记账凭证上。

（11）如果在填制记账凭证时发生错误，应当重新填制。

如果是已经登记入账的记账凭证，在当年内发现填写错误时，可以用红字填写一张与原内容相同的记账凭证，在摘要栏注明“注销某月某日某号凭证”的字样，同时再用蓝字重新填制一张正确的记账凭证，注明“订正某月某日某号凭证”字样。如果会计科目没有错误，只是金额错误，也可以将正确数字与错误数字之间的差额，另编一张调整的记账凭证，调增金额用蓝字，调减金额用红字。但如果发现以前年度记账凭证有错误时，只能用蓝字填制一张更正的记账凭证。

（12）填制完记账凭证后，如果出现空行，一定要自凭证的“金额栏”最后一笔金额数字下的空行处至“合计数”上的空行处，进行划线注销。

3.3.3 记账凭证的审核

填制的记账凭证，必须经过审核无误后，才能据以登记账簿。记账凭证审核的主要内容如下。

（1）审核形式是否齐全：记账凭证上的填写项目是否填写清楚、完整，摘要、金额是否填写正确，编号是否连续，有关人员的签章是否齐全。

（2）审核内容是否合法：记账凭证中载明的业务内容是否合法、是否符合本企业的实际经营情况，应借应贷的科目使用是否正确。

（3）审核附件是否有效：记账凭证是否附有原始凭证，所附原始凭证是否齐全，记账凭证的经济内容是否与所附的原始凭证的内容相符，记账凭证上的金额是否与所附原始凭证的金额合计相等。

在审核的过程中若发现记账凭证有错误，应重新填制正确的记账凭证，并将错误凭证作废或撕毁。已经登记入账的记账凭证，在当年内发现填写错误时，应用红字填写一张与原内容相同的记账凭证，在摘要栏注明“注销某月某日某号凭证”，同时再用蓝字重新填制一张正确的记账凭证，注明“订正某月某日某号凭证”。如果会计科目没有错误，只是金额错误，也可以将正确数字与错误数字之间的差额，另编一张调整的记账凭证，调增金额用蓝字，调减金额用红字。发现以前年度的错误，应用蓝字填制一张更正的记账凭证。

3.4 会计凭证的传递和保管

会计工作的特点在于分工负责、互相牵制，经济业务的发生或完成及记录是由若干责任人共同负责、分工完成的。会计凭证作为记录经济业务、明确经济责任的书面证明，需要有严格的传递顺序和保管制度来体现会计工作的这种严密分工与互相稽核的特质。

3.4.1 会计凭证的传递

会计凭证的传递，是指从取得原始凭证、填制记账凭证、依据记账凭证登记账簿、到归档保管为止的全部过程，也就是会计凭证在企业内部相关人员和部门之间传送、交接的过程。

（1）会计凭证传递的要素如表3-7所示。

表3-7　会计凭证传递的要素

要素	凭证传递
有序的传递路线	各单位应根据经济业务的特点、机构设置、人员分工情况，以及经营管理上的需要，明确规定会计凭证的联次及其传递流程。既要使会计凭证经过必要的环节进行审核和处理，又要避免会计凭证在不必要的环节停留，从而保证会计凭证沿着简捷、合理的路线传递
合理的传递时间	会计凭证的传递时间是指各种凭证在各经办部门、环节所停留的最长时间。应考虑各部门和有关人员在正常情况下办理经济业务所需时间来合理确定会计凭证的传递时间。明确会计凭证的传递时间，能防止拖延处理和积压凭证，保证会计工作的正常秩序，提高工作效率。一切会计凭证的传递和处理，都应在报告期内完成。否则，将会影响会计核算的及时性
严密的传递手续	会计凭证的传递手续是指在凭证传递过程中的衔接手续。应该做到既完备严密，又简便易行。凭证的收发、交接都应按一定的手续办理，以保证会计凭证的安全和完整

注意：一般来说，经济业务的内容决定会计凭证的传递程序，办理经济业务手续所需的时间决定会计凭证的传递时间。

（2）会计凭证传递的路线图。

图3-17是会计凭证在企业内传递的路线图。

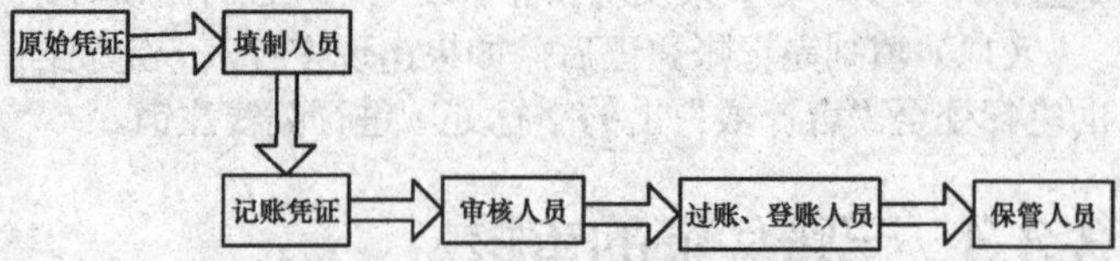

图3-17 会计凭证传递的路线图

（3）会计凭证传递的意义。

作为重要的经济档案，会计凭证科学、及时地在企业内部传递，是会计核算得以正常、有效进行的前提。企业应制定科学、合理的传递程序，以保证会计凭证在传递过程中的安全、及时、准确和完整。

3.4.2 会计凭证的保管

会计凭证的保管，是指对使用过的并经整理、装订好的会计凭证的编目和归档保管。

1. 会计凭证的保管人员

保证会计凭证的安全与完整是企业全体会计人员的共同职责。

受企业业务量大小和内部组织结构完善程度的影响，一些企业设立了专门的档案部门负责保管企业内部所有的文卷和资料，其中就包括会计资料。即便这样，会计凭证在立卷存档之前，其整理、装订等保管工作也应由会计部门负责；只有确定装订、编目并移交给档案管理部门后，会计凭证才由档案管理部门负责保管。

2. 会计凭证的保管要求

（1）会计凭证应当定期装订成册，防止散失。

（2）应当按一定的标准对会计凭证进行分类、编目，便于以后查找和翻阅。

（3）会计凭证的封面应当填写完整。

（4）长期不需翻阅或翻阅频率很低的会计凭证，应当加贴封条，防止抽换凭证。

（5）原始凭证数量较多时可以单独装订保管。

（6）原始凭证一般不得外借，因为特殊原因确实需要借阅的，需履行借阅手续。

（7）会计凭证应按国家《会计档案管理办法》规定的期限保管。原始凭证、记账凭证和汇总凭证至少应保存30年。

（8）达到保管期限可以销毁的会计凭证，需要办理销毁手续，对其中重要的资料，会计部门应当留存复印件。

3. 会计凭证保管过程中应注意的问题

（1）会计凭证应及时传递，不得积压。记账凭证在装订成册之前，原始凭证一般用回形针或大头针固定在记账凭证后面，在这段时间内，凡使用记账凭证的会计人员都有责任保管好原始凭证和记账凭证。使用完闭后要及时传递，并且要严防会计凭证在传递过程中散失。

（2）对于性质相同、数量过多或各种随时需要查阅的原始凭证，如收、发料单，工资表等，可以单独装订保管，在封面上注明记账凭证种类、日期、编号，同时在记账凭证上注明“附件另订”，并需注明对应的原始凭证的名称及编号。

（3）各种经济合同和涉外文件等凭证，应另编目录，单独装订保存，同时在记账凭证上注明“附件另订”。

（4）原始凭证不得外借，其他单位和个人经本企业相应负责人批准调阅会计凭证，要履行借阅手续。如填写会计档案调阅表，详细填写借阅会计凭证的名称、调阅日期、调阅人姓名和工作单位、调阅理由、归还日期、调阅批准人等。调阅人员一般不允许将会计凭证携带外出。需复制会计凭证的，要说明所复制的会计凭证名称、张数，经本企业相应负责人同意后在本企业会计人员监督下进行，并应登记与签字。

3.5 综合演练

3.5.1 开具发票的处理

演练要求：

开具发票并进行账务处理（写出分录）。

（1）开票内容。

提供企业管理服务，取得企业管理服务收入10.3万元（含税）。

（2）购货单位信息。

名称：青岛东方有限公司

税号：913717217123456789

地址、电话：青岛平度市李园街道111号 0532-88123456

开户行及账号：青岛农村商业银行平度田庄支行 9020102507142123456789

（3）销售单位信息。

名称：广西华纳培训公司

税号：91450000123456789R

地址、电话：北海市四川南路888号 0779-3456789

开户行及账号：中国工商银行北海市四川南路支行 2107530629300008888

演练解读：

以金税盘版为例。

（1）登录开票软件。

双击桌面“开票软件”图标，打开开票软件，选择对应的操作员，输入口令及密码。

（2）编码添加。

商品编码添加及税收编码选择：依次单击“系统设置”“商品编码”按钮，进入商品编码编辑界面，填写相关内容，如图3-18所示。

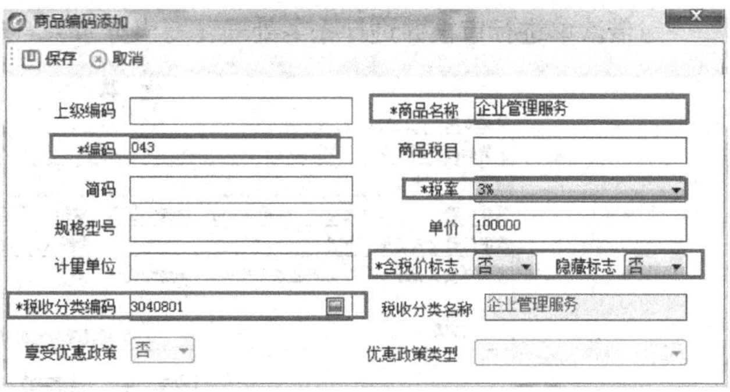

图3-18 商品编码添加

（3）发票填开。

依次单击“发票管理”“发票填开”“增值税专用发票填开”按钮。

认真核对系统弹出的发票种类、号码及代码与纸质发票的种类、代码、号码是否一致。

输入购货单位信息及货物或应税劳务信息，如果所要开具的货物或应税劳务信息没有添加税收编码，系统将提示录入对话框，根据实际业务情况选择对应的税收编码。单击“税收分类编码”按钮，进入税收编码选择界面，通过检索或数列表选择对应的商品信息，双击完成选择。

选择好后，返回“商品编码编辑”界面，输入数量、单价、金额、备注等信息。输入完毕后核对票面中的购买方信息、金额、税额、价税合计等票面信息，确认无误后，单击

“保存”按钮，即成功开具发票。在未单击“打印”按钮之前，发票的票面信息都可以进行修改。

（4）发票打印。

单击“打印”按钮，弹出“打印”对话框，在对话框中可以设置纸张打印边距、预览打印效果、实施打印，也可以取消打印（待以后进行发票查询时打印）。

单击对话框中的“打印”按钮之后出现预览界面，代表此张发票开具成功，如票面信息错误则只能作废处理。

开具好的发票如图3-19所示。

4500154320　　广西增值税专用发票　　NO. 12345678

发票联　　4500154320　12345678

校验码 12345 12345 12345 12345　　开票日期 2018年3月22日

购货单位		密码区	
名称：	青岛东方有限公司		-919<<>/45<20094<*-406+09<+
纳税人识别号：	913717217123456789		8-85/4*8<7*923849+5*-/22/85
地址、电话：	青岛平度市李园街道111号 0532-88123456		//929337321+67-8/<2289<<2++
开户行及账号：	青岛农村商业银行平度田庄支行 9020102507142123456789		159*337-24>/56*8/43+6>-5040

货物或应税劳务名称	规格型号	单位	数量	单价	金额	税率	税额
企业管理服务			1	100 000.00	100 000.00	3%	3 000.00
合　计					¥100 000.00		¥3 000.00
价税合计（大写）	⊗壹拾万叁仟元整				（小写）	¥103 000.00	

购货单位		备注	
名称：	广西华纳培训公司		
纳税人识别号：	91450000123456789R		
地址、电话：	北海市四川南路888号 0779-3456789		
开户行及账号：	中国工商银行北海市四川南路支行 2107530629300008888		

收款人：陈燕　　复核：高峰　　开票人：高峰　　销货单位（章）：

第二联：发票联　购货方记账凭证

图3-19　开具好的发票

该业务的会计分录为：

借：应收账款——单位——青岛东方有限公司　　103 000

　　贷：主营业务收入——服务收入　　100 000

　　　　应交税费——应交增值税　　3 000

3.5.2　收到借款单的处理

演练要求：

对借款单进行审核并进行账务处理（写出分录）。借款单如图3-20所示。

借　款　单

资金性质：现金　　2018年4月7日

借款部门：销售部		
借款理由：出差		
借款金额：人民币（大写）　⊗拾　⊗万　壹仟　伍佰　零拾　零元　¥1 500.00		
本部门负责人意见：李明		借款人：（签章）王芳
公司负责人批示： 陈盛昌	会计主管核批：	付款记录： 年　月　日以第　号 支票或现金支出凭单付给

图3-20　借款单

演练解读：

会计在收到员工提供的借款单后，需复核的内容如下。

（1）借款理由是否充分。

（2）是否按企业核准权限要求，经相应主管签字核准。

审核完毕签字，交由出纳付款。

入账前需审核：出纳人员是否盖有“现金付讫”章，并加盖个人名章或直接签字。

只有上述内容均齐全的借款单才能入账。

该业务的会计分录为：

借：其他应收款——个人（王芳）　　1 500

　　贷：库存现金　　1 500

3.5.3　收到差旅费报销单的处理

演练要求：

对差旅费报销单（如图3-21所示）进行审核并进行账务处理（写出分录）。

差旅费报销单

部门　销售部　　　　2018年6月18日

出差人	王芳								出差事由		联系业务		
出发			到达			交通工具	交通费		出差补贴		其他费用		
月	日	地点	月	日	地点		单据张数	金额	天数	金额	项目	单据张数	金额
6	1	北海	6	1	南宁	火车	1	38.00			住宿费	1	3 000.00
6	1	南宁	6	1	南京	火车	1	219.00			市内车费	10	200.00
6	16	南京	6	16	南宁	火车	1	219.00			邮电费		
6	16	南宁	6	16	北海	火车	1	38.00	16	1 600.00	办公费		
											其他		
合计								514.00		1 600.00			3 200.00
报销总额	人民币（大写）伍仟叁佰壹拾肆元整							预借差旅费	¥0.00		补领金额	¥5 314.00	
											退还金额		

公司负责人　陈盛昌　　审核　　部门负责人　李明　　出纳　　领款人

图3-21　差旅费报销单

演练解读：

会计在收到员工填写好的差旅费报销单后，需要复核的内容如下。

（1）出差事由是否与员工身份相符。

（2）所附票据与各明细项目是否一致：如6月1日从北海出发去往南宁，对应的机票是否是该时段，往返地是否正确；又如，住宿费是否是出差地等。

（3）各项目小计、合计数是否计算正确，大小写是否一致。

（4）是否按企业核准权限要求，经相应主管签字核准。

审核完毕签字，交由出纳付款。

入账前需审核：出纳人员是否盖有“现金付讫”章，并加盖个人名章或直接签字。

只有上述内容均齐全的差旅费报销单才能入账。

该业务的会计分录为：

借：销售费用——差旅费（王芳）　　5 314

　　贷：库存现金　　5 314

3.5.4　收到限额领料单的处理

演练要求：

对限额领料单（如图3-22所示）进行审核并进行账务处理（写出分录）。

限额领料单

领料单位：生产一车间　　　　　　　　　　　　　　　　发料仓库：原料仓

用途：Q产品生产　　　　　　2018 年 11 月　　　　　　凭证编号：08003

材料类别	材料编号	材料名称及规格	计量单位	领料限额	实际领用	单价	金额	备注
钢材	2-43	角钢	φ 20	1 000	980	5.65	5 537.00	
日期	请领数量	实发数量	退库数量	限额结余	发料人	领料人		
11 月 6 日	400	400		600	叶华	志清		
11 月 13 日	300	280		320	叶华	志清		
11 月 15 日	300	300		20	叶华	志清		
合计	1 000	980						

第三联财务联

供应部门负责人：　　　　　　生产部门负责人：伟峰　　　　　　仓库负责人：叶华

图3–22　限额领料单

演练解读：

会计在收到由企业生产部门提供的限额领料单后，需要复核的内容如下。

（1）所领用材料是否是使用部门确实需要的材料。

（2）实际领用数量是否在限额范围内，如果有超出，是否有合理原因。

（3）各经手人是否签字确认，并且是否为本人签字。

（4）是否按企业核准权限要求，经相应主管签字核准。

只有上述内容均齐全的限额领料单才能入账。

该业务的会计分录为：

借：生产成本——直接材料（Q产品）　　　　　　　　5 537

　　贷：原材料——角钢　　　　　　　　　　　　　　　5 537

第4章

会计账簿

填制好记账凭证后，下一步工作就是登记账簿了。账簿和凭证所记录的经济业务是相同的，但是二者的作用不同。通过登记账簿，把分散在会计凭证上的大量核算资料加以集中和归类整理，生成有用的会计信息，从而为编制财务报表、进行会计分析以及审计提供主要依据。因此账簿起着承上启下的作用。

4.1 会计账簿

会计账簿简称账簿，是由具有一定格式、相互联系的账页组成，用来序时、分类地全面记录一个单位经济业务事项的会计簿籍。设置和登记会计账簿，是重要的会计核算基础工作，是连接会计凭证和财务报表的中间环节。

4.1.1 账簿的意义

在整个会计账务处理过程中，登记账簿起着承上启下的作用，其具体意义可以归纳为以下几点。

1. 记载、储存会计信息

账簿是会计信息的另一种记载方式，将会计凭证所记录的经济业务记入有关账簿，可以全面反映会计主体在一定时期内所发生的各项资金运动，储存所需要的各项会计信息。通过账簿可以把记账凭证上的信息再进行储存处理，避免有所遗漏。

账簿与会计凭证对会计信息的记载是相辅相成的，用相同的记载反映同一经济事项的不同侧面。

2. 分类、汇总会计信息

会计凭证可以如实地反映经济事项发生的情况，但是对经济事项的记录是零散地存在于各张凭证中，不利于全面地、发展地反映经济信息。

账簿是由相互关联的账户所构成，通过账簿记录，可以分门别类地反映各项会计信息，提供一定期间经济活动的详细情况；还可以通过发生额、余额计算，提供各方面所需要的总括会计信息，反映企业整体的财务状况和经营成果。

3. 检查、校正会计信息

账簿记录是对会计凭证信息的进一步整理，账簿需要依据核对无误的会计凭证进行登记，登记账簿的过程又是对会计凭证的二次核对过程，对一些不能用试算平衡检查出来的错误，需要逐笔在账证之间进行核对。

4. 编表、输出会计信息

进行会计核算工作是为了反映一定日期的财务状况及一定时期的经营成果，而经营成果信息的取得在于编制的财务报表。

账簿作为编制财务报表的前置程序，其作用不可替代。企业应定期进行结账工作，进行有关账簿之间的核对，计算出本期发生额和余额，据以编制财务报表，向有关各方提供所需要的会计信息。

4.1.2 账簿的分类

账簿按照不同的标准可分为不同的类别。

1. 按用途分

账簿按用途，可分为序时账簿、分类账簿和备查账簿。

（1）序时账簿。

序时账簿又称日记账，是会计部门按照收到会计凭证号码的先后顺序进行登记的账簿。

序时账簿按其记录内容的不同，又分为普通日记账和特种日记账两种。

普通日记账是将企业每天发生的所有经济业务，不论其性质如何，按其先后顺序，编成会计分录记入账簿。

特种日记账是按经济业务的性质单独设置的账簿，它只把特定项目按经济业务顺序记入账簿，反映其详细情况，如库存现金日记账（如图4-1所示）和银行存款日记账（如图4-2所示）。

库 存 现 金 日 记 账

年		凭证		对方科目	摘要	借方											贷方											借或贷	余额										
月	日	字	号			亿	千	百	十	万	千	百	十	元	角	分	亿	千	百	十	万	千	百	十	元	角	分		亿	千	百	十	万	千	百	十	元	角	分

图4-1 库存现金日记账

银 行 存 款 日 记 账

年		凭证		对方科目	摘要	借方											贷方											借或贷	余额										
月	日	字	号			亿	千	百	十	万	千	百	十	元	角	分	亿	千	百	十	万	千	百	十	元	角	分		亿	千	百	十	万	千	百	十	元	角	分

图4-2 银行存款日记账

特种日记账的设置，应根据业务特点和管理需要而定，特别是那些发生烦琐、需严加控制的项目，应予以设置。

（2）分类账簿。

分类账簿是对全部经济业务事项按照会计要素的具体类别而设置的分类账户进行登记的账簿。分类账簿按其提供核算指标的详细程度不同，又分为总分类账和明细分类账。

总分类账，简称总账，是根据总分类科目开设账户，用来登记全部经济业务，进行总分类核算，提供总括核算资料的分类账簿，如图4-3所示。

总 分 类 账

科目名称：________________

年		凭证		对方科目	摘要	借方											贷方											借或贷	余额										
月	日	字	号			亿	千	百	十	万	千	百	十	元	角	分	亿	千	百	十	万	千	百	十	元	角	分		亿	千	百	十	万	千	百	十	元	角	分

图4-3 总分类账

明细分类账，简称明细账，是根据明细分类科目开设账户，用来登记某一类经济业务，进行明细分类核算，提供明细核算资料的分类账簿，图4-4所示为应付账款明细分类账。

（应付账款）明细分类账

明细科目：__________

年		凭证		对方科目	摘要	借方											贷方											借或贷	余额										
月	日	字	号			亿	千	百	十	万	千	百	十	元	角	分	亿	千	百	十	万	千	百	十	元	角	分		亿	千	百	十	万	千	百	十	元	角	分

图4-4　应付账款明细分类账

（3）备查账簿。

备查账簿又称辅助账簿，是对某些在序时账簿和分类账簿等主要账簿中都不予登记或登记不够详细的经济业务或事项进行补充登记时使用的账簿。它可以对某些经济业务的内容提供必要的参考资料。

备查账簿的设置应视实际需要而定，并非一定要设置，而且没有固定格式。企业常设的备查账簿有租入固定资产登记簿、代销商品登记簿等。

2. 按账页格式分

账簿按账页格式，可分为两栏式账簿、三栏式账簿、多栏式账簿和数量金额式账簿。

两栏式账簿指只有借方和贷方两个基本金额的账簿（各种收入、费用类账户都可以采用两栏式账簿）。

三栏式账簿指设有借方、贷方和余额三个基本栏目的账簿（日记账，总分类账，资本、债权、债务明细账）。

多栏式账簿指在账簿的两个基本栏目及借方和贷方按需要分设若干专栏的账簿（收入、费用明细账）。

数量金额式账簿指借方、贷方和金额三个栏目内都分设数量、单价和金额3小栏，借以反映财产物资的实物数量和价值量的账簿（原材料、库存商品、产成品等明细账通常采用数量金额式账簿）。

3. 按外形特征分

账簿按外形特征，可分为订本式账簿、活页式账簿和卡片式账簿。

（1）订本式账簿。

订本式账簿，简称订本账，是在启用前将编有顺序页码的一定数量账页装订成册的账簿。这种账簿一般适用于重要的和具有统驭性的总分类账、现金日记账和银行存款日记账。

优点：可以避免账页散失，防止账页被抽换，比较安全。

缺点：同一账簿在同一时间只能由一人登记，不便于会计人员分工协作记账，也不便于计算机打印记账。

（2）活页式账簿。

活页式账簿，简称活页账，是将一定数量的账页置于活页夹内，可根据记账内容的变化而随时增加或减少部分账页的账簿。活页账一般适用于明细分类账。

优点：可以根据实际需要增添账页，不会浪费账页，使用灵活且便于同时分工记账。

缺点：账页容易散失和被抽换。

（3）卡片式账簿。

卡片式账簿，简称卡片账，是将一定数量的卡片式账页存放于专设的卡片箱中，账页可以根据需要随时增添的账簿。

卡片账一般适用于低值易耗品、固定资产等的明细核算。在我国一般只对固定资产明细账采用卡片账形式。

4.1.3 账簿与账户的关系

在会计核算中，对每一项经济业务，都必须取得和填制会计凭证，所以会计凭证数量很多，又很分散，而且每张凭证只能记载个别经济业务的内容，所提供的资料是零星的，不能全面、连续、系统地反映企业在一定时期内某一类和全部经济业务活动情况，而且不便于日后查阅。

账户存在于账簿之中，账簿中的每一个账页就是账户的存在形式和载体，没有账簿，账户不能独立存在；账簿序时、分类地记载经济业务，是在账户中完成的。账簿是账户的外在形式，账户是账簿的真实内容，二者的关系是形式和内容的关系。

在经济业务发生时，要根据所发生的会计事项分别归类到不同的会计科目，然后把归类的会计事项用会计科目记录在会计凭证上。

在账簿上按不同的会计科目开设一个账户用来记录会计事项的发生；根据会计凭证上对会计事项的记载区分不同会计科目登记到会计账户中。会计凭证、账簿和账户之间是基础递进关系，相辅相成。

在记录经济业务时，是先根据原始凭证填制记账凭证；然后根据记账凭证登记账簿；第三步再根据账簿进行分析归纳，编制财务报表。

4.1.4 账簿的登记方法

为了保证账簿记录、成本计算和财务报表编制不出现差错，登记账簿必须根据审核无误的记账凭证进行。账簿的登记要求如下。

（1）内容准确完整。

这是登记账簿最基本的要求，如果账簿登记不准确、不完整，就会给以后的对账或是经济业务的查找带来麻烦。

登记账簿时，应当将会计凭证日期、编号、业务内容摘要、金额等逐项登记入账，做到数字准确、摘要清楚、登记及时、字迹工整。

负责登记账簿的会计人员，在登记账簿前，应对已经专门复核人员审查过的记账凭证再复核一遍。

（2）平行登记。

对于每一项会计事项，要在总账和明细账之间进行平行登记。

（3）及时登记。

登记账簿的间隔时间总的来说是越短越好。一般情况下，总账可以三五天登记一次；明细账的登记时间间隔要短于总账，日记账和债权债务明细账一般一天就要登记一次。现金、银行存款日记账，应随时按照业务发生顺序逐笔登记，每日终了应结出余额。

（4）盖章并注明记账符号。

账簿登记完毕后，要在记账凭证上盖上自己的人名章，并用“√”表示已经记账，以免发生重记或漏记。

（5）书写留空。

账簿中书写的文字和数字一般应占格距的1/2。这样，在发生登记错误时，能比较容易地进行更正，也方便查账。

（6）正常记账使用蓝黑墨水，特殊记账使用红墨水。

在冲账或者是写负数时用红字，正常书写用黑字或蓝字。

（7）顺序连续登记。

登记各种账簿时应按页次顺序连续登记，不得跳行、隔页。如果发生跳行、隔页，应当将空行、空页划线注销，或者注明“此行空白”“此页空白”字样，并由记账人员签名或者盖章，防止后续无关的添加引起错弊。

（8）结出余额。

凡需要结出余额的账户，结出余额后，应当在“借或贷”栏内写明“借”或者“贷”字样。没有余额的账户，应当在“借或贷”栏内写“平”字，并在余额栏内用“Q”表示。现金日记账和银行存款日记账必须逐日结出余额。

（9）注明过次承前。

每一账页登记完毕结转下页时，应当结出本页合计数及余额，写在本页最后一行和下页第一行有关栏内，并在摘要栏内注明“过次页”和“承前页”字样。

4.2 对账、错账更正及结账

会计是严谨的，账簿在登记完之后并不能立即结账。为保证账簿的准确性，需要在结账前仔细核对，如在账簿之间进行核对。本节将讲述结账过程中如何对账以及在发现错误时如何更正。

4.2.1 对账

对账是为了保证会计数字的真实性与可靠性，每月月末将各账簿、凭证、财务报表的记录进行核对。对账包括账证核对、账账核对、账实核对和账表核对。

1. 账证核对

账证核对是指将各种账簿（包括总账、明细账以及现金日记账、银行存款日记账）的记录与有关的记账凭证和原始凭证进行核对，要求做到账证相符。

会计凭证是登记账簿的依据，账证核对主要检查登账中的错误。核对时，将凭证和账簿的记录内容、数量、金额和账户等相互对比，保证二者相符。

账证核对还要求按照业务发生顺序一笔一笔进行检查，检查项目主要有：核对凭证的编号、检查记账凭证与原始凭证两者是否完全相符、查对账证金额与方向的一致性。如果在检查中发现差错，要立即按照规定方法进行更正，以确保账证完全一致。

账证核对在日常记账过程中可随时进行，以便及时发现错账并进行更正。这是保证账账相符、账实相符的基础。

在实际核对时，可以应用科目汇总表进行开展工作，这样更加快捷。

2. 账账核对

账账核对是指对各种账簿之间的有关数字进行核对，主要包括以下内容。

（1）核对总分类账各账户本月借、贷方发生额合计数是否相等；期末借、贷方余额合计数是否相等，以检查总分类账户的登记是否正确。

（2）核对各明细分类账的本期借、贷方发生额合计数及期末余额合计数与其所属的总分类账的本期借、贷方发生额合计数及期末余额是否分别相等，以检查各明细分类账的登记是否正确。

（3）核对现金日记账和银行存款日记账的本期借、贷方发生额合计数及期末余额与总分类账的本期借、贷方发生额合计数及期末余额是否分别相等，以检查日记账的登记是否正确。

（4）核对会计部门有关财产物资的明细分类账结存数与财产物资保管或使用部门的有关保管账的账存数是否相符，以检查双方记录是否正确。

3. 账实核对和账表核对

账实核对是指将各种财产物资的账面余额与实存数额相核对，具体包括以下内容。

（1）现金日记账账面余额与实地盘点的库存现金实有数相核对。

（2）银行存款日记账账面余额与开户银行账目（银行对账单余额）相核对。

（3）各种财产物资明细分类账账面余额与其清查盘点后的实存数相核对。

（4）各种应收、应付款明细分类账账面余额与有关债务、债权单位的账目相核对。

账表核对是对财务报表与账簿之间的数字进行进一步的核对，以保证所出报表的准确性和真实性。

4.2.2 错账更正

账簿的登记有其自身特殊的要求，而且根据账簿种类的不同，具体的细节要求也是不一样的。登记账簿要求认真仔细，但也难免会发生错误，这时对错账的更正也需要遵循规定，不能错上加错。

账簿记录应做到整洁，记账应力求正确，如果账簿记录发生错误，应按规定的方法进行更正。更正错账的方法有划线更正法、红字更正法、补充登记法。

1. 划线更正法

在结账以前，如果发现账簿记录有错误，而记账凭证没有错误，仅属于记账时文字或数字上的笔误，应采用划线更正法对错误进行更正。

更正的方法是：先将错误的文字或数字用一条红色横线划去，表示注销；再在错误文字或数字的上方用蓝字写上正确的文字或数字，并在划线处加盖更正人图章，以明确责任。划掉错误数字时，应将整笔数字划掉，不能只划掉其中一个或几个写错的数字，并保持被划去的字迹仍可清晰辨认。

例如，记账时错把2 567.30写成了25 673.00，记账凭证上没有错误，只是在登记入账时发生了笔误。这时就可以使用划线更正法对错误进行更正。更正后如图4-5所示。

百	十	万	千	百	十	元	角	分
			2	5	6	7	3	0
		~~2~~	~~5~~	~~6~~	~~7~~	~~3~~	~~0~~	~~0~~

图4-5　划线更正法

2. 红字更正法

红字更正法是指由于记账凭证错误而使账簿记录发生错误，而用红字冲销原记账凭证，以更正账簿记录的一种方法。红字更正法适用于以下两种情况。

（1）记账以后，如果发现账簿记录的错误是因记账凭证中的应借、应贷会计科目或记账方向有错误而引起的，应用红字更正法进行更正。

更正的方法是：先填写一张会计科目与原错误记账凭证完全相同的记账凭证，且金额用红字填写，在“摘要”栏中写明“冲销错账”以及错误凭证的号数和日期，并据以用红字登记入账，以冲销原来错误的账簿记录；然后，再用蓝字或黑字填写一张正确的记账凭证，在“摘要”栏中写明“更正错账”以及冲账凭证的号数和日期，并据以用蓝字或黑字登记入账。

【例4-1】

某会计人员将一笔“管理费用”误记为“销售费用”，会计分录为：

借：销售费用　　165

　　贷：库存现金　　165

会计凭证如图4-6所示。

发现错误后，要用红字原样冲回：

借：销售费用　　[165]

　　贷：库存现金　　[165]

记账凭证如图4-7所示。

然后做一笔正确分录：

借：管理费用　　　　　　　　　　　　　　165

　　贷：库存现金　　　　　　　　　　　　　165

付　款　凭　证

贷方科目：库存现金　　2018 年 8 月 1 日　　现付字第 2 号

摘要	借方科目		金额	记账√
	总账科目	明细科目		
报销文印费	销售费用		165.00	
合计			¥165.00	

附单据 2 张

财务主管：　记账：　出纳：　审核：　制单：王文

图4-6　误记的记账凭证

付　款　凭　证

贷方科目：库存现金　　2018 年 8 月 1 日　　现付字第 3 号

摘要	借方科目		金额	记账√
	总账科目	明细科目		
冲回现付 2 号凭证	销售费用		-165.00	
合计			¥-165.00	

附单据　张

财务主管：　记账：　出纳：　审核：　制单：王文

图4-7　红字冲回的记账凭证

记账凭证如图4-8所示。

根据这三张记账凭证登记入账，如图4-9所示。

付　款　凭　证

贷方科目：库存现金　　2018 年 8 月 1 日　　现付字第 4 号

摘要	借方科目		金额	记账√
	总账科目	明细科目		
更正现付 2 号凭证	管理费用		165.00	
合计			165.00	

附单据 2 张

财务主管：　记账：　出纳：　审核：　制单：王文

图4-8　更正错账的记账凭证

库存现金日记账

2018年		凭证		对方科目	摘要	借方	贷方	借或贷	余额
月	日	字	号						
					承前页			借	3 267.50
8	1	现付	2	销售费用	报销文印费		165.00	借	3 102.50
8	1	现付	3	销售费用	冲回现付 2 号凭证		-165.00	借	3 267.50
8	1	现付	4	管理费用	更正现付 2 号凭证		165.00	借	3 102.50

图4-9　本例登记的现金日记账

（2）记账以后，如果发现记账凭证和账簿记录的金额有错误（所记金额大于应记的正确金额），而应借、应贷的会计科目没有错误，应用红字更正法进行更正。

更正的方法是：按多记的金额用红字填制一张记账凭证，且应借、应贷会计科目与原错误记账凭证相同，在“摘要”栏写明“冲销多记金额”以及原错误记账凭证的号数和日期，并据以登记入账，以冲销多记的金额。

【例4-2】

会计人员记账时误将票面金额5 000元记为6 000元，登记账簿后才发现错误。原分录为：

借：库存商品　　　　　　　　　　　　　　6 000

　　贷：应付账款　　　　　　　　　　　　　6 000

记账凭证如图4-10所示。

更正时需要将多计的1 000元用红字冲回。

借：库存商品　　1 000

　　贷：应付账款　　1 000

记账凭证如图4-11所示。

所登记的账簿如图4-12所示。

转　账　凭　证

2018 年 9 月 12 日　　转字第 2 号

摘要	会计科目		借方金额	贷方金额	记账√
	总账科目	明细科目			
购入商品	库存商品		6 000.00		
	应付账款			6 000.00	
合计			¥6 000.00	¥6 000.00	

附单据1张

财务主管：　记账：　出纳：　审核：　制单：王文

图4-10　原记账凭证

转　账　凭　证

2018 年 9 月 12 日　　转字第 3 号

摘要	会计科目		借方金额	贷方金额	记账√
	总账科目	明细科目			
冲回转字2号凭证	库存商品		-1 000.00		
	应付账款			-1 000.00	
合计			¥-1 000.00	¥-1 000.00	

附单据　张

财务主管：　记账：　出纳：　审核：　制单：王文

图4-11　红字冲回的记账凭证

（应付账款）明细账

明细科目：　乙公司

2018年		凭证		对方科目	摘要	借方金额	贷方金额	借或贷	余额金额
月	日	字	号						
9	12	转	2	应付账款	进货		6 000.00	贷	6 000.00
9	12	转	3	应付账款	冲回转字2号凭证		-1 000.00	贷	5 000.00

图4-12　本例登记的应付账款明细账

3. 补充登记法

记账以后，如果发现记账凭证和账簿记录的金额有错误（所记金额小于应记的正确金额），而应借、应贷的会计科目没有错误，应用补充登记法进行更正。

更正的方法是：按少记的金额用蓝字或黑字填制一张应借、应贷会计科目与原错误记账凭证相同的记账凭证，在“摘要”栏中写明“补记少记金额”以及原错误记账凭证的号数和日期，并据以登记入账，以补记少记的金额。

【例4-3】

会计人员记账时误将票面金额5 000元记为2 000元，登记账簿后才发现错误。

原分录为：

借：库存商品　　2 000

　　贷：应付账款——乙公司　　2 000

记账凭证如图4-13所示。

更正时需要将少记的3 000元进行补充登记。

借：库存商品　　3 000

　　贷：应付账款——乙公司　　3 000

记账凭证如图4-14所示。

上述两笔事项均会在账簿上显示，与前例类似。

转 账 凭 证

2018 年 9 月 15 日 转字第 7 号

摘要	会计科目		借方金额	贷方金额	记账√
	总账科目	明细科目			
购入商品	库存商品		2 000.00		
	应付账款	乙公司		2 000.00	
合计			¥2 000.00	¥2 000.00	

附单据 1 张

财务主管： 记账： 出纳： 审核： 制单：王文

图4-13 原记账凭证

转 账 凭 证

2018 年 9 月 15 日 转字第 8 号

摘要	会计科目		借方金额	贷方金额	记账√
	总账科目	明细科目			
补充登记转字7号凭证	库存商品		3 000.00		
	应付账款	乙公司		3 000.00	
合计			¥3 000.00	¥3 000.00	

附单据 张

财务主管： 记账： 出纳： 审核： 制单：王文

图4-14 补充登记的记账凭证

【例4-4】

如果会计人员填制记账凭证时所使用的会计科目和记账方向没有错误，只是将金额10 000元误记为1 000元，并未登记入账。此时，会计人员应采取什么更正法？

解析：应采用补充登记法。

错误的会计分录为：

借：应付账款 1 000

　　贷：银行存款 1 000

更正错误的会计分录为：

借：应付账款 9 000

　　贷：银行存款 9 000

【例4-5】

资料：某公司2018年8月发生以下错账，并已登记入账。

（1）8日，管理人员王芳出差，预借差旅费1 000元，用现金支付，原记账凭证中的会计分录为：

借：管理费用 1 000

　　贷：库存现金 1 000

（2）18日，用银行存款支付前欠大东公司货款11 700元，原记账凭证中的会计分录为：

借：应付账款——大东公司 11 700

　　贷：银行存款 11 700

会计人员在登记"应付账款"账户时，将"11 700"误写为"1 170"。

（3）31日，企业计算本月应交所得税34 000元，原记账凭证中的会计分录为：

借：所得税费用 3 400

　　贷：应交税费 3 400

要求：说明以上错账应采用的更正方法并进行更正。

解析：

事项（1）应采用红字更正法。

首先用红字填写一张与原错误凭证相同的记账凭证，用以冲销原错误凭证。

借：管理费用 1 000（红字）

　　贷：库存现金 1 000（红字）

然后再用蓝字填写一张正确的记账凭证。

借：其他应收款——王芳　　1 000

　　贷：库存现金　　1 000

最后，再根据这两张凭证登记账簿。

事项（2）应采用划线更正法。

将错误金额划掉，在错误金额上面填写正确金额（金额全部划掉，不能只划错误数字）。

事项（3）应采用补充登记法。

按少记金额编制一张记账凭证。

借：所得税费用　　30 600

　　贷：应交税费　　30 600

然后根据记账凭证登记账簿。

4.2.3 结账

先对账还是先结账？可以根据具体情况而定。理论上应该是先进行结账再进行对账，但是如果发生错误已经结账，更改起来比较麻烦，也会影响账簿的美观。因此，可以先进行预结账，计算所涉及的合计数与余额，在底稿上进行核对，在对账完成后再进行正式的结账。

各个单位的经济活动是连续不断进行的，为了总结每一会计期间（月度、季度、年度）的经济活动情况，考核经营成果，编制财务报表，就必须在每一会计期末进行结账。

结账是指在将本期内所发生的经济业务全部登记入账的基础上，于会计期末按照规定的方法结算账目，包括计算出本期发生额和期末余额。结账的主要程序和内容如下。

（1）结账前，必须将本期内发生的各项经济业务全部登记入账，一旦结账后，再发生的经济业务就只能记在下期了。一般结账都在每月的最后一天，也有些单位是每月25日结账，26日及以后的业务就算在下个月了，严格来讲这种做法是不符合要求的。

（2）按照权责发生制的要求，进行账项调整的账务处理，并在此基础上，进行其他有关转账业务的账务处理，以计算确定本期的成本、费用、收入和利润。

（3）结账时，应结出现金日记账、银行存款日记账以及总分类账和明细分类账各账户的本期发生额和期末余额，并将期末余额结转下期。结账的具体操作是：在各账户本月最后一笔记录下面通栏划一条红线，表示本月结束；然后，在红线下面结出本月发生额和月末余额，如果没有余额，在“借或贷”栏写上“平”，或在“余额”栏写上“Q”符号；同时，在“摘要栏”注明“本月合计”字样；最后，在合计行下面通栏划一条红线，表示完成月结工作，如图4-15所示。

库存现金日记账

2018年		凭证		对方科目	摘要	借方	贷方	借或贷	余额
月	日	字	号						
					上年结转			借	13 791.38
1	4	现付	15		支付销售部快递费		40.00	借	13 751.38
1	9	现付	16		支付销售部差旅费		556.70	借	13 194.68
1	12	现付	17		支付销售部招待费		1 500.00	借	11 694.68
1	15	现付	18		支付产品广告费		3 290.00	借	8 404.68
1	10	银付	3		取现	3 000.00		借	11 404.68
1	27	现付	19		支付系统集成部费用		412.40	借	10 992.28
1	31	现付	20		支付办公费用		1 466.00	借	9 526.28
					本月合计	3 000.00	7 265.10	借	9 526.28

图4-15　现金日记账结账示例

注意：不能为了赶编报表而提前结账，不能将本期发生的经济业务延至下期登账，也不能先编财务报表后结账。

4.3 账簿的启用、更换与保管

账簿的启用，包括新开业时账簿的启用和每年年初对新账簿的启用，后者也涉及账簿的更换。作为重要经济资料的账簿，必须建立管理制度，妥善保管。

4.3.1 账簿的启用

启用账簿时，应当在账簿的有关位置记录以下相关信息。

（1）设置账簿的封面和封底。订本账不需要另设封面，封皮都是印好的。各种活页账都应设置封面和封底，要求一一登记单位名称、账簿名称和所属会计年度。账簿的封皮一般是通用的，只要自行写好账簿的名称就可以了。

（2）填写账簿启用及经管人员一览表。在启用新账簿时，要求首先填写印制在扉页上的账簿启用及经管人员一览表中的启用说明，其中记载了关于该账簿的相关信息，包括单位名称、账簿名称、账簿编号、起止日期、单位负责人、主管会计、审计人员和记账人员等项目，并加盖单位公章。在会计人员发生变更时，应办理交接手续并填写账簿启用及经管人员一览表中的相关项目。

（3）填写账户目录。总账应按照会计科目的编号顺序填写科目名称及启用页码，这样在进行相关查找时可以很快地定位科目页码。

在启用活页式明细账时，应按照所属会计科目填写科目名称和页码，在年度结账后，撤去空白账页，填写使用页码。所以在正常使用期间，活页式明细账的页码是不确定的，用以区别定位的就是各式的口取纸。

（4）粘贴印花税票。印花税票应粘贴在账簿的右上角，并且需要进行划线注销。每本账簿的封面都应贴印花税票，还应在上面划两条红色横线表示划线注销。

4.3.2 账簿的更换

账簿的更换是指在会计年度终了，将上年旧账更换为次年新账。

更换新账的程序是：年度终了，在本年有余额的账户“摘要”栏内注明“结转下年”字样。更换新账时，注明各账户的年份，在第一行日期栏内写明1月1日；记账凭证栏空置不填；将各账户的去年年末余额直接抄入新账余额栏内，并注明余额的借贷方向。过入新账的有关账簿余额的转移事项，不需要编制记账凭证。账簿更换示例如图4-16和图4-17所示。

库存现金日记账

2017年		凭证		对方科目	摘要	借方	贷方	借或贷	余额
月	日	字	号						
					承前页			借	7 268.54
12	30	现付	20		业务部报销车费		320.00	借	6 948.54
					本月合计	19 325.00	17 468.54	借	6 948.54
					本年累计	92 786.47	90 830.01	借	6 948.54
					结转下年				6 948.54

图4-16 结转下年示例

在新的会计年度，并不是所有账簿都需要更换为新的。一般来说，现金日记账、银行存款日记账、总分类账、大多数明细分类账应每年更换一次。但是有些财产物资明细账（如固定资产明细账）和债权债务明细账，由于材料品种、规格和往来单位较多，更换新账，重抄一遍，工作量较大，因此，可以跨年度使用，不必每年更换一次。各种备查簿也可以连续使用。

库存现金日记账

2018年		凭证		对方科目	摘要	借方	贷方	借或贷	余额
月	日	字	号						
1	1				上年结转			借	6 948.54

图4–17 上年结转示例

4.3.3 账簿的保管

账簿的保管分为平时管理和归档保管两部分。

1. 平时管理

各种账簿要分工明确，指定专人管理，账簿经管人员既要负责记账、对账、结账等工作，又要负责保证账簿安全。

账簿未经单位领导和会计机构负责人或者有关人员批准，非经管人员不能随意翻阅查看。账簿除需要与外单位核对，一般不能携带外出，如需携带账簿外出，一般应由经管人员或会计主管指定专人负责。账簿不能随意交与其他人员管理，以保证账簿安全和防止任意涂改账簿等问题发生。

2. 归档保管

年度终了更换并启用新账后，对更换下来的旧账要整理装订，造册归档。归档前旧账的整理工作包括：检查和补齐应办的手续，如改错盖章、注销空行及空页、结转余额等。

活页账应撤出未使用的空白账页后再装订成册，并注明各账页号数。

各种账簿年度结账后，除跨年使用，其他账簿应按时整理立卷。基本要求是：账簿装订前，首先按账簿启用表的使用页数核对各个账户是否相符，账页数是否齐全，序号排列是否连续；然后按账簿封面、账簿启用表、账户目录、按页数顺序排列的账页、账簿装订封底的顺序装订。

（1）活页账装订的具体要求。

保留已使用过的账页，将账页数填写齐全，去除空白页并撤掉账夹，用质地较好的牛皮纸做封面、封底，装订成册。活页账一般按账户分类装订成册，一个账户装订成一册或数册；某些账户账页较少，也可以合并装订成一册。

多栏式活页账、三栏式活页账、数量金额式活页账等不得混装，应将同类业务、同类账页装订在一起。

在账簿的封面上填写好账目的种类，编好卷号，由会计主管人员和装订人（经办人）签章。

（2）账簿装订后的其他要求。

账簿应牢固、平整，不得有折角、缺角，错页、掉页、加空白纸的现象。

账簿的封口要严密，封口处要加盖有关印章。

账簿封面应齐全、平整，并注明所属年度及账簿名称、编号，编号为一年一编，编号顺序为总账、现金日记账、银行存款日记账、分户明细账。

账簿按保管期限分别编制卷号，如现金日记账全年按顺序编制卷号；总账、各类明细账、辅助账全年按顺序编制卷号。

旧账装订完毕应编制目录和编写移交清单，然后按期移交档案部门保管。各种账簿同会计凭证和财务报表一样，都是重要的经济档案，必须按照制度统一规定的保存年限妥善保管，不得丢失和任意销毁。

根据《会计档案管理办法》的规定，总分类账、明细分类账、辅助账、日记账均应至少保存30年，固定资产卡片在固定资产报废清理后至少保存5年。

账簿保管期满后，应按照规定的审批程序报经批准后才能销毁。

4.4 综合演练

4.4.1 日记账的登记

演练要求：

根据如图4-18～图4-21所示的记账凭证登记现金日记账。

付　款　凭　证

贷方科目：银行存款　　2019 年 6 月 2 日　　付字第 2 号

摘要	借方科目		金额	记账√
	总账科目	明细科目		
提取现金	库存现金		20 000.00	
合计			¥20 000.00	

附单据1张

财务主管：　记账：　出纳：　审核：　制单：王文

图4-18　演练所附凭证（1）

收　款　凭　证

借方科目：库存现金　　2019 年 6 月 2 日　　收字第 2 号

摘要	贷方科目		金额	记账√
	总账科目	明细科目		
王伟交回借款	其他应收款	王伟	1 500.00	
合计			¥1 500.00	

附单据1张

财务主管：　记账：　出纳：　审核：　制单：王文

图4-19　演练所附凭证（2）

付　款　凭　证

贷方科目：库存现金　　2019 年 6 月 2 日　　付字第 3 号

摘要	借方科目		金额	记账√
	总账科目	明细科目		
付零星采购款	原材料		1 000.00	
	应交税费	进项税额	130.00	
合计			¥1 130.00	

附单据1张

财务主管：　记账：　出纳：　审核：　制单：王文

图4-20　演练所附凭证（3）

付　款　凭　证

贷方科目：库存现金　　2019 年 6 月 2 日　　付字第 4 号

摘要	借方科目		金额	记账√
	总账科目	明细科目		
王伟报销招待款	管理费用	招待费	800.00	
合计			¥800.00	

附单据1张

财务主管：　记账：　出纳：　审核：　制单：王文

图4-21　演练所附凭证（4）

演练解读：

现金日记账由出纳人员根据与现金收付有关的记账凭证，按时间顺序逐日逐笔进行登记，并根据“上日余额+本日收入（借方）－本日支出（贷方）＝本日余额”的公式，逐日结出库存现金余额，与库存现金实存数核对，以检查每日库存现金收付是否有误。

现金日记账（三栏式日记账）的具体登记方法如下。

（1）日期栏：登记记账凭证的日期，应与库存现金实际收付日期一致。

（2）凭证栏：登记入账的收付款凭证的种类和编号。

（3）对方科目栏：登记库存现金收入的来源科目或支出的用途科目。

（4）摘要栏：登记入账的经济业务的内容，文字需简练，但要能说明问题。

（5）借方、贷方栏：登记库存现金实际收付的金额。

登记完毕的现金日记账如图4-22所示。

库存现金日记账

2019年		凭证		对方科目	摘要	借方	贷方	借或贷	余额
月	日	字	号						
					承前页			借	763.50
6	2	付	2	银行存款	提取现金	20 000.00		借	20 763.50
6	2	收	2	其他应收款	王伟交回借款	1 500.00		借	22 263.50
6	2	付	3	原材料，应交税费	付零星采购款		1 130.00	借	21 133.50
6	2	付	4	管理费用	王伟报销招待款		800.00	借	20 333.50

图4-22　本演练现金日记账的登记

4.4.2　明细分类账的登记（三栏式）

演练要求：

根据如图4-23和图4-24所示的记账凭证登记明细分类账。

付　款　凭　证

贷方科目：银行存款　　2019　年　6　月　2　日　　付字第 5 号

摘要	借方科目		金额	记账√
	总账科目	明细科目		
付货款	应付账款	云海公司	40 000.00	
合计			¥40 000.00	

附单据2张

财务主管：　记账：　出纳：　审核：　制单：王文

图4-23　演练所附凭证（1）

转　账　凭　证

2019　年　6　月　12　日　　转字第 2 号

摘要	会计科目		借方金额	贷方金额	记账√
	总账科目	明细科目			
材料签收入库	原材料		100 000.00		
	应交税费	应交增值税（进项税额）	13 000.00		
	应付账款	云海公司		113 000.00	
合计			¥113 000.00	¥113 000.00	

附单据3张

财务主管：　记账：　出纳：　审核：　制单：王文

图4-24　演练所附凭证（2）

演练解读：

三栏式明细分类账由会计人员根据审核无误的记账凭证或原始凭证，按经济业务发生的时间先后顺序逐日逐笔进行登记。三栏式账页中一般设有日期、凭证字号、对方科目、摘要、借方、贷方和余额栏，登记时根据记账凭证依次填入各栏目内容，并结记余额。

登记完毕的应付账款明细分类账如图4-25所示。

（应付账款）明细分类账

明细科目：云海公司

2019年		凭证		对方科目	摘要	借方	贷方	借或贷	余额
月	日	字	号						
					承前页			贷	40 000.00
6	2	付	5	银行存款	付货款	40 000.00		平	
6	12	转	2	原材料，应交税费	材料签收入库		113 000.00	贷	113 000.00

图4-25　本演练应付账款明细分类账的登记

4.4.3 明细分类账的登记（多栏式）

演练要求：

根据如图4-26～图4-29所示的记账凭证登记明细分类账。

记账凭证

2019年7月9日　　第 21 号

摘要	会计科目		借方金额	贷方金额	记账√
	总账科目	明细科目			
支付参展费，运输费	销售费用	参展费	3 600.00		
	销售费用	运输费	5 000.00		
	银行存款			8 600.00	
合计			¥8 600.00	¥8 600.00	

附单据3张

财务主管：　记账：　出纳：　审核：　制单：王文

图4-26　演练所附凭证（1）

记账凭证

2019年7月31日　　第 66 号

摘要	会计科目		借方金额	贷方金额	记账√
	总账科目	明细科目			
计提固定资产折旧	销售费用	折旧费	8 895.84		
	管理费用	折旧费	10 852.92		
	制造费用	折旧费	20 946.15		
	累计折旧			40 694.91	
合计			¥40 694.91	¥40 694.91	

附单据1张

财务主管：　记账：　出纳：　审核：　制单：王文

图4-27　演练所附凭证（2）

记账凭证

2019年7月31日　　第 67 号

摘要	会计科目		借方金额	贷方金额	记账√
	总账科目	明细科目			
计提工资	销售费用	工资	36 500.00		
	管理费用	工资	42 800.00		
	制造费用	工资	16 400.00		
	生产成本	直接人工	58 000.00		
	应付职工薪酬			153 700.00	
合计			¥153 700.00	¥153 700.00	

附单据1张

财务主管：　记账：　出纳：　审核：　制单：王文

图4-28　演练所附凭证（3）

记账凭证

2019年7月31日　　第 77 号

摘要	会计科目		借方金额	贷方金额	记账√
	总账科目	明细科目			
结转利润（费用类）	本年利润		107 648.76		
	销售费用	参展费		3 600.00	
	销售费用	运输费		5 000.00	
	销售费用	工资		36 500.00	
	销售费用	折旧费		8 895.84	
	管理费用	折旧费		10 852.92	
	管理费用	工资		42 800.00	
合计			¥107 648.76	¥107 648.76	

附单据　张

财务主管：　记账：　出纳：　审核：　制单：王文

图4-29　演练所附凭证（4）

演练解读：

普通多栏式明细分类账的登记方法有两种。

（1）设置借方或贷方专栏：登记方向与栏目设置方向相反时，用红字记入。起始栏应设为“合计”栏，用以登记本行各栏合计数。登记时一方面要记入具体的项目专栏，另一方面计算本行记入各专栏金额合计数，记入“合计栏”。

（2）在设置借方、贷方、余额栏基础上，再设专栏对当前余额构成项目进行分析：登记时先按三栏式账簿的登记方法登记账页中借方、贷方、余额栏目，再在相应专栏中反映当前余额的构成情况。

登记完毕的销售费用明细分类账如图4-30所示。

（销售费用）明细分类账

2019年		凭证		摘要	借方	贷方	借或贷	余额	（借）方金额分析			
月	日	字	号						参展费	运输费	折旧费	工资
7	9	记	21	支付参展费	3 600.00		借	3 600.00	3 600.00			
7	9	记	21	支付运输费	5 000.00		借	8 600.00		5 000.00		
7	31	记	66	计提固定资产折旧	8 895.84		借	17 495.84			8 895.84	
7	31	记	67	计提工资	36 500.00		借	53 995.84				36 500.00
7	31	记	77	结转利润		53 995.84	平		-3 600.00	-5 000.00	-8 895.84	-36 500.00

图4-30　本演练管理费用明细分类账的登记

4.4.4　总分类账的登记

演练要求：

根据科目汇总表登记其他应收款总分类账。科目汇总表如表4-1所示。

表4-1　科目汇总表

2019年6月30日

凭证起讫号 1#-91#　　　　编号：汇1

会计科目	借方发生额合计	贷方发生额合计
库存现金	16 533.39	22 586.63
银行存款	1 079 505.77	741 475.24
应收账款	171 903.05	665 468.15
其他应收款	128 189.23	1 866.29
原材料	102 725.77	151 254.93
……		
合计	3 597 642.66	3 597 642.66

演练解读：

把科目汇总表中各科目借方、贷方有发生额的，分别记入科目汇总表中该科目的借方、贷方，并结出该科目的期末余额。

资产类科目期末余额=期初余额+本期借方发生额合计-本期贷方发生额合计

负债类、所有者权益类科目期末余额=期初余额+本期贷方发生额合计-本期借方发生额合计

假设2019年5月31日库存现金期末余额为借方2 687.55元，2019年6月借方发生额为10 000元，贷方发生额为5 000元。登记总分类账时，把10 000元记在借方，5 000元记在贷方，结出余额7 687.55元。

登记完毕的总分类账如图4-31所示。

总分类账

科目：其他应收款

2019年		凭证		摘要	借方	贷方	借或贷	余额
月	日	字	号					
5				本月合计			借	9 763.50
6	30	汇	1	1#-91#科目汇总	128 189.23	1 866.29	借	136 086.44

图4-31　本演练其他应收款总分类账的登记

第5章

如何建账

建账，就是企业依据所在行业的要求和自身将来可能发生的会计业务情况，确定账簿种类、格式、内容及登记方法等，再据此购置所需要的账簿，根据企业日常发生的业务情况和会计处理程序开设会计科目和账户，登记账簿的过程。

建账看似非常简单——企业发生什么业务，就套用什么会计科目，然后登记账簿，汇总核算，做出报表。但在实际工作中，由于受到行业特点、企业业务量、企业组织结构等多种因素的影响，建账过程需要了解多方信息，合理规划，考虑并协调企业内部所有部门的需求，同时又要满足对外需求，是一项综合性较强的工作。

5.1 建账的原则和程序

建账是会计核算工作的基本方法和重要环节之一，是会计信息加工处理的中枢，是企业查账、对账、结账以及随时了解财务状况和经营成果的关键阶段。企业有大小，行业各不同。会计人员应该依据规模和所属行业，按照相关行业法规的要求，建立满足企业管理需要、便于提取会计信息的账簿。

5.1.1 建账的原则

建账就是构建“企业会计信息系统”这座“房屋”的基础和框架，框架是否科学、合理，决定着企业今后的生产、经营中财务信息质量的好坏。

在建账过程中，财务人员需要遵循一些原则，具体内容如下。

（1）依法原则。各单位必须按照《会计法》和国家统一会计制度的规定设置账簿，包括总账、明细账、日记账和其他辅助性账簿；不允许不建账，不允许在法定的会计账簿之外另外建账。

（2）全面系统原则。设置的账簿要能全面、系统地反映企业的经济活动，为企业经营管理提供所需的会计核算资料；同时要符合各单位生产经营规模和经济业务的特点，使设置的账簿能够反映企业经济活动的全貌。

（3）科学合理原则。建账应根据不同账簿的作用和特点，使账簿结构严密、科学，有关账簿之间要有统驭或平行制约的关系，以保证账簿资料的真实、正确和完整；账簿格式的设计及选择应力求简明、实用，以提高会计信息处理和利用的效率。

5.1.2 建账的程序

企业建账可分为两种情况：第一种是新企业建账，第二种是老企业年初建账。

1．新企业建账

新设的企业在建账时要完成以下工作。

（1）根据企业的规模等，选择适用《企业会计准则》还是《小企业会计准则》。

（2）购买账簿。

行业不同，所选择的账簿也有所不同。比如最复杂的工业企业，由于其会计核算涉及内容多，又有成本归集与计算问题，所以一般的工业企业应设置以下账簿。

① 现金日记账：一般企业只设1本现金日记账。但如有外币，则应就不同的币种分设现金日记账。

② 银行存款日记账：一般应根据每个银行账号单独设立1本银行存款日记账。如果企业只有1个基本账户，就可以设立1本银行存款日记账。

③ 总账：一般企业只设立1本总账。

④ 明细账：一般企业使用数量金额式明细账、多栏式明细账、三栏式明细账。

另外，一些大企业的固定资产明细账还会用卡片账，而小企业则将固定资产与其他资产合在一起建立卡片账。

（3）选科目。

企业可以参照《企业会计准则应用指南》中的会计科目，结合本企业所属行业及企业管理需要，依次从资产类、负债类、所有者权益类、成本类、损益类科目中选择出应设置的会计科目。

（4）填制账簿内容。

在账簿的启用表上，写明单位名称、账簿名称、册数、编号、起止页数、启用日期以及记账人员和会计主管人员姓名，并加盖名章和单位公章。

记账人员或会计主管人员在本年度调动工作时，应在账簿的启用表上注明交接日期、接办人员和监交人员姓名，并由交接双方签名或盖章，以明确经济责任。

按照会计科目表的顺序、名称，在总账账页上建立总账账户；根据总账账户明细核算的要求，在各个所属明细账户上建立二、三级明细账户。

在确定好会计科目后，要按企业会计准则编号顺序编写总账目录及总账内各科目页码。这样，在每期期末编制财务报表时，就可按顺序进行，避免无规律编页造成的麻烦。

（5）设置账页（不存在期初余额）。

现金日记账和银行存款日记账不用对账页进行特别设置。

总账账页：按资产、负债、所有者权益、成本、收入、费用的顺序把所需会计科目名称写在账页左上角或右上角的横线上，或直接加盖科目章。

明细账账页：按资产、负债、所有者权益、成本、收入、费用的顺序把所需会计科目名称写在账页左（右）上角或中间的横线上，或直接加盖科目章（包括根据企业具体情况分别设置的明细科目名称）。另外，成本、收入、费用类明细账还需以多栏式分项目列示，如管理费用明细账的借方要分成“办公费”“交通费”“电话费”“水电费”“工资”等项列示，具体项目按企业管理需要设置，每个企业可以不相同。

为了登记总账的方便，在总账账页分页使用时，最好按资产、负债、收入、费用、所有者权益的顺序来分页；在口取纸选择上也可将资产、负债、收入、费用、所有者权益按不同颜色区分开。

2. 老企业年初建账

老企业年初建账相对新企业建账要容易一些。为了保证会计信息的可比性与连续性，会计核算方法和所用的会计科目一经确定就不能轻易更改，这样在建账时就可以延续以前年度的选择。老企业年初建账需要完成以下5步程序。

（1）根据上年所用的各种账簿的格式要求，预备各种账页，并将活页账页用账夹装订成册。

（2）填写账簿扉页的启用表。

（3）按照上年会计科目表的顺序、名称，分别建立总账、明细账账户。

（4）启用订本式账簿，应从第1页起到最后一页止按顺序编定号码，不得跳页、缺号；使用活页式账簿，应按账户顺序编本户页次号码。各账户编列号码后，应填账户目录，将账户名称页次登入目录内，并粘贴索引纸（账户标签），写明账户名称，以便检索。

（5）结转上年账户余额。

【例5-1】

智禹公司实际使用的总账扉页如表5-1所示。

表5-1　智禹公司使用的总账扉页

科目名称	页次	科目名称	页次	科目名称	页次	科目名称	页次
库存现金	1～2	短期借款	25～26	主营业务收入	41～42	实收资本	65～66
银行存款	3～4	应付账款	27～28	其他业务收入	43～44	本年利润	67～68
应收账款	5～6	预收账款	29～30	营业外收入	45～46	利润分配	69～70
预付账款	7～8	应付职工薪酬	31～32	主营业务成本	47～48		
其他应收款	9～10	应交税费	33～34	其他业务成本	49～50		
坏账准备	11～12	应付利息	35～36	税金及附加	51～52		
库存商品	13～14	其他应付款	37～38	销售费用	53～54		
固定资产	15～16	长期借款	39～40	管理费用	55～56		
累计折旧	17～18			财务费用	57～58		
固定资产清理	19～20			营业外支出	59～60		
无形资产	21～22			所得税费用	61～62		
待处理财产损溢	23～24			以前年度损益调整	63～64		

解析：会计人员应估计每一种业务的业务量大小，将每一种业务用口取纸分开，并在口取纸上写明每一种业务涉及的会计科目名称，以便在登记账簿时能够及时找到应登记的账页。在将总账分页使用时，假如总账账页从第1页到第2页登记现金业务，就应在目录中写清楚“库存现金……1～2”，并且在总账账页的第1页贴上口取纸，口取纸上写清楚“库存现金”；第3页到第4页为银行存款业务，就应在目录中写清楚“银行存款……3～4”，并且在总账账页的第3页贴上写有“银行存款”的口取纸；依此类推，总账就建好了。

5.2　建账应注意的问题

万事开头难。企业初始建账颇为关键，要“建”一套得心应手的“账”，需要考虑哪些问题？在具体操作中还要注意什么？本节会给你答案。

5.2.1　建账应考虑的问题

在总的原则下，建账需要首先考虑以下问题。

（1）与企业的规模相适应。企业规模与业务量是成正比的，规模大的企业，业务量大，分工也复杂，需要的账簿册数也多。企业规模小，业务量也小。有的企业，一个会计就可以处理所有经济业务，设置账簿时就没有必要设许多账，所有的明细账合成一两本就可以了。

（2）要依据企业管理需要。建立账簿是为了满足企业管理需要，为管理者提供有用的会计信息，所以在建账时要以满足管理需要为前提，避免重复设账、记账。

建账不可事无巨细，也不能模糊笼统，要繁简有度，操作自如。例如，工业企业会计核算涉及内容众多，成本费用的归集与计算也较为复杂，工业企业建账应将存货账与成本费用账进行详细列示，便于企业进行精细化管理；商业企业除主要核算商品的进货成本与销货成本外，还要核算商品进销差价，所以商品进销差价账簿是商业企业的一个特有账簿。

（3）依据账务处理程序。企业业务量不同，所采用的账务处理程序也不同。企业一旦选择了账务处理程序，也就选择了账簿的设置。比如企业采用的是记账凭证账务处理程序，企业的总账就要根据记账凭证序时登记，就要准备一本序时登记的总账。

5.2.2　账簿的选择问题

不同的企业在建账时所需要购置的账簿是不相同的。总体讲要根据企业规模大小、经济业务的繁简程度、会计人员的多少、采用的核算形式及电子化程度来确定。

无论何种企业，都存在货币资金核算问题，现金日记账和银行存款日记账都必须设置。另外，还需设置相关的总账和明细账。所以，一个企业刚成立时，一定要购置这几种账簿。

明细账有许多账页格式，如三栏式、多栏式、数量金额式等，要选择所需要的格式，然后根据明细账的多少选择所需要的封面和装订明细账用的辅助材料。

建账初始，必须要购置的还有记账凭证、记账凭证封面、记账凭证汇总表、记账凭证装订线、装订工具。为方便编制财务报表，还应购买空白资产负债表、利润表（损益表）、现金流量表等相关财务报表。

具体操作时还要注意以下几点。

（1）建好“4本账”。

无论企业规模大小，无论会计水平高低，会计信息的加工都来自于以下“4本账”的汇集：总账、明细账、现金日记账和银行存款日记账。

（2）建好备查账簿。

并非每个企业都要设置备查账簿，对于一些经济事项繁杂而总账和明细账又不能详细反映的业务，可以设置备查账簿，如应收账款备查簿、应收票据备查簿、递延税款备查簿等。事后查账时，备查账簿便是最好的备忘录。

（3）资料要齐全。

成立一个合法的企业必须有公司章程和营业执照等，这些是会计建账的法律依据。

5.3 不同行业的建账

建账的首要工作就是选择账簿，而不同行业在建账时所选择的账簿是有差别的。本节将介绍工业、商业、服务业等行业中的企业是如何建账的。

5.3.1 工业企业的建账

工业企业即通常所说的制造业企业，是指那些专门从事产品的制造、加工、生产的企业。由于会计核算涉及内容多，而且成本归集与核算程序复杂、方法多样，所以工业企业建账是最复杂的，也是最有典型意义的。

工业企业账务体系的建立，基本按日记账、明细账、总账等项目来进行。

1．现金日记账和银行存款日记账

会计人员在置备好相应的账簿后，在发生与现金及银行存款相关的经济业务时，就可以登记相应的账簿了。

【例5-2】

（1）现有某投资人向企业银行存款账户转入投资款100万元，会计人员便可以依据银行转来的银行收款凭证做企业银行存款收款凭证，编号为银字001号。

借：银行存款　　1 000 000

　　贷：实收资本　　1 000 000

根据银字001号收款凭证，便可登记银行存款日记账。

（2）企业需要使用现金购买办公用品，会计人员开出现金支票，提取现金20 000元。根据现金支票存根联，可做银行存款付款凭证，编号为银字002号。

借：库存现金　　20 000

　　贷：银行存款　　20 000

根据银字002号付款凭证，便可登记现金日记账和银行存款日记账。

总之，企业所有日常经济活动中与现金及银行存款相关的业务，都按上面实例的方法，逐日、逐笔登记现金日记账和银行存款日记账，企业的现金日记账和银行存款日记账就建立起来了。

2．资产、负债类明细账

明细账需要根据企业自身管理的需要和外界各部门对企业信息资料的需要来设置。工业企业需要设置的资产、负债类明细账具体如表5-2所示。

表5-2　工业企业资产、负债类明细账一览表

账户名称	设置依据	二级明细举例
短期投资	根据投资种类和对象设置	如A公司、B公司等
应收账款	根据客户名称设置	如××客户等
其他应收款	根据应收部门、员工、项目等设置	如销售部、管理部或××员工等
长期股权投资	根据投资对象或根据面值、溢价、折价、相关费用设置	如C公司、D公司等
固定资产	根据固定资产的类别设置	如房屋建筑物、机器设备、办公设备等

续表

账户名称	设置依据	二级明细举例
短期借款	根据借款的种类或对象设置	如××银行
应付账款	根据应付的对象设置	如××供应商等
预收账款	根据客户名称设置	如××客户等
其他应付款	根据应付的对象设置	如××公司、××个人等
应付职工薪酬	根据应付的类型设置	如工资、福利费、社保等
应交税费	根据税费的种类设置	如应交增值税、应交企业所得税等

实际建账过程中，企业可根据自身业务发生的实际需要增减明细账的设置。日常活动中，根据原始凭证、汇总原始凭证及记账凭证登记各种明细账。

3．与生产过程相关的明细账

在工业企业建账过程中，还应设置与生产过程相关的明细账。具体包括以下几类。

（1）材料成本类明细账。

在材料按实际成本计价的企业，要设置在途物资明细账，以便于核算不同来源的材料的实际成本。

在材料按计划成本计价的企业，要设置材料采购明细账，按材料的各类规格、型号登记材料采购的实际成本和发出材料的计划成本，并根据实际成本和计划成本的差异反映材料成本差异。另外，配合材料按计划成本计价，可以建立材料成本差异明细账，“材料成本差异”账户是“原材料”账户的备抵调整账户。同原材料相同，材料成本差异也是按材料的品种、规格设置明细账，反映各类或各种材料实际成本与计划成本的差异。

（2）生产成本类明细账。

为计算产品成本，需设置基本生产成本明细账，也称产品成本明细账或产品成本计算单。根据企业选择的成本计算方法，可以按产品品种、批别、类别、生产步骤设置生产成本明细账。

为计算产品成本，还需设置辅助生产成本明细账，用以反映归集的辅助生产费用或辅助生产成本及分配出去的辅助生产成本和转出的完工的辅助生产产品成本。辅助生产成本明细账应根据辅助生产部门设置。预提费用、待摊费用明细账可根据预提和待摊的业务项目设置，如预提利息、大修理费、待摊的租金、修理费、书报费等。

为计算产品成本，制造费用明细账是所有工业企业都必须设置的，它根据制造费用的核算内容（如工资费、折旧费、修理费、低值易耗品摊销费、劳保费等）来设置。

4．损益类明细账

工业企业设置的损益类明细账具体如表5-3所示。

表5-3　工业企业损益类明细账一览表

账户名称	设置依据	二级明细举例
主营业务收入	可根据产品的品种、批别、类别设置	如甲产品、乙产品等
主营业务成本	一般应与主营业务收入的分类相对应	如甲产品、乙产品等
其他业务收入	根据企业实际情况设置	如原材料等
其他业务成本	一般应与其他业务收入的分类相对应	如原材料等
税金及附加	根据企业实际情况设置	如城建税、印花税等
销售费用	按照费用的构成设置	如办公费、广告费、差旅费等
管理费用	按照费用的构成设置	如办公费、电话费、招待费等
财务费用	按照费用的构成设置	如手续费、利息支出等

续表

账户名称	设置依据	二级明细举例
营业外收入	根据企业实际情况设置	如政府补助等
营业外支出	根据企业实际情况设置	如罚款支出等
投资收益	根据投资的性质与投资的种类设置	如股票收益等

5. 总账

工业企业设置的总账包括以下内容：库存现金、银行存款、其他货币资金、交易性金融资产、应收票据、应收账款、其他应收款、坏账准备、存货、长期股权投资、固定资产、累计折旧、无形资产、累计摊销、长期待摊费用、递延所得税资产、短期借款、应付票据、应付账款、预收账款、其他应付款、应付职工薪酬、应交税费、其他应付款、应付股利、应付利息、长期借款、长期债券、递延所得税负债、长期应付款、实收资本（股本）、资本公积、盈余公积、未分配利润、本年利润、主营业务收入、主营业务成本、税金及附加、销售费用、其他业务收入、其他业务成本、营业外收入、营业外支出、所得税费用、以前年度损益调整等。

因工业企业会计核算使用的会计账户较多，所以总账账簿的需要量可能会多一些。同时，因工业企业的存货内容所占比重较大，故还要配合成本计算设置有关成本总账。与存货相关的账户主要有原材料、在途物资、材料采购、委托加工物资、周转材料、库存商品、发出商品等，企业要根据存货账户设置相应的总账；与成本计算相关的账户主要有生产成本、劳务成本、研发支出等，企业也要根据成本计算账户设置相应的总账。

6. 建账中的其他问题

因工业企业的成本计算比较复杂，所以在建账时，为了便于凭证的编制，要设计一些计算用表格，如材料费用分配表、领料单、工资费用计算表、折旧费用分配表、废品损失计算表、辅助生产费用分配表（如表5-4所示）、产品成本计算单（如表5-5所示）等相关成本计算表格。

表5–4　辅助生产费用分配表

单位：元

辅助生产车间名称			机修车间	锅炉车间	合计
待分配费用					
对外供应劳务数量					
单位成本（分配率）					
基本生产车间	一车间	耗用数量			
		分配金额			
	二车间	耗用数量			
		分配金额			
金额合计					

表5–5　产品成本计算单

产量单位：件
金额单位：元

月	日	摘要	产量	直接材料	直接人工	制造费用	合计
3	1	期初在产品成本					
	31	本月生产费用					
	31	生产费用累计					
	31	完工产品成本					
	31	月末在产品成本					

5.3.2 商业企业的建账

商业企业即商品流通企业，是指企业本身没有生产线，不生产产品，只从事商品买卖的独立核算企业，如商场、超市、粮店、销售公司等。

因商业企业的经济活动主要是流通领域中的购、销、存活动，所以这类企业的会计核算主要侧重于采购成本或者主营业务成本的核算及商品流通费用的核算。商业企业建账的内容主要如下。

1. 现金日记账和银行存款日记账

商业企业的现金日记账和银行存款日记账的建立方式与工业企业相同。

2. 明细账

商业企业的明细账相对于工业企业要简单得多，主要分为3大类，如表5-6所示。

表5-6 商业企业的明细账

种类	内容
资产、负债类明细账	涉及的账户和建立方式与工业企业相同
商品类明细账	主要用来核算企业买进和卖出的商品的成本和收入，包括商品采购明细账、库存商品明细账 （1）商品采购明细账用来核算购进商品的进价成本及入库商品的实际成本，商品采购明细账一般可按客户名称设置，采用数量金额式账簿进行核算 （2）库存商品明细账用来核算商品的收、发、存情况，可按商品的种类、名称、规格或存放地点设置，也要求采用数量金额式账簿进行核算 商业企业采用实际成本法计算已销商品成本时，可按个别计价法（分批实际成本计价）、全月一次加权平均法、移动加权平均法、先进先出法等核算发出库存商品成本。如果是商品零售企业，还需设置“商品进销差价”明细账，该账户因是“库存商品”的调整账户，所以其明细账的设置应与“库存商品”明细账一致
损益类明细账	涉及的账户和建立方式与工业企业相同

3. 总账

商品企业总账的设置与工业企业基本相同。

由于商业企业大量购进商品直接用于销售，故除了要设置与工业企业相同的总账外，还要设置商品采购、库存商品、商品进销差价总账。如果经常委托他人代销商品或为他人代销商品，商业企业还需设置委托代销商品、代销商品款、受托代销商品总账。

在会计实际工作中，可根据企业业务量大小和业务需要增删总账。

4. 建账中的其他问题

因商业企业在成本计算上与工业企业、服务业企业的差别较大，为了便于商业企业的成本计算，需要外购或自制许多成本计算用表格。在建账时，需要准备已销商品进销差价计算表（如表5-7所示）、商品盘存汇总表、毛利率计算表等。

表5-7 已销商品进销差价计算表

品名	月末分摊前“商品进销差价”账户余额	月末“库存商品”账户余额	本月“主营业务收入”账户贷方发生额	进销差价率（%）	已销商品进销差价	已销商品销售成本
合计						

5.3.3 服务业企业的建账

服务业企业泛指那些对外提供劳务服务的企业，因其提供的并非产品或商品，而是一种劳务服务，所以称为服务业企业。服务业包括交通运输业、建筑安装业、金融保险业、邮电通信业、文化体育业、娱乐业、旅游服务业、仓储保管业、仓储租赁业、代理业、广告业等。虽然服务业企业的服务项目很多，但在会计核算上，成本核算比较简单，所以账簿设置也相对较简单。服务业企业的建账内容如表5-8所示。

表5-8 服务业企业的建账内容

建账内容	说明
日记账	服务业企业现金日记账和银行存款日记账的建立同工业企业与商业企业相同，使用方式与登记方式也完全相同
明细账	服务业企业明细账也是根据企业管理需要和实用性来设置的，其内容与工业企业和商业企业基本相同，只是成本核算较简单
总账	服务业企业要设置的总账业务比工业企业和商业企业少，但也要设置库存现金、银行存款、交易性金融资产、应收账款、其他应收款、存货、固定资产、累计折旧、无形资产、长期待摊费用、短期借款、应付账款、其他应付款、应付职工薪酬、应交税费、其他应付款、应付股利、实收资本（股本）、资本公积、盈余公积、未分配利润、本年利润、主营业务收入、主营业务成本、营业外收入、营业外支出，以前年度损益调整、所得税费用等总账

服务业企业只要将上述3类账簿建立起来，就完成了建账的基本工作。会计人员只需按规定进行日常会计处理，登记账簿就可以了。

5.3.4 其他企业的建账

前面列举了工业、商业、服务业企业，此外还有交通运输企业、施工企业、房地产开发、农业企业等。这些企业对于资产、负债、所有者权益的核算及其建账都是相同的，主要区别在于成本计算方面总账和明细账的设置有所不同。下面就它们的特点及建账要求作简单说明，如表5-9所示。

表5-9 其他企业的特点和建账要求

企业类型	企业特点	建账要求
交通运输企业	交通运输企业是流通领域里的产业部门，从事旅客运输和货物运输活动。它的特点是流动性大、营运点多、面广和线路多，企业与有关部门以及企业内部各部门之间的经济关系比较复杂，核算的环节多、业务量大	成本计算要按照不同的运输对象、不同的运输工具、运输作业项目、运输组织方式计算各种运输成本。运输途中的各种消耗就是运输成本，所以在建账时要设置“运输支出”“运输成本”“辅助营运费用”“营运间接费用”“装卸支出”等总账和明细账
施工企业	施工企业是专门从事建筑安装工程及施工的生产单位。它建造各种生产和非生产用房屋、建筑物、构筑物，安装各种机械设备，对原有房屋、建筑物进行修理和改造。其主要特点是工作地点的流动性、工作内容的多样性、施工机械体积大、受自然气候影响大、施工周期长等	为了便于核算，要设置“工程施工”“辅助生产”“机械作业”“工程结算成本”“工业生产”等总账和明细账
房地产开发企业	房地产又称不动产，一般指土地、土地上的永久建筑物和由它们衍生的各种物权，房地产开发企业是指专门从事上述不动产开发的企业。	它的费用支出主要有土地征用及拆迁补偿费，前期规划、设计、水文、勘察、测绘、“三通一平”费，建筑安装工程费、道路、供水、供电、供气、排污、排汽、通信、照明、环卫、绿化等基础设施费，公共配套设施费、开发间接费等 为核算各项上述费用，需设置“开发成本”“开发间接费”“开发产品”等总账和明细账
农业企业	农业企业是指那些通过生物的生长和繁殖来取得产品并获取利润的部门。农业包括农业、林业、畜牧业和渔业	农业生产内容多样，它的日常核算往往与农作物生长周期、养殖周期一致，在进行会计核算时，需设置“农业生产成本”“农用材料”“辅助生产成本”“畜牧业生产成本”“渔业生产成本”等总账和明细账

5.4 综合演练

5.4.1 账簿启用表的填写

演练要求：

浙江天威商贸公司于2018年2月1日进行建账，请填写银行存款日记账的“账簿启用表”。（财务经理：黄威，主办会计：张燕，出纳：王文）

演练解读：

每本账簿的扉页均附有账簿启用表，内容包括单位名称、账簿名称、账簿号码、账簿页数、启用日期、单位负责人、会计机构负责人或会计主管人员等。启用账簿时，应填写表内各项内容，并在“单位名称”处加盖公章、在各负责人姓名后加盖私章。当账簿的经管人员调动工作时，应办理交接手续，填写该表中的账簿交接内容，并由交接双方共同签名或盖章。

填好的账簿启用表如图5-1所示。

<table>
<tr><th colspan="11">账簿启用表</th></tr>
<tr><td>单位名称</td><td colspan="9">浙江天威商贸公司</td><td>单位盖章</td></tr>
<tr><td>账簿名称</td><td colspan="9">银行存款日记账</td><td rowspan="7">（略）</td></tr>
<tr><td>账簿编号</td><td colspan="9">2018 年总　册第　册</td></tr>
<tr><td>账簿页数</td><td colspan="9">本账簿共计　页第　页</td></tr>
<tr><td>启用日期</td><td colspan="9">2018 年 2 月 1 日至　年　月　日</td></tr>
<tr><td rowspan="3">经管人员</td><td colspan="3">负责人</td><td colspan="3">主管</td><td colspan="3">出纳</td></tr>
<tr><td>职别</td><td>姓名</td><td>盖章</td><td>职别</td><td>姓名</td><td>盖章</td><td>职别</td><td>姓名</td><td>盖章</td></tr>
<tr><td>财务经理</td><td>黄威</td><td></td><td>主办会计</td><td>张燕</td><td></td><td>出纳</td><td>王文</td><td></td></tr>
<tr><td rowspan="7">交接记录</td><td rowspan="2">职别</td><td rowspan="2">姓名</td><td colspan="3">接管</td><td colspan="4">移交</td><td rowspan="2">印花税票粘贴处</td></tr>
<tr><td>年</td><td>月</td><td>日</td><td>年</td><td>月</td><td>日</td><td>盖章</td></tr>
<tr><td></td><td></td><td></td><td></td><td></td><td></td><td></td><td></td><td></td><td rowspan="5"></td></tr>
<tr><td></td><td></td><td></td><td></td><td></td><td></td><td></td><td></td><td></td></tr>
<tr><td></td><td></td><td></td><td></td><td></td><td></td><td></td><td></td><td></td></tr>
<tr><td></td><td></td><td></td><td></td><td></td><td></td><td></td><td></td><td></td></tr>
<tr><td></td><td></td><td></td><td></td><td></td><td></td><td></td><td></td><td></td></tr>
</table>

图5-1　账簿启用表

5.4.2 新企业财务软件建账

演练要求：

按照下述资料在财务软件中建立账套。

账套名称：广东富华实业有限公司。

存放路径：E:\练习账套\广东富华实业有限公司。

账套文件名：辉煌。

行业：工业企业。

准则：小企业会计准则。

记账本位币：人民币。

会计期间界定方式：自然月份。

账套启用期间：2018年1月。

演练解读：

各种软件大同小异，新企业使用财务软件建账的步骤大致如下（本解读以用友T3为例）。

（1）双击桌面“系统管理”图标，在“用户名”处输入“admin”，单击“确定”按钮后进入系统管理（系统管理员账号“admin”，初始密码为空）。

（2）依次单击“账套—建立”。

（3）输入“账套号”“账套名称”“账套路径”“会计期间”后单击“下一步”按钮（注意：账套号和已存账套的账套号不能重复）。

（4）输入“单位名称”（注意单位名称是必填项），单击“下一步”按钮。

（5）根据实际情况选择“企业类型”“行业性质（企业会计准则或小企业会计准则）”和“账套主管”后，单击“下一步”按钮。

（6）根据需要确定存货、客户、供应商是否分类，若是，则单击选中各项目前的复选按钮，使其出现“√”，单击“下一步”按钮。

（7）选择企业的业务流程（一般建议选择标准流程），选择完成之后单击“完成”按钮。

标准流程和优化流程的区别如下。

①采购：优化流程填制采购入库单自动生成发票并复核生成应付款，标准流程采购发票需要手工填写再进行采购结算。

②销售：优化流程填制发货单自动生成销售发票复核并生成销售出库单，标准流程需要手工填写销售发票。

（8）弹出提示对话框“可以创建账套了么？”，单击“是”按钮。

（9）在“分类编码方案”中设置对应的编码方案：科目编码级次（4-2-2-2-2-2），客户分类编码（2-2-2-2-2），部门编码（2-2-2-2），供应商分类编码（2-2-2-2），其他编码可保持不变；单击“确定”按钮。

（10）在“数据精度定义”中设置数据精度，一般设置为2就可以了，表示软件中各个参数的小数位数取2位，单击“确定”按钮。

（11）弹出提示对话框“是否启用账套？”提示框中，单击“是”按钮后即启用账套。

（12）选择启用模块的时间（即建账的时间）。例如，企业2018年8月开始使用软件做账，时间就选择2018年8月。

（13）用步骤（5）中选择的账套主管用户名登录软件做账。

5.4.3 老企业年初财务软件建账

演练要求：

按照下述资料在财务软件中建立账套并进行初始化设置。已知融达工业有限公司于2019年5月开始使用财务软件。

（1）系统设置：使用自然月份作为会计期间，记账本位币为人民币。

（2）用户管理：部门、职员资料如表5-10所示。

表5-10 部门、职员资料

编号	用户名	隶属于（组）	权限
1	李健	系统管理员组，001财务部	全部
2	陈丽娟	001财务部	财务+基础资料
3	赵颖	002生产部	采购+基础资料
4	谢安娜	003销售部	销售+基础资料

（3）基础资料设置：基础资料如表5-11～表5-13所示。

表5-11 客户资料

客户代码	客户名称	客户地址	联系电话	联系人
001	瑞城公司	北京	010-66345678	谢安娜
002	天贡公司	广州	020-68123456	王晓

表5-12　供应商资料

供应商代码	供应商名称	供应商地址	联系电话	联系人	增值税税率
001	桂华公司	南宁	0771-2345678	赵颖	13%
002	硕雄公司	柳州	0772-3456789	刘佳	13%

表5-13　科目余额表

单位：元

科目（科目编号）	方向	期初余额	科目（科目编号）	方向	期初余额
库存现金(1001)	借	5 000.00	累计折旧(1602)	贷	5 000.00
银行存款(1002)	借	365 000.00	短期借款(2001)	贷	100 000.00
建行(1002.01)	借	300 000.00	应付账款(2202)	贷	105 000.00
中行(1002.02)	借	65 000.00	华硕（2202.02）	贷	105 000.00
应收账款(1122)	借	300 000.00	长期借款（2501）	贷	500 000.00
天贡公司(1122.01)	借	300 000.00	实收资本(4001)	贷	1 000 000.00
原材料(1403)	借	800 000.00	利润分配(4104)	贷	200 000.00
库存商品(1405)	借	100 000.00			
固定资产(1601)	借	340 000.00			

演练解读：

各种软件大同小异，老企业使用财务软件建账的步骤大致如下（本解读以用友T3为例）。

（1）部门档案设置：依次单击“基础设置—机构设置—部门档案”，单击“增加”按钮，输入部门编码、名称等资料，单击“增加”按钮；继续设置下一个部门资料；完成所有设置后退出。

（2）职员档案设置：依次单击“基础设置—机构设置—职员档案”，单击“增加”按钮，输入职员编码、名称，选择所属部门等资料，单击“增加”按钮；继续设置下一个职员档案；完成所有设置后退出。

（3）客户/供应商/供应商分类：依次单击“基础设置—往来单位—客户/供应商分类”，单击“增加”按钮，输入类别编码、类别名称（按编码原则填写），单击“保存”按钮；继续设置下一个分类；完成所有设置后退出。

（4）客户/供应商档案：依次单击“基础设置—往来单位—客户/供应商档案”，选中“客户/供应商分类”，单击“增加”按钮，输入客户/供应商编码、客户/供应商名称、客户/供应商简称，单击“保存”按钮；继续设置下一条客户/供应商档案；完成所有设置后退出。

（5）期初余额录入：依次单击“总账—设置—期初余额”，将系统启用月之前所有明细科目的余额录入系统，完成后单击“试算”按钮，结果平衡后单击“对账”按钮，对账正确后退出。

第二篇　出纳实操

第6章

出纳工作的理论知识

古人曾经将人的五官之一的“口”比作出纳官，如果说口对人的健康起着重要作用，那么出纳把关的质量，对一个企业的经济状况也会起到很大作用。一名合格的出纳人员，只有对自己有清楚的认识以及定位，明确自己的职责权限并积极付诸行动，才能为企业会计部门的工作起到积极的推动作用，才能为企业效益最大化添砖加瓦。

6.1 出纳需要了解的基础知识

会计部门作为企业的一个重要组成部门，其应当按照人员工作内容合理分工设岗，如设置会计主管、出纳、成本费用核算等岗位。每一个岗位人员明确自己的岗位职责和权限，是使工作效益最大化的前提条件。

出纳人员在企业财务部门扮演着一个重要角色。在一个达到一定规模、并且制度完善的企业中，人员出纳主要负责企业现金的收付、往来款项的核对、员工差旅费的报销、工资以及福利费的发放、登记现金日记账以及银行存款日记账等所有涉及企业货币资金的业务。

但是对于一个规模较小的企业，管理层为了做到成本最小化、效益最大化，往往会给出纳人员分配更多其他的工作，除以上工作内容外，出纳人员还负责购买发票，到工商、税务以及社保等机构办理有关事宜等。所以，一个优秀的出纳人员，其在财务部门的作用不容小觑。

6.1.1 出纳人员的职权

1. 出纳人员的职责

根据《会计法》《会计人员职权条例》《会计人员工作规则》等法律、法规和规章的有关规定，出纳人员具有以下职责。

（1）按照国家有关现金管理和银行结算制度的规定，办理现金收付和银行结算业务。出纳人员应严格遵守现金开支范围的规定，非现金结算范围不得用现金收付；遵守库存现金限额规定，超限额的现金按规定及时送存银行；现金管理要做到日清月结，账面余额与库存现金实有数额每日下班前应核对，发现问题，及时查对；银行存款日记账余额与银行对账单余额也要及时核对，如有不符，查明原因后进行相应处理。

（2）根据会计制度的规定，在办理现金和银行存款收付业务时，要严格审核有关原始凭证，再据以编制收付款凭证，然后根据编制的收付款凭证逐笔顺序登记现金日记账和银行存款日记账，并结出余额。对于不真实、不合法的原始凭证，出纳人员不应据其入账。

（3）按照国家外汇管理和购汇制度的规定办理外汇出纳业务。

（4）掌握银行存款余额，不准签发空头支票，不准出租、出借银行账户为其他企业办理结算。

（5）保证库存现金和各种有价证券（如国库券、债券、股票等）的安全与完整。

（6）保管有关印章、空白收据和空白支票。

2. 出纳的权限

根据《会计法》《会计人员职权条例》《会计人员工作规则》等法律、法规和规章的有关规定，出纳人员具有以下权限。

（1）维护财经纪律，执行财会制度，抵制不合法的收支和弄虚作假行为。《会计法》是我国会计工作的根本依据，是会计人员必须遵循的重要法律。《会计法》中对会计人员如何维护财经纪律做出了具体规定。这些规定为出纳人员实行会计监督、维护财经纪律提供了法律保障。出纳人员应认真学习、领会、贯彻这些法规，充分发挥出纳工作的“关卡”“前哨”作用，为维护财经纪律、抵制不正之风做出贡献。

（2）参与货币资金计划定额管理的权力。现金管理制度和银行结算制度是出纳人员开展工作必须遵照执行的依据，而执行这些制度，实际上是赋予了出纳人员对货币资金进行管理的职权。如加强现金管理，要求各单位的库存现金必须限制在一定的范围内，多余的要按规定送存银行，这便为银行部门利用社会资金进行有计划放款提供了资金基础。因此，出纳工作不是简单的货币资金的收收付付，不是无足轻重的点点钞票，其工作的意义只有和许多方面的工作联系起来才能体现。

（3）管好用好货币资金的权力。出纳人员每天和货币资金打交道，单位的一切货币资金往来都与出纳工作紧密相联。货币资金的来龙去脉、周转速度的快慢，出纳人员都应清清楚楚。因此，提出合理安排、利用资金的意见和建议，及时提供货币资金使用与周转信息，也是出纳人员义不容辞的责任。出纳人员应抛弃被动工作观念，树立主动参与意识，把出纳工作放到整个会计工作、经济管理工作的大范围中，这样，既能增强出纳人员自身的职业光荣感，又为出纳工作开辟了新的视野。

6.1.2 出纳人员的基本素质

做好出纳工作并不是一件容易的事，它要求出纳人员要熟练掌握相关政策，具备熟练的业务技能、严谨细致的工作作风。

1. 政策水平

没有规矩，不成方圆。出纳工作涉及的“规矩”很多，如《会计法》及各种会计制度，现金管理制度及银行结算制度，《会计基础工作规范》，成本管理条例及费用报销额度，税收管理制度及发票管理办法，还有各单位自己的财务管理规定等。出纳人员对这些法规、制度如果不熟悉、不掌握，是绝对做不好出纳工作的。所以，要做好出纳工作，第一件大事就是学习、了解、掌握财经法规和制度，提高自己的政策水平。出纳人员只有掌握了政策法规和制度，明白了自己哪些该干、哪些不该干、哪些该抵制，工作起来才会得心应手。

2. 业务技能

“台上一分钟，台下十年功”，这对出纳工作来说是十分适用的。出纳工作需要很强的操作技巧。打算盘、用计算机、填票据、点钞票等，都需要深厚的基本功。作为专职出纳人员，不仅要具备处理一般会计事务的财会专业基本知识，还要具备较高的处理出纳事务的出纳专业知识和较强的数字运算能力。出纳的数字运算往往在结算过程中进行，要按计算结果当场开出票据或收付现金，速度要快，又不能出错。这和事后的账目计算有着很大的区别。账目算错了可以按规定方法更改，但钱算错了就不一定能“改”得过来了。所以，出纳人员要有很强的数字运算能力，不管用计算机、算盘、计算器，还是别的运算器，都必须具备较快的速度和非常高的准确性。在快和准的关系上，作为出纳人员，要把准确性放在第一位，要准中求快。提高出纳业务技术水平关键在手上，打算盘、用计算机、开票据，都离不开手。而要提高手的功夫，关键又在勤，勤能生巧，巧自勤来。另外，出纳人员还要苦练汉字、阿拉伯数字，提高写作概括能力，使人见其字如见其人，一张书写工整、填写齐全、摘要精炼的票据能表现一个出纳人员的工作能力。

3. 工作作风

要做好出纳工作，首先要热爱出纳工作，要有严谨细致的工作作风和职业习惯。作风的培养在成就事业方面至关重要。出纳人员每天和金钱打交道，稍有不慎就会造成意想不到的损失。出纳人员必须养成与出纳职业相符合的工作作风，概括起来就是精力集中、有条不紊、严谨细致、沉着冷静。精力集中就是工作时要全身心地投入，不为外界所干扰；有条不紊就是计算器具摆放整齐，钱款票据存放有序，办公环境洁而不乱；严谨细致就是认真仔细，做到收支计算准确无误，手续完备，不发生工作差错；沉着冷静就是在复杂的环境中随机应变，化险为夷。

4. 安全意识

现金、有价证券、票据、各种印鉴，既要有内部的保管分工，各负其责，并相互牵制；也要有对外的保安措施，从办公用房的建造，门、屉、柜的锁具配置，到保险柜密码的管理，都要符合保安的要求。出纳人员既要密切配合保安部门的工作，更要增强自身的保安意识，学习保安知识，把保护自身分管的公共财产物资的安全完整作为自己的首要任务来完成。

5. 道德修养

出纳人员必须具备良好的职业道德修养，要热爱本职工作，敬业、精业；要科学理财，充分发挥资金的使用效益；要遵纪守法，严格监督，并且以身作则；要洁身自好，不贪、不占公家便宜；要实事求是，真实客观地反映经济活动的本来面目；要注意保守机密；要竭力为本单位的中心工作、为单位的总体利益、为全体员工服务。出纳是一项特殊的职业，整天接触的是大把大把的金钱、成千上万的钞票，真可谓万贯家财手中过。没有良好的职业道德，很难顺利通过"金钱关"。与其他会计人员相比，出纳人员更应严格地遵守职业道德。

6.1.3 出纳人员工作的原则

出纳人员工作的基本原则主要指内部牵制原则或者钱账分管原则。

《会计法》（2017修订）第三十七条规定："会计机构内部应当建立稽核制度。出纳人员不得兼任稽核、会计档案保管和收入、支出、费用、债权债务账目的登记工作。"

钱账分管原则是指凡是涉及款项和财物收付、结算及登记的任何一项工作，必须由两人或两人以上分工办理，以起到相互制约的作用。

例如，现金和银行存款的支付，应由会计主管人员或其授权的代理人审核、批准，出纳人员付款，记账人员记账；发放工资，应由工资核算人员编制工资单，出纳人员将工资单送至银行代发工资或提取现金发放工资，记账人员记账。

实行钱账分管，主要是为了加强会计人员的相互制约、相互监督、相互核对，提高会计核算质量，防止工作误差和营私舞弊等行为。

因为出纳人员是各单位专门从事货币资金收付业务的会计人员，根据复式记账原则，每发生一笔货币资金收付业务，必然引起收入、费用或债权、债务等账簿记录的变化，或者说每发生一笔货币资金收付业务都要登记收入、费用或债权、债务等有关账簿，如果这些账簿登记工作都由出纳人员办理，会让贪污舞弊行为有可乘之机。同样如果稽核、内部档案保管工作也由出纳人员经管，也难以防止利用抽换单据、涂改记录等手段进行舞弊的行为。当然，出纳人员不是完全不能记账，只要不是收入、费用、债权、债务方面的账目，出纳人员是可以承担一部分记账工作的。总之，钱账分管原则是出纳工作的一项重要原则，各单位都应建立健全这一制度，防止营私舞弊行为的发生，维护国家和单位财产的安全。

6.1.4 出纳与会计的关系

出纳与会计都是企业会计部门的工作岗位，出纳既是会计的助手，同时又和会计互相监督，以确保会计部门工作的效率及质量。

1. 出纳与会计的联系

出纳与会计是密不可分的，他们都是企业搞好财务会计工作不可缺少的重要岗位。企业员工按照报销制度，每月到出纳处提交报销的原始凭证，即各种发票；出纳审核发票无误，完成报销业务。每月月底，出纳将各种发票归类整理好（也有一些企业的出纳还需要按照记账凭证粘贴的方法，将整理好的各种发票以及银行收费凭单、行政事业单位收费凭单等按规定粘贴好），交给会计，用以月底做账。所以说，出纳是会计的助手，为会计做好了前期准备工作，而会计凭证就是联系企业出纳和会计的重要纽带。会计凭证的传递过程如图6-1所示。

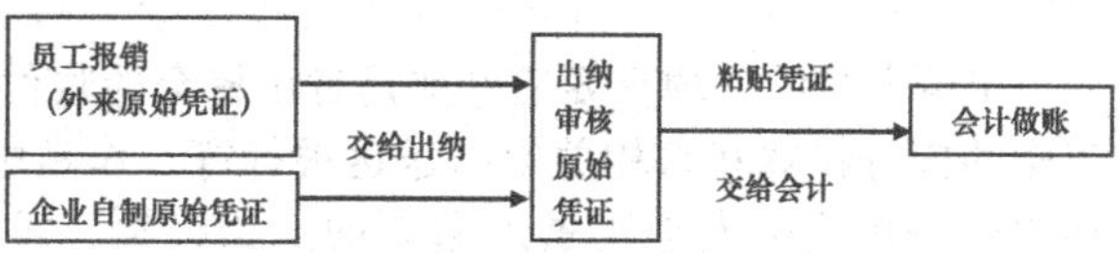

图6-1 会计凭证的传递过程

2. 出纳与会计的区别

出纳与会计的区别主要体现在二者被赋予的职责不同。根据钱账分管原则，出纳主要负责货币资金的收付、现金的保管、原始凭证的审核等业务，同时，出纳只能登记现金日记账以及银行存款日记账，其他账簿一律不得登记与保管；会计主要负责企业除现金日记账以及银行存款日记账的其他各种账簿的登记、账务的处理等货币资金收付以外的大部分工作。

所以说，出纳与会计之间，既相互依存来促进整个会计部门工作的完成，同时又各自独立，以达到监督的目的。

6.2 出纳人员的日常工作内容

在不同的企业，出纳人员的工作内容不尽相同，但出纳人员的主要工作内容大致相同，主要包括货币资金核算、往来款项结算和工资核算等。

6.2.1 货币资金核算

出纳人员日常的主要工作就是和货币资金打交道，货币资金的收付都由出纳人员来办理、记录，其具体内容大致如下。

（1）根据主管领导已审核的相关收付款凭证（如借款单、报销单等），认真复核其无误后，办理收付款业务，并保留好相关单据，以备日后核查。

（2）认真登记现金日记账，做到日清月结。根据每笔已经办理过的现金收付业务，据实登记现金日记账。每天下班前结出当天余额，查看账实是否相符。每月月底查看银行存款日记账以及银行对账单，查看二者是否相符，对于不符之处，必须查找原因，然后编制银行存款余额调节表，使企业银行存款日记账和银行对账单相符。

（3）及时到银行办理支票入账手续，避免支票过期作废。保存好汇款单、进账单、支票存根联等相关单据，月底作为原始凭证据实做账。

（4）保管好企业库存现金，每天下班前检查现金实有数与现金日记账余额是否相符，并保管好保险箱钥匙。

（5）对于超出企业库存现金额度的现金，必须及时送存银行。由于客观原因，实在无法及时送存的现金，应与银行做好沟通，确定好送存时间并送存。

6.2.2 往来款项结算

企业在经营过程中，实际上很多款项并不能做到当时结算，由于有时间差异，出纳人员对往来款项的核对显得尤为重要。其主要内容如下。

（1）对于企业员工预借的差旅费，要督促其及时办理报销手续，不得私自挪用。对于出差的费用，实行多退少补的原则。

（2）定期与外部业务往来单位核对往来款项。对于企业应付账款，应与对方做好沟通，按时清偿；对于企业应收账款，应督促对方及时偿还，避免出现坏账，给企业带来经济损失。

6.2.3 工资核算

出纳人员的一项重要工作就是货币资金的收付。现在企业的工资大部分都是由银行代发，工资的部分核算和将相关票据送达银行等工作是由出纳人员完成的。虽然由银行代发工资不会出现采用现金发放工资所遇到的点错钞票、发错工资的情况，但工资核算要细心，避免出错。

出纳人员应根据员工工资表，按时为员工发放工资，不得私自挪用、扣发。在把工资表及相关票据、资料送存银行前，必须对所发放的工资数据进行审核。

（1）根据人力资源部出具的相关单据（如基本工资、考勤表、“五险一金”单据等），核算企业员工工资，并据此编制员工工资表（也有一些公司的工资由人力资源部核算，出纳人员或会计人员进行审核)，作为原始凭证在月底汇总入账。

(2) 出纳人员应该按照相关单据，如员工考勤记录表、银行代扣“五险一金”凭单、话费发票等认真核算员工工资，对于工资中的任何一个组成部分，均要确保准确无误。

以正龙国际股份有限公司为例，其员工工资的主要组成部分如图6-2所示。

序号	姓名	基本工资	交通补贴	餐补	话费补贴	加班工资	绩效奖金	全勤奖金	工资总额	五险应扣额	住房公积金应扣额	个人所得税	实发工资	签名

图6-2 员工工资的主要组成部分

其中：

实发工资=工资总额-五险应扣额-住房公积金应扣额-个人所得税

工资总额=基本工资+各种补贴+加班工资+各项奖金

个人所得税=(工资总额-“五险一金”应扣额-允许扣除费用5 000元)×适用税率-速算扣除数

注意：有的企业，工资总额中还有津贴；五险应扣额为企业代为缴纳的个人应缴款部分；住房公积金应扣额为企业代为缴纳的个人应缴款部分。

6.2.4 出纳人员的其他工作内容

身为出纳人员，除了以上必须完成的任务外，部分出纳人员还会兼管以下事务。

(1) 每个月月底整理企业当月的所有发票，将审核无误的发票归类整理并粘贴，交由会计进行下一步工作。

(2) 每月完成会计抄报税过程中的相关外勤工作。

(3) 在公司开户行购买支票。

(4) 负责开具发票，发票使用完时，及时到税务局购买新发票(或者在网上申请票e送)，以保证企业的生产销售服务活动能够正常进行。

(5) 保管好企业有关财务资料，如财务章、人名章、作废的支票、空白支票、现金日记账账本及银行存款日记账账本等。

6.3 出纳人员的基本技能

出纳工作需要很强的操作技巧，用电脑、填票据、点钞票等，都需要熟练的基本功。出纳人员在处理日常事务的过程中，无论是记账、计算还是点钞，都必须做到既快又准。

6.3.1 文字和数字书写规则

出纳人员在日常工作中要经常填写支票、汇票等相关票据，必须要按照规定进行书写。账、证、表的文字以及数字书写是出纳必须具备的基本功。一张书写工整、项目填写齐全、摘要精炼的票据也能从侧面表现出一个出纳人员的工作能力。

1. 文字书写规则

(1) 要用蓝黑墨水或碳素墨水书写，不得用铅笔、圆珠笔(用复写纸复写除外)。红色墨水只在特殊情况下使用。填写支票必须使用碳素笔。

(2) 文字一般要紧靠左竖线书写，文字与左竖线之间不得留有空白。

(3) 文字不能顶格写，一般要占空格的1/2或2/3。

(4) 文字要清晰，要用正楷或行书书写。

2. 文字书写要求

数字是出纳人员在工作中最常使用的一种工具，正确书写数字是对出纳人员最基本的要求，数字书写的要求如下。

（1）阿拉伯数字书写要求。

阿拉伯数字（也称“小写数字”）应当写清楚，不能连笔写；有外框限制的数字，如支票中的小写数字，必须按要求写在框内；小写金额前面必须填写币种符号，币种符号与小写金额之间不得留有空白。如“人民币贰佰元整”，小写则写成“¥200，其中，“¥”与“200”之间不得留有空白；金额数字一律写到角、分，无角、分的，写“00”或者符号“—”；有角无分的，分位写“0”，不得以“—”代替。

（2）大写数字书写要求。

和小写数字一样，大写数字也必须书写工整，尽量用正楷字体书写。

大写数字的标准写法为：壹、贰、叁、肆、伍、陆、柒、捌、玖、拾、佰、仟、万、亿、元、角、分、零、整（正）等字样，不得自造简化字。如果金额数字书写中使用繁体字，如貳、陸、億、萬、圓的，也应受理。

大写金额前未印“人民币”字样的，应加填“人民币”三个字，“人民币”字样与金额之间不得留有空白。在票据和结算凭证大写金额栏内不得预印固定的“仟、佰、拾、万、仟、佰、拾、元、角、分”字样。

阿拉伯数字中间有“0”时，中文大写金额要写“零”字。如“¥1 409.50”，应写成“人民币壹仟肆佰零玖元伍角”。

阿拉伯数字中间连续有几个“0”时，中文大写金额中间可以只写一个“零”字。如“¥6 007.14”，应写成“人民币陆仟零柒元壹角肆分”。

阿拉伯金额数字万位或元位是“0”；或者数字中间连续有几个“0”，万位、元位也是“0”，但千位、角位不是“0”时，中文大写金额中可以只写一个“零”字，也可以不写“零”字。如“¥1 680.32”，应写成“人民币壹仟陆佰捌拾元零叁角贰分”，或者写成“人民币壹仟陆佰捌拾元叁角贰分”；又如“¥107 000.53”，应写成“人民币壹拾万柒仟元零伍角叁分”，或者写成“人民币壹拾万零柒仟元伍角叁分”。

阿拉伯金额数字角位是“0”，而分位不是“0”时，中文大写“元”后面应写“零”字。如“¥16 409.02”，应写成“人民币壹万陆仟肆佰零玖元零贰分”；又如“¥325.04”，应写成“人民币叁佰贰拾伍元零肆分”。

6.3.2 人民币管理

出纳人员在每天的工作中几乎都要接触到现金，碰到假钞的机会也就比较多。如何在一捆钞票中用最快的速度准确地挑出假币，以及如何处理这些假币，都是出纳人员应该掌握的业务技能。

1. 识别真假人民币的方法

假钞早已屡见不鲜，出纳人员作为公司中最常直接接触到现金的人，必须要练就一双“火眼金睛”，掌握一些辨别假钞的本领。针对目前市场上流通的第五套人民币中面值为100元的纸币，下面介绍几种常见辨别真假的方法。

通过用眼睛仔细观察票面外观来辨别人民币的真伪。观察票面颜色、白水印、固定人像水印、安全线、胶印缩微文字、隐形面额数字、光变油墨面额数字、阴阳互补对印图案等特征。真币票面颜色协调，图案层次丰富，立体感强，人物形象传神，色调柔和亮丽；票面中的水印富有立体感，层次分明；安全线与纸张黏合牢固，并有特殊的防伪标记；阴阳互补对印图案完整、对接准确；各种线条粗细均匀、明晰。

票面上的行名、盲文、国徽和主景图案采用凹版印刷工艺，用手指触摸有明显凹凸感。

抖动或者用手指轻弹、对拉真钞时，声音很清脆，且不易撕裂或者折断。

2. 残币的处理方法

依据中国人民银行颁布的《中国人民银行残缺人民币兑换办法》的规定，对残币采取以下处理方法。

（1）凡残缺人民币属于下列情况之一者，可持币向银行营业部门全额兑换。

能辨别面额，票面残缺部分不超过四分之一，其余部分的图案、文字能照原样连接者。

票面污损、熏焦、水湿、油浸、变色，但能辨别真假；票面完整或残缺不超过四分之一，票面其余部分的图案、文字能照原样连接者。

（2）凡残缺人民币属于下列情况者，可半额兑换。

能辨别面额，票面残缺四分之一以上至二分之一，其余部分的图案、文字能照原样连接者，应持币向银行营业部门照原面额的半数兑换。且不宜再继续流通使用。

（3）凡残缺人民币属于下列情况之一者，不予兑换。

票面残缺二分之一以上者；票面污损、熏焦、水湿、变色，不能辨别真假者；故意挖补、涂改、剪贴、拼凑、揭去一面者。

6.3.3 保险柜的管理

为保护国家及企业财产的安全和完整，各企业一般都配备有专用保险柜，专门用于库存现金、各种有价证券、银行票据、印章及其他出纳票据的保管。企业应加强对保险柜的使用和管理，制定保险柜使用办法，指定有关人员严格执行。

1. 保险柜的管理权限

保险柜一般由财务部授权，由出纳人员负责管理和使用。按照规定，企业可留存一定金额的库存现金放置于企业保险柜中，方便出纳办理货币资金的收付业务。对于额度内可使用的现金，出于安全考虑，出纳绝对不能将其直接放在办公室抽屉中过夜，应该存放在保险柜中，在需要时开启保险柜取出。

保险柜的钥匙一般由财务部主管人员以及出纳人员各持一把，出纳人员的钥匙主要在日常办理业务开启保险柜时使用；财务主管人员持有的钥匙，主要是以备不时之需，紧急情况下，财务主管人员经过相关领导的批准，方可打开保险柜。

同时，财务主管人员以及出纳人员不能将钥匙交由他人保管，避免因保险柜内现金丢失引起经济责任纠纷。

2. 保险柜的开启

保险柜只能由出纳人员开启使用，非出纳人员不得开启保险柜。如果财务主管人员需要对出纳人员工作进行检查，如检查库存现金限额、核对实际库存现金数额，或有其他特殊情况需要开启保险柜，经企业领导批准后在两人以上在场情况下由财务主管人员开启。一般情况下不得任意开启由出纳人员保管和使用的保险柜。

3. 财物的保管

出纳人员对于自己所保管的所有财物，如核定范围内可留存的现金、还未使用的空白支票、空白票据、财务章、人名章等应妥善保管。每天下班前，应对以上财物进行清点，数目核对正确后，将其存放在保险柜内。保险柜内只允许放企业的相关财物，不允许存放个人物品。

4. 保险柜的维护

保险柜使用时必须按照其使用说明书进行操作，以免因为操作失误而引起保险柜打不开或者发生其他情况。保险柜应放在通风较好的地方，防止因潮湿引起柜内财物发生霉变。出纳人员平时应定期擦拭保险柜，保持其内外部的清洁卫生；每天下班前清点保险柜内财物后，保证其摆放整齐有序，方便平时取用。

6.3.4 印章的管理

在企业的经营活动中，经常会用到印章。印章是企业行使职权的重要凭证和工具。印章如果丢失，会严重影响到企业的正常经营，还可能会引起企业利益的损失。为此，印章在使用以及保管过程中一定要严格按照规定执行。

1. 印章的使用

企业的各类印章由各级和各岗位专人依据职权领取和保管。出纳人员主要负责财务章、人名章的保管。在保管过程中，出纳人员需严格按照规定使用印章。

企业内有员工需用财务印章或人名章时，必须向出纳人员出具相关领导的使用印章证明，明确说明使用印章的目的后，方可使用印章。

不得在空白凭证或者空白纸上加盖印章，以免对企业产生不利影响。确有需要时，由领导批准后方可盖印；盖印的相关情况应登记在册，如盖印人、盖印目的、盖印时间、盖印批准人及相关附件等。

2. 印章的管理

出纳人员对于自己保管的印章，如财务章、人名章等，应按照相关规定进行管理，防止因印章丢失给企业带来经济或者其他损失。

出纳人员在使用和保管财务章和人名章的同时，不得将印章私自借与他人使用。如确因工作需要由其他人借用，必须经过相关领导的批准。

印章原则上不得被携带外出。但在实际工作中，出纳人员因购买支票、汇款等日常工作确实需要将财务章、人名章携带外出的，应必须先由财务部门领导批准。

平时必须妥善保管印章，印章一旦遗失，应在第一时间报告给上级领导，出纳人员应同时填写“更换印鉴申请书”；遗失个人名章的，由开户单位备函证明，经银行同意后按规定办法更换印鉴，并在新印鉴卡上注明情况。

6.4 出纳报告

出纳人员每月记账后，应根据自己所记的现金日记账、银行存款日记账以及银行对账单等相关资料，定期编制出纳报告，为企业内外相关人员提供企业现金、银行存款资料的同时，达到与总账进行核对的目的。

6.4.1 出纳报告的编制

不同的企业对财务会计报表的编制时间要求不同，所以出纳人员应该与本企业会计协商好，根据会计出账的时间来确定出纳出报告的时间，两者在时间上应保持一致。

在出纳报告中，主要涉及上期结存数、本期收入、合计、本期支出、本期结存等项目。

上期结存数，是指此次报告期的前一期期末结存数，即本期报告期前一天的账面结存金额，同时也是上一期报告的“本期结存”数。上期结存数具有承上启下的作用，可以保证报告之间的连续性。

本期收入，由于库存现金以及银行存款均为资产类账户，资产增加记借方，所以本期收入是指本期日记账上的借方合计数。

合计，是指上期结存数与本期收入的合计数。

本期支出，由于库存现金以及银行存款均为资产类账户，资产减少记贷方，所以本期支出是指本期日记账上的贷方合计数。

本期结存，是指本期期末账面余额。它等于“合计”数减去“本期支出”数。本期结存必须与账面实际结存数一致。

出纳报告如表6-1所示。

表6-1　出纳报告

企业名称：　　　　　　　　　　　　　　　　年　月　日至　　年　月　日　　　　　　　　　　编号：

项　目	库存现金										银行存款										备注
	千	百	十	万	千	百	十	元	角	分	千	百	十	万	千	百	十	元	角	分	
上期结存数																					
本期收入																					
合　计																					
本期支出																					
本期结存																					

财务主管　　　　　　　　记账　　　　　　　　出纳　　　　　　　　复核　　　　　　　　制单

6.4.2　银行存款余额调节表的编制

每个月，出纳人员要将企业银行存款日记账同本企业开户银行传来的银行对账单进行逐笔核对，达到账账核实的目的。银行账上的存款余额（也就是银行对账单上的存款余额）同本企业银行存款日记账上的存款余额可能一致，也可能不一致，造成不一致的原因主要有以下两种。

（1）银行或者企业记账时，记账金额错误或者漏记某项经济业务，从而出现双方账上的存款余额不一致。此时，双方应积极排查错误之处，属于记账过程中出现错误的应及时按规定方法更正账目；属于漏记的经济业务应及时补记。

（2）银行或者企业记账未发生错误，但由于票据或者收付凭证等其他结算凭证未及时到达银行或者企业中的某一方，使这一方由于无凭证而出现未登记的经济业务，而另一方根据结算凭证已及时记账，使双方账上的存款余额不一致。针对这种情况，主要解决办法就是“调账”，即编制“银行存款余额调节表”。

银行存款余额调节表中涉及的公式：

调整后企业银行存款日记账账面余额=企业银行存款日记账余额+银行已收入账企业尚未入账金额-银行已付入账企业尚未入账金额

调整后银行对账单余额=银行对账单余额+企业已收入账银行尚未入账金额-企业已付入账银行尚未入账金额

【例6-1】

正龙国际股份有限公司2018年12月31日核对银行存款日记账。12月31日，银行存款日记账余额为285 600元，同日银行开出的银行对账单余额为236 700元，经银行存款日记账与银行对账单逐笔核对，发现两者不符由下列原因造成。

（1）公司于11月5日开出支票购买办用品4 000元，公司根据支票存根和有关发票等原始凭证已记账，但收款人尚未到银行办理转账。

（2）公司11月20日收到销售原材料收入75 300元的支票一张，公司根据支票已记账，但尚未到银行入账。

（3）12月4日公司的开户银行代公司收进一笔托收的货款27 400元，银行已记账，但尚未通知公司。

（4）12月6日，开户银行代公司支付当月的水电费5 000元，银行已记账，但付款通知单尚未送达公司，因而公司未记账。

根据调节前的余额和查出的未达账项等内容，编制12月31日的银行存款余额调节表，如表6-2所示。

表6-2 银行存款余额调节表

2018年12月31日　　　　单位：元

项目	余额	项目	余额
银行对账单余额	236 700.00	公司银行存款日记账余额	285 600.00
加：公司收款、银行未收款的购货支票	75 300.00	加：银行收款、公司未收款的未达账项	27 400.00
减：公司付款、银行未付款的办公用品费	4 000.00	减：银行付款、公司未付款的水电费	5 000.00
调节后的余额	308 000.00	调节后的余额	308 000.00

6.5 出纳人员应具备的办公自动化技巧

出纳人员还需要提高操作办公自动化工具的能力，特别要能够熟练运用Excel电子表格的特点，设置勾稽关系。这样可以使出纳人员从繁杂的手工计算中解脱出来，也能大大提高工作效率。出纳人员的日常计算工作大部分是表格内数据之间的计算，而Excel作为一种常用的数据处理软件，其中包含很多函数公式，使用这些函数公式进行表格内数据之间的处理，会给出纳人员的工作带来极大的便利，减少了计算器操作的不便，更降低了出错率。

6.5.1 工资表的建立

【例6-2】

下面就以正龙国际股份有限公司2019年3月31日的部分员工工资表为例，具体说明出纳人员在Excel 2010中经常用到的工具。

（1）将鼠标移至计算机桌面，单击鼠标右键，在弹出的快捷菜单中选择“新建”—“Microsof Excel工作表”命令，即可建立一个新的Excel表格；双击其图标，进入Excel窗口，如图6-3所示。

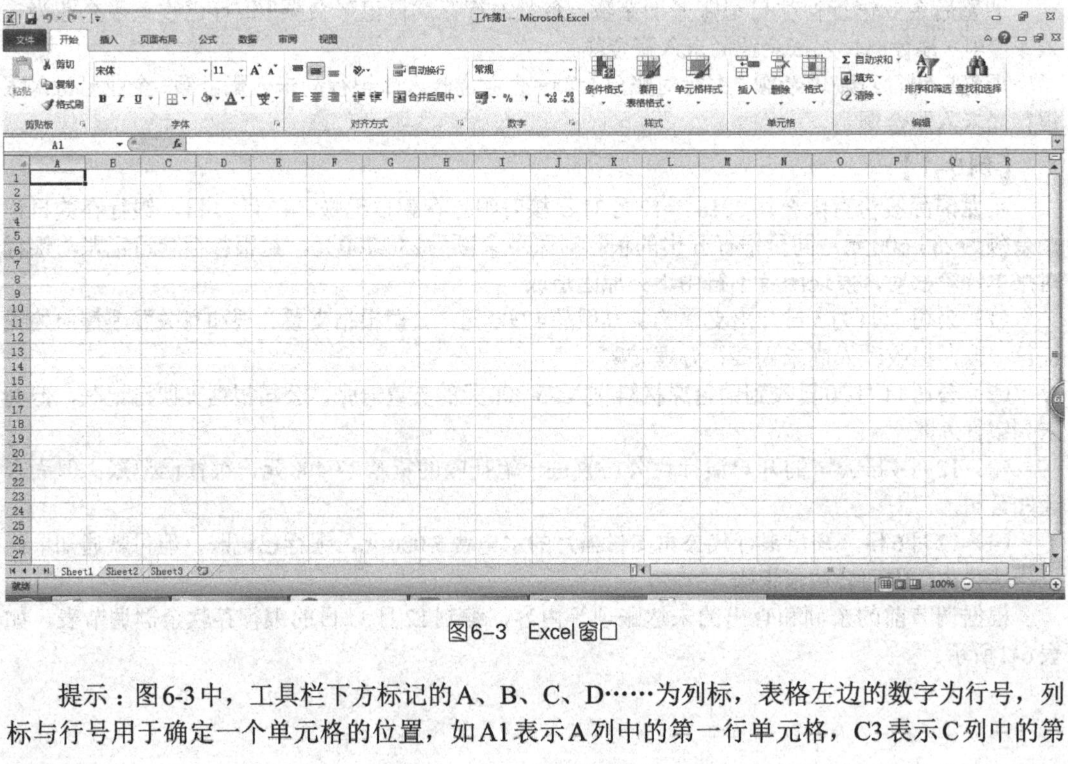

图6-3 Excel窗口

提示：图6-3中，工具栏下方标记的A、B、C、D……为列标，表格左边的数字为行号，列标与行号用于确定一个单元格的位置，如A1表示A列中的第一行单元格，C3表示C列中的第三行单元格。

（2）使用键盘上的左、右、上、下方向键可以将光标移至各单元格，选定当前单元格，可在其中输入文字信息。单击A1单元格，在其中输入“序号”；单击B1单元格，在其中输入“姓名”；依次在右边各列输入“基本工资”“交通补贴”“餐补”等内容，如图6-4所示。

	A	B	C	D	E	F	G	H	I	J	K	L	M	N	O
1	序号	姓名	基本工资	交通补贴	餐补	话费补贴	加班工资	绩效奖金	请假扣除工资	全勤奖金	工资总额	五险应扣额	住房公积金应扣额	个人所得税	实发工资
2															
3															

图6-4 工资组成部分的输入

提示：输入过程中，可能会出现字符太长，被右边单元格直接覆盖的情况，如G1单元格，“加班工资”的后两个字被H1单元格内容覆盖，可将光标移至列标“G”的右边框处，光标即变为十字光标，此时可单击鼠标左键拖动十字光标，调整列宽。

（3）在A2单元格中输入数字“1”，在A3单元格中输入数字“2”，单击A2单元格，按住鼠标左键不放，拖动至A3单元格，此时可看见A3单元格的右下角有一个十字光标，拖动十字光标至A6单元格，则“序号”列显示如图6-5所示。

	A	B	C	D	E	F	G	H	I	J	K	L	M	N	O
1	序号	姓名	基本工资	交通补贴	餐补	话费补贴	加班工资	绩效奖金	请假扣除工资	全勤奖金	工资总额	五险应扣额	住房公积金应扣额	个人所得税	实发工资
2	1														
3	2														
4	3														
5	4														
6	5														

图6-5 工资表中“序号”列

（4）选中C列至O列，单击鼠标右键，在弹出的快捷菜单中选择“设置单元格格式”命令，打开“单元格格式”对话框。在“数字”选项卡下，在“分类”列表框中选择“货币”选项。在右侧的面板中，设置“小数位数”为“2”，“货币符号”为“无”，如图6-6所示，然后单击“确定”按钮。

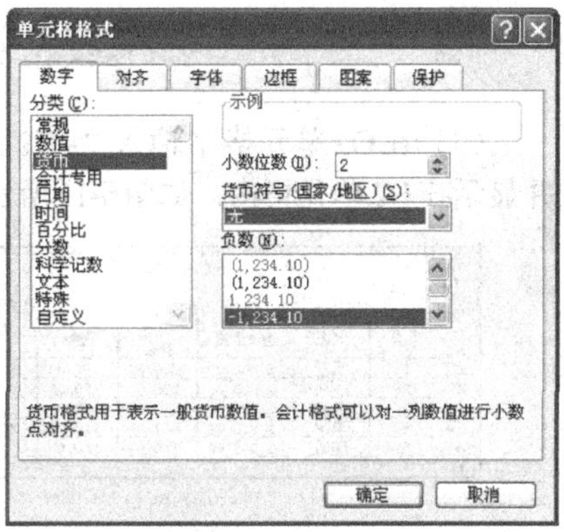

图6-6 设置单元格格式

（5）在B列至J列，依次依据员工的相关信息以及相关凭证反映出的数据填入各项信息，如图6-7所示。

（6）选中C2至K2单元格区域，单击工具栏中的自动求和函数符号“∑”，则系统自动算出该员工工资总额并显示在K2单元格中。还有一种比较笨的办法就是单击K2单元格，在其中输入“=C2+D2+E2+F2+G2+H2+I2+J2”，按回车键，则K2单元格自动计算并显示该员工的工资总额。此外，还有另外一种求和方法，即单击K2单元格，在其中输入“=SUM（C2：J2）”，按回车键，结果同样自动显示在K2单元格中，如图6-8所示。

	A	B	C	D	E	F	G	H	I	J	K	L	M	N	O
1	序号	姓名	基本工资	交通补贴	餐补	话费补贴	加班工资	绩效奖金	请假扣除工资额	全勤奖金	工资总额	五险应扣额	住房公积金应扣额	个人所得税	实发工资
2	1	张三	3,500.00	300.00	160.00	100.00	0.00	500.00	0.00	0.00					
3	2	王小小	2,000.00	200.00	220.00	50.00	0.00	0.00	0.00	200.00					
4	3	魏征	6,000.00	400.00	100.00	200.00	600.00	500.00	0.00	0.00					
5	4	李明	8,000.00	400.00	120.00	200.00	400.00	500.00	0.00	0.00					
6	5	李四	2,000.00	100.00	150.00	50.00	300.00	0.00	0.00	0.00					

图6-7 员工信息填写

（7）单击K2单元格，将光标放在此单元格右下角，会有十字光标出现，按住鼠标左键不放，向下拖动至K6单元格，则将K2单元格所用的公式直接复制到了K3至K6单元格中，以上员工的工资总额均被自动计算出来，并显示在K列，如图6-9所示。

K2　=SUM(C2:J2)

	A	B	C	D	E	F	G	H	I	J	K	L	M	N	O
1	序号	姓名	基本工资	交通补贴	餐补	话费补贴	加班工资	绩效奖金	请假扣除工资额	全勤奖金	工资总额	五险应扣额	住房公积金应扣额	个人所得税	实发工资
2	1	张三	3 500.00	300.00	160.00	100.00	0.00	500.00	0.00	0.00	4 560.00				
3	2	王小小	2 000.00	200.00	220.00	50.00	0.00	0.00	0.00	200.00					
4	3	魏征	6 000.00	400.00	100.00	200.00	600.00	500.00	0.00	0.00					
5	4	李明	8 000.00	400.00	120.00	200.00	400.00	500.00	0.00	0.00					
6	5	李四	2 000.00	100.00	150.00	50.00	300.00	0.00	0.00	0.00					

图6-8　工资总额的计算

K2　=SUM(C2:J2)

	A	B	C	D	E	F	G	H	I	J	K	L	M	N	O
1	序号	姓名	基本工资	交通补贴	餐补	话费补贴	加班工资	绩效奖金	请假扣除工资额	全勤奖金	工资总额	五险应扣额	住房公积金应扣额	个人所得税	实发工资
2	1	张三	3 500.00	300.00	160.00	100.00	0.00	500.00	0.00	0.00	4 560.00				
3	2	王小小	2 000.00	200.00	220.00	50.00	0.00	0.00	0.00	200.00	2 670.00				
4	3	魏征	6 000.00	400.00	100.00	200.00	600.00	500.00	0.00	0.00	7 800.00				
5	4	李明	8 000.00	400.00	120.00	200.00	400.00	500.00	0.00	0.00	9 620.00				
6	5	李四	2 000.00	100.00	150.00	50.00	300.00	0.00	0.00	0.00	2 600.00				

图6-9　所有员工工资总额的计算

（8）在L列、M列分别填写员工应扣的社保、住房公积金数额，在N2单元格输入公式计算个人所得税不考虑个税专项附加扣除，如图6-10所示。

N2　=ROUND(MAX((K2-L2-M2-5000)*{0.03;0.1;0.2;0.25;0.3;0.35;0.45}-{0;210;1410;2660;4410;7160;15160},0),2)

	A	B	C	D	E	F	G	H	I	J	K	L	M	N	O
1	序号	姓名	基本工资	交通补贴	餐补	话费补贴	加班工资	绩效奖金	请假扣除工资	全勤奖金	工资总额	五险应扣额	住房公积金应扣额	个人所得税	实发工资
2	1	张三	3 500.00	300.00	160.00	100.00	-	500.00	-	-	4 560.00	276.50	276.00	-	
3	2	王小小	2 000.00	200.00	220.00	50.00	-	-	-	200.00	2 670.00	215.50	240.00		
4	3	魏征	6 000.00	400.00	100.00	200.00	600.00	500.00	-	-	7 800.00	452.50	600.00		
5	4	李明	8 000.00	400.00	120.00	200.00	400.00	500.00	-	-	9 620.00	637.50	720.00		
6	5	李四	2 000.00	100.00	150.00	50.00	300.00	-	-	-	2 600.00	215.50	240.00		
7															

图6-10　填写员工应扣款项目并计算个人所得税

（9）在O2单元格中输入“=K2-L2-M2-N2”，按“Enter”键，则实发工资数额被计算出来并显示在O2单元格内，如图6-11所示。

O2　=K2-L2-M2-N2

	A	B	C	D	E	F	G	H	I	J	K	L	M	N	O
1	序号	姓名	基本工资	交通补贴	餐补	话费补贴	加班工资	绩效奖金	请假扣除工资	全勤奖金	工资总额	五险应扣额	住房公积金应扣额	个人所得税	实发工资
2	1	张三	3 500.00	300.00	160.00	100.00	-	500.00	-	-	4 560.00	276.50	276.00	-	4 007.50
3	2	王小小	2 000.00	200.00	220.00	50.00	-	-	-	200.00	2 670.00	215.50	240.00	-	
4	3	魏征	6 000.00	400.00	100.00	200.00	600.00	500.00	-	-	7 800.00	452.50	600.00	52.43	
5	4	李明	8 000.00	400.00	120.00	200.00	400.00	500.00	-	-	9 620.00	637.50	720.00	116.25	
6	5	李四	2 000.00	100.00	150.00	50.00	300.00	-	-	-	2 600.00	215.50	240.00	-	
7															

图6-11　计算实发工资数额

（10）与计算其他员工工资总额的方法相同，单击O2单元格，将光标放在此单元格右下角，会有十字光标出现，此时按住鼠标左键不放，向下拖动至O6单元格，则将O2单元格所用的公式直接复制到了O3至O6单元格中，以上员工的实发工资数额均被自动计算出来，并显示在O列，如图6-12所示。

O2　=K2-L2-M2-N2

	A	B	C	D	E	F	G	H	I	J	K	L	M	N	O
1	序号	姓名	基本工资	交通补贴	餐补	话费补贴	加班工资	绩效奖金	请假扣除工资	全勤奖金	工资总额	五险应扣额	住房公积金应扣额	个人所得税	实发工资
2	1	张三	3 500.00	300.00	160.00	100.00	-	500.00	-	-	4 560.00	276.50	276.00	-	4 007.50
3	2	王小小	2 000.00	200.00	220.00	50.00	-	-	-	200.00	2 670.00	215.50	240.00	-	2 214.50
4	3	魏征	6 000.00	400.00	100.00	200.00	600.00	500.00	-	-	7 800.00	452.50	600.00	52.43	6 695.07
5	4	李明	8 000.00	400.00	120.00	200.00	400.00	500.00	-	-	9 620.00	637.50	720.00	116.25	8 146.25
6	5	李四	2 000.00	100.00	150.00	50.00	300.00	-	-	-	2 600.00	215.50	240.00	-	2 144.50
7															

图6-12　计算所有员工的实发工资数额

（11）选中A1至O6单元格区域，则所有员工的相关信息均被选中，单击鼠标右键，在弹出的快捷菜单中选择“设置单元格格式”命令，打开“单元格格式”对话框。单击“对齐”选项卡，设置“水平对齐”和“垂直对齐”均为“居中”，如图6-13所示。单击“边框”选项卡，依次单击“外边框”和“内部”按钮，如图6-14所示，然后单击“确定”按钮，表格排版如图6-15所示。

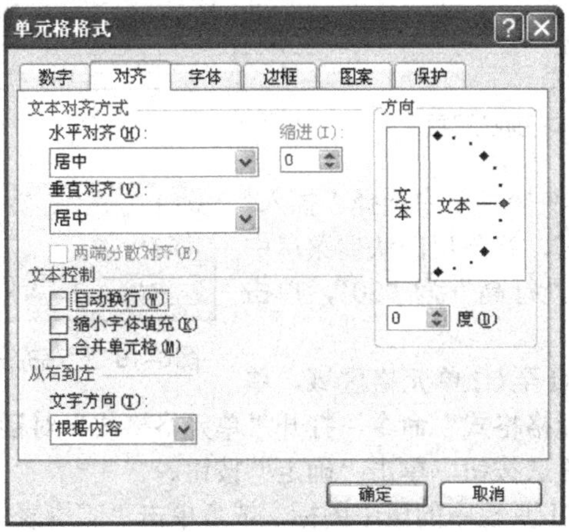

图6-13 设置对齐方式

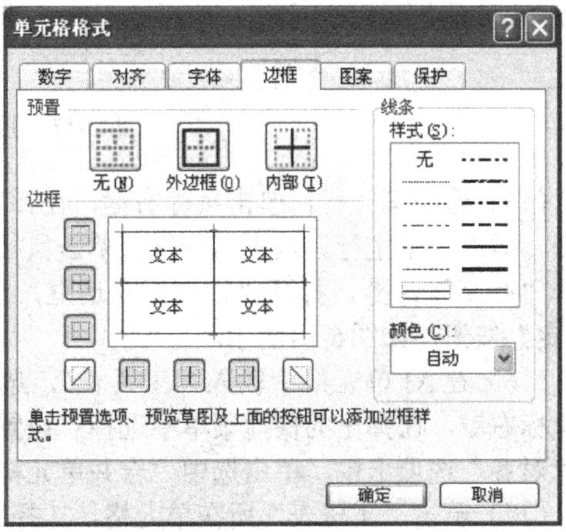

图6-14 设置边框

序号	姓名	基本工资	交通补贴	餐补	话费补贴	加班工资	绩效奖金	请假扣除工资	全勤奖金	工资总额	五险应扣额	住房公积金应扣额	个人所得税	实发工资
1	张三	3 500.00	300.00	160.00	100.00	-	500.00	-	-	4 560.00	276.50	276.00	-	4 007.50
2	王小小	2 000.00	200.00	220.00	50.00	-	-	-	200.00	2 670.00	215.50	240.00	-	2 214.50
3	魏征	6 000.00	400.00	100.00	200.00	600.00	500.00	-	-	7 800.00	452.50	600.00	52.43	6 695.07
4	李明	8 000.00	400.00	120.00	200.00	400.00	500.00	-	-	9 620.00	637.50	720.00	116.25	8 146.25
5	李四	2 000.00	100.00	150.00	50.00	300.00	-	-	-	2 600.00	215.50	240.00	-	2 144.50

图6-15 单元格内数据居中显示并加上边框

（12）选中第一行，单击鼠标右键，在弹出的快捷菜单中选择“插入”——“行”命令，显示结果如图6-16所示。

序号	姓名	基本工资	交通补贴	餐补	话费补贴	加班工资	绩效奖金	请假扣除工资	全勤奖金	工资总额	五险应扣额	住房公积金应扣额	个人所得税	实发工资
1	张三	3 500.00	300.00	160.00	100.00	-	500.00	-	-	4 560.00	276.50	276.00	-	4 007.50
2	王小小	2 000.00	200.00	220.00	50.00	-	-	-	200.00	2 670.00	215.50	240.00	-	2 214.50
3	魏征	6 000.00	400.00	100.00	200.00	600.00	500.00	-	-	7 800.00	452.50	600.00	52.43	6 695.07
4	李明	8 000.00	400.00	120.00	200.00	400.00	500.00	-	-	9 620.00	637.50	720.00	116.25	8 146.25
5	李四	2 000.00	100.00	150.00	50.00	300.00	-	-	-	2 600.00	215.50	240.00	-	2 144.50

图6-16 插入行

（13）选中第一行，单击鼠标右键，在弹出的快捷菜单中选择“行高”命令，在打开的对话框中设置“行高”为“20”；或者拖动行标1下方边框处的十字光标，将行高调到合适高度。在A1单元格输入“2019年3月31日”，选中A1至O1单元格区域，单击鼠标右键，在弹出的快捷菜单中选择“设置单元格格式”命令，打开“单元格格式”对话框。单击“对齐”选项卡，单击选中“合并单元格”复选按钮，单击“确定”按钮。此时，字符“2019年3月31日”便移至表格右上角。

（14）单击“2019年3月31日”所在单元格，选择表格工具栏中的居中图标；或者单击“2019年3月31日”所在单元格，单击鼠标右键，在弹出的快捷菜单中选择“设置单元格格式”命令，打开“单元格格式”对话框。在“对齐”选项卡中设置“水平对齐”和“垂直对齐”均为“居中”。单击“确定”按钮，则字符“2019年3月31日”显示为居中，如图6-17所示。

	A	B	C	D	E	F	G	H	I	J	K	L	M	N	O
1	2019年3月31日														
2	序号	姓名	基本工资	交通补贴	餐补	话费补贴	加班工资	绩效奖金	请假扣除工资	全勤奖金	工资总额	五险应扣额	住房公积金应扣额	个人所得税	实发工资
3	1	张三	3 500.00	300.00	160.00	100.00	-	500.00	-	-	4 560.00	276.50	276.00	-	4 007.50
4	2	王小小	2 000.00	200.00	220.00	50.00	-	-	-	200.00	2 670.00	215.50	240.00	-	2 214.50
5	3	魏征	6 000.00	400.00	100.00	200.00	600.00	500.00	-	-	7 800.00	452.50	600.00	52.43	6 695.07
6	4	李明	8 000.00	400.00	120.00	200.00	400.00	500.00	-	-	9 620.00	637.50	720.00	116.25	8 146.25
7	5	李四	2 000.00	100.00	150.00	50.00	300.00	-	-	-	2 600.00	215.50	240.00	-	2 144.50
8															

图6-17　工资表中日期的设置

（15）选中第一行，单击鼠标右键，在弹出的快捷菜单中选择“插入”命令，插入一个空行。选中第一行，单击鼠标右键，在弹出的快捷菜单中选择“行高”命令，打开“行高”对话框，设置“行高”为“30”，单击“确定”按钮，如图6-18所示。

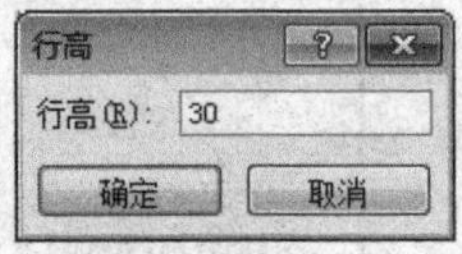

图6-18　行高的设置

（16）在A1单元格中输入“工资表”，选中A1至O1单元格区域，单击鼠标右键，在弹出的快捷菜单中选择“设置单元格格式”命令，打开“单元格格式”对话框。在“对齐”选项卡中，单击选中“合并单元格”复选按钮，单击“确定”按钮。

（17）单击“工资表”所在单元格，选择表格工具栏中的居中图标；或者单击“工资表”所在单元格，单击鼠标右键，在弹出的快捷菜单中选择“设置单元格格式”命令，打开“单元格格式”对话框。在“对齐”选项卡中，设置“水平对齐”和“垂直对齐”均为“居中”。单击“确定”按钮，则字符“工资表”显示为居中。

（18）单击“工资表”所在单元格，单击鼠标右键，在弹出的快捷菜单中选择“设置单元格格式”命令，打开“单元格格式”对话框。单击“字体”选项卡，设置“字号”为“20”。单击“确定”按钮，则工资表最后显示如图6-19所示。

	A	B	C	D	E	F	G	H	I	J	K	L	M	N	O
1	工资表														
2	2019年3月31日														
3	序号	姓名	基本工资	交通补贴	餐补	话费补贴	加班工资	绩效奖金	请假扣除工资	全勤奖金	工资总额	五险应扣额	住房公积金应扣额	个人所得税	实发工资
4	1	张三	3 500.00	300.00	160.00	100.00	-	500.00	-	-	4 560.00	276.50	276.00	-	4 007.50
5	2	王小小	2 000.00	200.00	220.00	50.00	-	-	-	200.00	2 670.00	215.50	240.00	-	2 214.50
6	3	魏征	6 000.00	400.00	100.00	200.00	600.00	500.00	-	-	7 800.00	452.50	600.00	52.43	6 695.07
7	4	李明	8 000.00	400.00	120.00	200.00	400.00	500.00	-	-	9 620.00	637.50	720.00	116.25	8 146.25
8	5	李四	2 000.00	100.00	150.00	50.00	300.00	-	-	-	2 600.00	215.50	240.00	-	2 144.50
9															

图6-19　“工资表”居中设置

至此，整个工资表的编制以及填写工作便完成了，出纳人员可据此为员工发放工资，员工可据此查看自己当月工资的具体构成，此工资表同时还在月底作为结算凭证入账。

6.5.2　制作员工工资表图表

【例6-3】

同样以正龙国际股份有限公司2018年3月31日的部分员工工资表为例，制作员工工资表图表。工资表如表6-3所示。

表6-3　员工工资表

单位：正龙国际股份有限公司　　　　2018-03-31

序号	姓名	基本工资	工资总额	实发工资
1	张三	3 500.00	4 560.00	3 992.27
2	王小小	2 000.00	2 670.00	2 214.50
3	魏征	6 000.00	7 800.00	6 527.75
4	李明	8 000.00	9 620.00	7 865.00
5	李四	2 000.00	2 600.00	2 144.50

制作员工工资表图表的步骤如下。

（1）选中C3至C7单元格区域，按“Ctrl”键不放，选中E3至E7单元格区域，如图6-20所示。

（2）执行“插入/柱形图”命令，选择其中一种柱形图类型，如图6-21所示。

（3）员工工资图表即制作完成，其结果如图6-22所示。

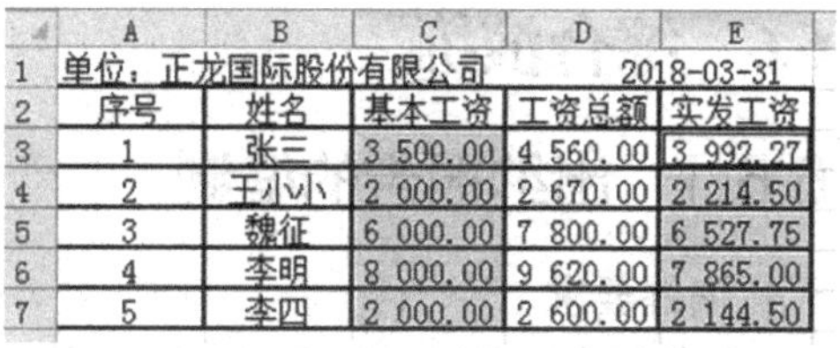

	A	B	C	D	E
1	单位：正龙国际股份有限公司			2018-03-31	
2	序号	姓名	基本工资	工资总额	实发工资
3	1	张三	3 500.00	4 560.00	3 992.27
4	2	王小小	2 000.00	2 670.00	2 214.50
5	3	魏征	6 000.00	7 800.00	6 527.75
6	4	李明	8 000.00	9 620.00	7 865.00
7	5	李四	2 000.00	2 600.00	2 144.50

图6-20　选中目标单元格

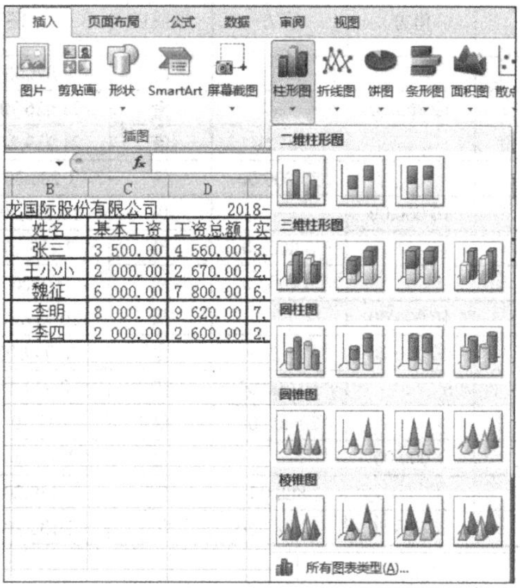

图6-21　插入柱形图

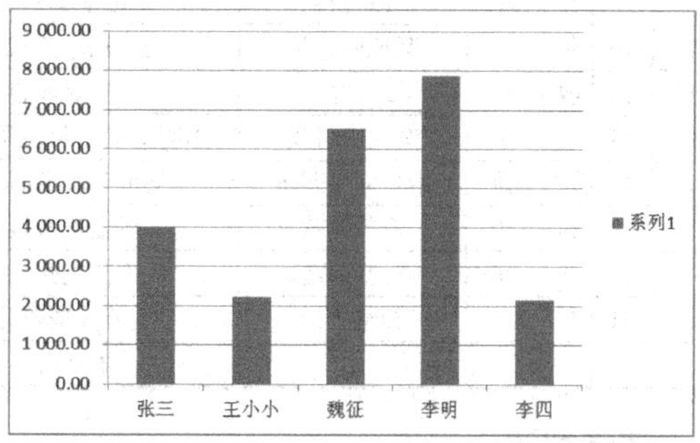

图6-22　员工工资表图表

6.5.3　工资表的排序

【例6-4】

以正龙国际股份有限公司2018年3月31日的部分员工工资表为例。

（1）选中A3至E7单元格区域，选中整个表格，如图6-23所示。

（2）执行“数据”——“排序”命令，打开“排序”对话框，如图6-24所示。

（3）在“主要关键字”下拉列表框中选择“实发工资”，选择“降序”，单击“确定”按钮，则表格中的排列顺序按实发工资从高到低的顺序排列，如图6-25所示。

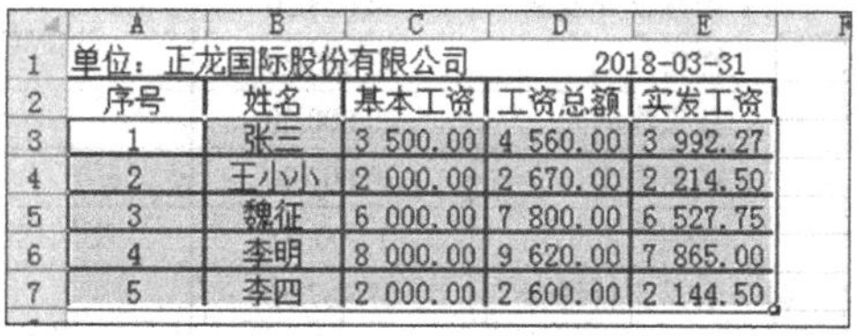

	A	B	C	D	E
1	单位：正龙国际股份有限公司			2018-03-31	
2	序号	姓名	基本工资	工资总额	实发工资
3	1	张三	3 500.00	4 560.00	3 992.27
4	2	王小小	2 000.00	2 670.00	2 214.50
5	3	魏征	6 000.00	7 800.00	6 527.75
6	4	李明	8 000.00	9 620.00	7 865.00
7	5	李四	2 000.00	2 600.00	2 144.50

图6-23　选中整个工资表

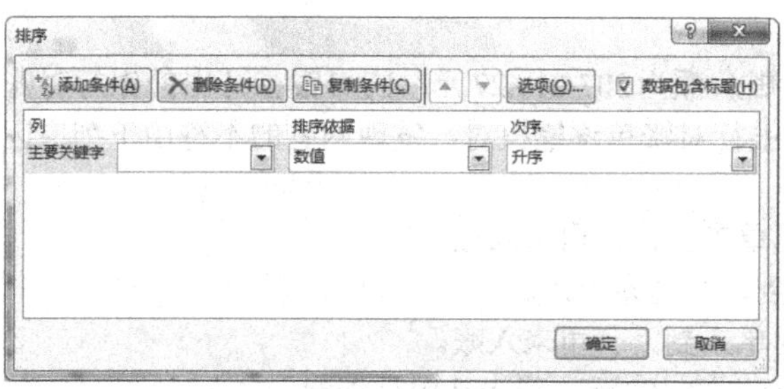

图6-24　“排序”对话框

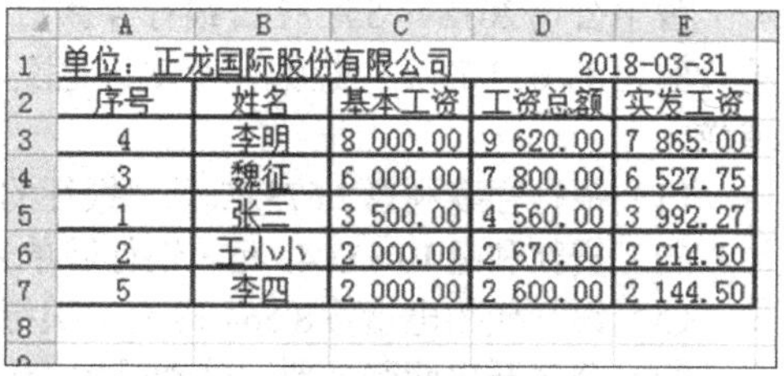

	A	B	C	D	E
1	单位：正龙国际股份有限公司			2018-03-31	
2	序号	姓名	基本工资	工资总额	实发工资
3	4	李明	8 000.00	9 620.00	7 865.00
4	3	魏征	6 000.00	7 800.00	6 527.75
5	1	张三	3 500.00	4 560.00	3 992.27
6	2	王小小	2 000.00	2 670.00	2 214.50
7	5	李四	2 000.00	2 600.00	2 144.50
8					

图6-25　按降序排列的员工工资表

6.6 综合演练

6.6.1 出纳报告的编制

演练要求：

根据现金日记账（如表6-4所示）编制现金月报表。

表6-4 库存现金日记账

2018年		凭证		对方科目	摘要	借方	贷方	借或贷	余额
月	日	字	号						
					上年结转			借	1 763.50
1	4	收	2	应收账款	收阿丫零星货款（尾款）	19 863.20		借	21 626.70
1	4	付	5	管理费用	王伟报销招待费、办公费		387.50	借	21 239.20
1	5	付	6	银行存款	现金存入银行		20 000.00	借	1 239.20
1	10	付	18	银行存款	提取现金	10 000.00		借	11 239.20
1	10	付	20	原材料	支付零星采购款		3 800.00	借	7 439.20
1	10	付	21	其他应收款	王伟借支差旅费		6 500.00	借	939.20
1	18	收	6	银行存款	提取现金	10 000.00		借	10 939.20
1	18	收	7	其他应付款	陈明交来光明公司往来款	20 000.00		借	30 939.20
1	18	付	38	应付职工薪酬	支付方圆离职工资		10 000.00	借	20 939.20
1	18	付	40	银行存款	现金存入银行		20 000.00	借	939.20
1	31	收	26	其他应收款	王伟交回借款	1 000.00		借	1 939.20
1	31	付	45	销售费用	王芳报销差旅费		800.00	借	1 139.20
					本月合计	60 863.20	61 487.50	借	1 139.20

演练解读：

根据现金日记账填写的现金月报表如表6-5所示。

表6-5 现金月报表

填报人：陈予　　　　填报日期：2018年1月31日　　　　金额：元

项目	金额	备注	项目	金额	备注
上一月账面余额	1 763.50		内部借支	6 500.00	
加：当月收入现金	60 863.20		报销支出	1 187.50	
销售收入	19 863.20		缴存现金	40 000.00	
往来收入	20 000.00		其他支出	10 000.00	离职工资
提取现金	20 000.00		等于：当月账面余额	1 139.20	
其他收入	1 000.00	交回借款	盘点现金额	1 139.20	
减：当月支付现金	61 487.50		以单据抵库金额		
采购支出	3 800.00		其他现金		

6.6.2 银行存款余额调节表的编制

演练要求：

智宇公司2018年5月31日银行存款日记账余额为207 019.27元，同日银行开出的银行对账单余额为83 674.53元，经银行存款日记账与银行对账单逐笔核对，发现两者的不符由下列原因造成。

（1）银行存款利息2 673.42元，银行的回单未到，公司未入账。

（2）贷款利息10 853.43元，银行回单未到，公司未入账。

（3）银行代扣电话费8 564.73元，银行回单未到，公司未入账。

（4）公司开出两张支票，分别是21 000元和32 400元，尚未从银行划款。

（5）公司收到支票260 000元，已交银行，银行尚未到账。

（6）客户汇款100 000元，银行已入账，回单未到，公司未入账。

请根据调节前的余额和查出的未达账项等内容，编制2018年5月31日的银行存款余额调节表。

演练解读：

根据这些事项编制的银行存款余额调节表如表6-6所示。

表6-6 银行存款余额调节表

开户银行：建行内江邱家嘴支行

账号：51001686110123456789　　2018年5月31日

项目	金额	项目	金额
企业银行存款日记账余额	207 019.27	银行对账单余额	83 674.53
加：银行已收、企业未收款	102 673.42	加：企业已收、银行未收款	260 000.00
（1）存款利息 （6）客户汇款	2 673.42 100 000.00	（5）收到支票	260 000.00
减：银行已付、企业未付款	19 418.16	减：企业已付、银行未付款	53 400.00
（2）贷款利息 （3）代扣话费	10 853.43 8 564.73	（4）开出支票 （4）开出支票	21 000.00 32 400.00
调节后的存款余额	290 274.53	调节后的存款余额	290 274.53

第7章

出纳的现金及票据的管理业务

现金作为企业流动资产的重要组成部分，在企业运转过程中有着举足轻重的地位。现金的流入以及流出，是企业进行经济活动的一种表现形式。管理好现金、保持现金收支的平衡，可以为企业正常运营和创造经济利益提供保障。本章将对现金管理制度、现金收支的原则和相关业务、票据的分类、票据行为和票据保管进行讲解。

7.1 现金的管理

现金是企业经营过程中流动性最强的资产，同时也是最容易流失的资产。为保证企业的正常经营，加强现金管理对于企业以及国家都有着重要意义。

现金，狭义上讲即库存现金，是指存放于企业财会部门、由出纳人员经管的货币，包括库存的人民币以及各种外币。库存现金作为企业资产的重要组成部分，主要用于购买所需物资、支付日常零星开支、偿还债务等，其特点是流动性很强。现金管理是出纳管理工作的一项重要内容，包括现金的收支，现金的提取以及现金的送存、保管、清查。

7.1.1 现金管理的制度

为加强现金管理、规范现金结算行为，各企业应根据国家《现金管理暂行条例》的规定，结合本企业实际情况，制定现金管理的制度。现金管理的制度主要包括现金的使用范围和现金的使用限额两方面。

1. 现金的使用范围

现金是企业流动性最强的一种货币性资产，是立即可以投入流通的交换媒介。企业为保证生产经营活动的正常进行，必须拥有一定数额的现金，用以购买零星材料、发放工资、缴纳税金、支付手续费或进行对外投资活动。企业现金拥有量的多少，是企业偿债支付力强弱的标志，是投资者分析判断企业财务状况好坏的重要指标之一。

根据国家现金结算制度的规定，企业收支的各种款项，必须按照《现金管理暂行条例》的规定办理，在规定的范围内使用现金。现金的使用范围如表7-1所示。

表7-1 现金的使用范围

使用范围	说明
（1）职工工资、津贴	这里所说的职工工资指企业、事业单位和机关、团体、部队支付给职工的工资和工资性津贴
（2）个人劳务报酬	具体指由于个人向企业、事业单位和机关、团体、部队等提供劳务而由企业、事业单位和机关、团体、部队等向个人支付的劳务报酬，包括新闻出版单位支付给作者的稿费，各种学校、培训机构支付给外聘教师的讲课费，以及设计费，装潢费，安装费，制图费，化验费，测试费，咨询费，医疗费，技术服务费，介绍服务费，经纪服务费，代办服务费，各种演出与表演费，以及其他劳务费用等
（3）根据国家规定颁发给个人的科学技术、文化艺术、体育等各种奖金	
（4）各种劳保、福利费用以及国家规定的对个人的其他支出	如退休金、抚恤金、学生助学金、职工困难生活补助
（5）收购单位向个人收购农副产品和其他物资的价款	如金银、工艺品、废旧物资的价款
（6）出差人员必须随身携带的差旅费	
（7）结算起点（1000元）以下的零星支出	超过结算起点的应实行银行转账结算
（8）中国人民银行确定需要支付现金的其他支出	如采购地点不确定、交换不便、抢险救灾以及其他特殊情况，办理转账结算不够方便，必须使用现金的支出 对于这类支出，现金支取单位应向开户银行提出书面申请，由本单位财会部门负责人签字盖章，开户银行审查批准后予以支付现金

除上述（5）、（6）两项外，其他各项支付给个人的款项中，支付现金每人不得超过1 000元，超过限额的部分根据提款人的要求，在指定的银行转存为储蓄存款或以支票、银行本票予以支付。企业与其他单位的经济往来除规定的范围可以使用现金外，应通过开户银行进行转账结算。

2. 现金的使用限额

现金的使用限额，是指国家规定由开户银行给各企业核定的保留现金的最高额度。核定企业现金限额的原则是，既要保证日常零星现金支付的合理需要，又要尽量减少现金的使用。企业由于经济业务发展需要增加或减少现金限额的，应按必要手续向开户银行提出申请。

按照《现金管理暂行条例》及实施细则规定，库存现金限额由开户银行和开户单位根据具体情况商定，凡在银行开户的企业，银行根据实际需要核定3～5天的日常零星开支数额作为该企业的库存现金限额。边远地区和交通不便地区的开户企业，其库存现金限额的核定天数可以适当放宽在5天以上，但最多不得超过15天的日常零星开支的需要量。

库存现金限额每年核定一次，经核定的库存现金限额，开户企业必须严格遵守。现金限额的核定程序具体如下。

（1）开户企业与开户银行协商核定库存现金限额。

通常，库存现金限额=每日零星支出额×核定天数。其中，每日零星支出额=月（或季）平均现金支出额（不包括定期性的大额现金支出和不定期的大额现金支出）÷月（或季）平均天数。

（2）开户企业填制“库存现金限额申请批准书”。

（3）开户单位将申请批准书报送企业主管部门，经主管部门签署意见，再报开户银行审查批准，开户企业凭开户银行批准的限额数作为库存现金限额。

7.1.2 现金管理注意事项

由于现金的流动性较强，企业在进行现金管理过程中需要注意的事项如表7-2所示。

表7-2 现金管理注意事项

注意事项	内容
各企业应实行收支两条线管理，不准“坐支”现金	所谓“坐支”现金，是指企业、事业单位和机关、团体、部队从本单位的现金收入中直接用于现金支出。各单位现金收入应于当日送存银行，如当日确有困难，由开户单位确定送存时间，如遇特殊情况需要坐支现金，应该在现金日记账上如实反映坐支情况，并同时报告开户银行，便于银行对坐支金额进行监督和管理
企业送存现金和提取现金，必须注明送存现金的来源和支取的用途，且不得私设“小金库”	
现金管理“八不准”	（1）不准用不符合财务制度的凭证顶替库存现金 （2）不准企业之间互相借用现金 （3）不准谎报用途套取现金 （4）不准利用银行账户代其他单位和个人存入或支取现金 （5）不准把企业收入的现金以个人名义存入储蓄账户 （6）不准保留账外公款 （7）不准发生变相货币。所谓变相货币，是指不是货币但具有货币功能的等价交换物，如某些偏远地方购买货物会用某种大家认同的东西来以物换物，这就是变相货币；又如某些购物券等 （8）不准以任何票券代替人民币在市场上流通
企业现金的收入、支出和保管都应由出纳人员或指定的专门人员负责办理	企业的一切现金收支，都必须取得或填制原始凭证，作为收、付款项的书面证明，具体包括： （1）企业向银行提取现金时，要签发现金支票，以“支票存根”作为提取现金的证明 （2）将现金存入银行，要填写解款单，以银行退回的“解款单回单”作为收款的证明 （3）支付零星小额的开支，以发票作为付款的证明 （4）收入小额销售货款，以销售部门开出的“发货单”和开具给对方的“收款收据”作为收款的证明 （5）支付职工差旅费的借款，应以有关主管批准并经本人签字的“借款单”作为付款的证明 （6）发放职工困难补助费等，要以经领款人签字的“领款单”作为付款的证明 上述所有作为现金收支的原始凭证，会计人员都要进行认真审核。审核现金收支是否合理、合法，手续是否完备，所列项目内容是否齐全，数字是否准确等。在审核中，对于那些不合理的开支应予以拒付；对不真实、不合法的原始凭证，不予受理；对记载不准确、不完整的原始凭证，应当退回，要求更正补充。根据审核无误的原始凭证编制收款凭证和付款凭证，办理现金的收付。 另外，对于办完现金收、付业务的凭证，出纳人员要加盖“现金收讫”或“现金付讫”的戳记，表示款项已经收、付完毕，可据以登记有关账簿

续表

注意事项	内容
企业现金管理的内部控制要求	企业应配备专职的出纳人员，办理现金收付和结算业务、登记现金日记账和银行存款日记账、保管库存现金和各项有价证券、保管好有关印章、保管好空白收据和空白支票。而且出纳人员不得监管稽核、会计档案保管和收入、费用、债权债务账目的登记工作 企业在设立现金管理的内部控制制度时，要实现钱账分管制度、现金开支审批制度、现金日清月结制度、现金保管制度

7.2 现金收支业务

现金收支即现金的收入和支出，是企业资金周转的过程。企业要保证正常运营并创造经济利益，现金收支就必须要保持平衡，这样才能提高资金使用效率，防范资金风险。

7.2.1 现金收支的原则

为了加强现金收支手续，出纳人员与会计人员必须分清责任，严格执行账、钱、物分管的原则，实行相互制约。

（1）企业应按规定编制现金收支计划，并按计划组织现金收支活动。

（2）企业的会计部门，出纳工作和会计工作必须合理分工，现金的收支与保管应由出纳人员负责，非出纳人员不得经管现金。

（3）严格执行现金清查盘点制度，保证现金安全完整。出纳人员每天盘点现金实有数，与现金日记账的账面余额核对，保证账实相符。企业会计部门必须定期或不定期地进行清查盘点，及时发现或防止差错以及挪用、贪污、盗窃等不法行为的发生。如果出现长短款，必须及时查找原因。

（4）一切现金收入都应开具收款收据，即使有些现金收入已有对方付款凭证，也应开出收据交付款人，以明确经济职责。收入现金签发收据与经手收款[1]，按要求也应当分开，由两个经办人分工办理，如销货收入应由经销人员负责填制发票单据，出纳人员据以收款，以防差错与作弊。

（5）一切现金收入必须当天入账、当天送存银行，如收进的现金是银行当天停止收款以后发生的，也应在第二天送存银行。当日送存现金确有困难的，应取得开户银行同意后，按双方协商的时间送存。

（6）不准利用银行存款账户代其他单位、个人存入或支取现金。

（7）一切现金支出都要有原始凭证，由经办人签名，经主管人员和有关人员审核后，出纳人员才能据以付款，在付款后，应加盖“现金付讫”戳记并妥善保管。

7.2.2 现金收入业务

现金收入业务，是指由交款人直接持现金到出纳部门交款的业务。各单位在办理经济业务时，可按国家现金管理制度的规定，在下列范围内收取一定的现金。

● 单位或职工交回差旅费剩余款、赔偿款、备用金退回款。

● 收取不能转账的单位或个人的销售收入。

● 不足转账起点（起点为1 000元）的小额收入。

1．现金收款程序

出纳人员在办理此类收款业务时，其收款程序如下。

（1）受理收款业务。对于由其他人员填开的现金收入凭证（如图7-1所示），应先进行审

[1] 经手收款，即经出纳人员收的款，收款人与开出收据人不能为同一人（即一个负责收款，一个负责开收据或是开票），即使是同一人，也应由相关人员审核。

核，查看其业务内容是否完整、真实、准确，然后再审核现金收入来源是否合法合理、手续是否齐全。

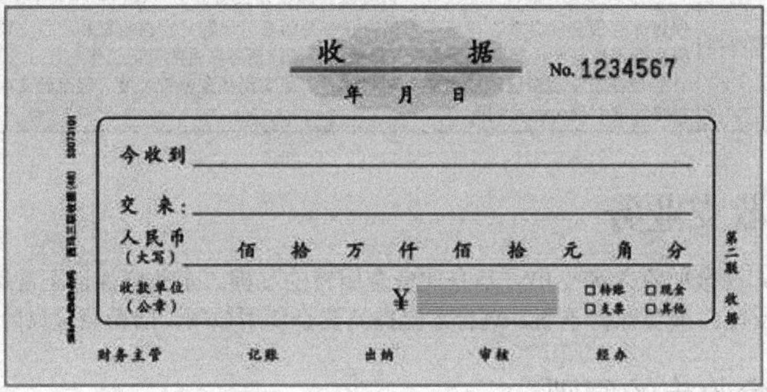

图7-1　现金收据

（2）与付款人当面清点现金，保证收款依据和收款金额一致。

（3）清点无误后，开具收款凭据，并在凭据上加盖“现金收讫”章。

（4）根据收款收据记账联和收款依据（如劳务清单等）编制记账凭证。

（5）根据审核无误的记账凭证登记现金日记账。

在商品零售业以及旅游、饮食服务业等行业中，由于收款业务比较频繁，一般采用由营业员分散收款或收银员集中收款的方式，每天定时向出纳部门交款，其现金收入也应按前述程序办理手续。

2. 收据的填写

收款收据的填写规范如下。

（1）财务收据设专人保管，每次使用前要做好登记工作，并在收据封面写明自×年×月×日×号起，并且注明本年第几本和本月第几本。

（2）收款收据要由出纳人员统一填写，相关业务人员签字确认，如直接业务员不在公司可由客服部或本部门经理代签确认。原则上当天到款当天确认，如遇特殊情况要及时到财务部门说明原因，最迟三日内认款，过期将不再认款。

（3）收据要连续使用，不得隔本、跳号、断号使用，误填作废要收齐三联并加盖作废戳记，一式三联粘贴原号位一并保存。

（4）收据一式三联填写要规范，字迹要清晰。

（5）入账时间要按实际认款日期填写，并在收据的左上方注明销售单号。

（6）交款单位要与销售单中的客户名称保持一致，不得随意改变客户名称或采用客户简称。

（7）收款方式要按照实际到款情况详细填写（如现金、代收、汇款银行和账号等）。

（8）人民币大、小写要相符。

（9）收款事由要写清楚款项具体内容（如定金、货款、尾款、前欠款等）。

（10）代签人要先写自己的名字，还要写清被代签人的名字。

（11）整本收据使用完后要在收据封面写明自×年×月×日×号止；随时整理归档，在登记薄上要写清归档时间以便查找。

【例7-1】

2018年3月8日，出纳黄大美收到销售部张杰交回借款500元。

填好的收据如图7-2所示。

收　据　　　　　　　　　NO.0008888

2018 年 3 月 8 日

今收到 销售部张杰交回借款

金额（大写）伍佰元整　　　　　　（小写）¥500.00

（单位盖章）

第三联记账联

负责人　　　会计　　　出纳 黄大美　　　缴款人 张杰

图7-2　填好的收据

7.2.3 现金提取业务

企业从开户银行提取的现金，是企业现金支付的重要来源。提取现金时，首先要填写现金支票。现金支票样式如图7-3和图7-4所示（以工商银行现金支票为例）。

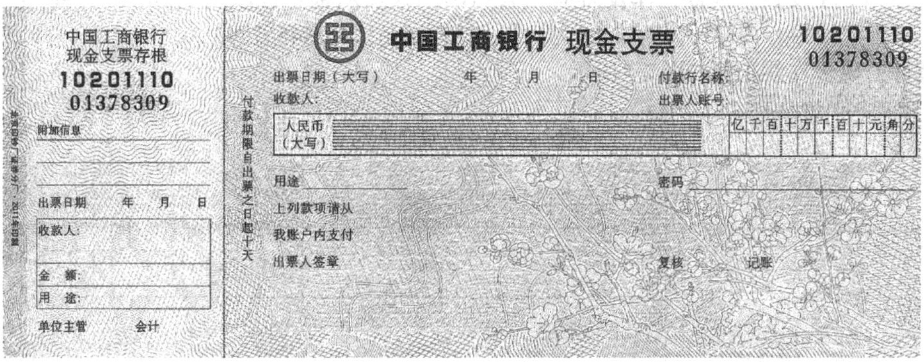

图7-3　中国工商银行现金支票正面

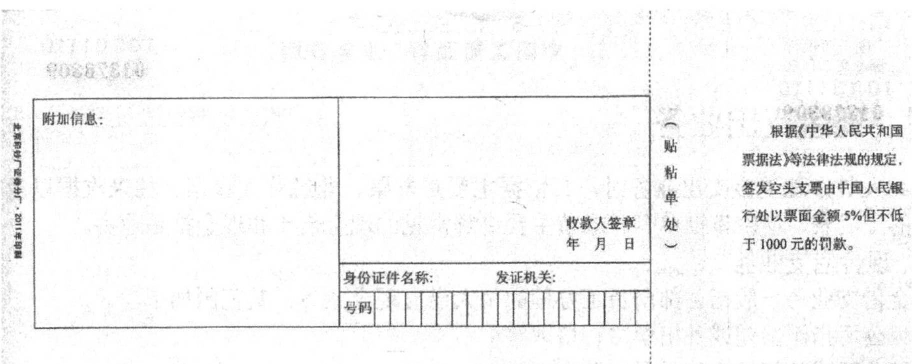

图7-4　中国工商银行现金支票背面

（1）支票存根。支票存根中填写的出票日期（小写）、收款人、金额、用途等要与支票正联中的相应内容相同，用以做账。

（2）支票正面。

① 出票日期即为提取现金日期，必须使用大写。

为防止变造票据的出票日期，在填写月、日时，月为壹、贰和壹拾的，日为壹至玖和壹拾、贰拾和叁拾的，应在其前加“零”；日为拾壹至拾玖的，应在其前加“壹”。

如“2018年1月12日”，要写为“贰零壹捌年零壹月壹拾贰日”；“2018年10月20日”，要写为“贰零壹捌年零壹拾月零贰拾日”。

②“收款人”处填写本企业全称。

③“用途”一般填写“备用金”“差旅费”“工资”“劳务费”等。

现金的提取用途要按银行的规定，如备用金必须按照银行核定的金额来写，每周最多可取两次；差旅费提取每次最多不可超过人民币50 000元，超过50 000元，则必须出具企业加盖公章的证明；提取的现金用途为“差旅费”时，背面附加信息处，按照每人1 000元的标准，写明几人去往何处几天，如取45 000元，则支票背面附加信息处须写“几人去何处出差几天”。

④在相应位置填写所取金额的大小写。

⑤在“密码”处填写支票对应的密码。

⑥在“出票人签章”处加盖企业财务章以及人名章。

（3）支票背面。支票背面填写附加信息（根据取现的用途填“工资”或“备用金”等）；“收款人签章栏”分别加盖财务章及人名章。

【例7-2】

2018年7月12日，润添汽车配件有限公司出纳人员从银行提取现金20 000元备用。（开户银行：中国建设银行内江邱家嘴支行，账号：51001686110123456789）

填好的现金支票正面如图7-5所示。

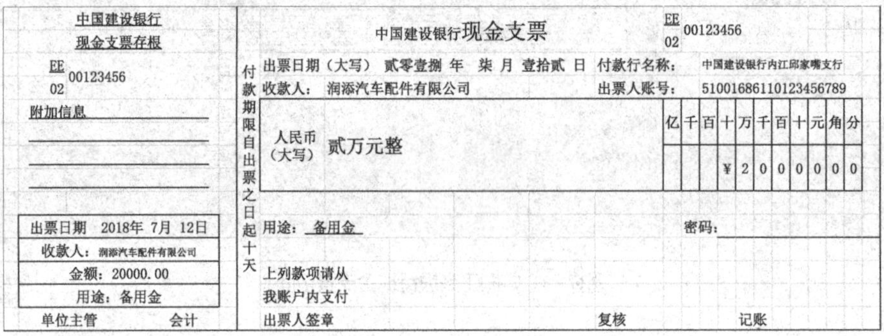
中国建设银行
现金支票存根
EE 02 00123456
附加信息
出票日期 2018年 7月 12日
收款人：润添汽车配件有限公司
金额：20000.00
用途：备用金
单位主管 会计

中国建设银行现金支票 EE 02 00123456
付款期限自出票之日起十天
出票日期（大写） 贰零壹捌 年 柒 月 壹拾贰 日 付款行名称：中国建设银行内江邱家嘴支行
收款人：润添汽车配件有限公司 出票人账号：51001686110123456789
人民币（大写） 贰万元整
亿 千 百 十 万 千 百 十 元 角 分
¥ 2 0 0 0 0 0 0
用途：备用金 密码：
上列款项请从
我账户内支付
出票人签章 复核 记账

图7-5 填好的现金支票

7.2.4 现金支出业务

出纳人员办理现金支出业务时，其依据主要是发票、非经营性收据、往来收据以及内部结算使用的工资表、借款审批单等。本节主要讲解常见的现金借支和现金报销业务。

1．现金借支业务

现金借支业务一般指各部门员工办理的个人借支现金业务，其范围如下。

（1）公司指派出差或外出学习、培训等；

（2）公司或部门特定的零星采购支出；

（3）为办理公司固定业务的支出；

（4）其他需由公司负担的费用；

（5）因私需要借支现金的（如个人生活费等）。

现金借支的程序如下。

（1）公司各部门员工借支现金时首先应填写现金借支单（如图7-6所示），写明借支原因、借款金额等，借支的审批根据企业的制度执行。

现金借支单

年　月　日　　　　部门：

借支人姓名		职务					
借支事由							
人民币（大写）			¥				
核准		会计		出纳		借支人	

图7-6　现金借支单

（2）因私需要借支现金的，原则上借支金额不得超过当月个人工资的60%，特殊情况须经总经理审批。试用期员工不允许借款。

（3）员工借支现金须按照上述规定程序申请，不得口头申请，不得越级向公司负责人、总经理等直接申请。

（4）若因情况特殊无法及时填写现金借支单的，应在回公司后两个工作日内补填现金借支单，报相关领导签字。

（5）未经总经理或总经理授权人员签批的借支单，财务部门有权拒绝支付。

（6）各部门负责人须在当月发放工资之前向公司提交本部门全部现金借支单，若因提交不及时造成公司损失的，当事人将承担相应责任。

零星采购支出等一般填写付款申请单或用款申请单，付款申请单如图7-7所示。

付款申请单

年　月　日　　　　字　号

收款单位			付款原因
账号			
开户行			
金额			
审核		财务	

会计主管　记账　复核　出纳　制单　签收

附件　张

广州市主信会计用品有限公司　4100513

图7-7　付款申请单

此外，现金支出单也是现金支出业务的常用单据，其格式如图7-8所示。

现金支出单

部门：　　　　　　　　　　　　　　　　　　　　　年　月　日

姓名	摘要	金额								
		佰	拾	万	仟	佰	拾	元	角	分
合计金额	人民币　佰　拾　万　仟　佰　拾　元　角　分	¥								

领导审批：　　会计主管：　　审核：　　出纳：　　领款人：

图7-8　现金支出单

【例7-3】

2018年7月7日，销售部王芳出差借款3 500元。经部门负责人、会计主管及公司负责人审批后，出纳进行付款后，盖上“现金付讫”章并在付款记录中注明付款日期。填好的借款单如图7-9所示。

借　款　单

资金性质：现金　　　　　　　　　　　　　　　　2018年7月7日

借款部门：销售部		
借款理由：出差		
借款金额：人民币（大写）　⊗拾　⊗万　叁仟　伍佰　零拾　零元　¥3 500.00		
本部门负责人意见：李明		借款人：（签章）王芳
公司负责人批示： 陈盛昌	会计主管核批： 张梅	付款记录：现金付讫 2018年7月7日以第　号 支票或现金支出凭单付给

图7-9　填好的借款单

2. 现金报销业务

企业员工处理经济业务时，会产生一些费用，如出差的路费、住宿费，招待费，购买零星办公用品的费用等。根据现金管理制度，为方便使用，企业员工办理业务时，需预借备用金，实行报销制，多退少补。

【例7-4】

销售部员工王芳于2018年6月16日出差回来，在6月18日（财务制度规定3天内）报销，其费用明细如下：交通费514元，市内车费200元，住宿费3 000元，所有票据共计15张，出差前没有预借差旅费。经部门负责人、会计主管及公司负责人审批后，出纳进行付款后，盖上“现金付讫”章。填好的差旅费报销单如图7-10所示。

注意：所有报销的原始票据均为完整、真实、合法的票据；票据的产生是合理的，没有铺张浪费；超出预算的部分在得到上级领导的批准后方可报销，否则超出部分费用自付；报销应及时，当月票据尽量当月报销。对于不符合规定的报销单据，财务人员应退回并注明原因。对此，报销人员必须做出补充说明。

差旅费报销单

部门 销售部　　　　　　　　　　　　　　　　2018 年 6 月 18 日

出差人		王芳							出差事由		联系业务		
出发			到达			交通工具	交通费		出差补贴		其他费用		
月	日	地点	月	日	地点		单据张数	金额	天数	金额	项目	单据张数	金额
6	1	北海	6	1	南宁	火车	1	38.00			住宿费	1	3 000.00
6	1	南宁	6	1	南京	火车	1	219.00			市内车费	10	200.00
6	16	南京	6	16	南宁	火车	1	219.00			邮电费		
6	16	南宁	6	16	北海	火车	1	38.00	16	1 600.00	办公费		
											其他		
				现金付讫									
合计								514.00		1 600.00			3 200.00
报销总额		人民币（大写） 伍仟叁佰壹拾肆元整					预借差旅费		￥0.00		补领金额	￥5 314.00	
											退还金额		

公司负责人 陈盛昌　　审核 陈梅　　部门负责人 李明　　出纳　　领款人

图7-10　填好的差旅费报销单

7.3　现金的送存与清查

各单位必须按照开户银行核定的库存现金限额保管、使用现金。在日常经营活动中，如有现金收入和超出库存现金限额的部分，应及时送存银行。为了确保现金的安全，企业除实行钱账分管制度外，出纳人员还应做到日清月结，做到账实相符，主管会计应随机抽查盘点出纳人员的库存现金，加强监督。

7.3.1　现金的送存业务

1. 现金的送存程序

出纳人员清点完钞票后，将钞票按纸币、硬币票面的大小，分门别类整理好，纸币按每百张为一捆捆好。不够整捆的，按照从大额到小额的顺序放置。硬币按每五十枚或一百枚用纸卷卷成一卷，不足一卷的一般不用送存，用来找零。款项清点完毕并整理归类码好后，出纳人员应填写现金缴款单，填写完成后，应将现金缴款单连同现金一起送存银行。

各个银行的现金缴款单相似，其样式如图 7-11 所示。

中国民生银行 CHINA MINSHENG BANKING CORP.,LTD.　　**现 金 缴 款 单**

年　月　日

缴款人	全称					款项来源	
	账号						
	开户银行						
币种及金额	（大写）						千 百 十 万 千 百 十 元 角 分
券别	数量(张)	券别	数量(张)	券别	数量(张)	券别	数量(张)
百元		伍元		贰角		壹分	
伍拾元		贰元		壹角			
贰拾元		壹元		伍分			
拾元		伍角		贰分			

备注：

银行盖章：

第一联 银行记账依据

事后监督：　　事中监督：　　经办员：

图7-11　现金缴款单

2. 现金缴款单的填写

在填写现金缴款单时，要按规定如实填写有关内容，包括收款人及缴款人全称、账号、开户行，款项来源，金额大小写，送款日期等。

现金缴款单上的款项来源内容很多，只要收到的款项是业务上的都可以填写（如收入、货款、还款），一般写营业收入或货款就行。

【例7-5】

2018年5月13日，维洁贸易有限公司出纳人员把当天收到的10 000元货款送存银行。（开户行：农行顺德乐从支行，收款人账号：44480001041234567）

填好的现金缴款单如图7-12所示。

中国农业银行　　**现金缴款单**

2018年5月13日

客户填写	收款人户名		维洁贸易有限公司														
	收款人账号		44480001041234567			收款人开户行		农行顺德乐从支行									
	缴款人		维洁贸易有限公司			款项来源		货款									
	币种（√）	人民币☑	壹万圆整					亿	千	百	十	万	千	百	十	元	角	分
		外币：									¥	1	0	0	0	0	0	0
	券别	100元	50元	20元	10元	5元	2元	1元				辅币（金额）						
		100																

（第一联　银行记账凭证　第二联　客户回单）　第三联

图7-12　填好的现金缴款单

7.3.2　现金的清查业务

出纳人员对于企业的库存现金，应该做到日清月结。每天下班前清点库存现金，与现金日记账进行核对。

1. 现金清查的情况

现金清查主要包括以下两种情况。

（1）经常性的现金清查，即由出纳人员每日清点库存现金实有数，并与现金日记账的账面余额核对。

（2）定期或不定期清查，即由清查小组对库存现金进行定期或不定期清查。清查时，出纳人员必须在场，库存现金由出纳人员经手盘点，清查人员从旁监督。同时，清查人员还应认真审核库存现金收付款凭证和有关账簿，检查财务处理是否合理合法，账簿记录有无错误，以确定账存与实存是否相符等。

比如，在盘点库存现金的过程中，实存现金5 000元，账存现金4 900元，则盘盈现金100元；实存现金5 000元，账存现金5 100元，则盘亏现金100元。

2. 现金清查的形式

现金清查主要有以下两种形式。

（1）由出纳人员自行盘点或者由上级监督、出纳人员自行盘点。每月末，出纳结算现金日记账余额，然后对库存现金进行清查盘点，将现金实际数额与现金日记账余额进行核对，以发现现金实物或现金日记账的错误。这是最常见的现金盘点方式，此种方法属于企业内部控制的一部分。

（2）由外部审计人员在年终审计时对审计客户的现金进行盘点，一般采取突击检查的方式。

3. 现金清查的内容

现金清查的内容主要包括是否有白条顶库，是否超限额留存现金，是否坐支现金，有无挪用公款。

4. 现金清查的步骤

现金清查的主要方法是通过实地盘点库存现金的实存数，然后与现金日记账余额相核对，确定账存与实存是否相等。其步骤如下。

（1）在盘点前，出纳人员应先将现金收、付凭证全部登记入账，并结出余额。

（2）盘点前，出纳人员必须在场，现金由出纳人员经手盘点，清查人员从旁监督。盘点时，除查明账实是否相符外，还要查明有无违反现金管理规定的情况，如是否以“白条”抵冲现金，现金库存是否超过核定的限额，有无坐支现金等。

（3）盘点结束，应根据盘点结果编制现金盘点报告单（如表7-3所示）或现金盘点表（如表7-4所示），并由清查人员和出纳人员签名盖章，作为重要的原始凭证。这两种单据具有盘存单和实存账存对比表的作用。

表7–3　现金盘点报告单

<table>
<tr><td colspan="2"></td><td colspan="2">面值</td><td colspan="2">数量</td><td colspan="2">金额</td><td>盘点异常及建议事项</td></tr>
<tr><td colspan="2" rowspan="2">现金及周转零用金</td><td colspan="2" rowspan="2"></td><td colspan="2" rowspan="2"></td><td colspan="2" rowspan="2"></td><td></td></tr>
<tr><td>盘点结果及要点报告</td></tr>
<tr><td colspan="4">小计</td><td colspan="2"></td><td colspan="2"></td><td rowspan="4"></td></tr>
<tr><td colspan="4">其他项目：未核销费用</td><td colspan="2"></td><td colspan="2"></td></tr>
<tr><td colspan="4">员工借支</td><td colspan="2"></td><td colspan="2"></td></tr>
<tr><td colspan="4">总计</td><td colspan="2"></td><td colspan="2"></td></tr>
<tr><td colspan="4">账面数</td><td colspan="2"></td><td colspan="2"></td><td rowspan="7">在列款项及票据于　　年　月　日时盘点时本人在场，并如数归还无误。

保管人：
盘点人：</td></tr>
<tr><td colspan="4">盘盈（盘亏）</td><td colspan="2"></td><td colspan="2"></td></tr>
<tr><td>项目</td><td colspan="2">张数</td><td colspan="2">金额</td><td colspan="2">盘点数</td><td>盘盈（亏）</td></tr>
<tr><td>应收票据：代收</td><td colspan="2"></td><td colspan="2"></td><td colspan="2"></td><td></td></tr>
<tr><td>库存</td><td colspan="2"></td><td colspan="2"></td><td colspan="2"></td><td></td></tr>
<tr><td>应收保证票据</td><td colspan="2"></td><td colspan="2"></td><td colspan="2"></td><td></td></tr>
<tr><td>合计</td><td colspan="2"></td><td colspan="2"></td><td colspan="2"></td><td></td></tr>
</table>

表7-4　现金盘点表

单位名称：

盘点日期：　年　月　日

实有现金盘点记录		
面额	人民币	
	张数	金额（=面额×张数）
100元		
50元		
20元		
10元		
5元		
2元		
1元		
0.5元		
0.2元		
0.1元		
0.05元		
0.02元		
0.01元		
合计		
账面金额		
差异金额		
差异分析		
1. 白条抵库		
2.		
3.		
4.		
5.		

出纳员：

盘点人：

监盘人：

出纳人员可以把现金盘点表制作成Excel报表格式，设置相关的公式，这样就可以免去手工计算，每次只要输入每个面额的张数，就能自动计算出现金的实存数，非常方便。

【例7-6】

2018年6月30日，维洁贸易有限公司财务部年中对现金进行盘点，出纳人员登记的现金日记账账面余额为1 394.20元，实盘1 296.20元，发现现金短缺98元。

编制好的现金盘点表如表7-5所示。

表7-5　编制好的现金盘点表

单位名称：维洁贸易有限公司　　　　盘点日期：　2018年6月30日

现金清点情况			账目核对		
面额	张数	金额	项目	金额	说明
100元	12	1 200.00	盘点日账户余额	1 394.20	
50元	1	50.00	加：收入未入账		

续表

现金清点情况			账目核对		
面额	张数	金额	项目	金额	说明
20元	2	40.00	加：未填凭证收款据		
10元			加：		
5元			加：		
1元	6	6.00	减：付出未入账		
5角			减：未填凭证付款据		
2角			减：		
1角	2	0.20	减：		
5分			调整后现金余额	1 394.20	
2分			实点现金	1 296.20	
1分			长款		
合计		1 296.20	短款	98.00	

盘点人：陈露　　　　监盘人：夏天　　　　出纳：黄大美

作为一名合格的出纳人员，应对企业日常现金管理进行自我把控，“今日事，今日毕”，即每日工作完成后，对当日现金进行盘点自查。及时回忆、发现现金日记账或现金实物上存在的差错，不将问题留到未来，以便提高工作质量。若存在日常业务繁忙的情况，出纳人员开展盘点自查工作的周期也应在一周左右，这样便于回忆差错原因，及时调整。

7.4 票据的管理

出纳人员最重要的职责就是按照国家有关现金管理和银行结算制度的规定，办理现金收付和银行结算业务。熟悉银行的结算程序，无疑会让出纳人员的工作效率大大提高，从而提高企业的经济效益。

7.4.1 票据的分类

票据是一种有价证券，由出票人签发，出票人自己或者委托其他人见票时无条件支付给持票人或者收款人确定金额；票据可在企业间流通转让，具有一定的时限。

出纳人员在办理银行结算的过程中经常用到各种票据，主要包括汇票、本票和支票。

1. 汇票

汇票是出票人签发的，委托付款人在见票时或者指定日期无条件支付确定的金额给收款人或者持票人的票据。汇票按照出票人的不同，可以分为银行汇票和商业汇票。银行汇票的出票人是银行，其样式如图7-13所示。

商业汇票按照承兑人的不同分为银行承兑汇票和商业承兑汇票两种，属于远期票据，付款期一般在1个月以上6个月以内。

商业承兑汇票是由银行以外的付款人承兑的汇票，其样式如图7-14所示。银行承兑汇票是由银行承兑的汇票，由于承兑人是银行，对于债权人来说，风险较小，其样式如图7-15所示。

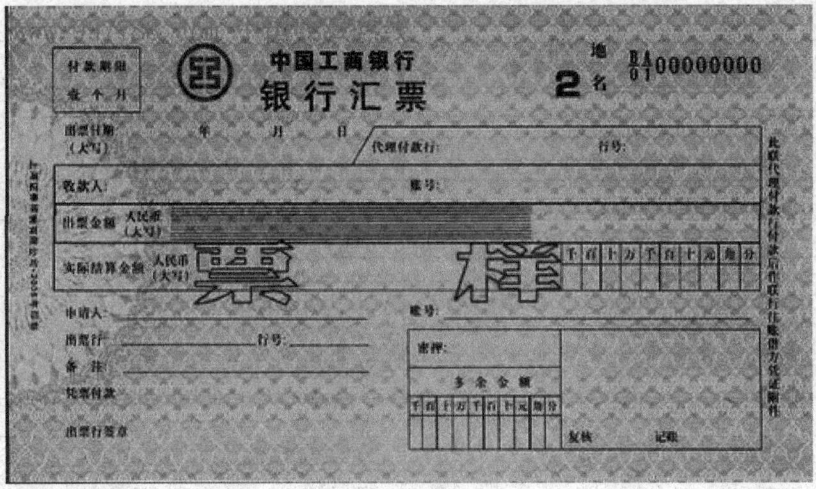

图7-13　银行汇票

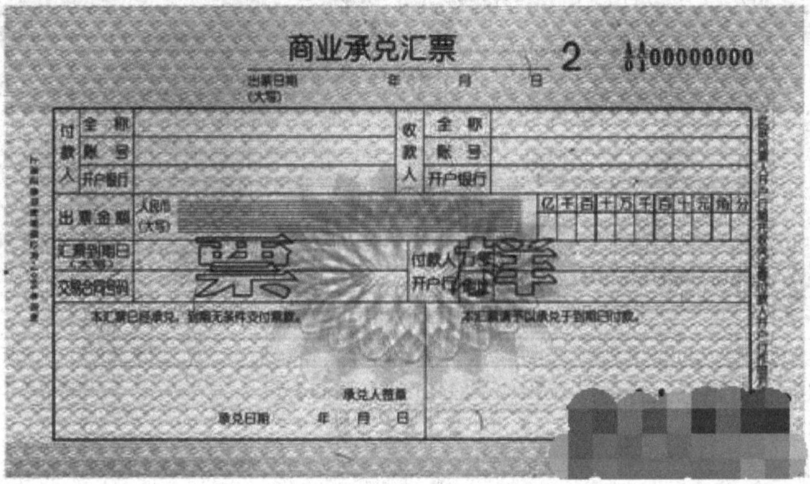

图7-14　商业承兑汇票

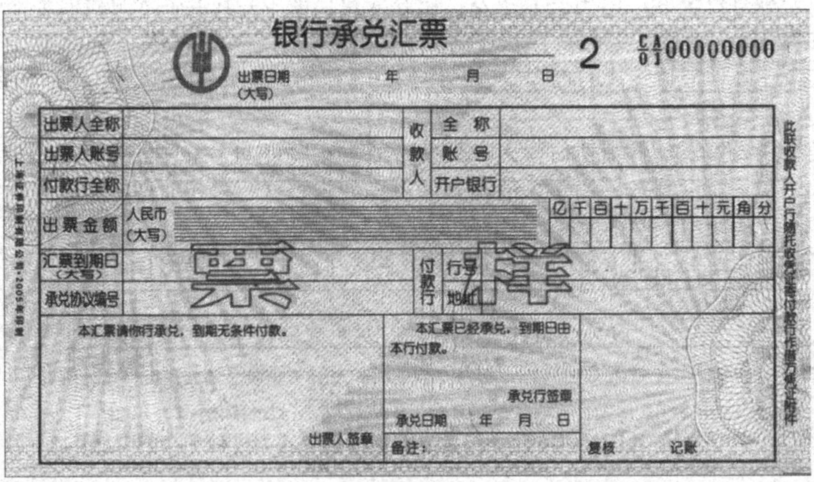

图7-15　银行承兑汇票

2. 本票

本票是出票人签发的，自己在见票时无条件支付给持票人或者收款人确定金额的票据。在我国，本票主要指的是银行本票，其样式如图7-16所示。

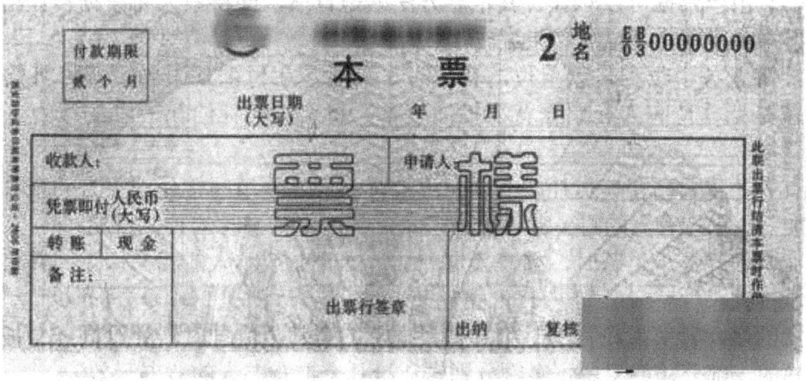

图7-16 银行本票

3. 支票

支票是出票人签发的，委托办理支票存款业务的银行在见票时无条件支付确定金额给持票人或者收款人的票据。支票主要分为现金支票和转账支票。

现金支票主要用来提取现金，其样式如图7-17所示。

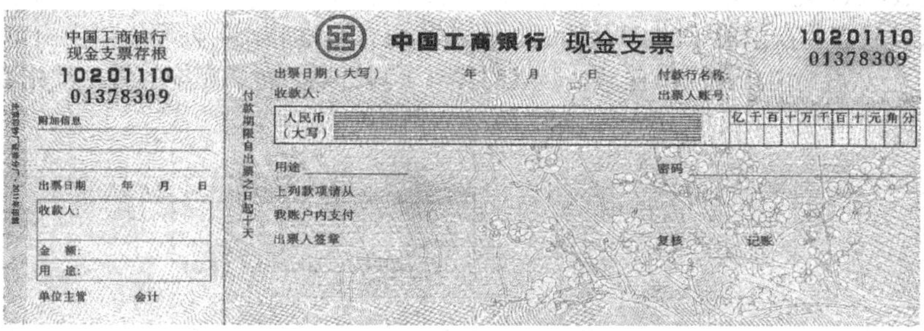

图7-17 现金支票

企业在办理支付业务时，对于结算起点以上的经济业务，必须用转账支票结算，其样式如图7-18所示。

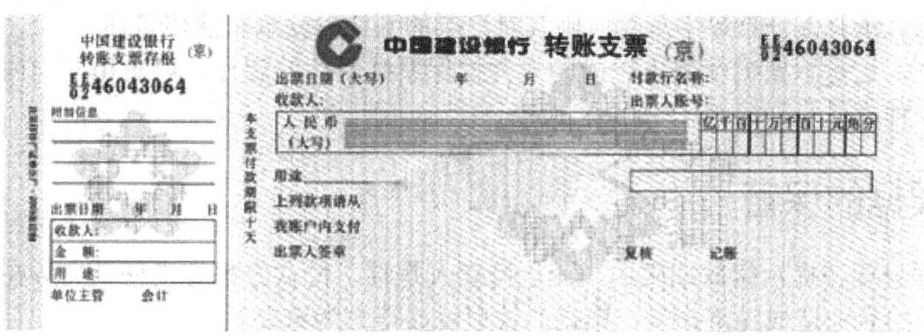

图7-18 转账支票

7.4.2 票据行为

票据行为主要是指票据当事人以负担票据债务为目的的法律行为，我国票据法上的票据行为包括出票、背书、承兑和保证4种。

（1）出票。出票人在票据上填写相关内容并签名之后，出于本人意愿，出票人将票据交付给收款人。

（2）背书。由于票据可以转让，其主要方法就是背书，即持票人将票据转让给他人。票据一经转让，票据的权利随之也被转让给被背书人。

企业在经济业务中收到付款单位的票据时，只要是在付款期限内，即可将票据进行背书转让。背书就是票据持有人在票据背面批注签章，将票据转让给第三者的行为。背书样式如图7-19所示。

票据持有人在将票据背书转让时，须在“被背书人”处填写接受票据方的全称，在“背书人签章”处加盖票据持有人的财务章以及人名章，并填写背书时的具体日期。

持票人在向银行提示付款时，须在票据上加盖本企业或本人的相关印章，并将信息填写完整，方可提示付款。

需要注意的是，背书人在背书时必须把票据上的全部金额同时转让给同一个被背书人。只转让票据金额的一部分，或将票据金额分别转让给几个被背书人的背书无效。

转让人一旦在票据上签名，就要承担以下两项义务。

① 须对包括转让人在内的所有后来取得该票据的人保证该票据必将得到付款。

② 须保证在他以前曾在该票据上签名的一切前手签字的真实性和背书的连续性。

【例7–7】

2018年6月30日，广东欣荣管业制造有限公司以银行承兑汇票支付佛山市丰鑫材料科技有限公司货款100 000元。

出纳人员只需要在金额100 000元的银行汇票背面“被背书人”处写上“佛山市丰鑫材料科技有限公司”，然后交由相关人员盖章。一般的背书不写日期。背书完毕的银行承兑汇票如图7-20所示。

被背书人	被背书人	（贴粘单处）
背书人签章 年 月 日	背书人签章 年 月 日	

图7–19 银行承兑汇票背书

被背书人 佛山市丰鑫材料科技有限公司	被背书人
广东欣荣管业制造有限公司（签章） 背书人签章 年 月 日	背书人签章 年 月 日

图7–20 背书完毕的银行承兑汇票

（3）承兑。持票人持有汇票，为确定汇票到期时可以得到付款，在汇票到期前应向付款人进行承兑提示。承兑人一旦签字承兑，则其对汇票的到期付款承担法律责任。

（4）保证。这是除票据债务人以外的人为担保票据债务的履行，以负担同一内容的票据债务为目的的一种附属票据行为。

7.4.3 票据的保管

由于票据只要在提示付款期限内，无论持票人是谁，付款方都有责任及义务在见票时支付票款。为了不给企业造成经济损失，票据的管理就显得尤为重要。

出纳人员在收到填制好的票据时，应尽早到银行办理相关结算手续，以免遗失票据，造成不必要的损失。

空白票据一般应登记在册，标明受票企业名称、领用时间、起止号码，并由领用人签字或盖章，再由专人保管。支票领用备查簿如表7-6所示。

表7-6　支票领用备查簿

序号	支票号码	开票日期	领用日期	受票单位	票面金额	用途	领用人	备注
现金支票								
1								
2								
3								
4								
……								
转账支票								
1								
2								
3								
4								
……								

印章与票据尽量由不同的人来保管，以明确责任，相互制约，防止舞弊行为的发生。空白票据必须妥善保管，以免发生非法使用和盗用、遗失等情况，给国家和企业造成不必要的经济损失。

对于作废的票据，应加盖“作废”章，正联和存根联一起保管，不得私自撕毁或者丢失。

持有银行汇票、商业汇票、银行本票、支票的单位和个人，因保管不善致使票据丢失、被盗或丧失，持票人可以申请挂失止付，并在挂失止付后向人民法院申请公示催告，也可以直接向法院申请公示催告。但是，由于票据种类不同，有的票据不允许挂失止付。

允许挂失止付的票据有：填明“现金”字样和代理付款人的银行汇票；填明“现金”字样的银行本票；要素填写齐全的支票；已承兑的商业汇票。其他票据，则不允许挂失止付。

7.5　综合演练

7.5.1　现金收据的填写

演练要求：

2018年4月8日，出纳人员黄大美收到现金8 000元，为朗捷批发部交来的零星货款。

演练解读：

填好的收据如图7-21所示。

NO. 0008889

收　据

2018年 4月 8日

今收到 朗捷批发部交来的零星货款

金额（大写）捌仟元整　　（小写）¥8 000.00

（单位盖章）

第三联记账联

负责人　　会计　　出纳 黄大美　　缴款人 陈朗捷

图7-21　填好的收据

7.5.2　现金支票的填写

演练要求：

2018年11月30日，润添汽车配件有限公司出纳人员从银行提取现金30 000元，用于发放

员工工资。（开户银行：中国建设银行内江邱家嘴支行，账号：51001686110123456789）

演练解读：

填好的现金支票正面如图7-22所示。

中国建设银行
现金支票存根
EE 02 00234567
附加信息

出票日期　2018年 11月 30日
收款人：润添汽车配件有限公司
金额：30000.00
用途：发放工资

单位主管　　会计

中国建设银行现金支票　EE 02 00234567

付款期限自出票之日起十天

出票日期（大写）贰零壹捌 年 壹拾壹 月 零叁拾 日　付款行名称：中国建设银行内江邱家嘴支行

收款人：润添汽车配件有限公司　出票人账号：51001686110123456789

人民币（大写）	叁万圆整	亿	千	百	十	万	千	百	十	元	角	分
					¥	3	0	0	0	0	0	0

用途：发放工资　密码：

上列款项请从
我账户内支付
出票人签章　复核　记账

图7-22　提现的现金支票正面

7.5.3　现金缴款单的填写

演练要求：

2018年4月8日，维洁贸易有限公司出纳人员把当天收到的13 218元货款送存银行。（开户行：农行顺德乐从支行，收款人账号：44480001041234567）

演练解读：

填好的现金缴款单如图7-23所示。

中国农业银行　现金缴款单
2018年4月8日

客户填写	收款人户名		维洁贸易有限公司																
	收款人账号		44480001041234567			收款人开户行		农行顺德乐从支行											
	缴款人		维洁贸易有限公司			款项来源		货款											
	币种（√）	人民币☑	壹万叁仟贰佰壹拾捌元整					亿	千	百	十	万	千	百	十	元	角	分	
		外币：									¥	1	3	2	1	8	0	0	
	券别	100元	50元	20元	10元	5元	2元	1元					辅币（金额）						
		132			1	1	1	1											

（第一联　银行记账凭证　第二联　客户回单）　第二联

图7-23　填好的现金缴款单

7.5.4　现金盘点表的编制

演练要求：

2018年7月4日，维洁贸易有限公司账务部出纳人员对现金进行盘点，出纳登记的现金日记账账面余额为1 092.24元，实盘金额为1 092.30元。

演练解读：

编制好的现金盘点表如表7-7所示。

表7-7　编制好的现金盘点表

单位名称：维洁贸易有限公司　　　　盘点日期：　2018年7月4日

现金清点情况			账目核对		
面额	张数	金额	项目	金额	说明
100元	9	900.00	盘点日账户余额	1 092.24	
50元	1	50.00	加：收入未入账		
20元	7	140.00	加：未填凭证收款据		
10元			加：		
5元			加：		
1元	2	2.00	减：付出未入账		
5角			减：未填凭证付款据		
2角			减：		
1角	3	0.30	减：		
5分			调整后现金余额	1 092.24	
2分			实点现金	1 092.30	
1分			长款	0.06	
合计		1 092.30	短款		

盘点人：黄大美　　　　监盘人：无　　　　出纳：黄大美

7.5.5 银行承兑汇票到期业务

演练要求：

2018年7月27日，银行承兑汇票即将到期，进行贴现操作。银行承兑汇票如图7-24所示。

银行承兑汇票　　2　　CA 01 03123456

出票日期（大写）　贰零壹捌年零壹月贰拾柒日

出票人 全称	深州圣洁布衣厂	收款人 全称	四川泰华纺织有限公司
出票人 账号	0407000809212345678	收款人 账号	22817101040012345
出票人 开户银行	中国工商银行深州前么头支行	收款人 开户银行	中国农业银行股份有限公司成都华府支行
汇票金额 人民币（大写）	壹拾万元整	亿千百十万千百十元角分	¥10000000
汇票到期日（大写）	贰零壹捌年柒月贰拾柒日	付款行 行号	123456
承兑协议编号	（略）	付款行 地址	深州前么头
本汇票请你行承兑，到期无条件付款。（略） 出票人签章	本汇票已经承兑，到期日由本行付款。（略） 承兑行签章 承兑日期 年 月 日	备注	复核 记账

此联收款人开户行随托收凭证寄付款行作借方凭证附件

图7-24　银行承兑汇票

演练解读：

企业日常交易中收到的银行承兑汇票，在到期日需要委托银行收款（一般提前10天）；托收时，企业人员需要填写托收凭证，并加盖财务专用章。

补齐汇票背面背书栏：汇票背面的被背书栏一般应由背书人填写，但在实务操作中，到期托收的汇票背面被背书栏常常是空白的，需要由到期托收人逐栏填补以前各被背书栏。并在最后一栏背书给托收银行（与转账支票进账相似）。银行汇票的托收背书如图7-25所示。

粘　单

（贴粘单处）	被背书人　中国工商银行龙泉支行 （依依商贸公司签章略） 背书人签章 年　月　日	被背书人 背书人签章 年　月　日

图7-25　银行汇票的托收背书

托收凭证的填写方法如下。

（1）委托日期：凭证送交银行柜台的日期。

（2）付款人全称：银行承兑汇票和商业承兑汇票的承兑人不同，银行承兑汇票的承兑人是银行，所以，此处即为票面显示的“付款行全称”栏内付款行行名。

（3）付款人账号：付款人账号栏不填，由银行查询填写。

（4）付款人地址：若票面有付款行详细地址则按地址填写，如果没有，则需要查询该付款行隶属于何省何市(或县)。

（5）付款人开户行：“付款人开户行”栏与“付款人”栏一样，均为承兑行行名。

（6）收款人全称：收款单位全称。

（7）收款人账号：收款单位银行账号。

（8）收款人地址：收款单位隶属省、市(县)。

（9）收款人开户行：收款单位开户行行名。

（10）金额：票面金额大写、小写。

（11）款项内容：“货款”等。

（12）托收凭据名称：“银行承兑汇票”，并需填写托收的本张汇票右上角的汇票号码。

（13）附件单证张数：此栏有些银行不要求填写，有些银行要求填写。附件为本张需要托收的汇票，一般为一张。托收凭证共五联，要求一次填写，每张填写内容一致。填完后在第二联左下角指定处加盖本单位预留印鉴。

填好的托收凭证如图7-26所示。

托收凭证（受理回单）

委托日期　2018年7月17日

<table>
<tr><td colspan="2">业务类型</td><td colspan="8">委托收款（□邮划、☑电划）　托收承付（□邮划、☑电划）</td></tr>
<tr><td rowspan="3">出票人</td><td>全称</td><td colspan="3">深州圣洁布衣厂</td><td rowspan="3">收款人</td><td>全称</td><td colspan="3">四川泰华纺织有限公司</td></tr>
<tr><td>账号</td><td colspan="3">0407000809212345678</td><td>账号</td><td colspan="3">228171040012345</td></tr>
<tr><td>地址</td><td>深州</td><td>开户行</td><td>中行深州前么头支行</td><td>地址</td><td>浙江</td><td>开户行</td><td>工行龙泉支行</td></tr>
<tr><td>金额</td><td>人民币
（大写）</td><td colspan="5">壹拾万元整</td><td colspan="3">亿 千 百 十 万 千 百 十 元 角 分
¥ 1 0 0 0 0 0 0 0</td></tr>
<tr><td colspan="2">款项内容</td><td>货款</td><td>托收凭据名称</td><td colspan="3">银行承兑汇票 03123456</td><td colspan="2">附件单证张数</td><td>1</td></tr>
<tr><td colspan="2">商品发运情况</td><td colspan="4">略</td><td>合同名称号码</td><td colspan="3">略</td></tr>
<tr><td colspan="2">备注

复核　记账</td><td colspan="4">款项收妥日期
（略）
年　月　日</td><td colspan="4">收款人开户银行签章
（略）
年　月　日</td></tr>
</table>

此联作收款人开户银行给收款人的受理回单

图7-26　填好的托收凭证

第8章

出纳的银行业务

银行存款是企业货币资产的重要组成部分。企业除按规定的库存限额留存一部分现金以备日常零星开支外，其余的货币资金都应通过银行存款来结算；企业与其他企业之间发生的经营性往来款项，除结算起点以内的部分可用现金结算，其他款项也都通过银行存款结算。

8.1 银行存款账户的管理

银行存款收付业务要由企业出纳人员专职办理。管理好银行存款账户，熟练掌握银行存款的结算程序，才能有效节约出纳人员的办事时间，提高工作效率。

8.1.1 银行存款账户管理规定和原则

1. 银行存款账户管理规定

为保证企业的银行存款能够正常办理收支手续，保证其被合法使用，保证其安全性，凡开通银行存款账户的企业，都必须严格执行《人民币银行结算账户管理办法》的相关规定，具体规定如下。

（1）对于超过结算起点的往来款项，应用银行存款办理结算业务。

（2）企业银行账户开户以及账户日常管理都由出纳负责。

（3）企业经济活动所发生的一切货币收支业务，除按条例中规定的可以使用现金直接支付的款项外，其他都必须按银行结算办法的规定，通过银行存款账户进行转账结算。

（4）企业每月收到银行出具的银行对账单时，应当和企业银行存款日记账认真核对，保证账账相符。

（5）企业应妥善保管各种票据，票据一旦遗失，必须及时到银行办理挂失手续，造成损失的，应追究相关人员责任。

（6）企业开立的银行存款账户，只可用于本企业的经济业务办理，不得将账户转借或者租给其他企业。

2. 银行存款账户管理原则

根据《人民币银行结算账户管理办法》的规定，银行存款账户管理遵守以下基本原则。

（1）一个基本存款账户原则。即存款人只能在银行开立一个基本存款账户，不能多头开立基本存款账户。存款人在银行开立基本存款账户，实行由中国人民银行当地分支机构核发开户许可证制度。

（2）自愿选择原则。即存款人可以自主选择银行开立账户，银行也可以自愿选择存款人开立账户。任何单位和个人不得强制干预存款人和银行开立或使用账户。

（3）存款保密原则。即银行必须依法为存款人保密，维护存款人的资金自主支配权。除国家法律规定和国务院授权中国人民银行总行的监督项目外，银行不代任何单位和个人查询、冻结、扣划存款人账户内存款。

8.1.2 银行存款账户的种类

企业银行存款账户按性质和功能不同，可分为基本存款账户、一般存款账户、临时存款账户和专用存款账户等，不同账户的作用如表8-1所示。

表8-1 银行存款账户的种类和作用

账户类型	作用
基本存款账户	为企业办理日常转账结算和库存现金收付业务。企业日常生产经营活动过程中的业务收入、员工工资、奖金的支付、与合作企业往来款项的结算以及库存现金的支取都是通过这个账户进行
一般存款账户	因借款或其他结算需要，在基本存款账户开户银行以外的银行营业机构开立的银行结算账户。该账户可以办理库存现金缴存，但不能提取库存现金；主要用于办理企业借款转存、借款归还以及其他结算资金的收付
临时存款账户	企业因临时需要并在规定期限内使用而开立的银行结算账户，用于办理临时经营活动发生的资金收付
专用存款账户	企业按照法律、行政法规而开立的，专门用于管理特定用途资金的银行结算账户，如证券交易结算资金账户、期货交易保证金账户、住房基金账户、工会设在单位的组织机构经费专用账户等

任何企业都只能有一个基本存款账户，但可以在多家银行的不同分支机构开立多个一般存款账户。企业的银行存款账户只能用来办理本企业的生产经营业务活动的结算，不得出租和出借。

8.1.3 开立银行存款账户的条件

根据《银行账户管理办法》，企业应按照自身实际情况开立银行存款账户。

（1）可以申请开立基本存款账户的情况：企业法人，企业法人内部单独核算的单位，管理财政预算资金和预算外资金的财政部门，实行财政预算管理的行政机关、事业单位，县级(含)以上军队、武警单位，外国驻华机构，社会团体，单位附设的食堂、招待所、幼儿园，外地常设机构，私营企业、个体经济户、承包户和个人。

（2）可以申请开立一般存款账户的情况：在基本存款账户以外的银行取得借款的、与基本存款账户的存款人不在同一地点的附属非独立核算单位。

（3）可以申请开立临时存款账户的情况：外地临时机构、临时经营活动需要的。

（4）可以申请开立专用存款账户的情况：基本建设的资金、更新改造的资金、特定用途需要专户管理的资金。

8.1.4 开立银行存款账户的流程

1. 核准类账户和备案类账户

（1）核准类账户。

需要中国人民银行核准的账户包括：基本存款账户、临时存款账户（因注册验资和增资验资开立的账户除外）、预算单位专用存款账户、合格的境外机构投资者（Qualified Foreign Institutional Investors，QFII专用存款账户。

对核准类账户，银行应将存款人的开户申请书、相关的证明文件和银行审核意见等开户资料报送中国人民银行当地分支行，经其核准并核发开户许可证后办理开户手续。

中国人民银行当地分支行应于2个工作日内对开户银行报送的核准类账户的开户资料的合规性予以审核，符合开户条件的，予以核准，颁发基本（或临时、专用）存款账户开户许可证。

（2）备案类账户。

申请开立除核准类账户外的其他银行结算账户的，开户银行应于开户之日起5个工作日内向中国人民银行当地分支行备案。

目前，已经逐步取消企业基本存款账户开户许可证核发，即在中国人民银行分支机构对银行为企业开立基本存款账户由核准制调整为备案制，不再核发基本存款账户开户许可证。

银行按规定审核企业身份、开户意愿真实性以及基本存款账户唯一性后，为符合条件的企业开立基本存款账户。此类账户后续办理变更、撤销业务也由核准制调整为备案制，无需经中国人民银行分支机构核准。

2. 单位银行结算账户开始办理付款业务的时间

（1）存款人开立单位银行结算账户，自正式开立之日起3个工作日，方可使用该账户办理付款业务；但是，注册验资的临时存款账户转为基本存款账户、因借款转存开立的一般存款账户除外。

（2）“正式开立之日”的确定。

① 核准类银行结算账户的“正式开立之日”为中国人民银行当地分支行的核准日期。

② 备案类银行结算账户的“正式开立之日”为开户银行为存款人办理开户手续的日期。

3. 开立基本存款账户的流程

企业开立基本存款账户应当遵循就近开立的原则，选择相应的银行。开立基本存款账户需要携带的资料如下。

（1）公司统一信用代码证正本复印件2份。

（2）公司备案公章或备案财务专用章、人名章。

（3）法人身份证复印件2份。

（4）法人授权书。

（5）经办人身份证复印件2份。

注意：以上资料均用A4纸复印并在复印件上加盖企业公章，同时还应携带原件，以备银行柜台人员核对。有些银行会要求法人亲自到场。

企业开立基本存款账户的流程如图8-1所示。

企业开立基本存款账户后，如需开通其他相关银行存款账户，应填制开户申请书，提供相应的证明文件，送交盖有存款人印章的印鉴卡片，经银行审核同意后，即可开立该账户。

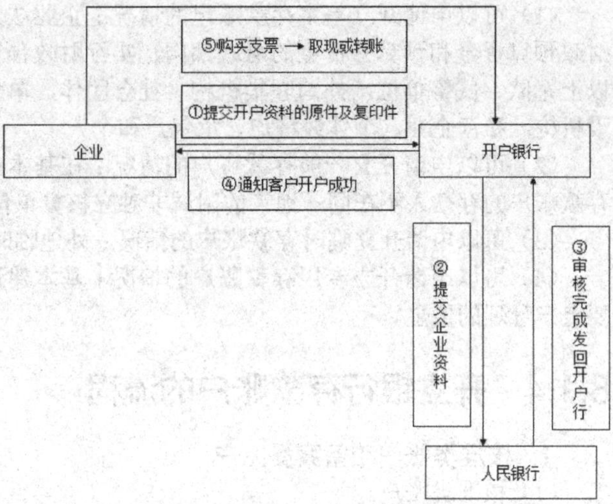

图8-1　开立基本存款账户的流程

8.1.5　银行存款账户的变更、迁移、合并和撤销

1. 银行存款账户的变更

（1）变更账户名称。

存款人变更账户名称、单位的法定代表人或主要负责人、地址等其他开户资料后，应及时（5个工作日内）向开户银行办理变更手续（如果存款人拟改变开户银行及账号，则不属于银行存款账户的变更）。

单位需要变更银行存款账户时，需向银行提交法人批准的相关文件以及工商行政管理部门登记注册的新营业执照，经银行审核后，变更账户名称，或撤销原账户，重新开立新账户。

（2）变更开户许可证记载事项。

单位需要变更开户许可证记载事项的，在办理变更手续时需交回原开户许可证，由中国人民银行当地分支行换发新的开户许可证。

（3）变更单位财务专用章。

单位由于人事变动或其他原因需要变更单位财务专用章的，应填写更换印鉴申请书，并出具有关证明，经银行审核同意后，填写新的印鉴卡片，并注销原预留的印鉴卡片。

备案类账户的变更应于2个工作日内通过账户管理系统向中国人民银行当地分支行报备。

2. 银行存款账户的迁移

单位如果发生办公地点或经营地点变更，按照就近开立基本存款账户的原则，可以到原开户银行办理迁移账户手续。如果在同一城市迁出和迁入，企业可以凭迁出银行出具的凭证到迁入银行开立新账户。异地搬迁时，企业应按规定到迁入银行重新办理新开户手续。搬迁过程中，由于需要可要求原开户银行暂时保留原账户。但企业在迁入地恢复经营活动时，则必须在一个月内到原开户银行结清原账户。

3. 银行存款账户的合并和撤销

企业在经营过程中，当遇到机构调整、合并、撤销以及停业等情况，需要合并和撤销账户的，应及时向银行提出申请；经银行审核同意后，与银行核对账户余额并结算全部利息，全部核对无误后开出支取凭证结清余额，同时将未用完的各种重要空白凭证交回银行注销；然后才可办理撤销、合并手续。由于撤销账户单位未交回空白凭证而产生的一切问题应由撤销单位承担责任。

撤销银行存款账户时，应先撤销一般存款账户、专用存款账户、临时存款账户，将账户资金转入基本存款账户后，方可办理基本存款账户的撤销。

开户银行为节约成本，对于连续1年以上无收付业务发生的账户，经过调查确认该账户确实无需继续保留的，可通知开户企业办理银行销户手续。开户企业接到通知后，1个月内必须办理，逾期则被视为自动销户。

同时，银行还对银行存款账户余额较少的企业，收取小额存款管理费，以降低银行管理成本。以工商银行为例，当开户企业银行存款账户余额不足500 000元时，银行每季度收取企业一定的小额存款管理费用，费用直接从银行账户中扣除。

8.2 办理银行结算的基本要求和原则

银行结算即企业发生经济业务时，用其银行存款账户以转账的方式办理支付业务的一种结算程序。企业的往来款项比较大时，银行结算较之现金结算方式更方便、更安全。

8.2.1 办理银行结算的基本要求

办理银行结算过程中，涉及环节比较多，一步操作错误，就会给整个结算程序带来很大的麻烦。为保证银行结算的顺利进行，企业办理银行结算时，必须遵守以下基本要求。

（1）办理银行结算时，企业银行账户必须要有足够的资金。

（2）不准签发没有资金保证的票据（空头支票）和远期支票，套取银行信用。

（3）企业办理结算时，由于错误填写票据、丢失票据等造成企业经济损失的，由企业自行负责。

（4）不得将企业银行存款转入或存入个人银行账户结算。

（5）不准签发、取得和转让没有真实交易和债权债务关系的票据，套取银行和他人资金。

（6）不准无理拒绝付款，任意占用他人资金。

（7）不准违反规定开立和使用账户。

8.2.2 办理银行结算的基本原则

办理银行结算的每一笔业务都会影响到两个或两个以上的当事人，为避免当事人之间由于结算方式而发生纠纷，必须制定出统一的银行结算原则，所有当事人都必须遵守这些原则，维持正常的银行结算秩序。办理银行结算的基本原则如下。

（1）恪守信用，履约付款。企业在经济业务中一般与合作伙伴之间达成双方协议，协商好交货及付款方式，一般都是先收货后收款或者先收款后交货，这就需要双方恪守信用。一方按时交货，另一方按时付款。只有这样，才能维持市场经济的正常运转，企业也才能发展壮大。

（2）谁的钱进谁的账，由谁支配。企业在银行开户，银行按照法律规定有义务保护企业账户资金的安全。企业要求开户银行将款项付给谁，银行就有义务按照企业的要求转账到相应账户中；企业对于开户银行账户中的资金，有权进行自主支配。未经企业要求，银行不得擅自为企业自作主张，如代扣款项、查询账户等。

（3）银行不垫款。银行在企业经济业务结算过程中，只起到中介的作用，即作为付款方的企业存在银行账户中的款项转到收款企业账户中，银行不给任何单位垫资。

8.3 银行转账结算

银行转账结算是银行结算常见的一种方式，即各单位发生的款项往来，超过结算起点不用现金结算的，通过银行将款项从付款人账户划转到收款人账户的结算行为。银行转账结算主要用于单位和单位之间因商品交易、劳务供应、资金调拨所发生的款项收付。

8.3.1 银行转账结算需要注意的问题

企业在经营过程中有款项往来时，基本通过银行转账实现。银行转账虽然方便、快捷，但是办理转账手续的人员如果不够细心，也很可能出现款项填写错误、未能及时入账导致支票作废等问题。所以，为保证企业资金安全、经营活动能够正常进行，在银行转账结算过程中，必须按照转账结算的相关规定来办理。

8.3.2 转账支票进账业务

企业在经营过程中，会经常收到已填好日期的转账支票。出纳人员在收到转账支票时，应及时去开户银行办理转账手续，其流程如下。

（1）在收到的转账支票正联正面“收款人”处填写本企业全称。以中国银行转账支票为例，其支票正联正面样式如图8-2所示。

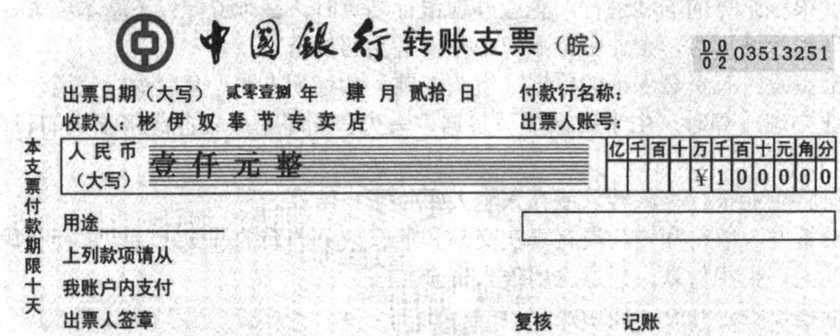
中国银行 转账支票（皖） D0 02 03513251

出票日期（大写） 贰零壹捌 年 肆 月 贰拾 日 付款行名称：

收款人：彬伊奴奉节专卖店 出票人账号：

本支票付款期限十天

人民币（大写）	壹仟元整	亿	千	百	十	万	千	百	十	元	角	分
						¥	1	0	0	0	0	0

用途

上列款项请从

我账户内支付

出票人签章 复核 记账

图8-2 转账支票正联正面

（2）支票正联背面“被背书人”处填写本企业开户银行名称，在“背书人签章”一栏填写“委托收款”字样，并加盖本企业在开户银行的预留印鉴，即财务专用章及人名章。以中国银行转账支票为例，其支票正联背面样式如图8-3所示。

（3）填写进账单（一式三联），连同支票一并送交开户银行对公柜台办理转账。

出票人信息：全称，根据转账支票的单位印鉴填写；账号、开户银行：根据转账支票右上角的出票人账号、付款银行名称填写；收款人信息：为收款公司信息；金额大小写、票据号码：根据转账支票内容填写；票据种类：按要进账的票据类型填写，如现金支票、转账支票、承兑汇票等；票据张数：根据收到的转账支票份数及要进账的份数填写。

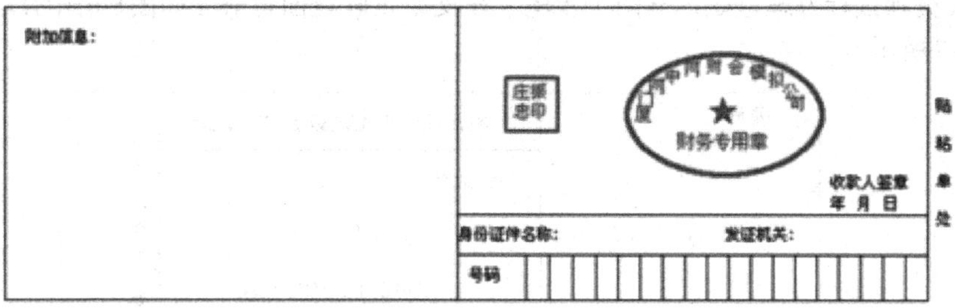
附加信息：

庄振忠印

厦门市河财会模拟公司 财务专用章

收款人签章
年 月 日

身份证件名称： 发证机关：

号码

贴粘单处

图8-3　转账支票正联背面

以江苏银行转账支票为例，其进账单样式如图8-4所示。

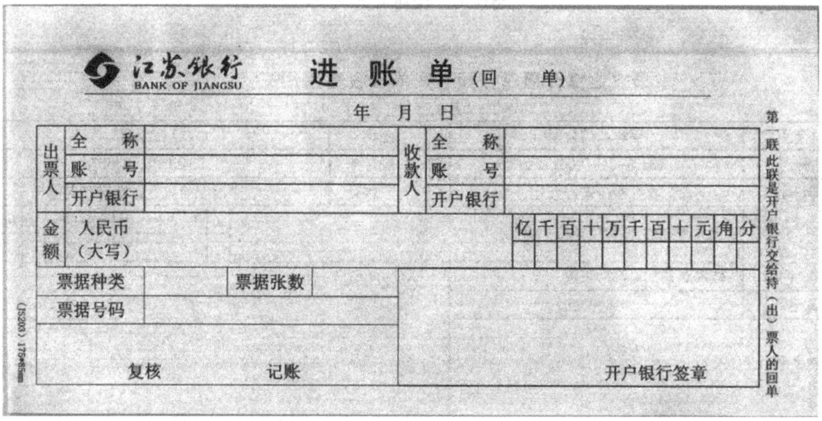
江苏银行 BANK OF JIANGSU　进　账　单（回　　单）

年　月　日

出票人	全　称		收款人	全　称	
	账　号			账　号	
	开户银行			开户银行	
金额	人民币（大写）			亿千百十万千百十元角分	
票据种类		票据张数			
票据号码					
复核		记账		开户银行签章	

第一联 此联是开户银行交给持（出）票人的回单

（JS203）175×85mm

图8-4　进账单

（4）开户行审核无误后，返回企业一联进账通知单，并将款项划入该企业银行账户内。

注意：转账支票的提示付款期限为10天，不是10个工作日，所以，出纳人员在收到转账支票时，务必看清楚转账支票开票时间，并及时办理转账手续。

【例8-1】

2018年6月15日，佳明公司出纳收到业务员杜丽交来的福建坤尚公司开来的转账支票一张（如图8-5所示），金额为15 000元。

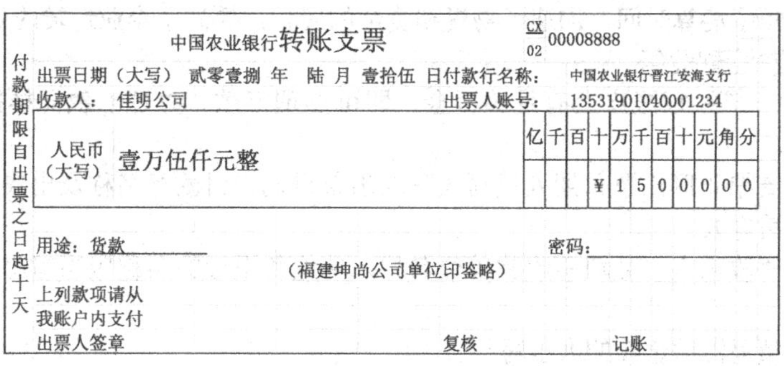
中国农业银行转账支票　CX 02 00008888

付款期限自出票之日起十天

出票日期（大写）贰零壹捌 年 陆 月 壹拾伍 日 付款行名称：中国农业银行晋江安海支行

收款人：佳明公司　出票人账号：13531901040001234

人民币（大写）壹万伍仟元整

亿	千	百	十	万	千	百	十	元	角	分
			¥	1	5	0	0	0	0	0

用途：货款　密码：

（福建坤尚公司单位印鉴略）

上列款项请从我账户内支付

出票人签章　复核　记账

图8-5　转账支票

出纳人员到银行办理进账，分两个步骤：在支票正联背面背书（如图8-6所示），填写进账单（如图8-7所示）。

附加信息：	被背书人 中国农业银行晋江安海支行	（粘贴单处）
	委托收款 （佳明公司银行预留印鉴略） 背书人签章 年 月 日	

图8-6 转账支票背书

中国农业银行福建分行进账单（收账通知）

2018年 6月 16日 3

出票人	全称	福建坤尚公司	收款人	全称	佳明公司											此联是银行交给收款人的收账通知
	账号	13531901040001234		账号	13531901040005678											
	开户银行	农行晋江安海支行		开户银行	中国农业银行晋江安海支行											
金额	人民币（大写）	壹万伍仟元整			亿	千	百	十	万	千	百	十	元	角	分	
								¥	1	5	0	0	0	0	0	
票据种类	转账支票	票据张数 1														
票据号码	00008888															
	复核：	记账：			开户银行签章											

图8-7 进账单

8.3.3 银行转账结算业务

银行转账结算业务，是企业在开户银行的银行存款账户中存入足够的资金，在日常生产经营活动中，凡是超过库存现金结算范围的往来款项的收支业务，都通过银行存款账户进行款项的划转。通过银行进行资金划转，省去了使用现金结算时的款项运送、清点、保管等手续，方便快捷，从而缩短了清算时间，加速了物资和资金的周转，提高了企业运转的效率。

1. 转账支票汇款业务

只要本企业开户银行账户上有足够资金，即可办理汇款。办理汇款同样需要填写转账支票，其流程如下。

（1）在转账支票正联出票日期处填写大写的出票日期、付款行名称及出票人账号（或购买支票时银行预先盖好）。

（2）在正联“收款人”处填写收款单位名称，单位和银行的名称应当写明全称或者规范化简称。

（3）在正联填写汇款金额的大小写。

（4）在“密码”栏填写本张转账支票的密码。

（5）在“出票人签章”处加盖银行预留印鉴，即单位、银行在票据上的签章和单位在结算凭证上的签章，为该单位、银行的盖章加其法定代表人或授权的代理人的签名或盖章；个人在票据和结算凭证上的签章，应为该个人的签名或盖章。

（6）填写支票存根联的相关信息并留存，以备月底做账时使用。

（7）转账支票背面不需填写任何信息。

【例8-2】

2018年6月12日，润添汽车配件有限公司出纳人员开出转账支票一张，为支付瑜峰贸易有限公司钢材款，金额为40 000元。

填好的转账支票（正面）如图8-8所示。

中国建设银行
转账支票存根
EE 02 00234567
附加信息
出票日期 2018年 6月 12日
收款人：瑜峰贸易有限公司
金额：40000.00
用途：钢材款
单位主管　会计

中国建设银行转账支票　EE 02 00234567
付款期限自出票之日起十天
出票日期（大写）贰零壹捌 年 陆 月 壹拾贰 日　付款行名称：中国建设银行内江邱家嘴支行
收款人：瑜峰贸易有限公司　出票人账号：5100168611012345789

人民币（大写）	肆万元整	亿	千	百	十	万	千	百	十	元	角	分
					¥	4	0	0	0	0	0	0

用途：钢材款　密码：
上列款项请从
我账户内支付　（润添汽车配件有限公司单位印鉴略）
出票人签章　复核　记账

图8-8　填好的转账支票

2. 电汇业务

企业付款的方式有很多，其中电汇是十分快捷、方便又安全的方式，其流程如下。

根据本企业开户信息、收款单位开户信息及交易相关信息填写电汇凭证。中国工商银行电汇凭证如图8-9所示。

中国工商银行**电汇**凭证（回 单）

□普通　□加急　委托日期　年　月　日

汇款人	全　称		收款人	全　称	
	账　号			账　号	
	汇出地点	省　市/县		汇入地点	省　市/县
汇出行名称			汇入行名称		
金额	人民币（大写）		亿 千 百 十 万 千 百 十 元 角 分		
汇出行签章			支付密码		
			附加信息及用途　复核：　记账：		

图8-9　中国工商银行电汇凭证

【例8-3】

2018年8月12日，凯商配件公司出纳人员到银行办理电汇业务，为支付瑜峰贸易有限公司钢材款，金额为80 000元。（凯商配件公司银行账户账号：13531901040001234，开户行：中国工商银行深州前么头支行；瑜峰贸易有限公司银行账户账号：510009731234567，开户行：台州银行玉环支行）

填好的电汇凭证如图8-10所示。

中国工商银行**电汇**凭证（回单）

☑普通　□加急　委托日期　2018年　8月　12日

出票人			收款人		
出票人	全称	凯商配件公司	收款人	全称	瑜峰贸易有限公司
	账号	13531901040001234		账号	510009731234567
	汇出地点	河北省深州市		汇入地点	浙江省台州市
	汇出行名称	中国工商银行深州前么头支行		汇入行名称	台州银行玉环支行

金额	人民币（大写）	亿	千	百	十	万	千	百	十	元	角	分
	捌万元整				¥	8	0	0	0	0	0	0

	支付密码
	附加信息及用途 钢材款
汇出行签章	复核：　　记账：

图8-10　填好的电汇凭证

8.4　银行的结算程序

银行转账结算过程中，主要是通过不同票据的传递实现款项的划拨，达到付款方与收款方结算经济款项的目的。熟悉银行的结算程序，无疑会让出纳人员的工作效率大大提高，从而提高企业的经济效益。企业办理银行转账结算，可以采用的支付结算方式主要有银行汇票、商业汇票、银行本票、支票、托收承付、委托收款、汇兑等。下面对这几种结算方式的程序进行具体说明。

8.4.1　银行汇票结算程序

银行汇票是指汇款人将款项交存当地银行，由银行签发给汇款人，由其在见票时按照实际结算金额无条件支付给收款人或者持票人的票据。银行汇票的提示付款期限自出票日起1个月。银行汇票适用于先收款后发货或钱货两清的商品交易，不受是否在银行开户的限制，单位和个人均可使用。银行汇票可用于转账，但填明“现金”字样的银行汇票也可用于支取现金。银行汇票结算程序如图8-11所示。

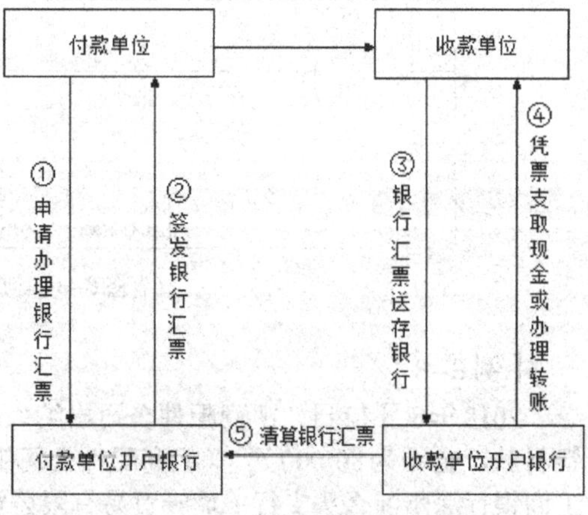

图8-11　银行汇票结算程序

8.4.2　商业汇票结算程序

商业汇票是付款人或背书人签发，由承兑人承兑，并于到期日向收款人或被背书人支付款项的票据。商业汇票只适用于企业之间由于先发货后收款或双方协定延期付款的商品交易。商业汇票的付款期限由交易双方商定，但最长不超过6个月。商业汇票的提示付款期限自商业汇票到期日起10天内。商业汇票结算程序如图8-12所示。

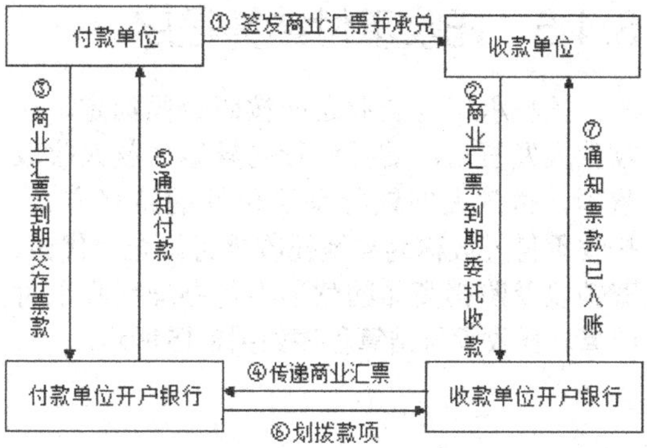

图8-12 商业汇票结算程序

8.4.3 银行本票结算程序

银行本票是银行签发的，承诺自己在见票时无条件支付确定的金额给收款人或持票人的票据。银行本票适用于在同一票据交换区域需要支付各种款项的单位或个人，可用于转账，也可用于提取现金。银行本票有不定额本票和定额本票（1 000元、5 000元、10 000元和50 000元）。银行本票结算程序如图8-13所示。

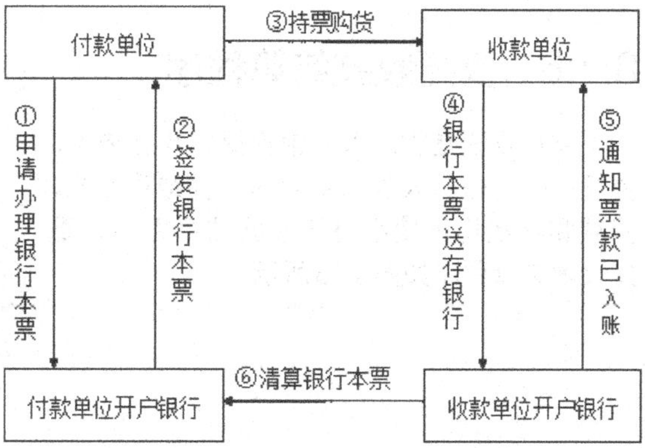

图8-13 银行本票结算程序

8.4.4 支票结算程序

支票是出票人签发的，委托办理支票存款业务的银行在见票时无条件支付确定金额给收款人或持票人的票据。支票可分为现金支票和转账支票，两种支票的提示付款期限均为10天，超过提示付款期限提示付款的，持票人开户银行不予办理，付款人不予付款。支票结算程序如图8-14所示。

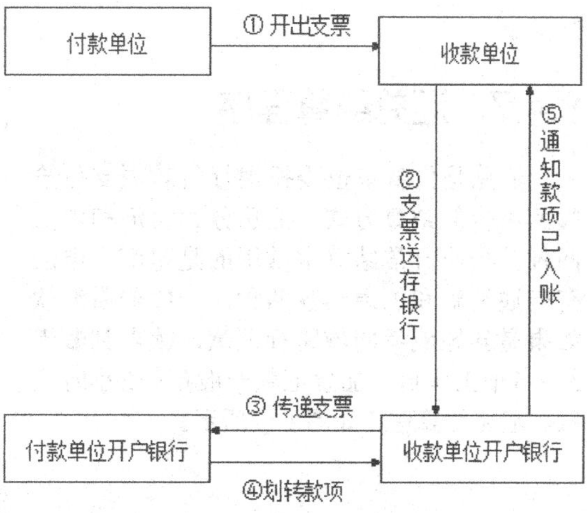

图8-14 支票结算程序

8.4.5 托收承付结算程序

托收承付是企业之间按照合同约定，由收款人发货后，委托银行向异地付款人收取款项，付款人向银行承认付款的结算方式。托收承付又被称为异地托收承付。企业代销、寄销以及赊销商品的款项不得办理托收承付结算。托收承付结算程序如图8-15所示。

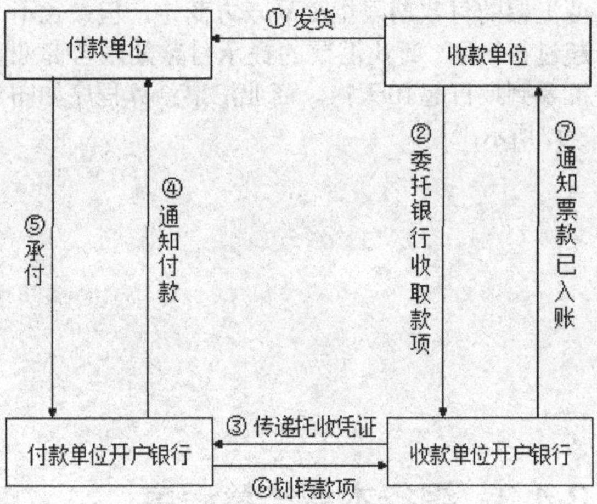

图8-15　托收承付结算程序

8.4.6 委托收款结算程序

委托收款是收款人向银行提供收款依据，委托银行向付款人收取款项的一种结算方式。同城和异地均可使用委托收款结算方式。委托收款结算程序如图8-16所示。

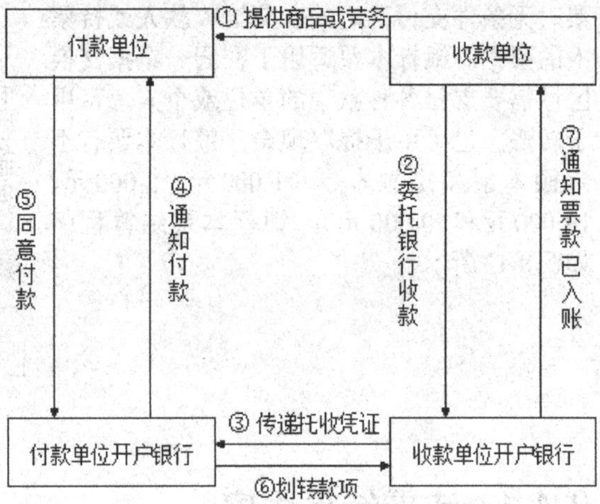

图8-16　委托收款结算程序

8.4.7 汇兑结算程序

汇兑是付款单位委托银行将款项支付给收款单位的结算方式。汇总分为信汇和电汇两种，企业日常结算中常用的是电汇。电汇有普通汇款和加急汇款两种，一般普通汇款如果是异地或者同城跨行汇款，款项到账需3～5个工作日；加急汇款一般都是2小时到账。汇兑结算程序如图8-17所示。

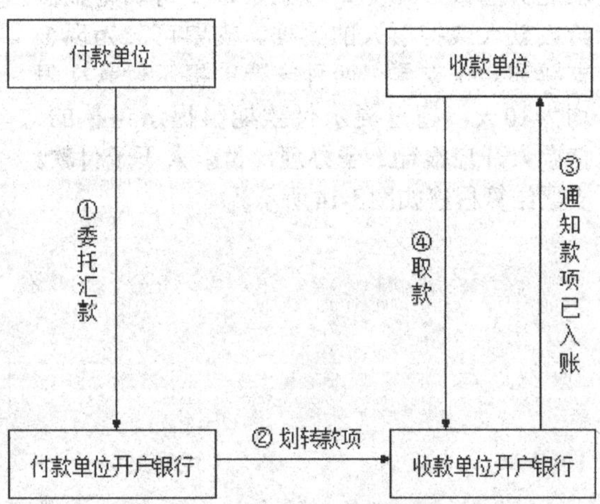

图8-17　汇兑结算程序

8.5 综合演练

8.5.1 转账支票的填写

演练要求：

2018年7月15日，支付员工工资178 543.24元，到银行办理代发工资业务。请填写转账支票。

演练解读：

出纳人员根据会计审核、领导审批的工资表填写转账支票和进账单，打印纸质工资单（并拷贝）并加盖公章后送至银行。

填写转账支票（发放工资）的方法如下。

（1）存根联部分。出票日期：填写开出支票日期（小写）；收款人：填写××公司工资户（发放工资时填的）；金额：小写金额，按实发金额填；用途：×月工资。

（2）正联部分。出票日期：与存根联日期要一致（大写）；收款人、金额、用途与存根联一致，金额要大写。填完后要在支票正联盖上银行预留印鉴。

填好的转账支票如图8-18所示。

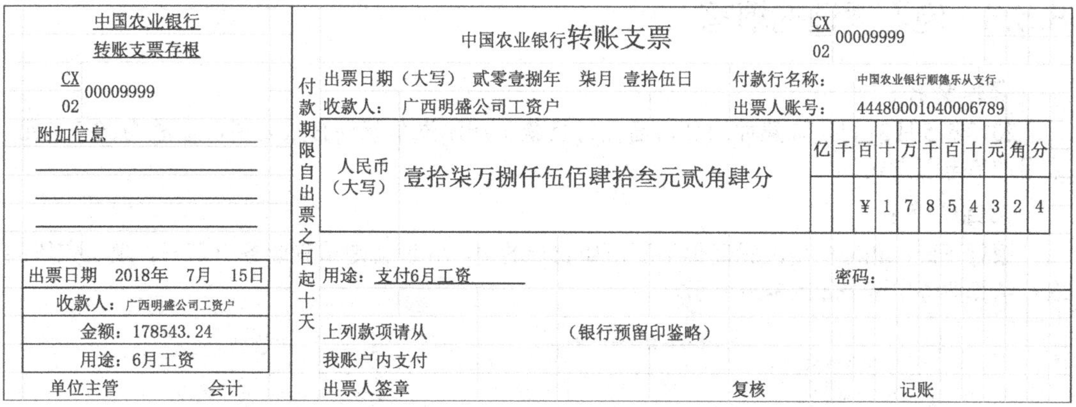

中国农业银行
转账支票存根
CX 02 00009999
附加信息
出票日期 2018年 7月 15日
收款人：广西明盛公司工资户
金额：178543.24
用途：6月工资
单位主管 会计

中国农业银行转账支票 CX 02 00009999
付款期限自出票之日起十天
出票日期（大写） 贰零壹捌年 柒月 壹拾伍日 付款行名称：中国农业银行顺德乐从支行
收款人：广西明盛公司工资户 出票人账号：44480001040006789
人民币（大写） 壹拾柒万捌仟伍佰肆拾叁元贰角肆分
亿 千 百 十 万 千 百 十 元 角 分
¥ 1 7 8 5 4 3 2 4
用途：支付6月工资 密码：
上列款项请从我账户内支付 （银行预留印鉴略）
出票人签章 复核 记账

图8-18 填好的转账支票

8.5.2 进账单的填写

演练要求：

根据8.5.1填写进账单。

演练解读：

根据转账支票内容填写进账单，如图8-19所示。

中国农业银行广西区分行进账单（回单） 1

2018年 7月 15日

出票人	全称	广西明盛公司	收款人	全称	广西明盛公司工资户
	账号	44480001040006789		账号	
	开户银行	中国农业银行顺德乐从支行		开户银行	中国农业银行顺德乐从支行

金额	人民币（大写）	壹拾柒万捌仟伍佰肆拾叁元贰角肆分	亿	千	百	十	万	千	百	十	元	角	分
					¥	1	7	8	5	4	3	2	4

票据种类	转账支票	票据张数	1
票据号码	00009999		

复核： 记账： 开户银行签章

此联是开户银行交给持票人的回单

图8-19 填好的进账单

8.5.3 电汇凭证的填写

演练要求：

2018年5月31日，福建坤尚公司需支付货款至润添汽车配件有限公司，金额为30 000元，采用加急电汇方式。

演练解读：

银行不同，相应的电汇凭证也不同，如农行的电汇凭证就是结算业务申请书。填写完毕的农行结算业务申请书如图8-20所示。

中国农业银行结算业务申请书 XVII1234567890

申请日期 2018年5月31日

客户填写	业务类型	☑电汇 □信汇 □汇票 □本票 □其他	汇款方式	□普通	☑加急
	申请人 全称	福建坤尚公司	收款人 全称	润添汽车配件有限公司	
	账号或地址	13531901040001234	账号或地址	51001686110123456789	
	开户行名称	农行晋江安海支行	开户行名称	中国建设银行内江邱家嘴支行	

金额（大写）人民币	亿	千	百	十	万	千	百	十	元	角	分
叁万元整				¥	3	0	0	0	0	0	0

上列款项及相关费用请从我账户内支付。	支付密码
申请人签章	附加信息及用途：货款
银行打印	

图8-20 农行结算业务申请书

第三篇　账务核算

第9章

账务处理程序

企业会计工作除了填制会计凭证和登记账簿外，还要计算成本、产品销售收入、费用和利润，并在一定时点结转成本、收入、费用和利润这些计算和结转工作，就是账务处理。选择科学、合理的会计账务处理程序是组织开展会计工作、进行会计核算的前提。

9.1 账务处理的基本知识

账务处理程序，也称为会计核算形式，是指在会计核算中以账簿组织为中心，把会计凭证、账簿和记账顺序有机地结合在一起的技术组织方式。其中，账簿组织是指账簿的种类、格式及登记的方法；记账顺序是指从凭证的整理到账簿的登记以及根据账簿编制财务报表的程序和方法。

9.1.1 合理设计账务处理程序的意义

科学、合理的账务处理程序，可以使会计核算的各环节有机结合，密切配合；能够规范会计核算组织工作，有效提高会计工作的效率；能使会计凭证、账簿和报表更好地发挥作用；能充分体现会计在经济管理中的重要作用。设计合理的账务处理程序，能达到以下效果。

（1）保证会计凭证按照规定的环节和时间传递，以便及时登记各种账簿和编制财务报表，提高会计核算工作的效率和会计核算工作的质量。

（2）简化和减少会计凭证、账簿和财务报表的种类、格式和数量，简化会计核算手续，节约费用支出。

（3）促进会计工作的分工协作，明确责任，加强岗位责任制和不相容岗位的互相监督。

（4）提供及时、准确的会计信息，加强对企业整体经济活动的监督，并满足不同会计信息使用者的要求。

9.1.2 账务处理程序的种类

账务处理的基本模式为“填制记账凭证—登记账簿—月末编制财务报表”，但是具体依据什么来编制财务报表，有很多种选择。按财务报表数据来源和核算程序的不同，可以把账务处理程序分为

记账凭证账务处理程序、科目汇总表账务处理程序、汇总记账凭证账务处理程序、日记账总账账务处理程序、多栏式日记账账务处理程序和通用日记账账务处理程序。

上述6种账务处理程序的主要区别表现在登记总账的依据和方法不同，在本章后面的小节中，将主要介绍记账凭证账务处理程序、科目汇总表账务处理程序和汇总记账凭证账务处理程序。

另外，随着计算机技术的发展和普及，现代会计领域也广泛地运用了计算机，由此产生了电算化账务处理程序，这一核算方式是对传统核算方式的高度总结，也大大提高了会计工作的效率。

9.1.3 账务处理程序的选择原则

科学、合理的账务处理程序直接决定着企业会计核算的质量和效率，因此企业应该选择适合自身实际情况的账务处理程序，以下是选择账务处理程序的基本原则。

（1）所选择的账务处理程序要适应本企业的实际情况，与本企业的经营性质、生产经营规模大小、业务量多少、会计事项的繁简程度、会计机构的设置和会计人员的配备、分工等情况相适应，以保证会计核算工作的顺利进行。

（2）所选择的账务处理程序提供的不同层次的会计信息，必须能满足不同会计信息使用者的要求。所选择的账务处理程序要能提供及时、准确、系统和全面的会计核算资料，方便会计信息使用者及时掌握企业的财务状况、经营成果和现金流量，满足经济决策需要。

（3）所选择的账务处理程序必须能满足提高会计核算效率的要求。会计核算是一项系统而

长期的工作，只要企业持续经营，会计循环就会不断在企业运作。所以，在保证会计核算资料真实、完整、及时、准确的前提下，要力求简化核算手续，节约核算中人力物力的消耗，节省核算费用。

9.2 记账凭证账务处理程序

记账凭证账务处理程序是根据记账凭证直接登记总账的一种账务处理程序。这是最基本的会计核算形式。这种账务处理程序的特点是：直接根据各种记账凭证逐笔登记总账。

9.2.1 记账凭证账务处理程序的内容

记账凭证账务处理程序包括以下内容。

（1）根据各类原始凭证编制汇总原始凭证。

（2）根据原始凭证、汇总原始凭证填制各种记账凭证。

（3）根据收款凭证、付款凭证登记现金日记账和银行存款日记账。

（4）根据原始凭证、汇总原始凭证或记账凭证登记各种明细账。

（5）根据各种记账凭证逐笔登记总账。

（6）月末，将现金日记账、银行存款日记账和各种明细账的余额与总账有关科目的余额相核对。

（7）月末，根据总账和明细账编制财务报表。

9.2.2 记账凭证账务处理程序的流程

下面通过图9-1介绍记账凭证账务处理程序的流程。

从图9-1中可以看出，记账凭证账务处理程序的显著特点是直接根据记账凭证登记总账，然后依据明细账和总账编制财务报表。

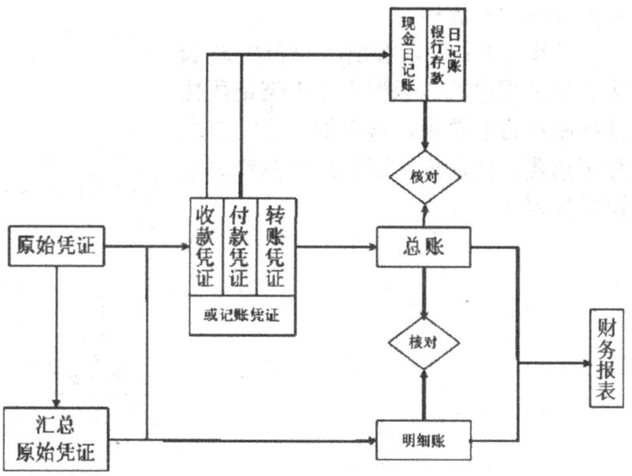

图9-1 记账凭证账务处理程序的流程

9.2.3 记账凭证账务处理程序小结

从图9-1不难看出，记账凭证账务处理程序的优点是：核算形式简单明了，易于理解，在总账中能具体反映经济业务的内容，便于查账。但是，总账需要根据记账凭证逐笔登记，登记总账的工作量较大。

基于记账凭证账务处理程序的特点，其主要适用于规模小、业务量较少、记账凭证不多的企业。

9.3 科目汇总表账务处理程序

科目汇总表账务处理程序是根据原始凭证（或原始凭证汇总表）填制记账凭证，再定期根据所有的记账凭证编制科目汇总表，然后根据科目汇总表登记总账的一种账务处理程序。

这种账务处理程序的特点是：总账的登记依据是科目汇总表，在总账和记账凭证之间增加了编制科目汇总表这一环节，这也是科目汇总表账务处理程序区别于记账凭证账务处理程序的地方。

9.3.1 科目汇总表账务处理程序的内容

科目汇总表账务处理程序包括以下内容。

（1）根据原始凭证编制汇总原始凭证。

（2）根据原始凭证或汇总原始凭证填制记账凭证。

（3）根据收款凭证、付款凭证登记现金日记账和银行存款日记账。

（4）根据记账凭证，登记各种明细账。

（5）根据各种记账凭证编制科目汇总表。

（6）根据科目汇总表登记总账。

（7）期末，现金日记账、银行存款日记账和明细账的余额同有关总账的余额核对相符。

（8）期末，根据总账和明细账编制财务报表。

9.3.2 科目汇总表账务处理程序的流程

下面通过图9-2介绍科目汇总表账务处理程序的流程。

从图9-2中可以看出，科目汇总表账务处理程序的显著特点是根据记账凭证编制科目汇总表，再根据科目汇总表登记总账，然后依据明细账和总账编制财务报表。

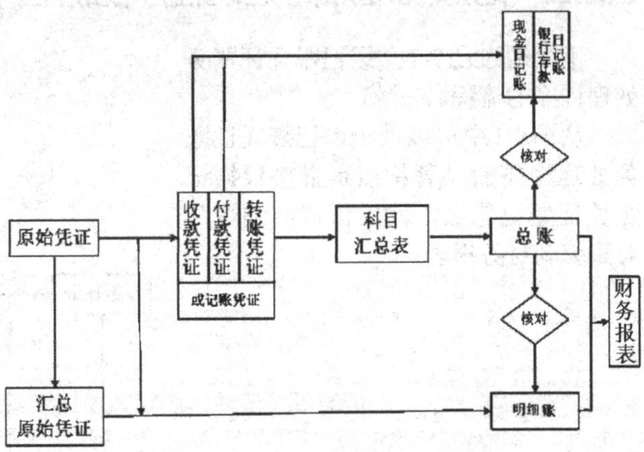

图9-2 科目汇总表账务处理程序的流程

9.3.3 科目汇总表账务处理程序小结

从图9-2不难看出，科目汇总表账务处理程序的优点主要体现在：通过科目汇总表的编制和使用，可以大大减少登记总账的工作量，科目汇总表还可以起到试算平衡的作用，从而保证总账的正确性。

但是，采用科目汇总表账务处理程序进行核算时，按照科目归类编制的科目汇总表只能反映科目的本期借方发生额和本期贷方发生额，不能反映各个科目的对应关系及经济业务的来龙去脉，因而不便于分析、检查经济活动情况，不便于查对账目。

基于科目汇总表账务处理程序的特点，其主要适用于业务量较大、记账凭证较多的企业。

9.4 汇总记账凭证账务处理程序

汇总记账凭证账务处理程序是根据原始凭证（或原始凭证汇总表）填制记账凭证，再定期将所有的记账凭证汇总，编制成汇总记账凭证，然后再根据汇总记账凭证登记总账的一种账务处理程序。

这种账务处理程序的特点是：定期将所有记账凭证汇总，编制成汇总记账凭证，总账的登记依据是汇总记账凭证，在总账和记账凭证之间增加了编制汇总记账凭证这一环节，这也是汇总记账凭证账务处理程序区别于记账凭证账务处理程序和科目汇总表账务处理程序的地方。

9.4.1 汇总记账凭证账务处理程序的内容

汇总记账凭证账务处理程序包括以下内容。

（1）根据原始凭证编制汇总原始凭证。

（2）根据原始凭证、汇总原始凭证填制各种记账凭证。

（3）根据收款凭证、付款凭证登记现金日记账和银行存款日记账。

（4）根据原始凭证、汇总原始凭证或记账凭证登记各种明细账。

（5）根据各种记账凭证汇总编制各种汇总记账凭证。

（6）根据各种汇总记账凭证登记总账。

（7）月末，将现金日记账、银行存款日记账和各种明细账的余额与总账的有关科目的余额进行核对。

（8）月末，根据总账和明细账编制财务报表。

9.4.2 汇总记账凭证账务处理程序的流程

下面通过图9-3介绍汇总记账凭证账务处理程序的流程。

从图9-3中可以看出，汇总记账凭证账务处理程序的显著特点是根据记账凭证编制汇总记账凭证，再根据汇总记账凭证登记总账，然后依据明细账和总账编制财务报表。

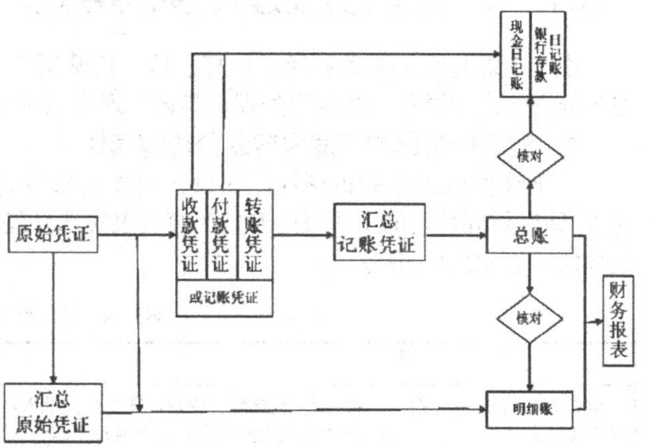

图9-3 汇总记账凭证账务处理程序的流程

9.4.3 汇总记账凭证账务处理程序小结

从图9-3不难看出，汇总记账凭证账务处理程序的优点主要体现在：因为编制了汇总记账凭证，所以可以清晰地反映科目之间的对应关系，便于查对和分析账目。而且可以将日常发生的大量记账凭证分散在平时进行整理、汇总归类，根据汇总记账凭证于月末一次登记总账，这与记账凭证账务处理程序相比，减轻了登记总账的工作量。

但是，采用汇总记账凭证账务处理程序进行核算时，汇总转账凭证按每一个贷方科目分别归类汇总，没有考虑经济业务的性质，因而不利于会计核算工作的合理分工，且编制汇总记账凭证的工作量也较大。

基于汇总记账凭证账务处理程序的特点，其主要适用于规模较大、业务量较多、记账凭证较多的企业。

9.5 电算化账务处理程序

前面介绍的3种账务处理程序都遵循"填制记账凭证—登记账簿—月末编制财务报表"的基本步骤。随着计算机技术的发展和普及，会计领域对计算机的依赖程度也越来越高，现代会计的一个重要特点就是电算化会计的发展和广泛应用。而会计电算化的明显特点就是账务处理的电算化。

相对于传统手工方式的账务处理，电算化账务处理的特点如表9-1所示。

表9–1 电算化账务处理的特点

特点	内容
数据处理一体化	在手工方式下，从编制原始凭证、填制记账凭证到登账、结账、编制财务报表，要经过很多人的手工操作才能完成，增加了数据处理差错的可能性；而计算机则不同，数据一旦进入系统，记账、对账、汇总编制财务报表等，都是在一体化的系统中进行
信息存放磁盘化	在手工方式下，一切信息都记录在会计凭证、账簿、报表等媒介上；而电算化方式下，除原始凭证外，其他所有信息都能存放在计算机的磁性介质（如硬盘、软盘、U盘等）中，随时可以根据需要，将信息打印到纸质介质上。磁盘可以进行拷贝，使会计数据的保存更加安全
查询高速自动化	在手工方式下，要查询一个数据，特别是收集某一汇总数据时，如果业务量大，其速度就会很慢；而用计算机查询，可以设定查询的条件，很快地查到所需要的数据，不仅如此，在查阅时，还可以归类打印查询结果

9.5.1 电算化账务处理程序的特殊性

由于电算化账务处理利用了计算机这一特殊工具，为了实现电算化账务处理过程，需要对账务处理的内容进行一些特殊处理，具体体现在以下几个方面。

1. 对会计工作的不同内容划分功能模块

由于计算机工作的机械性，在设计电算化软件时，需要对整个会计核算工作进行"格式化"，即对相同性质的工作采用专门的模块来实现。任何财务核算软件，都必须涉及的模块及各模块的功能如表9-2所示。

表9–2 功能模块

模块	内容
数据初始化模块（系统设置模块）	这一模块包括科目设置，期初余额录入，外币、凭证类别、结算方式设定等内容；其作用是实现企业电算化建账工作，同时实现不同科目之间的钩稽关系
凭证输入模块	这一模块包括会计凭证录入、审核、凭证汇总、凭证查询、凭证输出等内容， 其作用是实现企业财务数据的输入。会计凭证是连接企业经济业务与会计工作的关键一环，电算化账务处理工作的起点和关键点就是会计凭证的录入
过账、登账和结账模块（记账模块）	这一模块是对输入的会计凭证的账务处理过程，包括了大量的会计逻辑运算和汇总功能
财务数据输出模块	电算化账务处理的最终目的是取得财务数据，所以，电算化账务处理也需要有指定格式的模块来输出数据
系统服务模块	这一模块包括数据的备份、非常故障的处理、权限管理等辅助功能

除了上述基本模块外，企业对自身业务管理需求的不同，可能还有银行对账模块、应收账款管理模块等专项功能模块。

2. 对会计科目进行代码设计

一方面受到计算机“0”“1”运算方式的限制，另一方面由于汉字输入的复杂性，为了方便输入，电算化会计通常采用区间码的方式对会计科目进行编码。会计科目编码是一种分段组合编码，每一代码由若干段数码组成。每一段有固定的位数，代表一定的含义。

会计科目编码可以采用分级方式进行编排，目前常用的有4-2-2编码方式。比如，1122代表应收账款；企业还可以设定再低一级的科目编码，假定企业按华北、东北、华中、华东等不同区域来管理应收账款，就可以设定112201代表应收账款——华北区、112202代表应收账款——东北区，依此类推；企业还可以再设定更低一级的科目编码，如11220101代表华北区的A公司、11220102代表华北区的B公司，依此类推。

很多企业为了记忆方便，还对科目进行二次编码，形成会计科目的助记码。助记码可以根据会计科目的发音、含义、英语缩写等记忆方法编制，其目的是帮助软件的使用人员迅速找到所需的会计科目和代码，提高输入速度。

3. 严格的程序化

我们知道，计算机虽然有强大的存储功能和运算功能，但灵活性不够。为了保证输入系统的数据的正确性，电算化账务处理系统对所有输入的内容进行了严格的程序化管理，程序化是保证财务数据真实、完整和实现巨大查询功能的基础。程序化具体体现在以下方面。

（1）对指定必须输入项目，实行“存在缺省字段就不能执行下一步骤”的“铁血政策”。比如在输入会计凭证时，只输入会计科目，不输入发生金额，是不能跳转到下一条分录的。

（2）严密的内部钩稽审核和严格的分级审核方式。比如，对于每一张会计凭证，如果输入的借方发生额合计数与贷方发生额合计数不相等，该会计凭证就不能保存；又比如，对输入的会计凭证必须自动连续编号，不能跳号和重号；再比如，每一张会计凭证录入后，都需经过审核才能过账等。

正是有了这些特殊“工具”，电算化账务处理工作才得以安全、快速地实现。

9.5.2 电算化账务处理程序的内容

电算化账务处理程序有很严格的逻辑关系，账务处理的各个步骤有的前后关联、不可颠倒，还有的步骤互相独立、互不影响。电算化账务处理程序的内容如表9-3所示。

表9-3 电算化账务处理程序的内容

步骤	内容
记账凭证的输入	记账凭证的输入，就是依据经审核无误的原始凭证填制记账凭证，并采用编码方式将其录入电算化软件系统的过程 如前面提到的，为了保证录入的会计凭证准确无误，财务软件系统通常设置了一定的凭证输入检验控制程序：如输入前要求通过人工方式对各原始凭证进行合理、合法、真实和正确性的检查和审核；输入时有借贷平衡和不能有缺省项目等逻辑校验；输入后的数据要求二次键入校对和数据平衡校对等
凭证的审核与修改	在电算化情况下，每个财务人员都在软件系统中有自己专有的用户名和密码，每人都只能以自己的身份登录系统并进行相应的账务处理。对于录入了电算化系统的会计凭证，采用的是“谁出的错误由谁更正”的原则：如已审核未记账的凭证出错，由审核人员取消审核后，由录入人员修改；如果发现已经记账的凭证有错误，只能采用红字冲销法或补充登记法予以更正 注意：当前会计人员使用的电算化软件一般都提供“反结账、反记账、取消审核”等功能，大大地改善了会计人员的自主性
由电算化系统自动生成日记账、明细账和总账等	按手工做账的记账顺序，会计人员做好会计凭证后，通过登记日记账、明细账和编制科目汇总表等来记账和完成会计核算，工作量非常巨大 电算化情况下，只要录入了会计凭证，系统就会自动将凭证上的所有记录添加到凭证档案库文件中，并同时更新数据库的基础信息，如果需要记账和获取相应财务信息，会计人员必须进入指定的模块，通过执行“转账”“过账”“结账”和“输出”等“指令”，以便系统能运行已经设定好的逻辑关系式，对更新后的数据库中的信息进行汇总、结转和运算，从而得出会计人员想要的结果。 因此，会计工作中繁杂的登账工作，在电算化系统中变成了“输入指令—提取数据—执行运算—输出数据”，而整个过程中，会计人员只需要“输入指令”——告诉系统，我需要什么，是现金日记账还是各科目余额表，并告知系统关键字段的输出方式。当然，这些操作并不是随心所欲的，需要事先在系统中设定好，然后由系统在运算的基础上提供相应的数据

续表

步骤	内容
结账	由于计算机强大的数据处理功能，电算化账务处理过程中，在开始结账前，一般会由系统自动执行如下操作（这些操作都是在设计电算化软件时预先设计好的）： （1）检查当月的所有凭证是否均已记账，结账日期是否正确，其他相关子系统的数据是否传递完毕等。若结账条件不满足，则给出相应的提示，要求结账人员退出本模块，先做前一步骤的工作 （2）备份结账前的数据。确认以上步骤无误后，电算化系统会自动结账。当结账完成后，电算化系统会在会计凭证上自动显示已结账的标志，此后就不能再输入该月的凭证。如果结账不成功，则数据保留为结账前的状态，此时只要重新执行结账操作即可 注意：如果是年结，电算化系统还会自动产生下一年度的空白账户文件，并结转年终余额为次年年初数
财务数据的输出和查询	只要在电算化系统中所有操作均无误，系统就能提供强大的财务数据输出和财务资料查询功能
其他事项	在电算化账务处理过程中，还有一些其他细节。比如，为防止断电使记账中断，企业可以安装不间断电源（Uninterruptible Power System/Uninterruptible Power Supply，UPS），防止系统突然断电；也可以预先编制计算机程序予以解决，由计算机记账模块在记账前自动对有关文件做一次强制备份，把记账前的数据备份到硬盘的另一个地方，如果记账不成功，计算机则自动恢复记账前的状态，以后再重新记账

9.5.3 电算化账务处理程序的流程

下面通过图9-4介绍电算化账务处理程序的流程。

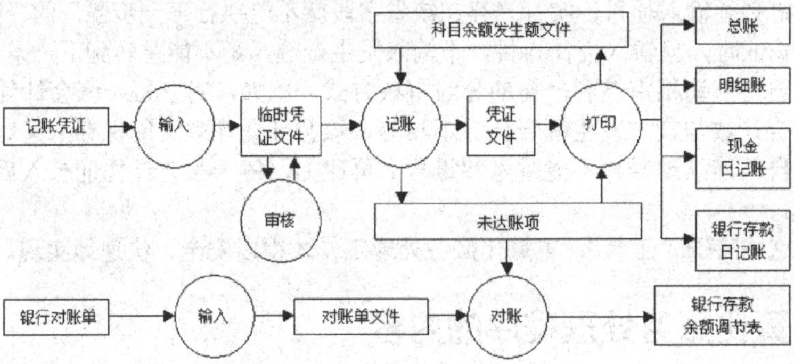

图9-4 电算化账务处理程序的流程

从图9-4中可以看出，电算化账务处理程序通过记账凭证生成了凭证档案库文件，所有的财务数据都通过这一档案库文件提取信息，输出财务数据。

9.5.4 电算化账务处理程序小结

电算化账务处理程序其实就是在计算机程序中事先把所有财务运算都用逻辑公式确定好，把整个账务处理程序“格式化”，一旦有数据更新，“格式化”的系统就再一次执行其运算，以便输出最新财务信息。

在实际工作中，会计人员使用财务软件远没有这么抽象，除非是初期建账，财务人员才有机会详细接触编码设计和会计科目内部核算逻辑关系设置等细节。一般情况下，会计人员到岗时，在已经运行若干期的财务软件系统中，就能很直观地看到“凭证输入模块”“过账、登账和结账模块”和包括总账、明细账等查询功能的“数据输出模块”。所以电算化账务处理程序不但大大简化了会计工作，打破了传统账务处理程序“依据什么来登记总账和内部勾稽关系”的问题，而且为企业提供了更快捷、全面、系统的财务数据。

基于电算化账务处理程序的科学和快捷，当前绝大部分企业都采用了财务软件来记账。规模不同、行业不同的企业，可以选择具有不同核算功能的电算化软件，但是其记账过程的本质是一样的。

9.6 综合演练

9.6.1 科目汇总表的编制

演练要求：

根据记账凭证资料（如表9-4所示）编制科目汇总表。

表9-4 记账凭证资料（序时账）

日期	凭证字号	摘要	总账科目	借方金额	贷方金额
2019/01/31	记-1	收货款	银行存款	667 159.00	
2019/01/31	记-1	收货款	应收账款		667 159.00
2019/01/31	记-2	收货款	银行存款	818 060.00	
2019/01/31	记-2	收货款	应收账款		818 060.00
2019/01/31	记-3	收货款	银行存款	626 242.00	
2019/01/31	记-3	收货款	应收账款		626 242.00
2019/01/31	记-4	收货款	银行存款	811 614.39	
2019/01/31	记-4	收货款	应收账款		811 614.39
2019/01/31	记-5	收张铭旺还款	银行存款	242 501.40	
2019/01/31	记-5	收张铭旺还款	其他应收款		242 501.40
2019/01/31	记-6	付材料款	应付账款	297 250.00	
2019/01/31	记-6	付材料款	银行存款		297 250.00
2019/01/31	记-7	付材料款	应付账款	151 500.00	
2019/01/31	记-7	付材料款	银行存款		151 500.00
2019/01/31	记-8	付材料款	应付账款	162 281.75	
2019/01/31	记-8	付材料款	银行存款		162 281.75
2019/01/31	记-9	付材料款	应付账款	318 587.00	
2019/01/31	记-9	付材料款	银行存款		318 587.00
2019/01/31	记-10	缴纳12月增值税	应交税费	53 175.49	
2019/01/31	记-10	缴纳12月增值税	银行存款		53 175.49
2019/01/31	记-11	缴纳12月城建税	应交税费	3 722.28	
2019/01/31	记-11	缴纳12月教育费附加	应交税费	1 595.26	
2019/01/31	记-11	缴纳12月地方教育费附加	应交税费	1 063.51	
2019/01/31	记-11	缴纳12月城建税、教育费附加	银行存款		6 381.05
2019/01/31	记-12	代缴12月个人所得税	应交税费	99.00	
2019/01/31	记-12	代缴12月个人所得税	银行存款		99.00
2019/01/31	记-13	付1月社会保险	管理费用	29 497.50	
2019/01/31	记-13	付1月社会保险	管理费用	2 954.10	
2019/01/31	记-13	付1月社会保险	管理费用	11 799.00	
2019/01/31	记-13	付1月社会保险	管理费用	740.70	
2019/01/31	记-13	付1月社会保险	管理费用	888.90	
2019/01/31	记-13	付1月社会保险	其他应收款	16 234.50	
2019/01/31	记-13	付1月社会保险	银行存款		62 114.70
2019/01/31	记-14	支付供电公司电费	制造费用	22 982.82	
2019/01/31	记-14	支付供电公司电费	应交税费	2 987.77	
2019/01/31	记-14	支付供电公司电费	管理费用	2 235.20	

续表

日期	凭证字号	摘要	总账科目	借方金额	贷方金额
2019/01/31	记-14	支付供电公司电费	银行存款		28 205.79
2019/01/31	记-15	支付12月工资	应付职工薪酬	191 895.00	
2019/01/31	记-15	扣个人部分社保	其他应收款		17 174.70
2019/01/31	记-15	扣个人所得税	应交税费		99.00
2019/01/31	记-15	支付12月工资	银行存款		174 621.30
2019/01/31	记-16	提现	库存现金	20 000.00	
2019/01/31	记-16	提现	银行存款		20 000.00
2019/01/31	记-17	支付银行转账手续费	财务费用	22.00	
2019/01/31	记-17	支付银行账户管理费	财务费用	50.00	
2019/01/31	记-17	支付银行手续费、管理费	银行存款		72.00
2019/01/31	记-18	蒋玉泉借差旅费	其他应收款	3 000.00	
2019/01/31	记-18	蒋玉泉借差旅费	库存现金		3 000.00
2019/01/31	记-19	林颖报销招聘费	管理费用	790.00	
2019/01/31	记-19	林颖购入办公用品	管理费用	1 734.00	
2019/01/31	记-19	林颖报销费用	库存现金		2 524.00
2019/01/31	记-20	李燕报销差旅费	销售费用	1 850.00	
2019/01/31	记-20	报账冲减借款	其他应收款		1 500.00
2019/01/31	记-20	李燕报销差旅费	库存现金		350.00
2019/01/31	记-21	张铭旺报销招待费用	管理费用	5 000.00	
2019/01/31	记-21	张铭旺报销招待费用	库存现金		5 000.00
2019/01/31	记-22	占小丽报销充值加油卡费用	管理费用	2 000.00	
2019/01/31	记-22	占小丽报销充值加油卡费用	库存现金		2 000.00
2019/01/31	记-23	采购原材料	原材料	298 047.01	
2019/01/31	记-23	采购原材料	应交税费	38 746.11	
2019/01/31	记-23	采购原材料	应付账款		336 793.12
2019/01/31	记-24	采购原材料	原材料	121 853.84	
2019/01/31	记-24	采购原材料	应交税费	15 841.00	
2019/01/31	记-24	采购原材料	应付账款		137 694.84
2019/01/31	记-25	采购原材料	原材料	124 358.98	
2019/01/31	记-25	采购原材料	应交税费	16 166.67	
2019/01/31	记-25	采购原材料	应付账款		140 525.65
2019/01/31	记-26	采购原材料	原材料	293 162.39	
2019/01/31	记-26	采购原材料	应交税费	38 111.11	
2019/01/31	记-26	采购原材料	应付账款		331 273.50
2019/01/31	记-27	购入生产设备	固定资产	19 378.64	
2019/01/31	记-27	购入生产设备	应交税费	2 519.22	
2019/01/31	记-27	购入生产设备	应付账款		21 897.86
2019/01/31	记-28	销售产品	应收账款	676 261.54	
2019/01/31	记-28	销售产品	主营业务收入		598 461.54
2019/01/31	记-28	销售产品	应交税费		77 800.00
2019/01/31	记-29	销售产品	应收账款	679 835.04	
2019/01/31	记-29	销售产品	主营业务收入		601 623.93
2019/01/31	记-29	销售产品	应交税费		78 211.11
2019/01/31	记-30	销售产品	应收账款	722 694.07	

续表

日期	凭证字号	摘要	总账科目	借方金额	贷方金额
2019/01/31	记-30	销售产品	主营业务收入		639 552.27
2019/01/31	记-30	销售产品	应交税费		83 141.80
2019/01/31	记-31	销售产品	应收账款	822 920.08	
2019/01/31	记-31	销售产品	主营业务收入		728 247.86
2019/01/31	记-31	销售产品	应交税费		94 672.22
2019/01/31	记-32	材料暂估入库	原材料	248 297.78	
2019/01/31	记-32	材料暂估入库	应付账款		34 687.57
2019/01/31	记-32	材料暂估入库	应付账款		71 554.00
2019/01/31	记-32	材料暂估入库	应付账款		98 324.50
2019/01/31	记-32	材料暂估入库	应付账款		43 731.71
2019/01/31	记-33	计提本月工资	管理费用	25 662.00	
2019/01/31	记-33	计提本月工资	销售费用	27 635.00	
2019/01/31	记-33	计提本月工资	制造费用	17 046.43	
2019/01/31	记-33	计提本月工资	生产成本	92 879.00	
2019/01/31	记-33	计提本月工资	应付职工薪酬		163 222.43
2019/01/31	记-34	计提本月固定资产折旧	销售费用	7 910.05	
2019/01/31	记-34	计提本月固定资产折旧	管理费用	40 475.34	
2019/01/31	记-34	计提本月固定资产折旧	制造费用	1 509.58	
2019/01/31	记-34	计提本月固定资产折旧	累计折旧		49 894.97
2019/01/31	记-35	本月领用原材料	生产成本	1 250 400.00	
2019/01/31	记-35	本月领用原材料	原材料		1 250 400.00
2019/01/31	记-36	结转本月制造费用	生产成本	41 538.83	
2019/01/31	记-36	结转本月制造费用	制造费用		17 046.43
2019/01/31	记-36	结转本月制造费用	制造费用		1 509.58
2019/01/31	记-36	结转本月制造费用	制造费用		22 982.82
2019/01/31	记-37	结转本月完工产品	库存商品	2 218 417.83	
2019/01/31	记-37	结转本月完工产品	生产成本		2 084 000.00
2019/01/31	记-37	结转本月完工产品	生产成本		92 879.00
2019/01/31	记-37	结转本月完工产品	生产成本		41 538.83
2019/01/31	记-38	结转本月销售成本	主营业务成本	2 340 115.41	
2019/01/31	记-38	结转本月销售成本	库存商品		2 340 115.41
2019/01/31	记-39	计提本月应交增值税	应交税费	219 453.25	
2019/01/31	记-39	计提本月应交增值税	应交税费		219 453.25
2019/01/31	记-40	计提本月应交城建税、附加税	税金及附加	26 334.39	
2019/01/31	记-40	计提本月应交城建税	应交税费		15 361.73
2019/01/31	记-40	计提本月应交教育费附加	应交税费		6 583.60
2019/01/31	记-40	计提本月应交地方教育费附加	应交税费		4 389.07
2019/01/31	记-41	结转本期损益	主营业务收入	1 200 085.47	
2019/01/31	记-41	结转本期损益	主营业务收入	1 367 800.13	
2019/01/31	记-41	结转本期损益	本年利润		2 567 885.60
2019/01/31	记-41	结转本期损益	本年利润	2 527 693.59	
2019/01/31	记-41	结转本期损益	主营业务成本		2 340 115.41
2019/01/31	记-41	结转本期损益	税金及附加		26 334.39
2019/01/31	记-41	结转本期损益	销售费用		27 635.00

续表

日期	凭证字号	摘要	总账科目	借方金额	贷方金额
2019/01/31	记-41	结转本期损益	销售费用		7 910.05
2019/01/31	记-41	结转本期损益	销售费用		1 850.00
2019/01/31	记-41	结转本期损益	管理费用		25 662.00
2019/01/31	记-41	结转本期损益	管理费用		29 497.50
2019/01/31	记-41	结转本期损益	管理费用		2 954.10
2019/01/31	记-41	结转本期损益	管理费用		11 799.00
2019/01/31	记-41	结转本期损益	管理费用		740.70
2019/01/31	记-41	结转本期损益	管理费用		888.90
2019/01/31	记-41	结转本期损益	管理费用		2 524.00
2019/01/31	记-41	结转本期损益	管理费用		5 000.00
2019/01/31	记-41	结转本期损益	管理费用		2 000.00
2019/01/31	记-41	结转本期损益	管理费用		40 475.34
2019/01/31	记-41	结转本期损益	管理费用		2 235.20
2019/01/31	记-41	结转本期损益	财务费用		72.00

演练解读：

科目汇总表也称记账凭证汇总表，其根据一定时期内的全部记账凭证，按相同的会计科目进行归类编制，并定期汇总出每一会计科目的借方本期发生额和贷方本期发生额，填写在科目汇总表的相关栏内，以反映全部会计科目在一定期间的借方发生额和贷方发生额。

依据借贷记账法的基本原理，科目汇总表中各个会计科目的借方发生额合计与贷方发生额合计应该相等，也就是说，科目汇总表具有试算平衡的作用。科目汇总表按汇总方式不同，可分为全部汇总和分类汇总。全部汇总是将一定时期的全部记账凭证汇总到一张科目汇总表内的汇总方式，分类汇总是将一定时期的全部记账凭证分别按库存现金、银行存款收付款的记账凭证和转账凭证进行汇总。

科目汇总表编制的时间，一般应根据经济业务量的多少而定，可选择3天、5天、10天、15天或1个月。有一些公司因为要求在装订会计凭证时每本附上科目汇总表，所以编制科目汇总表的时间不定，以装订会计凭证的时间为准。

科目汇总表的编制是科目汇总表账务处理程序的一项重要工作，编制过程和方法如下。

（1）将会计科目填制在“会计科目”栏。为了便于登记总账，表中的会计科目排列顺序应与总账上的会计科目排列顺序一致。

（2）根据记账凭证，按会计科目分别加总借方发生额和贷方发生额，然后填在相应会计科目行的“借方金额”和“贷方金额”栏。

（3）将汇总完毕的所有会计科目的借方发生额和贷方发生额加总，进行发生额试算平衡。

在实际工作中，编制科目汇总表时，可以设置科目汇总表工作底稿，先将本期记账凭证中各总账科目的借方和贷方发生额在科目汇总表工作底稿中记录、汇总，然后将科目汇总表工作底稿中各总账科目的借方、贷方发生额合计数分别抄在科目汇总表相应总账科目的“借方”和“贷方”栏内，从而提高编制科目汇总表的及时性。

手工记账可以采用“T”型账户登记记账凭证，计算出每个账户的借方和贷方发生额，然后登记在科目汇总表上。

本演练的库存现金“T”型账户如图9-5所示。科目汇总表如表9-5所示。

库存现金

借方		贷方	
记-16	20 000.00	记-18	3 000.00
		记-19	2 524.00
		记-20	350.00
		记-21	5 000.00
		记-22	2 000.00
	20 000.00		12 874.00

图9-5　库存现金“T”型账户

表9-5　科目汇总表

2019年1月1日至2019年1月31日

科目名称	借方金额	贷方金额	科目名称	借方金额	贷方金额
库存现金	20 000.00	12 874.00	本年利润	2 527 693.59	2 567 885.60
银行存款	3 165 576.79	1 274 288.08	生产成本	1 384 817.83	2 218 417.83
应收账款	2 901 710.73	2 923 075.39	制造费用	41 538.83	41 538.83
其他应收款	19 234.50	261 176.10	主营业务收入	2 567 885.60	2 567 885.60
原材料	1 085 720.00	1 250 400.00	主营业务成本	2 340 115.41	2 340 115.41
库存商品	2 218 417.83	2 340 115.41	税金及附加	26 334.39	26 334.39
固定资产	19 378.64		销售费用	37 395.05	37 395.05
累计折旧		49 894.97	管理费用	123 776.74	123 776.74
应付账款	929 618.75	1 216 482.75	财务费用	72.00	72.00
应付职工薪酬	191 895.00	163 222.43	合 计	19 994 662.35	19 994 662.35
应交税费	393 480.67	579 711.77			

9.6.2　电算化账务处理程序演练

演练要求：

根据9.6.2节中的记账凭证资料，完成电算化账务处理。

演练解读：

本解读以用友T6为例。

（1）填制凭证。

单击“填制凭证”图标—进入填制凭证界面—单击“增加”按钮—单击凭证左上角的“放大镜”选择凭证类别（双击要选择的凭证类别，若使用单一的记账凭证则不需要选择）—修改日期（系统默认为当前日期）—输入附件数—手工输入摘要—双击科目下的空白框，出现“放大镜”，单击“放大镜”，在里面选择会计科目，确定后会计科目就会显示出来—输入金额—按“Enter”键—填写下一行（操作同上）—做完一张凭证后单击菜单中的“保存”按钮—系统会提示保存成功（若系统提示金额赤字，单击“是”即可）。若做下一张凭证，再单击“增加”按钮，操作同上。

注意事项：

若涉及客户往来或供应商往来科目，系统会要求选择对应的客户或供应商。单击系统弹出界面的“放大镜”，在客户或供应商列表中进行选择。若显示的客户或供应商只有一个，就单击“过滤”，系统会弹出一个窗口，直接关闭该窗口，这样所有的资料就都出来了。若此客户或供应商为新增加的，则单击“编辑”，进入客户档案或供应商档案录入界面，在这里录入此客户的资料（方法同客户档案或供应商档案录入相同）。再退出这个界面，此客户的信息就会显示出来。选中对应的选项后确认，系统会自动填写到凭证的左下方。

（2）删除凭证。

当发现凭证做错时可以进行删除，但删除前需要取消审核、记账、结账。具体操作为：在待删除凭证的标题栏中单击“制单”按钮—单击下拉菜单中的“作废/恢复”—单击“制单”按钮—选择“整理凭证”—选择月份—确定—选择要删除的凭证（双击，一般全选）—确定—单击“是”即可。

（3）审核凭证。

填制完凭证后，再审核凭证。

在总账界面中单击“文件”—单击“重新注册”—在弹出的窗口中换一账号登录系统。

单击“审核凭证”—选择要审核凭证的月份—确定—显示所有填制凭证的信息，单击“确定”—进入审核凭证界面，单击“审核”—单击“成批审核凭证”—审核完后退出即可。

（4）取消审核。

用审核的用户名进入（谁审核谁取消）系统—单击“确定”—“审核凭证”—选择凭证月份—确认—进入审核凭证界面。单击菜单中“审核”下的“成批取消审核”—系统取消审核的张数—“确定”—退出。

（5）记账。

单击记账—全选—下一步—确认—下一步—系统会提示记账完毕。

注意：审核之后才能记账；上月没有结账，本月不能记账。

（6）自动转账。

单击“月末转账”—单击“期间损益结转”—单击“期间损益结转”后的放大镜—在弹出界面左上角选择“转账凭证”，若使用单一的记账凭证不需要选择—确定—单击右上角的“全选”—确定—生成凭证（注意生成凭证日期默认为当前日期，若不符合则需要修改成所需要的日期）—保存—关闭自动转账系统。

自动转账生成的凭证需要进行审核并记账。

在文件下重新注册（换人）—确定—单击审核凭证—选择审核凭证月份—确定—看到凭证后点确定（白色为没有审核的；蓝色为已审核的）—点菜单中审核，再退出—在文件下重新注册（换回填制凭证的人）—确定—记账—全选—下一步—确定—下一步—系统提示记账完毕。

注意：如果本月有新增加的损益类明细科目的话，那么在做期间损益结转前要进行刷新。操作如下：单击“月末转账”—单击“期间损益结转”—单击“期间损益结转”后的放大镜—在弹出界面右上角本年利润科目后把3131删掉—再单击“确定”—再重新进去输上3131确定即可。

（7）期末结账。

单击期末结账—月末结账—下一步—对账—结账—系统提示结账完毕即可。

（8）修改已填制的凭证。

① 如果没有审核，没有记账，没有结账

在填制凭证中找到需要修改的凭证，在上面直接修改，修改完后，单击“保存”，即可。

② 如果凭证已审核，但没有记账，没有结账

取消审核。在文件下重新注册，用审核的用户名进入（谁审核谁取消）—单击“确定”—“审核凭证”—选择凭证月份—确认—单击“确定”—进入审核凭证界面。单击最上面菜单中，“审核”下的“成批取消审核”—系统提示取消审核的张数点“确定”—退出。

在“文件”下“重新注册”用制单人的用户进入—确定。

单击“填制凭证”。通过上一张，下一张，找到要修改的那一张凭证。修改好之后单击“保存”，再退出。

文件下，重新注册，审核凭证。

③ 如果要修改已结账、记账、审核的凭证

先反结账，反记账，再取消审核后再修改。

反结账：总账—期末—结账—选择需取消结账的月份—按Ctrl+Shift+F6—输入口令—确定—取消。

反记账：总账—期末—对账（选择需要取消记账的月份）—按Ctrl+H出现“恢复记账前状态已被激活”—点总账—凭证—恢复记账前状态—恢复月初状态—单击“确定”—输入口令—确定即可。

（9）报表编制。

进入UFO报表—单击文件—打开—选择报表所在文件夹—选择报表模板（如资产负债表）。

点报表左下角，切换为格式的状态；修改想要反映的科目名称，再在公式里修改相应的科目编码。

追加表页—单击编辑—追加—表页—输入增加的页数—确认（即可在下面看到追加的表页数，单击一下即可看到空白的表页）。

在数据状态下，打开追加的空白表页，在最上一排工具栏上单击数据—关键字—录入—输入公司名称，年、月、日—确认—是否重算第×页—是—等待一下报表自动生成。

左下角“格式”或“数据”，在格式状态下输入公式，在数据状态下录入数据。

注意：

① 如出现“是否重算全表”—则单击“否”。

② 若要追加表页—单击编辑—追加—表页—输入增加的页数—确认（即可在下面看到追加的表页数，单击一下即可看到空白的表页）。

③ 如果报表的数据不对，可以在总账模块的账簿菜单下查询余额及发生额表进行核对。如果总账中的数据与报表的数据一致，但与实际数不对时，有可能是凭证录入有错误。

④ 报表应该是在所有凭证处理完记账后制作，通常可以月末结账后再做。

第10章 货币资金的账务处理

货币资金是企业在生产经营过程中处于货币形态的资金，它可立即作为支付手段并被普遍接受，因而其流动性很强。

货币资金包括库存现金、银行存款和其他货币资金。为了维持日常经营和支付各类成本、费用，企业每天都有大量的货币资金流入和流出，所以，会计人员的日常核算工作时时涉及货币资金。

10.1 库存现金的账务处理

库存现金是指单位为了满足经营过程中零星支付需要而保留的现金。库存现金包括人民币现金和外币现金，一般存放在企业会计部门，由出纳人员专门保管。

企业应当设置“库存现金”科目对库存现金进行会计核算（如果企业有内部周转使用备用金，还可以单独设置“备用金”科目），该科目一般不需要进行明细核算，其期末借方余额，反映企业实际持有的库存现金。

企业应当设置现金日记账，根据收款凭证、付款凭证，按照业务发生顺序逐笔登记。每日终了，应当计算当日的现金收入合计额、现金支出合计额和结余额，将结余额与实际库存额核对，做到账款相符。除了现金日记账外，企业还应设置库存现金总账和库存现金明细账。

10.1.1 企业增加库存现金的账务处理

企业增加库存现金，借记“库存现金”科目，贷记“银行存款”等科目。

【例10–1】

2019年11月2日，销售商品开出增值税发票，不含税收入800元，增值税税率13%，税额104元，货款现金收讫。其对应的会计分录为：

借：库存现金　　904

　　贷：主营业务收入　　800

　　　　应交税费——应交增值税（销项税额）　　104

【例10–2】

2019年11月4日，收回大东公司货款500元，现金收讫。其对应的会计分录为：

借：库存现金　　500

　　贷：应收账款——大东公司　　500

10.1.2 企业减少库存现金的账务处理

企业减少库存现金，借记“其他应收款”等科目，贷记“库存现金”科目。

【例10–3】

2019年11月3日，销售人员张三暂借差旅费2 000元，现金付讫。其对应的会计分录为：

借：其他应收款——张三　　2 000

　　贷：库存现金　　2 000

【例10–4】

2019年11月5日，行政部员工报销市内交通费380元，现金付讫。其对应的会计分录为：

借：管理费用——差旅费　　380

　　贷：库存现金　　380

10.1.3 企业清查库存现金的账务处理

企业应当按规定进行现金的清查，一般采用实地盘点法，对于清查的结果应当编制现金盘点报告单。现金清查有溢余或短缺的，应先通过“待处理财产损溢”科目核算，经批准后再进行转出处理。

（1）现金短缺：属于应由责任人赔偿或保险公司赔偿的部分，计入其他应收款；属于无法查明原因的，计入管理费用。

（2）现金溢余：属于应支付给有关人员或单位的，计入其他应付款；属于无法查明原因的，计入营业外收入。

现金清查的账务处理如表10-1所示。

表10-1　现金清查的账务处理

现金短缺	现金溢余
借：待处理财产损溢 　　贷：库存现金	借：库存现金 　　贷：待处理财产损溢
经批准后： 借：其他应收款（应由责任人赔偿或保险公司赔偿的部分） 　　管理费用（无法查明原因的） 　　贷：待处理财产损溢	经批准后： 借：待处理财产损溢 　　贷：其他应付款（应支付给有关人员或单位的） 　　　　营业外收入（无法查明原因的）

【例10-5】

2019年10月31日，月末盘点现金发现，实存现金比现金日记账多1 200元，即出现了现金长款。其对应的会计分录为：

借：库存现金　　1 200

　　贷：待处理财产损溢——待处理流动资产损溢　　1 200

经财务部门和其他部门对账未能找到原因，经批准后计入营业外收入。其对应的会计分录为：

借：待处理财产损溢——待处理流动资产损溢　　1 200

　　贷：营业外收入　　1 200

【例10-6】

2019年11月30日，月末盘点现金发现，实存现金比现金日记账少60元，即出现了现金短款。其对应的会计分录为：

借：待处理财产损溢——待处理流动资产损溢　　60

　　贷：库存现金　　60

如果不能确认造成现金短款原因，经批准后计入管理费用。其对应的会计分录为：

借：管理费用　　60

　　贷：待处理财产损溢——待处理流动资产损溢　　60

如果查明原因，现金短款为出纳小李收付款错误引起，应该由小李补齐，则进行相应的会计处理时的会计分录为：

借：其他应收款——小李　　60

　　贷：待处理财产损溢——待处理流动资产损溢　　60

10.2　银行存款的账务处理

根据国家有关规定，凡是独立核算的企业，都必须在当地银行开设账户。企业在银行开设账户后，除按银行规定的企业库存现金限额保留一定的库存现金外，超过限额的现金都必须存入银行。企事业单位经济活动发生的一切货币资金收支业务，除按国家《现金管理暂行条例》的有关规定可以使用现金直接支付的款项外，其他都必须按银行结算办法的规定，通过银行账户进行转账结算。

企业应当设置“银行存款”科目对企业存入银行或其他金融机构的各种款项进行会计核算，如果企业有多个银行存款账号，需对每个银行账户单独设立二级明细科目（即按开户银行和其他金融机构、存款种类等进行明细核算）。“银行存款”科目期末借方余额，反映企业存在银行或其他金融机构的各种款项。

企业应当设置银行存款日记账，根据收款凭证、付款凭证，按照业务发生顺序逐笔登记。有外币存款的企业，应分别按人民币和各种外币设置银行存款日记账。

10.2.1 企业增加银行存款的账务处理

企业增加银行存款，借记“银行存款”科目，贷记“库存现金”“应收账款”等科目。

【例10-7】

2019年10月11日，收到投资款200 000元，存入工商银行基本户。其对应的会计分录为：

借：银行存款——工行基本户　　200 000

　　贷：实收资本　　200 000

【例10-8】

2019年10月11日，收到客户大东公司支付的应收款项共6 000元，该款项通过农业银行一般户结转。其对应的会计分录为：

借：银行存款——农业银行一般户　　6 000

　　贷：应收账款——大东公司　　6 000

【例10-9】

2019年10月11日，向工商银行借入3年期的长期借款100 000元，存入工商银行基本户。其对应的会计分录为：

借：银行存款——工行基本户　　100 000

　　贷：长期借款——工商银行　　100 000

10.2.2 企业减少银行存款的账务处理

企业减少银行存款，借记“原材料”“应付账款”等科目，贷记“银行存款”科目。

【例10-10】

2019年6月3日，购进甲材料60吨，单价400元，货款24 000元，货款已用支票（工行基本户）支付，材料已验收入库，不考虑增值税。其对应的会计分录为：

借：原材料——甲材料　　24 000

　　贷：银行存款——工行基本户　　24 000

【例10-11】

2019年6月4日，通过工行基本户偿还前欠红星公司货款14 600元。其对应的会计分录为：

借：应付账款——红星公司　　14 600

　　贷：银行存款——工行基本户　　14 600

10.2.3 企业提现存现的账务处理

企业从银行提取现金，借记“库存现金”科目，贷记“银行存款”科目；企业将现金存入银行，做相反的会计分录。

【例10-12】

2019年11月1日，从工商银行基本户提现40 000元。其对应的会计分录为：

借：库存现金　　40 000

　　贷：银行存款——工行基本户　　40 000

【例10-13】

2019年11月8日，将当天收到的现金20 000元存入工商银行基本户。其对应的会计分录为：

借：银行存款——工行基本户　　20 000

　　贷：库存现金　　20 000

10.2.4 企业清查银行存款的账务处理

企业应将银行存款日记账定期与银行对账单核对，每月至少核对一次。企业银行存款日记账账面余额与银行对账单余额之间如有差额，应编制银行存款余额调节表调节，如没有记账错误，调节后的双方余额应相等。

关于银行存款余额调节表的编制在出纳实务中已进行讲解，这里不再赘述。会计需要注意的是，银行存款余额调节表只用于核对账目，不能作为调整银行存款日记账账面余额的依据。只有银行出具并盖章认可的实际交易单据，才能作为会计记账的依据。

10.3 其他货币资金的账务处理

其他货币资金是指企业除现金、银行存款以外的其他各种货币资金，即存放地点和用途均与现金和银行存款不同的货币资金，包括外埠存款（企业因零星采购商品而汇往采购地银行采购专户的款项）、银行汇票存款（企业为取得银行汇票按照规定存入银行的款项）、银行本票存款（企业为取得银行本票按照规定存入银行的款项）、信用证存款（企业存入银行作为信用证保证金专户的款项）。

现在我们经常刷卡消费，越来越多的支付公司顺势而生，如线上公司支付宝、线下的结算公司等。这些公司在结算过程中都会形成一部分在途资金，在实际业务中，财务人员会将这部分资金计入其他货币资金核算。

企业应当设置“其他货币资金”科目对企业存放于银行或其他金融机构的各种款项（包括业务资金的调拨、办理同城票据交换和异地跨系统资金汇划、提取或缴存现金等）进行核算，该科目可按存放款项的性质进行明细核算，其期末借方余额，反映企业存放在银行或其他金融机构的各种款项。

10.3.1 银行汇票的账务处理

企业增加银行汇票，借记“其他货币资金——银行汇票存款”科目，贷记“银行存款”等科目；减少时，做相反的会计分录。

【例10-14】

（1）2019年11月10日，向工行基本户申请办理银行汇票业务，并存入1 000 000元，获得银行汇票。其对应的会计分录为：

借：其他货币资金——银行汇票存款　　1 000 000

　　贷：银行存款——工行基本户　　1 000 000

（2）公司持银行汇票采购生产用生铁，共花费904 000元（含税，税率13%），并收到银行转来的多余款收账通知（金额为96 000）。其对应的会计分录为：

收到采购货物并办理入库时：

借：原材料——生铁　　800 000

　　应交税费——应交增值税（进项税额）　　104 000

贷：其他货币资金——银行汇票存款　　904 000

收回多余的款项时：

借：银行存款——工行基本户　　96 000

贷：其他货币资金——银行汇票存款　　96 000

10.3.2 存出投资款的账务处理

企业增加存出投资款，借记“其他货币资金——存出投资款”科目，贷记“银行存款”等科目；减少时，做相反的会计分录。

【例10-15】

（1）2019年1月4日，委托证券公司从深圳证券交易所购入上市公司股票，先在该公司以企业名义开立证券资金户头并存入资金800万元。其对应的会计分录为：

借：其他货币资金——存出投资款　　8 000 000

贷：银行存款　　8 000 000

（2）该证券公司从深圳证券交易所购入上市公司股票50万股（假设价值为600万元），并将其划分为交易性金融资产。其对应的会计分录为：

借：交易性金融资产　　6 000 000

贷：其他货币资金——存出投资款　　6 000 000

（3）2019年3月31日，将多余的资金转回原开户银行。其对应的会计分录为：

借：银行存款　　2 000 000

贷：其他货币资金——存出投资款　　2 000 000

10.3.3 支付宝账户的账务处理

企业向支付宝账户存入资金，借记“其他货币资金——支付宝账户”科目，贷记“应收账款”等科目；减少时，做相反的会计分录。

【例10-16】

（1）2019年10月4日，支付宝账户收到客户货款1 800元。其对应的会计分录为：

借：其他货币资金——支付宝账户　　1 800

贷：应收账款　　1 800

（2）2019年10月4日，出纳人员把支付宝账户中的货款1 800元转入工商银行基本户时，扣除手续费（服务费）10元。其对应的会计分录为：

借：银行存款——工行基本户　　1 790

财务费用　　10

贷：其他货币资金——支付宝账户　　1 800

10.4 综合演练

10.4.1 库存现金的账务处理

演练要求：

根据下列业务进行账务处理。

（1）2019年6月8日，出纳人员开出现金支票，从农行基本户提取现金5 000元，用于零星开支。

（2）2019年6月8日，用现金800元购买办公用品。

（3）2019年6月8日，业务员王刚因公出差预借备用金3 500元。

（4）2019年6月15日，王刚报销差旅费2 000元，用现金交回余款1 500元。

（5）2019年6月15日，在对现金进行清查时，发现短缺60元。

（6）2019年6月30日，在对现金进行清查时，发现溢余80元。

演练解读：

上述业务对应的会计分录为：

（1）借：库存现金　　5 000

　　　　贷：银行存款——农行基本户　　5 000

（2）借：管理费用——办公费　　800

　　　　贷：库存现金　　800

（3）借：其他应收款——王刚　　3 500

　　　　贷：库存现金　　3 500

（4）借：销售费用——差旅费　　2 000

　　　　库存现金　　1 500

　　　　贷：其他应收款——王刚　　3 500

（5）借：待处理财产损溢——待处理流动资产损溢　　60

　　　　贷：库存现金　　60

经财务部门和其他部门对账未能找到原因，批准后：

借：管理费用　　60

　　贷：待处理财产损溢——待处理流动资产损溢　　60

（6）借：库存现金　　80

　　　　贷：待处理财产损溢——待处理流动资产损溢　　80

经财务部门和其他部门对账未能找到原因，批准后：

借：待处理财产损溢——待处理流动资产损溢　　80

　　贷：营业外收入　　80

10.4.2 银行存款的账务处理

演练要求：

根据下列业务进行账务处理。

（1）2019年6月8日，农行基本户收到往来单位陈氏公司开来的转账支票一张，作为押金款，金额3 000元，已办讫银行进账。

（2）2019年6月8日，农行基本户网银收到客户光华公司货款100 000元。

（3）2019年6月8日，出纳到工行一般户办理电汇业务，支付前欠大东公司货款80 000元，扣手续费10元。

（4）2019年6月15日，发放离职员工工资19 834元，开出农行基本户现金支票一张，金额19 000元，其余用现金付讫。

（5）2019年6月15日，购原材料一批，计价6 000元，增值税780元，材料已验收入库，出纳人员开出农行基本户转账支票一张，金额6 780元。

（6）2019年6月15日，通过网银从农行基本户向工行一般户转款100 000元。

演练解读：

上述业务对应的会计分录为：

（1）借：银行存款——农行基本户　　3 000

　　　　贷：其他应付款——陈氏公司　　3 000

（2）借：银行存款——农行基本户　　100 000
　　贷：应收账款——光华公司　　100 000
（3）借：应付账款——大东公司　　80 000
　　财务费用——手续费　　10
　　贷：银行存款——工行一般户　　80 010
（4）借：应付职工薪酬——离职工资　　19 834
　　贷：银行存款——农行基本户　　19 000
　　　　库存现金　　834
（5）借：原材料　　6 000
　　应交税费——应交增值税（进项税额）　　780
　　贷：银行存款——农行基本户　　6 780
（6）借：银行存款——工行一般户　　100 000
　　贷：银行存款——农行基本户　　100 000

10.4.3 其他货币资金的账务处理

演练要求：

根据下列业务进行账务处理。

（1）2019年5月18日，用外埠存款采购商品，货物价款45 200元，其中应交增值税5 200元，货未到。

（2）2019年6月11日，用银行签发的银行本票支付向大东公司采购材料货款23 200元。

（3）2019年6月11日，以对公微信账户支付陈敏报销的招待费1 000元。

演练解读：

上述业务对应的会计分录为：

（1）借：在途物资　　40 000
　　应交税费——应交增值税（进项税额）　　5 200
　　贷：其他货币资金——外埠存款　　45 200
（2）借：应付账款——大东公司　　23 200
　　贷：贷：其他货币资金——银行本票　　23 200
（3）借：管理费用——招待费　　1 000
　　贷：其他货币资金——微信账户　　1 000

第11章 应收项目的账务处理

企业的日常经济业务，除了内部结算外，还存在与供应商或客户相关的结算业务，这就涉及与其他企业的往来业务的账务处理。

往来业务主要包括三方面内容，分别是：（1）与客户的结算，主要涉及应收账款、应收票据和预收账款等；（2）与供应商的结算，主要涉及应付账款、应付票据和预付账款等；（3）其他结算，主要涉及其他应收款和其他应付款等。

在本章中，将通过具体业务实例，详细介绍往来业务中应收款项的账务处理。

11.1 应收账款的账务处理

应收账款是指企业因销售商品、材料和提供劳务等，应向购货单位收取的款项，以及代垫的运杂费和承兑到期而未能收到款的商业承兑汇票。

企业应当设置“应收账款”科目对企业因销售商品、提供劳务等经营活动应收取的款项进行核算。“应收账款”科目可按债务人（即按不同的购货或接受劳务的单位）设置明细账户进行明细核算，其期末借方余额，反映企业尚未收回的应收账款；期末如为贷方余额，反映企业预收的账款。

11.1.1 商业折扣和现金折扣

商业折扣、现金折扣是两种比较常见的销售方式。

（1）商业折扣。

商业折扣是指企业根据市场供需情况，或针对不同的顾客，对商品价目单中所列的价格给予的扣除。扣除商业折扣后的净额才是实际的销售价格。

商业折扣一般在交易发生时即已确定，它是确定实际销售价格的一种手段，不在买卖双方任何一方的账上反映，所以商业折扣对应收账款的入账价值没有实质性影响。因此，在有商业折扣的情况下，企业应收账款入账金额应按扣除商业折扣以后的实际售价进行确认和计量。

（2）现金折扣。

现金折扣是指销货企业为了鼓励客户在规定的期限内早日付款，而向其提供的按销售价格的一定比率所做的扣除。

现金折扣通常发生在以赊销方式销售商品及提供劳务的交易中，一般用“折扣/付款期限”表示，写成：“2/10，1/20，*n*/30”，其含义为：10天内付款给予2%的折扣，第11天至第20天内付款给予1%的折扣，第21天至第30天内付款则不给折扣，最长付款期限为30天。

11.1.2 应收账款的入账价值

应收账款是伴随企业的销售行为发生而形成的一项债权。因此，应收账款的确认与收入的确认密切相关。通常在确认收入的同时，确认应收账款。应收账款的入账价值包括企业销售商品、提供劳务等应从购货方或接受劳务方收取的合同或协议价款（不公允的除外）、增值税销项税额，以及代购货单位垫付的包装费、运杂费等。

在有现金折扣的情况下，应收账款入账金额的计价有总价法和净价法两种方法，如表11-1所示。

表11-1 应收账款入账金额的计价方法

计价方法	内容
总价法	是将未减去现金折扣前的金额作为实际售价，记作应收账款的入账价值。在这种方法下，销售企业把给予客户现金折扣视为融资的理财费用，会计上作为财务费用处理
净价法	是将扣减最大现金折扣后的金额作为实际售价，据此确认应收账款的入账价值。这种方法是把客户取得现金折扣视为正常现象，认为客户一般都会提前付款，而将由于客户超过折扣期限而多收入的金额，在会计上作为冲减财务费用处理

我国会计核算采用总价法，应收账款的入账金额包含销售价款、增值税销项税税额、销售产品代垫的运杂费等。涉及商业折扣的，应当按扣除商业折扣后的金额作为应收账款的入账价值。在有现金折扣的情况下，企业应按总价法入账，实际发生的现金折扣，计入当期财务费用，不影响应收账款的入账价值。

11.1.3 企业发生应收账款的账务处理

企业发生应收账款，按应收金额，借记“应收账款”科目，按确认的营业收入，贷记“主营业务收入”“手续费及佣金收入”“保费收入”等科目。涉及增值税销项税额的，还应进行相应的处理。

1. 没有折扣情况下应收账款的账务处理

【例11-1】

2019年11月2日，销售一批产品给东海公司，价款为100 000元，适用增值税率为13%，价税款尚未收到。其对应的会计分录为：

借：应收账款——东海公司　113 000
　贷：主营业务收入　100 000
　　应交税费——应交增值税（销项税额）　13 000

2. 有商业折扣情况下应收账款的账务处理

【例11-2】

2019年11月5日，销售一批产品给北大地公司，价款为6 000元，提供的商业折扣为5%，适用增值税率为13%，价税款尚未收到。其对应的会计分录为：

借：应收账款——北大地公司　6 441
　贷：主营业务收入　5 700
　　应交税费——应交增值税（销项税额）　741

解析：价款为6 000元，给予5%的商业折扣后的价款为5 700元，则对应的增值税=5 700×13%=741（元），所以应收账款总额=5 700+741=6 441（元）。

3. 有现金折扣情况下应收账款的账务处理

【例11-3】

2019年11月25日，销售一批产品给南方公司，共计8 000元，规定的现金折扣条件为“2/10，*n*/30”，适用增值税税率为13%，产品已交付。其对应的会计分录为：

11月25日对应的分录为：

借：应收账款——南方公司　9 040
　贷：主营业务收入　8 000
　　应交税费——应交增值税（销项税额）　1 040

11.1.4 企业收回应收账款的账务处理

企业收回应收账款时，借记“银行存款”等科目，贷记“应收账款”科目。

【例11-4】

11月30日，收到客户东海公司开来的转账支票一张，票面金额100 000元，出纳人员已到银行办理进账手续。其对应的会计分录为：

借：银行存款　100 000
　贷：应收账款——东海公司　100 000

【例11-5】

接【例11-3】，企业在12月2日收到款项。其对应的会计分录为：

借：银行存款　8 859.20
　财务费用　180.80
　贷：应收账款——南方公司　9 040

解析：应收账款是9 040元，11月25日销售，12月2日回款，为10日内收到货款，享受2%的折扣。现金折扣=9 040×2%=180.80（元）。所以实收的金额=9 040-180.80=8 859.20（元）。

11.1.5 企业为客户代垫费用的账务处理

企业代购货单位垫付的包装费、运杂费，借记“应收账款”科目，贷记“银行存款”等科目；收回代垫费用时，借记“银行存款”科目，贷记“应收账款”科目。

【例11-6】

11月2日，销售一批产品给东海公司，发货时开出现金支票以代垫付运输费5 000元。其对应的会计分录为：

借：应收账款——东海公司　　5 000

　　贷：银行存款　　5 000

【例11-7】

11月15日，收到销售员交来现金5 000元，为东海公司转账支付代垫费用。其对应的会计分录为：

借：银行存款　　5 000

　　贷：应收账款——东海公司　　5 000

11.2 坏账准备的账务处理

只要企业有应收账款，就会存在坏账风险，所以，应当对企业的应收账款计提坏账准备。坏账准备是针对企业的应收款项（含应收账款、预付账款、其他应收款等）计提的，用以抵销不能收回的应收款项。

企业应当设置“坏账准备”科目对企业应收款项的坏账准备进行核算，该科目可按应收款项的类别进行明细核算，其期末贷方余额，反映企业已计提但尚未转销的坏账准备。“坏账准备”科目为应收款项相关科目的备抵科目。

11.2.1 坏账准备介绍

坏账的一般知识如表11-2所示。

表11–2　坏账的一般知识

项目	内容
概念	坏账是指企业无法收回或收回可能性极小的应收账款。由于发生坏账而产生的损失，称为坏账损失
确认	根据我国现行相关法规的规定，企业的应收账款符合下列条件之一的，应确认为坏账： （1）债务人死亡，以其遗产清偿后仍然无法收回的应收账款 （2）债务人破产，以其破产财产清偿后仍然无法收回的应收账款 （3）债务人较长时期内未履行其偿债义务，并有足够的证据表明无法收回债务或收回的可能性极小 注意：对于已确认为坏账的应收账款，并不意味着企业放弃了追索权，一旦重新收回，应及时入账
核算	企业采用备抵法进行坏账核算时，估计坏账损失的方法有应收账款余额百分比法、账龄分析法和销货百分比法等

11.2.2 坏账损失的核算方法

1. 账龄分析法

应收账款的账龄分析法，是根据应收账款入账时间的长短，并结合以往的经验来估计坏账损失，计提坏账准备的一种方法。这种方法的依据是：一般认为，应收账款拖欠的时间越长，则发生坏账的可能性越大。这样可以比较客观地反映应收账款的估计可收回净额。

【例11-8】

2019年11月，按账龄分析法计提坏账准备，相关计算如表11-3所示。假设11月1日该公司坏账准备为贷方余额12 631.75元，本期该科目没有其他借方或贷方发生额。

表11-3 应收账款账龄分析表

2019年11月30日　　单位：元

账龄分布	0～30天	30天～180天	180天～360天	360天～720天	720天以上	合计
计提坏账的比例	0%	1%	5%	10%	20%	
应收金额	325 000.00	786 000.00	545 250.00	354 250.00	135 850.00	2 146 350.00
按计提比例应提的坏账准备	—	7 860.00	27 262.50	35 425.00	27 170.00	97 717.50

通过上表可以看出，采用账龄分析法时，企业11月底需要补提的坏账准备为85 085.75元（97 717.50-12 631.75=85 085.75）。

2. 余额百分比法

应收账款余额百分比法的具体内容如表11-4所示。

表11-4 应收账款余额百分比法的具体内容

项目	内容
概念	应收账款余额百分比法，是指在每个会计期间期末，需根据企业期末应收账款的余额和估计的坏账率，估计坏账损失，并据以计提坏账准备的方法
核算方式	第一步：计算会计期末“坏账准备”科目应保持的余额，具体公式为： 本期末“坏账准备”科目应保持的余额=“应收账款”科目的期末余额×计提比例 第二步：对本期“坏账准备”贷方余额与本期末“坏账准备”科目应保持的余额进行比较： 如果本期末应保持的余额＞本期“坏账准备”贷方余额时，按其差额补提坏账准备 如果本期末应保持的余额＜本期“坏账准备”贷方余额时，按其差额冲回多提的坏账准备 当“坏账准备”科目出现借方余额时，则应按应保持的余额与“坏账准备”科目借方余额之和提取坏账准备

【例11-9】

2019年11月1日，应收账款余额为2 526 350元，坏账准备计提比例为0.5%，故“坏账准备”科目的贷方余额为12 631.75元（2 526 350×0.5%=12 631.75）；11月收回3年前已经作为坏账的应收账款100 000元。月底，企业的应收账款总额为2 146 350元。坏账准备的计算步骤如下。

第一步：

计算会计期末“坏账准备”科目应保持的余额=2 146 350×0.5%=10 731.75（元）。

第二步：

判断目前“坏账准备”科目的贷方余额=12 631.75+100 000=112 631.75（元），比按余额百分比计算应保持的坏账准备余额10 731.75元多，所以本期应冲回多计提的坏账准备，金额=112 631.75-10 731.75=101 900（元）。

3. 销货百分比法

销货百分比法是按当期赊销金额的一定百分比估计坏账损失的方法。

11.2.3 计提坏账准备的账务处理

当期应计提的坏账准备=期末应收款项的期末余额×估计比例-“坏账准备”科目调整前余额（借方余额为负号）

资产负债表日，应收款项发生减值的，按应减记的金额，借记“资产减值损失”科目，贷记“坏账准备”科目。本期应计提的坏账准备大于其账面余额的，应按其差额计提坏账准备；

本期应计提的坏账准备小于其账面余额的，应按其差额冲销多计提的坏账准备。

【例11-10】

计提坏账准备88 085.75元。其对应的会计分录为：

借：资产减值损失　　88 085.75

　　贷：坏账准备　　88 085.75

【例11-11】

冲回多计提的坏账准备101 900元。其对应的会计分录为：

借：坏账准备　　101 900

　　贷：资产减值损失　　101 900

11.2.4 确认坏账损失的账务处理

对于确实无法收回的应收款项，按管理权限报经批准后作为坏账，转销应收款项，借记“坏账准备”科目，贷记“应收账款”等科目。

【例11-12】

2018年12月，确认一笔应收账款为坏账，金额2 000元。其对应的会计分录为：

借：坏账准备　　2 000

　　贷：应收账款　　2 000

11.2.5 已确认坏账重新收回的账务处理

已确认并转销的应收款项以后又收回的，应按实际收回的金额，借记“应收票据”“应收账款”“预付账款”“其他应收款”“长期应收款”等科目，贷记“坏账准备”科目；同时，借记“银行存款”科目，贷记“应收票据”“应收账款”“预付账款”“其他应收款”“长期应收款”等科目。

【例11-13】

接【例11-9】收回3年前已经作为坏账的应收账款100 000元。其对应的会计分录为：

借：应收账款　　100 000

　　贷：坏账准备　　100 000

借：银行存款　　100 000

　　贷：应收账款　　100 000

11.3 应收票据的账务处理

应收票据是指企业持有的、尚未到期兑现的商业票据。商业票据是一种载有一定付款日期、付款地点、付款金额和付款人的无条件支付的流通证券，也是一种可以由持票人自由转让给他人的债权凭证。

应收票据和应收账款一样，都是由于企业的销售业务形成的，但是，两者有本质区别。应收账款是未收到对方的付款承诺，而应收票据是收到了对方的付款承诺。应收票据由于其本身表明了付款人的承诺，故其账务处理与应收账款有明显区别。

企业应当设置“应收票据”科目对企业因销售商品、提供劳务等而收到的商业汇票（包括银行承兑汇票和商业承兑汇票）进行核算，该科目可按开出、承兑商业汇票的单位进行明细核算，其期末借方余额，反映企业持有的商业汇票的票面金额。

企业应当设置应收票据备查簿，逐笔登记商业汇票的种类、号数和出票日、票面金额、交易合同号和付款人、承兑人、背书人的姓名或单位名称、到期日、背书转让日、贴现日、贴现率和贴现净额以及收款日和收回金额、退票情况等资料。商业汇票到期结清票款或退票后，在备查簿中应予注销。

11.3.1 收到商业汇票的账务处理

企业因为销售货物收到商业汇票时，不论票据是否带息，均应以票据的票面金额入账。

企业因销售商品、提供劳务等而收到商业汇票时，借记“应收票据”科目，按确认的营业收入，贷记“主营业务收入”等科目。涉及增值税销项税额的，还应进行相应的处理。

【例11-14】

2019年6月10日，销售一批产品给北大地公司，货已发出，发票上注明的销售收入为200 000元，增值税税额为26 000元。收到北大地公司交来的商业承兑汇票一张，票据为当天签发的，期限为3个月，票面利率为5%。则该企业在收到商业承兑汇票时对应的分录为：

借：应收票据　　226 000

　　贷：主营业务收入　　200 000

　　　　应交税费——应交增值税（销项税额）　　26 000

11.3.2 应收票据利息的账务处理

商业汇票有带息和不带息之分，如果是带息票据，在中期和期末，还需要对票据的利息进行核算和相应的账务处理。

【例11-15】

延用【例11-14】的数据，在2019年6月30日时，需要计算北大地公司开出的商业承兑汇票的利息，利息计算公式为：本期应确认的利息=票面金额×票据利率×票据持有期。即应确认的应收票据的利息=226 000×5%×20÷360=627.78（元）。其对应的会计分录为：

借：应收票据　　627.78

　　贷：财务费用　　627.78

注意：应收票据提供的“利率”，一般是指年利率。如果按月计算利息，应将年利率换算为月利率；如果按日计算利息，应将年利率换算为日利率。为了计算方便，银行通常按一年360天计算。

11.3.3 商业汇票贴现的账务处理

持未到期的商业汇票向银行贴现，应按实际收到的金额，借记“银行存款”等科目；按贴现息，借记“财务费用”等科目；按商业汇票的票面金额，贷记“应收票据””或“短期借款”科目。

商业汇票到期，应按实际收到的金额，借记“银行存款”科目，按商业汇票的票面金额，贷记“应收票据”。

【例11-16】

2019年4月1日，持大东公司签发的期限为3个月的商业汇票向银行申请贴现，已持有1个月。商业汇票面值为23 400元，年贴现率为7.2%。假设商业汇票为不带息的银行承兑汇票。

到期值=23 400（元）；贴现息=23 400×7.2%×2÷12=280.80（元）；贴现额=23 400－280.8=23 119.20（元）。其对应的会计分录为：

借：银行存款　　23 119.20

财务费用　　　　　　　　　　　　　　　　　　280.80
贷：应收票据　　　　　　　　　　　　　　　　　23 400

11.3.4　商业汇票背书的账务处理

将持有的商业汇票背书转让以取得所需物资，按应计入取得物资成本的金额，借记“材料采购”或“原材料”“库存商品”等科目；按商业汇票的票面金额，贷记“应收票据”，如有差额，借记或贷记“银行存款”等科目。涉及增值税进项税额的，还应进行相应的处理。

【例11-17】

2019年11月10日，背书转让一张商业承兑汇票给七星公司以抵货款，票面金额为100 000元。其对应的会计分录为：

借：预付账款——七星公司　　　　　　　　　　100 000
　　贷：应收票据　　　　　　　　　　　　　　　100 000

11.4　其他应收项目的账务处理

其他应收项目是指除应收账款、应收票据以外的其他各种应收、暂付款项，涉及的会计科目主要有“其他应收款”“预付账款”等。

11.4.1　其他应收款的账务处理

其他应收款是指企业发生的、与销售产品无关的各种应收款项，如应收的各种赔款、罚款（如因企业财产等遭受意外损失而应向保险公司收取的赔款等），应收的出租包装物租金，应向职工收取的各种垫付款项（如为职工垫付的水电费、应由职工负担的医药费、房租费等），存出保证金（如租入包装物支付的押金）等。

企业应当设置“其他应收款”科目对企业除应收票据、应收账款、预付账款等以外的其他应收款项进行核算，该科目可按对方单位（或个人）进行明细核算，其期末借方余额，反映企业尚未收回的其他应收款项。

1. 发生其他应收款的账务处理

企业发生其他应收款项时，借记“其他应收款”科目，贷记“银行存款”等科目。

【例11-18】

销售部门的李经理因为出差，从财务部门预借差旅费3 000元，借款申请已经提交，出纳人员将现金支付给李经理。其对应的会计分录为：

借：其他应收款——李经理　　　　　　　　　　3 000
　　贷：库存现金　　　　　　　　　　　　　　　3 000

2. 收回或转销其他应收款的账务处理

收回或转销其他应收款时，借记“库存现金”“银行存款”等科目，贷记“其他应收款”科目。

【例11-19】

销售部门的李经理出差回来，报销差旅费3 200元，冲销原借款3 000元，其余用现金付讫。其对应的会计分录为：

借：销售费用——差旅费　　　　　　　　　　　3 200
　　贷：其他应收款——李经理　　　　　　　　　3 000
　　　　库存现金　　　　　　　　　　　　　　　200

注意：企业发生的其他应收款业务，同企业的应收账款业务一样，存在着难以收回的可能性，故企业应当定期或者至少于每年年度终了时，对其他应收款项目进行检查，预计其可能发生的坏账损失，并计提坏账准备。

11.4.2 预付账款的账务处理

预付账款是指企业按照购货合同规定预付给供应商的款项。企业的预付账款一般期限较短，通常不需要计提坏账准备。但是，如果有确凿的证据表明企业预付账款的性质已经发生改变，或者因供货单位破产、撤销等原因已经无望再收到所购货物，应按规定计提坏账准备。

企业应当设置“预付账款”科目对企业按照合同规定预付的款项、企业进行在建工程预付的工程价款等进行核算。“预付账款”科目可按供货单位进行明细核算，其期末借方余额，反映企业预付的款项；期末如为贷方余额，反映企业尚未补付的款项。

预付款项情况不多的，也可不设置“预付账款”科目，将预付的款项直接计入“应付账款”科目。

1. 企业预付款项的账务处理

企业因购货而预付款项的，借记“预付账款”科目，贷记“银行存款”等科目。

【例11-20】

2019年10月16日，从七星公司定购一批原材料，预付了100 000元货款，款项已从银行划转。其对应的会计分录为：

借：预付账款——七星公司	100 000	
贷：银行存款		100 000

2. 转销预付款项的账务处理

收到所购物资，按应计入购入物资成本的金额，借记“材料采购”或“原材料”“库存商品”等科目，按应支付的金额，贷记“预付账款”科目。补付款项的，借记“预付账款”科目，贷记“银行存款”等科目；退回多付的款项时，做相反的会计分录。涉及增值税进项税额的，还应进行相应的处理。

【例11-21】

2019年11月10日，从七星公司采购的材料已经验收入库，并取得了增值税专用发票，注明价款为120 000元，对应的增值税为15 600元，余款尚未支付。其对应的会计分录为：

借：原材料	120 000	
应交税费——应交增值税（进项税额）	15 600	
贷：预付账款——七星公司		135 600

实务中，为了方便对账及管理分析，同一个供应商只开设“预付账款”或“应付账款”账户，但在编制资产负债表时一定要分开。

11.5 综合演练

11.5.1 应收账款的账务处理

演练要求：

根据下列业务进行账务处理。

（1）2019年6月8日，向客户蚂蚁公司销售一批商品，开具的增值税专用发票上注明的售价为1 000 000元，增值税税额为130 000元。

（2）2019年6月18日，农行基本户收到客户香香公司货款234 000元。

（3）2019年6月18日，收到业务员交来的现金3 500元，为客户东海公司前欠尾款。

（4）2019年6月28日，客户蚂蚁公司退回商品一批，开具增值税专用发票（红字发票）上注明的售价为100 000元，增值税税额为13 000元。

（5）2019年6月30日，退回客户蚂蚁公司货款113 000元。

演练解读：

上述业务对应的会计分录为：

（1）借：应收账款——蚂蚁公司	1 130 000	
贷：主营业务收入		1 000 000
应交税费——应交增值税（销项税额）		130 000
（2）借：银行存款——农行基本户	234 000	
贷：应收账款——香香公司		234 000
（3）借：库存现金	3 500	
贷：应收账款——东海公司		3 500
（4）实务中，退货做红字分录		
借：应收账款——蚂蚁公司	113 000	
贷：主营业务收入		100 000
应交税费——应交增值税（销项税额）		13 000
（5）借：应收账款——蚂蚁公司	113 000	
贷：银行存款		113 000

11.5.2 应收票据的账务处理

演练要求：

根据下列业务进行账务处理。

（1）2019年6月8日，收到艾莱公司背书的商业承兑汇票一张，票面金额为200 000元，支付前欠货款。

（2）2019年6月9日，背书转让一张商业承兑汇票给七星公司以抵货款，票面金额为200 000元。

（3）2019年9月20日，因急需资金，将一张面值为100 000元、3个月期的无息商业汇票提前2个月向银行办理贴现，出票日为8月20日，到期日为11月29日，假设银行贴现利率为9%。

（4）2019年9月5日，艾莱公司背书的商业承兑汇票到期，票面金额300 000元，到银行办理托收业务，已到账。

演练解读：

上述业务对应的会计分录为：

（1）借：应收票据	200 000	
贷：应收账款——艾莱公司		200 000
（2）借：应付账款——七星公司	200 000	
贷：应收票据		200 000

（3）票据到期价值=票据面值=100 000（元）；贴现息=100 000×9%×2÷12=1 500（元）；贴现净额= 100 000−1 500=98 500（元）。

根据上述计算结果和收款通知，编制如下会计分录：

借：银行存款	98 500	

财务费用　1 500
贷：应收票据　100 000
（4）借：银行存款　300 000
贷：应收票据　300 000

11.5.3　其他应收项目的账务处理

演练要求：

1. 根据下列业务进行其他应收款的账务处理

（1）2019年7月8日，业务员王刚出差借款3 000元，出纳人员开出现金支票。

（2）2019年6月8日，采购员孙慧报销零星采购费2 000元，收到增值税普通发票一张，冲销原借款。

（3）2019年6月15日，发放工资时扣除代替职工垫付的本月水电费700元。

（4）2019年6月15日，银行自动扣取本月社保66 300元，其中单位部分44 200元，个人部分22 100元。

（5）2019年6月20日，银行收到保险公司汽车理赔款1 800元。

2. 根据下列业务进行预付账款的账务处理

（1）2019年6月10日，根据采购合同预付特施公司货款20 000元，扣手续费10元。

（2）2019年6月12日，从特施公司采购来的原材料入库，收到增值税专用发票一张，金额为100 000元，增值税税额为13 000元，冲减前预付款20 000元，并于当天通过网银支付余款。

（3）2019年6月15日，收到预付飞扬公司退回的货款10 000元，原因账号有误。

（4）2019年6月15日，通过网银预付2018年7—9月的办公室租金30 000元。

（5）2019年7月30日，摊销本月办公室房租10 000元。

演练解读：

上述业务对应的会计分录为：

1.

（1）借：其他应收款——王刚　3 000
贷：银行存款　3 000
（2）借：周转材料　2 000
贷：其他应收款——孙慧　2 000
（3）借：应付职工薪酬——工资　700
贷：其他应收款——代垫水电费　700
（4）借：应付职工薪酬——社保　44 200
其他应收款——代垫社保　22 100
贷：银行存款　66 300
（5）借：银行存款　1 800
贷：其他应收款——汽车保险　1 800

2.

（1）借：预付账款——特施公司　20 000
财务费用——手续费　10
贷：银行存款　20 010
（2）借：原材料　100 000
应交税费——应交增值税（进项税额）　13 000
贷：预付账款——特施公司　20 000

银行存款　　93 000

（3）实务中，支付失败的款项作红字处理

借：银行存款　　10 000

贷：预付账款——飞扬公司　　10 000

（4）借：预付账款——房租　　30 000

贷：银行存款　　30 000

（5）借：管理费用——房租　　10 000

贷：预付账款——房租　　10 000

第12章

存货的账务处理

存货作为企业重要的流动资产之一，是企业能够正常、连续和均衡地进行生产和经营的物质保障。存货的账务处理是企业会计核算中必不可少的环节。尤其是对于工业企业，原材料的购进、领用，生产过程中料、工、费的结转，在产品和产成品成本的确认，销售产品成本的结算等，都与企业的其他经济业务直接关联。存货核算的正确性，直接影响着企业资产负债表和利润表的编制。所以，会计人员应该掌握存货账务处理的全部内容。

12.1 认识存货

存货是指企业在日常活动中持有以备出售的产成品或商品、处在生产过程中的在产品、在生产过程或提供劳务过程中耗用的材料或物料等，包括各类材料、在产品、半成品、产成品、商品以及包装物、低值易耗品、委托代销商品等。要掌握存货的账务处理，首先要了解存货的内容及确认、不同存货的计量方法。

12.1.1 存货的内容

依据企业的性质、经营范围不同，不同企业的存货内容也略有差异，具体内容如表12-1所示。

表12–1 存货的内容

种类	内容
工业企业的存货	包括原材料、委托加工物资、包装物、低值易耗品、在产品、自制半成品和产成品等
商业企业的存货	包括外购商品、材料物资、低值易耗品、包装物等
包括服务业在内的其他企业的存货	包括少量物料用品、办公用品、家具用品等

12.1.2 存货的确认

存货均有实物形态，是不是只要存放在企业的存货就应该入账，而没有存放在企业的存货就不需入账呢？或者，只要企业付款了的就是企业存货，只要企业收到款项了的就不再是企业的存货呢？针对何时确认存货，如何确认存货的金额等，《企业会计准则》有明确的规定。存货需要同时满足以下条件才能予以确认。

（1）与该存货有关的经济利益很可能流入企业。

（2）该存货的成本能够可靠地计量。

所以，不管存货存放在何处，是否付款，都要依据上述两个基本条件来判断其所有权。

12.2 取得存货的账务处理

取得存货的方式包括外购、接受捐赠等。其账务处理涉及的科目有“材料采购”“在途物资”“原材料”“库存商品”等。

（1）企业应当设置“材料采购”科目对企业采用计划成本进行材料日常核算而购入材料的采购成本进行核算，该科目可按供应单位和材料品种进行明细核算，其期末借方余额，反映企业在途材料的采购成本。

（2）企业应当设置“在途物资”科目对采用实际成本（或进价）进行材料、商品等物资的日常核算、货款已付尚未验收入库的在途物资的采购成本进行核算，该科目可按供应单位和物资品种进行明细核算，其期末借方余额，反映企业在途材料、商品等物资的采购成本。

（3）企业应当设置“原材料”科目对企业库存的各种材料，包括原料及主要材料、辅助材料、外购半成品（外购件）、修理用备件（备品备件）、包装材料、燃料等的计划成本或实际成本进行核算，该科目可按材料的保管地点（仓库）或材料的类别、品种、规格等进行明细核算，其期末借方余额，反映企业库存材料的计划成本或实际成本。

（4）企业应当设置“库存商品”科目对企业库存的各种商品的实际成本(或进价)或计划成本（或售价），包括库存产成品、外购商品、存放在门市部准备出售的商品、发出展览的商品及寄存在外的商品等进行核算，该科目可按库存商品的种类、品种、规格等进行明细核算，其期末借方余额，反映企业库存商品的实际成本（或进价）或计划成本（或售价）。

12.2.1 取得存货的计量

存货的取得方法不同，其入账价值的确定也有区别。

1. 外购存货的入账价值

外购存货是存货从其他企业购入后，直接作为本单位存货。

在实际成本法下，外购存货的入账价值包括以下5个方面的内容。

（1）买价，一般以供货企业提供的发票金额为记账依据。

（2）运杂费，具体包括运输费、装卸费、保险费、包装费、仓储费等，这些费用也以运输单位或提供劳务单位开具的发票为记账依据。

（3）运输途中的合理损耗。

（4）入库前的挑选整理费用，包括挑选整理中发生的工费支出、挑选整理过程中发生的数量损耗，并扣除回收的下脚废料价值。

（5）按规定计入成本的税费和其他费用。

2. 接受捐赠存货的入账价值

在企业的实际经营过程中，可能会出现供应商赠送存货的情况。接受赠送存货的入账价值应该包括买价（需单独确认）、运杂费、运输途中的合理损耗、购入存货负担的税金以及其他费用等。

对于相当于买价的这部分赠送价值的确认，区分表12-2所示的两种情况。

表12–2 赠送价值的确认

情形	内容
捐赠方提供了有关凭据	在这种情况下，应按凭据（如发票、报关单、协议等）上标明的金额确认赠送价值
捐赠方没有提供有关凭据	需要区分不同情况来处理： （1）如果同类或类似存货存在活跃市场，则应按同类或类似存货的市场价格加上应支付的相关税费等，作为存货的入账价值 （2）如果同类或类似存货不存在活跃市场，则以接受捐赠存货的预计未来现金流量现值作为存货的入账价值

3. 其他方式取得存货的入账价值

其他方式取得的存货主要包括投资者投入的存货、非货币性交换换入的存货、盘盈的存货等，具体内容如表12-3所示。

表12–3 其他方式取得存货的入账价值

种类	内容
投资者投入存货的入账价值	投资者投入的存货，应按投资各方确认的价值作为其入账价值
接受抵偿债务的存货的入账价值	接受抵偿债务的存货，应按照应收债权的账面价值减去可抵扣的增值税进项税额后的差额，加上应支付的相关税费作为其入账价值
以非货币性交换换入的存货的入账价值	以非货币性交换换入的存货，应按换出资产的账面价值加上应支付的相关税费作为其入账价值
盘盈存货的入账价值	盘盈的存货，应按照相同或类似存货的市场价格作为其入账价值

12.2.2 外购存货的账务处理

外购存货的账务处理包括材料采购、原材料、库存商品3个方面。

1．材料采购

企业支付材料价款和运杂费等，按应计入材料采购成本的金额，借记“材料采购”科目，按实际支付或应支付的金额，贷记“银行存款”“库存现金”“其他货币资金”“应付账款”“应付票据”“预付账款”等科目。涉及增值税进项税额的，还应进行相应处理。

2．原材料

企业购入并已验收入库的材料，按计划成本或实际成本，借记“原材料”科目，按实际成本，贷记“材料采购”或“在途物资”科目，按计划成本与实际成本的差异，借记或贷记“材料成本差异”科目。

自制并已验收入库的材料，按计划成本或实际成本，借记“原材料”科目，按实际成本，贷记“生产成本”科目，按计划成本与实际成本的差异，借记或贷记“材料成本差异”科目。

委托外单位加工完成并已验收入库的材料，按计划成本或实际成本，借记“原材料”科目，按实际成本，贷记“委托加工物资”科目，按计划成本与实际成本的差异，借记或贷记“材料成本差异”科目。

【例12-1】

（1）2019年7月2日，从张氏公司购买焦炭一批，价款为10 000元，增值税税额为1 300元，款项已经全部通过工商银行划转，原材料也已入库。其对应的会计分录为：

借：原材料——焦炭　　10 000
　　应交税费——应交增值税（进项税额）　　1 300
　　贷：银行存款　　11 300

（2）2019年7月2日，委托王氏物流公司运输焦炭。为了节约运输成本，又采购了木炭和耐火砖，三种原材料一起送达，其质量和单价如表12-4所示。

表12-4　焦炭、木炭和耐火砖采购明细表

材料名称	质量（吨）	单价（元/吨）	总买价（元）	运费（元）
焦炭	2.5	4 000	10 000	
木炭	2	3 500	7 000	
耐火砖	4	800	3 200	
合计	8.5		20 200	2 380
备注：所有原材料的购入单价均为不含税价格。所有材料费、运费均取得一般纳税人开具的增值税专用发票。				

焦炭、木炭和耐火砖在办理入库后，暂未付款，其对应的会计分录为：

借：原材料——木炭　　7 000
　　原材料——耐火砖　　3 200
　　应交税费——应交增值税（进项税额）　　1 326
　　贷：应付账款——张氏公司　　11 526

运杂费则需按材料的重量比例分摊，分别计入各种原材料的采购成本，其分摊计算过程如表12-5所示。

表12-5　焦炭、木炭和耐火砖运杂费分配表

材料名称	质量（吨）	总运费（元）	分摊率	应该分摊的运费（元）
焦炭	2.5	2 380	2 380÷8.5=280	2.5×280=700
木炭	2			2×280=560
耐火砖	4			4×280=1 120
合计	8.5			2 380

其对应的会计分录为：

借：原材料——焦炭　　700

原材料——木炭 560

原材料——耐火砖 1 120

应交税费——应交增值税（进项税额） 214.20

贷：应付账款——王氏物流公司 2 594.20

通过上述三笔会计分录，按原材料的类别，分别据以登记原材料明细账，就可以计算各种原材料的单位采购成本。具体的单位成本计算过程如表12-6所示。

表12-6 焦炭、木炭和耐火砖的采购成本计算表

金额单位：元

原材料名称	质量（吨）	买价	运费	总成本	单位成本
焦炭	2.5	10 000	700	10 700	4 280
木炭	2	7 000	560	7 560	3 780
耐火砖	4	3 200	1 120	4 320	1 080

通过上述步骤，基本完成了外购存货入账的会计处理。

注意：不能直接计入原材料成本的各种间接费用，应按一定标准在有关原材料之间进行分配。事实上，采购存货发生的间接费用，不能单一确认为某一存货的成本时，均可以采用上述方法进行分配，分配标准包括买价、质量、体积等。

3. 库存商品

购入商品采用进价核算的，在商品到达验收入库后，按商品进价，借记“库存商品”科目，贷记“银行存款”“在途物资”等科目。

购入商品采用售价核算的，在商品到达验收入库后，按商品售价，借记“库存商品”科目；按商品进价，贷记“银行存款”“在途物资”等科目；按商品售价与进价的差额，贷记“商品进销差价”科目。

12.2.3 其他方式取得存货的账务处理

其他方式取得存货的账务处理分外购存货的账务处理类似，下面通过案例加以介绍。

【例12-2】

2019年11月10日，收到采购的抛光机10台，同时到货的还有供货商赠送的10个抛光机磨片。开具的发票显示，赠送的10个抛光机磨片的单价为30元，对应的增值税税额为3.90元，发票随货送达了公司。则其对应的会计分录为：

借：周转材料——工具辅助用具（抛光机磨片） 300

应交税费——应交增值税（进项税额） 39

贷：营业外收入——捐赠收入 339

【例12-3】

2019年11月20日，收到农机厂捐赠的一批报废的农机，经挑选、整理后，取得废钢1吨，按公司的经验判断，这些废钢为三级钢，目前市价为4 200元/吨。另外，农机运回公司共支付运费120元，用现金支付。则其对应的会计分录为：

借：原材料——废钢 4 320

贷：营业外收入——捐赠收入 4 200

库存现金 120

12.2.4 取得存货期末的账务处理

由于付款方式及物流配送的影响，企业一般需要在期末对存货进行适当处理。

存货的期末处理包括票到货未到和货到票未到两种情况。企业应将仓库转来的外购收料凭证分别下列不同情况进行处理。

1. 票到货未到

票到货未到是指企业在办理有关外购材料的结算手续时，虽然已获得了材料的所有权证书（如发票等），但材料尚未到达本企业，尚未办妥有关验收手续。只有等材料到达，办理验收入库采购过程才完成。

对于票到货未到情况，涉及“在途物资”这一会计科目。

企业购入材料、商品，按应计入材料、商品采购成本的金额，借记“在途物资”科目，按实际支付或应支付的金额，贷记“银行存款”“应付账款”“应付票据”等科目。涉及增值税进项税额的，还应进行相应的处理。

所购材料、商品到达验收入库，借记“原材料”“库存商品”等科目，贷记“在途物资”科目。

库存商品采用售价核算的，按售价，借记“库存商品”科目；按进价，贷记“在途物资”科目；按进价与售价之间的差额，借记或贷记“商品进销差价”科目。

【例12-4】

2019年3月2日，从张氏公司购买木炭一批，同时收到增值税专用发票上注明的价款为100 000元，税额为13 000元，款项已通过网银划转，货未到。其对应的会计分录为：

借：在途物资——木炭　　100 000
　　应交税费——应交增值税（进项税额）　　13 000
　　贷：银行存款　　113 000

【例12-5】

2019年3月10日，从张氏公司购买木炭到达并验收入库。其对应的会计分录为：

借：原材料——木炭　　100 000
　　贷：在途物资——木炭　　100 000

2. 货到票未到

货到票未到是指企业收到材料并已验收入库，但结算凭证（一般为发票）尚未到达本企业的情况。企业在收到材料验收入库时可暂不做账务处理，只将有关的入库凭证单独保管，待购货的结算凭证到达后，再按单料同到的情况处理。但会计期末结算凭证仍未到达本企业，则需将已入库的材料按暂估价入账。按照规定，暂估入库要在次月月初用红字冲回。但在实际工作中，如果次月发票仍没有收到，次月月末需再次暂估，会无形中加大核算工作量。因此，实务中的做法是：一般在收到发票时再冲回暂估。

对于尚未收到发票账单的收料凭证，应按计划成本暂估入账，借记“原材料”“周转材料”等科目，贷记“应付账款——暂估应付账款”科目，下月初做相反分录予以冲回。下月收到发票账单后，借记“原材料”“周转材料”等科目，贷记“银行存款”“应付账款”“应付票据”等科目。涉及增值税进项税额的，还应进行相应的处理。

【例12-6】

2019年7月4日，从旺明砖厂购买耐火砖一批，送货单上金额（不含税）为10 000元，已经办理签收入库手续，但未收到发票账单。其对应的会计分录为：

借：原材料——耐火砖　　100 000
　　贷：应付账款——暂估（旺明砖厂）　　100 000

收到发票时，对应的会计分录为：

（1）用红字冲回暂估数字。

借：原材料——耐火砖　　[100 000]
　　贷：应付账款——暂估（旺明砖厂）　　[100 000]

（2）发票签收入账。

借：原材料——耐火砖　　100 000

　　应交税费——应交增值税（进项税额）　　13 000

　　贷：应付账款——旺明砖厂　　113 000

12.3 发出存货的账务处理

发出存货，是指存货被生产车间领用、销售或捐赠给他人等。

发出存货的账务处理涉及的科目有“原材料”“库存商品”“主营业务成本”“其他业务成本”。其中，“原材料”及“库存商品”科目在上节已介绍，本节不再赘述。

（1）企业应当设置“主营业务成本”科目对确认销售商品、提供劳务等主营业务收入时应结转的成本进行核算，该科目可按主营业务的种类进行明细核算，期末，应将该科目的余额转入“本年利润”科目，结转后该科目应无余额。

（2）企业应当设置“其他业务成本”科目对确认的除主营业务活动以外的其他经营活动所发生的支出，包括销售材料的成本、出租固定资产的折旧额、出租无形资产的摊销额、出租包装物的成本或摊销额以及采用成本模式计量投资性房地产的折旧额或摊销额进行核算，该科目可按其他业务成本的种类进行明细核算，期末，应将该科目的余额转入“本年利润”科目，结转后该科目应无余额。

12.3.1 发出存货的计量

存货发出的方法不同，其入账的价值也有区别。

《企业会计准则第01号——存货》中第十四条规定：企业应当采用先进先出法、加权平均法或者个别计价法确定发出存货的实际成本。对于性质和用途相似的存货，应当采用相同的成本计算方法确定发出存货的成本。对于不能替代使用的存货、为特定项目专门购入或制造的存货以及提供的劳务，通常采用个别计价法确定发出存货的成本。对于已售存货，应当将其成本结转为当期损益，相应的存货跌价准备也应当予以结转。

下面将分别介绍先进先出法、加权平均法和个别计价法确定发出存货的账务处理。其中，加权平均法又区分月末一次加权平均法和移动加权平均法进行介绍。

1. 先进先出法

先进先出法的优缺点如表12-7所示。

表12-7　先进先出法的优缺点

项目	内容
优点	在物价变动时期，期末结存存货的价值比较符合物价变动趋势，能比较准确地反映存货资金的占用情况
缺点	在发出存货时需按不同的单价反映发出存货的成本，会加大核算工作量

【例12-7】

2019年11月，原材料购、耗、存资料如表12-8所示。

表12-8　原材料购、耗、存资料明细表

数量单位：千克

日期	购进数量	发出数量	结余数量
11月1日			1 000
11月7日	2 000		3 000
11月8日		2 500	500
11月15日	2 000		2 500
11月20日		2 100	400

采用先进先出法计算发出存货的成本时，其成本计算结果如表12-9所示。

表12-9　先进先出法下的材料成本计算表

金额单位：元
数量单位：千克

时间	购进			发出			结余		
	数量	单价	金额	数量	单价	金额	数量	单价	金额
11月1日							1 000	2	2 000
11月7日	2 000	2.3	4 600				1 000	2	2 000
							2 000	2.3	4 600
11月8日				1 000	2	2 000			
				1 500	2.3	3 450	500	2.3	1 150
11月15日	2 000	2.45	4 900				500	2.3	1 150
							2 000	2.45	4 900
11月20日				500	2.3	1 150			
				1 600	2.45	3 920	400	2.45	980
本月合计	4 000		9 500	4 600		10 520	400	2.45	980

从表12-9中可以看出，11月8日共发出存货2 500千克，但是成本分两部分来计算，其中1 000千克为期初库存，单价为2元，另外1 500千克为11月7日购进的，单价为2.3元，这样11月8日留存的500千克全部为11月7日购进留存，单价为2.3元。11月20日的领用情况也相似。这样计算出来的发出存货总成本为10 520（2 000+3 450+1 150+3 920=10 520）元。

2. 月末一次加权平均法

月末一次加权平均法的计算公式和优缺点如表12-10所示。

表12-10　月末一次加权平均法的计算公式和优缺点

项目	内容
计算公式	（1）加权平均单位成本=（期初结存存货实际成本+本期购入存货实际成本）÷（期初结存存货数量+本期购入存货数量） （2）本期发出存货成本=本期发出存货数量×加权平均单位成本 （3）期末结存存货成本=期末结存存货数量×加权平均单位成本
优点	在期末时，只计算一次存货的成本，减轻了核算工作量
缺点	平时只记发出存货的数量，不计金额，因而不能及时反映存货的资金占用情况，也不便于对存货进行适时的控制和管理

【例12-8】

2019年11月，材料购、耗、存资料如表12-8所示，则采用月末一次加权平均法计算发出存货的成本时，其成本计算结果如表12-11所示。

表12-11　月末一次加权平均法下的材料成本计算表

金额单位：元
数量单位：千克

时间	购进			发出			结余		
	数量	单价	金额	数量	单价	金额	数量	单价	金额
11月1日							1 000	2	2 000
11月7日	2 000	2.3	4 600				3 000		6 600
11月8日				2 500			500		850
11月15日	2 000	2.45	4 900				2 500		5 750
11月20日				2 100			400	2.3	920

续表

时间	购进			发出			结余		
	数量	单价	金额	数量	单价	金额	数量	单价	金额
本月合计	4 000		9 500	4 600	2.3	10 580	400	2.3	920

备注1：本月加权平均单位成本=（2 000+4 600+4 900）÷（1 000+2 000+2 000）=2.3（元）；
本期发出存货成本=（2 500+2 100）×2.3=10 580（元）；
期末结存存货成本=400×2.3=920（元）。

备注2：采用月末一次加权平均法计算产品结余数时，通常只计算本月期初单价和期末结存单价，在月份内购进及领用时不单独计算单价，只在月底一次核算成本和结余数量和单价。

3. 移动加权平均法

移动加权平均法的概念、计算公式和优缺点如表12-12所示。

表12-12 移动平均法的概念、计算公式和优缺点

项目	内容
概念	移动加权平均法，是指每次购入存货时，都要以本次购入存货的实际成本加上以前结存的存货的实际成本，除以本次购入存货的数量加上以前结存存货的数量，求得移动加权单价；领用、发出存货时，以移动加权单价作为计价标准的一种方法
计算公式	（1）移动加权平均单价=（结存存货成本+本次购入存货成本）÷（原结存存货数量+本次购入存货数量） （2）发出存货成本=移动加权平均单价×本次发出存货数量 （3）期末结存存货成本=移动加权平均单价×期末结存存货数量
优点	由于每购一次货就对成本进行一次核算，所以能够使管理者及时了解存货的结存情况，有利于对存货进行适时控制；由于可以随时通过进价对存货单价进行调整，所以计算出的平均单价也比较客观
缺点	加大了核算的工作量

【例12-9】

2019年11月，材料购、耗、存资料如表12-8所示，采用移动加权平均法计算发出存货的成本时，其成本计算结果如表12-13所示。

表12-13 移动加权平均法下的材料成本计算表

金额单位：元
数量单位：千克

时间	购进			发出			结余		
	数量	单价	金额	数量	单价	金额	数量	单价	金额
11月1日							1 000	2	2 000
11月7日	2 000	2.3	4 600				3 000	2.2	6 600
11月8日				2 500	2.2	5 500	500	2.2	1 100
11月15日	2 000	2.45	4 900				2 500	2.4	6 000
11月20日				2 100	2.4	5 040	400	2.4	960

备注1：11月7日需要计算一次移动加权平均单价，其计算过程为：
移动加权平均单价=（2 000+4 600）÷（1 000+2 000）=2.2（元）；
11月8日领用存货时，即按此次移动加权平均单价来计算成本。

备注2：11月15日购入存货，故需再次计算移动加权平均单价，其计算过程为：
移动加权平均单价=（1 100+4 900）÷（500+2 000）=2.4（元）；
此后领用存货就要按新计算的单价来核算成本。

备注3：本月发出材料总成本=5 500+5 040=10 540（元）。

4. 个别计价法

个别计价法的概念和优缺点如表12-14所示。

表12-14　个别计价法的概念和优缺点

项目	内容
概念	个别计价法是假设存货的成本流转与其实物流转相一致，对每一批存货都单独计算成本和配比收入，并最终实现单独确认损益的成本计价方法 这种方法一般仅适用于存货数量不多、单位成本较高、变价大、珍贵或容易识别的存货 采用个别计价法要求存货项目必须是可以辨认的，且必须对每一批存货的购进和销售都有详细的记录，包括每一批存货的品种规格、入账时间、单位成本、存放地点等
优点	计算的发出存货的成本和期末存货的成本比较合理、准确，并能逐一确认所有存货的损益
缺点	工作量比较大

【例12-10】

珠宝公司2019年11月存货的采购资料如表12-15的“购进”列所示，则采用个别计价法计算销售商品的成本时，其成本计算结果如表12-15的“本月销售”列所示。

表12-15　个别计价法下计算的营业成本表

金额单位：元
数量单位：个

型号	购进			本月销售			结余		
	数量	单价	金额	数量	单价	金额	数量	单价	金额
A1型	10	800	8 000	4	800	3 200	6	800	4 800
A2型	20	630	12 600	18	630	11 340	2	630	1 260
A3型	20	1 500	30 000	11	1500	16 500	9	1500	13 500
B1型	5	980	4 900	2	980	1 960	3	980	2 940
B2型	20	750	15 000	19	750	14 250	1	750	750

备注：本月的营业成本=3 200+11 340+16 500+1 960+14 250=47 250（元）。

12.3.2　领用存货的账务处理

生产经营领用材料，借记“生产成本”“制造费用”“销售费用”“管理费用”等科目，贷记“原材料”科目。

【例12-11】

2018年3月31日，汇总当月原材料领用情况，其中：基本生产车间领用原材料200 000元，车间管理部门领用原材料20 000元，行政管理部门领用原材料1 000元。其对应的会计分录为：

借：生产成本　　200 000
　　制造费用　　20 000
　　管理费用　　1 000
　　贷：原材料　　221 000

12.3.3　出售存货的账务处理

1．出售商品、产成品的账务处理

（1）对外销售商品、产成品（包括采用分期收款方式销售产成品），结转销售成本时，借记“主营业务成本”科目，贷记“库存商品”科目。采用售价核算的，还应结转应分摊的商品进销差价。

【例12-12】

2019年9月15日，销售一批商品，商品已经发出，这批商品的成本价为300 000元。其对应的会计分录为：

借：主营业务成本　　300 000

贷：库存商品　　　　300 000

（2）本期（月）发生的销售退回，如已结转销售成本的，借记“库存商品”等科目，贷记“主营业务成本”科目。

【例12-13】

2019年9月25日，收到客户因质量问题退回的商品，且已办理入库手续，这批商品的成本价为6 000元。其对应的会计分录为：

借：主营业务成本　　　　6 000

　　贷：库存商品　　　　6 000

实际工作中，收到退回的商品时，应用红字编制分录。

2. 出售原材料的账务处理

出售材料结转成本，借记“其他业务成本”科目，贷记“原材料”科目。

【例12-14】

2019年9月25日，销售原材料一批，原材料已经发出，这批原材料的成本价为80 000元。其对应的会计分录为：

借：其他业务成本　　　　80 000

　　贷：原材料　　　　80 000

12.4 加工存货的账务处理

加工存货包括自制存货和委托加工存货。

自制存货，是指生产企业通过领用外购的原材料，经过一定的工业加工流程或制造过程，生产出产品，形成产成品的存货制造过程。自制存货包括自制的原材料、自制的包装物、自制的半成品、自制的库存商品等。

委托加工存货，是指企业提供原材料或者半成品，委托其他企业进行适当加工后，使企业存货的某些特征得到改善或加工成可供出售的产成品。铸造企业将铸件毛坯的抛光打磨过程外包，委托外单位进行包装等过程都属于委托加工。

加工存货的账务处理涉及的科目有“生产成本”“制造费用”“委托加工物资”等。

（1）企业应当设置“生产成本”科目对企业进行工业性生产发生的各项生产成本进行核算，包括生产各种产品（产成品、自制半成品等）、自制材料、自制工具、自制设备等的耗费。“生产成本”科目可按“基本生产成本”和“辅助生产成本”进行明细核算，其期末借方余额，反映企业尚未加工完成的在产品成本或尚未收获的农产品成本。

基本生产成本应当分别按照基本生产车间和成本核算对象（产品的品种、类别、定单、批别、生产阶段等）设置明细账（或成本计算单），并按照规定的成本项目设置专栏。

（2）企业应当设置“制造费用”科目对企业生产车间（部门）为生产产品和提供劳务而发生的各项间接费用进行核算，该科目可按不同的生产车间、部门和费用项目进行明细核算，期末，应将“制造费用”科目的余额转入“生产成本”科目；除季节性的生产性企业外，“制造费用”科目期末应无余额。

（3）企业应当设置“委托加工物资”科目对企业委托外单位加工的各种材料、商品等物资的实际成本进行核算，该科目可按加工合同、受托加工单位以及加工物资的品种等进行明细核算，其期末借方余额，反映企业委托外单位加工但尚未完成物资的实际成本。

12.4.1 加工存货的计量

加工存货的入账价值如表12-16所示。

表12-16 加工存货的入账价值

自制存货的入账价值	委托加工存货的入账价值
直接材料，即领用原材料的成本	实际耗用的原材料或者半成品，该部分价值与发出委托加工材料的数量和单价直接相关
直接人工，即生产、加工过程中的直接人工成本，具体包括车间员工的薪资、社会保险和福利等支出	加工费，受托单位按加工劳务的实际情况收取的加工费用和相关税费等
制造费用，如车间管理部门的工资、计提的折旧、水电费等	装卸费和保险费、往返运输费，按规定应计入成本的税费

制造业企业需要核算生产过程中的存货，主要包括产品成本核算中各项生产费用的归集和分配，以及生产费用在完工产品和在产品之间的归集和分配。

1. 料工费的归集和分配

料指主要材料和辅助材料，工指工资薪酬，费指企业为生产产品或提供劳务而发生的各项间接费用。不能直接计入的料工费，要先归集，再按一定的分配标准进行合理分配。

（1）料的归集分配。

分配率=待分配金额÷分配标准之和

企业可用产品重量、消耗定额、生产工时等作为分配标准。

分配额=各项目分配标准×分配率

【例12-15】

2019年11月，生产A轴、B齿轮两种产品领用钢材5 000千克，每千克成本为40元。本月投产的A轴为200件，B齿轮为100件。A轴的材料消耗定额为20千克，B齿轮的材料消耗定额为10千克。

钢材分配到A轴和B齿轮的计算过程如下。

待分配金额=5 000×40=200 000（元）。

A轴分配标准=200×20=4 000（千克）；B齿轮分配标准=100×10=1 000（千克）。

材料消耗量分配率=200 000÷（4 000+1 000）=40。

A轴分配负担的材料费用=4 000×40=160 000（元）；B齿轮分配负担的材料费用=1 000×40=40 000（元）。

（2）工的归集分配。

分配率=待分配金额÷分配标准之和

企业可用工时、产品产量、产值比例等作为分配标准。

分配额=各项目分配标准×分配率

【例12-16】

2019年11月，生产A轴、B齿轮两种产品共支付生产工人职工薪酬150 000元，职工薪酬按生产工时比例分配。A轴的生产工时为200小时，B齿轮的生产工时为300小时。

职工薪酬分配到A轴和B齿轮的计算过程如下。

生产工人职工薪酬分配率=150 000÷（200+300）=300。

A轴应分配的职工薪酬=200×300=60 000（元）；B齿轮应分配的职工薪酬=300×300=90 000（元）。

（3）费的归集分配

分配率=待分配金额÷分配标准之和

企业可用生产工人工时、生产工人工资、机器工时、耗用原材料的数量或成本、直接成本（材料、生产工人工资等职工薪酬之和）和产成品产量等作为分配标准。

分配额=各项目分配标准×分配率

企业应当根据制造费用的性质，合理选择分配方法。也就是说，企业所选择的制造费用分配方法，必须与制造费用的发生具有比较密切的相关性，并且使分配到每种产品上的制造费用金额基本合理，同时还应当适当考虑简化计算手续。分配方法一经确认，不得随意变更。如需变更，应当在财务报表附注中予以说明。

2. 辅助生产费用的归集和分配

辅助生产费用的分配方法主要有直接分配法、交互分配法、计划成本分配法、顺序分配法和代数分配法等。它们的优缺点如表12-17所示。

表12-17 辅助生产费用分配方法及优缺点

方法	内容
直接分配法	不考虑各辅助生产车间之间相互提供劳务或产品的情况，而是将各辅助生产车间发生的生产费用直接分配给辅助生产以外的各个受益单位或产品 优点：分配一次，计算简单 缺点：分配结果不够准确
交互分配法	需要进行两次分配。首先，对各辅助生产车间内部相互提供劳务进行交互分配；然后再将各辅助生产车间交互分配后的实际费用，按对外提供劳务的数量，在辅助生产车间以外的各个受益单位之间进行分配 优点：提高了分配的正确性 缺点：增加了分配的工作量
计划成本分配法	辅助生产车间为各受益单位提供的劳务，都按劳务的计划成本进行分配，辅助生产车间实际发生的费用与按计划成本分配转出的费用之间的差额采用简化计算方法，全部计入管理费用 优点：方便成本考核，分清各单位的经济责任 缺点：成本分配不够准确
顺序分配法（梯形分配法）	按照辅助生产车间受益多少的顺序分配费用，受益少的先分配，受益多的后分配，先分配的辅助生产车间不负担后分配的辅助生产车间的费用 适用于各辅助生产车间之间相互受益程度有明显顺序的企业
代数分配法	先根据解联立方程的原理，计算辅助生产劳务或产品的单位成本，然后根据各受益单位耗用的数量和单位成本分配辅助生产费用 优点：分配结果准确 缺点：计算工作比较复杂

3. 生产费用在完工产品和在产品之间的归集和分配

完工产品是指在一个企业内已完成全部生产过程、按规定标准检验合格、可供销售的产品，也称产成品或成品。在产品是指没有完成全部生产过程、不能作为商品销售的产品。对某个车间或生产步骤而言，在产品只包括该车间或该生产步骤正在加工中的那部分在产品。

企业月末如果既有完工产品又有在产品，产品成本明细账中归集的月初在产品生产成本与本月发生的成本之和，应当在完工产品与月末在产品之间采用适当的分配方法进行分配，从而计算完工产品和月末在产品的成本。

生产费用在完工产品和在产品之间进行分配的方法有：不计算在产品成本法、在产品按固定成本计算法、在产品按所耗直接材料成本计价法、约当产量比例法、在产品按定额成本计价法、定额比例法等。

生产费用在完工产品和在产品之间进行分配的基本公式为：

月初在产品成本+本月发生成本=月末在产品成本+本月完工产品成本

公式前两项之和为待分配费用，待分配费用在完工产品与月末在产品之间分配有两类方法：第一类是“倒挤法”，即先确定月末在产品成本，再用待分配费用减月末在产品成本得出完工产品的成本（月初在产品成本+本月发生成本-月末在产品成本=本月完工产品成本）；第二类是“分配法”，即将待分配费用按一定比例在完工产品与月末在产品之间进行分配。

（1）倒挤法。

倒挤法的适用范围及完工产品与在产品成本的确定如表12-18所示。

表12-18　倒挤法的适用范围及完工产品与在产品成本的确定

方法	适用范围	完工产品和在产品成本的确定
不计算在产品成本法	月末在产品数量很小的产品	在产品成本=0
		本月完工产品成本=本月发生的产品生产费用
在产品按固定成本计算法	月末在产品数量较多，但各月之间在产品数量变动不大或月末在产品数量很小的产品	月末在产品成本=年初固定数 年终时，根据实地盘点的在产品数量，重新调整计算在产品成本，以避免在产品成本与实际出入过大，影响成本计算的准确性
		本月完工产品成本=本月发生的产品生产费用
在产品按定额成本计价法	各项消耗定额或成本定额比较准确、稳定，而且各月末在产品数量变化不是很大的产品	月末在产品成本=月末在产品数量×在产品单位定额成本
		本月完工产品成本=（月初在产品成本+本月发生的产品生产费用）-月末在产品成本 实际脱离定额的差异完全由完工产品承担

（2）分配法。

①约当产量比例法。

约当产量比例法下，应将月末在产品数量按其完工程度折算为相当于完工产品的产量，即约当产量，然后按照完工产品产量与月末在产品约当产量的比例分配计算完工产品成本和月末在产品成本。

这种方法适用于产品数量较多、各月在产品数量变化也较大，且生产成本中直接材料成本和直接人工等加工成本的比重相差不大的产品。

月末在产品约当产量=月末在产品数量×完工程度

分配率（单位成本）=（月初在产品成本+本月发生生产成本）÷（完工产品数量+在产品约当产量）

完工产品成本=分配率×完工产品产量

月末在产品成本=分配率×月末在产品约当产量

【例12-17】

2019年11月，公司产成品完工480台，在产品100台，在产品平均完工程度为20%，当月发生生产成本合计为500 000元。

计算过程如下：

单位成本=500 000÷（480+100×20%）=1 000（元/台）；完工产品成本=480×1 000=480 000（元）；在产品成本=100×20%×1 000=20 000（元）。

②定额比例法。

定额比例法下，生产费用在完工产品与月末在产品之间按照两者的定额消耗量或定额成本比例分配。这种方法适用于各项消耗定额或成本定额比较准确、稳定，但各月末在产品数量变动较大的产品。

4. 产品的成本计算方法

企业的生产类型不同、管理要求不同，对产品成本计算产生的影响也不同。产品成本的计算方法主要包括品种法、分批法和分步法。它们的成本核算对象和适用的生产类型如表12-19所示。

表12-19　产品成本的计算对象和生产类型

产品成本计算方法	成本核算对象	适用的生产类型		
		生产组织特点	生产工艺特点	成本管理
品种法	产品品种	大量大批	单步骤、多步骤	不要求分步
分批法	产品批别	单件小批	单步骤、多步骤	不要求分步
分步法	生产步骤	大量大批	多步骤	要求分步

（1）品种法。

品种法，是指以产品品种作为成本核算对象归集和分配生产成本，计算产品成本的一种方法。这种方法一般适用于单步骤、大量生产的企业，如发电、供水、采掘等企业。品种法下计算成本的主要特点如表12-20所示。

表12-20 品种法下计算成本的主要特点

序号	特点	内容
特点一	成本核算对象是产品品种	如果企业只生产一种产品，全部生产成本都是直接成本，可直接计入该产品生产成本明细账的有关成本项目中，不存在在各种成本核算对象之间分配成本的问题；如果企业生产多种产品，间接生产成本则要采用适当的方法，在各成本核算对象之间进行分配
特点二	一般定期（每月月末）计算产品成本	
特点三	月末一般不存在在产品，如果有在产品，要将生产成本在完工产品和在产品之间进行分配	

品种法下成本核算的一般程序如表12-21所示。

表12-21 品种法下成本核算的一般程序

成本核算的程序	内容
程序一	按产品品种设立成本明细账，根据各项费用的原始凭证及相关资料编制有关记账凭证并登记有关明细账，并编制各种费用分配表分配各种要素费用
程序二	根据上述各种费用分配表和其他有关资料，登记辅助生产成本明细账、基本生产成本明细账、制造费用明细账等
程序三	根据辅助生产成本明细账编制辅助生产成本分配表，分配辅助生产成本
程序四	根据制造费用明细账编制制造费用分配表，在各种产品之间分配制造费用，并据以登记基本生产成本明细账
程序五	根据各产品基本生产成本明细账编制产品成本计算单，分配完工产品成本和在产品成本
程序六	编制产成品成本汇总表，结转产成品成本

（2）分批法。

分批法，是指以产品的批别作为产品成本核算对象归集和分配生产成本，计算产品成本的一种方法。这种方法主要适用于单件、小批生产的企业，如造船、重型机器制造、精密仪器制造等企业，也可用于一般企业中的新产品试制或试验的生产、在建工程以及设备修理作业等。分批法下计算成本的主要特点如表12-22所示。

表12-22 分批法下计算成本的主要特点

序号	特点
特点一	成本核算对象是产品的批别。由于产品的批别大多是根据销货订单确定的，因此，这种方法又称订单法
特点二	产品成本的计算是与生产任务通知单的签发紧密配合的，因此产品成本计算是不定期的。成本计算期与产品生产周期基本一致，但与财务会计报告期不一致
特点三	由于成本计算期与产品的生产周期基本一致，因此在计算月末在产品成本时，一般不存在在完工产品和在产品之间分配成本的问题

分批法下成本核算的一般程序如表12-23所示。

表12-23 分批法下成本核算的一般程序

成本核算的程序	内容
程序一	按产品批别设置产品基本生产成本明细账、辅助生产成本明细账；账内按成本项目设置专栏，按车间设置制造费用明细账。同时，设置待摊费用、预提费用等明细账
程序二	根据各生产费用的原始凭证或原始凭证汇总表和其他相关资料，编制各种要素费用分配表，分配各要素费用并登账
程序三	月末根据完工产品的完工通知单，将计入已完工的该批产品的成本明细账所归集的生产费用按成本项目加以汇总，计算出该批完工产品的总成本和单位成本，并转账。分批法下，月末完工产品与在产品之间的费用分配有以下几种情况： （1）如果是单件生产，产品完工以前，产品成本明细账所记的生产费用都是在产品成本；产品完工时，产品成本明细账所记的生产费用，就是完工产品成本，因而月末计算成本时，不存在在完工产品与在产品之间分配费用的问题 （2）如果是小批生产，批内产品一般都能同时完工，在月末计算成本时，或是全部已经完工，或是全部没有完工，因而一般也不存在在完工产品与在产品之间分配费用的问题 （3）如果批内产品跨月陆续完工，这时就要在完工产品与在产品之间分配费用

简化的分批法就是在产品完工前，账内只按月登记直接计入的费用和生产工时，只有在有完工产品的月份，才按照其累计工时的比例分配间接计入的费用，计算、登记各该批完工产品成本。这种方法的特点是各批产品之间以及完工产品与在产品之间分配间接费用均利用累计间接费用分配率；但是适用范围有限，在各月间接费用水平相差悬殊的情况下不宜采用，月末未完工产品的批数不多的情况下也不宜采用。

（3）分步法。

分步法，是指按照生产过程中各个加工步骤（分品种）为成本核算对象，归集和分配生产成本，计算各步骤在产品和最后产成品成本的一种方法。这种方法适用于大量大批的多步骤生产的企业，如冶金、纺织、机械制造企业等。在这类企业中，产品生产可以分为若干个生产步骤，通常不仅要求按照产品品种计算成本，而且还要求按照生产步骤计算成本，以便为考核和分析各种产品及各生产步骤的成本计划的执行情况提供资料。

分步法下计算成本的主要特点如表12-24所示。

表12-24　分步法下计算成本的主要特点

序号	特点
特点一	成本核算对象是各种产品的生产步骤
特点二	月末为计算完工产品成本，还需要将归集在生产成本明细账中的生产成本在完工产品和在产品之间进行分配
特点三	除了按品种计算和结转产品成本外，还需要计算和结转产品的各步骤成本。其成本核算对象是各种产品及其所经过的各个生产步骤。如果企业只生产一种产品，则成本核算对象就是该种产品及其所经过的各个生产步骤。其成本计算期是固定的，与产品的生产周期不一致

各生产步骤成本的计算和结转，一般采用逐步结转和平行结转两种方法，因此分步法也分为逐步结转分步法和平行结转分步法。逐步结转分步法与平行结转分布法的比较如表12-25所示。

表12-25　逐步结转分步法与平行结转分布法的比较

方法	逐步结转分步法	平行结转分步法
概念	逐步结转分步法是为了分步计算半成品成本而采用的一种分步法，也称计算半成品成本分步法。它是按照产品加工的顺序，逐步计算并结转半成品成本，直到最后加工步骤完成才能计算产成品成本的一种方法 逐步结转分步法按照成本在下一步骤成本计算单中的反映方式，还可以分为综合结转和分项结转两种方法 综合结转法，是指上一步骤转入下一步骤的半成品成本，以“直接材料”或专设的“半成品”项目综合列入下一步骤的成本计算单中。如果半成品通过半成品库收发，由于各月所生产的半成品的单位成本不同，因而所耗半成品的单位成本可以如同材料核算一样，采用先进先出法或加权平均法计算	平行结转分步法也称不计算半成品成本分步法。它是指在计算各步骤成本时，不计算各步骤所产半成品的成本，也不计算各步骤所耗上一步骤的半成品成本，而只计算本步骤发生的各项其他成本，以及这些成本中应计入产成品的份额；将相同产品的各步骤成本明细账中的这些份额平行结转、汇总，即可计算出该种产品的产成品成本
优缺点	优点： （1）能提供各个生产步骤的半成品成本资料 （2）为各生产步骤的在产品实物管理及资金管理提供资料 （3）能够全面地反映各生产步骤的生产耗费水平，更好地满足各生产步骤成本管理的要求 缺点： 成本结转工作量较大，各生产步骤的半成品成本如果采用逐步综合结转方法，还要进行成本还原，增加了核算的工作量	优点： （1）各步骤可以同时计算产品成本，平行汇总计入产成品成本，不必逐步结转半成品成本 （2）能够直接提供按原始成本项目反映的产成品成本资料，不必进行成本还原，因而能够简化和加速成本计算工作 缺点： （1）不能提供各个步骤的半成品成本资料 （2）在产品的费用在产品最后完成以前，不随实物转出而转出，即不按其所在地登记，而按其发生地登记，因而不能为各个生产步骤在产品的实物和资金管理提供资料 （3）各生产步骤的产品成本不包括所耗半成品费用，因而不能全面地反映各步骤产品的生产耗费水平（第一步骤除外），不能更好地满足各步骤成本管理的要求

12.4.2 归集和分配料工费的账务处理

归集和分配料工费涉及的科目有“生产成本”和“制造费用”等。

1. 生产成本

企业发生的各项直接生产成本，借记“生产成本”科目（基本生产成本、辅助生产成本），贷记“原材料”“库存现金”“银行存款”“应付职工薪酬”等科目。

分配各生产车间应负担的制造费用，借记“生产成本”科目（基本生产成本、辅助生产成本），贷记“制造费用”科目。

辅助生产车间为基本生产车间、企业管理部门和其他部门提供的劳务和产品，期（月）末按照一定的分配标准分配给各受益对象，借记“生产成本——基本生产成本”科目、“管理费用”“销售费用”“其他业务成本”“在建工程”等科目，贷记“生产成本——辅助生产成本”科目。

企业已经生产完成并已验收入库的产成品以及入库的自制半成品，应于期（月）末，借记“库存商品”等科目，贷记“生产成本”科目（基本生产成本）。

2. 制造费用

生产车间发生的机物料消耗，借记“制造费用”科目，贷记“原材料”等科目。

计提生产车间管理人员的职工薪酬，借记“制造费用”科目，贷记“应付职工薪酬”科目。

生产车间计提固定资产折旧，借记“制造费用”科目，贷记“累计折旧”科目。

生产车间支付办公费、水电费等，借记“制造费用”科目，贷记“银行存款”等科目。

发生季节性停工损失，借记“制造费用”科目，贷记“原材料”“应付职工薪酬”“银行存款”等科目。

将制造费用分配计入有关的成本核算对象，借记“生产成本（基本生产成本、辅助生产成本）”“劳务成本”等科目，贷记“制造费用”科目。

季节性生产企业制造费用全年实际发生额与分配额的差额，除其中属于为下一年开工生产做准备的可留待下一年分配外，其余部分实际发生额大于分配额的差额，借记“生产成本——基本生产成本”科目，贷记“制造费用”科目；实际发生额小于分配额的差额，做相反的会计分录。

【例12-18】

2019年11月1日，气缸生产车间投产型号为ø189的气缸共200个，发生如下经济业务。

（1）车间领用焦炭0.5吨，木炭0.2吨，耐火砖0.6吨，聚酯胶0.3吨，其他材料10 000元，其成本明细如表12-26所示。

表12-26 ø189气缸生产材料成本明细表

金额单位：元
数量单位：吨

原材料名称	领用数量	单位成本	总成本
焦炭	5	4 280	21 400
木炭	2	3 780	7 560
耐火砖	4	1 080	4 320
聚酯胶	3	3 020	9 060
其他材料			10 000
合计			52 340

其对应的会计分录为：

借：生产成本——直接材料　　52 340

　　贷：原材料——焦炭　　21 400

　　　　原材料——木炭　　7 560

　　　　原材料——耐火砖　　4 320

原材料——聚酯胶　　9 060

原材料——其他材料　　10 000

（2）通过工资核算和分配，可知生产ø189气缸的直接人工薪酬为42 000元，质检人员薪酬6 560元，车间管理人员薪酬8 200元。其对应的会计分录为：

借：生产成本——直接人工　　42 000

制造费用——检验费　　6 560

制造费用——职工薪酬　　8 200

贷：应付职工薪酬——工资　　56 760

（3）结转当月制造费用，其中折旧费6 600元，质检人员薪酬6 560元，车间管理人员薪酬8 200元，水电费6 190元，劳保费4 210元。其对应的会计分录为：

借：生产成本——制造费用　　31 760

贷：制造费用——折旧费　　6 600

制造费用——检验费　　6 560

制造费用——工资　　8 200

制造费用——水电费　　6 190

制造费用——劳保费　　4 210

12.4.3　产品完工入库的账务处理

企业生产的产成品一般应按实际成本核算，产成品的入库和出库，平时只记数量不记金额，期（月）末计算入库产产品的实际成本。生产完成验收入库的产成品，按其实际成本，借记“库存商品”等科目，贷记“生产成本”等科目。

【例12-19】

通过其他项目成本核算资料可知，企业最终生产型号为ø189的气缸194个，所有成本项目明细如表12-27所示。

表12-27　ø189气缸生产成本汇总表

单位：元

直接材料	直接人工	制造费用所有项目明细					成本合计
		折旧费	质检人员薪酬	车间管理人员薪酬	水电费	劳保费	
52 340	42 000	6 600	6 560	8 200	6 190	4 210	126 100
所以，ø189气缸的单位生产成本为：126 100÷194=650（元）							

假定上述产品在11月15日完成生产，办理入库手续。其对应的会计分录为：

借：库存商品——ø189气缸　　126 100

贷：生产成本——直接材料　　52 340

生产成本——直接人工　　42 000

生产成本——制造费用　　31 760

12.4.4　委托加工物资的账务处理

发出委托外单位加工的材料，借记“委托加工物资”科目，贷记“原材料”科目。

【例12-20】

2019年11月11日，将生产的毛坯件发出，成本为12 610元，委托加工厂代为加工成齿轮。其对应的会计分录为：

借：委托加工物资——齿轮　　12 610

贷：自制半成品——毛坯　　12 610

支付加工费、运杂费等，借记“委托加工物资”科目，贷记“银行存款”等科目；需要缴纳消费税的委托加工物资，由受托方代收代缴的消费税，借记“委托加工物资”（收回后用于直接销售的）或“应交税费——应交消费税”科目（收回后用于继续加工的），贷记“应付账款”“银行存款”等科目。

【例12-21】

2019年11月21日，用转账支票支付毛坯加工费3 480元。其对应的会计分录为：

借：委托加工物资——齿轮　　3 480

　　贷：银行存款　　3 480

加工完成验收入库的物资和剩余的物资，按加工收回物资的实际成本和剩余物资的实际成本，借记“原材料”“库存商品”等科目，贷记“委托加工物资”。

【例12-22】

2019年11月28日，收回加工过的毛坯，同时用现金支付往返运费共400元，产成品已经办理入库手续。其对应的会计分录为：

借：委托加工物资——齿轮　　400

　　贷：银行存款　　400

借：库存商品——齿轮　　16 490

　　贷：委托加工物资——齿轮　　16 490

12.5 存货清查的账务处理

由于存货在通常情况下品种很多、收发频繁，所以难免在日常收发、计量、计算上出现差错。有些存货有自然损耗，或者由于管理不善出现丢失和毁损，造成盘盈、盘亏或毁损等账实不符等。存货清查中，造成存货账实不符的原因有很多种，企业应根据不同情况进行相应的账务处理。

企业应当设置“待处理财产损溢”科目对企业在财产清查过程中查明的各种财产盘盈、盘亏和毁损的价值以及物资在运输途中发生的非正常短缺与损耗进行核算，该科目可按盘盈、盘亏的资产种类和项目进行明细核算。企业发生的财产盘盈或盘亏，应查明原因，在期末结账前处理完毕，处理后“待处理财产损溢”科目应无余额。

12.5.1 存货的清查

存货的清查，是指通过对存货进行实地盘点，确定存货的实有数量，并与账面资料相核对，从而确定存货实存数与账面数是否相符的一种专门方法。

存货清查的内容和方法如表12-28所示。

表12-28　存货清查的内容和方法

项目	具体内容
内容	（1）通过盘点，确认企业存货的账面结存数是否与实际结存数相符，由此确认账实不符存货的种类及数量 （2）在盘点数量的基础上，查明变质、毁损的存货以及超储积压和长期闲置存货的种类和数量等
方法	存货清查的方法是进行实地盘点，盘点的一般步骤为： （1）在存货清查之前，要确定需要清查存货的范围，对于外单位寄存的存货、尚未办理入库的存货等，要明确标示，对于本企业寄存在外单位的存货，要通过函证、实地盘点等方式进行确认 （2）采用过磅、测量、点数等方法进行实物盘点 （3）清查盘点之后，清查人员应编制存货盘点表，详细记录各种存货的账面数与实存数，反映账面数与实存数不符存货的数量及原因，并揭示存货管理中可能存在的问题 （4）通过存货盘点表的提示，与各相关责任人确认处理方式，并以此为依据，进行账务处理

12.5.2 存货盘盈的账务处理

盘盈的各种材料、产成品、商品、生物资产等，借记“原材料”“库存商品”“消耗性生物资产”等科目，贷记“待处理财产损溢”科目。

盘盈的存货报经批准后，借记“待处理财产损溢”科目，贷记“管理费用”科目。

【例12-23】

（1）2019年6月底，进行半年度盘点，盘盈ø240气缸11个，单位成本485元，则在确认盘盈后，其对应的会计分录为：

借：库存商品——ø240气缸　　5 335

　　贷：待处理财产损溢——待处理流动资产损溢　　5 335

（2）报经批准后，相关主管同意冲减管理费用。其对应的会计分录为：

借：待处理财产损溢——待处理流动资产损溢　　5 335

　　贷：管理费用　　5 335

12.5.3 存货盘亏的账务处理

盘亏、毁损的各种材料、产成品、商品、生物资产等，借记“待处理财产损溢”科目，贷记“原材料”“库存商品”“消耗性生物资产”等科目。材料、产成品、商品采用计划成本（或售价）核算的，还应同时结转材料成本差异（或商品进销差价）。涉及增值税的，还应进行相应处理。

盘亏、毁损的各项资产，按管理权限报经批准后，按残料价值，借记“原材料”等科目；按可收回的保险赔偿或过失人赔偿，借记“其他应收款”科目；按“待处理财产损溢”科目余额，贷记“待处理财产损溢”科目；按其借方差额，借记“管理费用”“营业外支出”等科目。

【例12-24】

（1）2019年6月底，进行半年度盘点时，盘亏原材料焦炭4 200元，在确认盘亏后，其对应的会计分录为：

借：待处理财产损溢——待处理流动资产损溢　　4 200

　　贷：原材料——焦炭　　4 200

（2）上述盘亏材料经分析确认：盘亏中有1 000元为定额内自然损耗，列为管理费用；有2 100元为保管不善所致，由有关责任人小李赔偿；另有1 100元属于自然灾害造成的非常损失，列为营业外支出。则在经核准后，其对应的会计分录为：

借：管理费用　　1 000

　　其他应收款——个人（小李）　　2 100

　　营业外支出　　1 100

　　贷：待处理财产损溢——待处理流动资产损溢　　4 200

12.6 综合演练

12.6.1 成本核算表的编制

演练要求：

2019年3月，根据当月原材料汇总表（如表12-29所示）、工资汇总表（如表12-30所示）、制造费用明细账（如图12-1所示）编制成本核算表。成本核算方法：工时比例分配法。

表12-29　原材料汇总表

单位：元

原材料明细 \ 产品名称		液晶电视	洗衣机	合计
材料编码	材料名称			
L2120100001	LCD_42寸	2 600 000		2 600 000
L2120100002	面板	400 000		400 000
L2120100003	解码器	280 000		280 000
L2120100004	接线盒	120 000		120 000
L2120100005	电源	50 000		50 000
L2120100006	内置音箱	240 000		240 000
L2120100007	遥控器	60 000		60 000
L2120100008	安装支架	56 000		56 000
L3120100001	面板		180 000	180 000
L3120100002	电机		300 000	300 000
L3120100003	滚筒		140 000	140 000
L3120100004	进水系统		30 000	30 000
L3120100005	排水系统		40 000	40 000
L3120100006	线路板		120 000	120 000
L3120100007	箱体		180 000	180 000
L3120100008	底座		100 000	100 000
合计		3 806 000	1 090 000	4 896 000

表12-30　2019年3月工资汇总表

部门	人数	出勤天数	基本工资	勤工奖	津贴	月度绩效奖	加班工时合计	加班费合计	其他补发	应发合计
……										
电视车间	12	252	25 200	2 640				22 500		50 340
洗衣机车间	28	588	58 800	6 160				45 000		109 960
……										

制造费用明细账

单位：元

2019年		凭证字	凭证号	摘要	合计	工资	厂租、折旧及摊销	修理费	劳保费	水电费	机物料消耗
月	日										
				……							
3	31	记	229	结转制造费用	105 520.86	34 092.86	53 000	9 090	1 986	6 568	784
				……							

图12-1　制造费用明细账

演练解读：

成本由料、工、费三部分组成，所以成本核算就是对这三者的归集与分配。归集编制成料、工、费的汇总表，再分配进成本核算表内。一般以工时比例进行分配，分配公式为：

制造费用分配率=制造费用总额÷各种产品生产工时之和

某产品应负担的制造费用=该产品的生产工人实际工时数×制造费用分配率

编制的成本核算表如表12-31所示。

表12-31　成本核算表

2019年3月

品名	数量（台）	工时（小时）	直接材料（元）	直接人工（元）	制造费用（元）	合计（元）	单位成本（元）
液晶电视	2 000	3 016	3 806 000	50 340	32 741.86	3 889 081.86	1 944.54
洗衣机	2 500	6 704	1 090 000	109 960	72 779	1 272 739	509.10
合计		9 720	4 896 000	160 300	105 520.86	5 161 820.86	

12.6.2　存货的账务处理

演练要求：

根据下列业务进行账务处理。

明盛公司为增值税一般纳税人，2019年9月发生下列业务。

（1）10日，从美奇公司购进生产用钢材一批，收到的增值税普通发票票面金额为50 000元。已经办理发票签收、材料入库手续，款项尚未支付。

（2）12日，收到万维公司开来的上月已经入库的包装箱增值税专用发票，票面金额为30 000元，税额3 900元。已经办理发票签收且开出现金支票。

（3）15日，接受昌河公司捐赠成品汽车配件一批，增值税专用发票上列明的价款为40 000元，税额5 200元。已办理签收入库手续。

（4）30日，汇总核算本月材料采购业务，共计48 297.78元，材料均已验收入库。其中，从美奇公司采购的钢材8 297.78元，从万维公司采购的毛坯20 000元，从明达公司采购的毛坯20 000元。

（5）30日，汇总核算本月生产领用的原材料46 000元、包装物3 000元。

（6）30日，计提生产车间员工工资30 000元，车间管理人员工资10 000元。

（7）30日，结转本月制造费用11 500元，其中，工资10 000元，固定资产折旧1 000元，办公费500元。

（8）30日，结转本月完工产品成本90 500元，其中，直接材料49 000元，直接人工30 000元，制造费用11 500元。

（9）30日，结转本月销售成本132 800元。

演练解读：

上述业务对应的会计分录为：

（1）借：原材料——钢材　　50 000
　　贷：应付账款——美奇公司　　50 000

（2）冲减上月暂估入库：
　借：周转材料——包装箱　　[30 000]
　　贷：应付账款——暂估（万维公司）　　[30 000]
　以发票入账：
　借：周转材料——包装箱　　30 000
　　应交税费——应交增值税（进项税额）　　3 900
　　贷：银行存款　　33 900

（3）借：库存商品——汽车配件　　40 000
　　应交税费——应交增值税（进项税额）　　5 200
　　贷：营业外收入　　45 200

（4）借：原材料——钢材　　8 297.78
　　原材料——毛坯　　40 000
　　贷：应付账款——美奇公司　　8 297.78

应付账款——万维公司　　20 000

应付账款——明达公司　　20 000

（5）借：生产成本——直接材料　　49 000

贷：原材料——钢材　　46 000

周转材料——包装箱　　3 000

（6）借：生产成本——直接人工　　30 000

制造费用——工资　　10 000

贷：应付职工薪酬——工资　　40 000

（7）借：生产成本——制造费用　　11 500

贷：制造费用——工资　　10 000

制造费用——折旧费　　1 000

制造费用——办公费　　500

（8）借：库存商品——汽车配件　　90 500

贷：生产成本——直接材料　　49 000

生产成本——直接人工　　30 000

生产成本——制造费用　　11 500

（9）借：主营业务成本——汽车配件　　132 800

贷：库存商品——汽车配件　　132 800

第13章

固定资产的账务处理

企业要进行正常的生产和经营，除了需要购进原材料外，还需要有一定的“硬件”保障，如机器设备、运输设备、工具器具和办公场所等，这就是企业的固定资产。

固定资产的账务处理包括固定资产进入企业到最终退出企业的全过程，具体包括初始入账处理、折旧处理、后续支出处理和报废处理等。在本章，将对与企业日常经营直接相关的固定资产账务处理进行介绍。

13.1 认识固定资产

固定资产是指企业为生产产品、提供劳务、出租或者经营管理而持有的、使用时间超过1个会计年度的，价值达到一定标准的非货币性资产。固定资产具有以下特征。

（1）为生产商品、提供劳务、出租或经营管理而持有。

（2）使用寿命超过1个会计年度。

13.1.1 固定资产的确认条件

一项资产如要作为固定资产加以确认，首先需要符合固定资产的定义，其次还要符合固定资产的确认条件，即与该固定资产有关的经济利益很可能流入企业，同时，该固定资产的成本能够可靠地计量。

1. 与该固定资产有关的经济利益很可能流入企业

企业在确认固定资产时，需要判断与该项固定资产有关的经济利益是否很可能流入企业。实务中，主要是通过判断与该固定资产所有权相关的风险和报酬是否转移到了企业来确定。

通常情况下，取得固定资产所有权是判断与固定资产所有权有关的风险和报酬是否转移到企业的一个重要标志。凡是所有权已属于企业，无论企业是否收到或拥有该固定资产，均可作为企业的固定资产；反之，如果没有取得所有权，即使该资产存放在企业，也不能作为企业的固定资产。但是所有权是否转移不是判断的唯一标准。在有些情况下，某项固定资产的所有权虽然不属于企业，但是，企业能够控制与该项固定资产有关的经济利益流入企业，在这种情况下，企业应将该固定资产予以确认。例如，融资租赁方式下租入的固定资产，企业（承租人）虽然不拥有该项固定资产的所有权，但能够控制与该固定资产有关的经济利益流入企业，与该固定资产所有权相关的风险和报酬实质上已转移到了企业，因此，符合固定资产确认的第一个条件。

2. 该固定资产的成本能够可靠地计量

成本能够可靠地计量是资产确认的一项基本条件。要确认固定资产，企业取得该固定资产所发生的支出必须能够可靠地计量。企业在确定固定资产成本时，有时需要根据所获得的资料，对固定资产的成本进行合理估计。如果企业能够合理地估计出固定资产的成本，则视同固定资产的成本能够可靠地计量。

13.1.2 固定资产的分类

采用的标准不一样，固定资产的分类结果也不一样。固定资产的分类标准如表13-1所示。

表13-1 固定资产的分类标准及含义

分类标准	种类	含义
按经济用途分	生产经营用	指参加生产经营过程或直接服务于生产经营过程的各种房屋及建筑物、机器设备、运输设备和工具器具等
	非生产经营用	指不直接服务于生产经营过程，而用于职工住宅、公用事业、文化生活、卫生保健以及科研试验等方面的房屋及建筑物和器具等 注意：由于季节性生产和修理等原因暂停使用，以及存放在车间备用的固定资产，仍属企业生产经营所需，属于生产经营用固定资产
按使用状态分	使用中	指正在使用中的经营性和非经营性固定资产
	未使用	指已完工或虽已购建但尚未交付使用的新增固定资产，以及因改建、扩建等原因暂停使用的固定资产
	不需用	指本企业多余或不适用的固定资产

13.2 取得固定资产的账务处理

企业应当设置“固定资产”科目对企业持有的固定资产原价进行核算，该科目可按固定资产类别和项目进行明细核算（融资租入的固定资产，可在“固定资产”科目设置“融资租入固定资产”明细科目），其期末借方余额，反映企业固定资产的原价。

13.2.1 固定资产取得的计量

固定资产的取得方式有从外部购买、自行建造、其他机构捐赠或者投资人投入等，取得时的成本应当根据具体情况分别确定。本书主要介绍前两种。

直接购入固定资产：购置不需要经过建造过程即可使用的固定资产，按实际支付的买价、包装费、运输费、安装成本、缴纳的有关税费等，作为入账价值。

自行建造固定资产：自行建造固定资产的成本主要包括工程用物资成本、人工成本、缴纳的相关税费、应予资本化的借款费用，以及应分摊的间接费用等。自行建造固定资产的成本由建造该项资产达到预定可使用状态前所发生的必要支出构成。所建造的固定资产已达到预定可使用状态，但尚未办理竣工决算的，应当自达到预定可使用状态之日起，根据工程预算、造价或者工程实际成本等，按估计的价值转入固定资产，并按照计提固定资产折旧的规定，计提固定资产的折旧。

固定资产取得的计量主要考虑两方面：一是固定资产的计价原则，二是增值税的计价。

1. 固定资产的计价原则

按现行会计准则的规定，企业固定资产的计价，应按取得时的实际支出入账。固定资产的具体范围及计价原则如表13-2所示。

表13–2 固定资产的范围及计价原则

范围	计价原则
从外单位购入的固定资产	以购入价加上应由企业负担的运输费、装卸费、安装调试费、保险费以及相关税费等合计数入账
自制、自建的固定资产	以建造和制造过程中实际发生的全部支出计价
在原有固定资产基础上进行改造、扩建的	按固定资产原值减去改建、扩建过程中发生的变价收入加上由于改建、扩建而增加的支出计价
作为资本或合作条件投入的固定资产	按评估确定价值或按投资时的合同、协议约定的价格计价。其中投资人以设备投入企业的，在确定原始价值时，应提供原始发票
以融资租赁方式租入的固定资产	按租赁协议约定的价款加上应由企业负担的运输费、装卸费、保险费及相关税费等计价
接受捐赠，从境外调入或引进的固定资产	以所附发票、账单等凭证所确定的金额，加上应由企业负担的运输费、保险费、安装调试费、相关税费等计价。无所附单据的，按照同类固定资产市场价格计价。企业为取得固定资产而发生的借款利息支出和有关费用，在固定资产尚未交付使用或已拨入使用但尚未办理竣工决算前发生的，应计入固定资产价值，在此之后发生的，应当计入当期损益
盘盈的固定资产	按照同类固定资产的重置完全价值计价
企业兼并、投资、变卖、租赁、清算时	固定资产应依法进行评估

2. 购入固定资产发生的增值税计价问题

关于购买固定资产发生的增值税问题，其计价方式从“直接计入固定资产成本”到“分两年抵扣”，到“2019年4月1日起，纳税人取得不动产或者不动产在建工程的进项税额不再分2年抵扣。此前尚未抵扣完毕的待抵扣进项税额，可自2019年4月税款所属期起从销项税额中抵扣，只能一次性转入进项税额进行抵扣。”

在实际操作中，予以进项税额抵扣的固定资产，必须纳入《固定资产分类与代码》（GB / T14885-1994）目录中。但是，有些固定资产虽然纳入《固定资产分类与代码》目录中，但其进项税额也不能抵扣：《固定资产分类与代码》中代码前两位为“01—03”（即土地、房屋、构筑物）的固定资产；《固定资产分类与代码》分通用设备和专用设备，也就是说，专用设备仅限于此行业的生产企业所用，其他企业不得抵扣；分类代码“63”及“80”以后的固定资产，一般都与生产经营无关，企业取得的进项税额也不得抵扣。

以下项目不能抵扣进项税额。

（1）用于非增值税应税项目、免征增值税项目、集体福利或者个人消费的固定资产进项税额不得抵扣。

（2）非正常损失的购进固定资产进项税额不得抵扣。

（3）非正常损失的在产品、产成品所耗用的购进固定资产进项税额不得抵扣。

（4）国务院财政部、国家税务总局规定的纳税人自用消费品进项税额不得抵扣。

个人拥有的应征消费税的游艇、汽车和摩托车等物品与企业技术改进、生产设备更新无关，且容易混入生产经营用品计算抵扣进项税额。为堵塞税收漏洞，借鉴国际惯例，对纳税人自用的应征消费税的摩托车、汽车、游艇进项税额不得抵扣。但如果是外购后销售的，属于普通货物，仍可以抵扣进项税额。

13.2.2 购入不需安装的固定资产的账务处理

企业购入不需要安装的固定资产，按应计入固定资产成本的金额，借记“固定资产”科目，贷记“银行存款”等科目。

【例13-1】

2019年10月11日，购入车床一台，取得增值税专用发票，其不含税价格为50 000元，增值税税额6 500元，款项已经通过工商银行基本户划转，另外，运输该车床以现金支付运杂费7 500元且取得增值税普通发票。其对应的会计分录为：

	借方	贷方
借：固定资产——生产设备（车床）	57 500	
应交税费——应交增值税（进项税额）	6 500	
贷：银行存款——工行基本户		56 500
库存现金		7 500

13.2.3 购入需要安装的固定资产的账务处理

购入需要安装的固定资产，先记入“在建工程”科目，达到预定可使用状态时再转入“固定资产”科目。

【例13-2】

2019年9月11日，购入需要安装的铣床1台，用银行存款支付买价100 000元，税金13 000元（取得增值税专用发票），款项已经用转账支票支付，另用现金支付运杂费500元。该固定资产购入后需要安装，在10月时用银行存款支付安装费800元。该项固定资产10月完成安装工作后交付使用。

（1）9月购入设备时，其对应的会计分录为：

	借方	贷方
借：在建工程——生产用设备（铣床）	100 500	
应交税费——应交增值税（进项税额）	13 000	
贷：银行存款——工行基本户		113 000
库存现金		500

（2）10月支付安装费时，其对应的会计分录为：

借：在建工程——生产用设备（铣床）　　800

　　贷：银行存款——工行基本户　　800

（3）10月安装工程完工，办理验收手续后，其对应的会计分录为：

借：固定资产——生产用设备（铣床）　　101 300

　　贷：在建工程——生产用设备（铣床）　　101 300

13.3 固定资产折旧的账务处理

固定资产一般价值较高，使用期较长，如果和一般的成本费用一样一次计入某期损益，会使企业当期利润大量减少，负担较重，也不符合权责发生制的原则。所以一般会将固定资产按一定方式分摊到实际使用的较长期间内，计算各期成本支出，这就是对固定资产计提折旧。

企业应当设置“累计折旧”科目对企业固定资产的累计折旧额进行核算，该科目可按固定资产类别和项目进行明细核算，其期末贷方余额，反映企业固定资产的累计折旧额。

13.3.1 固定资产折旧的计量

固定资产折旧需要注意的是：当月取得的固定资产，当月不提折旧，次月开始计提折旧；当月减少的固定资产，当月仍需提折旧，次月不再提折旧。影响固定资产折旧的因素包含固定资产原值、预计净残值、预计使用年限和折旧方法4个方面。

1. 固定资产原值和预计净残值

固定资产原值就是固定资产的入账价值，前文已经介绍。

固定资产报废后仍然有一部分残余价值，这部分价值是可以计量且收回的。比如，一辆汽车报废后，其零部件等残余价值是可以通过出售收回的。因此收回的这部分残余价值在计提折旧时应从固定资产原值中扣出。因为事先并不知道这部分价值的确切金额，所以叫“预计净残值”，它可以通过确定预计净残值率来计算。

严格地说，固定资产预计净残值是指固定资产使用期满后残余的价值，减去应支付的固定资产清理费用后的那部分价值。

2. 固定资产的预计使用年限

固定资产的预计使用年限又称为折旧年限，需要区分具体资产类别确定。

除国务院财政部、国家税务总局另有规定外，固定资产计算折旧的最低年限如下。

①房屋、建筑物，为20年。

②飞机、火车、轮船、机器、机械和其他生产设备，为10年。

③与生产经营活动有关的器具、工具、家具等，为5年。

④飞机、火车、轮船以外的运输工具，为4年。

⑤电子设备，为3年。

关于固定资产折旧的计量，还需要了解两个概念：预计残值率和年折旧率，其计算公式如下。

预计净残值率=预计净残值 ÷ 原值

年折旧率=（1-净残值率）÷ 预计使用年限 ×100%

3. 折旧方法

企业资产管理部门需要根据固定资产的特点确定折旧计提方法。固定资产折旧方法一般有年限平均法、双倍余额递减法、工作量法和年数总和法等。

（1）年限平均法。

年限平均法的具体内容如表13-3所示。

表13-3 年限平均法的具体内容

项目	内容	
概念	年限平均法，是指按照固定资产的预计使用年限平均计算折旧的方法	
计算步骤	确定固定资产应提折旧总额	应提折旧总额＝固定资产原价-预计净残值
	计算固定资产年折旧额和月折旧额	年折旧额=应提折旧总额÷预计使用年限 月折旧额=年折旧额÷12 月折旧率=（1-预计净残值率）÷预计使用年限÷12 月折旧额=固定资产原价×月折旧率

年限平均法是实际工作中使用较多的一种折旧方法，为了便于理解，下面通过举例说明其具体应用。

【例13-3】

2019年10月11日，购入车床一台，原价为50 000元，预计净残值率为4%，预计使用年限为10年。在2016年14月，该台车床需要计提的折旧的计算过程如下。

年折旧率=（1-4%）÷10×100%=9.6%；

月折旧率=9.6%÷12=0.8%；

月折旧额=50 000×0.8%=400（元）。

所以，采用年限平均法计提折旧时，每月应对该项固定资产计提400元折旧。

（2）双倍余额递减法。

双倍余额递减法是一种加速折旧法，采用双倍余额递减法计提折旧，年折旧率是年限平均法下折旧率的2倍。双倍余额递减法下，需要根据本期期初固定资产的净值和折旧率计算当期应提折旧额。为了便于理解，下面通过举例说明其具体应用。

【例13-4】

2019年10月11日，购入车床一台，原价为20 000元，预计净残值率为3%，预计使用年限为5年。对该车床按双倍余额递减法计提折旧的计算过程如下。

年折旧率=1÷5×2×100%=40%

第1年全年的折旧额=20 000×40%=8 000（元）；第1年各月的月折旧额=8 000÷12=666.67（元）。

注：在计算前面各年的年折旧额时，不减掉预计净残值，只有在最后两年才减掉预计净残值（详见第4、第5年的年折旧额计算公式，这是双倍余额递减法与年限平均法的重大区别之一）。

第2年固定资产的期初净值=20 000-8 000=12 000（元）；第2年全年的折旧额=12 000×40%=4 800（元）；第2年各月的月折旧额=4 800÷12=400（元）。

第3年固定资产的期初净值=12 000-4 800=7 200（元）；第3年全年的折旧额=7 200×40%=2 880（元）；第3年各月的月折旧额=2 880÷12=240（元）。

第4年固定资产的期初净值=7 200-2 880=4 320（元）；固定资产的预计净残值=20 000×3%=600（元）。

第4、第5年的年折旧额=（原值-已计提的折旧额-预计净残值）÷2=（20 000-8 000-4 800-2 880-600）÷2=3 720÷2=1 860（元）；第4、第5年的月折旧额=1 860÷12=155（元）。

注：在计提折旧的最后两年，双倍余额递减法下年折旧额的计算，与年限平均法下一致。

按双倍余额递减法得到的月折旧额计算表如表13-4所示。

表13-4　双倍余额递减法下的月折旧额表

单位：元

年份	1—10月	11月	12月	本年实际计提的折旧
2019年		666.67	666.67	1 333.34
2020年	每月均为666.67	400	400	7 466.70
2021年	每月均为400	240	240	4 480
2022年	每月均为240	155	155	2 710
2023年	每月均为155	155	155	1 860
2024年	每月均为155	备注		1 550
合计				19 400.04

备注：到2023年11月，该项固定资产已经提完折旧，残值为600元。

（3）工作量法。

工作量法是年限平均法的补充和延伸。工作量法是指按实际工作量计提固定资产折旧额的一种方法。它一般是按固定资产所能工作的工时数计算折旧额，适用于那些在使用期间负担程度差异很大，提供的经济效益很不均衡的固定资产。

根据规定，企业专业车队的客、货运汽车，大型设备，以及大型建筑施工机械可采用工作量法计提折旧。

例如，一台机器设备原价为185 600元，预计能生产产品100万件，预计净残值率为3%。

该设备单件折旧额=185 600×（1-3%）÷1 000 000=0.18（元）。

实际上，本月生产产品20 000件，则该台机器设备的本月折旧额=20 000×0.18=3 600（元）。

（4）年数总和法。

年数总和法是指固定资产按应提折旧的总额乘以固定资产的变动折旧率计算折旧额的一种方法，相关计算公式如下。

年折旧率=［（预计使用寿命-已使用年限）］÷［预计使用寿命×（预计使用寿命+1）］÷2×100%

或者：

年折旧率=尚可使用年限÷预计使用寿命的年数总和×100%

月折旧率=年折旧率÷12

月折旧额=（固定资产原值-预计净残值）×月折旧额

4. 不应计提折旧的固定资产

并不是企业所有的固定资产都需要计提折旧，按相关法规的规定，以下固定资产不计提折旧。

（1）已提足折旧，仍在继续使用的固定资产。

（2）按规定单独估价作为固定资产入账的土地。

（3）提前报废的固定资产。

（4）融资租出的固定资产。

5. 确定固定资产折旧范围时的注意事项

（1）对已达到预定可使用状态的固定资产，无论是否交付使用，尚未办理竣工决算的，应当按照估计价值确认为固定资产，并计提折旧；待办理了竣工决算手续后，再按实际成本调整原来的暂估价值，但不需要调整原已计提的折旧额。

（2）对符合固定资产确认条件的固定资产装修费用，应当在两次装修期间与固定资产剩余使用寿命两者中较短的期间内计提折旧。

（3）对融资租赁方式租入的固定资产发生的装修费用，符合固定资产确认条件的，应当在两次装修期间、剩余租赁期与固定资产剩余使用寿命三者中较短的期间内计提折旧。

（4）处于更新改造过程而停止使用的固定资产，符合固定资产确认条件的，应当转入在工程，停止计提折旧；不符合固定资产确认条件的，不应转入在建工程，照提折旧。

（5）固定资产提足折旧后，不管能否继续使用，均不再计提折旧：提前报废的固定资产，也不再补提折旧。所谓提足折旧，是指已经提足该项固定资产的应提折旧总额。

13.3.2 计提固定资产折旧的账务处理

按期（月）计提固定资产的折旧，借记“制造费用”“销售费用”“管理费用”“研发支出”“其他业务成本”等科目，贷记“累计折旧”科目。

【例13-5】

2019年11月，需要计提的固定资产折旧费如表13-5所示。

表13-5 2019年11月固定资产折旧费明细表

单位：元

资产使用部门	本月需要计提的折旧	费用归属科目	资产使用部门	本月需要计提的折旧	费用归属科目
管理部门	2 569.60	管理费用	铸造二车间	2 547.42	制造费用
铸造一车间	3 456.45	制造费用	销售部门	1 324.24	销售费用

其对应的会计分录为：

借：管理费用——折旧费 2 569.60

生产成本——铸造一车间（制造费用） 3 456.45

生产成本——铸造二车间（制造费用） 2 547.42

销售费用——折旧费 1 324.24

贷：累计折旧 9 897.71

13.4 处置固定资产的账务处理

固定资产虽然使用时间较长，但也有其寿命，在达到使用寿命或者由于其他原因需要提前报废固定资产时，需要进行固定资产处置的账务处理。

企业应当设置“固定资产清理”科目对企业因出售、报废、毁损、对外投资、非货币性资产交换、债务重组等原因转出的固定资产价值以及在清理过程中发生的费用等进行核算，该科目可按被清理的固定资产项目进行明细核算；其期末余额，反映企业尚未清理完毕的固定资产清理净损益。

13.4.1 固定资产报废的账务处理

企业报废固定资产，按该项固定资产的账面价值，借记“固定资产清理”科目；按已计提的累计折旧，借记“累计折旧”科目；按其账面原价，贷记“固定资产”科目。已计提减值准备的，还应同时结转减值准备。

【例13-6】

2019年11月10日，车间有1台抛丸机因管理不善提前报废，该机器原价为50 000元，已提折旧额为26 125元。其对应的会计分录为：

借：固定资产清理 23 875

累计折旧 26 125

贷：固定资产 50 000

13.4.2 固定资产清理的账务处理

清理固定资产过程中应支付的相关税费及其他费用，借记“固定资产清理”科目，贷记“银行存款”“应交税费”等科目。收回出售固定资产的价款、残料价值和变价收入等，借记“银行存款”“原材料”等科目，贷记“固定资产清理”科目。应由保险公司或过失人赔偿的损失，借记“其他应收款”等科目，贷记“固定资产清理”科目。

【例13-7】

承上例，在清理过程中，用现金支付清理费1 200元，残料入库计价4 500元，应由责任人张三赔偿3 000元。则办理固定资产清理过程中需要做的会计分录为：

（1）用现金支付清理费用，对应的会计分录为：

借：固定资产清理　　1 200

　　贷：库存现金　　1 200

（2）残料入库，对应的会计分录为：

借：原材料——废钢　　4 500

　　贷：固定资产清理　　4 500

（3）计算并确认应由责任者赔偿的损失，对应的会计分录为：

借：其他应收款——张三　　3 000

　　贷：固定资产清理　　3 000

13.4.3 结转处置固定资产净损益的账务处理

企业因出售、报废、毁损、对外投资、非货币性资产交换、债务重组等转出的固定资产通过“固定资产清理”科目核算，清理的净损益计入当期损益。属于生产经营期间正常的处置损失，借记“资产处置损益”科目，贷记“固定资产清理”科目；属于自然灾害等非正常原因造成的损失，借记“营业外支出——非常损失”科目，贷记“固定资产清理”科目。如为贷方余额，借记“固定资产清理”科目，贷记“资产处置损益”或“营业外收入——非流动资产处置利得”科目。

【例13-8】

承上例，结转毁损固定资产净损失。先把固定资产清理科目汇总，然后进行账务处理。其结果如表13-6所示。

表13-6　固定资产清理科目发生额汇总表

摘要	借方	贷方
注销报废固定资产的原价和已提折旧额	23 875	
用现金支付清理费用	1 200	
残料入库		4 500
计算并确认应由责任者赔偿的损失		3 000
发生额合计	25 075	7 500
备注：确认净损益=25 075-7 500=17 575（元）（净损失）		

对应的会计分录为：

借：资产处置损益　　17 575

　　贷：固定资产清理　　17 575

注意：在确认净损益时，只需要对“固定资产清理”科目的发生额进行加减计算，然后用“借方合计-贷方合计”计算：如果结果为正，是净损失；如果结果为负，是净收益。

13.5 固定资产清查的账务处理

固定资产清查，是指从实物管理的角度，对企业实际拥有的固定资产进行实物清查，并与固定资产账目进行核对，确定企业的固定资产是否保存完好的过程。清查中需要编制固定资产盘点表，通过盘点表对清查的数量与相应账目进行核对，能发现个别固定资产被毁损，或者已经可以报废，或者盘盈及盘亏等情况。

企业应该设置“待处理财产损溢”科目对企业在清查财产过程中查明的各种财产盘盈、盘亏和毁损的价值进行核算（企业如盘盈固定资产，应作为前期差错记入“以前年度损益调整”科目），该科目可按盘盈、盘亏的资产种类和项目进行明细核算。企业的财产损溢，应查明原因，在期末结账前处理完毕，处理后“待处理财产损溢”科目应无余额。

13.5.1 固定资产盘盈的账务处理

企业在盘盈固定资产时，首先应确定盘盈固定资产的原值、累计折旧和固定资产净值。根据确定的固定资产原值借记“固定资产”科目，贷记“累计折旧”科目，将两者的差额贷记“以前年度损益调整”；其次再计算应缴纳的所得税费用，借记“以前年度损益调整”科目，贷记“应交税费——应交所得税”；接着补提盈余公积，借记“以前年度损益调整”科目，贷记“盈余公积”科目；最后调整利润分配，借记“以前年度损益调整”科目，贷记“利润分配——未分配利润”科目。

【例13-9】

2019年6月30日，对企业内全部固定资产进行盘查，盘盈一台打磨机，该设备同类产品市场价格为50 000元，企业所得税税率为25%。其相应的会计分录为：

借：固定资产　　50 000

　　贷：以前年度损益调整　　50 000

因盘盈设备涉及的所得税为12 500（50 000×25%=12 500）元，故需同时调整本期企业所得税。其相应的会计分录为：

借：以前年度损益调整　　12 500

　　贷：应交税费——应交所得税　　12 500

最后再结转“以前年度损益调整”科目。其相应的会计分录为：

借：以前年度损益调整　　37 500

　　贷：利润分配——未分配利润　　37 500

13.5.2 固定资产盘亏的账务处理

盘亏的固定资产，借记“待处理财产损溢”科目，贷记“固定资产”科目。盘亏、毁损的各项资产，按管理权限报经批准后处理时，按可收回的保险赔偿或过失人赔偿，借记“其他应收款”科目，按“待处理财产损溢”科目余额，贷记“待处理财产损溢”科目；盘亏造成的损失，应当计入当期损益，通过“营业外支出”科目核算。

【例13-10】

2019年6月30日，对企业内全部固定资产进行盘查，盘亏一台车床，该车床原价为9 000元，已提折旧额为4 275元，净值为4 725元。报经相关主管审批后，由过失人车间主任赵二赔偿700元，将盘亏固定资产净值转入营业外支出。其相应的会计分录为：

（1）通过固定资产盘点表确认盘亏时，应做的会计分录为：

借：待处理财产损溢——待处理非流动资产损溢　　4 725

累计折旧　　4 275

贷：固定资产　　9 000

（2）审核确认过失人责任时，应做的会计分录为：

借：其他应收款——赵二　　700

贷：待处理财产损溢——待处理非流动资产损溢　　700

（3）按余额确认为营业外支出时，应做的会计分录为：

借：营业外支出——盘亏损失　　4 025

贷：待处理财产损溢——待处理非流动资产损溢　　4 025

13.6　综合演练

13.6.1　取得固定资产的账务处理

演练要求：

根据下列业务进行账务处理。

2019年3月25日，行政部购入电脑一台，不含税价格2 960元，税额384.8元。冲减行政部备用金借款3 000元，支付现金344.8元。

演练解读：

上述业务对应的会计分录为：

借：固定资产——电子设备　　2 960

应交税费——应交增值税（进项税额）　　384.8

贷：其他应收款——备用金（行政部）　　3 000

库存现金　　344.8

13.6.2　固定资产折旧的计算

演练要求：

根据空白固定资产折旧表（如表13-7所示）编制完整的固定资产折旧表。

表13-7 固定资产折旧明细表

2019年4月

单位：明盛公司

编号	类别	名称	规格	入账日期	单位	数量	单价	原值	折旧年限	应折旧月数	残值率	预计净残值	月折旧额	本月折旧	累计月份	累计折旧	账面净值	使用部门	科目
1	房屋建筑物	车间		2001-4-20	间	1	383 073.00											车间	
2	机器机械	发电机		2009-9-30	台	1	38 000.00											车间	
3	电子设备	空调柜机		2013-9-30	台	9	8 250.00											办公楼	
4	电子设备	空调挂机		2013-9-30	台	16	1 600.00											办公楼	
5	电子设备	洗衣机		2013-9-30	台	2	1 400.00											办公楼	
6	电子设备	组装电脑		2013-9-30	台	3	3 160.00											车间办	
7	电子设备	饮水机电饼铛		2013-9-30	台	2	355.00											办公楼	
8	电子设备	软件		2013-9-30	个	1	2 000.00											办公楼	
9	电子设备	风扇		2013-9-30	台	1	130.00											销售部	
10	电子设备	组装电脑		2013-9-30	台	2	2 697.50											办公楼	
11	电子设备	复印机		2013-9-30	台	1	4 500.00											车间办	
12	电子设备	手机		2013-9-30	部	1	5 600.00											办公楼	
13	器具工具家具	两门保险柜		2011-9-30	个	1	1 050.00											销售部	
14	器具工具家具	单门保险柜		2011-10-1	个	1	650.00											办公楼	
15	器具工具家具	铁皮文件柜		2011-10-2	个	2	550.00											办公楼	
16	器具工具家具	办公椅		2013-9-30	个	16	150.00											办公楼	
17	器具工具家具	铁架子床		2013-9-30	副	8	220.00											办公楼	
18	器具工具家具	钢管皮长椅		2013-9-30	个	5	300.00											办公楼	
19	器具工具家具	茶水柜		2013-9-30	个	1	300.00											办公楼	
20	器具工具家具	办公椅		2013-9-30	个	1	3 000.00											办公楼	
21	电子设备	点钞机		2013-11-30	台	1	1 000.00											办公楼	
22	电子设备	复印机		2013-11-30	台	1	9 500.00											办公楼	
23	器具工具家具	家具		2013-11-30	个	1	3 490.00											销售部	
合计																			

演练解读：

每月，根据固定资产明细账查询上月新增或减少固定资产,对应固定资产原值及公司使用的折旧政策计算增减变动的累计折旧,编制固定资产折旧表。

原值＝单价×数量

折旧年限：按新税法对于固定资产折旧年限的规定（一般情况下，按照税法规定计提折旧，以免所得税汇算清缴需要进行纳税调整）。

各类固定资产税法规定的最低折旧期限如下。

（1）房屋、建筑物：20年。

（2）飞机、火车、轮船、机器、机械和其他生产设备：10年。

（3）与生产经营活动有关的器具、工具、家具等：5年。

（4）飞机、火车、轮船以外的运输工具：4年。

（5）电子设备：3年。

表中相关内容说明如下。

（1）应折旧月数：应折旧月数＝折旧年限×12。

（2）残值率：一般为5%。

（3）预计净残值：预计净残值＝原值×残值率。

（4）月折旧额：月折旧额＝（原值－预计净残值）÷应折旧月数。

（5）本月折旧：本月折旧＝月折旧额。

（6）累计月份：截至本月的累计折旧月份。

（7）累计折旧：累计折旧＝月折旧额×累计月份。

（8）账面净值：账面净值＝原值－累计折旧。

（9）科目：将折旧额按使用部门归集到相关科目。

编制好的固定资产折旧明细表如表13-8所示。

表13-8 固定资产折旧明细表

2019年4月

单位：明盛公司

编号	类别	名称	规格	入账日期	单位	数量	单价	原值	折旧年限	应折旧月数	残值率	预计净残值	月折旧额	本月折旧	累计月份	累计折旧	账面净值	使用部门	科目
1	房屋建筑物	车间		2001-4-20	间	1	383 073.00	383 073.00	20	240	5%	19 153.65	1 516.33	1516.33	204	30 9331.32	73 741.68	车间	制造费用
2	机器机械	发电机		2009-9-30	台	1	38 000.00	38 000.00	10	120	5%	1 900.00	300.83	300.83	102	30 684.66	7 315.34	车间	制造费用
3	电子设备	空调柜机		2013-9-30	台	9	8 250.00	74 250.00	3	36	5%	3 712.50	1 959.38	0.00	36	70 537.50	3 712.50	办公楼	管理费用
4	电子设备	空调挂机		2013-9-30	台	16	1 600.00	25 600.00	3	36	5%	1 280.00	675.56	0.00	36	24 320.00	1 280.00	办公楼	管理费用
5	电子设备	洗衣机		2013-9-30	台	2	1 400.00	2 800.00	3	36	5%	140.00	73.89	0.00	36	2 660.00	140.00	办公楼	管理费用
6	电子设备	组装电脑		2013-9-30	台	3	3 160.00	9 480.00	3	36	5%	474.00	250.17	0.00	36	9 006.00	474.00	车间办	制造费用
7	电子设备	饮水机电饼铛		2013-9-30	台	2	355.00	710.00	3	36	5%	35.50	18.74	0.00	36	674.50	35.50	办公楼	管理费用
8	电子设备	软件		2013-9-30	个	1	2 000.00	2 000.00	3	36	5%	100.00	52.78	0.00	36	1 900.00	100.00	办公楼	管理费用
9	电子设备	风扇		2013-9-30	台	1	130.00	130.00	3	36	5%	6.50	3.43	0.00	36	123.50	6.50	销售部	销售费用
10	电子设备	组装电脑		2013-9-30	台	2	2 697.50	5 395.00	3	36	5%	269.75	142.37	0.00	36	5 125.25	269.75	办公楼	管理费用
11	电子设备	复印机		2013-9-30	台	1	4 500.00	4 500.00	3	36	5%	225.00	118.75	0.00	36	4 275.00	225.00	车间办	制造费用
12	电子设备	手机		2013-9-30	部	1	5 600.00	5 600.00	3	36	5%	280.00	147.78	0.00	36	5 320.00	280.00	办公楼	管理费用
13	器具工具家具	两门保险柜		2011-9-30	个	1	1 050.00	1 050.00	5	60	5%	52.50	16.63	0.00	60	997.50	52.50	销售部	销售费用
14	器具工具家具	单门保险柜		2011-10-1	个	1	650.00	650.00	5	60	5%	32.50	10.29	0.00	60	617.50	32.50	办公楼	管理费用
15	器具工具家具	铁皮文件柜		2011-10-2	个	2	550.00	1 100.00	5	60	5%	55.00	17.42	0.00	60	1 045.00	55.00	办公楼	管理费用
16	器具工具家具	办公椅		2013-9-30	个	16	150.00	2 400.00	5	60	5%	120.00	38.00	38.00	54	2 052.00	348.00	办公楼	管理费用
17	器具工具家具	铁架子床		2013-9-30	副	8	220.00	1 760.00	5	60	5%	88.00	27.87	27.87	54	1 504.98	255.02	办公楼	管理费用
18	器具工具家具	钢管皮长椅		2013-9-30	个	5	300.00	1 500.00	5	60	5%	75.00	23.75	23.75	54	1 282.50	217.50	办公楼	管理费用
19	器具工具家具	茶水柜		2013-9-30	个	1	300.00	300.00	5	60	5%	15.00	4.75	4.75	54	256.50	43.50	办公楼	管理费用
20	器具工具家具	办公椅		2013-9-30	个	1	3 000.00	3 000.00	5	60	5%	150.00	47.50	47.50	54	2 565.00	435.00	办公楼	管理费用
21	电子设备	点钞机		2013-11-30	台	1	1 000.00	1 000.00	3	36	5%	50.00	26.39	0.00	36	950.00	50.00	办公楼	管理费用
22	电子设备	复印机		2013-11-30	台	1	9 500.00	9 500.00	3	36	5%	475.00	250.69	0.00	36	9 025.00	475.00	办公楼	管理费用
23	器具工具家具	家具		2013-11-30	个	1	3 490.00	3 490.00	5	60	5%	174.50	55.26	55.26	52	2 873.52	616.48	销售部	销售费用
合计								577 288.00				28 864.40		2014.29		487 127.23	90 160.77		

13.6.3 处置固定资产的账务处理

演练要求：

根据下列业务进行账务处理。

2019年4月30日，处置残旧复印机，原值为4 500元，已提折旧3 562.50元。出售取得现金收入565元。

演练解读：

上述业务对应的会计分录为：

（1）固定资产清理。

借：固定资产清理　　937.50

　　累计折旧　　3 562.50

　　贷：固定资产——复印机　　4 500

（2）取得出售价款。

借：库存现金　　565

　　贷：固定资产清理　　500

　　　　应交税费——应交增值税（销项税额）　　65

（3）结转固定资产清理净收益=937.50-500=437.50（元）。

借：营业外支出——处置固定资产净损失　　437.50

　　贷：固定资产清理　　437.50

第14章

投资的账务处理

投资是企业为通过分配来增加财富，或为谋求其他经济利益，而将资产让渡给其他单位所获得的另一项资产。会计人员要掌握投资的账务处理过程，要根据不同的投资类型，采用不同的核算方法进行相应的账务处理。本章将介绍与投资相关的知识。

14.1 认识投资

投资是企业为了获得收益或实现资本增值，向被投资单位投放资金的经济行为。企业具有投资性质的资产包括交易性投资、持有至到期投资、长期股权投资等。

14.1.1 投资的特点

从投资的定义可以看出，作为企业“特殊性质”的资产，投资具有以下特点。

（1）投资的形成过程非常特殊：买入“投资”，是将企业已经拥有的一项资产让渡给其他企业，如把货币资金、房产、生产线等让渡给别的企业生产经营用，由此产生了企业对别的企业，即被投资者的投资。

（2）投资的目的是为企业带来间接的经济利益。既然把自己的资产让渡给他人，投资者当然就有条件向被投资者要求一定的经济利益。

（3）随着资本市场的不断发展，对企业来说，某些投资，如在证券市场上进行短期性质的股票或债券的买卖，也可以通过买卖差价来获取利益。

（4）投资具有一定的风险。

14.1.2 投资的分类

采用的标准不同，对投资的分类也不同，常用的分类及内容如表14-1所示。

表14-1 投资的分类及内容

分类标准	种类	内容
企业投资的目的	短期投资	指能够随时变现并且持有时间不准备超过一年的投资。这样的投资，其目的是能充分利用企业暂时闲置的资金获取更多利润
	长期投资	指持有时间超过一年，不能随时变现或不准备随时变现的投资。这样的投资可以影响和控制被投资单位，或为了积累整笔资金，以满足特定用途对资金的需要等 注意：短期投资与长期投资的划分标准是“投资目的”，而不是持有时间的长短
企业投资的性质	权益性投资	指企业通过投资取得被投资企业相应份额净资产的所有权，通过权益性投资，投资企业与被投企业之间形成所有权关系 权益性投资主要是企业通过购买股票或者采取合同、协议方式投出资产取得股权，包括购入普通股票，根据合同、协议向合资、联营等企业投入资产取得股权等
	债权性投资	指企业通过投资获得债权，通过债权性投资，投资企业与受资企业之间形成债权债务关系 债权性投资主要是投资企业将企业的资产投资于债权性证券，如公司债券、国库券等
	混合性投资	指同时具有债权性和权益性双重性质的投资。这种投资兼有债权性和权益性投资的特点，也便于投资企业转换投资性质。混合性投资主要是企业通过购买优先股股票，或者购买可转换公司债券进行。优先股股票就是比较典型的混合性投资：一方面，它具有约定的股利支付比例，股利的支付及破产财产的清偿，均优先于普通股股票，类似于债权性投资；另一方面，股票无到期日，投资人不能定期收回本金，类似于权益性投资
企业对外投资的形式	货币投资	指企业用现金等货币资金进行的投资 企业用货币资金直接投资，应按实际投出金额作为投资入账价值；如果用货币资金购买债券、股票等有价证券，则应以投资成本作为投资入账价值
	实物投资	指企业用材料、固定资产等实物资产进行的投资 这类投资应按投出资产的评估价值作为投资成本计价入账
	无形资产投资	指用企业所拥有的无形资产所有权或使用权进行的投资 这类投资应按投出无形资产的评估价值作为投资成本计价入账

续表

分类标准	种类	内容
企业投资对被投资企业的影响	对可控制企业的投资	指对本企业所控制的企业的投资 所谓控制，指能够统驭一个企业的财务和经营决策，借此从该企业的经营活动中获取利益。投资企业直接或间接地拥有被投资企业有表决权的资本总额50%以上时，对被投资企业拥有控制权；或根据章程或协议，投资企业对被投资企业拥有实质上的控制权。通常称投资企业为“母公司”，称被投资企业为“子公司”，母公司及其全部子公司构成一个企业集团，或称为“集团公司”。对可控制企业的投资，会计上应采用权益法核算
	对共同控制企业的投资	指按合同约定对某项经济活动所共有的控制 这里的共同控制，仅指共同控制实体，不包括共同控制经营、共同控制财产等。共同控制实体是指由两个或多个企业共同投资建立的实体。被投资单位的财务和经营政策必须由投资双方或若干方共同决定。对共同投资企业的投资，会计上应采用权益法核算
	对有重大影响企业的投资	指投资企业对被投资企业的财务和经营政策有参与决策的权力，但不具有控制权。被投资企业通常是投资企业出资组成的合资企业、联营企业。投资企业对被投资企业的财务和经营政策的决策具有重大影响。此外，虽然控制企业拥有的被投资企业有表决权的资本总额在20%以下，但实质上对被投资企业有重大影响，也应确认对被投资企业的财务和经营政策决策具有重大影响。对有重大影响企业的投资，会计上应采用权益法核算
	对无重大影响企业的投资	指对无控制、无共同控制且无重大影响三种类型以外的企业的投资。投资企业的投资额占被投资企业有表决权的资本总额20%以下，同时不存在其他实施重大影响的条件，则投资企业对被投资企业的财务和经营政策无重大影响

总之，对投资进行适当的分类，是确定会计核算的前提，投资目的、投资性质不同，相关会计核算也不相同。在本章中，将区分短期投资和长期投资分别介绍与投资相关的基础账务知识。

14.2 短期投资的账务处理

在会计实务中，短期投资涉及的科目有“交易性金融资产”“债权投资”及“其他股权投资”等，下面以“交易性金融资产”的账务处理为例进行说明。

14.2.1 认识交易性金融资产

按新《企业会计准则》的规定，金融资产满足下列条件之一的，应当划分为交易性金融资产。

（1）取得该金融资产或承担该金融负债，主要是为了近期内出售或回购。

（2）属于进行集中管理的可辨认金融工具组合的一部分，且有客观证据表明企业近期采用短期获利方式对该组合进行管理。

（3）属于衍生工具。但是，被指定且为有效套期工具的衍生工具、属于财务担保合同的衍生工具、与在活跃市场中没有报价且其公允价值不能可靠计量的权益工具投资挂钩并须通过交付该权益工具结算的衍生工具除外。

企业应当设置“交易性金融资产”科目对企业以交易为目的所持有的债券投资、股票投资、基金投资等交易性金融资产的公允价值以及企业持有的直接指定为以公允价值计量且其变动计入当期损益的金融资产进行核算。该科目可按交易性金融资产的类别和品种，分别按“成本”“公允价值变动”等进行明细核算，其期末借方余额，反映企业持有的交易性金融资产的公允价值。

14.2.2 取得交易性金融资产的账务处理

企业取得交易性金融资产，按其公允价值，借记“交易性金融资产——成本”科目；按发生的交易费用，借记“投资收益”科目，按已到付息期、但尚未领取的利息或已宣告但尚未发放的现金股利，借记“应收利息”或“应收股利”科目；按实际支付的金额，贷记“银行存款”

等科目。

【例14-1】

2018年7月15日，从二级市场购入香草公司股票10万股，每股的市场购入价为10.50元，其中每股含有已宣告而尚未支付的现金股利0.50元，另外支付相关税费6 000元。该公司将其作为交易性金融资产。其对应的会计分录为：

借：交易性金融资产——香草公司（成本）　　1 000 000

　　应收股利　　50 000

　　投资收益　　6 000

　　贷：银行存款——工行证券户　　1 056 000

（分录说明：按企业会计准则规定，交易性金融资产的入账价值=10×（10.50-0.50）=100（万元）；每股含有已宣告而尚未支付的现金股利应该计入应收股利，其金额=10×0.5=5（万元）；支付的手续费应该冲减投资收益。）

14.2.3　资产负债表日的账务处理

资产负债表日，交易性金融资产的公允价值高于其账面余额的差额，借记“交易性金融资产——公允价值变动”科目，贷记“公允价值变动损益”科目；公允价值低于其账面余额的差额做相反的会计分录。

【例14-2】

沿用【例14-1】的数据，2018年12月31日，香草公司股票的公允价值涨到了每股12.20元，公司持有香草公司股票10万股，其公允价值变动收益为22（122-100=22）万元。其对应的会计分录为：

借：交易性金融资产——香草公司（公允价值变动）　　220 000

　　贷：公允价值变动损益　　220 000

注意：公允价值变动损益22万元是企业会计利润的一部分，需要在利润表上进行反映，但期末会计处理时，实际并不将公允价值变动损益结转至本年利润，即所谓的“表结账不结”。2018年12月31日该交易性金融资产的账面价值=交易性金融资产初始成本100万元+因公允价值变动而增加的价值22万元=122万元。按税法规定，期末公允价值变动损益22万元不得计入应纳税所得额，也不承认因此而增加的22万元的交易性金融资产的价值，该交易性金融资产的计税基础=交易性金融资产的购买成本100万元。资产的账面价值122万元，大于其计税基础100万元，两者之间的差异为应纳税暂时性差异，应确认与其相关的递延所得税负债5.5[（122-100）×25%]万元。假设与该资产相关的递延所得税负债期初余额为零，则确认递延所得税负债的会计分录为：

借：所得税费用　　55 000

　　贷：递延所得税负债　　55 000

14.2.4　取得及发放现金股利的账务处理

收到现金股利或利息时，借记“银行存款”科目，贷记“应收股利”科目。

【例14-3】

沿用【例14-1】的数据，2018年8月10日，收到香草公司发放的现金股利50 000元。其对应的会计分录为：

借：银行存款　　50 000

　　贷：应收股利　　50 000

交易性金融资产持有期间被投资单位宣告发放的现金股利，或在资产负债表日按分期付息、一次还本债券投资的票面利率计算的利息，借记“应收股利”或“应收利息”科目，贷记“投资收益”科目。

【例14–4】

沿用【例14-1】的数据，2018年2月5日，香草公司宣布发放现金股利每股0.5元。其对应的会计分录为：

借：应收股利　　50 000

　　贷：投资收益　　50 000

注意：在资产负债表日按分期付息、一次还本债券投资的票面利率计算的利息也做同样的账务处理。

14.2.5 处置交易性金融资产的账务处理

出售交易性金融资产，应按实际收到的金额，借记“银行存款”等科目；按该金融资产的账面余额，贷记“交易性金融资产”科目；按其差额，贷记或借记“投资收益”科目。同时，将原计入该金融资产的公允价值变动转出，借记或贷记“公允价值变动损益”科目，贷记或借记“投资收益”科目。

【例14–5】

沿用【例14-1】~【例14-4】的数据，2018年2月25日，将所持的香草公司的股票全部出售，每股售价15元，发生相关的税费0.80万元。其对应的会计分录为：

借：银行存款　　1 492 000

　　公允价值变动损益　　220 000

　　贷：交易性金融资产——香草公司（成本）　　1 000 000

　　　　交易性金融资产——香草公司（公允价值变动）　　220 000

　　　　投资收益　　492 000

分录说明：收回的总价款=10×15-0.80=149.20（万元）。应确认的投资收益=149.20-（100+22）+22=49.20（万元）。

注意：计入投资收益的49.20万元中，公允价值变动收益22万元，已经计入了上一期的会计利润，因此因股票出售影响本期会计利润为27.20（49.20-22）万元。

14.3 长期投资的账务处理

长期投资，是指不准备或不能随时变现，并且持有时间拟超1年的投资。一般包括长期债券投资、其他长期债权投资和长期股权投资等。本节中仅以长期股权投资进行举例说明。

长期股权投资是指通过投资取得被投资单位的股份。企业对其他单位的股权投资，通常视为长期持有。企业持有长期投资通常是为了通过股权投资控制被投资单位，或对被投资单位施加重大影响，或为了与被投资单位建立密切关系，以分散经营风险。投资企业一旦成为被投资单位的股东，依所持股份份额享有股东权利并承担相应义务，不能随意抽回投资。

企业应当设置“长期股权投资”科目对企业持有的采用成本法和权益法核算的长期股权投资进行核算，该科目可按被投资单位进行明细核算。采用权益法核算长期股权投资的，还应当分别按“成本”“损益调整”“其他综合收益”“其他权益变动”进行明细核算；其期末借方余额，反映企业长期股权投资的价值。

14.3.1 长期股权投资的计量

1. 长期股权投资的取得方式

在我国，长期股权投资的取得方式主要有以下两种。

（1）以资产（包括货币资金、无形资产和其他实物资产）投资于其他单位，从而成为被投资单位的股东。

（2）在证券市场上以货币资金购买其他企业的股票，成为被投资单位的股东。

2. 长期股权投资类型

长期股权投资依据对被投资单位产生的影响，分为以下3种类型。

（1）控制。

控制是指一个企业能够决定另一个企业的财务和经营政策，并能据以从另一个企业的经营活动中获取利益的权力。当两个企业之间既有投资关系又有控制关系时，应确认为母子公司关系。

例如，张氏公司为了方便在全国范围内扩展业务，完善布局，在北上广分别成立了子公司并不断向下延伸，形成了层层递进的控制关系。

（2）共同控制。

共同控制是指按照合同约定对某项经济活动所共有的控制，仅在与该项经济活动相关的重要财务和生产经营决策需要分享控制权的投资方一致同意时存在。

例如，张氏公司与李氏公司各以300万元投资设立一家通信公司，各持股50%，那么张氏公司与李氏公司对这家通信公司就是共同控制关系。

（3）重大影响。

重大影响是指对一个企业的财务和经营政策有参与决策的权力，但并不能控制或者与其他方一起共同控制这些政策的制定。投资企业直接或通过子公司间接拥有被投资单位20%以上但低于50%的表决权股份时，一般认为对被投资单位具有重大影响。投资企业拥有被投资单位有表决权股份的比例低于20%的，一般认为对被投资单位不具有重大影响。

3. 长期股权投资的成本法

所谓长期股权投资的成本法，是指长期股权投资按成本计价入账的会计核算方法。

按照新会计准则关于长期股权投资核算的要求，投资企业能够对被投资单位实施控制的长期股权投资，即对子公司的投资应采用成本法核算。

4. 长期股权投资的权益法

长期股权投资的权益法的适用范围和核算程序如表14-2所示。

表14-2 长期股权投资的权益法的适用范围和核算程序

项目	内容
概念	长期股权投资的权益法，是指投资以初始投资成本计量后，在投资持有期间，根据投资企业享有被投资单位所有者权益份额的变动，对投资的账面价值进行调整的会计核算方法
适用范围	按照新会计准则关于长期股权投资核算的要求，投资企业对被投资单位具有共同控制或重大影响的长期股权投资，即对合营企业和联营企业的投资，应当采用权益法进行核算
核算程序	按权益法核算长期股权投资大体有以下几个步骤。 （1）在初始投资或追加投资时，按照初始投资成本或追加投资的投资成本，增加长期股权投资的账面价值 （2）比较初始投资成本与投资时应享有被投资单位可辨认净资产公允价值的份额：前者大于后者的，不调整长期股权投资账面价值；前者小于后者的，应当按照二者之间的差额调增加长期股权投资的账面价值，同时计入取得投资当期损益（营业外收入） （3）在持有投资期间，随着被投资单位所有者权益的变动，相应调整增加或减少长期股权投资的账面价值。并且，需按不同情况，分别处理：对属于因被投资单位实现净损益产生的所有者权益的变动，投资企业按照持股比例计算应享有的份额，增加或减少长期股权投资的账面价值，同时确认投资损益和其他综合收益；对于被投资单位宣告分派的利润或现金股利，计算应分得的部分，相应减少长期股权投资的账面价值；对于被投资单位除净损益、其他综合收益以及利润分配以外的因素导致的其他所有者权益变动，相应调整长期股权投资的账面价值，同时确认资本公积（其他资本公积）

5. 核算方法的转换

企业的长期股权投资在持有期间，由于各种情况的变化，可能需要由一种方法转换成另外一种方法：由成本法转换成权益法或由权益法转变成成本法。长期股权投资核算方法的转换，是一个复杂的会计核算过程，下面进行简单介绍。

（1）成本法转换为权益法。

长期股权投资的核算由成本法转为权益法时，应以成本法下长期股权投资的账面价值作为按照权益法核算的初始投资成本，并在此基础上比较该初始投资成本与应享有被投资企业可辨认净资产公允价值的份额，确定是否需要对长期股权投资的账面价值进行调整。

（2）权益法转换为成本法。

按《企业会计准则第2号——长期股权投资》的规定，企业因对被投资企业追加投资等原因，导致原持有的对联营企业或合营企业的投资转变为对子公司投资的，应以转换时长期股权投资的账面价值作为按照成本法核算的基础。相应地，企业自被投资企业分得的现金股利或利润未超过转换时被投资企业可供分配利润中本企业享有份额的，分得的现金股利或利润应冲减长期股权投资的成本，不作为投资收益。自被投资企业取得的现金股利或利润，超过转换时被投资企业可供分配利润中本企业享有份额的部分，确认为当期损益。

14.3.2 取得长期股权投资的账务处理

同一控制下企业合并形成的长期股权投资，应在合并日按取得被合并方所有者权益账面价值的份额，借记“长期股权投资”科目；按享有被投资单位已宣告但尚未发放的现金股利或利润，借记“应收股利”科目；按支付的合并对价的账面价值，贷记有关资产或借记有关负债科目；按其差额，贷记“资本公积——资本溢价或股本溢价”科目；为借方差额的，借记“资本公积——资本溢价或股本溢价”科目，“资本公积（资本溢价或股本溢价）”不足冲减的，借记“盈余公积”“利润分配——未分配利润”科目。

非同一控制下企业合并形成的长期股权投资，应在购买日按企业合并成本（不含应自被投资单位收取的现金股利或利润），借记“长期股权投资”科目；按享有被投资单位已宣告但尚未发放的现金股利或利润，借记“应收股利”科目；按支付合并对价的账面价值，贷记有关资产或借记有关负债科目；按发生的直接相关费用，贷记“银行存款”等科目；按其差额，确认相关损益。非同一控制下企业合并涉及以库存商品等作为合并对价的，应按库存商品的公允价值，贷记“主营业务收入”科目，并同时结转相关的成本。涉及增值税的，还应进行相应的处理。

以支付现金、非现金资产等其他方式（非企业合并）形成的长期股权投资，比照非同一控制下企业合并形成的长期股权投资的相关规定进行处理。

投资者投入的长期股权投资，应按确定的长期股权投资成本，借记“长期股权投资”科目，贷记“实收资本”或“股本”科目。

1. 以现金购入长期股权投资的账务处理

【例14–6】

2018年10月10日，从公开市场购入花亭股份公司20%的股份，实际支付价款52 000万元，其中包含已经宣告但尚未发放的现金股利2 000万元。另外，在购买过程中支付手续费等相关费用105万元。取得该部分股权后，能够对花亭股份公司的生产经营决策施加重大影响，则应当按照实际支付的购买价款作为取得长期股权投资的成本。其对应的会计分录为：

借：长期股权投资——花亭股份公司　　501 050 000

　　应收股利　　20 000 000

　　贷：银行存款——工行证券户　　521 050 000

2. 以发行权益性证券方式取得长期股权投资的账务处理

【例14-7】

2018年5月，公司通过增发6 000万股本公司普通股（每股面值1元）取得五谷公司20%的股权，按照增发前后的平均股价计算，该6 000万股股份的公允价值为10 400万元。为增发该部分股份，向证券承销机构等支付了400万元的佣金和手续费。假定取得该部分股权后能够对五谷公司的生产经营决策施加重大影响，则应当以所发行股份的公允价值作为取得长期股权投资的成本。其对应的会计分录为：

	借方	贷方
借：长期股权投资——五谷公司	104 000 000	
贷：股本		60 000 000
资本公积——股本溢价		44 000 000

发行权益性证券过程中支付的佣金和手续费，在实际发生时，直接冲减权益性证券的溢价发行收入。其对应的会计分录为：

	借方	贷方
借：资本公积——股本溢价	4 000 000	
贷：银行存款		4 000 000

注意：确定发行的权益性证券的公允价值时，所发行的权益性证券存在公开市场、有明确市价可供遵循的，应以该证券的市价作为确定其公允价值的依据，同时应考虑该证券的交易量、是否存在限制性条款等因素的影响。如果所发行权益性证券不存在公开市场，没有明确市价可供遵循的，应考虑以被投资企业的公允价值为基础确定权益性证券的价值。

3. 接受投资者投入的账务处理

【例14-8】

毛氏公司成立时，其主要出资方A公司，以其持有的对B公司的长期股权投资作为出资投入毛氏公司。投资各方在投资合同中约定：作为出资的该项长期股权投资作价4 000万元。该作价是按照B公司股票的市价经考虑相关调整因素后确定的。毛氏公司注册资本为16 000万元。A公司出资占毛氏公司注册资本的20%，取得该项投资后，毛氏公司根据其持股比例，能够派人参与B公司的财务和生产经营决策。则毛氏公司对于投资者投入的该项长期股权投资，其对应的会计分录为：

	借方	贷方
借：长期股权投资——B公司	40 000 000	
贷：实收资本		32 000 000
资本公积——资本溢价		8 000 000

除了上面介绍的内容外，企业还可能通过合并等方式取得长期投资，这类业务的处理相对较复杂，但是其处理原理与上面介绍的方法是一样的。

14.3.3 成本法核算长期股权投资的账务处理

长期股权投资采用成本法核算的，应按被投资单位宣告发放的现金股利或利润中属于本企业的部分，借记“应收股利”科目，贷记“投资收益”科目；属于被投资单位在取得本企业投资前实现净利润的分配额，应作为投资成本的收回，借记“应收股利”科目，贷记“长期股权投资”科目。

【例14-9】

2018年1月，毛氏公司取得对W公司50%的股权，成本为900万元；2018年2月，毛氏公司又以180万元取得对W公司10%的股权。假定毛氏公司对W公司的生产经营决策不具有重大影响或共同控制，且该投资不存在活跃的交易市场，公允价值无法取得。2018年3月，W公司宣告分派现金股利，毛氏公司按其持股比例可取得11万元。则：

当毛氏公司2018年1月第一次取得投资时，其对应的会计分录为：

借：长期股权投资——W公司　　9 000 000
　　贷：银行存款　　9 000 000

当毛氏公司2018年2月第二次取得投资时，其对应的会计分录为：

借：长期股权投资——W公司　　1 800 000
　　贷：银行存款　　1 800 000

当W公司宣告发放现金股利时，其对应的会计分录为：

借：应收股利　　110 000
　　贷：投资收益　　110 000

14.3.4 权益法核算长期股权投资的账务处理

权益法下，长期股权投资的初始投资成本大于投资时应享有被投资单位可辨认净资产公允价值份额的，不调整已确认的初始投资成本；长期股权投资的初始投资成本小于投资时应享有被投资单位可辨认净资产公允价值份额的，应按其差额，借记“长期股权投资——成本”科目，贷记“营业外收入”科目。

根据被投资单位实现的净利润或经调整的净利润计算应享有的份额，借记“长期股权投资——损益调整”科目，贷记“投资收益”科目。被投资单位发生净亏损，做相反的会计分录，但以“长期股权投资”科目的账面价值减记至零为限；还需承担的投资损失，应将其他实质上构成对被投资单位净投资的“长期应收款”等的账面价值减记至零为限；除按照以上步骤已确认的损失外，按照投资合同或协议约定将承担的损失，确认为预计负债。发生亏损的被投资单位以后实现净利润的，应按与上述相反的顺序进行恢复。

被投资单位以后宣告发放现金股利或利润时，企业计算应分得的部分，借记“应收股利”科目，贷记“长期股权投资——损益调整”科目。收到被投资单位宣告发放的股票股利，不进行账务处理，但应在备查簿中登记。

被投资单位其他综合收益发生变动的，投资方应当按照归属于本企业的部分，相应调整长期股权投资的账面价值，同时增加或减少其他综合收益。借记“长期股权投资——其他综合收益”，贷记“其他综合收益”，或相反分录。

【例14-10】

毛氏公司2018年1月取得K公司30%的股权，支付价款10 000万元。取得投资时K公司净资产账面价值为30 000万元（假定K公司各项可辨认资产、负债的公允价值与其账面价值相等）。假设毛氏公司在取得K公司的股权后，能够对K公司施加重大影响，所以对该投资应采用权益法核算。相应的账务处理为：

借：长期股权投资——K公司（投资成本）　　100 000 000
　　贷：银行存款　　100 000 000

注意：长期股权投资的初始投资成本10 000万元，大于取得投资时应享有K公司可辨认净资产公允价值的份额9000（30 000×30%）万元，该差额不调整长期股权投资的账面价值。

如【例14-10】中，取得投资时K公司可辨认净资产的公允价值为40 000万元，毛氏公司按持股比例30%计算确定应享有的份额为12 000万元，则初始投资成本与应享有被投资单位可辨认净资产公允价值份额之间的差额为2 000万元，应计入取得投资当期的营业外收入。其对应的会计分录为：

借：长期股权投资——K公司（投资成本）　　120 000 000
　　贷：银行存款　　100 000 000
　　　　营业外收入　　20 000 000

如果K公司2018年亏损5 000万元，毛氏公司按其持股比例确认应分担的损失为1 500（5 000×30%）万元，其对应的会计分录为：

借：投资收益　　15 000 000

　　贷：长期股权投资——K公司（损益调整）　　15 000 000

14.3.5　成本法转换为权益法的账务处理

将长期股权投资自成本法转按权益法核算的，应按转换时该项长期股权投资的账面价值作为权益法核算的初始投资成本，初始投资成本小于转换时占被投资单位可辨认净资产公允价值份额的差额，借记“长期股权投资”科目——成本”，贷记“营业外收入”科目。

14.3.6　权益法转换为成本法的账务处理

长期股权投资自权益法转按成本法核算的，除构成企业合并的以外，应按中止采用权益法时长期股权投资的账面价值作为成本法核算的初始投资成本。

14.3.7　处置长期股权投资的账务处理

处置长期股权投资时，应按实际收到的金额，借记“银行存款”等科目；按其账面余额，贷记“长期股权投资”科目；按尚未领取的现金股利或利润，贷记“应收股利”科目；按其差额，贷记或借记“投资收益”科目。已计提减值准备的，还应同时结转减值准备。

采用权益法核算长期股权投资的处置，除上述规定外，还应结转原记入资本公积和其他综合收益的相关金额，借记或贷记“资本公积——其他资本公积”“其他综合收益”科目，贷记或借记“投资收益”科目。

【例14-11】

2018年9月20日，出售所持东方股份有限公司的股票5 000 000股，每股出售价为10元，款项已收回。已知长期股权投资的各明细科目金额如下：投资成本30 000 000元，损益调整2 000 000元，其他综合收益1 500 000元。其对应的会计分录为：

出售所持东方股份有限公司股票时：

借：银行存款　　50 000 000

　　贷：长期股权投资——投资成本　　30 000 000

　　　　　　　　　　——损益调整　　2 000 000

　　　　　　　　　　——其他综合收益　　1 500 000

　　　　投资收益　　16 500 000

同时：

借：其他综合收益　　1 500 000

　　贷：投资收益　　1 500 000

14.4　综合演练

14.4.1　短期投资的账务处理

演练要求：

根据下列业务进行账务处理。（会计科目要求写出明细科目，答案中的金额单位用万元表示）

（1）3月1日，向DK证券公司划出投资款1 000万元，款项已通过开户行转入DK证券公司银行账户。

（2）3月2日，委托DK证券公司购入上市公司股票100万股，每股8元，另发生相关交易费用2万元，并将该股票划分为交易性金融资产。

（3）3月31日，该股票在证券交易所的收盘价格为每股7.70元。

（4）4月30日，该股票在证券交易所的收盘价格为每股8.10元。

（5）5月10日，将所持有的该股票全部出售，取得价款825万元，已存入银行。假定不考虑相关税费。

演练解读：

上述业务对应的会计分录为：

（1）借：其他货币资金——存出投资款　　1 000

　　贷：银行存款　　1 000

（2）借：交易性金融资产——成本　　800

　　投资收益　　2

　　贷：其他货币资金——存出投资款　　802

（3）借：公允价值变动损益　　30（800-100×7.7）

　　贷：交易性金融资产——公允价值变动　　30

（4）借：交易性金融资产——公允价值变动　　40（8.1×100-7.7×100）

　　贷：公允价值变动损益　　40

（5）借：银行存款　　825

　　贷：交易性金融资产——成本　　800

　　——公允价值变动　　10

　　投资收益　　15

借：公允价值变动损益　　10

　　贷：投资收益　　10

14.4.2 长期投资的账务处理

演练要求：

根据下列业务进行明盛公司账务处理。（会计科目要求写出明细科目，答案中的金额单位用万元表示）

明盛公司持有明旺公司40%的股权，2018年12月31日，投资的账面价值为1 200万元。明旺公司2018年发生净亏损4 000万元。明盛公司账上有应收明旺公司长期应收款300万元（符合长期权益的条件），同时，根据投资合同的约定，明盛公司需要额外承担明旺公司的损失的弥补义务50万元，且符合预计负债的确认条件。假定取得投资时被投资单位各资产公允价值等于账面价值，双方采用的会计政策、会计期间相同。

演练解读：

上述业务对应的会计分录为：

2018年度明盛公司应分担损失=4 000万元×40%=1 600万元>投资账面价值1 200万元。

首先，冲减长期股权投资账面价值。

借：投资收益　　1 200

　　贷：长期股权投资——明旺公司（损益调整）　　1 200

其次，因明盛公司账上有应收明旺公司长期应收款300万元，则应进一步确认损失。

借：投资收益　　300

贷：长期应收款 300

2018年度明盛公司应确认的投资损失=1 200＋300=1 500（万元）。

明盛公司需要额外承担明旺公司的损失的弥补义务50万元，且符合预计负债的确认条件。

借：投资收益 50

贷：预计负债 50

剩余未确认的投资损失50（1 600-1 500-50）万元进行备查登记。

第15章

无形资产的账务处理

在企业的日常生产经营过程中，除了必须的存货和固定资产外，还有一些性质或者形态有“特色”的资产，这就是无形资产。

无形资产作为企业特殊形态的资产，是企业资产的重要组成部分，在部分软件企业和新技术企业中，无形资产占总资产的比例很高，在提升企业价值和核心竞争力上，甚至比存货和固定资产“更高一筹”。会计人员需要全面掌握无形资产的账务处理。

15.1 认识无形资产

无形资产，是指企业拥有或者控制的，没有实物形态的可辨认的非货币性资产。无形资产，没有实物形态这一特征主要是与企业存货、固定资产等有形资产而言的。

15.1.1 无形资产的特征

按《企业会计准则》关于无形资产的描述，无形资产具有如表15-1所示的特征。

表15-1 无形资产的特征

特征	内容
不具有实物形态	无形资产通常表现为某种权利、某项技术或是某种获取超额利润的综合能力，它们不具有实物形态，如前面提及的非专利技术、土地使用权等
具有可辨认性	所谓可辨认性，是指无形资产能从企业分离出来或者划分出来，并能单独用于出租、出售或转让 关于企业无形资产的可辨认性，可以做这样简单的区分：如果企业有权获得一项无形资产产生的未来经济利益，并能有效控制别的企业或利益集团获取这些利益，则表明企业控制了该项无形资产。例如商标权，如果存在盗用或伪造，企业是有控制权和追诉权的，就说明企业控制了某一商标权的相关利益，商标权作为无形资产也是可辨认的 注意：客户关系、人力资源等，由于企业无法控制其带来的未来经济利益，不符合无形资产的定义，不应将其确认为无形资产

15.1.2 无形资产的内容

无形资产通常包括专利权、非专利技术、商标权、著作权、特许权、土地使用权等，其内容如表15-2所示。

表15-2 无形资产的内容

种类	内容
专利权	是指国家专利主管机关依法授予发明创造专利申请人，对其发明创造在法定期限内所享有的专有权利，包括发明专利权、实用新型专利权和外观设计专利权等
非专利技术	也称专有技术，是指不为外界所知、在企业生产经营活动中已采用了的、不享有法律保护，但可以带来经济效益的各种技术和诀窍等。一般包括工业专有技术、商业贸易专有技术、管理专有技术等
商标权	指专门在某类指定的商品或产品上使用特定的名称或图案的权利
著作权	又称版权，是指作者对其创作的文学、科学和艺术作品依法享有的某些特殊权利。不仅包括作品署名权、发表权、修改权和保护作品完整权，还包括复制权、发行权、出租权、展览权、表演权、放映权、广播权、信息网络传播权、摄制权、改编权、翻译权、汇编权以及应当由著作权人享有的其他权利
特许权	又称经营特许权、专营权，指企业在某一地区经营或销售某种特定商品的权利，或是一家企业接受另一家企业使用其商标、商号、技术秘密等的权利 特许权通常有两种形式：一种是由政府机构授权，准许企业使用或在一定地区享有经营某种业务的特权，如水、电、邮电通信等专营权、烟草专卖权等；另一种指企业间依照签订的合同，有限期或无限期使用另一家企业的某些权利，如连锁店、分店使用总店的名称等
土地使用权	指国家准许某企业在一定期间内，对国有土地享有开发、利用、经营的权利 根据我国《土地管理法》的规定，我国土地实行公有制，任何单位和个人不得侵占、买卖或者以其他形式非法转让。企业取得土地使用权的方式大致有以下几种：行政划拨取得、外购取得和投资者投资取得

无形资产的内容不同，其账务处理也稍有差异。企业无形资产的账务处理包括了无形资产进入企业到最终退出企业的全过程，具体包括初始入账处理、后续支出处理和处置处理等。

15.2 无形资产取得的账务处理

无形资产通常是按实际成本计量，即以取得无形资产并使之达到预定用途而发生的全部支出作为无形资产的成本。

对于从不同来源取得的无形资产，其初始成本构成也不尽相同。自行开发的无形资产，其成本包括自满足无形资产确认条件后至达到预定用途前所发生的支出总额，但是对于以前期间已经费用化的支出不再调整。

企业应当设置“无形资产”科目对企业持有的无形资产（包括专利权、非专利技术、商标权、著作权、土地使用权等）成本进行核算，该科目可按无形资产项目进行明细核算，其期末借方余额，反映企业无形资产的成本。

15.2.1 外购无形资产的账务处理

外购的无形资产，其成本包括购买价款、相关税费以及直接归属于使该项无形资产达到预定用途所发生的其他支出。其中，直接归属于使该项无形资产达到预定用途所发生的其他支出包括：使无形资产达到预定用途所发生的专业服务费用、测试无形资产是否能够正常发挥作用的费用等，但不包括为引入新产品进行宣传发生的广告费、管理费用及其他间接费用，也不包括在无形资产已经达到预定用途以后发生的费用。

企业外购无形资产时，应按购入时取得的增值税专用发票注明的金额借记“无形资产”“应交税费——应交增值税（进项税额）”科目，贷记“银行存款”等科目。

【例 15-1】

2018年5月，公司购进一项非专利技术，增值税专用发票注明价款为100 000元，增值税为6 000元，款项通过银行转账支付。其对应的会计分录为：

借：无形资产——非专利技术	100 000	
应交税费——应交增值税（进项税额）	6 000	
贷：银行存款		106 000

15.2.2 投资者投入无形资产的账务处理

《企业会计准则》规定：“投资者投入的无形资产的成本，应当按照投资合同或协议约定的价值确定，但合同或协议约定价值不公允的除外。”也就是说，投资者投资的无形资产按协议或合同记录的数额作为无形资产的初始入账成本，若协议或合同记录的数额不公允，则应以公允价值作为无形资产初始入账成本；能取得可抵扣增值税专用发票的，按增值税专用发票确认增值税进项税额。

被投资企业接受投资企业作为股本投入的无形资产，按投资企业开具的增值税专用发票注明的金额，借记“无形资产”“应交税费——应交增值税（进项税额）”科目，贷记“实收资本”或“股本”等科目。

【例 15-2】

2018年7月，公司其中一个股东以一项非专利技术作为初始资本投入，各股东确认该非专利技术的价值是150万元，而其市值为120万元。其对应的会计分录为：

借：无形资产——非专利技术	1 200 000	
资本公积——股本溢价	300 000	
贷：股本		1 500 000

15.2.3 土地使用权的账务处理

土地使用权较其他无形资产具有特殊性，《企业会计准则》规定：企业取得的土地使用权通常应确认为无形资产。土地使用权用于自行开发建造厂房等地上建筑物时，土地使用权的账面价值不与地上建筑物合并计算其成本（也就是不能合并确认为固定资产），而仍作为无形资产进行核算，土地使用权与地上建筑物分别进行摊销和提取折旧。但准则同时规定，以下情况除外。

（1）房地产开发企业取得的土地使用权，用于建造对外出售的房屋建筑物，相关的土地使用权应当计入所建造的房屋建筑物成本。

（2）企业外购的房屋建筑物，实际支付的价款中包括土地以及建筑物的价值，则应当对支付的价款按照合理的方法（如公允价值）在土地和地上建筑物之间进行分配；如果确实无法在地上建筑物与土地使用权之间进行合理分配的，应当全部作为固定资产核算。

（3）企业改变土地使用权的用途，将其用于出租或增值时，应将其转为投资性房地产。

15.2.4 内部研发无形资产的账务处理

根据《企业会计准则》的规定，对于内部研发的无形资产，应当区分研究阶段和开发阶段分别进行核算。

1. 研究阶段

无形资产的研究阶段，是指为获取新的技术和知识等进行的有计划的调查。有关研究活动的举例包括：为获取知识而进行的研究活动，研究成果或其他知识的应用研究、评价和最终选择，材料、设备、产品、工序、系统或服务替代品的研究，以及新的或经改进的材料、设备、产品、工序、系统或服务的可能替代品的配制、设计、评价和最终选择等。

一般认为，无形资产的研究活动更多是探索性的，其研究是否能在未来形成成果，即经过开发后能否形成无形资产具有很大的不确定性。由于企业无法证明研究活动是否能带来未来经济利益，因此，研究阶段的有关支出在发生时应当予以费用化，计入当期损益。

2. 开发阶段

无形资产的开发阶段，是指企业在进行商业性生产或使用前，将研究成果或其他知识应用于某项计划或设计，以生产出新的或具有实质性改进的材料、装置、产品等。

一般认为，无形资产的开发阶段具有明确的针对性，且形成成果的可能性较大。

由于开发阶段相对于研究阶段更进一步，也就是说，相对于研究阶段，进入开发阶段则很大程度上形成一项新产品或新技术的基本条件已经具备，此时如果企业能够证明满足无形资产的定义及相关确认条件，所发生的开发支出可予以资本化，确认为无形资产的成本。

按准则的要求，开发阶段有关支出资本化的条件主要如下。

（1）完成该无形资产，以使其能够使用或出售在技术上具有可行性。

（2）企业具有完成该无形资产并使用或出售的意图。

（3）无形资产产生经济利益的方式，包括能够证明运用该无形资产生产的产品等。

（4）有足够的技术、财务资源和其他资源支持，以完成该无形资产的开发，并有能力使用或出售该无形资产。

（5）归属于该无形资产开发阶段的支出能够可靠计量。

虽然辨认无形资产的研究阶段和开发阶段有一定的难度，但在实际工作中，一般由研发等职能部门进行专业判断，而其账务处理本身不复杂。

自行开发的无形资产，按应予资本化的支出，借记“无形资产”科目，贷记“研发支出”科目。

【例15-3】

2017—2018年间，公司自行研究开发了一项技术，截至2017年12月31日，研究阶段领用原材料20 000元，支付人工费80 000元，经测试，该项研发活动完成了研究阶段，从2018年1月1日开始进入开发阶段。开发阶段领用原材料180 000元，支付人工费120 000元，假定符合《企业会计准则第6号——无形资产》规定的开发支出资本化的条件。2018年6月30日，该项研发活动结束，最终开发出一项非专利技术。其对应的会计分录为：

（1）2017年发生的研发支出：

借：研发支出——费用化支出　　100 000

　　贷：应付职工薪酬——工资　　80 000

　　　　原材料　　20 000

（2）2017年12月31日，发生的研发支出全部属于研究阶段的支出：

借：管理费用——研发费用　　100 000

　　贷：研发支出——费用化支出　　100 000

（3）2018年，发生开发支出并满足资本化确认条件：

借：研发支出——资本化支出　　300 000

　　贷：应付职工薪酬——工资　　120 000

　　　　原材料　　180 000

（4）2018年6月30日，该研发完成并形成无形资产：

借：无形资产——新技术　　300 000

　　贷：研发支出——资本化支出　　300 000

15.3 无形资产后续支出的账务处理

同固定资产一样，无形资产在初始确认和计量后，需要在以后使用该项无形资产期间内，以成本减去累计摊销额和累计减值损失后的余额进行计量。

要确定无形资产在使用过程中的累计摊销额，首先要估计其使用寿命。按无形资产准则规定，企业应当于取得无形资产时分析判断其使用寿命：无形资产的使用寿命如为有限的，应当估计该使用寿命的年限或者构成使用寿命的产量等类似计量单位数量；无法预见无形资产为企业带来未来经济利益期限的，应当视为使用寿命不确定的无形资产。

无形资产的后续支出包括无形资产的摊销及其减值。

（1）企业应当设置“累计摊销”科目对使用寿命有限的无形资产计提的累计摊销进行核算，该科目可按无形资产项目进行明细核算，其期末贷方余额，反映企业无形资产的累计摊销额。

（2）企业应当设置“无形资产减值准备”科目对无形资产的减值准备进行核算，该科目可按无形资产项目进行明细核算，其期末贷方余额，反映企业已计提但尚未转销的无形资产减值准备。

15.3.1 无形资产摊销的账务处理

按无形资产准则规定，使用寿命有限的无形资产，应在其预计的使用寿命内采用系统合理的方法对应摊销金额进行摊销。其中应摊销金额是指无形资产的成本扣除预计净残值后的金额。使用寿命有限的无形资产摊销的账务处理如表15-3所示。

表15-3　使用寿命有限的无形资产摊销的账务处理

项目	内容
摊销期间	无形资产的摊销期自其可供使用时（即其达到预定用途）开始至终止确认时止 注意：这与固定资产的摊销起始期间存在本质差别，固定资产是从使用的次月开始计提折旧，而无形资产是从使用的当月就要进行摊销
预计净残值的确定	无形资产的预计净残值，与固定资产预计净残值类似，即在无形资产的经济寿命结束前，企业预计将会处置该无形资产，由此从中取得利益 按无形资产准则规定，无形资产的预计净残值一般为零。如果有第三方承诺在无形资产使用寿命结束时，愿意以一定的价格购买该项无形资产，或者存在活跃的市场，通过市场可以得到无形资产使用寿命结束时的残值信息，可以确认无形资产的预计净残值
摊销方法	直线法、生产总量法等

企业按期（月）计提无形资产的摊销，借记“管理费用”“其他业务成本”等科目，贷记“累计摊销”科目。

【例15-4】

2018年7月，公司购买了一项管理用特许权，成本为240 000元，合同规定受益年限为1年，每月应摊销20 000（240 000÷1÷12）元。每月摊销时，其对应的会计分录为：

借：管理费用　　20 000

　　贷：累计摊销　　20 000

注意：无形资产的摊销一般应计入当期损益。若某项无形资产是专门用于生产某种产品，其所包含的经济利益通过转入所生产的产品中体现，则该专项无形资产的摊销费用计入产品成本。

15.3.2　无形资产减值的账务处理

按无形资产准则规定，如果依据可获得的情况判断，有确凿证据表明，无法合理估计其使用寿命的无形资产，才能作为使用寿命不确定的无形资产。

对于使用寿命不确定的无形资产，企业在持有期间不需要计提摊销，如果期末重新复核后其使用寿命仍不确定，应当在每个会计期间进行减值测试，严格按照《企业会计准则第8号——资产减值》的规定计提有关减值准备。

资产负债表日，无形资产发生减值的，按应减记的金额，借记“资产减值损失”科目，贷记“无形资产减值准备”科目。

【例15-5】

2018年12月31日，市场上某项新技术生产的产品销售势头很好，已对甲公司的销售产生重大不利影响。甲公司外购的类似专利技术的账面价值为800 000元，剩余摊销年限为4年，经减值测试，该专利技术的可收回金额为750 000元。由于甲公司该专利技术在资产负债表日的账面价值为800 000元，可收回金额为750 000元，可收回金额低于账面价值，应按其差额50 000（800 000−750 000）元计提减值准备。其对应的会计分录为：

借：资产减值损失——计提的无形资产减值准备　　50 000

　　贷：无形资产减值准备　　50 000

15.4　无形资产处置的账务处理

无形资产的处置，主要是指无形资产对外出租、对外捐赠、出售，或者是无法为企业带来未来经济利益时，应予转销并终止确认的过程。

（1）无形资产出售时，应将取得的价款与该无形资产的账面价值的差额作为资产处置利得或者损失，计入当期损益。但其确认的时点，应按照收入确认中的有关原则进行确定。

（2）无形资产出租时，将取得的租金收入，在满足收入确认条件的情况下，应确认相关的收入及成本，并通过其他业务收支进行核算。

（3）如果无形资产预期未来不能为企业带来经济利益，则不再符合无形资产的定义，应将其报废并予以转销，其账面价值转作当期损益。

15.4.1 出租无形资产的账务处理

企业将所拥有的无形资产的使用权让渡给他人，即出租无形资产，并收取租金，在满足收入准则规定的确认标准的情况下，应确认相关的收入及成本。

企业持有无形资产期间，可以让渡无形资产使用权并收取租金。收到租金收入时，借记“银行存款”等科目，贷记“其他业务收入”“应交税费——应交增值税（销项税额）”等科目。期末，对无形资产进行摊销，借记“其他业务成本”，贷记“累计摊销”科目。

【例15-6】

南百公司将一项食品商标使用权出租给尚佳公司，合同期限为5年，租金为35 000元/月（不含税），租金在每月月末收取。2018年12月31日，收到12月租金价税合计37 100元。该商标权每月摊销额为3 000元。其对应的会计分录为：

（1）确认取得的租金收入。

借：银行存款　　37 100

　　贷：其他业务收入　　35 000

　　　　应交税费——应交增值税（销项税额）　　2 100

（2）将摊销无形资产的成本计入其他业务成本。

借：其他业务成本　　3 000

　　贷：累计摊销　　3 000

15.4.2 出售无形资产的账务处理

企业将无形资产出售，表明企业放弃无形资产的所有权。

企业出售无形资产，应当将取得的价款与该无形资产账面价值及相关税费的差额计入当期损益（资产处置损益），借记“银行存款”“无形资产减值准备”“累计摊销”，贷记“无形资产”“应交税费——应交增值税（销项税额）”“资产处置损益（或借方）”。

无形资产预期不能为企业带来未来经济利益的，应当将该无形资产的账面价值予以转销，计入当期损益（营业外支出），借记“营业外支出”“累计摊销”“无形资产减值准备”，贷记“无形资产”。

【例15-7】

2018年6月23日，售出产品为一项服装商标使用权，增值税专用发票上注明的价格为300 000元，税额为18 000元，总计318 000元。该商标使用权的账面余额为280 000元，已累计摊销80 000元。其对应的会计分录为：

借：银行存款　　318 000

　　累计摊销　　80 000

　　贷：无形资产——商标权　　280 000

　　　　应交税费——应交增值税（销项税额）　　18 000

　　　　资产处置损益　　100 000

15.4.3 对外投资无形资产的账务处理

企业以投资者身份对外投资无形资产，按投资合同或协议约定的价值计入投资的实际成本，投资者按视同销售进行账务处理。

【例15-8】

2018年4月1日，对外转让一项商标权，提供的增值税专用发票上注明价款为400 000元，税款为24 000元。该商标权的账面余额为300 000元，累计摊销为100 000元。其对应的会计分录为：

	借方	贷方
借：长期股权投资	424 000	
累计摊销	100 000	
贷：无形资产		300 000
应交税费——应交增值税（销项税额）		24 000
资产处置损益		200 000

15.5 综合演练

15.5.1 无形资产取得的账务处理

演练要求：

根据下列业务进行账务处理。

（1）2018年6月21日，购入一项商标权，价款和其他支出共计200 000元，未取得增值税专用发票已用银行存款支付。

（2）2018年7月29日，收到明达公司作为投资的一项非专利技术，经评估确认价值为300 000元。对方未开具增值税专用发票。

演练解读：

上述业务对应的会计分录为：

	借方	贷方
（1）借：无形资产——商标权	200 000	
贷：银行存款		200 000
（2）借：无形资产——非专利技术	300 000	
贷：实收资本——明达公司		300 000

15.5.2 无形资产摊销的账务处理

演练要求：

根据下列业务进行账务处理。

计提2018年4月无形资产摊销8 000元，其中：商标权5 000元，非专利技术3 000元。

演练解读：

上述业务对应的会计分录为：

	借方	贷方
借：管理费用——无形资产摊销	8 000	
贷：累计摊销——商标权		5 000
累计摊销——非专利技术		3 000

第16章

负债项目的账务处理

在企业的经营过程中，不可避免地会延期支付供应商货款，计算工资和实际发放工资存在时间差等，这会形成负债。本章中，将简单介绍短期借款、应付票据、应付账款、预收账款、应付职工薪酬、应交税费等常用短期负债项目及长期借款和应付债券两个有代表性的长期负债项目的账务处理。

16.1 认识负债

负债，通俗地讲就是欠别人钱，根据《企业会计准则》，负债是指企业过去的交易或者事项形成的、预期会导致经济利益流出企业的现时义务。

16.1.1 负债的特征

负债的特征如表16-1所示。

表16–1 负债的特征

项目	内容
特征	（1）负债中的“现时义务”，是指企业在现行条件下已经承担的义务。未来将会发生的交易或者事项形成的义务，不属于现时义务，不应当确认为负债 （2）负债是由过去的交易或事项而产生的，即导致负债的交易或事项必须已经发生 （3）现时义务的履行通常关系到企业放弃已有经济利益的资产，以满足对方的要求。现时义务的履行，可采取若干方式，如支付现金、转让其他资产、提供劳务、以其他义务替换该项义务、将该项义务转换为所有者权益等 （4）负债通常是在未来某一时日通过交付资产（如现金或其他资产）或提供劳务来清偿。有时，企业可以通过承诺新的负债或转化为所有者权益来了结一项现有负债，前一种情况只是负债的展期，后一种情况则相当于用增加所有者权益了结债务 总之，负债是企业承担的，以货币计量的，在将来需要以资产或劳务偿还的债务

16.1.2 负债的确认条件

要确认一项交易是否产生负债，要看这项交易是否具备如下条件。

（1）与该交易有关的义务，其经济利益将流出企业。

（2）未来流出的经济利益的金额能够可靠地计量。

如果同时满足上述两个条件，则该交易的结果就可以确认为负债。

16.1.3 负债的分类

标准不同，负债的分类也不同，常见的分类方式如表16-2所示。

表16–2 负债的分类

分类标准	种类	内容
偿付期长短	短期负债	又称流动负债，是指需在一年或超过一年的一个营业周期内偿还的债务，具体包括短期借款、应付票据、应付账款、预收账款、应付职工薪酬、应付股利、应交税费、其他应付款等
	长期负债	又称非流动负债，是指偿还期在一年或超过一年的一个营业周期以上的债务，具体包括长期借款、应付债券等
偿付金额可确定性	金额确定的负债	到偿付期时，企业必须以原来确定的金额偿还，如短期借款、应付账款等
	金额取决于经营成果的负债	需要根据企业一个会计期间经营成果才能确定负债金额，如应交税费、应付股利等

16.2 短期借款的账务处理

短期借款主要是指企业从银行或其他金融机构借入的，用于企业经营活动，期限在一年以下的各种借款。

企业应当设置“短期借款”科目对企业向银行或其他金融机构等借入的期限在一年以下

（含一年）的各种借款进行核算，该科目可按借款种类、贷款人和币种进行明细核算，其期末贷方余额，反映企业尚未偿还的短期借款。

16.2.1 企业借入短期借款的账务处理

企业借入短期借款，借记“银行存款”科目，贷记“短期借款”科目；归还借款时做相反的会计分录。

【例16-1】

2019年7月1日，从工商银行取得临时借款30 000元，其对应的会计分录为：

借：银行存款——工行基本户　　30 000

　　贷：短期借款——工商银行　　30 000

16.2.2 短期借款利息费用的账务处理

资产负债表日，应按计算确定的短期借款利息，借记“财务费用”等科目，贷记“银行存款”“应付利息”等科目。

【例16-2】

2019年7月1日，从工商银行取得临时借款30 000元，年利息率6%，3个月后一次还本付息。

月利息=30 000×6%÷12=150（元）。

7月、8月末计提借款利息时，其对应的会计分录为：

借：财务费用　　150

　　贷：应付利息　　150

9月末还本付息时，其对应的会计分录为：

借：财务费用　　150

　　贷：应付利息　　150

借：短期借款——工商银行　　30 000

　　应付利息　　450

　　贷：银行存款——工行基本户　　30 450

16.3 应付票据的账务处理

应付票据是指企业在商品购销活动和对工程价款进行结算，因采用商业汇票结算方式而发生的，由出票人出票，委托付款人在指定日期无条件支付确定的金额给收款人或者票据的持票人的票据。它包括商业承兑汇票和银行承兑汇票。

应付票据与应收票据是债权和债务的两端，一方作为应收票据，另一方作为应付票据，票据结算流程如图16-1所示。

企业应当设置“应付票据”科目对因购买材料、商品和接受劳务等开出、承兑的商业汇票进行核算，该科目可按债权人进行明细核算，其期末贷方余额，反映企业尚未到期的商业汇票的票面金额。

企业应当设置应付票据备查簿，详细登记商业汇票的种类、号数和出票日期、到期日、票面金额、交易合同号和收款人姓名或单位名称以及付款日期和金额等资料。应付票据到期结清时，在备查簿中应予注销。

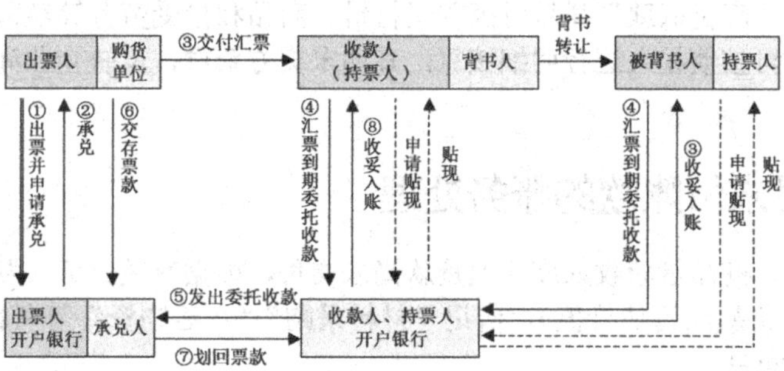

图16-1　票据结算流程

16.3.1　商业汇票抵付货款的账务处理

企业开出、承兑商业汇票或以已承兑的商业汇票抵付货款等，借记“材料采购”“库存商品”等科目，贷记“应付票据”科目。涉及增值税进项税额的，还应进行相应的处理。

【例16-3】

2019年6月1日，购入生铁一批，取得增值税专用发票，票面金额100 000元，税额13 000元，原材料已验收入库，并开具了一张面值113 000元的3个月期银行承兑汇票，其对应的会计分录为：

借：原材料——生铁　　100 000
　　应交税费——应交增值税（进项税额）　　13 000
　　贷：应付票据　　113 000

16.3.2　企业兑付应付票据的账务处理

企业兑付应付票据，借记“应付票据”科目，贷记“银行存款”科目。

银行承兑汇票到期，企业无力支付票款的，按应付票据的票面金额，借记“应付票据”科目，贷记“短期借款”科目。

【例16-4】

承上例，2019年8月31日，兑付了银行承兑汇票，其对应的会计分录为：

借：应付票据　　113 000
　　贷：银行存款　　113 000

【例16-5】

承上例，2019年8月31日，企业无力支付银行承兑汇票票款，其对应的会计分录为：

借：应付票据　　113 000
　　贷：短期借款　　113 000

16.4　应付账款的账务处理

应付账款是企业在生产经营活动中因购买材料、物资和接受劳务等业务而发生的，应付而尚未支付的款项所产生的一种结算性债务。

应付账款和应付票据都是企业负债，且都是企业在交易活动中形成的，都是在取得某项物资时，由于取得物资与支付货款在时间上的不一致而产生的。虽然两种负债都属于流动负债，但应付账款属于尚未清偿的债务，而应付票据是有承诺、有证明的延期偿付的债务。

企业应当设置“应付账款”科目对因购买材料、商品和接受劳务等经营活动应支付的款项进行核算，该科目可按债权人进行明细核算，其期末贷方余额，反映企业尚未支付的应付账款余额。

16.4.1 应付未付账款的账务处理

企业购入材料、商品等验收入库，但货款尚未支付，根据有关凭证（发票账单、随货同行发票上记载的实际价款或暂估价值），借记“材料采购”“在途物资”等科目，按应付的款项，贷记“应付账款”科目。

接受供应单位提供劳务而发生的应付未付款项，根据供应单位的发票账单，借记“生产成本”“管理费用”等科目，贷记“应付账款”科目。

【例16-6】

2019年6月15日，从伟维公司购入角钢一批，价款为100 000元，增值税为13 000元，材料已验收入库，价税款未支付。则其对应的会计分录为：

借：原材料——角钢　　100 000

　　应交税费——应交增值税（进项税额）　　13 000

　　贷：应付账款——伟维公司　　113 000

16.4.2 支付应付款项的账务处理

支付应付账款时，借记“应付账款”科目，贷记“银行存款”等科目。

【例16-7】

承上例，2019年7月10日，通过银行转账支付了全部价税款。其对应的会计分录为：

借：应付账款——伟维公司　　113 000

　　贷：银行存款——工行基本户　　113 000

16.4.3 企业与债权人进行债务重组的账务处理

企业与债权人进行债务重组，应当分别债务重组的不同方式进行处理。

1. 以长期股权投资清偿债务

债务人应当将重组债务的账面价值与转让的非现金资产公允价值之间的差额计入当期损益，将转让的非现金资产公允价值与其账面价值之间的差额计入当期损益。

债务人应当按照重组债务的账面余额，借记“应付账款”“应付票据”等科目；按照长期股权投资已计提的减值准备，借记“长期股权投资减值准备”科目；按照投资的账面余额，贷记“长期股权投资”科目；按照应支付的相关税费，贷记“银行存款”“应交税费”等科目；按照长期股权投资公允价值与账面价值之间的差额再减去转让长期股权投资发生的相关费用后的余额，借记或贷记“投资收益”；按照借贷双方之间的差额，贷记“营业外收入”科目。

债权人应当对受让的非现金资产按其公允价值入账，重组债权的账面余额与受让的非现金资产的公允价值之间的差额，计入当期损益。

2. 修改其他债务条件

债务人应当将修改其他债务条件后债务的公允价值作为重组后债务的入账价值，重组债务的账面价值与重组后债务的入账价值之间的差额，计入当期损益。修改后的债务条款如涉及或有应付金额，且该或有应付金额符合新《或有事项》中有关预计负债确认条件的，债务人应当将该或有应付金额确认为预计负债。重组债务的账面价值，与重组后债务的入账价值和预计负债金额之和的差额，计入当期损益。

具体来说，债务人应当分是否涉及或有应付金额进行会计处理。不涉及或有应付金额的，债务人应当按照重组债务的账面价值，借记“应付账款”“应付票据”等科目；按照修改债务条件后债务的公允价值，贷记“应付账款”“应付票据”等科目；按照借贷双方之间的差额，贷记“营业外收入——债务重组利得”科目。涉及或有应付金额的，债务人应当按照重组债务的账面价值，借记“应付账款”“应付票据”等科目；按照修改债务条件后债务的公允价值，贷记“应付账款”“应付票据”等科目；按照应当确认的或有应付金额，贷记“预计负债”科目；按照借贷双方之间的差额，贷记“营业外收入——债务重组利得”科目。

债权人应当将修改其他债务条件后债权的公允价值作为重组后债权的账面价值。重组债权的账面余额与重组后债权的账面价值之间的差额，计入当期损益。修改后的债务条款中涉及或有应收金额的，债权人不应当确认或有应收金额，不得将其计入重组后债权的账面价值。具体来说，债权人应当按照重组后债权的公允价值，借记“应收账款”“应收票据”等科目；按照已计提的重组债权的坏账准备，借记“坏账准备”科目；按照重组债权的账面余额，贷记“应收账款”“应收票据”等科目；按照应支付的相关税费，贷记“银行存款”“应交税费”等科目；按照借贷双方之间的差额，借记“营业外支出——债务重组损失”科目。

【例16-8】

因业务往来欠供应商南北公司货款35 000元，由于公司发生财务困难，无法按合同规定日期偿还该笔债务，经双方协商，南北公司同意减免公司5 000元债务，余款用现金立即偿付。对于该笔业务，其对应的会计分录为：

借：应付账款——南北公司　　35 000

　　贷：银行存款——工行基本户　　30 000

　　　　营业外收入——债务重组利得　　5 000

16.5 预收账款的账务处理

预收账款是企业按照合同规定或交易双方的约定，而向购买单位或接受劳务单位在未发出商品或提供劳务时预收的款项。也就是企业在交付货物之前，向买方预先收取的部分或全部货款的信用形式。对于卖方来说，预收账款相当于向买方借用资金后用货物抵偿。

预收账款属于会计要素中的负债，是对方获得货物前的预交款项，如果交易未完成，此款项应当返还对方。

企业应当设置“预收账款”科目对按照合同规定预收的款项进行核算，该科目可按购货单位进行明细核算。“预收账款”科目期末贷方余额，反映企业预收的款项；期末如为借方余额，反映企业尚未转销的款项。

预收账款情况不多的企业，也可以不设置“预收账款”科目，将预收的款项直接记入“应收账款”科目。

16.5.1 向客户预收款项的账务处理

企业向购货单位预收款项，借记“银行存款”等科目，贷记“预收账款”科目。

【例16-9】

2019年3月1日，收到余氏公司支付的预付抛丸机货款50 000元。其对应的会计分录为：

借：银行存款　　50 000

　　贷：预收账款——余氏公司　　50 000

16.5.2 销售实现的账务处理

销售实现时，按实现的收入，借记“预收账款”科目，贷记“主营业务收入”科目。涉及增值税销项税额的，还应进行相应的处理。

【例16–10】

2019年6月20日，向余氏公司交付抛丸机，同时开具增值税专用发票，含税金额为113 000元，尚未收到剩余货款。其对应的会计分录为：

借：预收账款——余氏公司	113 000
贷：主营业务收入	100 000
应交税费——应交增值税（销项税额）	13 000

实务中，为了方便对账及管理分析，同一个供应商只开设预收账款或应收账款账户，但在做资产负债表时一定要分开。

16.6 应付职工薪酬的账务处理

新《企业会计准则》关于职工薪酬的概念，涵盖了职工在职期间和离职后提供给职工的全部货币性薪酬和非货币性薪酬；既包括提供给职工本人的薪酬，也包括提供给职工配偶、子女或其他被赡养人的福利等。职工薪酬具体包括以下内容。

①职工工资、奖金、津贴和补贴。

②职工福利费。

③医疗保险费、养老保险费、失业保险费、工伤保险费和生育保险费等社会保险费。

④住房公积金。

⑤工会经费和职工教育经费。

⑥非货币性福利。

⑦因解除与职工的劳动关系给予的补偿。

⑧其他与获得职工提供的服务相关的支出。

企业应当设置“应付职工薪酬”科目对企业根据有关规定应付给职工的各种薪酬进行核算，该科目可按“工资”“职工福利”“社会保险费”“住房公积金”“工会经费”“职工教育经费”“非货币性福利”“辞退福利”“股份支付”等进行明细核算，其期末贷方余额，反映企业应付未付的职工薪酬。

16.6.1 计提职工薪酬的账务处理

生产部门人员的职工薪酬，借记“生产成本”“制造费用”“劳务成本”等科目，贷记“应付职工薪酬”科目。

应由在建工程、研发支出负担的职工薪酬，借记“在建工程”“研发支出”等科目，贷记“应付职工薪酬”科目。

管理部门人员、销售人员的职工薪酬，借记“管理费用”或“销售费用”科目，贷记“应付职工薪酬”科目。

企业以其自产产品发放给职工作为职工薪酬的，借记“管理费用”“生产成本”“制造费用”等科目，贷记“应付职工薪酬”科目。

无偿向职工提供住房等固定资产使用的，按应计提的折旧额，借记“管理费用”“生产成本”“制造费用”等科目，贷记“应付职工薪酬”科目；同时，借记“应付职工薪酬”科目，贷记“累计折旧”科目。

租赁住房等资产供职工无偿使用的，按每期应支付的租金，借记“管理费用”“生产成本”“制造费用”等科目，贷记“应付职工薪酬”科目。

因解除与职工的劳动关系给予的补偿，借记“管理费用”科目，贷记“应付职工薪酬”科目。

企业以现金与职工结算的股份支付，在等待期内每个资产负债表日，按当期应确认的成本费用金额，借记“管理费用”“生产成本”“制造费用”等科目，贷记“应付职工薪酬”科目。在可行权日之后，以现金结算的股份支付当期公允价值的变动金额，借记或贷记“公允价值变动损益”科目，贷记或借记“应付职工薪酬”科目。

企业（外商）按规定从净利润中提取的职工奖励及福利基金，借记“利润分配——提取的职工奖励及福利基金”科目，贷记“应付职工薪酬”科目。

【例16-11】

2019年3月，工资薪酬情况如下：销售人员为400 000元，管理人员为280 000元。其对应的会计分录为：

借：销售费用——工资　　400 000
　　管理费用——工资　　280 000
　　贷：应付职工薪酬——员工工资　　680 000

【例16-12】

将企业拥有的住房无偿提供给职工居住。2019年3月，铸造一车间生产工人应负担的折旧费为2 400元，铸造二车间生产工人应负担的折旧费为2 900元，管理人员应负担的折旧费为1 800元，在建工程人员应负担的折旧费为1 600元。确认应付职工薪酬时，其对应的会计分录为：

借：管理费用——员工住房折旧　　1 800
　　生产成本——铸造一车间——直接人工　　2 400
　　生产成本——铸造二车间——直接人工　　2 900
　　在建工程——工资　　1 600
　　贷：应付职工薪酬——非货币性福利　　8 700

16.6.2 发放职工薪酬的账务处理

向职工支付工资、奖金、津贴、福利费等，从应付职工薪酬中扣还各种款项（代垫的家属药费、个人所得税等），借记“应付职工薪酬”科目，贷记“银行存款”“库存现金”“其他应收款”“应交税费——应交个人所得税”等科目。

支付工会经费和职工教育经费用于工会活动和职工培训，借记“应付职工薪酬”科目，贷记“银行存款”等科目。

按照国家有关规定缴纳社会保险费和住房公积金，借记“应付职工薪酬”科目，贷记“银行存款”科目。

企业以其自产产品发放给职工的，借记“应付职工薪酬”科目，贷记“主营业务收入”科目；同时，还应结转产成品的成本。涉及增值税销项税额的，还应进行相应的处理。

支付租赁住房等资产供职工无偿使用所发生的租金，借记“应付职工薪酬”科目，贷记“银行存款”等科目。

企业以现金与职工结算的股份支付，在行权日，借记“应付职工薪酬”科目，贷记“银行存款”“库存现金”等科目。

企业因解除与职工的劳动关系给予职工的补偿，借记“应付职工薪酬”科目，贷记“银行存款”“库存现金”等科目。

【例16-13】

接【例16-10】2019年4月15日，银行代发放员工工资680 000元，假设没有其他扣除款项。其对应的会计分录为：

借：应付职工薪酬——工资　　680 000

　　贷：银行存款　　680 000

【例16-14】

接【例16-11】计提为员工无偿提供住房的折旧费8 700元。其对应的会计分录为：

借：应付职工薪酬——非货币性福利　　8 700

　　贷：累计折旧　　8 700

16.7 应交税费的账务处理

应交税费包括企业依法缴纳的增值税、消费税、企业所得税、资源税、土地增值税、城市维护建设税、房产税、土地使用税、印花税、车船税、教育费附加、矿产资源补偿费等税费，以及由企业代收代缴的个人所得税等。

企业应当设置“应交税费”科目对企业按照税法等规定计算应缴纳及代收代缴的各种税费进行核算。增值税一般纳税人可按“应交增值税”“未交增值税”“预交增值税”“待抵扣进项税额”“待认证进项税额”“待转销项税额”“增值税留抵税额”“简易计税”“转让金融商品应交增值税”“代扣代交增值税”等进行明细核算，增值税小规模纳税人在该科目下设置“应交增值税”明细科目。“应交税费”科目期末贷方余额，反映企业尚未缴纳的税费；期末如为借方余额，反映企业多交或尚未抵扣的税费。

16.7.1 采购等业务的账务处理

（1）采购等业务进项税额允许抵扣的账务处理。

一般纳税人购进货物、加工修理修配劳务、服务、无形资产或不动产，按应计入相关成本费用或资产的金额，借记“在途物资”或“原材料”“库存商品”“生产成本”“无形资产”“固定资产”“管理费用”等科目；按当月已认证的可抵扣增值税额，借记“应交税费——应交增值税（进项税额）”科目；按当月未认证的可抵扣增值税额，借记“应交税费——待认证进项税额”科目；按应付或实际支付的金额，贷记“应付账款”“应付票据”“银行存款”等科目。发生退货的，如原增值税专用发票已认证，应根据税务机关开具的红字增值税专用发票做相反的会计分录；如原增值税专用发票未认证，应将发票退回并做相反的会计分录。

【例16-15】

2019年6月15日，购入原材料一批，收到增值税专用发票上注明的价款为200 000元，税额为26 000元，材料已验收入库，货款通过网银转讫。其对应的会计分录为：

借：原材料　　200 000

　　应交税费——应交增值税（进项税额）　　26 000

　　贷：银行存款　　226 000

（2）采购等业务进项税额不得抵扣的账务处理。

一般纳税人购进货物、加工修理修配劳务、服务、无形资产或不动产，用于简易计税方法计税项目、免征增值税项目、集体福利或个人消费等，其进项税额按照现行增值税制度规定不得从销项税额中抵扣的，取得增值税专用发票时，应借记相关成本费用或资产科目，借记“应交税费——待认证进项税额”科目，贷记“银行存款”“应付账款”等科目；经税务机关认证后，借记“应交税费——应交增值税（进项税额）”，贷记“应交税费——待认证进项税额”科目。进行进项税额转出时，应借记相关成本费用或资产科目，贷记“应交税费——应交增值税（进项税额转出）”科目。

【例16-16】

2019年6月15日，购入花生油一批，收到增值税专用发票上注明的价款为20 000元，税额2 600元，已验收入库，货款通过网银转讫。其对应的会计分录为：

借：库存商品——食用油　　20 000
　　应交税费——应交增值税（进项税额）　　2 600
　　贷：银行存款　　22 600

2019年6月15日，食堂部门全部领用。其对应的会计分录为：

借：管理费用——员工福利　　22 600
　　贷：应付职工薪酬——员工福利　　22 600
借：应付职工薪酬——员工福利　　22 600
　　贷：库存商品——食用油　　20 000
　　　　应交税费——应交增值税（进项税额转出）　　2 600

（3）小规模纳税人采购等业务的账务处理

小规模纳税人购买物资、服务、无形资产或不动产，增值税应计入相关成本费用或资产，不通过“应交税费——应交增值税”科目核算。

【例16-17】

禹宗酒店（小规模纳税人）于2019年4月23日购入餐厅用酒类一批，取得增值税专用发票注明金额50 000元、税额6 500元。货物已验收入库，货款通过网银转讫。其对应的会计分录为：

借：库存商品　　56 500
　　贷：银行存款　　56 500

16.7.2　销售等业务的账务处理

（1）销售业务的账务处理

企业销售货物、加工修理修配劳务、服务、无形资产或不动产，应当按应收或已收的金额，借记“应收账款”“应收票据”“银行存款”等科目；按取得的收入金额，贷记“主营业务收入”“其他业务收入”“固定资产清理”“工程结算”等科目；按现行增值税制度规定计算的销项税额（或采用简易计税方法计算的应纳增值税额），贷记“应交税费——应交增值税（销项税额）”或“应交税费——简易计税”科目（小规模纳税人应贷记“应交税费——应交增值税”科目）。发生销售退回的，应根据按规定开具的红字增值税专用发票做相反的会计分录。

【例16-18】

2019年4月21日，销售给大东公司商品一批，开出增值税专用发票注明的价款为1 000 000元，增值税为130 000元。其对应的会计分录为：

借：应收账款——大东公司　　1 130 000
　　贷：主营业务收入　　1 000 000
　　　　应交税费——应交增值税（销项税额）　　130 000

（2）视同销售业务的账务处理。

企业发生税法上视同销售的业务，应当按照企业会计准则的相关规定进行相应的会计处理，并按照现行增值税制度规定计算的销项税额（或采用简易计税方法计算的应纳增值税额），借记“应付职工薪酬”“利润分配”等科目，贷记“应交税费——应交增值税（销项税额）”或“应交税费——简易计税”科目（小规模纳税人应计入“应交税费——应交增值税”科目）。

【例16-19】

2019年9月20日，将公司生产的月饼作为福利发放给职工，共发放100盒月饼，成本7 000元，售价10 000元。其对应的会计分录为：

借：管理费用——员工福利　　11 300

　　贷：应付职工薪酬——员工福利　　11 300

借：应付职工薪酬——员工福利　　11 300

　　贷：主营业务收入　　10 000

　　　　应交税费——应交增值税（销项税额）　　1 300

16.7.3 出口退税的账务处理

为核算出口货物应收取的出口退税款，企业应在“其他应收款”科目下设置“应收出口退税款”明细科目，该科目借方反映销售出口货物按规定向税务机关申报应退回的增值税、消费税等，贷方反映实际收到的出口货物应退回的增值税、消费税等；期末借方余额，反映尚未收到的应退税额。

未实行“免、抵、退”办法的一般纳税人出口货物按规定退税的，按规定计算的应收出口退税额，借记“其他应收款——应收出口退税款”科目，贷记“应交税费——应交增值税（出口退税）”科目；收到出口退税时，借记“银行存款”科目，贷记“其他应收款——应收出口退税款”科目；退税额低于购进时取得的增值税专用发票上的增值税额的差额，借记“主营业务成本”科目，贷记“应交税费——应交增值税（进项税额转出）”科目。

实行“免、抵、退”办法的一般纳税人出口货物，在货物出口销售后结转产品销售成本时，按规定计算的退税额低于购进时取得的增值税专用发票上的增值税额的差额，借记“主营业务成本”科目，贷记“应交税费——应交增值税（进项税额转出）”科目；按规定计算的当期出口货物的进项税抵减内销产品的应纳税额，借记“应交税费——应交增值税（出口抵减内销产品应纳税额）”科目，贷记“应交税费——应交增值税（出口退税）”科目。在规定期限内，内销产品的应纳税额不足以抵减出口货物的进项税额，不足部分按有关税法规定给予退税的，应在实际收到退税款时，借记“银行存款”科目，贷记“应交税费——应交增值税（出口退税）”科目。

【例16-20】

某自营出口生产企业为增值税一般纳税人，适用增值税税率为13%，退税率为10%。2019年4月，外购原材料、燃料等支付价款850万元、允许抵扣的进项税额140万元，内销货物取得不含税销售额300万元，出口销售货物取得销售额500万元。其对应的会计分录为：

采购原料、出口及内销的会计分录与一般企业类似，这里不再赘述。

（1）计算当月出口货物不得免征和抵扣税额（即剔税）。

不得免征和抵扣税额=500×（13%-10%）=15（万元）。

借：主营业务成本　　150 000

　　贷：应交税费——应交增值税（进项税额转出）　　150 000

（2）计算应纳税额：300×13%-（140-15）=-86（万元）。

（3）计算免抵退税额：500×10%=50（万元）<86（万元），可全部申请退税。

（4）确定应退税额和免抵税额：应退税额=50万元，免抵税额=0，期末留抵税额=86-50=36（万元）。

借：其他应收款——应收出口退税款　　500 000

　　贷：应交税费——应交增值税——出口退税　　500 000

借：应交税费——未交增值税　　360 000

　　贷：应交税费——应交增值税（转出多交增值税）　　360 000

16.7.4 月末计提税费的账务处理

1. 月末转出增值税的账务处理

月度终了，企业应当将当月应交未交或多交的增值税自“应交增值税”明细科目转入“未交增值税”明细科目。对于当月应交未交的增值税，借记“应交税费——应交增值税（转出未交增值税）”科目，贷记“应交税费——未交增值税”科目；对于当月多交的增值税，借记“应交税费——未交增值税”科目，贷记“应交税费——应交增值税（转出多交增值税）”科目。

【例16-21】

2019年2月，销项税额为101 315.65元，进项税为74 987元，没有进项税额转出及留抵金额。

当月应交增值税=销项税额-进项税额=101 315.65-74 987=26 328.65（元）。其对应的会计分录为：

借：应交税费——应交增值税（转出未交增值税）　　26 328.65

　　贷：应交税费——未交增值税　　26 328.65

2. 月末计提附加税费的账务处理

企业按规定计算确定的与经营活动相关的税费，借记“税金及附加”科目，贷记“应交税费”科目。

收到因多计等原因退回的消费税、城市维护建设税等原记入“税金及附加”科目的各种税费，应于收到时冲减当期的税金及附加，借记“银行存款”科目，贷记“税金及附加”科目。

【例16-22】

2019年7月1日，随同增值税121 000元一并缴纳城市维护建设税和教育费附加。城市维护建设税按增值税税额7%的税率计算缴纳，教育费附加按增值税税额3%的征收率计算缴纳。其计算公式为：

应交城市维护建设税=（应交消费税+应交增值税）×城市维护建设税税率=（0+121 000）×7%=8 470（元）；应交教育费附加=（应交消费税+应交增值税）×教育费附加征收率=（0+121 000）×3%=3 630（元）。其对应的会计分录为：

借：税金及附加　　12 100

　　贷：应交税费——应交城市维护建设税　　8 470

　　　　应交税费——应交教育费附加　　3 630

16.7.5 缴纳税费的账务处理

1. 缴纳当月应交增值税的账务处理

企业缴纳当月应交的增值税，借记“应交税费——应交增值税（已交税金）”科目（小规模纳税人应借记“应交税费——应交增值税”科目），贷记“银行存款”科目。

2. 缴纳以前期间未交税费的账务处理

（1）企业缴纳以前期间未交的增值税，借记“应交税费——未交增值税”科目，贷记“银行存款”科目。

【例16-23】

2019年3月，申报并缴纳2月应交增值税26 328.65元。其对应的会计分录为：

借：应交税费——未交增值税　　26 328.65

　　贷：银行存款　　26 328.65

（2）企业缴纳以前期间未交的附加税费，借记“应交税费——应交城市维护建设税”“应交税费——应交教育费附加”等科目，贷记“银行存款”科目。

【例16-24】

2019年8月，申报并缴纳7月应交城市维护建设税8 470元，教育费附加3 630元。其对应的会计分录为：

借：应交税费——应交城市维护建设税　　8 470

　　应交税费——应交教育费附加　　3 630

　　贷：银行存款　　12 100

3. 预缴增值税的账务处理

企业预缴增值税时，借记“应交税费——预交增值税”科目，贷记“银行存款”科目。月末，企业应将“预交增值税”明细科目余额转入“未交增值税”明细科目，借记“应交税费——未交增值税”科目，贷记“应交税费——预交增值税”科目。房地产开发企业等在预缴增值税后，应直至纳税义务发生时方可将“应交税费——预交增值税”科目余额结转至“应交税费——未交增值税”科目。

16.7.6 其他增值税相关业务的账务处理

1. 减免增值税的账务处理

对于当期直接减免的增值税，借记“应交税费——应交增值税（减免税款）”科目，贷记损益类相关科目。

小微企业在取得销售收入时，应当按照税法的规定计算应交增值税，并确认为应交税费，在达到增值税制度规定的免征增值税条件时，将有关应交增值税转入当期损益。

【例16-25】

禹宗酒店是小规模纳税人，按季度申报缴纳增值税。2019年4月取得提供餐饮服务收入（不含税）10 000元，5月取得提供餐饮服务收入（不含税）40 000元，6月取得提供餐饮服务收入（不含税）30 000元，不考虑其他情况。其对应的会计分录为：

2019年4月：

借：银行存款　　10 300

　　贷：主营业务收入　　10 000

　　　　应交税费——应交增值税　　300

2019年5月：

借：银行存款　　41 200

　　贷：主营业务收入　　40 000

　　　　应交税费——应交增值税　　1 200

2019年6月：

借：银行存款　　30 900

　　贷：主营业务收入　　30 000

　　　　应交税费——应交增值税　　900

2019年二季度的销售额（不含税）=10 000+40 000+30 000=80 000（元），不超过9万元（含9万元），所以按规定免征增值税。其对应的会计分录为：

借：应交税费——应交增值税　　2 400

　　贷：营业外收入　　2 400

2. 增值税税控系统专用设备和技术维护费用抵减增值税额的账务处理

按现行增值税制度规定，企业初次购买增值税税控系统专用设备支付的费用以及缴纳的技术维护费允许在增值税应纳税额中全额抵减。按规定抵减的增值税应纳税额，借记“应交税费——应交增值税（减免税款）”科目（小规模纳税人应借记“应交税费——应交增值税”科目），贷记“管理费用”等科目。

【例16-26】

2019年3月，以现金购买金税盘490元，支付技术维护费330元。其对应的会计分录为：

借：管理费用——办公费　　820

　　贷：库存现金　　820

抵税时：

借：应交税费——应交增值税（减免税额）　　820

　　贷：管理费用——办公费　　820

16.8 其他应付款的账务处理

其他应付款是企业除应付票据、应付账款、应付职工薪酬、应付利润等以外的应付、暂收其他单位或个人的款项。

企业应当设置"其他应付款"科目对企业除应付票据、应付账款、预收账款、应付职工薪酬、应付利息、应付股利、应交税费、长期应付款等以外的其他各项应付、暂收的款项进行核算，该科目可按其他应付款的项目和对方单位（或个人）进行明细核算，其期末贷方余额，反映企业应付未付的其他应付款项。

16.8.1 收到其他应付款的账务处理

企业发生的其他各种应付、暂收款项，借记"管理费用"等科目，贷记"其他应付款"科目。

【例16-27】

2019年7月，将一部分办公楼租赁给两家公司，这两家公司在准备装修之前需要按照合同支付100 000元装修保证金。装修完毕，经验收，如果没有违反规定，则装修保证金如数退还；如果发现破坏主体结构，则要扣除部分或者全部保证金。2019年8月收到了这部分保证金。

收到装修保证金时，根据收款凭证，其对应的会计分录为：

借：银行存款　　100 000

　　贷：其他应付款——装修保证金　　100 000

16.8.2 支付其他应付款的账务处理

企业支付其他各种应付、暂收款项，借记"其他应付款"科目，贷记"银行存款"等科目。

【例16-28】

承上例，装修完毕验收时，发现一家公司没有违反合同约定，可以全部退还保证金；另外一家公司破坏了部分主体结构需要进行修复，扣除保证金额2万元。其对应的会计分录为：

借：其他应付款——装修保证金　　100 000

　　贷：银行存款　　80 000

　　　　营业外收入　　20 000

16.9 长期借款的账务处理

长期借款是指企业向银行或其他金融机构借入的期限在一年以上（不含一年）的各项借款。长期借款一般用于固定资产的购建、改扩建工程、大修理工程、对外投资，以及为了保持长期经营能力等方面。它是企业长期负债的重要组成部分，必须加强管理与核算。

企业应当设置“长期借款”科目对企业向银行或其他金融机构借入的期限在一年以上（不含一年）的各项借款进行核算，该科目可按贷款单位和贷款种类分“本金”“利息调整”等进行明细核算，其期末贷方余额，反映企业尚未偿还的长期借款。

16.9.1 企业借入长期借款的账务处理

企业借入长期借款，应按实际收到的金额，借记“银行存款”科目，贷记“长期借款”科目（本金）。如存在差额，将其记入“长期借款——利息调整”科目。

归还长期借款本金，借记“长期借款——本金”科目，贷记“银行存款”科目。同时，存在利息调整余额的，借记或贷记“在建工程”“制造费用”“财务费用”“研发支出”等科目，贷记或借记“长期借款——利息调整”科目。

【例16-29】

2019年2月1日，从招商银行借入2年期长期借款1 000 000元，年利息12%。其对应的会计分录为：

借：银行存款——招行一般户　　　　　　　　　　1 000 000

　　贷：长期借款——招行　　　　　　　　　　　　　1 000 000

16.9.2 长期借款利息费用的账务处理

资产负债表日，应按摊余成本和实际利率计算确定长期借款的利息费用，借记“在建工程”“制造费用”“财务费用”“研发支出”等科目；按合同利率计算确定应付未付利息，贷记“应付利息”科目；按其差额，贷记“长期借款——利息调整”科目。

实际利率与合同利率差异较小的，也可以采用合同利率计算确定利息费用。

【例16-30】

承上例，2019年2月28日，长期借款应计提的利息费用为10 000（1 000 000×12%÷12）元。其对应的会计分录为：

借：财务费用　　　　　　　　　　　　　　　　　10 000

　　贷：长期借款——招行　　　　　　　　　　　　　10 000

16.10 应付债券的账务处理

应付债券，是企业以发行债券的形式，向社会筹资所形成的一种长期负债，其实质是一种长期应付票据。

企业应当设置“应付债券”科目对企业为筹集（长期）资金而发行债券的本金和利息进行核算（企业发行的可转换公司债券，应将负债和权益成份进行分拆，分拆后形成的负债成份在该科目核算），该科目可按“面值”“利息调整”“应计利息”等进行明细核算，又可设置“债券面值”“债券溢价”“债券折价”“应计利息”等二级明细账户，其期末贷方余额，反映企业尚未偿还的长期债券摊余成本。

企业应当设置企业债券备查簿，详细登记企业债券的票面金额、债券票面利率、还本付息期限与方式、发行总额、发行日期和编号、委托代售单位、转换股份等资料。企业债券到期兑付，在备查簿中应予注销。

16.10.1 企业债券的内容和分类

一般来说，企业债券必须记载以下几方面内容。

（1）发行债券企业的名称、地址。

（2）债券的票面额及票面利率。

（3）还本付息的期限和方式。

（4）发行债券的日期和编号。

（5）发行企业的印鉴和法定代表人的签字。

（6）审批机关文号、日期。

按不同的标准，企业债券可以有多种分类。企业债券的分类如表16-3所示。

表16-3 企业债券的分类

<table>
<tr><th>分类标准</th><th>种类</th><th colspan="2">内容</th></tr>
<tr><td rowspan="2">发行方式</td><td>记名企业债券</td><td colspan="2">记录债券持有者的姓名</td></tr>
<tr><td>无记名企业债券</td><td colspan="2">无须记录债券持有者的姓名</td></tr>
<tr><td rowspan="4">有无担保</td><td rowspan="3">有担保企业债券</td><td colspan="2">以某种特定财产作为执行债券协议的保证而发行的企业债券</td></tr>
<tr><td>按抵押资产的不同分</td><td>不动产抵押债券
动产抵押债券
证券担保债券
设备信托债券
其他担保债券</td></tr>
<tr><td>按同一财产多次作为公司债券的抵押品的次序分</td><td>第一抵押公司债券
第二抵押公司债券：其偿还排在第一抵押公司债券之后</td></tr>
<tr><td>无担保企业债券</td><td colspan="2">指完全以企业信用作为担保而发行的债券</td></tr>
<tr><td rowspan="2">偿还方式</td><td>定期偿还债券</td><td colspan="2">指在同一个到期日全部清偿的企业债券</td></tr>
<tr><td>分期偿还债券</td><td colspan="2">指分期分批偿还本金的企业债券</td></tr>
</table>

债券发行有面值发行、溢价发行和折价发行三种情况。企业发行债券，不可避免地涉及债券的价格问题，债券价格的种类及概念如表16-4所示。

表16-4 债券价格

种类	概念
平价发行	即债券的票面利率与市场利率一致的情况下，债券价格与面值一致
溢价发行	即债券的票面利率高于市场利率，此时债券的发行价格高于其面值
折价发行	即债券的票面利率低于市场利率，此时债券的发行价格低于其面值

16.10.2 应付债券平价发行的账务处理

企业发行债券，应按实际收到的金额，借记“银行存款”等科目，按债券票面金额，贷记“应付债券——面值”科目。

企业发行债券存在差额的，还应借记或贷记“应付债券——利息调整”科目。

资产负债表日，对于分期付息、到期一次还本的债券，应按摊余成本和实际利率计算确定的债券利息费用，借记“在建工程”“制造费用”“财务费用”“研发支出”等科目；按票面利率计算确定的应付未付利息，贷记“应付利息”科目；按其差额，借记或贷记“应付债券——利息调整”科目。

对于到期一次还本付息的债券，应于资产负债表日按摊余成本和实际利率计算确定的债券利息费用，借记“在建工程”“制造费用”“财务费用”“研发支出”等科目；按票面利率计算确定的应付未付利息，贷记“应付债券——应计利息”科目；按其差额，借记或贷记“应付债券——利息调整”科目。

【例16-31】

2018年1月1日，公司发行期限为2年、到期一次还本付息、年利率为6%、面值总额为200 000元的债券，该债券按面值发行，已经收到全部认购款。其对应的会计分录为：

借：银行存款　　200 000

　　贷：应付债券——面值　　200 000

企业按月计提债券利息，相应的会计分录为：

借：财务费用　　1 000

　　贷：应付债券——应计利息　　1 000

注意：如果债券筹资用于在建工程，则相应的利息费用应计入工程成本，其会计科目由“财务费用”变为“在建工程”。

2019年12月31日，债券到期，赎回债券时支付相应的利息和本金。其对应的会计分录为：

借：应付债券——应计利息　　24 000

　　应付债券——面值　　200 000

　　贷：银行存款　　224 000

16.10.3 应付债券溢价发行的账务处理

企业溢价发行企业债券时，针对债券溢价，应在债券存续期间分期摊销。企业债券溢价的摊销有直线法和实际利率法两种。下面介绍直线法下债券溢价的摊销。

【例16-32】

2019年1月1日，公司发行期限为2年、每半年付息一次，年利率为9%、面值总额为200 000元的债券，该债券溢价发行，发行总价为224 000元。其对应的会计分录为：

（1）收到认购款，其对应的会计分录为：

借：银行存款　　224 000

　　贷：应付债券——面值　　200 000

　　　　应付债券——利息调整　　24 000

（2）企业按月计提债券利息，其对应的会计分录为：

借：财务费用　　1 500

　　贷：应付债券——应计利息　　1 500

同时每月需摊销溢价发行的溢价费用，每月为1 000（24 000÷24）元。其对应的会计分录为：

借：应付债券——利息调整　　1 000

　　贷：财务费用　　1 000

如果将上述两条会计分录合并，其对应的会计分录为：

借：财务费用　　500

　　应付债券——利息调整　　1 000

　　贷：应付债券——应计利息　　1 500

（3）每半年支付一次利息时，其对应的会计分录为：

借：应付债券——应付利息　　9 000（200 000×9%÷2）

　　贷：银行存款　　9 000

到期赎回债券时，其账务处理与平价发行时的处理一样。

16.10.4　应付债券折价发行的账务处理

企业折价发行企业债券时，针对债券折价，应在债券存续期间分期摊销。同溢价的摊销相同，折价的摊销也有直线法和实际利率法两种，本书也只介绍常用的直线法。

【例16-33】

2019年1月1日，公司发行期限为2年、每半年付息一次，年利率为3%、面值总额为200 000元的债券，该债券折价发行，发行总价为164 000元。其对应的会计分录为：

（1）收到认购款。

借：银行存款　164 000

　　应付债券——利息调整　36 000

　　贷：应付债券——面值　200 000

（2）企业按月计提债券利息。

借：财务费用　500（200 000×3%÷12）

　　贷：应付债券——应计利息　500（200 000×3%÷12）

同时每月需摊销折价发行的折价费用。

借：财务费用　1 500（36 000÷24）

　　贷：应付债券——利息调整　1 500（36 000÷24）

如果将上述两条会计分录合并，可得到如下会计分录。

借：财务费用　2 000

　　贷：应付债券——应计利息　500

　　　　应付债券——利息调整　1 500

（3）每半年支付一次利息。

借：应付债券——应付利息　3 000（200 000×3%÷2）

　　贷：银行存款　3 000（200 000×3%÷2）

到期赎回债券时，其账务处理与平价发行时的处理相同。

16.11　综合演练

16.11.1　办理银行承兑汇票的账务处理

演练要求：

根据下列业务进行账务处理。

（1）2019年3月21日，在中国工商银行办理有敞口保证金的承兑汇票，存5 000 000元保证金在中国工商银行。

（2）2019年3月21日，在工商银行办理10 000 000元的承兑汇票，以支付伟维公司货款。

（3）2019年9月20日，汇票到期，公司无法全额支付。

演练解读：

上述业务对应的会计分录为：

（1）一般先缴纳保证金再办理承兑汇票。

借：其他货币资金——银行承兑汇票保证金　5 000 000

　　贷：银行存款——中国工商银行　5 000 000

（2）办理承兑汇票。

借：应付账款——伟维公司　10 000 000

贷：应付票据——银行承兑汇票　　　　　　　　　　10 000 000

（3）银行承兑汇票到期后，即使出票企业无法支付，银行也要先行支付款项，然后向企业追索。这种情况下，企业欠银行的资金，视为短期贷款，并按短期贷款利率计算利息。

借：应付票据——银行承兑汇票　　　　　　　　10 000 000
　　贷：其他货币资金——银行承兑汇票保证金　　　　5 000 000
　　　　短期借款——中国工商银行　　　　　　　　　5 000 000

16.11.2 职工薪酬的账务处理

演练要求：

根据下列业务进行账务处理。

（1）2019年10月31日，对本月工资进行计提，工资表汇总如表16-5所示。

表16-5 工资汇总表

单位：元

部门		工资总额	代扣社会保险费	代扣个人所得税	实际发放工资额
管理部门		64 580.00	13 399.20	2 120.00	49 060.80
生产部门	铸造一车间	147 000.00	31 270.00	4 320.00	111 410.00
	铸造二车间	213 750.00	46 320.00	5 687.50	161 742.50
	检验科	36 462.00	8 150.00	1 193.00	27 119.00
	车间办公室	43 767.00	9 404.08	1 578.80	32 784.12
销售部门		326 540.00	68 369.60	13 327.00	24 4843.40
在建工程		32 574.00	7 612.76	1 028.70	23 932.54
合计		864 673.00	184 525.64	29 255.00	65 0892.36

（2）2019年11月15日，通过银行转账方式发放10月工资。

（3）2019年12月1日，11月个人所得税申报后，银行自动划款。

（4）2019年12月5日，现金支付食堂采购款3 000元。

演练解读：

上述业务对应的会计分录为：

（1）借：管理费用——工资　　　　　　　　　　64 580
　　　　生产成本——铸造一车间——直接人工　　147 000
　　　　生产成本——铸造二车间——直接人工　　213 750
　　　　生产成本——制造费用——质检费用　　　36 462
　　　　生产成本——制造费用——工资　　　　　43 767
　　　　销售费用——工资　　　　　　　　　　326 540
　　　　在建工程——工资　　　　　　　　　　 32 574
　　　　贷：应付职工薪酬——工资　　　　　　　　864 673

（2）借：应付职工薪酬——工资　　　　　　　864 673
　　　　贷：其他应收款——代垫社保　　　　　　　184 525.64
　　　　　　应交税费——应交个人所得税　　　　　29 255
　　　　　　银行存款　　　　　　　　　　　　　650 892.36

（3）借：应交税费——应交个人所得税　　　　29 255
　　　　贷：银行存款　　　　　　　　　　　　　29 255

（4）借：管理费用——福利费　　　　　　　　3 000
　　　　贷：应付职工薪酬——福利费　　　　　　　3 000

借：应付职工薪酬——福利费　　3 000
　　贷：库存现金　　3 000

16.11.3 增值税的计算及账务处理

演练要求：

根据下列业务进行增值税的计算及账务处理。

2019年7月，发生销项税额211 775.83元，进项税额148 825.93元，进项税额转出644.32元；8月申报后，银行自动划款。

演练解读：

当月应交增值税=销项税额-进项税额+进项税额转出=211 775.83-148 825.93+644.32=63 594.22（元）。

（1）7月计提增值税。

借：应交税费——应交增值税（转出未交增值税）　　63 594.22
　　贷：应交税费——未交增值税　　63 594.22

（2）8月申报缴纳增值税。

借：应交税费——未交增值税　　63 594.22
　　贷：银行存款　　63 594.22

第17章

所有者权益项目的账务处理

所有者权益是企业成立的基础，对企业的存在起着决定性作用。所有者权益的核算并不复杂，按所有者权益组成的不同，其账务处理主要包括实收资本、资本公积、留存收益和未分配利润账务处理四个部分。本章将介绍所有者权益的账务处理。

17.1 认识所有者权益

所有者权益，是指企业投资者对企业净资产的所有权，也就是企业资产扣除负债后由所有者享有的剩余权益，又称股东权益。所有者权益包括所有者投入的资本、直接计入所有者权益的利得和损失及留存收益，具体包括实收资本（或股本）、资本公积、其他综合收益、盈余公积和未分配利润等项目。

17.1.1 所有者权益的特点

所有者权益与负债的本质区别如表17-1所示。

表17-1 所有者权益与负债的本质区别

两者的来源不同	所有者权益来源于投资者投入的资本和企业盈利在企业内的留存，表明的是企业应该对投资人负担的经济责任；而负债来源于债权人，表明企业对债权人负担的经济责任的大小
两者的偿还期不同	作为所有者权益，除非减少注册资本或解散企业，否则投资人不能收回投资；而作为负债，不管是短期的还是长期的，都有固定的偿还期限
两者的“主人”享受的权利不同	所有者权益体现的是投资者对投入的资本及盈余的权利，投资人享有获取收益和参与企业经营管理的权利；而负债体现的是债权人对企业债务的权利，但债权人只享受收回本金和利息的权利，无权参与企业收益分配

17.1.2 所有者权益的核算要求

由于所有者权益的初始来源为投资者投入的资本，为了确保不同投资者的利益，使所有投资者的权利、义务符合公司法的要求和企业章程的约定，在对所有者权益进行核算时，其基本要求如下。

（1）企业必须据实登记投资者的出资，并按各投资主体进行明细核算，确定各投资主体的出资比例。

（2）企业的资本金是企业存在的基础，故必须随时监督投入企业资本的增减变动情况。一般情况下，企业的资本金确定之后，除按规定程序办理增资或减资外，不得随意变动。

（3）会计人员必须按期核算和监督实收资本的增值和积累情况，以便正确评价企业经营者的经营效果，真实反映所有者对企业的权益。

要实现上述要求，就必须对所有者权益项目进行正确的账务处理。

17.2 实收资本的账务处理

实收资本是指投资者按照企业章程或合同、协议的规定，实际投入企业的资本。

按投资形式的不同，所有者对企业的投资可以分为货币投资、实物投资和无形资产投资等。不同的投资形式，其账务处理稍有差异。

企业应当设置“实收资本”科目对企业接受投资者投入的实收资本进行核算（股份有限公司应将“实收资本”科目改为“股本”科目），该科目可按投资者进行明细核算，其期末贷方余额，反映企业实收资本或股本总额。

17.2.1 企业接受投资的账务处理

企业接受投资者投入的资本，借记“银行存款”“其他应收款”“固定资产”“无形资产”“长期股权投资”等科目；按其在注册资本或股本中所占份额，贷记“实收资本”科目；按其差额，贷记“资本公积——资本溢价（或股本溢价）”科目。

“资本溢价（或股本溢价）”科目一般是新投资者加入时为了补足资本的增值额或资金的质量差异而多付出的资金，在企业初始投资时一般不会出现。

1. 接受现金资产投资

【例17-1】

大圣、八戒、沙僧共同投资设立西游有限责任公司，注册资本为2 000 000元，大圣、八戒、沙僧持股比例分别为60%、25%和15%。按照章程规定，大圣、八戒、沙僧投入资本分别为1 200 000元、500 000元和300 000元。西游有限责任公司已如期收到各投资者一次缴足的款项。其对应的会计分录为：

	借方	贷方
借：银行存款	2 000 000	
贷：实收资本——大圣		1 200 000
——八戒		500 000
——沙僧		300 000

2. 接受非现金资产投资

企业接受投资者作价投入的非现金资产，应按投资合同或协议约定的价值确定入账价值（但投资合同或协议约定价值不公允的除外）和在注册资本中应享有的份额。入账价值超过其在注册资本中所占份额的部分，应当计入资本公积。

【例17-2】

2019年4月，公司成立时收到西游公司作为资本投入的不需要安装的机器设备一台，合同约定该机器设备的价值为2 000 000元，增值税进项税额为320 000元。经约定，接受西游公司的投入资本为2 000 000元。合同约定的固定资产价值与公允价值相符，不考虑其他因素。对应的会计分录为：

	借方	贷方
借：固定资产	2 000 000	
应交税费——应交增值税（进项税额）	320 000	
贷：实收资本——乙公司		2 000 000
资本公积——资本溢价		320 000

17.2.2 企业转增实收资本的账务处理

股东大会批准的利润分配方案中分配的股票股利，应在办理增资手续后，借记“利润分配”科目，贷记“实收资本”科目。

经股东大会或类似机构决议，用资本公积转增资本，借记“资本公积——资本溢价（或股本溢价）”科目，贷记“实收资本”科目。

【例17-3】

承【例17-1】，因扩大经营规模需要，经批准，西游有限责任公司按原出资比例将资本公积1 000 000元转增资本。对应的会计分录为：

	借方	贷方
借：资本公积	1 000 000	
贷：实收资本——大圣		600 000
——八戒		250 000
——沙僧		150 000

17.3 资本公积的账务处理

资本公积是指由投资者、其他人投入的或非收益转化而形成的资本，其所有权归全体投资者，但不构成实收资本的那一部分资本或资产。

按是否可以直接用于转增资本的不同，可以把资本公积进行分类，如表17-2所示。

表17-2　资本公积的分类

种类	内容
可以直接用于转增资本的	资本溢价、接受现金捐赠、拨款转入和其他资本公积等
不可以直接用于转增资本的	接受捐赠的非现金资产准备等

企业应该设置“资本公积”科目对企业收到的投资者出资额超出其在注册资本或股本中所占份额的部分、直接计入所有者权益的利得和损失进行核算，该科目应当分别“资本（股本）溢价”“其他资本公积”进行明细核算，其期末贷方余额，反映企业的资本公积。

17.3.1　投资形成资本公积的账务处理

企业接受投资者投入的资本、可转换公司债券持有人行使转换权利、将债务转为资本等形成的资本公积，借记“有关科目，贷记“实收资本”或“股本”科目、“资本公积”科目（资本溢价或股本溢价）”等。

【例17-4】

2019年7月1日，公司发行普通股10 000 000股，每股面值1元，每股发行价格5元。假定股票发行成功，股款50 000 000元已全部收到，不考虑发行过程中的税费等因素。其对应的会计分录为：

应计入“资本公积”科目的金额=50 000 000-10 000 000×1=40 000 000（元）。应编制如下会计分录：

借：银行存款　　50 000 000
　　贷：股本　　10 000 000
　　　　资本公积——股本溢价　　40 000 000

17.3.2　支付手续费、佣金的账务处理

支付与发行权益性证券直接相关的手续费、佣金等交易费用，借记“资本公积”科目（股本溢价）”等，贷记“银行存款”等科目。

经股东大会或类似机构决议，用资本公积转增资本，借记“资本公积——资本溢价（或股本溢价）”科目，贷记“实收资本”或“股本”科目。

【例17-5】

2019年8月1日，支付发行股票产生的手续费、佣金等共500 000元。其对应的会计分录为：

借：资本公积——股本溢价　　500 000
　　贷：银行存款　　500 000

17.4　盈余公积的账务处理

大部分投资者在进行各项投资后都希望尽快收回投资，如果不对投入资本的运用加以限制，不做出一些规定，企业就无法长久地发展，企业的资金将逐步萎缩。留存收益是指企业从历年实现的利润中提取或形成的留存于企业内部的积累。

按我国现行公司法规定，有限责任公司和股份有限公司的留存收益包括盈余公积和未分配利润等。盈余公积包括法定盈余公积和任意盈余公积。

企业应该设置“盈余公积”科目对企业从净利润中提取的盈余公积进行核算，该科目应当以“法定盈余公积”“任意盈余公积”等进行明细核算，其期末贷方余额，反映企业的盈余公积。

17.4.1 提取盈余公积的账务处理

企业按规定提取盈余公积，借记“利润分配——提取法定盈余公积、提取任意盈余公积”科目，贷记“盈余公积（法定盈余公积、任意盈余公积）”科目。

【例17-6】

2019年12月31日，确认本年实现净利润为1 849 400元。假设累计计提的法定盈余公积尚未达到企业注册资本的50%，则本年应计提的法定盈余公积金额=净利润×10%=1 849 400×10%=184 940（元）。其对应的会计分录为：

借：利润分配——提取法定盈余公积　　　　184 940

　　贷：盈余公积——法定盈余公积　　　　184 940

17.4.2 盈余公积弥补亏损或转增资本的账务处理

经股东大会或类似机构决议，用盈余公积弥补亏损或转增资本，借记“盈余公积”科目，贷记“利润分配——盈余公积补亏”、“实收资本”或“股本”科目。

经股东大会决议，用盈余公积派送新股，按派送新股计算的金额，借记“盈余公积”科目；按股票面值和派送新股总数计算的股票面值总额，贷记“股本”科目。

【例17-7】

承上例，通过股东大会决议，将往年累计的法定盈余公积中的30 000元转增资本。其对应的会计分录为：

借：盈余公积——法定盈余公积　　　　30 000

　　贷：实收资本　　　　30 000

任意盈余公积的账务处理与法定盈余公积的处理类似。

17.5 未分配利润的账务处理

未分配利润是企业本年度实现的净利润经过利润分配后所剩余的利润。如果未分配利润出现负数，即表示年末的未弥补的亏损应由以后年度的利润或盈余公积来弥补。从金额上来看，企业当年度进行利润分配之后剩余的就是当年尚未分配利润；再加上以前年度未分配利润，最后剩下的就是年末未分配利润。

企业当年实现的利润总额在交完所得税后，净利润的分配应该按照国家的法律规定逐项进行，可按“弥补以前年度亏损—提取法定盈余公积—提取任意盈余公积—分配优先股股利—分配普通股股利”顺序进行分配。

企业应当设置“利润分配”科目对企业利润的分配（或亏损的弥补）和历年分配（或弥补）后的余额进行核算，该科目应当分别以“提取法定盈余公积”“提取任意盈余公积”“应付现金股利或利润”“转作股本的股利”“盈余公积补亏”和“未分配利润”等进行明细核算，其年末余额，反映企业的未分配利润（或未弥补亏损）。

17.5.1 结转未分配利润的账务处理

年度终了，企业应将本年实现的净利润，自“本年利润”科目转入“利润分配”科目，借记“本年利润”科目，贷记“利润分配（未分配利润）”科目；为净亏损的，做相反的会计分录。同时，将“利润分配”科目所属其他明细科目的余额转入“未分配利润”明细科目。结转后，“利润分配”科目除“未分配利润”明细科目外，其他明细科目应无余额。

【例17-8】

2019年12月31日，结转本年实现的净利润为1 849 400元。其对应的会计分录为：

借：本年利润　　1 849 400

　　贷：利润分配——未分配利润　　1 849 400

17.5.2 利润分配的账务处理

企业按规定提取盈余公积，借记“利润分配（提取法定盈余公积、提取任意盈余公积）”科目，贷记“盈余公积——法定盈余公积、任意盈余公积”科目。

经股东大会或类似机构决议，分配给股东或投资者的现金股利或利润，借记“利润分配（应付现金股利或利润）”科目，贷记“应付股利”科目。

【例17-9】

承上例，分别按净利润的10%提取法定盈余公积和任意盈余公积，同时通过股东大会决议，分配现金股利200 000元。

法定盈余公积=净利润×10%=1 849 400×10%=184 940（元）；任意盈余公积=净利润×10%=1 849 400×10%=184 940（元）。

利润分配，其对应的会计分录为：

借：利润分配——未分配利润　　569 880

　　贷：盈余公积——法定盈余公积　　184 940

　　　　盈余公积——任意盈余公积　　184 940

　　　　应付股利——应付现金股利　　200 000

17.5.3 未分配利润的账务处理

经股东大会或类似机构决议，分配给股东或投资者的现金股利或利润，借记“利润分配（应付现金股利或利润）”，贷记“应付股利”科目。

经股东大会或类似机构决议，分配给股东的股票股利，应在办理增资手续后，借记“利润分配”科目（转作股本的股利）”，贷记“股本”科目。

用盈余公积弥补亏损，借记“盈余公积——法定盈余公积或任意盈余公积”科目，贷记“利润分配（盈余公积补亏）”科目。

【例17-10】

承上例，待分配方案最终对外公布时，其对应的会计分录为：

借：利润分配——应付股利　　500 000

　　贷：应付股利——应付现金股利　　200 000

　　　　应付股利——应付股票股利　　300 000

17.6 综合演练

17.6.1 接受投资的账务处理

演练要求：

根据下列业务进行账务处理。

刘贝、关宇两个投资者向桃源公司投资，刘贝投入自产产品一批，双方确认价值为200万元（假设是公允的），税务部门认定增值税为32万元，并开具了增值税专用发票。关宇投入资金100万元（已存入银行）和一项专利技术，该专利技术原账面价值为128万元，预计使用寿命为16年，已摊销40万元、计提减值准备10万元，双方确认的价值为80万元（假设是公允的）。假定刘贝、关宇两位投资者投资时均不产生资本公积。两年后，投资者张非向该公司追加投资，其缴付该公司的出资额为人民币180万元，协议约定张非享有的注册资本金额为130万元。（假设刘贝、关宇两个投资者出资额与其在注册资本中所享有的份额相等，不产生资本公积）

要求：根据上述资料，分别编制桃源公司接受刘贝、关宇、张非投资的有关会计分录。（分录中的金额单位为万元）

演练解读：

上述业务对应的会计分录为：

（1）桃源公司收到刘贝的投资时：

借：库存商品 200
　　应交税费——应交增值税（进项税额） 32
　　贷：实收资本——刘贝 232

（2）桃源公司收到关宇的投资时：

借：银行存款 100
　　无形资产 80
　　贷：实收资本——关宇 180

（3）桃源公司收到张非的投资时：

借：银行存款 180
　　贷：实收资本——张非 130
　　　　资本公积——资本溢价 50

17.6.2 利润分配的账务处理

演练要求：

根据下列业务进行账务处理。

公司2019年度的有关资料如下。

（1）年初未分配利润为100万元，本年实现利润总额为390万元，适用的企业所得税税率为25%。按税法规定本年度准予扣除的业务招待费40万元，实际发生业务招待费50万元。除此之外，不存在其他纳税调整因素。

（2）按税后利润的10%提取法定盈余公积。

（3）提取任意盈余公积10万元。

（4）向投资者宣告分配现金股利40万元。

要求：

（1）计算本期所得税费用，并编制相应的会计分录。

（2）编制提取法定盈余公积的会计分录。

（3）编制提取任意盈余公积的会计分录。

（4）编制向投资者宣告分配现金股利的会计分录。

（5）计算年末未分配利润。

（分录中的金额单位为万元）

演练解读：

上述业务对应的会计分录为：

（1）按税法规定本年度准予扣除的业务招待费为40万元，实际发生业务招待费50万元。公司本期所得税费用＝[390+（50-40）]×25%＝100（万元）。

借：所得税费用　　100

　　贷：应交税费——应交企业所得税　　100

（2）公司本年的净利润＝390-100＝290（万元）；提取法定盈余公积金额＝290×10%＝29（万元）。

借：利润分配——提取法定盈余公积　　29

　　贷：盈余公积——法定盈余公积　　29

（3）借：利润分配——提取任意盈余公积　　10

　　贷：盈余公积——任意盈余公积　　10

（4）借：利润分配　　40

　　贷：应付股利——应付现金股利　　40

（5）年末未分配利润=100+290-29-10-40=311（万元）。

第18章

收入、费用及利润项目的账务处理

财务成果是企业一定生产期间经营活动的最终成果，是企业在一定会计期间所实现的各种收入（收益）与相关费用（支出等）的差额。如果收入小于费用，其差额为企业的亏损。企业在一定时期内从事全部生产、经营活动所取得的利润或发生的亏损，综合反映了企业生产、经营活动的情况，是考核企业经营管理水平的一个综合指标。所以，核算收入、费用，并最终确认企业的利润是会计核算的核心。

18.1 收入项目的账务处理

收入是指企业在日常活动中形成的、会导致所有者权益增加的、与所有者投入资本无关的经济利益的总流入。收入包括主营业务收入和其他业务收入。

18.1.1 收入概述

收入，是指企业在日常活动中形成的、会导致所有者权益增加的、与所有者投入资本无关的经济利益的总流入。收入概述如表18-1所示。

表18–1 收入概述

项目		内容
特点		（1）收入是企业在日常活动中形成的 （2）收入会导致企业所有者权益的增加 （3）收入是与所有者投入资本无关的经济利益的总流入
确认与计量	概念	收入的确认，是指收入在什么时候记账并在利润上反映 按性质的不同，企业的收入可以分为商品销售收入、提供劳务收入、让渡资产使用权收入等，不同的收入在确认时依据各有差异
	销售商品收入的确认	销售商品收入同时满足下列条件的，才能予以确认： （1）企业已将商品所有权上的主要风险和报酬转移给购货方 （2）企业既没有保留通常与所有权相联系的继续管理权，也没有对已售出的商品实施有效控制 （3）相关的经济利益很可能流入企业 （4）收入的金额能够可靠地计量 （5）相关的已发生或将发生的成本能够可靠地计量
	提供劳务收入的确认	（1）对于一次就能完成的劳务，或在同一会计期间内开始并完成的劳务，应在提供劳务交易完成时确认收入，确认的金额通常为合同或协议价款，确认原则可参照销售商品收入的确认原则 （2）劳务的开始和完成分属不同的会计期间，且在资产负债表日能对提供劳务交易的结果作出可靠估计的，应按完工百分比法确认提供劳务收入 （3）如劳务的开始和完成分属不同的会计期间，且企业在资产负债表日不能可靠地估计所提供劳务的交易结果不能可靠地估量，如果已经发生的劳务成本预计全部或部分能够得到补偿，应按已收或预计能够收回的金额确认提供劳务收入或能够得到部分补偿的劳务成本金额，并结转已经发生的劳务成本。如果已经发生的劳务成本预计全部不能得到补偿，应将已经发生的劳务成本确认为当期损益（主营业务成本或其他业务成本），不确认提供劳务收入
	让渡资产使用权收入的确认条件	（1）与交易相关的经济利益很可能流入企业 （2）收入的金额能够可靠地计量

18.1.2 主营业务收入的账务处理

企业应当设置“主营业务收入”科目对企业确认的销售商品、提供劳务等主营业务的收入进行核算，该科目可按主营业务的种类进行明细核算，期末，应将该科目的余额转入“本年利润”科目，结转后该科目应无余额。

根据销售收入的形式的不同，收入确认的时点和核算方式略有不同。

企业销售商品或提供劳务实现的收入，应按实际收到或应收的金额，借记“银行存款”“应收账款”“应收票据”等科目，按确认的营业收入，贷记“主营业务收入”科目。涉及增值税销项税额的，还应进行相应的处理。

1. 采取交款提货销售方式的账务处理

采取交款提货销售方式，无论产品（商品）是否发出，只要货款已经收到，发票账单和提货单已经交于购货方，即作为销售收入的实现。

【例18-1】

2019年9月15日，销售给赵氏公司手机500台，增值税专用发票列明商品价款为427 350元，增值税税额55 555.5元，共计482 905.5元。商品已经发出，同时收到赵氏公司的转账支票并办妥进账手续。其对应的会计分录为：

借：银行存款　　482 905.5

　　贷：主营业务收入　　427 350

　　　　应交税费——应交增值税（销项税额）　　55 555.5

若此例中，收到的是赵氏公司开出的商业汇票，其对应的会计分录为：

借：应收票据　　482 905.5

　　贷：主营业务收入　　427 350

　　　　应交税费——应交增值税（销项税额）　　55 555.5

2. 采取预收货款销售方式

采取预收货款销售方式，在产品（商品）已经发出时作为销售收入的实现。

【例18-2】

（1）2019年9月15日，收到赵氏公司的手机预购款482 905.5元，收到款项时其对应的会计分录为：

借：银行存款　　482.905.5

　　贷：预收账款——赵氏公司　　482 905.5

（2）2019年9月20日，将该批手机500台交付赵氏公司，增值税专用发票列明商品价款为427 350元，增值税税额55 555.5元，共计482 905.5元。其对应的会计分录为：

借：预收账款——赵氏公司　　482 905.5

　　贷：主营业务收入　　427 350

　　　　应交税费——应交增值税（销项税额）　　55 555.5

3. 采取赊销方式

采取赊销方式，以本期实际收到的价款或以合同约定的本期应收价款确认销售收入的实现。

【例18-3】

2019年10月10日，赊销系统集成设备一套，开具增值税专用发票，票面不含税金额为100 000元，税额为13 000元。对方尚未支付货款。确认销售收入时，其对应的会计分录为：

借：应收账款　　113 000

　　贷：主营业务收入　　100 000

　　　　应交税费——应交增值税（销项税额）　　13 000

待收到货款后，会计分录为：

借：银行存款　　113 000

　　贷：应收账款　　113 000

以上是常见的三种销售方式，在实际经济业务中，还有很多特殊的销售方式，如委托销售、分期付款销售、视同销售业务等，这些业务的核算方法各有不同，这里不再一一介绍。

18.1.3 其他业务收入的账务处理

其他业务收入是指企业确认的除主营业务活动以外的其他经营活动实现的收入，包括出租房屋和设备等固定资产、出租无形资产、出租包装物和商品、销售材料、用材料进行非货币性交换或债务重组等实现的收入。

企业应当设置“其他业务收入”科目对企业确认的除主营业务活动以外的其他经营活动实

现的收入，包括出租固定资产、出租无形资产、出租包装物和商品、销售材料、用材料进行非货币性交换（非货币性资产交换具有商业实质且公允价值能够可靠计量）或债务重组等实现的收入进行核算，该科目可按其他业务收入种类进行明细核算。

例如，张氏公司除了进行手机及其周边通信产品的销售外，还有出租房屋、出租展柜等设备、市场推广（帮助手机厂商做各种宣传推广活动）等业务，为了考察这些业务类别的业绩，需要分类核算。

期末，应将“其他业务收入”科目的余额转入“本年利润”科目，结转后该科目应无余额。

企业确认其他业务收入，借记“银行存款”“其他应收款”等科目，贷记“其他业务收入”科目。涉及增值税销项税额的，还应进行相应的处理。

【例18–4】

2019年4月21日，销售原材料一批，取得含税收入113 000元，已经用支票进行结算。其对应的会计分录为：

借：银行存款　113 000

　贷：其他业务收入——原材料收入　100 000

　　应交税费——应交增值税（销项税额）　13 000

18.1.4 其他业务收入与主营业务收入比较

其他业务收入与主营业务收入相比，在企业业务收入中的比重较低且处于次要地位，正因为如此，更容易出现差错从而造成财务或税务风险。检查时应注意以下几个方面的查证。

（1）账外账。

企业生产销售的残次品、附产品、废产品和下脚废料的收入不入账，形成该负责人、部门或者企业的账外账。

企业发生的废品、下脚料、附产品销售收入属于其他业务收入范畴。如果不入账，就会少计增值税销项税额，少缴纳所得税，为企业带来税务风险。对此，各级管理人员在检查时首先要了解企业的生产特点，掌握是否会产生附产品等；检查生产中产生的废品废料、下脚废料是否计入原材料。如果在检查中发现账上无记录，可能是将产生的余料、附产品收入计入了账外账，管理人员应追问其去向，查清问题。

（2）少缴纳相关流转税。

混淆其他业务收入和营业外收入的界限，将本应计入其他业务收入的事项计入营业外收入，从而少缴纳相关流转税，为企业带来税务风险。如企业销售原材料的收入，本应计入其他业务收入，如果计入营业外收入，就会少确认增值税销项税额。对此应通过检查营业外收入明细账发现线索，再通过调阅记账凭证、原始凭证加以审核。

（3）劳务收入等不能及时结转收入。

如企业发生的非独立核算的运输部门的对外运输收入，代购代销、固定资产出租、包装物出租收入等均属于其他业务收入的核算范畴。由于这些行为不是企业经常发生的行为，检查时应注意企业有无发生收入不入账、收入挂往来账或少记收入账的问题。通过审查企业提供的劳务价值量与入账的劳务收入是否相符，来分析是否存在少计收入的情况。应定期及时审阅合同，了解收取劳务款的时间和数额，再查看其他收入明细账有无收入记录；如果无记录，应检查银行存款日记账或现金日记账，根据日记账所记载的该笔业务的日期、凭证号码，找出会计凭证，进一步审查原始凭证，查证企业有无及时结转收入。

（4）对包装物押金的检查。

税法规定，对逾期未收回的包装物不再退还的和已收取一年以上的押金，应并入应税货物的销售额，按照应税货物的适用税率征收增值税等流转税。对此，应通过其他应付款明细账贷方发生额结合出借合同，确定包装物的出借时间，就可查证是否有到期无法归还的包装物押金没有列入其他业务收入而挂在其他应付款的情况。

（5）直接冲销成本费用。

符合收入确认条件后，未确认其他业务收入，而直接冲销其他业务支出、管理费用、销售费用等。

（6）多计其他业务收入。

18.2 费用项目的账务处理

费用是指企业在日常活动中发生的、会导致所有者权益减少的、与向所有者分配利润无关的经济利益的总流出。

18.2.1 费用概述

费用概述如表18-2所示。

表18–2 费用概述

项目	内容	
概念	费用是企业在生产、经营过程中发生的各种耗费，包括原材料的耗费、机器设备等劳动手段的耗费，以及人工等"活劳动"的耗费等	
特点	（1）费用是企业日常活动中产生的经济利益的流出，如销售商品、提供劳务等而发生的经济利益的流出，这一点与收入的性质相匹配 （2）费用最终会导致企业经济资源的减少，进而最终会减少企业的所有者权益 费用导致经济资源的减少一般表现为企业的现金支出或其他资产的耗费。具体而言，支付工资、发生费用、消耗材料和机器设备等，最终都将会导致企业资源的耗费	
分类	计入产品成本的费用	直接计入产品成本的费用是指产品成本项目，具体包括直接材料、直接人工、制造费用等
	不计入产品成本的费用	不直接计入产品成本的费用是指期间费用项目，具体包括销售费用、管理费用、财务费用

本节主要介绍期间费用的账务处理。与生产成本相比较，期间费用有以下几个特点。

（1）与生产产品的关系不同。

期间费用的发生是为生产产品提供正常的条件，加强对生产经营和销售的管理，而与产品的生产本身并不直接相关。产品成本是指能够明确与生产产品有关的直接生产费用和间接生产费用，它们直接计入或分配计入产品中去。

（2）与会计期间的关系不同。

期间费用只与费用发生的当期有关，不影响或不分摊到以后会计期间。产品成本中当期完工部分当期转为产成品，未完工部分则结转到下一期继续加工，与前后会计期间都有联系。

（3）与财务报表的关系不同。

期间费用直接列入当期利润表，抵扣当期损益。产品成本完工部分转为产成品，产成品销售后再转为主营业务成本，主营业务成本也直接列入当期利润表；但是未销售的产成品和未完工的在产品都列入资产负债表。由于期间费用不能提供明确的未来收益，因此按照谨慎性原则，应对期间费用在其发生时立即确认。

18.2.2 销售费用的账务处理

企业应当设置"销售费用"科目对企业销售商品和材料、提供劳务的过程中发生的各种费用，包括保险费、包装费、展览费和广告费、商品维修费、预计产品质量保证损失、运输费、装卸费等和为销售本企业商品而专设的销售机构（含销售网点、售后服务网点等）的职工薪酬、业务费、折旧费等经营费用以及企业发生的与专设销售机构相关的固定资产修理费用等后续支出进行核算，该科目可按费用项目进行明细核算，期末，应将该科目的余额转入“本年利润”科目，结转后该科目应无余额。

企业销售商品过程中发生的包装费、保险费、展览费和广告费、运输费、装卸费等费用，借记“销售费用”科目，贷记“库存现金”“银行存款”等科目。

发生的为销售本企业商品而专设的销售机构的职工薪酬、业务费等经营费用，借记“销售费用”科目，贷记“应付职工薪酬”“银行存款”“累计折旧”等科目。

【例18-5】

2019年1月10日，支付销售产品运输费4 000元（销售A款手机5箱、销售B款手机10箱、销售C款手机25箱）。运输费是按数量计算的，一般也按数量分配。运输费用分配计算表如表18-3所示。

表18-3 运输费用分配计算表

产品	数量（箱）	分配率	分配金额（元）
A款手机	5	12.5%	500
B款手机	10	25%	1 000
C款手机	25	62.5%	2 500
合计	40	100%	4 000

其对应的会计分录为：

借：销售费用——运输费——A款手机　　500
　　销售费用——运输费——B款手机　　1 000
　　销售费用——运输费——C款手机　　2 500
　　贷：银行存款　　4 000

18.2.3 管理费用的账务处理

企业应当设置“管理费用”科目对企业为组织和管理企业生产经营所发生的管理费用，包括企业在筹建期间内发生的开办费、董事会和行政管理部门在企业的经营管理中发生的或者应由企业统一负担的公司经费（包括行政管理部门职工工资及福利费、物料消耗、低值易耗品摊销、办公费和差旅费等）、工会经费、董事会费（包括董事会成员津贴、会议费和差旅费等）、聘请中介机构费、咨询费（含顾问费）、诉讼费、业务招待费、技术转让费、矿产资源补偿费、研究费用、排污费及企业生产车间（部门）和行政管理部门等发生的固定资产修理费用等后续支出进行核算，该科目可按费用项目进行明细核算，期末，应将该科目的余额转入“本年利润”科目，结转后该科目应无余额。

企业（商品流通）管理费用不多的，可不设置“管理费用”科目，相关内容可并入“销售费用”科目核算。

企业在筹建期间发生的开办费，包括人员工资、办公费、培训费、差旅费、印刷费、注册登记费以及不计入固定资产成本的借款费用等在实际发生时，借记“管理费用——开办费”，贷记“银行存款”等科目。

行政管理部门人员的职工薪酬，借记“管理费用”科目，贷记“应付职工薪酬”科目。

行政管理部门计提的固定资产折旧，借记“管理费用”科目，贷记“固定资产折旧”科目。

行政管理部门人员的职工薪酬、计提的固定资产折旧，企业发生的办公费、水电费、业务招待费、聘请中介机构费、咨询费、诉讼费、技术转让费、研究费用，借记“管理费用”科目，贷记“应付职工薪酬”“累计折旧”“银行存款”等科目。

【例18-6】

2019年7月10日，购买办公用品一批400元，现金付讫。其对应的会计分录为：

借：管理费用——办公费　　400

　　贷：库存现金　　400

【例18-7】

2019年1月1日，以经营租赁方式租入管理用办公设备一批，每月租金8 000元，按季支付。3月31日，甲公司以银行存款支付应付租金。其对应的会计分录为：

（1）1月31日计提应付经营租入固定资产租金：

借：管理费用　　8 000

　　贷：其他应付款　　8 000

2月28日会计处理同上。

（2）3月31日支付租金：

借：管理费用　　8 000

　　其他应付款　　16 000

　　贷：银行存款　　24 000

18.2.4 财务费用的账务处理

企业发生的财务费用，虽是为取得营业收入而发生，但与营业收入的实现没有直接的因果关系，因此不宜将它计入生产经营成本，只能作为期间费用，按实际发生额确认，计入当期损益。

企业应当设置“财务费用”科目对企业为筹集生产经营所需资金等而发生的筹资费用，包括利息支出（减利息收入）、汇兑损益以及相关的手续费、企业发生的现金折扣或收到的现金折扣等进行核算，该科目可按费用项目进行明细核算，期末，应将该科目的余额转入“本年利润”科目，结转后该科目应无余额。

为购建或生产满足资本化条件的资产发生的应予资本化的借款费用，在“在建工程”“制造费用”等科目中核算。

1. 发生财务费用的账务处理

企业发生财务费用，借记“财务费用”科目，贷记“银行存款”等科目。

【例18-8】

2019年7月1日，从银行借入一笔长期借款1 000万元用于扩大经营规模，年利率为6%，借款期限为三年，每季度偿还利息，到期偿还本金。其对应的会计分录为：

（1）2019年7月计提长期借款利息：每月应计提的利息=10 000 000×6%÷12=50 000（元）。

借：财务费用——利息　　50 000

　　贷：应付利息　　50 000

8月、9月计提利息的会计分录同上。

（2）2019年9月偿还本季度的长期借款利息：本季度应支付长期借款利息=50 000×3=150 000（元）。

借：应付利息　　150 000

　　贷：银行存款　　150 000

【例18-9】

2019年7月1日，支付购买支票工本费25元，办理电汇支付的邮电费10元，手续费0.5元，共计35.5元。其对应的会计分录为：

会计分录如下：

借：管理费用——办公费　　35

　　财务费用——手续费　　0.5

　　贷：银行存款　　35.5

2. 冲减财务费用的账务处理

发生应冲减财务费用的利息收入、汇兑损益、现金折扣，借记“银行存款”“应付账款”等科目，贷记“财务费用”科目。

【例18-10】

2019年9月21日，收到第三季度银行利息2 564.73元。其对应的会计分录为：

借：银行存款　　2 564.73

　　贷：财务费用——利息　　2 564.73

18.3 利润项目的账务处理

利润是企业在一定期间的经营成果，是企业的收入减去有关的成本与费用后的差额。本节利润项目讲解的是营业外收支、本年利润及所得税费用的账务处理。

18.3.1 利润概述

利润是指企业在一定会计期间的经营成果，包括收入减去费用后的净额、直接计入当期利润的利得和损失等。

直接计入当期利润的利得，是指由企业非日常活动形成的、会导致所有者权益增加、与所有者投入资本无关的经济利益的流入。

直接计入当期利润的损失，是指由企业非日常活动形成的、会导致所有者权益减少的、与向所有者分配利润无关的经济利益的流出。

因为利润反映的是收入减去费用，利得减去损失后的净额，因此，利润的确认主要依赖于收入和费用以及利得和损失的确认，其金额的确定也主要取决于收入、费用、利得、损失金额的确定。收入大于成本费用即为盈利，而收入小于成本费用即为亏损。

计算企业利润的步骤如表18-4所示。

表18-4 计算企业利润的步骤

步骤	内容
（1）确认营业收入	具体包括主营业务收入和其他业务收入
（2）计算营业利润	营业收入-营业成本-税金及附加-销售费用-管理费用-财务费用-资产减值损失+公允价值变动收益（-公允价值变动损失）+投资收益（-投资损失）
（3）计算利润总额	营业利润+营业外收入-营业外支出
（4）计算净利润	利润总额-所得税费用

18.3.2 营业外收支的账务处理

营业外收支的基本知识如表18-5所示。

表18-5 营业外收支的基本知识

项目	概念
营业外收入	营业外收入是指企业确认的与其日常活动无直接关系的各项利得，主要包括非流动资产毁损报废收益、盘盈利得（主要指现金溢余无法查明原因部分）、捐赠利得、债务重组利得等
营业外支出	营业外支出是指企业发生的与其日常活动无直接关系的各项损失，主要包括非流动资产毁损报废损失（因自然灾害等发生毁损、已丧失使用功能而报废的非流动资产所产生的清理损失）、盘亏损失（对于财产清查盘点中盘亏的资产，查明原因并报经批准计入营业外支出的损失）、公益性捐赠支出（企业对外进行公益性捐赠发生的支出）、罚款支出（企业支付的行政罚款、税务罚款，以及其他违反法律法规、合同协议等而支付的罚款、违约金、赔偿金等支出）、债务重组损失、非常损失（企业对于因如自然灾害等客观因素造成的损失，扣除保险公司赔偿后应计入营业外支出的净损失）等

1. 营业外收入的账务处理

企业应当设置“营业外收入”科目对企业发生的各项营业外收入进行核算，该科目可按营业外收入项目进行明细核算，期末，应将该科目的余额转入“本年利润”科目，结转后该科目应无余额。

（1）企业收到与生产经营无直接关系的各项收入，借记“库存现金”等科目，贷记“营业外收入”科目。

【例18-11】

员工小辛因为迟到次数过多被罚款100元。其对应的会计分录为：

借：库存现金　　100

　　贷：营业外收入——罚款收入　　100

（2）企业结转固定资产清理净损益，产生清理利得，借记“固定资产清理”科目，贷记“营业外收入——非流动资产处置收入”（非流动资产毁损报废利得）或“资产处置收益——非流动资产处置损失”（非流动资产处置利得）科目。

【例18-12】

2019年7月31日，对一批使用5年左右的办公计算机进行清理，该批计算机账面原值为50 000元，已计提累计折旧为45 000元，账面净值为5 000元，取得清理收入为8 000元，那么清理该批计算机的净收益为3 000元，其对应的会计分录为（不考虑税费）：

将该批计算机转入固定资产清理。

借：固定资产清理　　5 000

　　累计折旧　　45 000

　　贷：固定资产　　50 000

取得清理收入。

借：库存现金　　8 000

　　贷：固定资产清理　　8 000

转入处置固定资产净收益。

借：固定资产清理　　3 000

　　贷：资产处置损益——非流动资产处置损失　　3 000

（3）企业确认的政府补助利得，借记“银行存款”“递延收益”等科目，贷记“营业外收入”科目。

【例18-13】

公司进行技术改造更新，经企业申请在2019年取得当地财政划拨的技改补贴资金1 000 000元，该补贴资金要求用于技改项目的设备购置。2019年6月2日，购置并投入使用一台不需要安装的设备，价值1 200 000元（不考虑增值税）。设备使用期限10年，采用直线法计提折旧，预计净残值为0。其对应的会计分录为：

取得政府补贴时。

借：银行存款　　　　　　　　　　　　　　　　　　　　　　　　1 000 000
　　贷：递延收益　　　　　　　　　　　　　　　　　　　　　　　　1 000 000

购进设备时。

借：固定资产　　　　　　　　　　　　　　　　　　　　　　　　1 200 000
　　贷：银行存款　　　　　　　　　　　　　　　　　　　　　　　　1 200 000

计提设备折旧（假定全部计入管理费用）=1 200 000÷（12×10)×6=60 000（元）。

借：管理管理——折旧费　　　　　　　　　　　　　　　　　　　　60 000
　　贷：累计折旧　　　　　　　　　　　　　　　　　　　　　　　　60 000

同时结转递延收益。递延收益=1 000 000÷（12×10)×6=50 000（元）。

借：递延收益　　　　　　　　　　　　　　　　　　　　　　　　50 000
　　贷：营业外收入　　　　　　　　　　　　　　　　　　　　　　　50 000

2. 营业外支出的账务处理

企业应该设置“营业外支出”科目，核算营业外支出的发生及结转情况。该科目借方登记企业发生的各项营业外支出，贷方登记期末结转入本年利润的营业外支出。该科目可按照“营业外支出”项目进行明细核算。

企业发生营业外支出时，借记“营业外支出”科目，贷记“待处理财产损溢”（资产盘亏净损失）、“库存商品”（对外捐赠）、“应交税费——应交增值税（销项税额）”（对外捐赠视同销售）、“银行存款”（支付罚款、违约金等）等科目。

期末，应将“营业外支出”科目余额转入“本年利润”科目，借记“本年利润”科目，贷记“营业外支出”科目。结转后该科目无余额。

【例18–14】

2019年9月，盘亏原材料20 000元，经领导审批，确认为自然灾害等不可抗拒的原因而发生的存货损失。按管理权限报经批准后，对应的会计分录为：

借：营业外支出——非常损失　　　　　　　　　　　　　　　　　20 000
　　贷：待处理财产损溢　　　　　　　　　　　　　　　　　　　　　20 000

18.3.3　本年利润的账务处理

在每个会计期间的期末，都需要对所有收入、成本及费用项目进行结转核算，目的是把本期实现的利润结转到“本年利润”科目，最终建立利润表和资产负债表的关联。

企业应当设置“本年利润”对企业当期实现的净利润（或发生的净亏损）进行核算，企业期（月）末结转利润后“本年利润”科目的贷方余额为当期实现的净利润，借方余额为当期发生的净亏损；年度终了，“本年利润”科目结转后应无余额。

1. 结转本年利润的方法

期末结转本年利润的方法有表结法和账结法两种。

表结法下，各损益类科目每月月末只需结计出本月发生额和月末累计余额，不结转到“本年利润”科目。

账结法下，每月月末均需编制转账凭证，将在账上结计出的各损益类科目的余额结转入“本年利润”科目。

2. 本年利润月末的账务处理

企业期（月）末结转损益时，应将各损益类科目的金额转入“本年利润”科目，结平各损益类科目。

要结转本年利润，先需要对编制的记账凭证进行汇总整理，整理的方法有很多种，本书在账务处理程序章节中详细介绍了不同方法的工作步骤和特点，本部分以常用的编制科目余额表的方式进行举例说明。

【例18-15】

2019年11月30日，计算利润相关项目的科目余额表如表18-6所示。

表18-6　科目余额表（损益类）

2019年11月30日

项目	期末贷方余额	项目	期末借方余额
主营业务收入	7 569 000	主营业务成本	6 065 400
其他业务收入	437 800	其他业务成本	330 600
营业外收入	76 730	税金及附加	152 700
		管理费用	481 290
		财务费用	53 000
		销售费用	621 500
		营业外支出	30 000

备注：按项目性质的不同，收入项目期末为贷方余额，而成本及费用项目期末为借方余额。

根据上述科目余额表，编制的会计分录为：

借：主营业务收入　　7 569 000
　　其他业务收入　　437 800
　　营业外收入　　76 730
　　贷：本年利润　　8 083 530
借：本年利润　　7 734 490
　　贷：主营业务成本　　6 065 400
　　　　其他业务成本　　330 600
　　　　税金及附加　　152 700
　　　　管理费用　　481 290
　　　　财务费用　　53 000
　　　　销售费用　　621 500
　　　　营业外支出　　30 000

通过上述会计处理可知，企业本月实现利润=8 083 530-7 734 490=349 040（元）。如果“本年利润”项目出现借方余额，则表明企业本期产生的是亏损。

3. 本年利润年末的账务处理

年度终了，应将本年收入和支出相抵后结出的本年实现的净利润，转入“利润分配”科目，借记“本年利润”科目，贷记“利润分配——未分配利润”科目；如为净亏损，做相反的会计分录。

【例18-16】

2019年12月31日，将“本年利润”科目年末余额820 000元结转至未分配利润。

借：本年利润　　820 000
　　贷：利润分配——未分配利润　　820 000

18.3.4 所得税费用的账务处理

所得税是企业的一项资产流出，通常在净利润前扣除。

1. 所得税的计算步骤

所得税的计算步骤如表18-7所示。

表18-7　所得税的计算步骤

计算步骤	内容
计算应纳税所得额	根据计算角度的不同，所得税的计算有不同的表达公式： 应纳税所得额=收入总额-不征税收入-免税收入-各项扣除金额-弥补亏损 或=税前会计利润+纳税调整增加额-纳税调整减少额
计算应纳所得税	公式为： 应纳所得税=应纳税所得额×适用所得税税率 注意：目前我国一般企业的所得税税率为25%；符合条件的小型微利企业，减按20%的税率征收企业所得税；国家需要重点扶持的高新技术企业，减按15%的税率征收企业所得税

【例18-17】

2019年，实现产品销售收入120万元；公司作为福利发放给员工一批手机，市场价为20万元；发生的成本费用总额130万元，其中业务招待费支出3万元。假定不存在其他纳税调整事项，2019年应纳税所得额计算如下。

计税收入=产品销售收入+视同销售收入=120+20=140（万元）

业务招待费扣除限额1=计税收入×5‰=140×5‰=0.7（万元）

业务招待费扣除限额2=发生额×60%=3×60%=1.8（万元）

根据税法的规定（企业发生的与生产经营活动有关的业务招待费支出，按照发生额的60%扣除，但最高不得超过当年销售（营业）收入的5‰）得知，该公司的业务招待费扣除限额为0.7万元。

可予以扣除的成本费用=130-（3-0.7）=127.7（万元）

应纳税所得额=计税收入-可予以扣除的成本费用=140-127.7=12.3（万元）。

【例18-18】

接【例18-17】，公司适用25%的所得税税率，2019年应纳所得税计算如下。

应纳所得税=应纳税所得额×适用税率=12.3×25%=3.075（万元）。

【例18-19】

2019年，会计利润总额为10万元，销售收入是140万元，发生的成本费用总额是130万元，其中业务招待费支出3万元。假定不存在其他纳税调整事项，计算该公司2019年的应纳所得税额。

该公司会计利润=10（万元）

纳税调整项调减费用=3-（140×0.5%）=2.3（万元）

应纳税所得额=会计利润总额±纳税调整项目金额=10+2.3=12.3（万元）

应纳所得税额=应纳税所得额×适用税率=12.3×25%=3.075（万元）

2. 所得税费用的账务处理

企业应当设置“所得税费用”科目对企业确认的应从当期利润总额中扣除的所得税费用进行核算，该科目可按“当期所得税费用”“递延所得税费用”进行明细核算，期末应将该科目的余额转入“本年利润”科目，结转后该科目应无余额。

目前，所得税的会计处理方法只有一种——资产负债表债务法，其内容如表18-8所示。

表18-8　资产负债表债务

项目	内容
概念	资产负债表债务法是从暂时性差异产生的本质出发，分析暂时性差异产生的原因及其对期末资产负债表的影响
特点	当税率变动或税基变动时，必须按预期税率对“递延所得税负债”和“递延所得税资产”账户余额进行调整。也就是说，首先确定资产负债表上期末递延所得税资产（负债），然后倒挤出利润表项目当期所得税费用

资产负债表日，企业按照税法规定计算确定的当期应交所得税，借记“所得税费用（当期所得税费用）”科目，贷记“应交税费——应交所得税”科目。

【例18-20】

A公司2019年第一季度会计利润总额为100万元，其中包括国债利息收入5万元；企业所得税税率为25%，以前年度未弥补亏损为15万元。企业“长期借款”账户记载：年初向建设银行借款50万元，年利率为6%；向B公司借款10万元，年利率为10%；上述款项全部用于生产经营。另外，计提固定资产减值损失5万元。假设无其他纳税调整事项。A公司第一季度预缴所得税数额的确定和会计处理如下。

企业预缴企业所得税的基数为会计利润100万元，扣除上年度亏损15万元以及不征税收入和免税收入5万元后，计税利润为80万元。对于其他永久性差异，即题目中长期借款利息超支的4[10×（10%-6%）]万元和暂时性差异（资产减值损失5万元），季度预缴时不做纳税调整。其会计分录为：

借：所得税费用　　200 000

　　贷：应交税费——应交所得税　　200 000（800 000×25%）

18.4 综合演练

18.4.1 销售业务的账务处理

演练要求：

根据下列业务进行账务处理。

（1）2019年7月2日，销售给大东公司产成品一批，价款为100 000元，税额为13 000元，价税合计113 000元，开出增值税发票，货已发出。收到银行承兑汇票票面金额为100 000元，余款尚未收到。

（2）2019年7月8日，销售钢材（原材料）一批，价款为10 000元，税额为1 300元，价税合计为11 300元，开出增值税发票。货已发出，款项已存入银行。

（3）2019年7月20日，收到大东公司退回6月错开的增值税专用发票（税号开错），票面金额为100 000元，税额为13 000元。当日已重新开具发票并寄出。

（4）2019年7月30日，收到大东公司退回的本月2日发出的部分货物，价款为50 000元，税额为6 500元，当月开出的发票对方已经认证。

演练解读：

上述业务对应的会计分录为：

（1）借：应收票据　　100 000

　　　　应收账款——大东公司　　13 000

　　　　贷：主营业务收入　　100 000

　　　　　　应交税费——应交增值税（销项税额）　　13 000

（2）借：银行存款　　11 300

　　　　贷：其他业务收入　　10 000

　　　　　　应交税费——应交增值税（销项税额）　　1 300

（3）收到错开的增值税专用发票时，如果已经跨月，要先开红票，再开正确的发票。所以此业务要做两笔分录：

借：应收账款——大东公司　　[113 000]

　　贷：主营业务收入　　[100 000]

　　　　应交税费——应交增值税（销项税额）　　[13 000]

借：应收账款——大东公司　　113 000

贷：主营业务收入　　100 000
　　应交税费——应交增值税（销项税额）　　13 000

或者简单地做一笔分录：

贷：主营业务收入　　100 000
　　应交税费——应交增值税（销项税额）　　13 000
贷：主营业务收入　　100 000
　　应交税费——应交增值税（销项税额）　　13 000

（4）退货时要开具红字发票，所以此事项的会计分录为：

借：应收账款——大东公司　　56 500
　　贷：主营业务收入　　50 000
　　　　应交税费——应交增值税（销项税额）　　6 500

18.4.2　期间费用的账务处理

演练要求：

根据下列业务进行账务处理。

（1）2019年9月8日，用现金购买办公用品500元。

（2）2019年9月15日，业务员李洁报销差旅费2 800元，冲减原借款2 000元，余款用现金支付。

（3）2019年9月15日，购买现金支票，银行扣款390元。

（4）2019年9月21日，收到银行利息187.54元。

（5）2019年9月22日，收到欣欣广告公司开来的宣传费普通发票，金额为3 000元，冲减预付账款。

演练解读：

上述业务对应的会计分录为：

（1）借：管理费用——办公费　　500
　　　　贷：库存现金　　500
（2）借：销售费用——差旅费　　2 800
　　　　贷：其他应收款——李洁　　2 000
　　　　　　库存现金　　800
（3）借：财务费用——其他　　390
　　　　贷：银行存款　　390
（4）借：银行存款　　187.54
　　　　借：财务费用——利息收入　　187.54
（5）借：销售费用——宣传费　　3 000
　　　　贷：预付账款——欣欣广告公司　　3 000

在务实中，期间费用如发生时在贷方的，在借方记录负数。如果减少数在贷方登记，结转期间损益时，会导致借贷试算不平。

18.4.3　财政补贴的账务处理

演练要求：

根据下列业务进行账务处理。

（1）恒鑫农业公司享受银行贷款月利率0.6%的地方财政贴息补助。2019年7月，该公司从农村信用社取得贷款10 000 000元，银行贷款月利率为0.6%，同时收到财政部门拨付的第三季度贴息款180 000元。

（2）恒鑫农业公司2019年10月取得A项目财政补助3 000 000元，以弥补前年度亏损。已经到专用账户农村信用社的账上。

演练解读：

企业取得针对综合性项目的政府补助，需要将其分解为与资产相关的部分和与收益相关的部分，分别进行会计处理；难以区分的，将政府补助整体归类为与收益相关的政府补助。

企业取得与资产相关的政府补助，相关资产在使用寿命结束时或结束前被处置（出售、转让、报废等），尚未分摊的递延收益余额应当一次性转入资产处置当期的收益（营业外收入），不再予以递延。

上述业务对应的会计分录为：

（1）2019年7月，实际收到财政贴息180 000元时：

借：银行存款——信用社专用户　　180 000

　　贷：递延收益——财政贴息补助　　180 000

2019年7月、8月、9月，分别将补偿当月利息费用的补贴计入当期收益：

借：递延收益——财政贴息补助　　60 000

　　贷：营业外收入——财政贴息补助　　60 000

（2）借：银行存款——信用社专用户　　3 000 000

　　　　贷：营业外收入——A项目财政补助　　3 000 000

18.4.4　所得税费用的账务处理

演练要求：

根据下列业务进行账务处理。

（1）2019年5月15日，大东公司已经完成了2017年度企业所得税的汇算清缴申报工作，经过纳税调整，共计补缴企业所得税20 000元，并已经通过银行扣缴划款（假设没有计提盈余公积）。

（2）2019年5月18日，恒鑫农业公司已经完成了2017年度企业所得税的汇算清缴申报工作，经过纳税调整，需要退回企业所得税5 000元。

演练解读：

上述业务对应的会计分录为：

（1）

① 计算应补缴税款。

借：以前年度损益调整——所得税费用　　20 000

　　贷：应交税费——应交所得税　　20 000

② 补缴税款时。

借：应交税费——应交所得税　　20 000

　　贷：银行存款　　20 000

③ 结转未分配利润时。

借：利润分配——未分配利润　　20 000

　　贷：以前年度损益调整——所得税费用　　20 000

（2）

① 计算应退所得税时。

借：应交税费——应交所得税　　5 000

　　贷：以前年度损益调整——所得税费用　　5 000

② 收到退税款时。

借：银行存款　　5 000

　　贷：应交税费——应交所得税　　5 000

③ 结转未分配利润时。

借：以前年度损益调整——所得税费用　　5 000

　　贷：利润分配——未分配利润　　5 000

18.4.5　税金及附加的账务处理

演练要求：

根据下列业务进行账务处理。

（1）2019年5月15日，维洁公司申报并缴纳上月印花税20 000元。

（2）2019年5月31日，维洁公司计提本月房产税100 000元。

（3）2019年5月31日，维洁公司计提本月土地使用税150 000元。

演练解读：

上述业务对应的会计分录为：

（1）借：税金及附加——印花税　　20 000

　　　贷：银行存款　　20 000

印花税不需要计提，扣缴时直接记入“税金及附加”科目。

（2）借：税金及附加——房产税　　100 000

　　　贷：应交税费——应交房产税　　100 000

（3）借：税金及附加——土地使用税　　150 000

　　　贷：应交税费——应交土地使用税　　150 000

第四篇　纳税业务

第19章 纳税基础知识

在我国复杂严谨的税收法律法规体系之下，企业纳税方面的业务既具有极强的实务操作流程，又具有深刻的理论基础。虽然从2018年4月1日开始实施办税事项“最多跑一次”（指纳税人办理《清单》范围内的事项，在资料完整且符合法定受理条件的前提下，最多只需要到税务机关跑一次），为了避免“多跑一次”，企业有必要了解一些纳税申报工作中会遇到的相关知识，这些基础知识能够帮助企业理解纳税工作的内涵，从而提高企业办理纳税业务的效率，节约企业的资源，提高企业的价值。

19.1 基础概念

企业纳税，对于国家来说，就是一种获取税收的行为。国家通过立法，建立一系列税收法律法规来规范企业的纳税活动，并且通过执法来保证国家税收的稳定。因此，企业纳税之前，要了解税收和税法的相关概念。

19.1.1 什么是税收

企业从诞生到消失，在其生命周期中，无时无刻不与税收打着交道。因此，必须先了解税收到底是什么。

1. 税收的含义

对税收的内涵可以从以下几个方面来理解。

（1）国家征税的目的是满足社会成员获得公共产品的需要。

（2）国家征税凭借的是公共权力（政治权力）。征税的主体只能是代表社会全体成员行使公共权力的政府，其他任何社会组织和个人都无权征税。与公共权力相对应的必然是政府管理社会和为民众提供公共产品的义务。

（3）税收是国家筹集财政收入的主要方式。

（4）税收必须借助法律形式进行。

2. 税收的特征

税收作为政府筹集财政收入的一种规范形式，具有区别于其他财政收入形式的特点。税收特征可以概括为强制性、无偿性和固定性。

（1）税收的强制性。

税收的强制性是指国家凭借其公共权力以法律、法令形式对税收征纳双方的权利与义务进行规范，依据法律进行征税。我国宪法明确规定我国公民有依照法律纳税的义务。纳税人必须依法纳税，否则就要受到法律的制裁。税收的强制性主要体现在征税过程中。

（2）税收的无偿性。

税收的无偿性是指国家征税后，税款一律纳入国家财政预算统一分配，而不直接向具体纳税人返还或支付报酬。税收的无偿性是从个体纳税人角度而言的，其享有的公共利益与其缴纳的税款并非一一对等，但就纳税人整体而言是对等的。政府使用税款的目的是向社会全体成员包括具体纳税人提供社会公共产品和公共服务。因此，税收的无偿性表现为个体的无偿性、整体的有偿性。

（3）税收的固定性。

税收的固定性是指国家征税之前预先规定了统一的征税标准，包括纳税人、征税对象、税率、纳税期限、纳税地点等。这些标准一经确定，在一定时间内是相对稳定的。税收的固定性包括以下两层含义。

① 税收总量的有限性。由于预先规定了征税的标准，政府在一定时期内的征税数量就要以此为依据，从而保证税收在国民经济总量中的适当比例。

② 税款征收具体操作的确定性。税法确定了课税对象及征收比例或数额，具有相对稳定、连续的特点。既要求纳税人必须按税法规定的标准缴纳税款，也要求税务机关只能按税法规定的标准对纳税人征税，不能任意降低或提高。

当然，税收的固定性是相对于某一个时期而言的。国家可以根据经济和社会发展需要适时地修订税法，但这与税收整体的相对固定性并不矛盾。

税收的3个特征是统一的整体，相互联系，缺一不可。无偿性是税收这种特殊分配手段本质的体现，强制性是实现税收无偿性的保证，固定性是无偿性和强制性的必然要求。

19.1.2 什么是税法

由于税收是一种国民收入的再分配方式，从根本上，是向一国每一个公民来收取的。因此，在征税时，应当对每一个公民采用公平、公正的方式来收取。而要保证税收是公平、公正的，就必须通过法律的手段来制定获取税收的办法。而这些设计税收制度、规定、程序的法律，也就构成了一个国家的税法。

1. 税法的含义

税法是国家法律、法规的重要组成部分，是规定国家与纳税人之间在征收和缴纳税款方面的权利、义务关系的法律规范的统称。它是国家及纳税人依法征税、依法纳税的行为准则，其目的是保障国家利益和纳税人的合法权益，维护正常的税收秩序，保证国家的财政收入。

税法的构成要素一般包括总则、附则、罚则、纳税义务人、征税对象、税目、税率、纳税环节、纳税期限、纳税地点、减免税等项目。

2. 税法的特点

（1）税法规范的成文性。

税法是确认公民纳税义务的法律，为了促使国家对未来税收的财政、经济调节作用的预测成为可能，并保持税收法律制度的相对稳定，一般要求税法采取成文形式。也有少数例外情况，如有的国家税法在规定给予纳税人以减轻免除某些特定纳税义务时，有时也采取习惯法。

（2）税法结构的规范性。

税法的调整对象主要是税收征纳关系。调整对象的单纯性，决定了税法结构的规范性或统一性。如税收实体法，一般采取按单个税种进行立法，但就其形式结构来说已基本形成了一种基本统一的规格。对每一个税种的立法，虽然不同税种的征税对象、纳税人、税率等不尽相同，但都要包含大致相同的税法要素。例如，任何一种税法，在立法内容方面，都必须规定征税对象，即对什么征税；规定纳税人，即明确由谁纳税；规定税率，表明征多少税；等等。如果缺少这些内容，就不能称其为税法。

（3）税法规范的刚性。

由于强制性是税收分配的特征之一，作为税收法律表现形式的税法，大多数法律条款是不可逆的，带有大量刚性内容。税法的有关条款规定了纳税人或税务机关“应”如何行为、“不得”如何行为，并明确规定了纳税人或税务机关违反有关规定时要承担的法律责任。

19.1.3 税收和税法的关系

税收与税法密不可分，有税必有法，无法不成税。税收实质上是国家为实现其职能，取得财政收入的一种方式。而税法是税收的法律形式，税收是税法所确定的具体内容。现代国家大多奉行立宪征税、依法治税的原则，即政府的征税权由宪法授予，税收法律须经有关机关批准，税务机关履行职责必须依法办事，税务争议要按法定程序解决。简而言之，国家的一切税收活动，均以法定形式表现出来。

税收制度和税法的关系更为密切。任何国家的税收制度都要采取法律的形式，税收法律、法令的生效要经过正式的立法程序，税收行政法规和各种税收部门规章的制定和颁布也须有法律授权。总之，税收法律规范是税收制度最基本、最重要的内容。

19.1.4 税务行政复议与行政诉讼

税务机关的征税行为包括确认纳税主体、征税对象、征税范围、减税、免税及退税、抵扣税款、适用税率、计税依据、纳税环节、纳税期限、纳税地点以及税款征收方式等具体行政行为；征收税款、加收滞纳金；扣缴义务人、受税务机关委托的单位和个人做出的代扣代缴、代收代缴、代征行为等。纳税人对税务机关的征税行为不服的，应当先向复议机关申请行政复议，对行政复议不服的，可以再向人民法院提起行政诉讼。

1. 行政复议与行政诉讼的概念

行政复议是指公民、法人或其他组织认为行政机关的具体行政行为侵害其合法权益，依法向行政复议机关提出复查该具体行政行为的申请，行政复议机关依照法定程序对被申请的具体行政行为进行审查并做出行政复议决定的活动。

对于企业而言，行政复议就是为了纠正行政机关对企业做出的违法的或者不当的行政行为，从而使企业的权益得到保护。在企业纳税行为涉及的税务行政复议中，就是对征收税款的主管部门的某些违法或者不当的行政行为进行申诉，从而保护自己作为纳税人的相关权益。

行政诉讼是指公民、法人或其他组织认为行政机关的具体行政行为侵害其合法权益，依法向人民法院提起诉讼的行为。

在实务中，企业进行税务行政复议主要是依据《税务行政复议规则》的相关规定来进行，税务行政诉讼主要是依据《行政诉讼法》的相关规定来进行。

当企业纳税行为遭受相关行政机关的不公正待遇从而使企业的纳税权益收到损害时，可以使用税收行政复议与税收行政诉讼作为司法救济的手段。

2.《税务行政复议规则》的规定

（1）申请人对下列具体行政行为不服，可以提出行政复议申请。

①征税行为（复议前置）。

②行政许可、行政审批行为。

③发票管理行为，包括发售、收缴、代开发票等。

④税收保全措施、强制执行措施。

⑤行政处罚行为，包括罚款、没收财物和违法所得、停止出口退税权。

⑥不依法履行下列职责的行为：颁发税务登记证，开具、出具完税凭证、外出经营活动税收管理证明，行政赔偿，行政奖励。

⑦资格认定行为。

⑧不依法确认纳税担保行为。

⑨政府信息公开工作中的具体行政行为。

⑩纳税信用等级评定行为。

⑪通知出入境管理机关阻止出境行为。

⑫其他具体行政行为。

（2）申请人认为税务机关的具体行政行为所依据的下列规定不合法，对具体行政行为申请行政复议时，可以一并向行政复议机关提出对有关规定（不含规章）的审查申请；申请人对具体行政行为提出行政复议申请时不知道该具体行政行为所依据的规定的，可以在行政复议机关作出行政复议决定以前提出对该规定的审查申请。

①国家税务总局和国务院其他部门的规定。

②其他各级税务机关的规定。

③地方各级人民政府的规定。

④地方人民政府工作部门的规定。

19.2 我国的税收体系

企业的纳税业务，存在于我国的税收体系中，在计算税额、申报纳税、税款缴纳等环节受到我国税收体系的制约和规范。因此，了解我国的税收体系，对于企业在纳税工作中清楚地认识到自己的纳税活动处于什么样的位置，对于企业应当如何处理自己的纳税行为是很重要的。

纳税对于企业来说是一种现实存在的负担，因此对于纳税，企业作为纳税主体与政府作为征税主体不可避免地存在对立情况。

税收是政府以其制定的相关法律法规为依据来获取的，相应地，企业也是依据这些涉税法律法规来履行纳税义务。因此，企业为了在依法纳税的过程中不多缴不必要的税，或者通过纳税筹划来获得对企业更有利的纳税方式，就必须充分理解涉税法律法规中的相关重要概念。这些重要概念，同时也就是构成我国税收法律制度的基本要素。

19.2.1 什么是纳税人

纳税人亦称纳税义务人、纳税主体，是税法上规定的直接负有纳税义务的单位和个人。国家无论征收什么税，要由一定的纳税义务人来承担，因此，纳税人是税收制度构成的基本要素之一。也就是说，纳税人就是政府对之征收税款的对象。在我国，自然人和法人都是纳税人。

注意：纳税人并不等同于实际负担税收的人。在企业的纳税事务中，还存在代扣代缴义务人和代收代缴义务人。

代扣代缴义务人是负有将其依法持有的实际税负人的应纳税款代为扣下，并代为缴纳的纳税主体。通俗地说，代扣代缴义务人在某种合法的情况下，手中持有其他纳税主体需要缴纳的税收。而税法规定，这一部分税收不需要实际税收负担人自行缴纳，而应当由持有主体代为缴纳。这种情况下的纳税人，就是代扣代缴义务人。代扣代缴义务人所缴纳的税款，并不是其本身所负担的税款。在企业纳税事务中，最常见的企业作为代扣代缴义务人的情形就是企业代扣代缴其员工的个人所得税。

代收代缴义务人，是指虽不承担纳税义务，但依照有关规定，在向纳税人收取商品或劳务收入时，有义务代收代缴其应纳税款的单位和个人。代收代缴义务人主要出现在消费税的委托加工环节。

19.2.2 什么是征税对象

征税对象就是税法所规定的、需要缴纳税款的标的物，它是征税的客体，也就是对什么进行征税。需要注意的是，这个标的物是一种抽象的概念，所有税法规定需要纳税的行为、物体、结果都可以是征税对象。

征税对象是税收分类的主要依据，也是税收制度的首要要素，是一种税区别于另一种税的主要标志，体现出不同税种课税的基本范围和界限。而其他税收要素的内容一般都是以征税对象为基础确定的。

征税对象按其性质的不同，通常划分为流转税类、所得税类、资源税类、财产税类、行为税类和附加税类6类。

1．流转税类

所谓流转税，就是以商品或者劳务的流转额作为征税对象的税种大类。在我国目前的税法体系中，属于流转税类的主要有增值税、消费税以及关税。

流转额，也可以理解为商品、劳务在市场经济流通过程中产生的交易金额。流转额的一部分作为课税对象，如增值税就是对商品流通过程中增值的金额作为课税对象来计算应纳税额的。

流转税类作为我国税收体系双主体之一，在财政收入中占有相当大的比例，是我国重要的税收来源。由于流转税类的课税对象是商品或者劳务的流转额，而市场经济的本质，就是商品和劳务的流通。因此，在我国，流转税的税源宽广，征收普遍。一旦企业在市场中进行交易，产生交易额，就必须缴纳相关的流转税。

2. 所得税类

所谓所得税，就是指将企业在一段经营时间内所获得的净所得作为征税对象的税种类别。在这里，净所得可以理解为企业的净利润，也就是企业在经营过程中获得的收益，在扣除了经营过程中发生的支出后，所留下的部分。除此之外，纳税人获得的工资、劳务报酬、股息、利息、租金等收入，在我国都需要缴纳所得税。

所得税是世界各国普遍都开征的税种。所得税与流转税不同，由于所得税是在收入分配的终端环节征税，净所得多的多纳税，净所得少的少纳税。因此，所得税可以用来调节社会收入的差距，实现社会财富的二次分配，使税负更公平合理。

在我国的税收体系中，所得税主要包括企业所得税和个人所得税。

3. 资源税类

所谓资源税，就是把对特定自然资源的开发和占有中获得的收入作为课税对象的税种类别。

我国现行的税法体系中，属于资源税类别的主要有资源税、城镇土地使用税、土地增值税和耕地占用税。

4. 财产税类

所谓财产税，就是将纳税人拥有的或者可以支配的财产作为课税对象的税种类别。这里的财产，是指纳税人通过合法的途径获得或者占有的物质财物，主要是指纳税人拥有的动产和不动产两大类。

在我国的税收体系中，属于财产税类别的主要有房产税、契税和车船税。

5. 行为税类

所谓行为税，是指将纳税人的某些特定的行为作为课税对象的税种大类。在我国，主要的行为税类就是印花税。

6. 附加税费类

所谓附加税费，即某些税费并不是单一征收的，是附加在某些主要税种征收时一并征收的。在计算附加税费的应纳税额时，是以应当缴纳的某一主要税种的应纳税额作为税基的。当需要缴纳某一主要税种时，就需要缴纳附加在其之上的附加税费；反之，则不需要缴纳。

在我国，主要的附加税费类有城市建设维护税、教育附加费、地方教育附加费等。

19.2.3 什么是税基

通俗地讲，税基就是课税的基础，也就是计算应纳数额的实物单位。在我国，税基可以是价值单位，也可以是实物单位，如现行资源税中原油的吨数，消费税中黄酒、啤酒的吨数，汽油、柴油的数量，个人所得税中的个人所得额等。

税基具体有两种含义。

（1）税基是某种税的经济基础。

例如，流转税的课税基础是流转额，所得税的课税基础为所得额，房产税的课税基础为房产等。选择税基是税制建设的一个重要问题。选择的课税基础宽，税源比较丰富，这种税的课征意义就大；否则，税源不多，课征意义就小。

（2）税基是计算缴纳税额的依据或标准。

当税基为实物量时，税率多为定额税率；当税基为价值量时，税率多为百分比形式的比例税率或累进税率，如果实行累进税率，随着税基的增大，税率也不断提高。有时税基与征税对象数量是一致的，即税基直接是征税对象数量的某种表现形式。例如，所得税税基及征税对象的数量都是所得额。有时税基和征税对象又是不一致的，前者只是后者的一部分，而不是全部。例如，对企业所得征税时，征税对象数额是全部所得额，税基则是从中做了一些扣除之后的余额。

19.2.4 什么是税目

税目是税法规定的征税对象的具体条目。例如，在我国并非所有的商品都需要缴纳消费税，只有由税法规定需要缴纳消费税的商品才需要缴纳消费税。而这些需要缴纳消费税的商品列表，就是征税对象的具体条目，也就是税目。不是所有的税种都规定有税目：有些税种征税对象简单、明确，没有另行规定税目的必要，如房产税；有的税种征税对象比较复杂，一般要先分大类，在类别之下再分税目、子目、细目。凡是无税目的税种均有统一的税率，凡是有税目的税种，均无统一税率。

1. 税目的设置原则

（1）按照课税客体的性质和积累水平的不同进行归类。性质相同、积累水平相近的课税客体,有可能归入同一税目；否则归入不同的税目。

（2）以国家政策为依据，按照鼓励或限制政策的需要，分别制定高低不同的税率，归入不同的税目。

（3）应便于征收管理，力求简便。

设计税目时，一方面要注意不同税目的划分界限要十分明确，不能模棱两可；否则，由于税目不同、税率不同，在征税时，适用税目不明，就会发生混乱。另一方面应注意同一税目的积累水平要接近，同一税目有统一税率，如果同一税目的积累水平相差悬殊，征税后，就会发生税负过轻或过重的不合理现象。

2. 税目的设置作用

税目具有两方面的作用：一是明确征税的范围，体现征税的广度，凡属于列举税目之内的产品或收入即为课税对象，反之则为非课税对象。二是对具体征税项目进行归类和界定，以便针对不同的税目确定差别税率。首先，规定税目是为了明确具体的征税范围，规定征税的广度；列入税目的就是应税产品或项目，没有列入税目的就不是应税的产品或项目，这样征税的界限就十分明确。其次，通过规定各种税目，可以对不同的产品或项目制定高低不同的税率，以体现国家的税收政策。

19.2.5 什么是税源

税源就是税款的来源。例如，企业所得税的来源就是企业的税前利润，在这里，企业的税前利润就成为了企业所得税的税源。税源按不同的标准，分类也不同。

（1）税源按自然状态，可分为自然税源和再生税源。自然税源是指自然存在的税源，如对资源征税，资源本身就客观存在，只要开发资源，就必须依法纳税。再生税源是指经过劳动创造后产生的税源，如对产品或商品征税。税源的大部分是再生税源。

（2）税源按变化程度，可分为静态税源和动态税源。静态税源是指在一定时期内变化不大，可稳定地为税收分配提供收入的税源；静态税源是保证税收收入完成的基础条件。动态税源是指在一定时期内变化较大，不能稳定地为税收分配提供收入的税源。对于动态税源，应加强管理，使之朝着有利于扩大税源的方向发展。

（3）税源按构成税收收入量占税收总收入中的比重，可分为一般税源和重点税源。一般税源是指可供税收分配的收入较少，在全部税收收入中所占比例不大的税源。一般税源户指的是一些年度创造税收收入的总量较小的中小型企业和个体工商业户。重点税源是指可供税收分配的收入规模较大，在全部税收收入中所占比例较大的税源。重点税源户指的是一些年度创税规模较大的大型企业。

（4）税源按存在形态，可分为有形税源和无形税源。有形税源是指能看得见的税源，如产品销售收入、利润额、房产等。无形税源是指看不见的税源，如行为、专利、特许权、商誉等。

19.2.6 什么是税率

税率，就是计算应纳税额时所使用的计算比率。税率是计算税额的重要参数，也是衡量税收负担轻重的指标。我国的现行税率主要有3种类型，即比例税率、累进税率和定额税率。

比例税率比较简单，就是一个单一税率。用比率税率计算税额时，不需要考虑税额大小对适用税率的影响。在我国，增值税的基本税率13%就是比例税率，企业所得税税率25%也是比例税率。

累进税率是指按照不同的计税基础，将税率按大小分成几个区间，计税基础越大则适用的税率越高，计税基础越小则适用的税率越低。在我国的税收法律体系中，使用的累进税率主要是超额累进税率。超额累进税率就是把计税基础按照数额的大小，分成几个区间，不同的区间适用不同的税率。在计算时，计税基础的数额符合哪一个区间，就按照哪一个区间的税率来计算税额，当计税基础的数额超过这一区间时，超过的部分就不适用原来区间的税率来计算，而应该使用其所匹配的区间的税率。必须注意的是，只有超过原来的大小区间的部分才需要使用其匹配的区间的税率，未超过的部分还是使用原区间的税率。由于超额累进税率计算比较烦琐，因此，在实务中，主要是通过使用速算扣除数来计算适用超额累进税率的税额。

定额税率就是根据课税对象的一定计量单位，每一个计量单位设定一个固定的税额。

19.3 税务认定的办理

税务认定，包括税种认定、征收方式认定。税种认定是税务部门根据公司营业执照上的经营范围对流转税、附加税等进行认定。征收方式认定即核定计税方法，如核定征收、查账征收等。

19.3.1 小规模纳税人与一般纳税人

在企业的税种认定环节，将纳税人分为小规模纳税人和一般纳税人。小规模纳税人与一般纳税人的划分，以发生应税行为年应税销售额为标准。其计税方法、凭证管理等方面都不同，需做区别对待。

1. 认定标准

增值税小规模纳税人标准为年应征增值税销售额500万元及以下，即：年应税销售额≥500万元，为一般纳税人；年应税销售额<500万元，为小规模纳税人。

年应税销售额，是指纳税人在连续不超过12个月的经营期内累计应征增值税销售额，含减、免税销售额、发生境外应税行为销售额以及按规定已从销售额中差额扣除的部分。如果该销售额为含税的，应按照适用税率或征收率换算为不含税的销售额。

2. 小规模纳税人可主动申请办理一般纳税人资格登记

实际工作中，很多小规模纳税人建立健全了财务会计核算制度，能够提供准确的税务资料，满足了凭发票注明税款抵扣的管理需要。这时如果小规模纳税人向主管税务机关提出申请，可登记为一般纳税人。

会计核算健全，是指能够按照国家统一的会计制度规定设置账簿，根据合法、有效凭证核算。例如，有专业财务会计人员，能按照财务会计制度规定，设置总账和有关明细账进行会计核算；能准确核算增值税销售额、销项税额、进项税额和应纳税额等；能按规定编制财务报表，真实反映企业的生产、经营状况。

能够准确提供税务资料，是指能够按照增值税相关规定如实填报增值税纳税申报表及其他税务资料，按期申报纳税。是否做到会计核算健全和能够准确提供税务资料，由小规模纳税人的主管税务机关认定。

3. 一般纳税人

一般纳税人实行信用级别管理，分为ABC 3类，小规模纳税人一旦达到标准，需要及时到税务机关办理一般纳税人登记，以免影响企业信用。

符合条件的一般纳税人仍可以继续选择转为小规模，前提是必须符合下列条件。

（1）转登记日前连续12个月（以1个月为1个纳税期）或者连续4个季度（以1个季度为1个纳税期）累计销售额未超过500万元的一般纳税人。

（2）仅限于商业或者工业等非营改增行业。凡是营改增行业的纳税人一律不得转为小规模纳税人。

（3）只有2018年5月1日以前就已经登记的一般纳税人，才可以转登记为小规模纳税人，5月1日以后新登记的一般纳税人，不属于可转登记的范围。

（4）必须在2019年12月31日前，选择转登记为小规模纳税人。

但要注意以下4点。

（1）2019年选择转登记的，再次登记为一般纳税人后，不得再转登记为小规模纳税人。

（2）一般纳税人转登记为小规模纳税人后，自转登记日的下期起，按照简易计税方法计算缴纳增值税；转登记日当期仍按照一般纳税人的有关规定计算缴纳增值税。

（3）转登记纳税人尚未申报抵扣的进项税额以及转登记日当期的期末留抵税额，计入“应交税费——待抵扣进项税额”核算。

（4）自转登记日的下期起连续不超过12个月或者连续不超过4个季度的经营期内，转登记纳税人应税销售额超过财政部、国家税务总局规定的小规模纳税人标准的，应当按照《增值税一般纳税人登记管理办法》（国家税务总局令第43号）的有关规定，向主管税务机关办理一般纳税人登记。

19.3.2 税款征收方式

除了认定主要税种外，纳税人还需要认定主要税种的征收方式。税款征收方式主要是针对企业所得税而言的，本部分以此来介绍。税款的征收方式和适用范围如表19-1所示。

表19-1 税款的征收方式和适用范围

征收方式	适用范围
查账征收	适用于生产经营规模较小、产品零星、税源分散、会计账册不健全，但能控制原材料或进销货的小型厂矿和作坊
核定征收	适用于财务会计制度健全，能够如实核算和提供生产经营情况，并能正确计算应纳税款和如实履行纳税义务的纳税人
查验征收	适用于纳税人财务制度不健全，生产经营不固定，零星分散、流动性大的税源
定期定额征收	适用于经主管税务机关认定和县以上税务机关（含县级）批准的生产、经营规模小，达不到规定设置账簿标准，难以查账征收，不能准确计算计税依据的个体工商户（包括个人独资企业）

常见的两种税款征收方式为核定征收与查账征收。

1. 核定征收

所谓核定征收，就是由主管税务机关根据纳税人的具体情况，在正常的生产经营条件下，对其生产的应税产品核定一个产量或者销售额，然后根据税法规定的税率来计算应当缴纳税款的征收方式。采用核定征收方式征收税款，主要是由于纳税人的财务核算不健全，无法正确核算应纳税额而采用的折中办法。在实务中，即使部分企业符合查账征收的条件，其注册地的主管税务机关也可以根据企业的实际情况而选择采用这种办法。

根据《中华人民共和国税收征收管理法》（简称《税收征收管理法》）的规定，应当采用核定征收的情形如下。

（1）依照法律、行政法规的规定可以不设置账簿的。

（2）依照法律、行政法规的规定应当设置但未设置账簿的。

（3）擅自销毁账簿或者拒不提供纳税资料的。

（4）虽设置账簿，但账目混乱或者成本资料、收入凭证、费用凭证残缺不全，难以查账的。

（5）发生纳税义务，未按照规定的期限办理纳税申报，经税务机关责令限期申报，逾期仍不申报的。

（6）纳税人申报的计税依据明显偏低，又无正当理由的。

（7）未按规定办理税务登记而从事生产、经营的纳税人以及临时从事经营的纳税人。

税务机关在核定金额时，一般采取以下几种方法来进行。

（1）参照当地同类行业或者类似行业中经营规模和收入水平相近的纳税人的税负水平核定。

（2）按照营业收入或者成本加合理的费用和利润的方法来核定。

（3）按照耗用的原材料、燃料、动力等推算。

（4）其他税务机关认为合理的认定方式。

当企业在税务认定时，被划入核定征收范围后，其税款的征收方式主要有两种：定额征收和核定应纳税所得率征收。所谓定额征收，就是直接核定所得税额。而核定应纳税所得率征收就是按照收入总额或者成本费用等项目的实际发生额，按预先核定的应纳税所得率计算缴纳。在这种方式下，企业所得税应纳税额=营业收入×核定征收率。这样，就不再需要计算企业在经营过程中的成本费用，而是直接通过营业收入来确定应纳税额。即便企业是亏损的，也需要缴纳企业所得税。

2. 查账征收

所谓查账征收，就是企业根据自己的财务账簿记录，自己计算应当缴纳的税额并进行缴纳的纳税方式。这种方式要求纳税企业的财务核算制度完整，内控制度健全，才能准确地计算出需要缴纳的税额。

在这种方式下，企业的所得税计算基础是企业的利润总额：企业所得税=利润总额×所得税税率。

当然，这里的利润总额，不是企业的会计利润，而是经过调整之后的税法利润。

19.3.3 税务认定的办理

1. 税（费）种认定的办理

税（费）种认定，是指税务机关根据纳税人、扣缴义务人或受托代征方等课征主体（以下统称“纳税人”）办理税务登记、扣缴税款登记或签订委托协议（以下统称“登记”）时所申报的行业、经营范围和应税行为（财产）等信息，以及在税收征管工作中依法取得的其他相关信息，对纳税人具有申报纳税（扣缴或代征）义务的税（费）种进行认定的工作。

纳税人应在办理税务登记的同时办理税种认定登记。税务人员根据纳税人的行业及纳税义务填写《纳税人税（费）种认定表》（如表19-2所示），对纳税人的义务涉及的征收项目、征收品目、认定有效期起止、申报期限、征收方式、税率或单位税额、预算科目、预算级次、预算分配比例、财政专户等征收入库必备信息进行认定，同时制作并向纳税人发放《税务事项通知书》[税（费）种认定通知]。

表19-2 纳税人税（费）种认定表

<table>
<tr><td>纳税人识别号</td><td></td><td>纳税人名称</td><td></td></tr>
<tr><td rowspan="3">行业</td><td colspan="3"></td></tr>
<tr><td colspan="3"></td></tr>
<tr><td colspan="3"></td></tr>
</table>

续表

行业明细																	
增值税企业类型								增值税经营类别									
增值税纳税人类型								“营改增”纳税人类型									
征收项目	征收品目	子目	申报期限	纳税（费）期限	缴款期限	预缴期限	预缴方式	税率或单位税额	征收率	预征率	征收方式	预算科目	预算级次	预算分配比例	收款国库	认定有效期起	认定有效期止
	…																
…																	
	…																
认定人													认定日期				
认定税务机关																	

2. 一般纳税人的登记办理

增值税一般纳税人实行登记制，纳税人只需要向主管税务机关填报《增值税一般纳税人资格登记表》（如表19-3所示），符合条件的即可登记为一般纳税人。

表19-3 增值税一般纳税人资格登记表

纳税人名称			纳税人识别号		
法定代表人（负责人、业主）		证件名称及号码		联系电话	
财务负责人		证件名称及号码		联系电话	
办税人员		证件名称及号码		联系电话	
税务登记日期					
生产经营地址					
注册地址					
纳税人类别：企业□ 非企业性单位□ 个体工商户□ 其他□					
主营业务类别：工业 □ 商业 □ 服务业 □ 其他□					
会计核算健全：是□					
一般纳税人资格生效之日：当月1日 □ 次月1日 □					
纳税人(代理人)承诺： 上述各项内容真实、可靠、完整。如有虚假，愿意承担相关法律责任。 经办人： 法定代表人： 代理人： （签章） 年 月 日					
以下由税务机关填写					
主管税务机关受理情况	受理人： 主管税务机关（章） 年 月 日				

3. 核定征收的鉴定

对企业所得税实行核定征收的企业，需每年进行一次企业所得税的年度申报和企业所得税征收方式的鉴定。鉴定方式为填写《企业所得税核定征收鉴定表》，如表19-4所示。

表19-4　企业所得税核定征收鉴定表

纳税人编码：　　　　　　　　　　　　鉴定期：　年度　　　　　　　　　　　　金额单位：元

申报单位			
地　址			
经济性质		行业类别	
开户银行		账　号	
邮政编码		联系电话	
上年收入总额		上年成本费用额	
上年注册资本		上年原材料耗费量（额）	
上年职工人数		上年燃料、动力耗费量（额）	
上年固定资产原值		上年商品销售量（额）	
上年所得税额		上年征收方式	

行次	项　目	纳税人自报情况	主管税务机关审核意见
1	账簿设置情况		
2	收入核算情况		
3	成本费用核算情况		
4	纳税申报情况		
5	履行纳税义务情况		
6	其他情况		

纳税人对征收方式的意见：	主管税务机关意见：
经办人签章：　（公章） 年　月　日	经办人签章：　（公章） 年　月　日

县级税务机关审核意见：
经办人签章：　（公章） 年　月　日

19.4　发票的管理

发票是我国税法制度的特色，在我国，税务主管部门认定企业的成本与费用时，关键就是看是否取得了合法的发票。因此，我国企业在纳税申报的过程中，可以说是处处离不开发票。

19.4.1　我国的发票管理制度

在我国的税收法律体系中，发票具有非常重要的地位。

拥有合法的发票，是企业相关成本费用发生的法定依据。如果企业发生的相关成本费用，没有取得证明其发生的合法发票，那么可以作为企业应纳税所得额抵减金额的成本费用，就无法被主管税务机关认可，这一部分的支出就无法有效抵减企业的所得，就需要缴纳所得税。因此，在企业与企业之间的交易中，接收劳务或者购买货物的一方，通常都需要交易对方开具合法的发票作为入账的凭据。

由于发票在企业的主管税务机关认定其利润的方面具有如此重要的作用，因此，实务中，人们常常调侃说“发票等于钞票”。

增值税专用发票由国务院税务主管部门指定的企业印制；其他发票按照国务院税务主管部门的规定，分别由省、自治区、直辖市国家税务总局指定的企业印制。发票防伪专用品由国家税务总局指定的企业生产。全国统一发票监制章的式样和发票版面印刷要求，由国家税务总局规定。发票监制章由省、自治区、直辖市国家税务总局制作。发票应当套印全国统一发票监制章，作为税务机关管理发票的法定标志。发票实行不定期换版制度。

税务机关负责发票印制、领购、开具、取得、保管、缴销的管理和监督。

19.4.2 发票的种类和适用的范围

不同的行业、不同的税种，所使用的发票有所不同。在我国，发票主要有以下3大类。

1. 增值税专用发票

增值税专用发票是增值税一般纳税人所使用的发票。增值税专用发票的抵扣联是增值税一般纳税人抵扣增值税进项税额的合法凭证。在进行合法抵扣之前，企业还需要将收到的增值税专用发票的抵扣联到税务主管机关进行认证。可见，增值税专用发票是具有特殊作用的，只有增值税一般纳税人才可以购买和开具增值税专用发票。

注意：纳税人的下列行为不得开具增值税专用发票：向消费者个人销售货物或者应税劳务的；销售货物或者应税劳务适用免税规定的；小规模纳税人销售货物或者应税劳务的；销售报关出口的货物；在境外销售应税劳务；将货物用于非应税项目；将货物用于集体福利和个人福利；将货物无偿赠送他人；提供非应税劳务。向小规模纳税人销售应税项目可以不开具增值税专用发票。

2. 增值税普通发票

增值税普通发票是相对于增值税专用发票而言的。增值税普通发票的使用是非常广泛的，增值税一般纳税人也可以申请、购买、开具普通发票。

3. 专业发票

专业发票是指由国有金融、邮电、铁路、民用航空、公路和水上运输等单位开具的专业性很强的发票，包括但不限于以下项目。

（1）国有金融、保险企业的存贷、汇兑、转账凭证、保险凭证。

（2）国有邮政、电信企业的邮票、邮单、话务、电报收据。

（3）国有铁路、民用航空企业和交通部门国有公路、水上运输企业的客票、货票。

19.4.3 发票的使用和管理

企业在发票管理方面应当建章立制、设置台账、定期保存。已开具的发票存根联和发票登记簿及账册应当保存5年，保存期满报经国税机关查验后销毁。增值税专用发票由专人保管；放在保险柜内；设置领、用、存登记簿；取得的发票抵扣联装订成册；已开具的存根保存5年，期满后报主管税务机关查验后销毁。

纳税人发生丢失、被盗增值税专用发票和普通发票的，应于当日书面报告主管税务机关，在报刊和电视等传播媒介上公告声明作废，并接受税务机关的处罚。

1. 使用和管理增值税专用发票

增值税专用发票如此重要，企业应当遵守《增值税专用发票使用规定》的规定，妥善使用和管理增值税专用发票。

一般纳税人应通过增值税防伪税控系统使用增值税专用发票。使用，包括领购、开具、缴销、认证纸质专用发票及其相应的数据电文。防伪税控系统是增值税专用发票使用的专用设备和通用设备、运用数字密码和电子存储技术管理专用发票的计算机管理系统。

企业应当按照增值税专用发票不同联次的使用规定来使用增值税专用发票的不同联次。增值税专用发票由基本联次或者基本联次附加其他联次构成，基本联次为发票联、抵扣联和记账联。发票联，作为购买方核算采购成本和增值税进项税额的记账凭证；抵扣联，作为购买方报送主管税务机关认证和留存备查的凭证；记账联，作为销售方核算销售收入和增值税销项税额的记账凭证。其他联次用途，由一般纳税人自行确定。

增值税专用发票实行最高开票限额管理。最高开票限额，是指单份专用发票开具的价税合计数不得达到的上限额度。最高开票限额由一般纳税人申请，税务机关依法审批。最高开票限额为十万元及以下的，由区县级税务机关审批；最高开票限额为一百万元的，由地市级税务机关审批；最高开票限额为一千万元及以上的，由省级税务机关审批。防伪税控系统的具体发行工作由区县级税务机关负责。

企业零售的烟、酒、食品、服装、鞋帽（不包括劳保专用部分）、化妆品等消费品不得开具增值税专用发票。增值税小规模纳税人（以下简称小规模纳税人）需要开具增值税专用发票的，可向主管税务机关申请代开。销售免税货物不得开具增值税专用发票，法律、法规及国家税务总局另有规定的除外。

一般纳税人取得增值税专用发票后，发生销货退回、开票有误等情形但不符合作废条件的，或者因销货部分退回及发生销售折让的，购买方应向主管税务机关申请开具红字发票。

2. 关于增值税专用发票认证抵扣的规定

企业取得增值税专用发票后，并不意味着自动获得了可以抵扣的进项税额。企业要想抵扣的进项税额，必须对获得的增值税专用发票进行认证。而这种发票认证，在自发票开出日起，是有时限规定的，一旦超过了规定的认证时限，企业就无法抵扣进项税额。因此，了解增值税专用发票认证抵扣的时限是很重要的。

（1）增值税一般纳税人取得的2017年7月1日及以后开具的增值税专用发票和机动车销售统一发票，应自开具之日起360日内认证或登录增值税发票选择确认平台进行确认，并在规定的纳税申报期内，向主管国税机关申报抵扣进项税额。

增值税一般纳税人取得的2017年7月1日以前开具的增值税专用发票和机动车销售统一发票，应自开具之日起180日内认证或登录增值税发票选择确认平台进行确认，并在规定的纳税申报期内，向主管国税机关申报抵扣进项税额。

（2）增值税一般纳税人取得的2017年7月1日及以后开具的海关进口增值税专用缴款书，应自开具之日起360日内向主管国税机关报送《海关完税凭证抵扣清单》，申请稽核比对。

（3）增值税一般纳税人取得的2017年7月1日前开具的海关进口增值税专用缴款书，应自开具之日起180日内向主管国税机关报送《海关完税凭证抵扣清单》，申请稽核比对。

（4）增值税一般纳税人取得增值税专用发票、公路内河货物运输业统一发票、机动车销售统一发票以及海关缴款书，未在规定期限内到税务机关办理认证、申报抵扣或者申请稽核比对的，不得作为合法的增值税扣税凭证，不得计算进项税额抵扣。

增值税一般纳税人需要特别注意，取得的可以用于抵扣的有效、合法的凭证，必须及时在有效期内进行认证，一旦超过有效期，会给企业带来重大的经济损失。

3. 发票丢失

（1）丢失客户开来的增值税普通发票。

增值税普通发票丢失、被盗、损毁致无法辨认代码或号码、灭失的，纳税人应向税务机关报告，税务机关备案。

纳税人应报送以下资料。

①《发票挂失/损毁报告表》。

②登报声明发票遗失作废的版面原件、发票或复印件等证明材料。

按照流程办理完毕后，企业凭借销售方记账联复印件作为入账凭证即可，无需再重新开具发票。

（2）丢失已开具增值税专用发票的发票联和抵扣联。

① 丢失前已认证相符的。

购买方可凭销售方提供的相应增值税专用发票记账联复印件及销售方主管税务机关出具的《丢失增值税专用发票已报税证明单》（以下统称《证明单》），作为增值税进项税额的抵扣凭证。

② 丢失前未认证的。

购买方凭销售方提供的相应增值税专用发票记账联复印件进行认证，认证相符的可凭增值税专用发票记账联复印件及销售方主管税务机关出具的《证明单》，作为增值税进项税额的抵扣凭证。增值税专用发票记账联复印件和《证明单》留存备查。

（3）丢失已开具增值税专用发票的抵扣联。

① 丢失前已认证相符的，可使用增值税专用发票发票联复印件留存备查。

② 丢失前未认证的，可使用增值税专用发票发票联认证，增值税专用发票发票联复印件留存备查。

（4）丢失已开具增值税专用发票的发票联。

一般纳税人丢失已开具的增值税专用发票的发票联，可将增值税专用发票抵扣联作为记账凭证，增值税专用发票抵扣联复印件留存备查。

（5）丢失空白增值税专用发票。

《中华人民共和国发票管理办法实施细则》（国家税务总局令第25号）第三十一条规定：使用发票的单位和个人应当妥善保管发票。发生发票丢失情形时，应当于发现丢失当日书面报告税务机关，并登报声明作废。

根据《国家税务总局关于被盗、丢失增值税专用发票有关问题的公告》（国家税务总局公告2016年第50号）规定：为方便纳税人，税务总局决定取消纳税人的增值税专用发票发生被盗、丢失时必须统一在《中国税务报》上刊登“遗失声明”的规定。

可见，增值税专用发票不论是企业自身使用和开具的，还是外购取得的，其管理都是非常重要的。如果管理不当，很可能给企业造成经济损失。因此企业应当建立适当的发票管理和使用的制度，使增值税专用发票的使用得到妥善管理。

19.5 纳税申报

所谓纳税申报，就是企业在纳税申报期内，将所属期间的收入资料，向其所属的税务主管机关进行申报，从而确定其所属经营期需要缴纳多少税收，并且将所需要缴纳的税款上缴国库的行为。在企业的涉税业务中，纳税申报可以说是整个业务工作环节中的重中之重，从企业流转税到企业所得税的认定，都离不开纳税申报环节。

19.5.1 纳税申报的流程及时间

在我国，纳税申报是一般企业财务工作流程的重要组成部分。因此，了解纳税申报的流程应当与企业财务工作的流程相结合。

通常情况下，企业的财务部门应当于当月月初完成上月的结账工作。在结账工作完成后，就可以进行纳税申报，在纳税申报成功后就需要缴纳税款。

19.5.2 纳税申报的方式

纳税申报的方式是指纳税人和扣缴义务人在发生纳税义务和代扣代缴、代收代缴义务后，在申报期限内，依照税收法律、行政法规的规定到指定税务机关进行申报纳税的形式。

在我国，纳税申报的方式主要有两种，即柜台申报和电子申报。

1. 柜台申报

柜台申报，就是到柜台进行申报。在柜台申报完成后，就会拿到打印的税单。税单就是纳税的凭证，企业凭税单到企业纳税的银行自行缴纳税款。

2. 电子申报

电子申报也称网络申报或数据电文申报，是指纳税人、扣缴义务人在规定的申报期限内，通过与税务机关接受办理纳税申报、代扣代缴及代收代缴税款申报的电子系统联网的电脑终端，按照规定和系统发出的指示输入申报内容，以完成纳税申报或者代扣代缴及代收代缴税款申报的方式。

在网上办税大厅，通过企业纳税申报客户端来进行纳税申报，并将税款扣缴的工作自动完成。因此，使用电子申报的方式进行纳税申报是非常方便快捷的，能够大大提高纳税申报的工作效率，节约企业的人力资源。

19.5.3 电子申报的办理

电子申报有诸多好处，使用电子申报方式进行纳税申报，需要向主管税务机关进行申请。

申请办理电子申报需要携带以下资料到主管税务机关办理。

（1）办理人身份证复印件一份。

（2）企业营业执照（副本）复印件一份（企业用户须提交）。

（3）《网上电子报税申请审批表》。

（4）《单位证书申请（更新表）》。

（5）提供网上电子申报税款扣缴银行及银行账号。

（6）CA数字证书材料费用。

（7）税务机关规定应当报送的其他有关证件、资料。

电子申报企业客户端，是一个软件。软件安装完成后，电脑中就有了电子申报的程序。第一次使用电子申报客户端时，需要新建一个用户。这里需要注意的是，一个电子申报客户端，可以同时由许多企业共同使用。

19.6 变更税务登记

企业在经营过程中，其在主管税务机关进行税务登记时登记的资料常常会发生变动，此时，就需要办理变更税务登记。

19.6.1 需变更税务登记的情况

在税务登记时企业需要在主管税务机关进行企业生产经营等相关资料的备案。当企业的生产经营等相关登记资料发生变动时，需要办理变更税务登记，以更新主管税务机关的登记信息。

19.6.2 变更税务登记的办理

领取“一照一码”营业执照的企业变更有如下变化。

生产经营地、财务负责人、核算方式由企业登记机关在新设时采集，在企业经营过程中，上述信息发生变化的，企业应向主管税务机关申请变更，不再向工商登记部门申请变更。

除上述信息外，企业在登记机关新设时采集的信息发生变更，均由企业向工商登记部门申请变更。

对于税务机关在后续管理中采集的其他必要涉税基础信息（如财务负责人、核算方式、经营地址）发生变更的，直接向税务机关申请变更即可。

19.7 税种及纳税期限

19.7.1 税种

国地税合并后，原国家税务局、地方税务局网上申报已经合并成了网上税务局。以国家税务总局广西壮族自治区电子税务局为例，其网站页面如图19-1所示。

图19-1 广西电子税务局页面

纳税人在如图19-1所示的页面中可进行除个人所得税外的其他税种的申报。

一般公司都会涉及的税种有增值税、城市维护建设税、教育费附加、地方教育附加、印花税、个人所得税、企业所得税等。

特殊行业需要缴纳的税种有消费税、资源税、烟叶税等。

如果一个公司持有房产、土地，或买卖房产、土地，涉及的税种有契税、耕地占用税、房产税、城镇土地使用税、土地增值税等。

如果一个公司购买车辆，涉及的税种有车辆购置税、车船税等。

如果一个公司直接排放有关污染物，涉及的税种包括环境保护税。

19.7.2 纳税期限

1. 纳税期限

纳税期限，是指纳税人按照税法规定缴纳税款的期限。纳税人的具体纳税期限，由主管税务机关根据纳税人应纳税额的大小分别核定；不能按照固定期限纳税的，可以按次纳税。

一般的纳税期限为次月15日内，节假日顺延。有下列情形的，纳税人可以延期办理纳税申报。

（1）因自身原因需要延期的，需事前申请。

纳税人、扣缴义务人按照规定的期限办理纳税申报或者报送代扣代缴、代收代缴税款报告表确有困难，需要延期的，应当在规定的期限内向税务机关提出书面延期申请，经税务机关核准后，在核准的期限内办理。

（2）因不可抗力需要延期的，需事后报告。

纳税人、扣缴义务人因不可抗力，不能按期办理纳税申报或者报送代扣代缴、代收代缴税款报告表的，可以延期办理；但是，应当在不可抗力消除后立即向税务机关报告。

经核准延期办理纳税申报、报送事项的，应当在纳税期内按照上期实际缴纳的税额或者税务机关核定的税额预缴税款，并在核准的延期内办理税款结算。

2. 滞纳金

纳税人未按照规定期限缴纳税款、扣缴义务人未按照规定期限解缴税款的，税务机关可责令限期缴纳，并从滞纳税款之日起，按日加收滞纳金。

（1）收取滞纳金的标准：从滞纳税款之日起，按日加收滞纳税款万分之五的滞纳金。

（2）收取滞纳金的时间：自税款法定缴纳期限届满次日起至纳税人、扣缴义务人实际缴纳或者解缴税款之日止。

纳税人未按照规定的期限办理纳税申报和报送纳税资料的，由税务机关责令限期改正，可以处2 000元以下的罚款；情节严重的，处2 000元以上10 000元以下的罚款。

19.8 综合演练

19.8.1 拟写免税申请书

演练要求：

依据下列信息拟写免税申请书。

公司名称：恒鑫农业科技开发有限公司。

成立时间：2018年10月19日。

登记机关：陆川工商行政管理局。

注册类型：自然人出资有限责任公司。

统一社会信用代码：914509006987654321。

公司法人代表及身份证号码：张恒鑫450902199001018888。

注册资本：200万元。

注册地址：陆川县南大荒村。

经营范围：蔬菜、水果种植和销售。

税局登记时间：2018年10月22日。

演练解读：

申请书

广西国家税务局玉林税务分局：

我公司（恒鑫农业科技开发有限公司）经陆川工商行政管理局批准于2018年10月19日成立，登记注册类型：自然人出资有限责任公司，统一社会信用代码：914509006987654321 。公司法人代表：张恒鑫，法人身份证号码：450902199001018888，注册资本：200万元。公司注册地址：陆川县南大荒村，经营范围：蔬菜、水果种植和销售。2018年10月22日在陆川县国家税务局登记。

我公司共配备财务人员3名，财务负责人、会计、出纳各1名。我公司能够按照《企业会计制度》及相关法规对会计工作进行认真核算，能准确核算相关应交税额，并严格按照税法规定向国家缴纳税款。同时具有独立向税务机关申报纳税的能力，能设置相关的总账及明细分类账。

我公司主要种植蔬菜及收购部份零星时鲜蔬菜销售。根据《中华人民共和国增值税暂行条例》第十五条第（一）款规定及《实施细则》第三十五条规定；同时根据《关于免征蔬菜流通缓解增值税有关问题的通知》财税〔2011〕137号、《关于免征部分现货肉蛋产品流通缓解增值税政策的通知》财税〔2012〕75号的规定，我公司向贵局申请自产种植的蔬菜收入及零星收购蔬菜销售收入免征增值税。望贵局审查批准为谢！

此致

敬礼

恒鑫农业科技开发有限公司

2018年11月18日

19.8.2 填写增值税一般纳税人资格登记表

演练要求：

根据上一演练及以下资料，对恒鑫农业科技开发有限公司进行增值税一般纳税人资格的登记。

财务负责人：王伟，身份证号码：450902198001018888。

办税人员：李娜，身份证号码：450902199401018888。

演练解读：

恒鑫农业科技开发有限公司增值税一般纳税人资格登记表如表19-5所示。

表19-5 增值税一般纳税人资格登记表

纳税人名称	恒鑫农业科技开发有限公司		纳税人识别号	914509006987654321	
法定代表人（负责人、业主）	张恒鑫	证件名称及号码	身份证450902199001018888	联系电话	13006988888
财务负责人	王伟	证件名称及号码	身份证450902198001018888	联系电话	13006989999
办税人员	李娜	证件名称及号码	身份证450902199401018888	联系电话	13006980000
税务登记日期	2018年10月22日				
生产经营地址	陆川县南大荒村				
注册地址	陆川县南大荒村				
纳税人类别：企业☑ 非企业性单位☐ 个体工商户☐ 其他☐					
主营业务类别：工业 ☐ 商业 ☐ 服务业 ☐ 其他☑					
会计核算健全：是					
一般纳税人资格生效之日：当月1日 ☐ 次月1日 ☑					
纳税人(代理人)承诺： 上述各项内容真实、可靠、完整。如有虚假，愿意承担相关法律责任。 经办人：李娜 法定代表人：张恒鑫 代理人： （签章） 2018年11月18日					
以下由税务机关填写					
主管税务机关受理情况	受理人： 主管税务机关（章） 年 月 日				

19.8.3 填写变更税务登记表

演练要求：

恒鑫农业科技开发有限公司已经在工商部门办理了营业范围的变更，根据以下内容填列变更税务登记表。

原经营范围：蔬菜、水果种植和销售。

更改后的经营范围：农产品的收购、种植及销售；家畜家禽的养殖销售（具体项目以审批部门批准的为准）；对农业的投资；农业设备的技术开发、技术转让、技术服务；林业的种植（涉及许可的，具体项目以审批部门批准的为准）；土地出租。

演练解读：

恒鑫农业科技开发有限公司变更税务登记表如表19-6所示。

表19-6 变更税务登记表

<table>
<tr><td>纳税人名称</td><td colspan="2">恒鑫农业科技开发有限公司</td><td>纳税人识别号</td><td colspan="2">914509006987654321</td></tr>
<tr><td colspan="6">变更登记事项</td></tr>
<tr><td>序号</td><td>变更项目</td><td colspan="2">变更前内容</td><td>变更后内容</td><td>批准机关名称及文件</td></tr>
<tr><td>1</td><td>经营范围</td><td colspan="2">蔬菜、水果种植和销售</td><td>农产品的收购、种植及销售；家畜家禽的养殖销售（具体项目以审批部门批准的为准）；对农业的投资；农业设备的技术开发、技术转让、技术服务；林业的种植（涉及许可的，具体项目以审批部门批准的为准）；土地出租</td><td>陆川工商行政管理局</td></tr>
<tr><td></td><td></td><td colspan="2"></td><td></td><td></td></tr>
<tr><td></td><td></td><td colspan="2"></td><td></td><td></td></tr>
<tr><td></td><td></td><td colspan="2"></td><td></td><td></td></tr>
<tr><td></td><td></td><td colspan="2"></td><td></td><td></td></tr>
<tr><td></td><td></td><td colspan="2"></td><td></td><td></td></tr>
<tr><td></td><td></td><td colspan="2"></td><td></td><td></td></tr>
<tr><td></td><td></td><td colspan="2"></td><td></td><td></td></tr>
<tr><td colspan="6">送缴证件情况：营业执照、公司章程修正案、股东会决议复印件</td></tr>
<tr><td colspan="6">纳税人

经办人：李娜　　　　　　　　法定代表人（负责人）：张恒鑫　　　　　　　　纳税人（签章）
2018年12月10日　　　　　　　　2018年12月10日　　　　　　　　2018年12月10日</td></tr>
<tr><td colspan="6">经办税务机关审核意见：

经办人：　　　　　　　　负责人：　　　　　　　　税务机关（签章）
年　月　日　　　　　　　　年　月　日　　　　　　　　年　月　日</td></tr>
</table>

第20章

纳税申报

会计人员在月初、月末的工作除了各种结转外，主要就是对各种税费的正确计算与纳税申报的处理。本章主要对常见的增值税申报、附加税费和个人所得税的申报、企业所得税汇算清缴内容进行介绍。

20.1 增值税的纳税申报

本节除了介绍增值税的概念及计算外，重点介绍增值税的纳税申报，包括一般纳税人的增值税纳税申报、小规模纳税人的增值税纳税申报及进出口货物增值税的纳税处理。

20.1.1 什么是增值税

增值税是以商品（含应税劳务）在流转过程中产生的增值额作为计税依据而征收的一种流转税。按照企业规模大小和会计核算是否健全，增值税纳税人可以分为一般纳税人和小规模纳税人，小规模纳税人和一般纳税人的区别如表20-1所示。

表20-1 小规模纳税人和一般纳税人的区别

项 目	小规模纳税人	一般纳税人
适用税率或征收率	3%	13%等
使用发票	增值税普通发票	增值税专用发票和增值税普通发票
财务核算	进项税额不能抵扣	进项税额可以抵扣
管理制度	一般管理	严格管理

增值税的税率根据不同的情形，分为不同的档次，各自使用不同的税率。下面根据不同的情况分别介绍适用的增值税税率。

1. 增值税税率

通常所说的增值税税率是指增值税的适用税率，也就是增值税的法定税率。现行增值税没有立法，因此，税率根据增值税条例和营改增试点实施办法确定。对于税率的适用范围，在基本政策规定外，也有特殊性规定，比如税率简并。增值税税率主要用于增值税一般计税方法的计算。对于一般纳税人而言，增值税的税率有以下4个档次。

（1）13%。

增值税一般纳税人适用的税率为13%。

①销售货物。

销售或者进口除列举的适用税率为9%和零税率之外的货物。货物，是指有形动产，包括电力、热力、气体在内。

②提供加工、修理修配劳务。

③提供有形动产租赁服务。

（2）9%。

①适用9%税率的货物。

这些货物包括农产品（含粮食）、自来水、暖气、石油液化气、天然气、食用植物油、冷气、热水、煤气、居民用煤炭制品、食用盐、农机、饲料、农药、农膜、化肥、沼气、二甲醚、图书、报纸、杂志、音像制品、电子出版物。

②适用9%税率的服务。

这些服务包括提供交通运输、邮政、基础电信、建筑、不动产租赁服务，销售不动产，转让土地使用权。

以上两种采用的是正列举方式，即列入范围的才适用。

（3）6%。

除了提供有形动产租赁服务、适用9%税率的列举服务项目以及适用零税率的跨境应税行为以外的应税服务。

（4）零税率。

① 纳税人出口货物，国务院另有规定的除外。

② 境内单位和个人发生的跨境应税行为，具体范围由财政部和国家税务总局另行规定。

2．增值税征收率

增值税征收率主要是针对小规模纳税人和一般纳税人适用或者选择采用简易计税方法计税的项目。采用征收率计税的，不得抵扣进项税额，但部分符合条件的项目可以选择或者适用差额征税办法。

（1）3%。

小规模纳税人增值税征收率为3%，国务院另有规定的除外。

（2）5%。

① 不动产租赁服务。

② 转让土地使用权。

③ 销售不动产。

④ 小规模纳税人转让其取得的不动产。

⑤ 个人转让其购买的住房。

⑥ 房地产开发企业中的一般纳税人，销售自行开发的房地产项目，选择适用简易计税方法的。

⑦ 房地产开发企业中的小规模纳税人，销售自行开发的房地产项目。

⑧ 一般纳税人出租其2016年4月30日前取得的不动产，选择适用简易计税方法的。

⑨ 单位和个体工商户出租动产（个体工商户出租住房减按1.5%计算应纳额）。

⑩ 其他个人出租不动产（出租住房减按15%计算应纳税额）。

⑪ 一般纳税人转让其2016年4月30日前取得的不动产，选择适用简易计税方法计税的。

⑫ 车辆停放服务、高速公路以外的道路通行服务（包括过路费、过桥费、过闸费等）。

3．增值税预征率

除了已有的经过审批同意的增值税汇总缴纳企业，根据审批结果，按照一定方法就地进行预征增值税、总机构结算缴纳外，“营改增”中的不动产和建筑两大特殊行业采用普遍性预征增值税，目的是均衡入库税款、预防欠缴税款和平衡地方财政利益。

增值税预征率在政策上并没有统一明确的解释，在“营改增”后的预征中，有的称为预征率，也有的称为征收率，还有的称为按征收率减按百分比计算应纳税额等。虽然有不同的说法，但基本含义是明确的。

（1）2%。

一般纳税人跨地级行政区范围提供建筑服务，适用一般计税方法计税的，以取得的全部价款和价外费用扣除支付的分包款后的余额，按照2%的预征率预缴增值税。纳税人在同一地级行政区范围内跨县（市、区）提供建筑服务不再预征增值税。

（2）3%。

一般纳税人跨地级行政区范围提供建筑服务，并选择适用简易计税方法计税的以及小规模纳税人跨地级行政区范围提供建筑服务的，需要按照工程项目分别计算应预缴税款，在项目发生地向税务机关预缴税款，向机构所在地主管税务机关进行汇总纳税申报。

房地产开发企业无论采用何种计税方法，采取预收款方式销售所开发的房地产项目，在收到预收款时都按照3%的预征率预缴增值税。

（3）5%。

无论一般纳税人还是小规模纳税人，转让取得（包括自建）的不动产，均需按照5%的预征率预缴增值税。除其他个人外发生转让不动产的，均向不动产所在地主管税务机关预缴，向机构所在地主管税务机关申报纳税。

适用5%征收率的纳税人包括：一般纳税人出租其取得的、选择或者适用简易计税方法的不动产；小规模纳税人出租的除个体工商户和其他个人住房之外的不动产。

（4）1.5%。

个体工商户出租住房，按照5%的征收率减按1.5%计算应纳税额。不动产所在地与机构所在地不在同一县（市、区）的，向不动产所在地主管税务机关预缴税款，向机构所在地主管税务机关申报纳税。

其他个人出租住房，按照5%的征收率减按1.5%计算应纳税额，向不动产所在地主管税务机关申报纳税。

除了以上增值税的税率，还有一种是增值税扣除率，即用于生产销售其他货物服务，扣除率为9%；用于生产销售或委托受托加工13%税率的货物，扣除率为10%。

20.1.2 增值税的计算

一般计税方法下的应纳税额，是指当期销项税额抵扣当期进项税额后的余额。应纳税额的计算公式如下。

应纳税额=当期销项税额－当期进项税额

当期销项税额小于当期进项税额不足抵扣时，其不足部分可以结转下期继续抵扣。

增值税在流转环节采用进项抵扣的办法来计算应纳数额，因此相比其他税种，其计算较为复杂。

1. 进项税额的计算

进项税额是企业在购买增值税应税货物或者劳务时所支付给出卖方的增值税。出卖方缴纳的增值税，就是出卖方出售货物时需要计算的销项税额。也就是说，出卖方的销项税额就等于购买方的进项税额。进项税额在增值税的流转过程中，对企业而言，所起的作用就是证明企业在购买时已经对货物的增值部分缴纳了增值税，当企业销售购入的货物或者劳务时，只需要对其增值的部分缴纳增值税，而不再需要缴纳全部的增值税了。因此，进项税额在实际计算中的作用，是用以抵扣企业的销项税额的，从而避免重复缴纳增值税。

注意：采用一定的征收率来计算缴纳增值税的纳税人或者应税货物和劳务，其相关的增值税进项税额是不能抵扣的。例如，小规模纳税人就不能够抵扣其购入货物的增值税。

企业进项税额的取得，主要有2种形式。

（1）获得出卖方提供的增值税专用票据

在增值税专用票据上，清楚列明了税额。增值税专用票据主要有企业采购货物或者劳务时，获得的增值税专用发票或者进口货物获得的海关增值税完税凭证。这两种票据都属于增值税专用票据，都列明了增值税税额，都是法定的企业用以计算进项税额的凭据。

（2）无法获得增值税专用票据。

无法获得增值税专用票据的，可以按照法定的扣除额，从采购应税货物或者应税劳务的总金额中扣除作为企业的进项税额。这是增值税流转流程中的特殊规定，主要是涉及一般纳税人购买农产品的情况。取得农产品销售发票或开具农产品收购发票的，以农产品销售发票或收购发票上注明的农产品买价和扣除率计算进项税额。

① 用于生产销售或委托加工13%税率的货物的计算如下。

小规模纳税人委托税务机关开具的增值税专用发票进项税额=增值税专用发票不含税金额×10%。

农产品销售发票或收购发票进项税额=发票上注明的农产品买价×10%。

② 用于生产销售其他货物服务的计算如下。

小规模纳税人委托税务机关开具的增值税专用发票进项税额=增值税专用发票不含税金额×9%。

农产品销售发票或收购发票进项税额=发票上注明的农产品买价×9%。

纳税人购进农产品既用于生产销售或委托加工13%税率货物又用于生产销售其他货物服务的，应当分别核算进项税额；未分别核算的，统一以增值税专用发票或海关进口增值税专用缴款书上注明的增值税额为进项税额，或以农产品收购发票或销售发票上注明的农产品买价和9%的扣除率计算进项税额。

【例20-1】

大志公司是一家食品工业企业，主要从事食品的生产和销售，是增值税一般纳税人。2019年11月，大志公司向当地农户购买农产品35万元，那么2019年11月大志公司取得多少增值税进项税额？

本题中，大志公司购买农产品行为，属于增值税流转流程中的特殊规定的项目。

购买农产品取得的进项税额=35×10%=3.5（万元）。

农产品是指种植业、养殖业、林业、牧业、水产业生产的各种植物、动物的初级产品。企业如果遇到需要直接购买农产品的，应当仔细比对参照《农业产品征税范围注释》的详细规定，以确定所购买的农产品的进项税额。

（3）不能抵扣的进项税额。

在税法体系中，还规定了一些情况下，即使企业获得了增值税专业票据，但仍不能抵扣增值税进项税额。

①“简、免、福、个”类

用于“简易计税方法计税项目、免征增值税项目、集体福利或者个人消费”的购进货物、加工修理修配劳务、服务、无形资产和不动产，不能抵扣增值税进项税额。其中涉及的“固定资产、无形资产、不动产”，仅指“专用于”上述项目的固定资产、无形资产（不包括其他权益性无形资产）、不动产。

购进的旅客运输服务、贷款服务、餐饮服务、居民日常服务和娱乐服务不能抵扣增值税进项税额。

② 非正常损失。

非正常损失的购进货物（货物的非正常损失是指因管理不善造成被盗、丢失、霉烂变质的损失，以及被执法部门依法没收或者强令自行销毁的货物），以及相关的加工修理修配劳务和交通运输服务不能抵扣增值税进项税额。

非正常损失的在产品、产成品所耗用的购进货物（不包括固定资产）、加工修理修配劳务和交通运输服务不能抵扣增值税进项税额。

非正常损失的不动产，以及该不动产所耗用的购进货物、设计服务和建筑服务不能抵扣增值税进项税额。

非正常损失的不动产在建工程所耗用的购进货物、设计服务和建筑服务不能抵扣增值税进项税额。

③ 运费的处理。

用于“适用简易计税方法计税项目、免征增值税项目、集体福利或者个人消费”的购进货物的运输费用和销售免税货物的运输费用，不能抵扣增值税进项税额。

非正常损失的购进货物及相关的运输费用，其进项税额不得抵扣；非正常损失的在产品、产成品所耗用的购进货物及相关的运输费用，其进项税额不得抵扣。

2. 销项税额的计算

销项税的计算公式如下。

销项税额=销售额×适用税率

这里的销售额，就是企业在销售过程中向购买方收取的各种用于覆盖成本的费用。

销售额=全部价款+价外费用

全部价款，就是企业向购买方收取的货物或者劳务的价格。价外费用，就是在销售中向购买方收取的手续费、补贴、基金、集资费、返还利润、奖励费、违约金、包装费、包装物租金、储备费、优质费、运输装卸费、代收费、代垫费等各种性质的价外收费。

如果部分价外费用可以单独核算，并且属于其他税种的，应当单独核算，不计入增值税的应税销售额，另行计算应缴纳的其他税种税金。比如包装物租金，如果包装物租金没有单独核算，那么就作为价外费用一并计算增值税销项税额；如果包装物租金可以单独计算，则不计入销售货物的销售额，而计入出租包装物的收入。

注意：在销售中产生的销项税额是不包含在销售额中的。也就是说，尽管企业向购货方收取的费用是销售额与增值税销项税额的合计，但是增值税销项税额不算作企业的销售额，它是作为价外税存在的。因此，在实务中，当企业向购货方收取的费用没有明确销售额与销项税额时，这个销售额一般称之为含税销售额。

当遇到这种情况，在计算销项税额时，就需要先把含税销售额还原为不含税销售额，公式如下。

不含税销售额=含税销售额÷（1+税率）

然后才能够在不含税销售额的基础上，使用销项税额计算公式计算企业在销售时产生的销项税额。

【例20-2】

顺天企业是一家贸易公司，是增值税一般纳税人，适用税率为13%。2019年11月，顺天企业取得含税销售额500万元，另外向购买方收取了包装费10万元，计算当月顺天企业的增值税销项税额。

本题中，顺天企业除了取得含税销售额外，还向购买方收取了包装费。根据我国税收法律法规的规定，包装费属于销售时取得的价外费用，应当纳入计算增值税销项税额的计税依据中。因此，2019年11月，顺天企业的增值税销项税额=（500+10）÷（1+13%）×13%=58.67（万元）。

这是一般企业销售中产生的销项税额的计算方法，在税收法律法规中还规定了企业销售的特殊情况下增值税销项税的计算方法。

（1）采用折扣方式销售货物的情形。

所谓采用折扣方式销售货物，就是由于购买方达到了某些条件，出售方给予的售价上的优惠。折扣一般与销售是同时产生的。根据税法的规定，如果销售额和折扣额是分别注明在同一张发票上的，可以按照折扣后的销售额来计算销项税。但是，如果折扣额是另外开具发票的，那么不论财务上如何处理，折扣额都不可以从销售额中扣除。

注意：销售折扣和现金折扣是不一样的。销售折扣是指在销售时，直接从售价上给予的折扣。而现金折扣则是在收款环节根据购货方付款的情况给予的折扣。本质上来说，现金折扣是为了鼓励购货方早日付款而给予的一种金融性的奖励，而不是一种销售的折扣。因此，现金折扣是不可以抵扣销售额的。

（2）企业为了销售货物而出租、出借包装物时收取的押金的情形。

根据税法的规定，押金如果是单独核算的，则不作为销售考虑，不并入销售额征税。因为押金本身不是销售额，当购货方归还包装物后，押金应当退还给购货方。税法同时又规定，对于收取1年以上的押金，无论未来是否归还，都应并入销售额一并计算销项税额。但是，对于个别特殊的货物流转用包装物，如果确实使用期限较长，可以单独向税务主管机关申请放宽期限的核定。

注意：将包装物押金并入销售额计算销项税额时需要注意，包装物押金是含税的，应当将包装物押金还原为不含税的收入后再计算销项税额。

（3）采用以旧换新方式来销售货物的情形。

在这种情形下，虽然从总的销售额上看，购买人是少付了货款，而少付的部分是以旧货抵的，但是本质上，纳税人出售新的货物和收购旧的货物是两个性质完全不同的业务。因此，税法规定，以旧换新业务中，销项税额的计算应以新货物的同期销售价格来确定，不可以扣减旧货物的收购价格。

注意：金银首饰以旧换新业务是税法中的特殊情况，这类业务以实际收到的不含增值税价款计算增值税销项税额。

（4）采用还本销售方式销售货物的情形。

还本销售，是指当出售方在出售货物的一定时间后，向购买方返还部分或者全部销售额的一种销售方式。由于其本质是以出售的货物为抵押而获取购买方提供的资金，因此，税法规定，还本支出不得从销售额中扣除。

（5）采用物物交易的方式销售货物的情形。

物物交易，也叫作以物换物、易物交易，即交易双方都使用物品进行交易结算，不涉及现金。税法规定，这种情形下，交易双方各自以发出货物的核算价值作为销售额计算销项税额，以收到货物的核算价值计算进项税额。

注意：交易双方应当各自开具合法的票据，如果购入的货物无法取得合法票据，那么就不能够抵扣增值税。

（6）销售自用的旧固定资产。

一般纳税人销售因不得抵扣而未抵扣进项税额的使用过的固定资产［包含2008年12月31日前购进或自制的固定资产；纳税人购进或自制固定资产时为小规模纳税人；2013年8月1日前自用的应征消费税的摩托车、汽车、游艇；“营改增”纳税人在“营改增”后购进不得抵扣的固定资产（如选择简易计税方式等）；“营改增”纳税人在“营改增”之前取得的固定资产；购进其他不得抵扣进项税额的固定资产］，可以选择按简易办法依3%征收率减按2%缴纳增值税，只能开具增值税普通发票；也可以放弃减税，按照简易办法依照3%征收率缴纳增值税，并可以开具增值税专用发票（需从2016年2月1日起）。

一般纳税人销售因企业自身原因可以抵扣但未抵扣进项税额的（如未取得增值税专用发票，或未及时认证和申报抵扣），或者可以抵扣且已抵扣进项税额的使用过的固定资产（包括2009年1月1日后购进或自制的固定资产；2013年7月1日后购入自用的应征消费税的摩托车、汽车、游艇），按适用税率（13%）缴纳增值税，可以按规定开具增值税专用发票，取得方可以按规定抵扣进项税。

小规模纳税人销售自己使用过的固定资产，可以选择按简易办法依3%征收率减按2%缴纳增值税，只能开具增值税普通发票；也可以放弃减税，按照简易办法依照3%征收率缴纳增值税，并可以申请代开增值税专用发票。

（7）发生视同销售行为时的情形。

虽然企业发生视同销售行为后并没有取得销售额，但是由于税法上认为此为销售行为，那么就需要计算增值税销项税额。而要计算增值税销项税额，关键是要确定销售额。在确定与视同销售等无销售额情形下的销售额时，根据税法的规定，应按照下列顺序来确定。

① 按照出售人同类货物最近时期的平均出售价格。

② 按照同类货物最近时期在市场上的平均出售价。

③ 按照组成计税价格来确定。组成计税价格的计算公式为：

组成计税价格＝成本×（1＋成本利润率）

征收增值税的货物，同时又征收消费税的，其组成计税价格中应包含消费税税额。组成计税价格的计算公式为：

组成计税价格＝成本×（1＋成本利润率）＋消费税税额

或：组成计税价格＝成本×（1＋成本利润率）÷（1-消费税税率）

公式中的成本，销售自产货物的为实际生产成本，销售外购货物的为实际采购成本；公式中的成本利润率由省、自治区、直辖市税务机关确定。

【例20-3】

利好公司由于现金流不足，根据股东决议，准备将冷门滞销货物作为分红发放给股东。根据相关规定，应当缴纳增值税。由于货物属于冷门滞销货物，无法确定售价，因此只能根据成本来计算计税价格。假设其成本为100万元，成本利润率按规定以10%确定；假设增值税销项税率为13%。求分红所需要缴纳的增值税销项税额。

销项税额=100×（1+10%）×13%=14.3（万元）。

3. 缴纳增值税的计算

在了解了如何计算增值税进项税额与销项税额后，就可以使用下列公式计算需要通过申报纳税实际缴纳的增值税。

应纳增值税=销项税额-进项税额

也就是说，企业在纳税申报的当期计算需要缴纳多少增值税时，需要先确定企业当期的销项税额和进项税额，然后计算需要缴纳的增值税。

【例20-4】

豪达公司期初无进项税额结余，本月进项税额为100万元，销项税额为200万元。要求：计算当期需要缴纳的增值税。

当期需要缴纳的增值税=销项税额-进项税额=200-100=100（万元）。

注意：企业在确定当期进项税额时，不仅需要确定当期获得的进项税额，还需要加上过去留抵的进项税额。所谓过去留抵的进项税额，就是过去未能全部抵扣其销项税额的进项税额。比如豪达企业进项税额期初余额为100万元，本期新增进项税额50万元，本期销项税额为200万元。那么在计算本期需要缴纳的增值税时，就需要考虑进项税额的期初余额。因此，该企业本期的应缴纳的增值税=200-50-100=50（万元）。

对于“注意”中的举例，如果本期的销项税额只有50万元，那么本期应缴纳的增值税=50-50-100=-100（万元），出现了负数。当计算应当缴纳的增值税时出现负数，说明申报期的进项税额没有全部抵扣，因此本期虽有销项税额，但是不需要缴纳增值税，并且会留下100万元的进项税额到下一个申报期间。

从这里也可以看出，增值税是一种在流转环节层层转嫁的税种，由最终购买人承担全部税负。在每一个环节，增值税纳税人都只需要对本环节产生的增值额负担相应的增值税，并且在下一个流转环节将这一部分增值税转嫁给购货方，直到由最终购货方购买了货物。由于最终购货方购买货物后不再销售，因此虽然不产生销项税额，但是其购货时支付的进项税额也无法抵扣，而这笔进项税额，就是到最终购货方为止整个流转环节负担的增值税的总和。

注意：销售退回或者折让的增值税的计算：在企业的经营活动中，销售退回与折让是常常发生的。对此，税法有明确的规定：一般纳税人因销货退回或折让而退还给购买方的增值税税额，应从发生销货退回或折让当期的销项税额中扣减；因进货退回或折让而收回的增值税税额，应从发生进货退回或折让当期的进项税额中扣减。

20.1.3 一般纳税人的增值税纳税申报

一般纳税人的增值税纳税申报需要使用特定的申报表。由于一般纳税人发票管理的特殊性，在申报过程中必须与发票管理流程相结合。

由于增值税一般纳税人的管理较为规范、严格，要想使每一张增值税专用发票的可抵扣进项税生效都需要进行认证，其申报流程也必然是需要规范、严谨的。因此，根据《增值税一般纳税人纳税申报“一窗式”管理操作规程》《增值税一般纳税人纳税申报办法》《税收征收管理法》及其实施细则和《中华人民共和国发票管理办法》（简称《发票管理办法》）等指导性文件的规定，各地区的税务主管机关对于一般纳税人的增值税纳税申报都有适合于各地情况的严格流程和纳税安排。

1. 报税环节

虽然各地区一般纳税人的增值税纳税申报流程各有不同，但是由于都是根据中央关于增值税管理的相关文件制定的，因此其本质要素是一样的。下面介绍一般纳税人的增值税纳税申报业务的重要流程环节。

（1）申报环节。根据企业增值税的发生情况，即本期的销售额、本期认证的增值税进项税额、本期的销项税额等情况，填写一般纳税人的增值税申报表。在申报环节，如果是电子申报，一般纳税人增值税申报表就在电子申报系统中填写，系统会自动计算出本期需要缴纳的增值税额或者本期结余流转下期的进项税额。如果是纸质申报，就需要根据申报表的栏目以及申报表填写说明的规则，如实填写申报表，并计算出相应的结果。

（2）抄税环节。这是企业使用IC卡将企业当期的增值税专用发票的开票情况记录下来的环节。

（3）报税环节。这是将IC卡内的资料报送给主管税务机关，使他们掌握企业的开票情况的环节。

（4）清卡环节。这是将IC卡内的资料报送给主管税务机关后，将IC卡给的资料清除的环节。

这4个环节都很重要，只有逐一完成了这4个环节，才算完成了一个纳税期间的增值税纳税申报工作。

注意：由于各地的规定各有不同，因此这4个环节执行的先后顺序也有所不同，其具体的执行形式也各不相同。

总的来说，一般纳税人在进行申报增值税时，应当根据当地税务主管部门的规定来开展这4个环节的工作。

2. 增值税纳税申报资料

增值税一般纳税人（以下简称一般纳税人）纳税申报必报资料如下。

① 增值税纳税申报表（一般纳税人适用）。

②《增值税纳税申报表附列资料（一）》（本期销售情况明细）。

③《增值税纳税申报表附列资料（二）》（本期进项税额明细）。

④《增值税纳税申报表附列资料（三）》（服务、不动产和无形资产扣除项目明细）。

⑤《增值税纳税申报表附列资料（四）》（税额抵减情况表）。

⑥《增值税纳税申报表附列资料（五）》（不动产分期抵扣计算表）。

⑦ 增值税减免税申报明细表。

⑧ 本期申报抵扣（减）税款的《完税凭证抵扣（减）清单》。

⑨ 服务、不动产和无形资产扣除项目清单。

3. 纳税人必报资料报送要求

（1）一般纳税人应通过全省统一电子申报软件系统进行增值税纳税申报资料电子信息采集，并制作数据电文，可选择通过网上申报、上门申报等方式进行纳税申报。

（2）纳税人上门申报的，在纳税申报期限内，一般纳税人应将纸质的《增值税纳税申报表（一般纳税人适用）》主表连同电子数据一并报送主管税务机关。

（3）纳税人通过互联网进行增值税纳税申报的，在网上完成纳税申报及税款缴纳后，当期

可不报送增值税纳税申报纸质资料，在年度终了后一个季度内应报送上年逐月（季）的纸质申报资料。（报送内容同上述第2点）

对已具有电子认证身份的纳税人在通过互联网完成增值税纳税申报及税款缴纳后，可不报送增值税纳税申报纸质资料。

（4）纳税人在办理当期纳税申报后，所有必报资料应按照《会计档案管理办法》（中华人民共和国财政部国家档案局令第79号）的要求进行归档管理；符合条件的，可以电子形式保存，形成电子会计档案。

4. 增值税纳税人纳税申报备查资料

（1）备查资料内容。

① 已开具的税控机动车销售统一发票和普通发票的存根联。

② 符合抵扣条件且在本期申报抵扣的增值税专用发票（含税控机动车销售统一发票）的抵扣联。

③ 符合抵扣条件且在本期申报抵扣的海关进口增值税专用缴款书、购进农产品取得的普通发票的复印件。

④ 符合抵扣条件且在本期申报抵扣的税收完税凭证及其清单，书面合同、付款证明和境外单位的对账单或者发票。

⑤ 已开具的农产品收购凭证的存根联或报验联。

⑥ 纳税人销售服务、不动产和无形资产，在确定服务、不动产和无形资产销售额时，按照有关规定从取得的全部价款和价外费用中扣除价款的合法凭证及其清单。

⑦ 纳税人提供建筑服务、销售不动产、出租不动产按规定预征缴纳增值税后，用于抵减应纳税额的预缴税款的完税凭证及其清单。

⑧ 主管税务机关规定的其他资料。

（2）备查资料管理。

备查资料不需报送。纳税人应按下列要求对备查资料进行装订和妥善保管，以备税务机关检查。

纳税人应将当期开具的发票存根联和申报抵扣的增值税扣税凭证，按单证种类和所属时期分别装订。装订时，纳税人自行制定凭证封面，凭证封面包括税款所属时期、纳税人名称和识别号、本期凭证总册数、本册编号、本册凭证份数、凭证种类、凭证金额合计、凭证税额合计等信息。

其他备查资料应按类别、时间顺序装订成册，和上述备查资料一并按《会计档案管理办法》归档管理。

【例20-5】

明盛公司是一般纳税人，增值税申报周期为月报。2019年7月申报信息如下。

销售收入（不含税收入）595 974.35元，销项税额77 476.67元，均开具增值税专用发票；租金收入（不含税收入）36 978.81元，采用简易征收办法征税应纳税额1 848.94元，不开发票；认证并抵扣发票29份，金额448 438.63元，进项税额58 297.01元；月初未缴税款63 587.35元。

计算应交的增值税=77 476.67−58 297.01+1 848.94=21 028.6（元）。

填制好的增值税申报表、附表等如表20-2～表20-5所示。

表20-2 增值税纳税申报表（一般纳税人适用）

根据国家税收法律法规及增值税相关规定制定本表。纳税人不论有无销售额，均应按税务机关核定的纳税期限填写本表，并向当地税务机关申报。

税款所属时间：自 2019 年 7 月 1 日至 2019 年7月31日 填表日期： 2019 年 8 月 10 日 金额单位：元至角分

纳税人识别号	91450500998765432 1		所属行业：	制造		
纳税人名称	（公章）广西明盛公司	法定代表人姓名	明盛	注册地址	广西汽车产业园	生产经营地址	广西汽车产业园
开户银行及账号	略	登记注册类型	略	电话号码	略		

	项目	栏次	一般项目 本月数	一般项目 本年累计	即征即退项目 本月数	即征即退项目 本年累计
销售额	（一）按适用税率计税销售额	1	595 974.35	7 952 996.04		
	其中：应税货物销售额	2	595 974.35	7 952 996.04		
	应税劳务销售额	3				
	纳税检查调整的销售额	4				
	（二）按简易办法计税销售额	5	36 978.81	313 445.95		
	其中：纳税检查调整的销售额	6				
	（三）免、抵、退办法出口销售额	7			—	—
	（四）免税销售额	8			—	—
	其中：免税货物销售额	9			—	—
	免税劳务销售额	10			—	—
税款计算	销项税额	11	77 476.67	1 317 925.06		
	进项税额	12	58 297.01	954 995.85		
	上期留抵税额	13				—
	进项税额转出	14		1 948.96		
	免、抵、退应退税额	15			—	—

续表

项目		栏次	一般项目		即征即退项目	
			本月数	本年累计	本月数	本年累计
税款计算	按适用税率计算的纳税检查应补缴税额	16			—	—
	应抵扣税额合计	17=12+13-14-15+16	58 297.01	—		—
	实际抵扣税额	18（如17<11，则为17，否则为11）	58 297.01			
	应纳税额	19=11-18	19 179.66	364 878.17		
	期末留抵税额	20=17-18				—
	简易计税办法计算的应纳税额	21	1 848.94	15 672.29		
	按简易计税办法计算的纳税检查应补缴税额	22			—	—
	应纳税额减征额	23				
	应纳税额合计	24=19+21-23	21 028.6	380 550.46		
税款缴纳	期初未缴税额（多缴为负数）	25	63 587.35			
	实收出口开具专用缴款书退税额	26			—	—
	本期已缴税额	27=28+29+30+31	63587.35	401 389.46		
	①分次预缴税额	28		--		—
	②出口开具专用缴款书预缴税额	29		--	—	—
	③本期缴纳上期应纳税额	30	63 587.35	401 389.46		
	④本期缴纳欠缴税额	31				
	期末未缴税额（多缴为负数）	32=24+25+26-27	21 028.6	22 217.84		
	其中：欠缴税额（≥0）	33=25+26-27		--		—
	本期应补(退)税额	34＝24-28-29		—		—
	即征即退实际退税额	35	—	—		

续表

<table>
<tr><td colspan="2" rowspan="2">项　目</td><td rowspan="2">栏次</td><td colspan="2">一般项目</td><td colspan="2">即征即退项目</td></tr>
<tr><td>本月数</td><td>本年累计</td><td>本月数</td><td>本年累计</td></tr>
<tr><td rowspan="3">税款缴纳</td><td>期初未缴查补税额</td><td>36</td><td></td><td></td><td>—</td><td>—</td></tr>
<tr><td>本期入库查补税额</td><td>37</td><td></td><td></td><td>—</td><td>—</td></tr>
<tr><td>期末未缴查补税额</td><td>38=16+22+36-37</td><td></td><td></td><td>—</td><td>—</td></tr>
<tr><td>授权声明</td><td colspan="2">如果你已委托代理人申报，请填写下列资料：
为代理一切税务事宜，现授权
（地址）　　　　　　为本纳税人的代理申报人
申报表有关的往来文件，都可寄予此人。
授权人签字：</td><td>申报人声明</td><td colspan="3">本纳税申报表是根据国家税收法律法规及相关规定填报的，我确定它是真实的、可靠的、完整的。
声明人签字：</td></tr>
<tr><td colspan="7">主管税务机关：　　　　接收人：　　　　接收日期：</td></tr>
</table>

表20-3 增值税纳税申报表附列资料（一）

（本期销售情况明细）

税款所属时间： 2019 年 7 月 1 日至 2019 年 7 月 31 日

纳税人名称：（公章）广西明盛公司　　　　金额单位：元至角分

项目及栏次				开具增值税专用发票		开具其他发票		未开具发票		纳税检查调整		合计			服务、不动产和无形资产扣除项目本期实际扣除金额	扣除后	
				销售额	销项(应纳)税额	销售额	销项(应纳)税额	销售额	销项(应纳)税额	销售额	销项(应纳)税额	销售额	销项(应纳)税额	价税合计		含税(免税)销售额	销项(应纳)税额
				1	2	3	4	5	6	7	8	9=1+3+5+7	10=2+4+6+8	11=9+10	12	13=11-12	14=13÷(100%+税率或征收率)×税率或征收率
一、一般计税方法计税	全部征税项目	13%税率的货物及加工修理修配劳务	1	595 974.35	77 476.67							595 974.35	77 476.67	—	—	—	—
		13%税率的服务、不动产和无形资产	2														
		9%税率的货物及加工修理修配劳务	3											—	—	—	—
		9%税率的服务、不动产和无形资产	4														
		6%税率	5														
	其中：即征即退项目	即征即退货物及加工修理修配劳务	6	—	—	—	—	—	—	—	—			—	—	—	—
		即征即退服务、不动产和无形资产	7	—	—	—	—	—	—	—	—						
二、简易计税方法计税	全部征税项目	6%征收率	8							—	—			—	—	—	—
		5%征收率的货物及加工修理修配劳务	9a							—	—			—	—	—	—
		5%征收率的服务、不动产和无形资产	9b					36 978.81	1 848.94	—	—	36 978.81	1 848.94	38 827.75		38 827.75	1 848.94
		4%征收率	10							—	—			—	—	—	—
		3%征收率的货物及加工修理修配劳务	11							—	—			—	—	—	—
		3%征收率的服务、不动产和无形资产	12							—	—						
		预征率 %	13a							—	—						
		预征率 %	13b							—	—						
		预征率 %	13c							—	—						
	其中：即征即退项目	即征即退货物及加工修理修配劳务	14	—	—	—	—	—	—	—	—			—	—	—	—
		即征即退服务、不动产和无形资产	15	—	—	—	—	—	—	—	—						

续表

项目及栏次			开具增值税专用发票		开具其他发票		未开具发票		纳税检查调整		合计			服务、不动产和无形资产扣除项目本期实际扣除金额	扣除后	
			销售额	销项(应纳)税额	销售额	销项(应纳)税额	销售额	销项(应纳)税额	销售额	销项(应纳)税额	销售额	销项(应纳)税额	价税合计		含税(免税)销售额	销项(应纳)税额
			1	2	3	4	5	6	7	8	9=1+3+5+7	10=2+4+6+8	11=9+10	12	13=11-12	14=13÷(100%+税率或征收率)×税率或征收率
三、免抵退税	货物及加工修理修配劳务	16	—	—		—		—	—	—		—	—	—	—	—
	服务、不动产和无形资产	17	—	—		—		—	—	—		—				—
四、免税	货物及加工修理修配劳务	18	—			—		—	—	—		—	—	—	—	—
	服务、不动产和无形资产	19	—	—		—		—	—	—		—				—

表20-4　增值税纳税申报表附列资料（二）

（本期进项税额明细）

税款所属时间：2019 年 7 月 1 日至 2019 年 7 月 31 日

纳税人名称：（公章）广西明盛公司　　　　金额单位：元至角分

一、申报抵扣的进项税额				
项目	栏次	份数	金额	税额
（一）认证相符的增值税专用发票	1=2+3	29	448 438.63	58 297.01
其中：本期认证相符且本期申报抵扣	2	29	448 438.63	58 297.01
前期认证相符且本期申报抵扣	3			
（二）其他扣税凭证	4=5+6+7+8a+8b			
其中：海关进口增值税专用缴款书	5			
农产品收购发票或者销售发票	6			
代扣代缴税收缴款凭证	7		—	
加计扣除农产品进项税额	8a	—	—	
其他	8b			
（三）本期用于购建不动产的扣税凭证	9			
（四）本期用于抵扣的旅客运输服务扣税凭证	10			
（五）外贸企业进项税额抵扣证明	11	—	—	
当期申报抵扣进项税额合计	12=1+4+11	29	448 438.63	58 297.01
二、进项税额转出额				
项目	栏次	税额		
本期进项税额转出额	13=14至23之和			
其中：免税项目用	14			
集体福利、个人消费	15			
非正常损失	16			
简易计税方法征税项目用	17			
免抵退税办法不得抵扣的进项税额	18			
纳税检查调减进项税额	19			
红字专用发票信息表注明的进项税额	20			
上期留抵税额抵减欠税	21			
上期留抵税额退税	22			
其他应作进项税额转出的情形	23			
三、待抵扣进项税额				
项目	栏次	份数	金额	税额
（一）认证相符的增值税专用发票	24	—	—	—
期初已认证相符但未申报抵扣	25			
本期认证相符且本期未申报抵扣	26			
期末已认证相符但未申报抵扣	27			
其中：按照税法规定不允许抵扣	28			
（二）其他扣税凭证	29=30至33之和			
其中：海关进口增值税专用缴款书	30			
农产品收购发票或者销售发票	31			
代扣代缴税收缴款凭证	32		—	
其他	33			
	34			
四、其他				
项目	栏次	份数	金额	税额
本期认证相符的增值税专用发票	35	29	448 438.63	58 297.01
代扣代缴税额	36	—	—	

表20-5　增值税纳税申报表附列资料（三）

（服务、不动产和无形资产扣除项目明细）

税款所属时间：2019 年 7 月 1 日至 2019 年 7 月 31 日

纳税人名称：（公章）广西明盛公司　　　　金额单位：元至角分

项目及栏次		本期服务、不动产和无形资产价税合计额（免税销售额）	服务、不动产和无形资产扣除项目				
			期初余额	本期发生额	本期应扣除金额	本期实际扣除金额	期末余额
		1	2	3	4=2+3	5(5≤1且5≤4)	6=4-5
13%税率的项目	1						
9%税率的项目	2						
6%税率的项目（不含金融商品转让）	3						
6%税率的金融商品转让项目	4						
5%征收率的项目	5	38 827.75					
3%征收率的项目	6						
免抵退税的项目	7						
免税的项目	8						

20.1.4　小规模纳税人的增值税纳税申报

小规模纳税人的增值税纳税申报工作相对于一般纳税人而言要简单许多。由于小规模纳税人不能够抵扣进项税额，因此小规模纳税人在纳税申报时，销项税额就是小规模纳税人需要缴纳的增值税税额。

小规模纳税人使用3%的征收率来计算其应当缴纳的增值税，其计算所使用的销售额的统计口径与一般纳税人是一致的。也就是说，小规模纳税人的销售额也是不包含其所需要缴纳的增值税的，如果小规模纳税人对外的销售价格包含了增值税，在计算其增值税时，应当还原为不含税的销售额。

当小规模纳税人确定了销售额与增值税后，只需要申报就可以。但是现在随着普通发票税控器的推广，在已经使用了税控器的地区，小规模纳税人还需要进行抄报税工作。小规模纳税人的抄报税，与一般纳税人的抄报税的意义相同。都是将本企业当期的开票情况告知主管税务机关。在具体的申报与抄报税的前后顺序上，各地区企业应当根据各地区税务主管机关的有关规定执行。

增值税小规模纳税人（以下简称小规模纳税人）纳税申报必报资料如下。

① 增值税纳税申报表（小规模纳税人适用）。

② 增值税纳税申报表（小规模纳税人适用）附列资料。

③ 增值税减免税申报明细表。

④ 服务、不动产和无形资产扣除项目清单。

小规模纳税人可选择网上申报、上门申报等方式进行纳税申报。纳税人是采用上门申报方式的，在纳税申报期限内，小规模纳税人应将纸质的《增值税纳税申报表（小规模纳税人适用）》及其他必报资料报送主管税务机关。

【例20-6】

广氏公司属于服务行业，小规模纳税人，增值税申报周期为季报。

2018年第二季度销售额（不含税收入）为623 646.60元，其中开具增值税普通发票的金额为461 498.49元，其余未开具发票。

上一季度的销售额为881 940.25元，其中开具增值税普通发票的金额为351 518.41元，其余未开具发票。

计算第二季度应交的增值税=623 646.60×3%=18 709.40（元）。

填制好的增值税申报表（主表）如表20-6所示。

填制好的增值税申报表（附表）如表20-7所示。

表20-6 增值税纳税申报表（主表）

纳税人识别号	914505001234567888		填表日期	2018-07-12	金额单位：元至角分	
纳税人名称（公章）	广氏公司		税款所属期	2018-04-01	至	2018-06-30
	项目	栏次	本期数		本年累计	
			货物及劳务	服务、不动产和无形资产	货物及劳务	服务、不动产和无形资产
一、计税依据	（一）应征增值税不含税销售额（3%征收率）	1	—	623 646.60	—	1 505 586.85
	税务机关代开的增值税专用发票不含税销售额	2	—	—	—	—
	税控器具开具的普通发票不含税销售额	3	—	461 498.49	—	813 016.90
	（二）应征增值税不含税销售额（5%征收率）	4	—	—	—	—
	税务机关代开的增值税专用发票不含税销售额	5	—	—	—	—
	税控器具开具的普通发票不含税销售额	6	—	—	—	—
	（三）销售使用过的应税固定资产不含税销售额	7(7 ≥ 8)	—	—	—	—
	其中：税控器具开具的普通发票不含税销售额	8	—	—	—	—
	（四）免税销售额	9=10+11+12	—	—	—	—
	其中：小微企业免税销售额	10	—	—	—	—
	未达起征点销售额	11	—	—	—	—
	其他免税销售额	12	—	—	—	—
	（五）出口免税销售额	13（13 ≥ 14）	—	—	—	—
	其中：税控器具开具的普通发票销售额	14	—	—	—	—
	核定销售额		—	—	—	—
二、税款计算	本期应纳税额	15	—	18 709.40	—	45 167.61
	核定应纳税额		—	—	—	—
	本期应纳税额减征额	16	—	—	—	—
	本期免税额	17	—	—	—	—
	其中：小微企业免税额	18	—	—	—	—
	未达起征点免税额	19	—	—	—	—
	应纳税额合计	20=15-16	—	18 709.40	—	45 167.61
	本期预缴税额	21	—	—	—	—
	本期应补（退）税额	22=20-21	—	18 709.40	—	—
纳税人或代理人声明：此纳税申报表是根据国家税收法律的规定填报的，我确定它是真实的、可靠的、完整的。	如纳税人填报，由纳税人填写以下各栏：					
	办税人员（签章）： 法定代表人（签章）：			财务负责人（签章）： 联系电话：		
	如委托代理人填报，由代理人填写以下各栏：					
	代理人名称： 代理人（签章）			经办人（签章）： 联系电话：		
受理人：		受理日期： 年 月 日			受理税务机关（签章）：	
本表为A3竖式一式三份，一份纳税人留存，一份主管税务机关留存、一份征收部门留存。						

表20-7　增值税申报表（附表）

<table>
<tr><td colspan="8">增值税纳税申报表（适用于增值税小规模纳税人）附列资料</td></tr>
<tr><td colspan="2">纳税人识别号：</td><td colspan="2">914505001234567888</td><td>填表日期：</td><td colspan="2">2018-07-12</td><td>金额单位:元（列至角分）</td></tr>
<tr><td colspan="2">纳税人名称（公章）：</td><td colspan="2">广氏公司</td><td>所属时期：</td><td>2018-04-01</td><td>至</td><td>2018-06-30</td></tr>
<tr><td colspan="8">应税行为（3%征收率）扣除额计算</td></tr>
<tr><td colspan="2">期初余额</td><td colspan="2">本期发生额</td><td colspan="2">本期扣除额</td><td colspan="2">期末余额</td></tr>
<tr><td colspan="2">1</td><td colspan="2">2</td><td colspan="2">3（3≤1+2之和，且3≤5）</td><td colspan="2">4=1+2-3</td></tr>
<tr><td colspan="2">—</td><td colspan="2">—</td><td colspan="2">—</td><td colspan="2">—</td></tr>
<tr><td colspan="8">应税行为（3%征收率）计税销售额计算</td></tr>
<tr><td colspan="2">全部含税收入（适用3%征收率）</td><td colspan="2">本期扣除额</td><td colspan="2">含税销售额</td><td colspan="2">不含税销售额</td></tr>
<tr><td colspan="2">5</td><td colspan="2">6=3</td><td colspan="2">7=5-6</td><td colspan="2">8=7÷1.03</td></tr>
<tr><td colspan="2">642 356.00</td><td colspan="2">—</td><td colspan="2">642 356.00</td><td colspan="2">623 646.60</td></tr>
<tr><td colspan="8">应税行为（5%征收率）扣除额计算</td></tr>
<tr><td colspan="2">期初余额</td><td colspan="2">本期发生额</td><td colspan="2">本期扣除额</td><td colspan="2">期末余额</td></tr>
<tr><td colspan="2">9</td><td colspan="2">10</td><td colspan="2">11（11≤9+10之和，且11≤13）</td><td colspan="2">12＝9+10-11</td></tr>
<tr><td colspan="2">—</td><td colspan="2">—</td><td colspan="2">—</td><td colspan="2">—</td></tr>
<tr><td colspan="8">应税行为（5%征收率）计税销售额计算</td></tr>
<tr><td colspan="2">全部含税收入（适用5%征收率）</td><td colspan="2">本期扣除额</td><td colspan="2">含税销售额</td><td colspan="2">不含税销售额</td></tr>
<tr><td colspan="2">13</td><td colspan="2">14=11</td><td colspan="2">15＝13-14</td><td colspan="2">16＝15÷1.05</td></tr>
<tr><td colspan="2">—</td><td colspan="2">—</td><td colspan="2">—</td><td colspan="2">—</td></tr>
</table>

20.1.5　进口货物的增值税纳税处理

根据增值税相关法律法规的规定，企业进口货物属于进口货物增值税的缴纳范围。由于进口贸易的国际性，增值税的处理也与国内贸易有所不同。

1．什么叫进口货物

进口货物就是企业从我国境外购买货物，并且通过海关进入到我国境内。

进口货物包括我国境外生产、我国境内生产出口转内销、我国境外捐赠给我国境内等需要将货物通过海关进入我国境内的一切情况。

出于保护国内市场和相关产业的要求，在世界上，通过海关来对进口货物进行行政上的一定限制是国际通例，我国也不例外。因此，凡是想要进入我国境内的进口货物，都需要经过海关的报关进口，并根据《增值税暂行条例》的规定，缴纳进口货物增值税。

2．进口货物的纳税人

根据我国税法的规定，企业从事进口货物业务，并且企业是进口货物的收货人或者是办理报关手续人，那么企业就应当缴纳进口货物的增值税。

在实际工作中，有些企业虽然从事进口货物的业务，但是它们并非自己直接报关，而是通过委托代理人报关。在这种情况下，一般是由受托代理人代为支付进口货物的增值税，然后再由企业将这笔增值税支付给代理人。也就是说，代理人是不缴纳进口货物增值税的，而是由进口人承担。

3．进口货物的增值税计算

进口货物适用的增值税税率与内销货物适用的增值税税率是一样的。但是在增值税税额的计算上不相同。计算进口货物的增值税时，使用组成计税价格作为计算的基础。相关公式如下。

应纳增值税税额＝组成计税价格×税率

组成计税价格＝关税完税价格＋关税＋消费税

注意：并非所有的进口货物在计算其组成计税价格时都需要缴纳消费税，只有在《消费税暂行条例》有规定需要缴纳消费税的进口货物，才需要在计算其组成计税价格时加上消费税税额。

由于消费税是价内税，为了便于计算，进口货物环节需要缴纳消费税时增值税的组成计税价格可用以下公式计算。

实行从价定率计征消费税时，增值税的组成计税价格计算公式为：

组成计税价格=（关税完税价格+关税）÷（1-消费税比例税率）

实行复合计税计征消费税时，增值税的组成计税价格计算公式为：

组成计税价格=（关税完税价格+关税+进口数量×消费税定额税率）÷（1-消费税比例税率）

进口货物在缴纳增值税时，不能够抵扣企业在境外支付的各项税金。但是当企业在国内销售进口货物时，进口货物在进口环节缴纳的增值税就作为可抵扣的进项税额。

【例20-7】

好事公司进口一批货物，货物的关税完税价格为100万元，关税为10万元，消费税为10万元。该进口货物需要缴纳的增值税是多少？

根据公式，这批货物的组成计税价格=100+10+10=120（万元），如果增值税税率为13%，那么企业进口货物需要缴纳的增值税税额=120×13%=15.6（万元）。

4. 进口货物的税收管理

进口货物应当自海关填发税收缴款书之日起15日内向海关缴纳进口增值税。进口增值税是由海关代收的，缴纳后企业才会获得海关的完税凭证。企业获得了海关完税凭证后，就可以在申报纳税时申报为进项税额进行抵扣。

注意：我国各地税务主管机关对海关完税凭证的比对认证要求和流程各不相同，因此企业在取得海关完税凭证后，应当就其抵扣问题咨询当地主管税务机关。

20.1.6 出口货物的增值税纳税处理

在我国，为了鼓励出口，制定了增值税出口退税政策，有力地促进了出口贸易的发展。

1. 什么叫出口货物

出口货物，就是企业将我国境内的货物，通过海关销往我国境外。

所谓出口退（免）税，是指对出口货物退还其在我国境内生产和流通环节实际缴纳的增值税和消费税，或免征应缴纳的增值税和消费税。

在我国，出口退（免）税，退（免）的是增值税和消费税。出口退（免）税其实有两个含义，一个是退税，另一个免税。所谓退税，就是指对企业在出口前的环节征收的增值税进行退还；所谓免税，就是指对企业出口环节免征增值税。

出口货物退（免）税制度，是我国增值税制度的重要组成部分，它主要是通过退还出口货物在出口环节之前的我国境内贸易阶段所缴纳的税款，从而使我国境内产品以不含税的价格进入境外市场，加强我国产品在境外同等条件下的竞争能力，从而实现出口创汇，拉动经济增长。

增值税的出口退（免）税，是国家为了鼓励出口，提高我国境内产品在境外市场竞争力的一个政策。但是，国家不希望将我国境内的稀缺资源、独有技术等一国的核心竞争力毫无保留地全部用来出口创汇，因此，在出口退（免）政策上，区分以下三种情况执行。

（1）出口免税并退税：在货物的出口环节不征收增值税和消费税，并且退还前面环节缴纳的增值税。一般情况下，增值税应税货物的出口都适用出口免税并退税的政策。

（2）出口免税但不退税：在货物的出口环节不征收增值税和消费税，但是不退还前面环节缴纳的增值税。这种情况适用于国家规定的货物，主要是卷烟、军用品等。

(3) 出口不免税也不退税：照常征收出口环节的增值税和消费税，并且不会退还前面环节缴纳的增值税。这种情况主要是适用于国家不鼓励出口的货物，如计划外的原油等。

2. 出口货物的增值税退（免）税政策

根据《出口货物退（免）税管理办法》中的有关规定，凡有出口经营权的企业出口和代理出口的货物，除另有规定外，均准予退还或免征增值税和消费税税额。出口退税货物应当具备以下3个条件。

① 必须是属于增值税、消费税征税范围内的货物。

② 必须是报关离境并结汇的货物。

③ 在财务上必须是已做出口处理的货物。

一般情况下，只有同时具备以上3个条件的出口货物才准予退税，否则不予办理退税。除此之外，我国对出口退税货物的范围还做了一些特殊规定，具体包括以下几个方面。

(1) 明确规定少数货物即使具备以上条件也不准给予退税。它们是：国家计划外出口的原油、援外出口货物、国家禁止出口的货物（天然牛黄、麝香、铜、铜合金、白金等）。

(2) 即使一些企业的货物不具备上述3个条件，但国家特准退还或免征增值税和消费税的。具体是指以下项目。

① 对外承包工程公司运出境外用于对外承包项目的货物。

② 对外承接修理修配业务的企业，用于对外修理修配的货物。

③ 外轮供应公司、远洋运输供应公司销售给外轮、远洋国轮而收取外汇的货物。

④ 利用国际金融组织或外国政府贷款采取招标方式由国内企业中标销售的机电产品、建筑材料。

⑤ 企业在国内采购并运往境外作为在国外投资的货物。

⑥ 对境外带料加工装配业务所使用的出境设备、原材料和散件。

⑦ 利用中国政府的援外优惠贷款和合资合作项目基金方式下出口的货物。

⑧ 对外国驻华使（领）馆及其外交代表（领事官员）和非中国公民且不在中国永久居留的行政技术人员在华购买的物品和劳务。

(3) 明确规定一些出口货物只能采取免征增值税、消费税方式给予鼓励和支持，不可以退税。

① 来料加工复出口的货物。

② 避孕药品和用具、古旧图书。

③ 卷烟（只限于有出口卷烟经营权的企业出口国家计划内卷烟）。

④ 军用品及军队系统企业出口军需工厂生产或军需部门调拨的物资。

⑤ 国家在税收法规中规定的其他免税货物因已经享受免税照顾，所以出口时不能再办理退税，如农业生产者销售的自产农产品、饲料、农膜等。

注意：出口享受免征增值税待遇的货物，其在生产、流通环节所耗费的原材料以及运输费等，都不可以在内销货物的销售额中进行抵扣，应当计入产品的成本。

3. 出口退税的计算

目前，我国企业出口商品主要有生产企业自营（委托）出口和通过外贸出口两种方式，相应地，出口退税有生产企业自营（委托）出口与外贸出口两种不同的退税计算方式。

生产企业自营（委托）出口的出口退税的计算，主要是采用“免、抵、退”的办法。所谓“免、抵、退”就是在出口销售环节免征增值税，而出口货物所使用的购进货物带来的进项税额不需要扣除计入成本，而是可以在当期用以抵扣企业内销时产生的销项税额，在当月内无法抵扣完的部分给予退税。

“免、抵、退”办法中，计算应退税额主要分为3个步骤，如表20-8所示。

表20-8　计算应退税额的步骤

步骤	计算公式
计算当期应纳税额	当期应纳税额=当期内销货物的销项税额-（当期进项税额-当期“免、抵、退”不得免征和抵扣税额）-上期留抵税额 当期“免、抵、退”不得免征和抵扣税额=（出口货物离岸价×外汇人民币牌价-免税购进原材料价格）×（出口货物征税率-出口货物退税率）
计算当期的“免、抵、退”税额	当期的“免、抵、退”税额=（出口货物的离岸价×外汇人民币牌价-免税购进原材料价格）×出口货物退税率
计算当期的应退税额或者当期的留抵税额	如果当期的期末留抵税额≤当期的“免、抵、退”税额，那么当期的应退税额=当期期末的留抵税额，当期可以用于抵扣内销税额的进项税=当期的“免、抵、退”税额-当期的应退税额 如果当期的期末留抵税额＞当期的“免、抵、退”税额，那么当期的应退税额=当期的“免、抵、退”税额，当期可以用于抵扣内销税额的进项税就没有了

外贸企业出口退税的计算，则是采用“免、退”的办法。其计算较为简单，公式是：应退税额=购入货物的不含增值税金额×退税率。

20.2　消费税的纳税申报

消费税的征收范围有限，因此不是每一个企业都会遇到消费税涉税业务。但是消费税作为我国的主要税种之一，还是有必要了解其来龙去脉。了解什么是消费税，对于理解企业的消费税涉税业务、办理消费税纳税申报是必不可少的。

20.2.1　什么是消费税

消费税是对我国境内从事生产、委托加工和进口应税消费品的单位和个人，就其销售额或销售数量，在特定环节征收的一种税。简单地说，消费税是对特定的消费品和消费行为征收的一种税。消费税是国家向消费品征收的税项，消费税实行价内税，只在应税消费品的生产、委托加工和进口环节征收，在以后的批发、零售等环节，因为价款中已包含消费税，因此不必再缴纳消费税，税款最终由消费者承担。

在我国，消费税的纳税人是在我国境内生产、委托加工、零售和进口《中华人民共和国消费税暂行条例》规定的应税消费品的单位和个人。

1. 消费税的特点

（1）征税项目具有选择性。

各国目前征收的消费税实际上都属于对特定消费品或消费行为征收的税种。为适应我国目前的产业结构、消费水平和消费结构以及节能、环保等方面的要求，我国消费税的税目共有15个。

（2）征税环节具有单一性——某一环节一次征收.

消费税是在生产进口、流通或消费的某一环节一次征收（卷烟除外），而不是在消费品生产、流通或消费的每个环节多次征收，即采用一次课征制。

（3）征收方法具有多样性。

为了适应不同消费品的应税情况，消费税在征收方法上不求一致，可采用从价定率的征收方式，也可以选择从量定额的征收方式。

（4）税收调节具有特殊性。

这一特殊性表现在两个方面：一是不同的征税项目税负差异较大;二是消费税往往同有关税种配合实行加重或双重调节。

（5）消费税具有转嫁性。

消费税无论在哪个环节征收，消费品中所含的消费税税款最终都要转嫁到消费者身上，由消费者负担，其税负的转嫁性较其他税种更明显。

2. 消费税的税目

我国消费税的征税范围有烟、酒、化妆品、贵重首饰及珠宝玉石、鞭炮和焰火、成品油、小汽车、摩托车、高尔夫球及球具、高档手表、游艇、木制一次性筷子、实木地板、涂料、电池。

我国现行消费税共设置了15个税目，分别实行比例税率和定额税率。

消费税税目税率表如表20-9所示。

表20-9 消费税税目税率表

税目	税率
一、烟	
生产环节：甲类卷烟［调拨价70元（不含增值税）/条以上（含70元）］	56%加0.003元/支
生产环节：乙类卷烟［调拨价70元（不含增值税）/条以下］	36%加0.003元/支
商业批发环节：甲类卷烟［调拨价70元（不含增值税）/条以上（含70元）］	11%加0.005元/支
商业批发环节：乙类卷烟（调拨价70元（不含增值税）/条以下）	11%加0.005元/支
雪茄烟	36%
烟丝	30%
二、酒	
白酒	20%加0.5元/500克（毫升）
黄酒	240元/吨
甲类啤酒	250元/吨
乙类啤酒	220元/吨
其他酒	10%
三、高档化妆品	15%
四、贵重首饰及珠宝玉石：	
金银首饰、铂金首饰和钻石及钻石饰品（零售环节）	5%
其他贵重首饰和珠宝玉石（生产、进口、委托加工提货环节）	10%
五、鞭炮、焰火	15%
六、成品油	
汽油	1.52元/升
柴油	1.20元/升
航空煤油	1.20元/升
石脑油	1.52元/升
溶剂油	1.52元/升
润滑油	1.52元/升
燃料油	1.20元/升
七、摩托车	
气缸容量250毫升以下的摩托车	3%
气缸容量250毫升以上的摩托车	10%
八、小汽车	
气缸容量在1.0升（含1.0升）以下的乘用车	1%

续表

税目	税率
气缸容量在1.0升以上至1.5升（含1.5升）的乘用车	3%
气缸容量在1.5升以上至2.0升（含2.0升）的乘用车	5%
气缸容量在2.0升以上至2.5升（含2.5升）的乘用车	9%
气缸容量在2.5升以上至3.0升（含3.0升）的乘用车	12%
气缸容量在3.0升以上至4.0升（含4.0升）的乘用车	25%
气缸容量在4.0升以上的乘用车	40%
中轻型商用客车（含驾驶员座位在内的座位数≤23座）	5%
九、高尔夫球及球具	10%
十、高档手表	20%
十一、游艇	10%
十二、木制一次性筷子	5%
十三、实木地板	5%
十四、电池	4%
十五、涂料	4%

20.2.2 消费税的计算

消费税的计算较为简单，只需要区分不同情况下使用不同的方法来计算即可。

1. 生产销售情况下消费税的计算

消费税是单一环节征收的税种，因此，常见的征收环节就是生产销售环节。这里所说的生产销售环节，是指纳税人自行生产并销售的环节。

（1）从价定率办法计算纳税。

在企业生产销售应税消费品的情况下，要计算需要缴纳的消费税，首先就要确定应税消费品的销售额。一般来说，应税消费品的销售额等于销售应税消费品向购买方收取的全部价款，包括本身的价款与价外费用。所谓价外费用，就是诸如储备费、装卸费、手续费、品牌使用费等需要向购买方收取的各种名目的费用。

我国税收法律法规将所有价外费用都算作消费税的应税销售额之内，是为了防止企业以各种名目的价外费用抵充销售商品本身的价款，从而起到防止逃税的作用。

我国税法也规定了符合条件的代垫运输费可以不作为价外费用。这里所说的符合条件，也就是指承运企业开具运输发票给购买方的，同时，销货企业将该发票给予购货方的。本质上说，虽然销货企业支付了运输费，但是由于运输费的发票是开给购货方的，也就是购货方采购了运输业务；对于销货企业而言，这里支付的运输费相当于暂时代购货方垫付运输费。

在价外费用中，要明确有关包装物的规定。由于包装物是消费品销售必不可少的组成部分，而包装物在实际业务中的处理又各有不同。为了明确包装物是否纳入应税消费品的销售额，相关规定如下。

① 如果包装物是同应税消费品一起销售的，价款包含在销售额之中，那么包装物的价格就包含在应税消费品的销售额之中。

② 如果包装物不是同应税消费品一起销售的，而是另外收取押金，那么为此收取的包装物押金便不包含在应税消费品的销售额中。但是，如果这笔押金超过了12个月还没有归还给购买方，那么就应当并入应税消费品的销售额。

注意：酒类消费品的包装物不论押金是否返还，都算作应税消费品的销售额一并计算消费税。

消费税应税消费品的销售额，是不含有增值税的。因此，如果企业的应税销售额含有增值税，那么应当将增值税扣减出来。将含税销售额还原为不含税销售的公式为：

应税消费品的销售额=含增值税的销售额÷（1+增值税税率或征收率）

在确定了应税消费品的销售额后，计算应税消费品的消费税的公式为：

消费税税额=应税消费品的销售额×适用税率

【例20-8】

顺达公司销售一批实木地板，含税销售额为113万元，企业应当如何考虑消费税涉税处理？

首先，由于实木地板是消费税应税消费品，因此企业需要就销售实木地板缴纳消费税。企业在计算消费税时，需要将含税销售额113万元还原为不含税销售额。

根据公式，不含税销售额=113÷（1+13%）=100（万元）。

根据消费税税目税率表可知，实木地板的消费税税率为5%，那么企业最终需要缴纳的消费税=100×5%=5（万元）。

（2）从量定率办法计算纳税。

消费税除了以应税销售额作为计税基础外，有的税目还以应税销售量作为计税基础，也就是根据应税消费品的销售量来计算应当缴纳的消费税，如酒类和成品油。

在这里，需要确定应税消费品的销售量。根据有关法律法规的规定，企业生产销售应税消费品，其从量定率征收消费税的计税依据，就是企业的销售量。

从量定率征收消费税的计算公式为：

消费税税额=应税消费品的销售量×单位税额

【例20-9】

好好公司是一家油品生产企业，主要业务是生产销售各类润滑油。2018年11月，该公司销售了自产的润滑油20吨，则该企业11月应当缴纳多少消费税？

根据消费税相关法律法规的规定，润滑油1吨=1 126升，润滑油按每升0.2元缴纳消费税。

因此该企业11月份应当缴纳的消费税为20×1 126×0.2=4 504（元）。

（3）复合计税办法计算纳税。

复核征收，也就是在计算应税消费品的消费税时，既要根据企业所销售的应税消费品的销售额来计算消费税，又需要根据企业所销售的应税消费品的销售量来计算消费税。卷烟、白酒就是复合征收消费税的。

复合征收消费税的计算公式为：

消费税税额=应税消费品的销售额×消费税税率+应税消费品的销售量×单位税额

【例20-10】

好事公司是一家白酒生产企业，主要经营业务是白酒的生产和销售。2018年11月，该公司销售白酒500瓶，每瓶500毫升，共收取销售收入50 000元。则好事公司2018年11月需要缴纳多少消费税？

根据消费税相关法律法规的规定，白酒作为消费税应税消费品，其消费税税率为20%。

白酒是属于复合计征消费税的应税消费品，适用的比例税率为20%，适用的单位税额为500毫升0.5元的消费税。

因此，该公司2018年11月应当申报缴纳的消费税=50 000×20%+500×0.5=10 250（元）。

（4）消费税计算中的其他规定。

①企业外购的已税消费品可以在计算消费税时进行扣除

由于消费税是采用单环节征收，因此当企业外购了已经缴纳消费税的消费税应税商品用于生产并销售同类型的消费税应税商品时，可以按照生产中所耗用的数量，从消费税的计税依据中进行扣除。

可以抵扣消费税的项目如表20-10所示。

表20-10　可以抵扣消费税的项目

项目序号	项目内容
1	以外购的已税烟丝为原料生产的卷烟
2	以外购的已税高档化妆品为原料生产的高档化妆品
3	以外购的已税珠宝、玉石为原料生产的贵重首饰及珠宝玉石
4	以外购的已税鞭炮、烟火为原料生产的鞭炮、烟火
5	以外购的已税杆头、杆身和握把为原料生产的高尔夫球杆
6	以外购的已税木质一次性筷子为原料生产的木质一次性筷子
7	以外购的已税实木地板为原料生产的实木地板
8	以外购的已税石脑油为原料生产的应税消费品
9	以外购的已税润滑油为原料生产的润滑油

企业只有符合以上项目的情况下才可以抵扣消费税。在抵扣时，必须按照生产时领用的数量进行抵扣，并且必须是向工业企业购进或者进口的上述已税消费品才可以抵扣。

注意：金银首饰（含镶嵌首饰）、钻石首饰，其征税环节在零售环节，但是其零售商在计算应当缴纳的消费税时，不可以扣除外购的珠宝玉石的已纳税款。

② 白酒消费税最低计税价格的特别规定。

白酒生产企业将白酒销售给其经销企业，如果白酒生产企业的消费税计税价格不低于其经销单位将白酒外销价格的70%，那么主管税务机关就认为其消费税计税价格合理，不再核定最低计税价格。也就是说，如果白酒生产企业在申报消费税时使用的消费税计税价格低于该白酒的经销单位的经销价格的70%，那么主管税务机关就认为存在规避税收的可能，因此可以核定最低计税价格。

消费税最低计税价格由税务机关根据生产规模、白酒品牌、利润水平等情况在经销单位对外销售价格50%～70%范围内自行核定。其中生产规模较大，利润水平较高的企业生产的需要核定消费税最低计税价格的白酒，税务机关核价幅度原则上应选择在销售单位对外销售价格60%～70%范围内。

对于已核定最低计税价格的白酒，生产企业实际销售价格如果高于消费税最低计税价格，应当按实际销售价格申报纳税；实际销售价格低于消费税最低计税价格的，按最低计税价格申报纳税。也就是在消费税的计税价格上从高不从低。

对于已核定最低计税价格的白酒，其经销单位对外的销售价格持续地上涨或下降，在时间跨度上达到3个月以上、累计上涨或下降幅度不低于20%的，主管税务机关应当重新核定最低计税价格。

之所以对白酒要做出消费税最低计税价格的特殊规定，主要是为了避免白酒生产企业规避消费税。因为消费税是在生产销售环节单环节征收的，而白酒的经销商对外销售白酒时，就不会再次征收消费税了。在这种制度下，如果不设立最低消费税计税价格，白酒生产企业很有可能低价将白酒批发给经销商，从而规避消费税的缴纳。

③ 企业应税消费品的计税价格明显偏低又无正当理由时的相关规定。

卷烟、白酒和小汽车的计税价格由国家税务总局核定，财政部备案。

其他应税消费品的计税价格由省、自治区和直辖市的主管税务机关核定。

进口应税消费品的计税价格由海关核定。

企业将消费税应税消费品用于非货币性业务的，其在非货币性业务中的计税价格以企业销售同类产品的最高售价作为计税依据。

2. 自产自用情况下消费税的计算

消费税的特征之一是单环节征税，因此，如果企业将自己生产的消费税应税消费品用于连续生产消费税应税消费品，那么这种在生产中的自我消耗是不需要缴纳消费税的，否则会造成重复征税。因此，这里所说的自产自用，是指企业将自己生产的消费税应税消费品用于除此之外的其他用途。如用于生产非消费税应税消费品、捐赠、福利等。

由于自产自用情况下难以确定消费税应税销售额，因此我国税收法律法规规定，在计算自产自用的消费税应税消费品的销售额时，使用组成计税价格来确定。

在确定组成计税价格时，主要是参考同类消费品的销售价格，根据一定的成本利润率倒推计算。参考同类消费品的销售价格，就是企业自产自用的消费税应税消费品，虽然没有销售，但是其作为企业生产并销售的市售商品，具有一个合理的销售价格。因此，可以以销售的同类产品的销售价格来确定其销售额。

注意：如果企业销售出去的商品价格高低不同，可以采用按照销售数量进行加权平均计算的平均售价作为参照。但是如果企业某一批次的货物无正当理由而使价格显著低于其他批次货物的销售价格，在计算加权平均价格时就不能够将这一批次的货物销售价格包括进去。

（1）从价定率办法计算纳税。

如果企业自产自用的应税消费品是不对外销售的，那么也就没有可以作为参考的企业同类产品的销售价格。这时，根据税收法律法规的规定，可以使用成本利润倒推的方式计算消费税的计税依据。

消费税的组成计税价格=（成本+利润）÷（1-消费税税率）=成本×（1+成本利润率）÷（1-消费税税率）

应纳消费税=组成计税价格×消费税税率

【例20-11】

山德公司是一家实木地板生产和销售企业，根据我国消费税相关法律法规的规定，实木地板属于消费税应税消费品，消费税税率为5%。2018年11月，该公司将一批自产的实木地板用于装修本公司办公室。该批实木地板成本为10万元，成本利润率为5%，则山德公司该笔业务应缴纳多少消费税？

本例中，山德公司将自产的消费税应税消费品用于本公司的办公室装修，属于企业自产自用应税消费品的范围，根据有关法律法规应当缴纳消费税。由于该批产品没有售价，因此要计算该批实木地板消费税的组成计税价格。

该批实木地板的组成计税价格=（10+10×5%）÷（1-5%）=11.05（万元）；

该批实木地板需要缴纳的消费税=11.05×5%=0.55（万元）。

如果企业自产自用的应税消费品属于从量征收消费税的，由于其生产时可以直接明确其使用数量，就是所使用的消费税应税消费品在生产中的移送数量。因此从量征收消费税的应税消费品在自产自用时，其应纳消费税的计算与生产销售时的计算是一致的。

（2）复合计税办法计算纳税

当企业自产自用的应税消费品属于复合计征消费税的范围时，其从价征收的部分，应当使用组成计税价格计算消费税；其从量征收的部分，仍然按照生产销售时的计算方式计算应缴纳的消费税。

复合计征消费税的消费品自产自用时的组成计税价格=（成本+利润+自产自用数量×单位税额）÷（1-消费税税率）

=[成本×（1+成本利润率）+自产自用数量×单位税额]÷（1-消费税税率）

应纳消费税=组成计税价格×消费税税率+自产自用数量×单位税额

注意：利润应根据《消费税若干具体问题的规定》的规定确定，部分应税消费品全国平均成本利润率规定如表20-11所示。

表20-11　应税消费品全国平均成本利润率

消费品	成本利润率	消费品	成本利润率
1. 甲类卷烟	10%	10. 护肤护发品	5%
2. 乙类卷烟	5%	11. 鞭炮、焰火	5%
3. 雪茄烟	5%	12. 贵重首饰及珠宝玉石	6%
4. 烟丝	5%	13. 汽车轮胎	5%
5. 粮食白酒	10%	14. 摩托车	6%
6. 薯类白酒	5%	15. 小轿车	8%
7. 其他酒	5%	16. 越野车	6%
8. 酒精	5%	17. 小客车	5%
9. 高档化妆品	5%		

3. 委托加工情况下消费税的计算

对于委托加工，《消费税暂行条例实施细则》进行了详细的规定。委托加工，是指由委托方提供原料和主要材料，受托方只收取加工费和代垫部分辅助材料的委托加工方式。对于其他方式，如由受托方提供原材料生产的应税消费品，或者受托方先将原材料卖给委托方，然后再接受加工的应税消费品，或者由受托方以委托方名义购进原材料生产的应税消费品，不论在财务上是否进行销售处理，都不可以作为委托加工的应税消费品，而应当按照销售自产应税消费品缴纳消费税。

（1）委托加工情况下消费税缴纳的法律规定。

委托加工的应税消费品直接出售的，因为已经在委托加工环节由受托方代为缴纳了消费税，不再缴纳消费税。委托个人加工的应税消费品，由委托方收回后缴纳消费税。委托加工的应税消费品，除受托方为个人外，由受托方在向委托方交货时代收代缴税款。委托加工的应税消费品，委托方用于连续生产应税消费品的，所纳税款准予按规定抵扣。

（2）从价定率办法计算纳税。

在计算委托加工情况下的消费税时，使用的公式与自产自用情况下相似。

委托加工的应税消费品，按照受托方同类消费品的销售价格计算纳税；没有同类消费品销售价格的，按照组成计税价格计算纳税。

实行从价定率办法计算纳税的组成计税价格计算公式为：

组成计税价格=（材料成本+加工费）÷（1-消费税税率）

应纳消费税（应代收代缴的消费税）=组成计税价格×消费税税率

【例20-12】

顺达企业是一家生产一次性筷子的生产商，在生产过程中，有一道工序需要将一次性筷子外包给其他企业进行委托加工。顺达企业发出需加工的材料，材料成本为100万元，支付加工费1万元，收回后继续用于生产一次性筷子。受托方没有销售过同类消费品。试分析该企业的消费税涉税业务。

本例中，顺达企业将消费税应税消费品对外委托加工，并且收回后继续用于生产应税消费品。因此根据相关法律法规的规定，受托方在向顺达公司交付加工完毕的一次性筷子时，应代扣代缴消费税。由于受托方没有销售过同类消费品，因此需要使用组成计税价格来确定应缴纳的消费税。

一次性筷子适用的消费税税率为5%，因此由受托方代扣代缴的消费税=(100+1)÷(1-5%)×5%=5.32（万元）。也就是说，委托方需要另外向受托方交付5.32万元作为受托方代扣代缴的消费税。

根据有关法律法规的规定，委托方在这个环节缴纳的消费税，可以在生产完成对外销售支付消费税时作为已经缴纳的税款进行抵扣。

（3）复合计税办法计算纳税。

实行复合计税办法计算缴纳消费税的组成计税价格计算公式为：

组成计税价格=（材料成本+加工费+委托加工数量×单位税额）÷（1-消费税税率）

应纳消费税（应代收代缴的消费税）=组成计税价格×消费税税率+委托加工数量×单位税额

【例20-13】

顺达企业是一家生产白酒的生产商，在生产过程中，需要将白酒外包给其他企业进行委托加工。顺达企业发出需加工的材料，材料成本为100万元，支付加工费1万元，回收后继续用于生产白酒；共涉及白酒5 000瓶，每瓶500毫升，复合计征消费税为0.5元/500毫升。受托方没有销售过同类消费品。试分析该企业的消费税涉税业务。

本例中，白酒应采用复合计征方式缴纳消费税。由于受托方没有同类消费品的销售价格，所以应采用组成计税价格计算缴纳消费税。

组成计税价格=$\left(100+1+\dfrac{(5\,000\times0.5)}{10\,000}\right)\div(1-20\%)=126.56$（万元）

因此需要支付由受托方代扣代缴的消费税=$126.56\times20\%+\dfrac{(5\,000\times0.5)}{10\,000}=25.56$（万元）

注意：公式中的材料成本和加工费都是不含增值税的。

提示：由于委托方将委托加工的消费税应税消费品收回后用于连续生产应税消费品，其在委托加工环节缴纳的消费税是可以抵扣，因此，企业应当对已缴纳的消费税比照领用外购已税消费品抵扣的相关规定进行抵扣。

4．进口环节消费税的计算

由于进口环节消费税是由海关征收的，因此企业进口消费税应税消费品，应当在进口的消费税应税消费品报关时缴纳消费税。

进口的应税消费品，按照组成计税价格计算缴纳消费税。

（1）从价定率办法计算纳税。

实行从价定率办法计算缴纳消费税的组成计税价格计算公式为：

组成计税价格=（关税完税价格+关税）÷（1-消费税税率）

应纳消费税=组成计税价格×消费税税率

【例20-14】

顺达企业是一家进口一次性筷子的进口商，最近进口了一批一次性筷子，关税完税价格为100万元，关税税率为10%，一次性筷子的消费税税率为5%。试分析该企业的消费税涉税业务。

本例中，顺达企业进口的一批一次性筷子是消费税应税消费品，根据我国税收法律法规的规定，进口应税消费品的，由海关代征消费税。因此顺达企业需要就该批一次性筷子申报缴纳消费税。在计算消费税时，一次性筷子适用20%的比例税率。

因此该批筷子的组成计税价格=（100+100×10%）÷（1-5%）=115.79（万元）；

应当在进口环节缴纳的消费税=115.79×5%=5.79（万元）。

（2）复合计税办法计算纳税。

实行复合计税办法计算纳税的组成计税价格计算公式为：

组成计税价格=（关税完税价格+关税+进口数量×单位税额）÷（1-消费税税率）

应纳消费税=组成计税价格×消费税税率+进口数量×单位税额

【例20-15】

友好企业是一家进口白酒的进口商，最近进口了一批白酒，共5 000瓶，每瓶500毫升，关税完税价格为100万元，关税税率为10%。白酒的消费税税率为20%，复合计征消费税为0.5元/500毫升。试分析该企业的消费税涉税业务。

白酒是复核计征消费税的应税消费品，因此在计算组成计税价格时，需要使用复合计征应税消费品的公式。

组成计税价格=（$100+10+\frac{(5\,000\times0.5)}{10\,000}$）÷（1-20%）=137.81（万元）；

应缴纳的消费税=$137.81\times20\%+\frac{(5\,000\times0.5)}{10\,000}$=27.81（万元）。

20.2.3 消费税的纳税申报

消费税应当在纳税义务发生时进行纳税申报。消费税纳税申报的规定如下。

1. 消费税的纳税规定

（1）纳税人销售应税消费品的，按不同的销售结算方式确定纳税义务发生时间。

① 如果买卖双方采取赊销和分期收款结算方式，消费税纳税义务发生时间是书面合同约定的收款日期；书面合同没有约定收款日期或者无书面合同的，为发出应税消费品的当天。

② 如果买卖双方采取预收货款结算方式，消费税纳税义务发生时间应为发出应税消费品的当天。

③ 如果买卖双方采取托收承付和委托银行收款方式，消费税纳税义务发生时间就是发出应税消费品并办妥托收手续的当天。

④ 当买卖双方采取其他结算方式时，消费税纳税义务发生时间就是收讫销售款或者取得索取销售款凭据的当天。

（2）纳税人自产自用应税消费品的，消费税纳税义务发生时间就是该应税消费品在自用时被移送的当天。

（3）纳税人委托加工应税消费品的，消费税纳税义务发生时间就是纳税人以委托人的身份提货的当天。

（4）纳税人进口应税消费品的，消费税纳税义务的发生时间就是其为进口的应税消费品进行报关申报的当天。

2. 消费税的申报机构规定

（1）纳税人销售应税消费品以及自产自用应税消费品，除国务院财政、国家税务总局另有规定外，应当向纳税人机构所在地或者居住地的主管税务机关申报纳税。即一般情况下都是企业的注册地税务主管机关负责该企业消费税的征收管理，但是有其他例外情况。

（2）委托加工应税消费品，除受托方为个人外，由受托方向机构所在地或者居住地的主管税务机关解缴消费税税款。这主要是针对委托加工来说的，在委托加工业务中，由于消费税是由受托方代扣代缴的，因此，一般都是由受托方向其主管税务机关进行申报纳税。

（3）进口应税消费品，应当向应税消费品报关所在海关进行纳税申报。

（4）纳税人到外县（市）销售或者委托外县（市）代销自产应税消费品的，于应税消费品销售后，向机构所在地或者居住地主管税务机关申报纳税。

（5）纳税人的总机构与分支机构不在同一县（市）的，原则上应当分别向各自机构所在地的主管税务机关申报纳税；纳税人的总机构与分支机构不在同一县（市），但在同一省（自治区、直辖市）范围内，经省（自治区、直辖市）财政厅（局）、国家税务局审批同意，可以由总机构汇总向总机构所在地的主管税务机关申报缴纳消费税。

3．消费税的申报期限和缴款期限

（1）消费税的纳税期限主要为1日、3日、5日、10日、15日、1个月或者1个季度。纳税人的具体纳税期限，应当由其所属的主管税务机关根据纳税人应纳税额的大小进行核定；如果不能按照固定期限纳税，可以按次纳税。

（2）纳税人以1个月或者1个季度为1个纳税期的，自期满之日起15日内申报纳税；以1日、3日、5日、10日或者15日为1个纳税期的，自期满之日起5日内预缴税款，于次月1日起15日内申报纳税并结清上月应纳税款。

（3）纳税人进口应税消费品，应当自海关填发海关进口消费税专用缴款书之日起15日内缴纳税款。

20.2.4 消费税的出口退税处理

在介绍增值税的出口退税业务中，讲到过在出口退税时，退的不仅是增值税，还包括消费税。因此，有必要在此对消费税的出口退税业务进行介绍。

1．消费税出口退税的处理

在办理出口退税业务时，生产企业出口消费税应税消费品和外贸企业出口消费税应税消费品的处理是完全不同的。

由于消费税是单一环节征收的税种，对于生产企业来说，消费税是在其销售时缴纳的，因此，当生产企业直接对外出口货物时，如果先征收消费税再退税就会很麻烦。因此，我国的税收法律法规规定，生产企业直接出口所生产的消费税应税消费品的，其在出口环节免征增值税。

注意：当出口企业直接出口的消费税应税消费品被退回时，在进口环节暂时免征消费税，待出口企业将此批退货在国内销售时，再缴纳消费税。

对于外贸企业出口消费税应税商品，由于其从国内购买应税消费品时包含了生产企业出售时缴纳的消费税，因此，根据我国相关法律法规的规定，有出口经营权的外贸企业直接出口或者接受其他外贸企业委托代理出口应税消费品的，出口免征消费税并将已税消费品的消费税退还。

注意：生产企业和一般商贸企业委托外贸企业代理出口的消费税应税消费品，不可以享受退税政策。

2．消费税出口退税的计算

消费税出口退税的计算应区分从价定率征收和从量定额征收两种情况。

（1）从价定率办法。

从价定率征收消费税的应税消费品，其应退消费税的计算公式为：

应退的消费税税款=出口货物不含增值税销售额×消费税税率

【例20-16】

瑞红企业为一家具有进出口经营权的外贸企业，2018年11月出口一批高尔夫球具，该批球具购入时不含增值税的价格是100万元，高尔夫球具的消费税税率为10%。试分析瑞红企业的消费税涉税业务。

本例中，瑞红企业为具有进出口经营权的外贸企业，根据相关法律法规的规定，具有进出口经营权、从生产厂家购买的消费税应税货物出口时可以退还包含在货物中的消费税。

因此，应退的消费税税款=100×10%=10（万元）。

（2）从量定额办法。

从量定额计征消费税的应税消费品，其应退消费税的计算公式为：

应退的消费税税款=出口应税消费品的数量×单位税额

【例20-17】

顺达企业为一家具有进出口经营权的外贸企业，2018年11月出口1 000吨黄酒，黄酒属于采用从量定额方式征收消费税的应税消费品，其消费税单位税额为240元/吨。试分析顺达企业的消费税涉税业务。

本例中，顺达企业可以在出口时申请退还出口商品中包含的消费税。

应退的消费税税额=1 000×240=240 000（元）。

20.3 附加税费与个人所得税的纳税申报

在主要流转税之外，我国企业在纳税申报业务中，最常遇见的就是附加税费与个人所得税了。因此，了解附加税费与个人所得税的申报才能保证企业纳税申报工作的顺利进行。

20.3.1 附加税费的计算与申报

附加税费主要有城市建设维护税、教育费附加费、地方教育附加等地方性税费，其征收是依附在主要流转税之上进行的。附加税费的纳税申报时间是次月15日之前（节假日顺延）申报入库。

附加税费申报时，填写的是《城市维护建设税 教育费附加 地方教育附加申报表》。以广西壮族自治区为例，其册灰姑娘是维护建设税、教育费附加、地方教育附加申报表的格式如表20-12所示。

1. 城市建设维护税的计算与申报

城市建设维护税，在实务中一般简称为城建税。开征城建税是为了能够加强城市的维护建设，扩大和稳定城市维护建设资金的来源。由于城建税是一种依附在主要流转税之上而缴纳的税种，因此，城建税的纳税人就是缴纳消费税和增值税的单位和个人，也就是说，只要是正常经营的企业都是城建税的纳税人。

过去，为了配合我国招商引资、引进外资的经济发展国策，外商企业是不需要缴纳附加税费的。但是随着经济发展，现在在税收问题上，内、外资企业已经一视同仁，外资企业也需要缴纳附加税费。

表20–12　附加税费纳税申报表

城市维护建设税 教育费附加 地方教育附加申报表

税款所属期限：自　年　月　日至　年　月　日

纳税人识别号（统一社会信用代码）：□□□□□□□□□□□□□□□□□□

纳税人名称：　　　　金额单位：人民币元(列至角分)

本期是否适用增值税小规模纳税人减征政策 (减免性质代码__城市维护建设税：07049901，减免性质代码_教育费附加：61049901，减免性质代码_地方教育附加：99049901）	□是 □否	减征比例_城市维护建设税（%）	
		减征比例_教育费附加（%）	
		减征比例_地方教育附加（%）	

税（费）种	计税（费）依据					税率	本期应纳税（费）额	本期减免税（费）额		本期增值税小规模纳税人减征额	本期已缴税（费）额	本期应补（退）税（费）额
	增值税		消费税	营业税	合计							
	一般增值税	免抵税额				（征收率）		减免性质代码	减免税（费）额			
	1	2	3	4	5=1+2+3+4	6	7=5×6	8	9	10	11	12=7-9-10-11
城建税												
教育费附加												
地方教育附加												
—												
合计	—					—						

谨声明：本纳税申报表是根据国家税收法律法规及相关规定填报的，是真实的、可靠的、完整的。

纳税人（签章）：　　年 月 日

经办人： 经办人身份证号： 代理机构签章： 代理机构统一社会信用代码：	受理人： 受理税务机关（章）： 受理日期：　年 月 日

（1）城建税的计算。

由于城建税是为了城市维护建设而开征的税种，因此其适用税率是根据城市发展程度的不同来进行划分的，即实行地区差别比例税率。根据规定：纳税人所在地在市区的，税率为7%；纳税人所在地在县城，镇的，税率为5%；纳税人所在地不在市区，县城或镇的，税率为1%。由受托方代扣代缴、代收代缴增值税、消费税的单位和个人，其代扣代缴、代收代缴的城建税按受托方所在地适用税率执行。流动经营等无固定纳税地点的单位和个人，在经营地缴纳增值税、消费税的，其城建税的缴纳按经营地适用税率执行。

由省、自治区、直辖市人民政府根据本地区实际情况，以及宏观调控需要确定，对增值税小规模纳税人可以在50%的税额幅度内减征城市维护建设税。

要计算城建税，除了税率之外，还必须了解城建税的计税依据。根据税收法律法规的规定，城建税以纳税人实际缴纳的消费税、增值税税额为计税依据，分别与消费税、增值税同时缴纳。

注意：当企业同时要申报缴纳流转税的几个税种时，其附加税费的计算是以几个流转税种的合计缴纳税额作为计税依据的。也就是说，如果企业同时需要缴纳消费税、增值税，那么其附加税费的计算依据就是所缴纳的消费税和增值税税额之和。

其公式为：

城建税=（实际缴纳的增值税＋实际缴纳的消费税）×适用税率

【例20-18】

顺达公司为增值税一般纳税人，2018年1月，其应交的增值税为200 000元，适用的城建税税率为7%。该公司需要缴纳多少城建税？

该公司需要缴纳的城建税=200 000×7%=14 000（元）。

（2）城建税的申报。

相关税收法律法规规定，城建税的征收、管理、纳税环节、奖罚等事项，比照消费税、增值税的有关规定办理。因此，城建税的纳税申报工作，是与流转税的纳税申报工作同步完成的。

对于若干特殊情况下的城建税的申报纳税，税收法律法规也做了以下相应的规定。

① 城建税的计税依据以实际缴纳的消费税、增值税税额作为计税依据，如果企业对上述两种流转税享受减免税政策的，其城建税也一并享受相同的减免税政策。

② 企业进口商品，需要在进口环节缴纳消费税和增值税，不需要缴纳城建税。

③ 企业申报出口退税时，所退的消费税和增值税，其所附的城建税不能一并退还。

2. 教育费附加的计算与申报

教育费附加，是1986年为了贯彻落实《中共中央关于教育体制改革的决定》，加快发展地方教育事业，扩大地方教育经费的资金来源而决定开始征收的。长久以来，教育费附加一直与城建税同时成为附加税费的主要组成部分。

（1）教育费附加的计算。

教育费附加也是以各单位和个人实际缴纳的增值税、消费税的税额为计征依据，分别与增值税、消费税同时缴纳。

教育费附加的征收率是3%，其计算公式是：

企业应当缴纳的教育费附加=企业所缴纳的消费税和增值税税额之和×3%

教育费附加的计算和纳税申报和城建税是一样的，跟随其所附着的流转税一起进行纳税申报。

【例20-19】

好事公司2018年11月需要缴纳消费税50万元、增值税150万元，则该公司当月需要缴纳多少教育费附加？

好事公司2018年11月需要缴纳的教育费附加=（50+150）×3%=6（万元）。

（2）教育费附加的申报。

根据我国税收法律法规的相关规定，教育费附加的缴纳征收也有一些特殊规定。

① 企业如果是缴纳农村教育事业费附加的农业企业、乡镇企业，则不需要缴纳教育费附加。

② 教育费附加是跟随其所附着的消费税、增值税一并缴纳征收的，并且以企业实际缴纳的消费税、增值税税额为计算依据。因此，如果企业由于享受了减免消费税、增值税的政策而导致减少缴纳相关税额的，那么其教育费附加也一并跟随减少缴纳。

③ 企业从事出口退税业务虽然退还了原已缴纳的消费税和增值税，但是教育费附加不随之一并退还。

20.3.2 什么是个人所得税

根据《中华人民共和国个人所得税法》（简称《个人所得税法》）的规定，在中国境内有住所，或者无住所而在中国境内居住满一年的个人，从中国境内和境外取得的所得，依照规定缴纳个人所得税。在中国境内无住所又不居住或者无住所而在中国境内居住不满一年的个人，其从中国境内取得的所得，依照规定缴纳个人所得税。

可见，个人所得税的纳税人不局限于具有我国国籍的公民，还包括各种从我国境内获取个人所得的其他个人。根据国际通行的做法，我国也把个人所得税的纳税人区分为居民纳税人和非居民纳税人。居民纳税人的个人所得，不论是来自我国境内还是境外，属于个人所得税应税项目的，都需要缴纳个人所得税。而非居民纳税人，则只需要就其在中国境内的个人所得缴纳个人所得税，境外所得则不需要缴纳个人所得税。

在这里，纳税人的性质划分不是以国籍为标准的，而是以居住时间为标准来确定的。根据相关法律法规的规定，在一个纳税年度内在中国境内住满365天的个人，为居民纳税人。

注意，如果纳税人临时离境，只要一次离境不超过30日，累计离境不超过90日，都作为境内居住天数计算在境内居住时间。

根据《个人所得税法》的规定，个人获得下列收入，都需要缴纳个人所得税。

（1）工资、薪金所得。

工资、薪金所得主要是个人受到公司的雇用而获得的报酬。

（2）个体工商户的生产、经营所得。

个体工商户生产、经营所得即个体工商户从事各种生产、经营业务而获得的收入。这里所说的生产、经营业务，是指个体工商户实际进行的生产、经营业务。

注意： 个体工商户除生产、经营业务之外的应税所得，应当根据这些所得所属的应税税目分别纳税。比如债券利息、股票股息等，以及个体工商户以独立劳动者的名义获得的独立劳动所得，如律师、会计师通过独立的私人劳动而获得的报酬，都应按其他项目纳税。

（3）对企事业单位的承包经营、承租经营所得。

对企事业单位的承包经营、承租经营所得是指个人对企事业单位进行承包、承租经营所得到的应税所得。这类所得一般有两种形式，一种是个人承包、承租企业事业单位的经营业务后，改变企事业单位的性质，由法人企业改变为个体工商户，按照个体工商户的生产、经营所得的相关规定进行缴纳个人所得税，对已经改变性质的企事业单位不再征收企业所得税；另外一种是个人取得了企事业单位的承包、承租经营权后，没有改变企事业单位的性质，仍然保持企事业单位的法人企业性质。在这种情况下，企事业单位需要就其经营所得缴纳企业所得税，而承包、承租人就其从承包、承租中获得的应税所得缴纳个人所得税。

（4）劳务报酬所得。

劳务报酬所得又叫作劳务所得，是指个人提供劳务而获得的报酬。在本税目中所说的劳务，是指由个人独立地提供劳务而获得的劳务报酬，如特殊技能独立工作者独立提供的法律、财务、税务、医疗等各种服务。这种劳务报酬不含有工资、薪金的属性，要与工资、薪金所得区分开来。

（5）稿酬所得。

（6）特许权使用费所得。

特许权，就是个人所拥有的无形权利，如专利权、商标权、著作权等。将这些无形权利的使用权进行让渡所获得的所得，就是特许权使用费所得。

（7）利息、股息、红利所得。

利息、股息、红利所得是指个人所拥有的债券、债权、股份、股权从而获得的利息、股息和红利所得。

（8）财产租赁所得。

（9）财产转让所得。

（10）偶然所得。如彩票中奖等。

（11）经国务院财政部门确定征税的其他所得。

根据现行的税目难以确定的所得额，可以由税务主管机关对其性质进行核定后征收个人所得税。

20.3.3 个人所得税的扣缴方式

我国的税收法律法规规定，年所得12万元及以上的个人、从两处以上获得个人所得税应税所得的个人、以居民纳税人身份获得境外收入的个人、具有个人所得税纳税义务但没有扣缴义务人的个人，需要纳税人自行申报个人所得税，除此之外，个人所得税的扣缴方式都是代扣代缴。所谓代扣代缴，就是由负有扣缴义务的扣缴义务人，从纳税人的所得中，代扣代缴纳税人所需要缴纳的所得税。在我国税法体系中，一般来说，企业就是对个人所得税负有代扣代缴义务的扣缴义务人。因此，在企业申报纳税工作中，需要申报个人所得税。

根据我国税法体系的规定，个人所得税以获得应税所得的个人作为纳税人，以支付给其个人所得的企事业单位和其他个人为扣缴义务人。

【例20-20】

顺达企业员工小明2019年10月的工资为6000元（不考虑专项扣除及附加扣除），需要缴纳个人所得税30元，请分析企业的代扣代缴个人所得税如何操作。

在本题所述的情形中，小明所获得的工资6000元，是其个人所得税应税所得。

小明是其个人所得税的纳税人，而顺达企业是支付给小明个人所得税的企业。因此，根据相关的规定，顺达企业就是小明的个人所得税的扣缴义务人，负有代扣代缴小明的个人所得税的义务。在本题所述情形下，小明个人所得为6000元，需要缴纳30元的个人所得税，此30元的个人所得税由顺达企业代扣，因此小明实际所得现金为5970元，顺达企业在代扣了小明30元个人所得税后，还需要通过申报纳税，代缴此笔税金。

20.3.4 个人所得税代扣代缴的其他事项

由于在国际通行做法中，在一国境内的个人所得都需要向所在国缴纳个人所得税，因此，如果我国对于居民纳税人已经在境外缴纳过别国的个人所得税，再就其应税所得在我国全额征收个人所得税，就会造成税款的重复征收。因此，为了避免这种情况，同时又保证我国个人所得税的境外所得的税源，我国税收法律法规做了以下规定。

（1）对于居民纳税人已经在境外缴纳的个人所得税税款，在境内计算个人所得税时可以予以扣除，但是其扣除额最多不能超过根据我国的个人所得税法计算的个人所得税。这里所说的在境外已经缴纳的个人所得额，是指居民纳税人在境外的实缴税款。

（2）如果居民纳税人的境外所得来源于多个不同的国家，那么在计算扣除额时，应当按照国别分别计算，然后汇总。

（3）如果居民纳税人在境外实缴税款超过了按照我国的个人所得税法计算的税款，那么超过的部分，可以在下一个申报期继续用于抵扣个人所得税。

（4）对于境外所缴纳的个人所得税税款，应当由所在国的主管税务机关出具相关证明。

（5）我国居民纳税人的境外所得，应当于年度终了后30日内进行申报纳税。

20.4　企业所得税的纳税申报

企业所得税是我国与流转税并列的重要税种，在我国的税收中占有十分重要的地位。本节主要介绍查账征收企业所得税的计算及申报。

20.4.1　什么是企业所得税

企业所得税，就是以企业的所得作为征税对象进行征税的一种税。企业所得税不同于流转税。在流转税的征收管理中，只要企业有了商品的流转额，就需要缴纳流转税，即使企业在商品的流转中没有收益，甚至是在商品的流转中还要发生亏损的情况下，也必须要缴纳流转税。而企业所得税则不同，企业所得税的征税对象是企业的经营所得。这里所说的经营所得，是指企业在生产经营中获得的收益，扣除在生产经营中所支付的各种开支后的余额。如果企业的经营所得是负数，即企业的生产经营中在一个企业所得税的纳税期间发生了亏损，那么就不需要缴纳企业所得税；只有当企业在生产经营中获得了净收益，才需要根据企业所得税的相关规定申报和缴纳企业所得税。

过去，我国为了鼓励外商来我国投资，采取了内、外资企业适用不同企业所得税税率的政策。现在，随着我国经济的发展和市场经济发展的内在要求，内、外资企业的企业所得税税率是一致的，基本税率为25%。企业所得税的纳税人不同，适用的税率也不同。居民企业中符合条件的小型微利企业减按20%的税率征税；国家重点扶持的高新技术企业减按15%的税率征税。

20.4.2　企业所得税的应纳税所得额

企业所得税的征收方式主要有两种，即查账征收和定额征收。不同的征收方式，企业所得税的计算方法也不同。

定额征收方式下，企业所得税的计算公式为：

应纳税所得额=应税收入额×应税所得率

或：应纳税所得额=成本（费用）支出额÷（1-应税所得率）×应税所得率

应纳税额=应纳税所得额×税率

查账征收方式下，企业所得税计算公式为：

应纳税额=应纳税所得额×税率

企业所得税的应纳税所得额，就是计算企业所得税的计算依据。查账征收方式下，企业所得税的应纳税所得额不是企业的账面利润，而是根据我国税收法律法规的相关规定，对企业的账面利润进行调整后的税收利润。

在我国，企业年终要编制利润及利润分配表，如表20-13所示。

表20-13　利润及利润分配表

编制单位：　　　　　　　　　　　　　　年　月　日　　　　　　　　　　　单位：元（保留两位小数）

行次	项　　目	上年度全年累计数	年初至本期累计数
1	一、主营业务收入		
2	其中：出口产品（商品）销售收入		
3	进口产品（商品）销售收入		
4	减：折扣与折让		
5	二、主营业务收入净额		
6	减：（一）主营业务成本		
7	其中：出口产品（商品）销售成本		
8	（二）主营业务税金及附加		
9	（三）经营费用		
10	（四）其他		
11	加：（一）递延收益		
12	（二）代购代销收入		
13	（三）其他		
14	三、主营业务利润（亏损以“－”号填列）		
15	加：其他业务利润（亏损以“－”号填列）		
16	减：（一）销售费用		
17	（二）管理费用		
18	（三）财务费用		
19	（四）其他		
20	四、营业利润（亏损以“－”号填列）		
21	加：（一）投资收益（损失以“－”号填列）		
22	（二）期货收益		
23	（三）补贴收入		
24	其中：补贴前亏损的企业补贴收入		
25	（四）营业外收入		
26	其中：处置固定资产净收益		
27	非货币性交易收益		
28	出售无形资产收益		
29	罚款净收入		
30	（五）其他		
31	其中：用以前年度含量工资节余弥补利润		
32	减：（一）营业外支出		
33	其中：处置固定资产净损失		
34	债务重组损失		
35	罚款支出		
36	捐赠支出		
37	（二）其他支出		
38	其中：结转的含量工资包干节余		

续表

行次	项　目	上年度全年累计数	年初至本期累计数
39	五、利润总额（亏损总额以"－"号填列）		
40	减：所得税		
41	少数股东损益		
42	加：未确认的投资损失（以"＋"号填列）		
43	六、净利润（净亏损以"－"号填列）		
44	加：（一）年初未分配利润		
45	（二）盈余公积补亏		
46	（三）其他调整因素		
47	七、可供分配的利润		
48	减：（一）单项留用的利润		
49	（二）补充流动资本		
50	（三）提取法定盈余公积		
51	（四）提取法定公益金		
52	（五）提取职工奖励及福利基金		
53	（六）提取储备基金		
54	（七）提取企业发展基金		
55	（八）利润归还投资		
56	（九）其他		
57	八、可供投资者分配的利润		
58	减：（一）应付优先股股利		
59	（二）提取任意盈余公积		
60	（三）应付普通股股利（应付利润）		
61	（四）转作资本（股本）的普通股股利		
62	（五）其他		
63	九、未分配利润		
64	其中：应由以后年度税前利润弥补的亏损（以"＋"号填列）		

在我国，不同的行业所使用的利润及利润分配表的具体表式虽然有所不同，但是其基本内容却是大同小异，且内在原理也是一样的。因此下面以该表为基础，分析企业所得税的应纳税所得额。

首先，从结构上来看，所有的利润及利润分配表的主要构成要素都是一致的，也就是：

收入－成本＝营业利润

营业利润－三项费用－其他支出＋其他收入＝利润总额

利润总额－所得税＝净利润

净利润－利润分配＝未分配利润（留存收益）

企业所得税的计算依据，也就是企业所得税应纳税所得额，是由利润总额调整而来的。

在我国的税收法律法规中，为了保证国家的财政收入，对于企业在经营过程中的收入、费用等项目在计算应纳税所得额时的确认都有具体的规定。而企业的财务报表是根据权责发生制的原理进行编制的，其利润总额的计算目的是反映企业实际的经营情况。因此税法利润与财务利润的设置出发点是不一样的。因此，在企业的收入和费用的确认上，税法的规定与财务的规定也是不一样的。而应纳税所得额是以企业财务报表上的利润总额为基础计算的，即根据税收法律法规的相关规定，对财务报表中的利润总额进行调整得到应纳税所得额。

【例20-21】

顺达公司2018年度终了，全年折旧采用加速折旧法计提折旧，全年折旧额为100万元，如果采用年限平均法，当年度折旧应为50万元。该公司在进行年终所得税汇算清缴时，主管税务机关核定其折旧方法为年限平均法。假设该公司其他收入费用没有需要进行所得税调整事项，账载利润总额为2 000万元，则该公司2018年的企业所得税应纳税所得额是多少？

本例中，该公司账载利润总额为2 000万元。也就是说该公司从财务角度来说，利润是2 000万元，并且在计算这2 000万元的利润时，使用的是100万元的折旧。由于该企业进行所得税汇算清缴时，所适用的折旧额由税务主管机关核定为50万元，因此在计算企业所得税应纳税所得额时，要根据原来的账载利润总额来进行调整。账载净利润是2 000万元，如果不算折旧，则账载利润总额为2 100万元，再扣除税务主管机关核定的折旧50万元，得到该企业的应纳税所得额为2 050万元。在实务中，常常是根据需要调整的项目的差额直接加减账载利润总额。应纳税所得额=2 000+（100-50）=2 050（万元）。

进一步分析，如果按照主管税务机关认定的50万元折旧来计算，其利润总额就不是2 000万元，而是2 050万元。因此，在企业所得税的汇算清缴中，是以主管税务机关对企业利润总额的计算口径来计算企业所得税计税依据的。所以，企业在进行所得税汇算清缴时，需要对于账面上的收入费用根据主管税务机关的规定进行调整，如此一来，根据税务方面的收入、费用口径计算出来的利润，就是计算企业所得税的基础——应纳税所得额。

20.4.3 企业所得税预缴申报

实行查账征收企业所得税的纳税人，在季度或月度终了后15日内，向其所在地主管税务机关报送《企业所得税预缴纳税申报表》。在年度终了之日起5个月内或自实际经营终止之日起60日内，向税务机关申报年度企业所得税，并办理汇算清缴，结清应缴应退税款。

查账征收企业的企业所得税预缴申报需要填列的报表是中华人民共和国企业所得税月（季）度预缴纳税申报表（A类，2015年版）等报表。该表适用于实行查账征收企业所得税的居民纳税人在月（季）度预缴企业所得税时使用。

【例20-22】

维洁贸易有限公司是小型微利企业，企业所得税实行减半征收。2018年前3季度利润表本年累计数据为：主营业务收入2 527 648.56元，主营业务成本2 500 312.58元，利润总额24 824.81元。

该公司相关报表项目填写方法如下。

主营业务收入2 527 648.56元——填入企业所得税季度纳税申报表“营业收入”项目“本期累计金额”栏。

主营业务成本2 500 312.58元——填入企业所得税季度纳税申报表“营业成本”项目的“本年累计金额”栏。

利润总额24 824.81元——填入企业所得税季度纳税申报表“利润总额”项目的“本年累计金额”栏。

小微企业适用的企业所得税税率为20%，再减半征收就是10%，所以最终适用的所得税税率为10%。该企业减免的企业所得税=实际利润额×（25%-10%）=24 824.81×15%=3 723.72（元），该数据应填入减免所得税额明细表“一、符合条件的小型微利企业减免企业所得税”项目“本年累计金额”栏。对于减免所得税额明细表的其余数据，按照表内公式计算填列；如果是网上申报，由系统自动计算填列。

该企业填写完成的企业所得税季度纳税申报表和减免所得税额明细表分别如表20-14、表20-15所示。

表20-14　中华人民共和国企业所得税月（季）度预缴纳税申报表（A类，2018年版）

税款所属期间：2018年7月1日至2018年9月30日

纳税人识别号（统一社会信用代码）：91440100012345678

纳税人名称：维洁贸易有限公司　　　　金额单位：人民币元（列至角分）

预缴方式	☑按照实际利润额预缴？	□按照上一纳税年度应纳税所得额平均额预缴？	□按照税务机关确定的其他方法预缴
企业类型	☑一般企业	□跨地区经营汇总纳税企业总机构	□跨地区经营汇总纳税企业分支机构

预缴税款计算		
行次	项目	本年累计金额
1	营业收入	2 527 648.56
2	营业成本	2 500 312.58
3	利润总额	24 824.81
4	加：特定业务计算的应纳税所得额	
5	减：不征税收入	
6	减：免税收入、减计收入、所得减免等优惠金额（填写A201010）	
7	减：固定资产加速折旧（扣除）调减额（填写A201020）	
8	减：弥补以前年度亏损	
9	实际利润额（3+4-5-6-7-8）\按照上一纳税年度应纳税所得额平均额确定的应纳税所得额	24 824.81
10	税率(25%)	25.00%
11	应纳所得税额（9×10）	6 206.20
12	减：减免所得税额（填写A201030）	3 723.72
13	减：实际已缴纳所得税额	
14	减：特定业务预缴（征）所得税额	
15	本期应补（退）所得税额（11-12-13-14）\税务机关确定的本期应纳所得税额	2 482.48

汇总纳税企业总分机构税款计算			
16	总机构填报	总机构本期分摊应补（退）所得税额（17+18+19）	
17		其中：总机构分摊应补（退）所得税额（15×总机构分摊比例__%）	
18		财政集中分配应补（退）所得税额（15×财政集中分配比例__%）	
19		总机构具有主体生产经营职能的部门分摊所得税额（15×全部分支机构分摊比例__%×总机构具有主体生产经营职能部门分摊比例__%）	
20	分支机构填报	分支机构本期分摊比例	
21		分支机构本期分摊应补（退）所得税额	

附报信息			
小型微利企业	□ 是 □ 否	科技型中小企业	□ 是 □ 否
高新技术企业	□ 是 □ 否	技术入股递延纳税事项	□ 是 □ 否
期末从业人数			

谨声明：此纳税申报表是根据《中华人民共和国企业所得税法》《中华人民共和国企业所得税法实施条例》以及有关税收政策和国家统一会计制度的规定填报的，是真实的、可靠的、完整的。

法定代表人（签章）：　　年　月　日

纳税人公章： 会计主管： 填表日期：　年　月　日	代理申报中介机构公章： 经办人： 经办人执业证件号码： 代理申报日期：　年　月　日	主管税务机关受理专用章： 受理人： 受理日期：　年　月　日

国家税务总局监制

表20-15　减免所得税额明细表

行次	项目	本年累计金额
1	一、符合条件的小型微利企业减免企业所得税	6,776.98
2	二、国家需要重点扶持的高新技术企业减按15%的税率征收企业所得税	
3	三、经济特区和上海浦东新区新设立的高新技术企业在区内取得的所得定期减免企业所得税	
4	四、受灾地区农村信用社免征企业所得税	
5	五、动漫企业自主开发、生产动漫产品定期减免企业所得税	
6	六、线宽小于0.8微米（含）的集成电路生产企业减免企业所得税	
7	七、线宽小于0.25微米的集成电路生产企业减按15%税率征收企业所得税	
8	八、投资额超过80亿元的集成电路生产企业减按15%税率征收企业所得税	
9	九、线宽小于0.25微米的集成电路生产企业减免企业所得税	
10	十、投资额超过80亿元的集成电路生产企业减免企业所得税	
11	十一、线宽小于130纳米的集成电路生产企业减免企业所得税	
12	十二、线宽小于65纳米或投资额超过150亿元的集成电路生产企业减免企业所得税	
13	十三、新办集成电路设计企业减免企业所得税	
14	十四、国家规划布局内集成电路设计企业可减按10%的税率征收企业所得税	
15	十五、符合条件的软件企业减免企业所得税	
16	十六、国家规划布局内重点软件企业可减按10%的税率征收企业所得税	
17	十七、符合条件的集成电路封装、测试企业定期减免企业所得税	
18	十八、符合条件的集成电路关键专用材料生产企业、集成电路专用设备生产企业定期减免企业所得税	
19	十九、经营性文化事业单位转制为企业的免征企业所得税	
20	二十、符合条件的生产和装配伤残人员专门用品企业免征企业所得税	
21	二十一、技术先进型服务企业减按15%的税率征收企业所得税	
22	二十二、服务贸易类技术先进型服务企业减按15%的税率征收企业所得税	
23	二十三、设在西部地区的鼓励类产业企业减按15%的税率征收企业所得税	
24	二十四、新疆困难地区新办企业定期减免企业所得税	
25	二十五、新疆喀什、霍尔果斯特殊经济开发区新办企业定期免征企业所得税	
26	二十六、广东横琴、福建平潭、深圳前海等地区的鼓励类产业企业减按15%税率征收企业所得税	
27	二十七、北京冬奥组委、北京冬奥会测试赛赛事组委会免征企业所得税	
28	二十八、其他	
29	二十九、民族自治地方的自治机关对本民族自治地方的企业应缴纳的企业所得税中属于地方分享的部分减征或免征（□ 免征□ 减征:减征幅度____%）	
30	合计(1+2+3+4+5+6+⋯+29)	

20.4.4　企业所得税年报概述及办理流程

常说的企业所得税年报又称企业所得税汇算清缴。

1．什么是企业所得税汇算清缴

企业所得税汇算清缴是指纳税人在纳税年度终了后的规定时期内，依照税收法律、法规、规章及其他有关企业所得税的规定，自行计算全年应纳税所得额和应纳所得税额，根据月度或季度预缴的所得税税额，确定该年度应补或者应退税额，并填写年度企业所得税纳税申报表，向主管税务机关办理年度企业所得税纳税申报、提供税务机关要求提供的有关资料、结清全年企业所得税税款的活动。

从概念上可以看出，企业要按照企业所得税法的要求计算一个应纳税所得额，以此来计算应该缴纳的企业所得税。企业核算都是按照会计准则而不是按照税法来进行，但缴纳税款时又不能按照会计利润来计算应纳税额，企业所得税汇算清缴就是把企业的会计利润按照一定的方法调整为应纳税所得额，即通过填写年度企业所得税纳税申报表的方式把利润总额调整为应纳税所得额的工作。

2．企业所得税汇算清缴流程

（1）汇算清缴的时间。

企业所得税汇算清缴截止日期是自年度终了之日起5个月内，即每年的5月31日之前企业需要向主管务机关办理企业所得税年度申报和汇算清缴。企业所得税按纳税年度计算，自公历1月1日起至12月31日止（其中企业在一个纳税年度中间开业或者终止经营活动，即该年度的实际经营周期不满12个月，应当以实际经营周期为一个纳税年度）。

（2）汇算清缴需要报送的资料。

居民企业的企业所得税汇算清缴试行汇算清缴资料留存备报方式，即相关汇算清缴资料由纳税人自行保存，在税务机关要求报送时才需报送。

纳税人采用网上申报时，应按照《税收征收管理法》及其实施细则有关涉税资料保存的规定，自行保存以下资料。

① 企业所得税年度纳税申报表及其附表。

② 财务报表。

③ 涉及关联方业务往来的，同时报送《中华人民共和国企业年度关联业务往来报告表》。

④ 备案事项相关资料。

⑤ 总机构及分支机构基本情况、分支机构征税方式、分支机构的预缴税情况等。

（3）汇算清缴具体流程。

企业所得税年度申报和汇算清缴都实行网上申报的方式，纳税人在汇算清缴期内发现当年企业所得税申报有误的，可在汇算清缴期内按照规定程序到主管税务机关征收前台重新填报纳税申报表并进行纳税申报。

① 财务报表网上申报。

进入财务报表报送功能，通过手工录入的方式完成财务报表数据的填写，填写完毕后上传电子表单完成财务报表的申报。

② 企业所得税网上申报。

进入企业所得税年度申报功能，通过手工录入附表、自动生成主表等方式完成年度申报表数据的填写，填写完毕后上传电子表单完成年度申报表的申报。

③ 年度关联业务往来报告表网上申报。

进入关联申报功能，通过手工录入的方式完成年度关联业务往来报告表数据的填写，填写完毕后上传电子表单完成年度关联业务往来报告表的申报。

④ 完成企业所得税税款缴纳。

通过“我要缴税”功能，按提示完成税款缴纳。

20.4.5 企业所得税年报信息表的填列及申报表的选择

企业所得税汇算清缴年度申报表由8部分41张表组成。

（1）企业基础信息表（1张）。

（2）中华人民共和国企业所得税年度纳税申报表（A类）（主表1张）。

（3）收入费用明细表（6张）。

（4）纳税调整项目明细表（15张）。

（5）企业所得税弥补亏损明细表（1张）。

（6）税收优惠明细表（11张）。

（7）境外所得抵免明细表（4张）。

（8）跨地区汇总纳税明细表（2张）。

1. 企业基础信息表的填列

纳税人在填报申报表前，应首先填报企业基础信息表（如表20-16所示），为后续申报提供指引。

表20-16 企业基础信息表

<table>
<tr><td colspan="7">100企业基本信息</td></tr>
<tr><td>101汇总纳税企业</td><td colspan="6">□总机构（跨省）——适用《跨地区经营汇总纳税企业所得税征收管理办法》
□总机构（跨省）——不适用《跨地区经营汇总纳税企业所得税征收管理办法》
□总机构（省内）
□分支机构（须进行完整年度纳税申报且按比例纳税）——就地缴纳比例＝ %
□分支机构（须进行完整年度纳税申报但不就地缴纳）
□否</td></tr>
<tr><td colspan="2">102所属行业明细代码</td><td colspan="2"></td><td colspan="2">103资产总额（万元）</td><td></td></tr>
<tr><td colspan="2">104从业人数</td><td colspan="2"></td><td colspan="2">105国家限制或禁止行业</td><td>□是 □否</td></tr>
<tr><td colspan="2">106非营利组织</td><td colspan="2">□是 □否</td><td colspan="2">107存在境外关联交易</td><td>□是 □否</td></tr>
<tr><td colspan="2">108上市公司</td><td colspan="2">是（□境内 □境外）□否</td><td colspan="2">109从事股权投资业务</td><td>□是 □否</td></tr>
<tr><td>110适用的会计准则或会计制度</td><td colspan="6">企业会计准则（□一般企业 □银行 □证券 □保险 □担保）
□小企业会计准则
□企业会计制度
事业单位会计准则（□事业单位会计制度 □科学事业单位会计制度 □医院会计制度
□高等学校会计制度 □中小学校会计制度 □彩票机构会计制度）
□民间非营利组织会计制度
□村集体经济组织会计制度
□农民专业合作社财务会计制度（试行）
□其他</td></tr>
<tr><td colspan="7">200企业重组及递延纳税事项</td></tr>
<tr><td colspan="2">201发生资产（股权）划转特殊性税务处理事项</td><td colspan="3">□是</td><td colspan="2">□否</td></tr>
<tr><td colspan="2">202发生非货币性资产投资递延纳税事项</td><td colspan="3">□是</td><td colspan="2">□否</td></tr>
<tr><td colspan="2">203发生技术入股递延纳税事项</td><td colspan="3">□是</td><td colspan="2">□否</td></tr>
<tr><td colspan="2">204发生企业重组事项</td><td colspan="5">是（□一般性税务处理 □特殊性税务处理）□否</td></tr>
<tr><td>204-1重组开始时间</td><td>年 月 日</td><td colspan="3">204-2重组完成时间</td><td colspan="2">年 月 日</td></tr>
<tr><td>204-3重组交易类型</td><td>□法律形式改变</td><td>□债务重组</td><td>□股权收购</td><td>□资产收购</td><td>□合并</td><td>□分立</td></tr>
<tr><td>204-4企业在重组业务中所属当事方类型</td><td>*</td><td>□债务人
□债权人</td><td>□收购方
□转让方
□被收购企业</td><td>□收购方
□转让方</td><td>□合并企业
□被合并企业
□被合并企业股东</td><td>□分立企业
□被分立企业
□被分立企业股东</td></tr>
</table>

续表

300企业主要股东及分红情况					
股东名称	证件种类	证件号码	投资比例	当年（决议日）分配的股息、红利等权益性投资收益金额	国籍（注册地址）
其余股东合计	——	——			——

基础信息表主要内容包括基本信息、重组事项、企业主要股东及分红情况等部分。

（1）100企业基本信息。

“101汇总纳税企业”：纳税人根据情况选择。

“102所属行业明细代码”：根据《国民经济行业分类》标准填报纳税人的行业代码。工业企业所属行业代码为06**至4690，不包括建筑业。所属行业代码为7010的房地产开发经营企业，可以填报表A105010中第21行至第29行。

“103资产总额（万元）”：填报纳税人全年资产总额季度平均数，单位为万元，保留小数点后2位。资产总额季度平均数，具体计算公式如下：

季度平均值＝（季初值＋季末值）÷2

全年季度平均值＝全年各季度平均值之和 ÷4

年度中间开业或者终止经营活动的，以其实际经营期作为一个纳税年度确定上述相关指标。

“104从业人数”：填报纳税人全年平均从业人数，从业人数是指与企业建立劳动关系的职工人数和企业接受的劳务派遣用工人数之和，依据和计算方法同“资产总额”口径。

“105国家限制或禁止行业”：纳税人从事国家限制和禁止行业，选择“是”，其他选择“否”。

“106非营利组织”：非营利组织选择“是”，其余企业选择“否”。

“107存在境外关联交易”：纳税人存在境外关联交易，选择“是”，不存在选择“否”。

“108上市公司”：纳税人根据情况，在境内上市的选择“境内”；在境外上市的选择“境外”；其他选择“否”。

“109从事股权投资业务”：从事股权投资业务的企业（包括集团公司总部、创业投资企业等），选择“是”，其余企业选择“否”。

“110适用的会计准则或会计制度”：纳税人根据采用的会计准则或会计制度选择。

（2）200企业重组及递延纳税事项。

“201发生资产（股权）划转特殊性税务处理事项”：企业根据情况，发生资产（股权）划转特殊性税务处理事项，选择“是”，并填报表A105100；未发生选择“否”。

“202发生非货币性资产投资递延纳税事项”：企业根据情况，发生非货币性资产投资递延纳税事项，选择“是”，并填报表A105100；未发生选择“否”。

“203发生技术入股递延纳税事项”：企业发生技术入股递延纳税事项，选择“是”，并填报表A105100；未发生选择“否”。

"204发生企业重组事项"：企业发生重组事项，根据情况选择税务处理方式，并填报204-1至204-4及表A105100；未发生选择"否"。

"204-1重组开始时间"：填报企业本次重组交易开始时间。

"204-2重组完成时间"：填报企业本次重组完成时间或预计完成时间。

"204-3重组交易类型"：企业根据重组交易类型，选择填报"法律形式改变""债务重组""股权收购""资产收购""合并""分立"。

"204-4企业在重组业务中所属当事方类型"：企业选择填报在重组业务中所属当事方类型。"交易类型"选择"债务重组"的，选择填报"债务人"或"债权人"；"交易类型"选择"股权收购"的，选择填报"收购方""转让方"或"被收购企业"；"交易类型"选择"资产收购"的，选择填报"收购方"或"转让方"；"交易类型"选择"合并"的，选择填报"合并企业""被合并企业"或"被合并企业股东"；"交易类型"选择"分立"的，选择填报"分立企业""被分立企业"或"被分立企业股东"。

（3）300企业主要股东及分红情况。

"300企业主要股东及分红情况"，填报本企业投资比例前10位的股东情况。包括股东名称，证件种类（营业执照、税务登记证、组织机构代码证、身份证、护照等），证件号码（统一社会信用代码、纳税人识别号、组织机构代码号、身份证号、护照号等），投资比例，当年（决议日）分配的股息、红利等权益性投资收益金额，国籍（注册地址）。超过十位的其余股东，有关数据合计后填在"其余股东合计"行。

企业主要股东为国外非居民企业的，证件种类和证件号码可不填写。

2. 企业所得税年度申报表表单的选择

企业应当根据实际情况选择需要填写的表单，它们的填报情况及填报顺序如表20-17所示。

表20-17 企业所得税年度申报表的填报情况及填报顺序

表单编号	表单名称	选择填报情况	表级	填写顺序
A000000	企业基础信息表	√	1	1
A100000	中华人民共和国企业所得税年度纳税申报表（A类）	√	1	5
A101010	一般企业收入明细表	√	2	1
A101020	金融企业收入明细表	×	2	1
A102010	一般企业成本支出明细表	√	2	1
A102020	金融企业支出明细表	×	2	1
A103000	事业单位、民间非营利组织收入、支出明细表	×	2	1
A104000	期间费用明细表	√	2	1
A105000	纳税调整项目明细表	√	2	2
A105010	视同销售和房地产开发企业特定业务纳税调整明细表	×	3	2
A105020	未按权责发生制确认收入纳税调整明细表	×	3	2
A105030	投资收益纳税调整明细表	×	3	2
A105040	专项用途财政性资金纳税调整明细表	□	3	2
A105050	职工薪酬纳税调整明细表	√	3	2
A105060	广告费和业务宣传费跨年度纳税调整明细表	√	3	2
A105070	捐赠支出纳税调整明细表	□	3	2
A105080	资产折旧、摊销情况及纳税调整明细表	√	3	2
A105081	固定资产加速折旧、扣除明细表	√	4	1
A105090	资产损失税前扣除及纳税调整明细表	□	3	2
A105091	资产损失（专项申报）税前扣除及纳税调整明细表	□	4	1

续表

表单编号	表单名称	选择填报情况	表级	填写顺序
A105100	企业重组纳税调整明细表	□	3	2
A105110	政策性搬迁纳税调整明细表	□	3	2
A105120	特殊行业准备金纳税调整明细表	□	3	2
A106000	企业所得税弥补亏损明细表	√	2	1
A107010	免税、减计收入及加计扣除优惠明细表	□	2	3
A107011	符合条件的居民企业之间的股息、红利等权益性投资收益优惠明细表	□	3	2
A107012	综合利用资源生产产品取得的收入优惠明细表	□	3	2
A107013	金融、保险等机构取得的涉农利息、保费收入优惠明细表	□	3	2
A107014	研发费用加计扣除优惠明细表	□	3	2
A107020	所得减免优惠明细表	□	2	3
A107030	抵扣应纳税所得额明细表	□	2	3
A107040	减免所得税优惠明细表	√	2	3
A107041	高新技术企业优惠情况及明细表	□	3	2
A107042	软件、集成电路企业优惠情况及明细表	□	3	2
A107050	税额抵免优惠明细表	□	2	3
A108000	境外所得税收抵免明细表	□	2	2
A108010	境外所得纳税调整后所得明细表	□	3	1
A108020	境外分支机构弥补亏损明细表	□	3	1
A108030	跨年度结转抵免境外所得税明细表	□	3	1
A109000	跨地区经营汇总纳税企业年度分摊企业所得税明细表	×	2	4
A109010	企业所得税汇总纳税分支机构所得税分配表	×	3	4

由于企业所得税纳税申报表的附表非常多，所涉及的内容也非常多，许多内容一般企业用不到，且如果全部介绍篇幅也过大。在此，我们选择了常用的几张申报表附表进行介绍。其他未介绍的附表如果企业确实需要填写，可以根据表格内容参照企业的实际情况填写，也可以就此咨询企业的主管税务机关。

20.4.6 企业所得税年报的项目明细表

通过下列常见的分期明细表，了解如何通过分项明细表汇总填写企业所得税纳税申报表，并自动计算出年度企业所得税的应纳税所得额和需要缴纳的所得税。

1. 如何填写《一般企业收入明细表》

《一般企业收入明细表》的表式如表20-18所示。

表20-18 一般企业收入明细表

A101010

行次	项目	金额	行次	项目	金额
1	一、营业收入（2+9）	—	7	4. 让渡资产使用权收入	—
2	（一）主营业务收入（3+5+6+7+8）	—	8	5. 其他	—
3	1. 销售商品收入	—	9	（二）其他业务收入（10+12+13+14+15）	—
4	其中：非货币性资产交换收入	—	10	1. 销售材料收入	—
5	2. 提供劳务收入	—	11	其中：非货币性资产交换收入	—
6	3. 建造合同收入	—	12	2. 出租固定资产收入	—

续表

行次	项目	金额	行次	项目	金额
13	3．出租无形资产收入	—	20	（四）政府补助利得	—
14	4．出租包装物和商品收入	—	21	（五）盘盈利得	—
15	5．其他	—	22	（六）捐赠利得	—
16	二、营业外收入（17+18+19+20+21+22+23+24+25+26）	—	23	（七）罚没利得	—
17	（一）非流动资产处置利得	—	24	（八）确实无法偿付的应付款项	—
18	（二）非货币性资产交换利得	—	25	（九）汇兑收益	—
19	（三）债务重组利得	—	26	（十）其他	—

表20-18将企业所有可以作为收入项目的收入都包括在内了。

（1）营业收入。

从表中可以看到，企业所得税汇算清缴，将企业的收入分成两类，即营业收入和营业外收入，这种分类也是根据企业的实际情况以及我国的财税规定来制定的。营业收入，就是企业通过正常或者常规的生产经营活动而取得的收入；而营业外收入，可以理解为企业通过非常规的生产经营而取得的收入。对于营业收入，汇算清缴申报表附表又将其分为主营业务收入和其他业务收入。

注意：营业收入是计算业务招待费、广告费和业务宣传费支出扣除限额的基础。

对于主营业务收入，汇算清缴申报表附表又将其分为了4种不同的类别。销售商品收入是指从事工业制造、商品流通、农业生产以及其他商品销售企业、房地产开发企业销售开发产品（销售未完工开发产品除外）取得的主营业务收入；提供劳务收入是指从事建筑安装、修理修配、交通运输、仓储租赁、邮电通信、咨询经纪、文化体育、科学研究、技术服务、教育培训、餐饮住宿、中介代理、卫生保健、社区服务、旅游、娱乐、加工以及其他劳务活动取得的主营业务收入；建造合同收入是指纳税人建造房屋、道路、桥梁、水坝等建筑物，以及生产船舶、飞机、大型机械设备等取得的主营业务收入；让渡资产使用权收入是指让渡无形资产使用权而取得的使用费收入以及出租固定资产、无形资产、投资性房地产取得的租金收入。

其他业务收入，主要分为销售材料收入（销售材料、下脚料、废料、废旧物资等取得的收入）、出租固定资产收入（将固定资产使用权让与承租人获取的其他业务收入）、出租无形资产收入（让渡无形资产使用权取得的其他业务收入），出租包装物和商品收入（出租、出借包装物和商品取得的其他业务收入）。如果企业获取的其他业务收入不在上述类别中，那么就归属于其他类别。可见，其他业务收入所填列的都是企业非常规的生产经营所得。

（2）营业外收入。

营业外收入是与营业收入并列的第二大收入类别，主要是纳税人发生的与生产经营无直接关系的各项收入。营业收入的主要类别有非流动资产处置利得（处置固定资产、无形资产等取得的净收益）、非货币性资产交换利得（发生非货币性资产交换应确认的净收益）、债务重组利得（发生的债务重组业务确认的净收益）、政府补助利得（从政府无偿取得货币性资产或非货币性资产应确认的净收益）、盘盈利得（在清查财产过程中查明的各种财产盘盈应确认的净收益）、捐赠利得（接受的来自企业、组织或个人无偿给予的货币性资产、非货币性资产捐赠应确认的净收益）、罚没利得（在日常经营管理活动中取得的罚款、没收收入应确认的净收益）、确实无法偿付的应付款项（因确实无法偿付的应付款项而确认的收入）、汇兑收益（取得外币货币性项目因汇率变动形成的收益应确认的收入）。如果企业有营业外收入不属于以上类别，则填写在其他类别中。

2. 如何填写《一般企业成本支出明细表》

《一般企业成本支出明细表》的表式如表20-19所示。

表20-19 一般企业成本支出明细表

A102010

行次	项目	金额	行次	项目	金额
1	一、营业成本（2+9）	—	14	4. 包装物出租成本	
2	（一）主营业务成本（3+5+6+7+8）	—	15	5. 其他	
3	1. 销售商品成本	—	16	二、营业外支出（17+18+19+20+21+22+23+24+25+26）	
4	其中：非货币性资产交换成本	—	17	（一）非流动资产处置损失	
5	2. 提供劳务成本	—	18	（二）非货币性资产交换损失	—
6	3. 建造合同成本	—	19	（三）债务重组损失	—
7	4. 让渡资产使用权成本	—	20	（四）非常损失	—
8	5. 其他	—	21	（五）捐赠支出	—
9	（二）其他业务成本（10+12+13+14+15）	—	22	（六）赞助支出	—
10	1. 材料销售成本	—	23	（七）罚没支出	—
11	其中：非货币性资产交换成本	—	24	（八）坏账损失	—
12	2. 出租固定资产成本	—	25	（九）无法收回的债券股权投资损失	—
13	3. 出租无形资产成本	—	26	（十）其他	—

与收入明细表一样，成本支出明细表将企业的所有成本分为了两个大类，即营业成本和营业外支出。

（1）营业成本。

营业成本分为主营业务成本和其他业务成本两个类别。

主营业务成本又分为销售商品成本（从事工业制造、商品流通、农业生产、房地产开发企业除销售未完工开发产品外的销售开发产品发生的成本以及其他商品销售企业发生的主营业务成本）、提供劳务成本（从事建筑安装、修理修配、交通运输、仓储租赁、邮电通信、咨询经纪、文化体育、科学研究、技术服务、教育培训、餐饮住宿、中介代理、卫生保健、社区服务、旅游、娱乐、加工以及其他劳务活动发生的主营业务成本）、建造合同成本（建造房屋、道路、桥梁、水坝等建筑物，以及生产船舶、飞机、大型机械设备等发生的主营业务成本）、让渡资产使用权成本（在主营业务成本核算的，让渡无形资产使用权而发生的使用费成本以及出租固定资产、无形资产、投资性房地产发生的租金成本）以及按照国家统一会计制度核算、以上未列举的其他主营业务成本。

其他业务成本主要有材料销售成本（销售材料、下脚料、废料、废旧物资等发生的成本）、出租固定资产成本（将固定资产使用权让与承租人形成的出租固定资产成本）、出租无形资产成本（让渡无形资产使用权形成的出租无形资产成本）、包装物出租成本（出租、出借包装物形成的包装物出租成本）。如果企业还有一些属于其他业务成本的支出不在上述范围里，则归入其他类别。

（2）营业外支出。

营业外支出主要是纳税人所发生的与生产经营无直接关系的各项支出。

营业外支出主要包括非流动资产处置损失（处置非流动资产形成的净损失）、非货币性资产交换损失（发生非货币性资产交换应确认的净损失）、债务重组损失（进行债务重组应确认的净损失）、非常损失（在营业外支出中核算的各项非正常的财产损失）、捐赠支出（无偿给予其他企业、组织或个人的货币性资产、非货币性资产的捐赠支出）、赞助支出（发生的货币性资产、非货币性资产赞助支出）、罚没支出（在日常经营管理活动中对外支付的各项罚没支出）、坏账损失

（发生的各项坏账损失），以及无法收回的债券股权投资损失（各项无法收回的债券股权投资损失）。如果企业还有没有归属于上述各项的营业外支出类别的费用，则归属于其他类别。

3. 如何填写《期间费用明细表》

《期间费用明细表》的表式如表20-20所示。

表20-20　期间费用明细表

A104000

行次	项目	销售费用	其中：境外支付	管理费用	其中：境外支付	财务费用	其中：境外支付
		1	2	3	4	5	6
1	一、职工薪酬	—	*	—	*	*	*
2	二、劳务费	—		—		*	*
3	三、咨询顾问费	—		—		*	*
4	四、业务招待费	—	*	—	*	*	*
5	五、广告费和业务宣传费	—	*	—	*	*	*
6	六、佣金和手续费	—		—		—	
7	七、资产折旧、摊销费	—	*	—	*	*	*
8	八、财产损耗、盘亏及毁损损失	—	*	—	*	*	*
9	九、办公费	—	*	—	*	*	*
10	十、董事会费	—	*	—	*	*	*
11	十一、租赁费	—		—		*	*
12	十二、诉讼费	—	*	—	*	*	*
13	十三、差旅费	—	*	—	*	*	*
14	十四、保险费	—	*	—	*	*	*
15	十五、运输、仓储费	—		—		*	*
16	十六、修理费	—		—		*	*
17	十七、包装费	—	*	—	*	*	*
18	十八、技术转让费	—		—		*	*
19	十九、研究费	—		—		*	*
20	二十、各项税费	—	*	—	*	*	*
21	二十一、利息收支	*	*	*	*	—	
22	二十二、汇兑差额	*	*	*	*	—	
23	二十三、现金折扣	*	*	*	*	—	*
24	二十四、党组织工作经费**（空）***						
25	二十五、其他	—		—		—	
26	合计(1+2+3+…+25)	—	—	—	—	—	—

期间费用也就是会计核算中发生的销售费用、管理费用和财务费用，这三项费用统称为期间费用。

销售费用是指纳税人在“销售费用”科目进行核算的相关明细项目的金额，以及金融企业填报在“业务及管理费用”科目进行核算的相关明细项目的金额。

管理费用是指纳税人在“管理费用”科目进行核算的相关明细项目的金额。

财务费用是指纳税人在“财务费用”科目进行核算的有关明细项目的金额。

其中：“境外支付”是指在销售费用、管理费用及财务费用中进行核算的向境外支付的有关明细项目的金额。

注意，在填写《期间费用明细表》时，期间费用的填列直接采用财务账面的数字即可，对于期间费用中存在的应纳税所得额的调整，并不是《期间费用明细表》中反映。

4．如何填写《免税、减计收入及加计扣除优惠明细表》

《免税、减计收入及加计扣除优惠明细表》主要是填写纳税人本纳税年度发生的免税收入、减计收入、加计扣除优惠情况，如表20-21所示。

表20-21　免税、减计收入及加计扣除优惠明细表

行次	项　目	金额
1	一、免税收入（2+3+6+7+…+16）	
2	（一）国债利息收入免征企业所得税	
3	（二）符合条件的居民企业之间的股息、红利等权益性投资收益免征企业所得税（填写A107011）	
4	其中：内地居民企业通过沪港通投资且连续持有H股满12个月取得的股息红利所得免征企业所得税（填写A107011）	
5	内地居民企业通过深港通投资且连续持有H股满12个月取得的股息红利所得免征企业所得税（填写A107011）	
6	（三）符合条件的非营利组织的收入免征企业所得税	
7	（四）符合条件的非营利组织（科技企业孵化器）的收入免征企业所得税	
8	（五）符合条件的非营利组织（国家大学科技园）的收入免征企业所得税	
9	（六）中国清洁发展机制基金取得的收入免征企业所得税	
10	（七）投资者从证券投资基金分配中取得的收入免征企业所得税	
11	（八）取得的地方政府债券利息收入免征企业所得税	
12	（九）中国保险保障基金有限责任公司取得的保险保障基金等收入免征企业所得税	
13	（十）中央电视台的广告费和有线电视费收入免征企业所得税	
14	（十一）中国奥委会取得北京冬奥组委支付的收入免征企业所得税	
15	（十二）中国残奥委会取得北京冬奥组委分期支付的收入免征企业所得税	
16	（十三）其他	
17	二、减计收入（18+19+23+24）	
18	（一）综合利用资源生产产品取得的收入在计算应纳税所得额时减计收入	
19	（二）金融、保险等机构取得的涉农利息、保费减计收入（20+21+22）	
20	1．金融机构取得的涉农贷款利息收入在计算应纳税所得额时减计收入	
21	2．保险机构取得的涉农保费收入在计算应纳税所得额时减计收入	
22	3．小额贷款公司取得的农户小额贷款利息收入在计算应纳税所得额时减计收入	
23	（三）取得铁路债券利息收入减半征收企业所得税	
24	（四）其他	
25	三、加计扣除（26+27+28+29+30）	
26	（一）开发新技术、新产品、新工艺发生的研究开发费用加计扣除（填写A107012）	
27	（二）科技型中小企业开发新技术、新产品、新工艺发生的研究开发费用加计扣除（填写A107012）	
28	（三）企业为获得创新性、创意性、突破性的产品进行创意设计活动而发生的相关费用加计扣除	
29	（四）安置残疾人员所支付的工资加计扣除	
30	（五）其他	
31	合计（1+17+25）	

（1）免税收入。

免税收入就是根据我国法律法规的规定，可以免征企业所得税的收入。免税收入主要有国债利息收入（纳税人持有国务院财政部门发行的国债取得的利息收入）、符合条件的居民企业之

间的股息、红利等权益性投资收益（包括内地居民企业通过沪港通投资且连续持有H股满12个月取得的股息红利所得和内地居民企业通过深港通投资且连续持有H股满12个月取得的股息红利所得）、符合条件的非营利组织的收入（符合条件并依法履行登记手续的非营利组织,取得的捐赠收入等免税收入，不包括从事营利性活动所取得的收入）等。

（2）减计收入。

减计收入就是根据我国税收法律法规的规定，在计算应纳税所得额时，可以按扣减一定的扣减额后的余额来计算应纳税所得额的收入类型。减计收入主要有综合利用资源生产产品取得的收入（综合利用资源生产产品取得的收入总额乘以10%的金额）；金融、保险等机构取得的涉农利息、保费减计收入，以及其他我国税收法律法规规定的可以减计应纳税所得额的收入。

（3）加计扣除。

加计扣除额，就是在计算应纳税所得额时，可以按照增加一定的金额后的金额来计算应纳税所得额的成本、费用。加计扣除主要包括开发新技术、新产品、新工艺发生的研究开发费用，科技型中小企业开发新技术、新产品、新工艺发生的研究开发费用，企业为获得创新性、创意性、突破性的产品进行创意设计活动而发生的相关费用，安置残疾人员所支付的工资，以及其他我国税收法律法规规定的可以加计扣除的成本、费用。

5. 如何填写《所得减免优惠明细表》

《所得减免优惠明细表》的表式如表20-22所示。

表20-22　所得减免优惠明细表

行次	减免项目	项目名称	优惠事项名称	优惠方式	项目收入	项目成本	相关税费	应分摊期间费用	纳税调整额	项目所得额		减免所得额
										免税项目	减半项目	
		1	2	3	4	5	6	7	8	9	10	11(9+10×50%)
1	一、农、林、牧、渔业项目											
2												
3		小计	*	*								
4	二、国家重点扶持的公共基础设施项目											
5												
6		小计	*	*								
7	三、符合条件的环境保护、节能节水项目											
8												
9		小计	*	*								
10	四、符合条件的技术转让项目		*	*						*	*	*
11			*	*						*	*	*
12		小计	*	*								
13	五、实施清洁机制发展项目		*									
14			*									
15		小计	*	*								
16	六、符合条件的节能服务公司实施合同能源管理项目		*									
17			*									
18		小计	*	*								
19	七、其他											
20												
21		小计	*	*								
22	合计	*	*	*								

《所得减免优惠明细表》由享受所得减免优惠的纳税人填报。

（1）农、林、牧、渔业项目。

此类项目包括：蔬菜、谷物、薯类、油料、豆类、棉花、麻类、糖料、水果、坚果的种植；农作物新品种的选育；中药材的种植；林木的培育和种植；牲畜、家禽的饲养；林产品的采集；灌溉、兽医、农技推广、农机作业和维修等农、林、牧、渔服务业项目；农产品初加工；远洋捕捞；花卉、茶以及其他饮料作物和香料作物的种植；海水养殖、内陆养殖；其他项目。

（2）国家重点扶持的公共基础设施项目。

此类项目包括：港口码头项目；机场项目；铁路项目；公路项目；城市公共交通项目；电力项目；水利项目；其他项目。

从事《公共基础设施项目企业所得税优惠目录》规定的港口码头、机场、铁路、公路、城市公共交通、电力、水利等项目的投资经营的所得，自项目取得第一笔生产经营收入所属纳税年度起，第一年至第三年免征企业所得税，第四年至第六年减半征收企业所得税。不包括企业承包经营、承包建设和内部自建自用该项目的所得。

（3）符合条件的环境保护、节能节水项目。

此类项目包括：公共污水处理项目；公共垃圾处理项目；沼气综合开发利用项目；节能减排技术改造项目；海水淡化项目；其他项目。

从事符合条件的公共污水处理、公共垃圾处理、沼气综合开发利用、节能减排技术改造、海水淡化等环境保护、节能节水项目的所得，自项目取得第一笔生产经营收入所属纳税年度起，第一年至第三年免征企业所得税，第四年至第六年减半征收企业所得税。

（4）符合条件的技术转让项目。

一个纳税年度内，居民企业将其拥有的专利技术、计算机软件著作权、集成电路布图设计权、植物新品种、生物医药新品种，以及财政部和国家税务总局确定的其他技术的所有权或5年以上（含5年）全球独占许可使用权、5年以上（含5年）非独占许可使用权转让取得的所得，不超过500万元的部分，免征企业所得税；超过500万元的部分，减半征收企业所得税。居民企业从直接或间接持有股权之和达到100%的关联方取得的技术转让所得，不享受技术转让减免企业所得税优惠政策。

（5）实施清洁机制发展项目。

对企业实施的将温室气体减排量转让收入的65%上缴给国家的HFC和PFC类CDM项目，以及将温室气体减排量转让收入的30%上缴给国家的N2O类CDM项目，其实施该类CDM项目的所得，自项目取得第一笔减排量转让收入所属纳税年度起，第一年至第三年免征企业所得税，第四年至第六年减半征收企业所得税。

（6）符合条件的节能服务公司实施合同能源管理项目。

对符合条件的节能服务公司实施合同能源管理项目，符合企业所得税税法有关规定的，自项目取得第一笔生产经营收入所属纳税年度起，第一年至第三年免征企业所得税，第四年至第六年按照25%的法定税率减半征收企业所得税。

（7）其他。上述所得减免优惠项目以外的项目。

6. 如何填写《广告费和业务宣传费跨年度纳税调整表》

在计算应纳税所得额时，广告费和业务宣传费不能够无条件地全额作为应纳税所得额的扣除额进行扣除，其扣除必须符合相应的规定。因此广告费和业务宣传费单独使用一张附表来进行填报，如表20-23所示。

表20-23　广告费和业务宣传费跨年度纳税调整表

行次	项　目	金　额
1	一、本年广告费和业务宣传费支出	
2	减：不允许扣除的广告费和业务宣传费支出	
3	二、本年符合条件的广告费和业务宣传费支出（1-2）	

续表

行次	项　目	金 额
4	三、本年计算广告费和业务宣传费扣除限额的销售（营业）收入	
5	乘：税收规定扣除率	
6	四、本企业计算的广告费和业务宣传费扣除限额（4×5）	
7	五、本年结转以后年度扣除额（3＞6，本行=3-6；3≤6，本行=0）	
8	加：以前年度累计结转扣除额	
9	减：本年扣除的以前年度结转额[3＞6，本行=0；3≤6，本行=8或（6-3）孰小值]	
10	六、按照分摊协议归集至其他关联方的广告费和业务宣传费（10≤3或6孰小值）	
11	按照分摊协议从其他关联方归集至本企业的广告费和业务宣传费	
12	七、本年广告费和业务宣传费支出纳税调整金额（3＞6，本行=2+3-6+10-11；3≤6，本行=2+10-11-9）	
13	八、累计结转以后年度扣除额（7+8-9）	

（1）广告费支出确认的条件。

广告费支出的确认，必须符合以下条件。

①广告是通过经工商部门批准的专门机构制作的。

②已实际支付费用，并已取得相应广告业专门发票。

③通过一定的媒体传播。

（2）广告费的扣除标准。

根据我国税收法律法规的规定，广告费和业务宣传费在企业所得税的税前扣除标准分为三个档次：15%、30%以及不准扣除，分别针对一般企业，生产化妆品、医药、饮料的企业以及烟草企业。

①一般企业适用15%档。

企业发生的符合条件的广告费和业务宣传费支出，除国务院财政、税务主管部门另有规定外，不超过当年销售（营业）收入15%的部分，准予扣除；超过部分，准予在以后纳税年度结转扣除。

②生产化妆品、医药、饮料的企业适用30%档。

对化妆品制造、医药制造和饮料制造（不含酒类制造）企业发生的广告费和业务宣传费支出，不超过当年销售（营业）收入30%的部分，准予扣除；超过部分，准予在以后纳税年度结转扣除。

烟草企业的广告费和业务宣传费支出一般不可以在税前扣除。

7. 如何填写《资产折旧、摊销情况及纳税调整明细表》

《资产折旧、摊销情况及纳税调整明细表》主要是用于填写企业的年度资产折旧、摊销的详细情况，需要填列根据主管税务机关的认定标准对企业的年度资产折旧、摊销的税前调整情况等信息，如表20-24所示。

表20-24　资产折旧、摊销情况及纳税调整明细表

<table>
<tr><th rowspan="3">行次</th><th rowspan="3" colspan="2">项　目</th><th colspan="3">账载金额</th><th colspan="5">税收金额</th><th rowspan="2">纳税调整金额</th></tr>
<tr><th>资产原值</th><th>本年折旧、摊销额</th><th>累计折旧、摊销额</th><th>资产计税基础</th><th>税收折旧额</th><th>享受加速折旧政策的资产按税收一般规定计算的折旧、摊销额</th><th>加速折旧统计额</th><th>累计折旧、摊销额</th></tr>
<tr><th>1</th><th>2</th><th>3</th><th>4</th><th>5</th><th>6</th><th>7=5-6</th><th>8</th><th>9(2-5)</th></tr>
<tr><td>1</td><td colspan="2">一、固定资产（2+3+4+5+6+7）</td><td></td><td></td><td></td><td></td><td></td><td>*</td><td>*</td><td></td><td></td></tr>
<tr><td>2</td><td rowspan="6">所有固定资产</td><td>（一）房屋、建筑物</td><td></td><td></td><td></td><td></td><td></td><td>*</td><td>*</td><td></td><td></td></tr>
<tr><td>3</td><td>（二）飞机、火车、轮船、机器、机械和其他生产设备</td><td></td><td></td><td></td><td></td><td></td><td>*</td><td>*</td><td></td><td></td></tr>
<tr><td>4</td><td>（三）与生产经营活动有关的器具、工具、家具等</td><td></td><td></td><td></td><td></td><td></td><td>*</td><td>*</td><td></td><td></td></tr>
<tr><td>5</td><td>（四）飞机、火车、轮船以外的运输工具</td><td></td><td></td><td></td><td></td><td></td><td>*</td><td>*</td><td></td><td></td></tr>
<tr><td>6</td><td>（五）电子设备</td><td></td><td></td><td></td><td></td><td></td><td>*</td><td>*</td><td></td><td></td></tr>
<tr><td>7</td><td>（六）其他</td><td></td><td></td><td></td><td></td><td></td><td>*</td><td>*</td><td></td><td></td></tr>
<tr><td>8</td><td rowspan="10">其中：享受固定资产加速折旧及一次性扣除政策的资产加速折旧额大于一般折旧额的部分</td><td>（一）重要行业固定资产加速折旧（不含一次性扣除）</td><td></td><td></td><td></td><td></td><td></td><td></td><td></td><td></td><td>*</td></tr>
<tr><td>9</td><td>（二）其他行业研发设备加速折旧</td><td></td><td></td><td></td><td></td><td></td><td></td><td></td><td></td><td>*</td></tr>
<tr><td>10</td><td>（三）允许一次性扣除的固定资产（11+12+13）</td><td></td><td></td><td></td><td></td><td></td><td></td><td></td><td></td><td>*</td></tr>
<tr><td>11</td><td>1.单价不超过100万元专用研发设备</td><td></td><td></td><td></td><td></td><td></td><td></td><td></td><td></td><td>*</td></tr>
<tr><td>12</td><td>2.重要行业小型微利企业单价不超过100万元研发生产共用设备</td><td></td><td></td><td></td><td></td><td></td><td></td><td></td><td></td><td>*</td></tr>
<tr><td>13</td><td>3.5 000元以下固定资产</td><td></td><td></td><td></td><td></td><td></td><td></td><td></td><td></td><td>*</td></tr>
<tr><td>14</td><td>（四）技术进步、更新换代固定资产</td><td></td><td></td><td></td><td></td><td></td><td></td><td></td><td></td><td>*</td></tr>
<tr><td>15</td><td>（五）常年强震动、高腐蚀固定资产</td><td></td><td></td><td></td><td></td><td></td><td></td><td></td><td></td><td>*</td></tr>
<tr><td>16</td><td>（六）外购软件折旧</td><td></td><td></td><td></td><td></td><td></td><td></td><td></td><td></td><td>*</td></tr>
<tr><td>17</td><td>（七）集成电路企业生产设备</td><td></td><td></td><td></td><td></td><td></td><td></td><td></td><td></td><td>*</td></tr>
<tr><td>18</td><td colspan="2">二、生产性生物资产（19+20）</td><td></td><td></td><td></td><td></td><td></td><td>*</td><td>*</td><td></td><td></td></tr>
</table>

续表

行次	项目	账载金额			税收金额					纳税调整金额
		资产原值	本年折旧、摊销额	累计折旧、摊销额	资产计税基础	税收折旧额	享受加速折旧政策的资产按税收一般规定计算的折旧、摊销额	加速折旧统计额	累计折旧、摊销额	
		1	2	3	4	5	6	7=5-6	8	9(2-5)
19	（一）林木类						*	*		
20	（二）畜类						*	*		
21	三、无形资产（22+23+24+25+26+27+28+30）						*	*		
22	（一）专利权						*	*		
23	（二）商标权						*	*		
24	（三）著作权						*	*		
25	（四）土地使用权						*	*		
26	（五）非专利技术						*	*		
27	（六）特许权使用费						*	*		
28	（七）软件						*	*		
29	其中：享受企业外购软件加速摊销政策									*
30	（八）其他						*	*		
31	四、长期待摊费用（32+33+34+35+36）						*	*		
32	（一）已足额提取折旧的固定资产的改建支出						*	*		
33	（二）租入固定资产的改建支出						*	*		
34	（三）固定资产的大修理支出						*	*		
35	（四）开办费						*	*		
36	（五）其他						*	*		
37	五、油气勘探投资						*	*		
38	六、油气开发投资						*	*		
39	合计（1+18+21+31+37+38）									
附列资料	全民所有制改制资产评估增值政策资产						*	*		

（备注：表格中的*表示不能填写）

在我国的税收实务中，主管税务机关认定的折旧、摊销方法都是年限平均法，只有极少数的情况才可以按照加速折旧、加速摊销的方法进行认定。有时候，加速折旧、加速摊销的方法还是一种税收优惠政策。因此，一般来说，如果企业出于经营核算方面的考虑，而没有选用年限平均法计提折旧或摊销，这会与主管税务机关允许的折旧、摊销的税前扣除额不相符合，因此就需要根据本表的填写来调整企业所得税的应纳税所得额。

20.4.7 反映企业所得税年报结果的三张报表

以上几张表具体地列示了相应项目的明细内容，根据这些内容，就可以填写较为重要的、能够反映企业所得税汇算清缴结果的三张报表，即《纳税调整项目明细表》《中华人民共和国企业所得税年度纳税申报表（A类）》《企业所得税弥补亏损明细表》。

1. 如何填写《纳税调整项目明细表》

《纳税调整项目明细表》是根据其中各个项目的勾稽关系，将企业的财务利润总额调整为应纳税所得额的重要步骤。其内容如表20-25所示。

表20-25 纳税调整项目明细表

行次	项　目	账载金额	税收金额	调增金额	调减金额
		1	2	3	4
1	一、收入类调整项目（2+3+…8+10+11）	*	*		
2	（一）视同销售收入（填写A105010）	*			*
3	（二）未按权责发生制原则确认的收入（填写A105020）				
4	（三）投资收益（填写A105030）				
5	（四）按权益法核算长期股权投资对初始投资成本调整确认收益	*	*	*	
6	（五）交易性金融资产初始投资调整	*	*		*
7	（六）公允价值变动净损益		*		
8	（七）不征税收入	*	*		
9	其中：专项用途财政性资金（填写A105040）	*	*		
10	（八）销售折扣、折让和退回				
11	（九）其他				
12	二、扣除类调整项目（13+14+…24+26+27+28+29+30）	*	*		
13	（一）视同销售成本（填写A105010）	*		*	
14	（二）职工薪酬（填写A105050）				
15	（三）业务招待费支出				*
16	（四）广告费和业务宣传费支出（填写A105060）	*	*		
17	（五）捐赠支出（填写A105070）				
18	（六）利息支出				
19	（七）罚金、罚款和被没收财物的损失		*		*
20	（八）税收滞纳金、加收利息		*		*
21	（九）赞助支出		*		*
22	（十）与未实现融资收益相关在当期确认的财务费用				
23	（十一）佣金和手续费支出				*
24	（十二）不征税收入用于支出所形成的费用	*	*		*
25	其中：专项用途财政性资金用于支出所形成的费用（填写A105040）	*	*		*
26	（十三）跨期扣除项目				
27	（十四）与取得收入无关的支出		*		*

续表

行次	项　目	账载金额	税收金额	调增金额	调减金额
		1	2	3	4
28	（十五）境外所得分摊的共同支出	*	*		*
29	（十六）党组织工作经费				
30	（十七）其他				
31	三、资产类调整项目（32+33+34+35）	*	*		
32	（一）资产折旧、摊销（填写A105080）				
33	（二）资产减值准备金		*		
34	（三）资产损失（填写A105090）				
35	（四）其他				
36	四、特殊事项调整项目（37+38+…+42）	*	*		
37	（一）企业重组及递延纳税事项（填写A105100）				
38	（二）政策性搬迁（填写A105110）	*	*		
39	（三）特殊行业准备金（填写A105120）				
40	（四）房地产开发企业特定业务计算的纳税调整额(填写A105010)	*			
41	（五）有限合伙企业法人合伙方应分得的应纳税所得额				
42	（六）其他	*	*		
43	五、特别纳税调整应税所得	*	*		
44	六、其他	*	*		
45	合计（1+12+31+36+43+44）	*	*		

备注：表格中的*表示不能填写。

《纳税调整项目明细表》将调整类项目分为收入类调整项目、扣除类调整项目、资产类调整项目、特殊事项调整项目、特别纳税调整应税所得、其他6大项。将各种需要进行纳税调整的子项分门别类进行汇总填报，最后综合所有的调整金额，计算出对于企业的应纳税所得额的总调整金额。在经过主管税务机关的核定后，就可以正式得到企业纳税年度的应纳税所得额：如果企业有盈利的，就确认企业纳税年度的所得税税额；如果没有盈利的，则确定企业纳税年度的累计亏损额。

各个小项目都需要填写账载金额、税收金额、调增金额、调减金额4个重要内容。账载金额就是纳税人按照财务会计的有关规定，经过财务核算而得到的在纳税年度发生的金额。税收金额就是指纳税人按照我国税收法律法规来确定的纳税年度内该项目的发生额可以用于计算企业所得税的应纳税所得额的金额。根据两个口径的金额对比，来确定如何调整企业所得税应纳税所得额。如果是要增加应纳税所得额，就是调增金额；如果是要减少应纳税所得额，就是调减金额。

下面分别说明6大类调整项目如何调整应纳税所得额以及如何根据相关项目的明细表来获取金额数字。

（1）收入类调整项目。

收入类调整项目，主要的调整对象是在财务上不作为收入处理，但是在税务上应作为收入处理的经济利益的流入，并且在税务上需要计入企业所得税应纳税所得额的部分。

收入类调整项目包括视同销售收入（会计处理不确认为销售收入，税法规定确认应税收入的收入）、未按权责发生制原则确认的收入、投资收益、按权益法核算长期股权投资对初始投资成本调整确认收益（纳税人采取权益法核算长期股权投资，初始投资成本小于取得投资时应享有被投资单位可辩认净资产公允价值份额的差额计入取得投资当期的营业外收入的金额）、交易性金融资产初始投资调整（纳税人根据税法规定确认交易性金融资产初始投资金额与会计核算的交易性金融资产初始投资账面价值的差额调整）、公允价值变动净损益（纳税人会计核算的以公允价值计量的金融资产、金融负债以及投资性房地产类项目，计入当期损益的公允价值变动金额）、不征税收入（纳税人计入收入总额但属于税法规定不征税的财政拨款、依法收取并纳入财政管理的行政事业性收费以及政府性基金和国务院规定的其他不征税收入）、销售折扣、折让和退回（不符合税法规定的销售折扣和折让应进行纳税调整的金额，和发生的销售退回因会计处理与税法规定有差异需进行纳税调整的金额）及其他因会计处理与税法规定有差异需纳税调整的收入类项目。

相应的内容可以从《视同销售和房地产开发企业特定业务纳税调整明细表》《未按权责发生制确认收入纳税调整明细表》《投资收益纳税调整明细表》《专项用途政财政性资金纳税调整明细表》来获取。

（2）扣除类调整项目。

扣除类项目，就是企业的成本、费用类项目。对扣除类项目进行企业所得税应纳税所得额的调整，调整后的收入减去调整后的成本、费用的余额就是税务口径的企业利润总额，也就是可以通过主管税务机关核定的应纳税所得额。

扣除类项目之所以要进行企业所得税应纳税所得额的调整，也是因为扣除类项目在财务相关规定与税务机关相关规定上存在差异。

职工薪酬相关数值取自附表《职工薪酬纳税调整明细表》的相关数据。如职工福利费支出，在财务上根据实际发生额计入利润表，作为企业利润总额的扣除额处理；但是在税务统计口径上，规定只有不超过企业工资薪金支出的14%的部分才可以作为扣除额计入应纳税所得额，超出部分就不可以扣减应纳税所得额。与职工福利费支出类似的项目，有职工教育经费支出，其应纳税所得额的扣除额不能超过工资薪金总额的2.5%；工会经费支出，其应纳税所得额的扣除额不能超过工资薪金总额的2%。对于基本医疗保险费、基本养老保险费、失业保险费、工伤保险费和生育保险费按照实际的发生额可以在计算企业的应纳税所得额时进行扣除，但是对于补充养老保险、补充医疗保险等就不可以全额扣除。根据我国税收法律法规的规定，企业为员工缴纳的补充养老保险、补充医疗保险等，只能够在工资薪金总额的5%以内进行应纳税所得额的扣减。

业务招待费支出，根据企业所得税应纳税所得额的扣除口径，以实际发生额的60%计入应纳税所得额的扣除额，并且最高扣除额不能超过企业营业收入的5‰。

广告费与业务宣传费支出的企业应纳税所得额的调整额直接根据附表《广告费和业务宣传费跨年度纳税调整表》相关数据进行填列。

其他如捐赠支出、利息支出等项目的填写也要根据税务上对企业应纳税所得额计算的相关规定进行处理。企业发生的公益性捐赠支出，在年度利润总额12%以内的部分，准予在计算应纳税所得额时扣除。纳税人在生产、经营期间，向金融机构借款的利息支出，按实际发生数扣除；而向非金融机构借款的利息支出，不高于按照金融机构同类、同期贷款利率计算的数额以内的部分，准予扣除。

除此以外，罚金、罚款和被没收财物的损失，税收滞纳金、加收利息，赞助支出，与未实现融资收益相关在当期确认的财务费用，佣金和手续费支出，不征税收入用于支出所形成的费用，跨期扣除项目，与取得收入无关的支出，境外所得分摊的共同支出等，均不可以在计算应纳税所得额时进行扣除。

（3）资产类调整项目。

“资产折旧、摊销”，为资产折旧、资产摊销等会计核算与税收规定不同时需要进行的应纳税所得额调整，其数据取自《资产折旧、摊销情况及纳税调整明细表》。

企业计提的坏账准备、存货跌价准备、理赔费用准备金等不允许税前扣除的各类资产减值准备金需要纳税调整的，在“资产减值准备金”项列示。

（4）特殊事项调整项目。

其相关数据取自《企业重组纳税调整明细表》《政策性搬迁纳税调整明细表》《特殊行业准备金纳税调整明细表》《视同销售和房地产开发企业特定业务纳税调整明细表》。

（5）特别纳税调整应税所得。

这类项目主要是一些特别规定的企业所得税应纳税所得额的调整。

（6）其他。

这类项目是指其他企业财务会计处理与税收规定不一致、需进行纳税调整的其他项目金额。

2. 如何填写《中华人民共和国企业所得税年度纳税申报表（A类）》

企业所得税年度纳税申报表，就是最终确定所得税应纳税所得额和企业所得税税额的申报表。确定企业所得税应纳税所得额和企业所得税税额就是企业所得额年度纳税申报的终极目的，因此《中华人民共和国企业所得税年度纳税申报表（A类）》是整个企业所得税年度汇算清缴的核心所在。

企业在申报企业所得税时所使用的表格全称为《中华人民共和国企业所得税年度纳税申报表（A类）》，“A类”表示该表适用于实行查账征收企业所得税的居民纳税人，由于一般的企业都是查账征收的居民纳税人，因此对于其他类型的企业所得税纳税申报表此处不做介绍。

企业所得税年度纳税申报表的表样如表20-26所示。

表20-26　中华人民共和国企业所得税年度纳税申报表（A类）

行次	类别	项　目	金　额
1	利润总额计算	一、营业收入(填写A101010\101020\103000)	
2		减：营业成本(填写A102010\102020\103000)	
3		减：税金及附加	
4		减：销售费用(填写A104000)	
5		减：管理费用(填写A104000)	
6		减：财务费用(填写A104000)	
7		减：资产减值损失	
8		加：公允价值变动收益	
9		加：投资收益	
10		二、营业利润(1-2-3-4-5-6-7+8+9)	
11		加：营业外收入(填写A101010\101020\103000)	
12		减：营业外支出(填写A102010\102020\103000)	
13		三、利润总额（10+11-12）	
14	应纳税所得额计算	减：境外所得（填写A108010）	
15		加：纳税调整增加额（填写A105000）	
16		减：纳税调整减少额（填写A105000）	
17		减：免税、减计收入及加计扣除（填写A107010）	
18		加：境外应税所得抵减境内亏损（填写A108000）	
19		四、纳税调整后所得（13-14+15-16-17+18）	
20		减：所得减免（填写A107020）	
21		减：弥补以前年度亏损（填写A106000）	
22		减：抵扣应纳税所得额（填写A107030）	
23		五、应纳税所得额（19-20-21-22）	

续表

行次	类别	项　目	金　额
24	应纳税额计算	税率（25%）	
25		六、应纳所得税额（23×24）	
26		减：减免所得税额（填写A107040）	
27		减：抵免所得税额（填写A107050）	
28		七、应纳税额（25-26-27）	
29		加：境外所得应纳所得税额（填写A108000）	
30		减：境外所得抵免所得税额（填写A108000）	
31		八、实际应纳所得税额（28+29-30）	
32		减：本年累计实际已预缴的所得税额	
33		九、本年应补（退）所得税额（31-32）	
34		其中：总机构分摊本年应补（退）所得税额（填写A109000）	
35		财政集中分配本年应补（退）所得税额（填写A109000）	
36		总机构主体生产经营部门分摊本年应补（退）所得税额（填写A109000）	

表20-27为年度纳税申报表的主表，企业应当根据《中华人民共和国企业所得税法》及其实施条例、相关税收政策，以及国家统一会计制度（企业会计准则、小企业会计准则、企业会计制度、事业单位会计准则和民间非营利组织会计制度等）的规定，计算填报利润总额、应纳税所得额、应纳税额和附列资料等有关项目。该表的主要内容近似于《利润及利润分配表》，主要列示了企业的收入、成本、费用以及利润总额；然后根据财务核算上的利润总额以及在计算应纳税所得额时需要进行的调整额而得到应纳税所得额；继而列示了需要缴纳的所得税税额，以及企业所得税税额的缴纳情况。

企业所得税纳税申报表的填写包括利润总额计算、应纳税所得额计算、应纳税额计算、附列资料4个部分。

（1）利润总额计算。

“利润总额计算”中的项目，按照国家统一会计制度口径计算填报；除根据主表逻辑关系计算外，还通过附表相应栏次、利润表及账簿填报。“利润总额”所属项目的内容和取值如表20-27所示。

表20-27 “利润总额”所属项目的内容和取值

项目	内容	取值
营业收入	主要经营业务和其他经营业务取得的收入总额	《一般企业收入明细表》
营业成本	主要经营业务和其他经营业务发生的成本总额	《一般企业成本支出明细表》
税金及附加	经营活动发生的消费税、城市维护建设税、资源税、土地增值税和教育费附加等相关税费	“税金及附加”科目
销售费用	销售商品和材料、提供劳务的过程中发生的各种费用	《期间费用明细表》
管理费用	为组织和管理企业生产经营发生的管理费用	《期间费用明细表》
财务费用	为筹集生产经营所需资金等发生的筹资费用	《期间费用明细表》
资产减值损失	计提各项资产准备发生的减值损失	“资产减值损失”科目
公允价值变动收益	在初始确认时划分为以公允价值计量且其变动计入当期损益的金融资产或金融负债（包括交易性金融资产或负债，直接指定为以公允价值计量且其变动计入当期损益的金融资产或金融负债），以及采用公允价值模式计量的投资性房地产、衍生工具和套期业务中公允价值变动形成的应计入当期损益的利得或损失	“公允价值变动损益”科目（损失以“-”号填列）
投资收益	以各种方式对外投资确认所取得的收益或发生的损失	“投资收益”科目（损失以“-”号填列）

续表

项目	内容	取值
营业利润	当期的营业利润	根据表内公式计算填列
营业外收入	取得的与经营活动无直接关系的各项收入的金额	《一般企业收入明细表》
营业外支出	发生的与经营活动无直接关系的各项支出的金额	《一般企业成本支出明细表》
利润总额	当期的利润总额	根据表内公式计算填列

（2）应纳税所得额计算。

“应纳税所得额计算”中的项目，除根据主表逻辑关系计算外，还通过附表相应栏次填报。“应纳税所得额计算”所属项目的内容和取值如表20-28所示。

表20-28 “应纳税所得额计算”所属项目的内容和取值

项目	内容	取值
境外所得	发生的分国别（地区）取得的境外所得计入利润总额的金额	《境外所得纳税调整后所得明细表》
纳税调整增加额	会计处理与税收规定不一致，进行纳税调整增加的金额	《纳税调整项目明细表》
纳税调整减少额	会计处理与税收规定不一致，进行纳税调整减少的金额	《纳税调整项目明细表》
免税、减计收入及加计扣除	属于税法规定免税收入、减计收入、加计扣除金额	《免税、减计收入及加计扣除优惠明细表》
境外应税所得抵减境内亏损	根据税法规定，选择用境外所得抵减境内亏损的数额	《境外所得税收抵免明细表》
纳税调整后所得	经过纳税调整、税收优惠、境外所得计算后的所得额	根据表内公式计算填列
所得减免	属于税法规定所得减免金额	《所得减免优惠明细表》（<0时，填写负数）
抵扣应纳税所得额	根据税法规定应抵扣的应纳税所得额	《抵扣应纳税所得额明细表》
弥补以前年度亏损	按照税法规定可在税前弥补的以前年度亏损的数额	《企业所得税弥补亏损明细表》
应纳税所得额		根据表内公式计算填列（<0时，填0）

（3）应纳税额计算。

“应纳税额计算”中的项目，除根据主表逻辑关系计算外，还通过附表相应栏次填报。“应纳税额计算”所属项目的内容和取值如表20-29所示。

表20-29 “应纳税额计算”所属项目的内容和取值

项目	内容	取值
税率	税法规定的税率	25%
应纳所得税额	应纳税所得额乘以税法规定的税率	根据表内公式计算填列
减免所得税额	按税法规定实际减免的企业所得税额	《减免所得税优惠明细表》
抵免所得税额	企业当年的应纳所得税额中抵免的金额	《税额抵免优惠明细表》
应纳税额	应纳所得税额减去减免及抵免的所得税额	根据表内公式计算填列
境外所得应纳所得税额	来源于中国境外的所得，按照我国税法规定计算的应纳所得税额	《境外所得税收抵免明细表》
境外所得抵免所得税额	来源于中国境外所得依照中国境外税收法律以及相关规定应缴纳并实际缴纳（包括视同已实际缴纳）的企业所得税性质的税款（准予抵免税款）	《境外所得税收抵免明细表》
实际应纳所得税额	当期的实际应纳所得税额	根据表内公式计算填列

续表

项目	内容	取值
本年累计实际已预缴的所得税额	按照税法规定本纳税年度已在月（季）度累计预缴的所得税额，包括按照税法规定的特定业务已预缴（征）的所得税额，建筑企业总机构直接管理的跨地区设立的项目部按规定向项目所在地主管税务机关预缴的所得税额	根据本年预缴的金额填列，如果是电子申报的则会自动显示
本年应补（退）的所得税额	当期应补（退）的所得税额	根据表内公式计算填列
总机构分摊本年应补（退）所得税额	汇总纳税的总机构按照税收规定在总机构所在地分摊本年应补（退）所得税款	《跨地区经营汇总纳税企业年度分摊企业所得税明细表》
财政集中分配本年应补（退）所得税额	汇总纳税的总机构按照税收规定财政集中分配本年应补（退）所得税款	《跨地区经营汇总纳税企业年度分摊企业所得税明细表》
总机构主体生产经营部门分摊本年应补（退）所得税额	汇总纳税的总机构所属的具有主体生产经营职能的部门按照税收规定应分摊的本年应补（退）所得税额	《跨地区经营汇总纳税企业年度分摊企业所得税明细表》

3. 如何填写《企业所得税弥补亏损明细表》

根据我国税收法律法规的规定，企业当年度应纳税所得额如果是负数，也就是说主管税务机关确认的企业亏损额，可以在以后的5个年度用于抵减当年度的应纳税所得额。因此，企业在当年度的应纳税所得额既与过去年度的应纳税所得额有联系，又与未来的应纳税所得额有关系。为了整理清楚这种复杂的关系，就需要通过填写《企业所得税弥补亏损明细表》进行整理。《企业所得税弥补亏损明细表》如表20-30所示。

表20-30 企业所得税弥补亏损明细表

行次	项目	年度	纳税调整后所得	合并、分立转入（转出）可弥补的亏损额	当年可弥补的亏损额	以前年度亏损已弥补额					本年度实际弥补的以前年度亏损额	可结转以后年度弥补的亏损额
						前四年度	前三年度	前二年度	前一年度	合计		
		1	2	3	4	5	6	7	8	9	10	11
1	前五年度											*
2	前四年度					*						
3	前三年度					*	*					
4	前二年度					*	*	*				
5	前一年度					*	*	*	*	*		
6	本年度					*	*	*	*	*		
7	可结转以后年度弥补的亏损额合计											

《企业所得税弥补亏损明细表》中列示了本纳税年度及本纳税年度前5年度发生的税前尚未弥补的亏损额。

企业所得税的汇算清缴是企业重要的涉税业务，通过所得税汇算清缴，主管税务机关对企业的经营成果进行认定。如果认定的结果是盈利，那么企业就需要缴纳企业所得税；如果认定的结果是亏损，那么当年的亏损额可以在未来5个年度内扣减应纳税所得额。因此，如果企业当年度经主管税务机关认定是盈利的，但是过去留存的亏损额超过了当年度的盈利，那么企业就不需要缴纳企业所得税。且如果过去的亏损额没有超过5年，那么在接下来的年度内仍然可以抵扣当年度的应纳税所得额。

20.5 综合演练

20.5.1 增值税的申报

演练要求：

恒鑫农业有限公司为一般纳税人（主营业务：农产品加工销售、出口等），2019年11月的申报信息如下。

销售开票情况如下。13%税率：金额469 710.78元，税额61 062.4元。其中：开具增值税专用发票42 360.35元，税额5 506.85元；开具增值税普通发票427 350.43元，税额55 555.56元；9%税率：金额891 601.89元，税额80 244.17元。其中：开具增值税专用发票555 043.12元，税额49 953.88元；开具增值税普通发票336 558.77元，税额30 290.29元；免税销售额：金额2 722 581.71元，均开具增值税普通发票。

发票抵扣情况如下。本月认证的增值税专用发票11张，金额153 587.99元，税额19 966.43元；农产品收购发票8张，金额2 410 664元，税额216 959.76元。

上期留抵税额：5 851 754.67元。免、抵、退应退税额281 861.49元。

根据上列信息进行增值税的申报。

演练解读：

上述信息对应的增值税纳税申报表如表20-31至表20-33所示。

表20-31 增值税纳税申报表（一般纳税人适用）

根据国家税收法律法规及增值税相关规定制定本表。纳税人不论有无销售额，均应按税务机关核定的纳税期限填写本表，并向当地税务机关申报。

税款所属时间：自 2019 年 11 月 1 日至 2018 年 11 月 30 日　　填表日期：2019 年 12 月 9 日　　金额单位：元至角分

纳税人识别号	9 1 4 5 0 5 0 0 9 1 2 3 4 5 6 7 8 A		所属行业：	水产品加工	
纳税人名称	（公章）恒鑫农业公司	法定代表人姓名：恒鑫	注册地址：北海市水产品产业区111号	生产经营地址	北海市水产品产业区111号
开户银行及账号	略	登记注册类型	略	电话号码	略
项　目	栏次	一般项目		即征即退项目	
		本月数	本年累计	本月数	本年累计
销售额 （一）按适用税率计税销售额	1	1 361 312.67	23 810 948.77		
其中：应税货物销售额	2	1 361 312.67	23 810 948.77		
应税劳务销售额	3				
纳税检查调整的销售额	4				
（二）按简易办法计税销售额	5				
其中：纳税检查调整的销售额	6				
（三）免、抵、退办法出口销售额	7	2 722 581.71	33 178 214.24	—	—
（四）免税销售额	8			—	—
其中：免税货物销售额	9			—	—
免税劳务销售额	10			—	—

续表

项目		栏次	一般项目		即征即退项目	
			本月数	本年累计	本月数	本年累计
税款计算	销项税额	11	141 306.57	3 169 648.53		
	进项税额	12	236 926.2	4 783 211.73		
	上期留抵税额	13	5 851 754.67			—
	进项税额转出	14				
	免、抵、退应退税额	15	281 861.49	281 861.49	—	—
	按适用税率计算的纳税检查应补缴税额	16			—	—
	应抵扣税额合计	17=12+13-14-15+16	5 806 819.38	—		—
	实际抵扣税额	18（如17<11，则为17，否则为11）	141 306.57			
	应纳税额	19=11-18				
	期末留抵税额	20=17-18	5 665 512.81			—
	简易计税办法计算的应纳税额	21				
	按简易计税办法计算的纳税检查应补缴税额	22			—	—
	应纳税额减征额	23				
	应纳税额合计	24=19+21-23				
税款缴纳	期初未缴税额（多缴为负数）	25				
	实收出口开具专用缴款书退税额	26			—	—
	本期已缴税额	27=28+29+30+31				
	①分次预缴税额	28		—		—
	②出口开具专用缴款书预缴税额	29		—	—	—
	③本期缴纳上期应纳税额	30				
	④本期缴纳欠缴税额	31				

续表

<table>
<tr><td colspan="2" rowspan="2">项　目</td><td rowspan="2">栏次</td><td colspan="2">一般项目</td><td colspan="2">即征即退项目</td></tr>
<tr><td>本月数</td><td>本年累计</td><td>本月数</td><td>本年累计</td></tr>
<tr><td rowspan="7">税款缴纳</td><td>期末未缴税额（多缴为负数）</td><td>32=24+25+26-27</td><td></td><td></td><td></td><td></td></tr>
<tr><td>其中：欠缴税额（≥0）</td><td>33=25+26-27</td><td></td><td>—</td><td></td><td>—</td></tr>
<tr><td>本期应补(退)税额</td><td>34＝24-28-29</td><td></td><td>—</td><td></td><td>—</td></tr>
<tr><td>即征即退实际退税额</td><td>35</td><td>—</td><td>—</td><td></td><td></td></tr>
<tr><td>期初未缴查补税额</td><td>36</td><td></td><td></td><td>—</td><td>—</td></tr>
<tr><td>本期入库查补税额</td><td>37</td><td></td><td></td><td>—</td><td>—</td></tr>
<tr><td>期末未缴查补税额</td><td>38=16+22+36-37</td><td></td><td></td><td>—</td><td>—</td></tr>
<tr><td>授权声明</td><td colspan="2">如果你已委托代理人申报，请填写下列资料：
为代理一切税务事宜，现授权
（地址）　　　　　　　　　为本纳税人的代理申报人，任何与本申报表有关的往来文件，都可寄予此人。
授权人签字：</td><td>申报人声明</td><td colspan="3">本纳税申报表是根据国家税收法律法规及相关规定填报的，我确定它是真实的、可靠的、完整的。
声明人签字：</td></tr>
<tr><td colspan="7">主管税务机关：　　　　接收人：　　　　接收日期：</td></tr>
</table>

表20-32 增值税纳税申报表附列资料（一）

（本期销售情况明细）

税款所属时间：2019 年 11 月 1 日至 2019 年 11 月 30 日

纳税人名称：（公章）恒鑫农业公司　　　　金额单位：元至角分

项目及栏次				开具增值税专用发票		开具其他发票		未开具发票		纳税检查调整		合计			服务、不动产和无形资产扣除项目本期实际扣除金额	扣除后	
				销售额	销项(应纳)税额	销售额	销项(应纳)税额	销售额	销项(应纳)税额	销售额	销项(应纳)税额	销售额	销项(应纳)税额	价税合计		含税(免税)销售额	销项(应纳)税额
				1	2	3	4	5	6	7	8	9=1+3+5+7	10=2+4+6+8	11=9+10	12	13=11-12	14=13÷(100%+税率或征收率)×税率或征收率
一、一般计税方法计税	全部征税项目	13%税率的货物及加工修理修配劳务	1	42 360.35	5 506.85	427 350.43	55 555.56					469 710.78	61 062.4	—	—	—	—
		13%税率的服务、不动产和无形资产	2														
		9%税率的货物及加工修理修配劳务	3	555 043.12	49 953.88	336 558.77	30 290.29					891 601.89	80 244.17	—	—	—	—
		9%税率的服务、不动产和无形资产	4														
		6%税率	5														
	其中：即征即退项目	即征即退货物及加工修理修配劳务	6	—	—	—	—	—	—	—	—			—	—	—	—
		即征即退服务、不动产和无形资产	7	—	—	—	—	—	—	—	—						
二、简易计税方法计税	全部征税项目	6%征收率	8							—	—			—	—	—	—
		5%征收率的货物及加工修理修配劳务	9a							—	—			—	—	—	—
		5%征收率的服务、不动产和无形资产	9b							—	—						
		4%征收率	10							—	—			—	—	—	—
		3%征收率的货物及加工修理修配劳务	11							—	—			—	—	—	—
		3%征收率的服务、不动产和无形资产	12							—	—						
		预征率 %	13a							—	—						
		预征率 %	13b							—	—						
		预征率 %	13c							—	—						
	其中：即征即退项目	即征即退货物及加工修理修配劳务	14	—	—	—	—	—	—	—	—			—	—	—	—
		即征即退服务、不动产和无形资产	15	—	—	—	—	—	—	—	—						
三、免抵退税		货物及加工修理修配劳务	16	—	—	2 722 581.71	—		—	—	—	2 722 581.71	—	—	—	—	—
		服务、不动产和无形资产	17	—	—		—		—	—	—		—				—
四、免税		货物及加工修理修配劳务	18				—		—	—	—		—	—	—	—	—
		服务、不动产和无形资产	19	—	—		—		—	—	—		—				—

表20-33　增值税纳税申报表附列资料（表二）

（本期进项税额明细）				
税款所属时间：2019 年 11 月 1 日至 2019 年 11 月 30 日				
纳税人名称：（公章）恒鑫农业公司				金额单位：元至角分
一、申报抵扣的进项税额				
项目	栏次	份数	金额	税额
（一）认证相符的增值税专用发票	1=2+3	11	153 587.99	19 966.4387
其中：本期认证相符且本期申报抵扣	2	11	153 587.99	19 966.4387
前期认证相符且本期申报抵扣	3			
（二）其他扣税凭证	4=5+6+7+8a+8b	8	2 410 664	216 959.76
其中：海关进口增值税专用缴款书	5			
农产品收购发票或者销售发票	6	8	2 410 664	216 959.76
代扣代缴税收缴款凭证	7		—	
加计扣除农产品进项税额	8a	—	—	
其他	8b			
（三）本期用于购建不动产的扣税凭证	9			
（四）本期用于抵扣的旅客运输服务扣税凭证	10			
（五）外贸企业进项税额抵扣证明	11	—	—	
当期申报抵扣进项税额合计	12=1+4+11	19	2 564 251.99	236 926.2
二、进项税额转出额				
项目	栏次	税额		
本期进项税额转出额	13=14至23之和			
其中：免税项目用	14			
集体福利、个人消费	15			
非正常损失	16			
简易计税方法征税项目用	17			
免抵退税办法不得抵扣的进项税额	18			
纳税检查调减进项税额	19			
红字专用发票信息表注明的进项税额	20			
上期留抵税额抵减欠税	21			
上期留抵税额退税	22			
其他应作进项税额转出的情形	23			
三、待抵扣进项税额				
项目	栏次	份数	金额	税额
（一）认证相符的增值税专用发票	24	—	—	—
期初已认证相符但未申报抵扣	25			
本期认证相符且本期未申报抵扣	26			
期末已认证相符但未申报抵扣	27			
其中：按照税法规定不允许抵扣	28			
（二）其他扣税凭证	29=30至33之和			
其中：海关进口增值税专用缴款书	30			
农产品收购发票或者销售发票	31			
代扣代缴税收缴款凭证	32		—	
其他	33			
	34			
四、其他				
项目	栏次	份数	金额	税额
本期认证相符的增值税专用发票	35	11	153 587.99	19 966.44
代扣代缴税额	36	—	—	

20.5.2 附加税费的申报

演练要求：

广西明盛公司2018年7月应缴增值税28 177.59元。据此进行附加税费的申报。城建税税率为7%，教育费附加征收率为3%。

演练解读：

广西明盛公司2018年7月附加税费申报表如表20-34所示。

表20-34 明盛公司附加税费申报表

申报日期：2018年8月10日　　　　　　　　　　　　　　　　计算单位：元列至角分

纳税人名称	广西明盛公司	注册类型	私营有限公司	行业类别	汽车制造	经营地址	广西汽车产业园
税务登记号码	914505009987654321	微机编码		开户银行	中国银行河池分行 619756789012		

税种（费）名称	计税依据（税目）或计征依据	税款所属时期		计税总值或课税数量	税（费）率或单位税额	应纳税（费）额	批准减免税（费）额	已纳税（费）额	应补（退）税（费）额
城市维护建设税	增值税随征	2018年7月1日	2018年7月31日	28 177.59	7%	1 972.43			
教育费附加	增值税随征	2018年7月1日	2018年7月31日	28 177.59	3%	845.33			
合计						2817.76			

以下各栏由纳税人（委托代理人）填写	以下各栏由税务机关填写	税务机关温馨提示
法人代表或负责人： 财务负责人： 经办人： （签章）	受理人： 审核人： 受理日期：　年　月　日	根据《征管法》的规定，未按照规定的期限办理纳税申报和报送纳税资料的，由税务机关责令限期改正，可以处二千元以下的罚款；情节严重的，可以处二千元以上一万元以下的罚款。未按照规定期限缴纳税款的，从滞纳税款之日起，按日加收滞纳税款万分之五的滞纳金。

20.5.3　个人所得税的申报

演练要求：

根据下列信息申报2019年1月个人所得税。

纳税人名称：维洁贸易有限公司。

纳税人识别号：440 1000 1234 5678。

其他：该公司工资为次月15日发放。何思维的专项附加扣除为3 000元。

2018年12月工资表如表20-35所示。

表20-35　工资表

维洁贸易有限公司2018年12月工资表																			
序号	姓名	基本工资	出勤天数	事假天数	事假工资	工资小计	工龄工资	全勤奖	应发工资	社保基数	养老	医保	失业	三险扣款合计	专项扣除合计	减除费用	应纳税所得额	个人所得税	实发工资
1	何思维	9000	30		0.0	9000.00		200	9200.0	9000	720.00	185.00	45.00	950.00	3000.00	5000.00	250.00	7.50	4992.50
2	何雅洁	5000	30		0.0	5000.00		200	5200.0	5000	400.00	105.00	25.00	530.00	0.00	5000.00	0.00	0.00	5000.00
3	张娜	4000	29.5	0.5	66.7	3933.33	100.00	0	4033.3	4000	320.00	85.00	20.00	425.00	0.00	5000.00	0.00	0.00	5000.00
4	李健林	3000	30		0.0	3000.00	150.00	200	3350.0	3000	240.00	65.00	15.00	320.00	0.00	5000.00	0.00	0.00	5000.00
5	陈浩明	3000	30		0.0	3000.00	100.00	200	3300.0	3000	240.00	65.00	15.00	320.00	0.00	5000.00	0.00	0.00	5000.00
6	张玉敏	5000	30		0.0	5000.00	200.00	200	5400.0	5000	400.00	105.00	25.00	530.00	0.00	5000.00	0.00	0.00	5000.00
7	苏珍	4000	30		0.0	4000.00	200.00	200	4400.0	4000	320.00	85.00	20.00	425.00	0.00	5000.00	0.00	0.00	5000.00

演练解读：

因为该公司工资为次月15日发放，申报2019年1月个人所得税，即以2018年12月工资为申报依据（如果该公司工资为当月月末发放，那么申报2019年1月个人所得税，即以2019年1月工资为申报依据）。

个人所得税申报操作流程（略）。

填制的个人所得税申报表如表20-36所示。

表20-36 个人所得税申报表（部分）

个人所得税扣缴申报表

税款所属期： 2019 年 1 月 1 日至 2019 年 1 月 31 日

扣缴义务人名称： 维洁贸易有限公司

扣缴义务人纳税人识别号（统一社会信用代码）：440 1000 1234 5678

序号	姓名	身份证件类型	身份证件号码	纳税人识别号	是否为非居民个人	所得项目	本月（次）情况							累计情况（工资、薪金）							税款计算			
							收入额计算		减除费用	专项扣除				累计收入额	累计减除费用	累计专项扣除	累计专项附加扣除			应纳税所得额	税率/预扣率	速算扣除数	应纳税额	……
							收入	……		基本养老保险费	基本医疗保险	失业保险费	……				子女教育	赡养老人	……					
1	2	3	4	5	6	7	8		11	12	13	14		22	23	24	25	26		33	34	35	36	
1	何思维	身份证	44……	44……	否	工资薪金所得	9200.00		5000.00	720.00	185.00	45.00		9200.00	5000.00	950.00	1000.00	2000.00		250.00	3%		7.50	
2	何雅洁	身份证	44……	44……	否	工资薪金所得	5200.00		5000.00	400.00	105.00	25.00		5200.00	5000.00	530.00				0.00				
3	张娜	身份证	44……	44……	否	工资薪金所得	4033.33		5000.00	320.00	85.00	20.00		4033.33	5000.00	425.00				0.00				
4	李健林	身份证	44……	44……	否	工资薪金所得	3350.00		5000.00	240.00	65.00	15.00		3350.00	5000.00	320.00				0.00				
5	陈浩明	身份证	44……	44……	否	工资薪金所得	3300.00		5000.00	240.00	65.00	15.00		3300.00	5000.00	320.00				0.00				
6	张玉敏	身份证	44……	44……	否	工资薪金所得	5400.00		5000.00	400.00	105.00	25.00		5400.00	5000.00	530.00				0.00				
7	苏珍	身份证	44……	44……	否	工资薪金所得	4400.00		5000.00	320.00	85.00	20.00		4400.00	5000.00	425.00				0.00				
合计																								

谨声明：本扣缴申报表是根据国家税收法律法规及相关规定填报的，是真实的、可靠的、完整的。

扣缴义务人（签章）： 年 月 日

代理机构签章：	受理人：
代理机构统一社会信用代码：	受理税务机关（章）：
经办人签字：	受理日期： 年 月 日
经办人身份证件号码：	

20.5.4 企业所得税的季度申报

演练要求：

广西明盛公司有限公司企业所得税采取查账征收方式征收，根据下列信息对该企业进行2018年第1季度、第2季度的企业所得税申报。2018年第1季度数据如下。

主营业务收入2 370 151.87元，主营业务成本2 236 793.11元，管理费用361 443.32元，销售费用46 632.04元，财务费用8 85.23元。

2018年第2季度数据如下。

主营业务收入3 013 508.78元，主营业务成本2 434 287.04元，管理费用405 584.82元，销售费用162 233.93元，财务费用11 588.14元。

演练解读：

企业所得税申报表（季报）的“本年累计金额”即本演练的1季度、第2季度的数据之和。所以，上述信息对应的企业所得税申报表（季报）如表20-37所示。

表20-37 中华人民共和国企业所得税月（季）度预缴纳税申报表（A类，2018年版）

税款所属期间：2018 年 4 月1日至2018年6月30日

纳税人识别号（统一社会信用代码）：914505009987654321

纳税人名称：广西明盛公司　　　　金额单位：人民币元(列至角分)

<table>
<tr><td colspan="2">预缴方式</td><td>☑按照实际利润额预缴</td><td colspan="2">☐ 按照上一纳税年度应纳税所得额平均额预缴</td><td colspan="2">☐ 按照税务机关确定的其他方法预缴</td></tr>
<tr><td colspan="2">企业类型</td><td>☑一般企业</td><td colspan="2">☐ 跨地区经营汇总纳税企业总机构</td><td colspan="2">☐ 跨地区经营汇总纳税企业分支机构</td></tr>
<tr><td colspan="7">预缴税款计算</td></tr>
<tr><td>行次</td><td colspan="5">项　目</td><td>本年累计金额</td></tr>
<tr><td>1</td><td colspan="5">营业收入</td><td>5 383 660.65</td></tr>
<tr><td>2</td><td colspan="5">营业成本</td><td>4 671 080.15</td></tr>
<tr><td>3</td><td colspan="5">利润总额</td><td>-282 986.98</td></tr>
<tr><td>4</td><td colspan="5">加：特定业务计算的应纳税所得额</td><td></td></tr>
<tr><td>5</td><td colspan="5">减：不征税收入</td><td></td></tr>
<tr><td>6</td><td colspan="5">减：免税收入、减计收入、所得减免等优惠金额（填写A201010）</td><td></td></tr>
<tr><td>7</td><td colspan="5">减：固定资产加速折旧（扣除）调减额（填写A201020）</td><td></td></tr>
<tr><td>8</td><td colspan="5">减：弥补以前年度亏损</td><td></td></tr>
<tr><td>9</td><td colspan="5">实际利润额（3+4-5-6-7-8）\ 按照上一纳税年度应纳税所得额平均额确定的应纳税所得额</td><td>-282 986.98</td></tr>
<tr><td>10</td><td colspan="5">税率(25%)</td><td>25.00%</td></tr>
<tr><td>11</td><td colspan="5">应纳所得税额（9×10）</td><td></td></tr>
<tr><td>12</td><td colspan="5">减：减免所得税额（填写A201030）</td><td></td></tr>
<tr><td>13</td><td colspan="5">减：实际已缴纳所得税额</td><td></td></tr>
<tr><td>14</td><td colspan="5">减：特定业务预缴（征）所得税额</td><td></td></tr>
<tr><td>15</td><td colspan="5">本期应补（退）所得税额（11-12-13-14）\ 税务机关确定的本期应纳所得税额</td><td></td></tr>
<tr><td colspan="7">汇总纳税企业总分机构税款计算</td></tr>
<tr><td>16</td><td rowspan="4">总机构填报</td><td colspan="4">总机构本期分摊应补（退）所得税额（17+18+19）</td><td></td></tr>
<tr><td>17</td><td colspan="4">其中：总机构分摊应补（退）所得税额（15×总机构分摊比例__%）</td><td></td></tr>
<tr><td>18</td><td colspan="4">财政集中分配应补（退）所得税额（15×财政集中分配比例__%）</td><td></td></tr>
<tr><td>19</td><td colspan="4">总机构具有主体生产经营职能的部门分摊所得税额（15×全部分支机构分摊比例__%×总机构具有主体生产经营职能部门分摊比例__%)</td><td></td></tr>
<tr><td>20</td><td rowspan="2">分支机构填报</td><td colspan="4">分支机构本期分摊比例</td><td></td></tr>
<tr><td>21</td><td colspan="4">分支机构本期分摊应补（退）所得税额</td><td></td></tr>
<tr><td colspan="7">附报信息</td></tr>
<tr><td colspan="2">小型微利企业</td><td colspan="2">☐ 是 ☐ 否</td><td>科技型中小企业</td><td colspan="2">☐ 是 ☐ 否</td></tr>
<tr><td colspan="2">高新技术企业</td><td colspan="2">☐ 是 ☐ 否</td><td>技术入股递延纳税事项</td><td colspan="2">☐ 是 ☐ 否</td></tr>
<tr><td colspan="2">期末从业人数</td><td colspan="5"></td></tr>
<tr><td colspan="7">谨声明：此纳税申报表是根据《中华人民共和国企业所得税法》《中华人民共和国企业所得税法实施条例》以及有关税收政策和国家统一会计制度的规定填报的，是真实的、可靠的、完整的。
法定代表人（签章）：　　年　月　日</td></tr>
<tr><td colspan="3">纳税人公章：
会计主管：

填表日期：　年　月　日</td><td colspan="2">代理申报中介机构公章：
经办人：
经办人执业证件号码：
代理申报日期：　年　月　日</td><td colspan="2">主管税务机关受理专用章：
受理人：

受理日期：　年　月　日</td></tr>
</table>

国家税务总局监制

第21章

其他税费

在前面一章节中，主要介绍了流转税、所得税等企业在生产经营过程中遇到的主流税种，这些是企业涉税业务的核心。除此以外，其他一些税种虽然不是企业涉税业务的核心内容，但是在企业的生产经营过程中也会经常遇到，下面进行介绍。

21.1 印花税

印花税是一个古老的税种，自荷兰于1624年在世界上第一次征收印花税后，没过多久，印花税就成为世界各国普遍征收的税种，我国也不例外。

21.1.1 印花税的概念

随着西欧各国的国际贸易和国内经济的发展，当时人们在日常生活中使用契约、借贷凭证之类的单据也越来越多。根据凭证的经济价值，如果能够开展税收，那么就开辟了一个新的税源。持有凭证、签订契约的交易双方也认为凭证单据上如果能够由政府盖一个印，成为政府承认的合法凭证，在遇到纠纷、诉讼、争议时就可以有法律保障。在这种背景下，印花税应运而生。

根据我国税收法律法规的规定，在我国境内书立、领受法律所列举凭证的单位和个人，都是印花税的纳税人，应当按照规定缴纳印花税。

法律列举的需要缴纳印花税的凭证如下。

（1）购销、加工承揽、建设工程承包、财产租赁、货物运输、仓储保管、借款、财产保险、技术合同或者具有合同性质的凭证。

（2）产权转移书据。

（3）营业账簿。

（4）权利、许可证照。

（5）经财政部确定征税的其他凭证。

21.1.2 印花税的缴纳

根据我国税收法律法规的规定，印花税的税目、范围、税率和纳税义务人如表21-1所示。

表21-1 印花税的税目、范围、税率和纳税义务人

税目	范围	税率	纳税义务人	说明
1. 购销合同	包括供应、预购、采购、购销结合及协作、调剂、补偿、易货等合同	按购销金额的0.3‰贴花	立合同人	
2. 加工承揽合同	包括加工、定作、修缮、修理、印刷、广告、测绘、测试等合同	按加工或承揽收入的0.5‰贴花	立合同人	
3. 建设工程、勘察设计合同	包括勘察、设计合同	按收取费用的0.5‰贴花	立合同人	
4. 建筑安装工程承包合同	包括建筑、安装工程承包合同	按承包金额的0.3‰贴花	立合同人	
5. 财产租赁合同	包括租赁房屋、船舶、飞机、机动车辆、机械、器具、设备等	按租赁金额的1‰贴花。税额不足1元的按1元贴花	立合同人	
6. 货物运输合同	包括民用航空、铁路运输、海上运输、内河运输、公路运输和联运合同	按运输费用的0.5‰贴花	立合同人	单据作为合同使用的，按合同贴花
7. 仓储保管合同	包括仓储、保管合同	按仓储保管费用的1‰贴花	立合同人	仓单或栈单作为合同使用的，按合同贴花
8. 借款合同	银行及其他金融组织和借款人（不包括银行同业拆借）所签订的借款合同	按借款金额的0.05‰贴花	立合同人	单据作为合同使用的，按合同贴花

续表

税目	范围	税率	纳税义务人	说明
9．财产保险合同	包括财产、责任、保证、信用等保险合同	按保险费收入的1‰贴花	立合同人	单据作为合同使用的，按合同贴花
10．技术合同	包括技术开发、转让、咨询、服务等合同	按所载金额的0.3‰贴花	立合同人	
11．产权转移书据	包括财产所有权和版权、商标专用权、专利权、专有技术使用权等转移书据	按所载金额的0.5‰贴花	立据人	
12．营业账簿	生产经营用账册	记载资金的账簿，按实收资本和资本公积的合计金额的0.5‰贴花	立账簿人	其他账簿按5元/件贴花
13．权利许可证照	包括政府部门发给的房屋产权证、工商营业执照、商标注册证、专利证、土地使用证	按件贴花5元	领受人	

【例21-1】

公司需要购买一批市场上紧缺的原材料，经过联系找到了可靠的供应商，为了确保能够购买该批原材料，公司与该供应商签订了供货合同。合同约定，公司将向该供应商购买100万元的该原材料。该公司应如何处理印花税业务？

本例中，公司与其供应商签订了购货合同，根据我国法律法规的规定，该合同属于印花税的征税范围，需要缴纳印花税。

需要缴纳的印花税税额=1 000 000×0.3‰=300（元）。

公司需要购买价值300元的印花税税票，按照规定的要求粘贴在合同上。

印花税的缴纳方式，是企业按照所规定的印花税税额，从主管税务机关购买相应金额的印花税税票，并且将印花税税票粘贴在需要缴纳印花税的凭证、文本上。由于印花税税票是定额的，因此如果企业需要缴纳的印花税非常多，可以向主管税务机关申请，用印花税完税凭证代替印花税税票贴在相关的凭证、文本上。

在印花税的缴纳中，还有如下规定。

（1）印花税税票应当粘贴在应税凭证上，这些凭证也就是合同、结算单据等。对于已经粘贴的印花税税票，必须由纳税人在每枚税税票的骑缝处盖戳注销或者画销。这样已贴用的印花税税票就无法重复使用了。

（2）应税凭证应当于书立或者领受时贴花。

（3）印花税涉税行为对应的同一凭证，由交易双方或者双方以上当事人签订并各执一份的，应当由各方就其所执的一份各自全额贴花。也就是说，对于同一个印花税涉税事项，其印花税是向交易的各方分别全额收取的。

（4）已贴花的凭证，增加所载金额的，其增加部分应当补贴印花税税票。

如果企业不按照规定对其所持的印花税应税票据、合同、凭证等缴纳印花税，其法律后果主要如下。

（1）如果企业在需要缴纳印花税的凭证上未贴或者少贴印花税税票的，税务机关除责令其补贴印花税税票外，可处以应补贴印花税税票金额20倍以下的罚款。因此，企业应当每隔一段时间检查新发生的各项交易事项的印花税缴纳情况，足额购买并粘贴印花税税票。

（2）如果粘贴的印花税税票没有注销或者画销，税务机关可处以未注销或者画销印花税税票金额10倍以下的罚款。

（3）重复使用印花税税票的，税务机关可处以重用印花税税票金额30倍以下的罚款。

（4）伪造印花税税票的，由税务机关提请司法机关依法追究刑事责任。

21.2 资源税

随着环保概念的深入人心，经济发展的可持续性越来越被人们重视，资源税在绿色经济中的重要性也越发明显。因此，自2016年7月1日起，我国全面推开资源税改革，全面实行从价计征资源税，全面清理收费基金。

21.2.1 资源税的概念

资源税，就是对在我国境内存在的特定资源的开采、销售行为征收的一种税。在我国领域及管辖海域开采或者生产应税产品的单位和个人，为资源税的纳税人。

资源税的征税范围如表21-2所示。

表21-2 资源税的征税范围

项目	内容
原油	开采的天然原油征税，人造石油不征税；开采原油过程中用于加热、修井的原油，免税
天然气	包括专门开采的天然气和与原油同时开采的天然气
煤炭	包括原煤和以未税原煤加工的洗选煤
其他非金属矿原矿	包括石墨、硅藻土、高岭土、萤石、石灰石、硫铁矿、磷矿、氯化钾、硫酸钾、井矿盐、湖盐、提取地下卤水晒制的盐、煤层（成）气、粘土、砂石，以及未列举名称的其他非金属矿产品
金属矿原矿	包括稀土、钨、钼、铁矿、金矿、铜矿、铝土矿、铅锌矿、镍矿、锡矿，以及未列举名称的其他金属矿产品
海盐	指海水晒制的盐，不包括提取地下卤水晒制的盐
扩大资源税征收范围的试点	在河北省开展水资源税试点；各省、自治区、直辖市（以下统称省级）人民政府可以结合本地实际，根据森林、草场、滩涂等资源开发利用情况提出征收资源税的具体方案建议，报国务院批准后实施

21.2.2 资源税的缴纳

资源税的应纳税额，按照从价定率或者从量定额的办法，分别用应税产品的销售额乘以纳税人具体适用的比例税率，或者用应税产品的销售数量乘以纳税人具体适用的定额税率计算。资源税税目税率如表21-3所示。

表21-3 资源税税目税率表

税目		税率
一、原油		销售额的5%～10%
二、天然气		销售额的5%～10%
三、煤炭	焦煤	每吨22～20元
	其他煤炭	每吨0.3～5元
四、其他非金属矿原矿	普通非金属矿原矿	每吨或者每立方米0.5～20元
	贵重非金属矿原矿	每千克或者每克拉0.5～20元
五、黑色金属矿原矿		每吨2～30元
六、有色金属矿原矿	稀土矿	每吨0.4～60元
	其他有色金属矿原矿	每吨0.4～30元
七、盐	固体盐	每吨10～60元
	液体盐	每吨2～10元

【例21-2】

2018年11月，销售自采原矿1万吨，每吨不含增值税单价为1 000元；销售自采钨矿连续加工的精矿2万吨，每吨不含增值税单价为1 600元。已知该钨矿选矿比为1.6，按照市场法换算成精矿的销售额，钨矿的资源税税率为6.5%。

征税对象为精矿的，纳税人销售原矿时，应将原矿销售额换算为精矿销售额缴纳资源税。换算方法有成本法和市场法两种。

乙钨矿销售自采原矿换算比＝同类精矿单位价格÷（原矿单位价格×选矿比）

=1 600÷（1 000×1.6）=1

精矿销售额=原矿销售额×换算比=1 000×1×1=1 000（万元）

应缴纳的资源税=1 000×6.5%=65（万元）

乙钨矿销售精矿应缴纳的资源税=1 600×2×6.5%=208（万元）

乙钨矿上述业务共计应缴纳的资源=65+208=273（万元）

纳税人开采或者生产不同税目应税产品的，应当分别核算不同税目应税产品的销售额或者销售数量；未分别核算或者不能准确提供不同税目应税产品的销售额或者销售数量的，从高适用税率。

纳税人开采或者生产应税产品，自用于连续生产应税产品的，不缴纳资源税；自用于其他方面的，视同销售，缴纳资源税。

有下列情形之一的，减征或者免征资源税。

（1）开采原油过程中用于加热、修井的原油，免税。

（2）资源税的纳税人在开采或者在生产资源税应税产品的过程中，因发生意外事故或者遭受自然灾害等原因而蒙受重大损失的，由省、自治区、直辖市人民政府酌情决定减税或者免税。这个主要是由资源税的涉税业务的自然属性决定的。

（3）国务院规定的其他减税、免税项目。

注意：纳税人的减税、免税项目，应当单独核算销售额或者销售数量；未单独核算或者不能准确提供销售额或者销售数量的，不予减税或者免税。也就是说，如果企业想要享受减免税政策，必须单独核算应税项目和减免税项目，这样可以明确地确定减免税项目的相关销售额和销售数量。

资源税纳税义务发生时间如表21-4所示。

表21-4　资源税纳税义务发生时间

具体情形	纳税义务发生时间
纳税人销售应税产品采取分期收款结算方式的	销售合同规定的收款日期的当天
纳税人销售应税产品采取预收货款结算方式的	发出应税产品的当天
纳税人销售应税产品采取其他结算方式的	收讫销售款或者取得索取销售款凭据的当天
纳税人自产自用应税产品的	移送使用应税产品的当天
扣缴义务人代扣代缴税款的	支付首笔货款或者首次开具支付货款凭据的当天

企业发生资源税纳税义务后，应当在当期进行资源税纳税申报。资源税的纳税期限为1日、3日、5日、10日、15日或者1个月；纳税人以1个月为一期纳税的，自期满之日起10日内申报纳税。

21.3　土地增值税

在我国，将不动产作为商品进行销售的企业，除了要缴纳商品的增值税外，还要缴纳土地增值税。

21.3.1　土地增值税的概念

根据我国法律法规的规定，土地增值税，就是对企业出售或以其他方式有偿转让国有土地使用权、地上建筑物及其附着物而取得收入，扣除企业获得国有土地使用权、地上建筑物及其附着物时支付的成本后的增值部分进行征税的税种。

注意：转让国有土地使用权、地上建筑物及其附着物，是指以出售或者其他方式有偿转让房地产的行为，不包括以继承、赠与方式无偿转让房地产的行为。

对于计算土地增值税计税依据时可以扣除的成本，税收法律法规也有明确的规定。

（1）明确了纳税人为了取得土地使用权所支付的金额，是指纳税人为取得土地使用权所支付的地价款，这个价款包括按照国家统一规定缴纳的有关费用。

（2）纳税人开发土地、新建房屋及建设配套设施的成本，是指纳税人房地产开发项目中实际发生的各项成本，其内容包括土地征用费、拆迁补偿费、前期工程费、建筑安装工程费、基础设施费、公共配套设施费、开发间接费用。纳税人开发土地、新建房屋及建设配套设施的成本所包含的内容如表21-5所示。

表21–5　纳税人开发土地、新建房屋及建设配套设施的成本

项目	内容
土地征用费、拆迁补偿费	包括土地征用费、耕地占用税、劳动力安置费及有关地上、地下附着物拆迁补偿的净支出、安置动迁用房支出等
前期工程费	包括规划、设计、项目可行性研究和水文、地质、勘察、测绘、“三通一平”等支出
建筑安装工程费	包括使用出包方式支付给承包单位的建筑安装工程费，以自营方式发生的建筑安装工程费
基础设施费	包括开发地块小区内道路、供水、供电、供气、排污、排洪、通信、照明、环卫、绿化等工程发生的支出费用
公共配套设施费	包括不能有偿转让的开发小区内公共配套设施发生的支出
开发间接费用	指直接组织、管理开发项目发生的费用，包括工资、职工福利费、折旧费、修理费、办公费、水电费、劳动保护费、周转房摊销等。这些费用虽然是为了房地产开发而发生的，但是不能够直接体现在房地产开发的成本中，这些费用可以同时为若干个房地产开发项目服务，因此这些费用属于房地产开发的间接费用，应当根据相应的分配率在几个房地产开发项目之间进行分配

（3）开发土地和新建房屋及配套设施的费用（以下简称房地产开发费用），是指与房地产开发项目有关的销售费用、管理费用、财务费用。

财务费用中的利息支出，主要是指企业借贷资金发生的需要偿还的利息。对于这些利息，凡是能够按转让房地产项目计算分摊并提供金融机构证明的，允许据实扣除，但最高扣除金额不能超过按商业银行同类同期贷款利率计算的金额。其他房地产开发费用，按前述（1）、（2）项规定计算的金额之和的5%以内计算扣除。

凡不能按转让房地产项目计算分摊利息支出或不能提供金融机构证明的，房地产开发费用按前述（1）、（2）项规定计算的金额之和的10%以内计算扣除。

财务费用计算扣除的具体比例，由各省、自治区、直辖市人民政府规定。

（4）旧房及建筑物的评估价格，是指由政府批准设立的房地产评估机构评定的重置成本价乘以成新度后的价格。转让已使用的房屋及建筑物时，这个评估价格还须经当地税务机关确认。

（5）由于房地产的转让是一种销售行为，因此转让房地产时缴纳的城市维护建设税、印花税以及教育费附加都属于转让房地产有关的税金，可以予以扣除。

21.3.2　土地增值税的缴纳

土地增值税的计算，采用的是四级超率累进税率，其税率表如表21-6所示。

表21-6　土地增值税税率表

级次	增值额占扣除项目金额合计只比	税率	速算扣除率
1	增值额未超过扣除项目金额50%的部分	30%	0%
2	增值额超过扣除项目金额50%、未超过扣除项目金额100%的部分	40%	5%
3	增值额超过扣除项目金额100%、未超过扣除项目金额200%的部分	50%	15%
4	增值额超过扣除项目金额200%的部分	60%	35%

该表的计算公式为：

土地增值税税额=增值额×税率-扣除项目金额×速算扣除率

【例21-3】

顺达房地产公司在申报缴纳土地增值税时，其项目的增值额为9 000万元，扣除项目金额合计为7 500万元。该公司在申报缴纳土地增值税时需要缴纳多少土地增值税？

首先，确定增值额占扣除项目金额合计的比值，9 000÷7 500×100%=120%，查表得到该企业适用的土地增值税税率为50%，速算扣除率为15%。其次，套用土地增值税的计算公式，9 000×50%-7 500×15%=3 375（万元）。这样就得出结论，顺达公司在申报纳税需要缴纳3375万元的土地增值税。

土地增值税的申报流程如下。

由纳税人在转让房地产合同签订之日起的7日内，到转让房地产所在地主管税务机关办理纳税申报，同时还需要向主管税务机关提交房屋及建筑物产权证明、土地使用权证书、土地转让合同、房产买卖合同、房地产评估报告及其他与转让房地产有关的资料等。频繁发生房地产转让行为的，纳税人可以经过税务机关审核同意后，定期一并进行纳税申报，其具体期限由主管税务机关根据情况确定。最后，纳税人按照税务机关核定的税额及规定的期限缴纳土地增值税。

由于土地增值税的税额确定较为复杂，其增值额、扣除项目等金额的确定往往还需要第三方评估机构的评估，因此我国税收法律法规规定，主管税务机关可以预征土地增值税。也就是说，纳税人在项目全部竣工结算前转让房地产取得的收入，由于涉及成本确定或其他原因，而无法据以计算土地增值税的，可以根据主管税务机关的核定，预缴土地增值税；等到项目全部竣工、办理结算后再进行土地增值税的清算，多退少补。具体办法由各省、自治区、直辖市税务机关根据当地情况制定。

凡是预缴了土地增值税的企业，在土地增值税涉税项目全部完工后，都要对该项目进行土地增值税清算。土地增值税清算的条件如表21-7所示。

表21-7　土地增值税清算的条件

清算内容	条件（符合条件之一）
应进行土地增值税的清算	房地产开发项目全部竣工、完成销售的；整体转让未竣工决算房地产开发项目的；直接转让土地使用权的
主管税务机关可要求纳税人进行土地增值税清算	已竣工验收的房地产开发项目，已转让的房地产建筑面积占整个项目可售建筑面积的比例在85%以上，或该比例虽未超过85%，但剩余的可售建筑面积已经出租或自用的； 取得销售（预售）许可证满3年仍未销售完毕的； 纳税人申请注销税务登记但未办理土地增值税清算手续的； 省（自治区、直辖市、计划单列市）税务机关规定的其他条件

21.4　房产税

房产税属于财产税中的个别财产税，其征税对象只是房屋。如果企业的办公室或车间等的产权归企业所有，那么就会涉及房产税。

21.4.1 房产税的概念

房产税是以房屋为征税对象,按房屋的计税余值或租金收入为计税依据,向产权所有人征收的一种财产税。

房产税的纳税人，是指在我国城市、县城、建制镇和工矿区内拥有房屋产权的单位和个人，具体包括以下几项。

（1）产权属于国家所有的，其经营管理的单位为房产税纳税人；产权属于集体和个人的，集体单位和个人为房产税纳税人。

（2）产权出典的，承典人为房产税纳税人。房产出租的，房产产权所有人（出租人）为房产税纳税人。

（3）产权所有人、承典人均不在房产所在地的，房产代管人或者使用人为房产税纳税人。

（4）产权未确定以及租典纠纷未解决的，房产代管人或者使用人为房产税纳税人。

21.4.2 房产税的缴纳

房产税有从价计征与从租计征之分，其计税依据、税率、计税公式如表21-8所示。

表21-8 房产税的计算

计税方法	计税依据	税率	计税公式
从价计征	以房产原值一次减除10%～30%后的余值为计税依据（具体扣除比例由省、自治区、直辖市人民政府确定）	1.2%	应纳税额=应税房产原值×（1-扣除比例）×1.2%
从租计征	（1）以房屋出租取得的租金收入为计税依据（包括货币收入和实物收入，但不含增值税） （2）以劳务或其他形式为报酬抵付房租收入的，应当根据当地同类房产的租金水平，确定一个标准租金额从租计征房产税	12%	应纳税额=租金收入×税率（12%或4%）
	个人按市场价格出租的居民住房收取的租金	4%	

【例21-4】

某公司有一处应税房产的原值为560 000元，已知房产税税率为1.2%，当地规定的房产税减除比例为30%。计算该公司2018年应交房产税。

从价计征房产税的房产，依照房产原值一次减除规定的减除比例后的余值计算缴纳房产税，适用年税率为1.2%。

应缴房产税税额=560 000×（1-30%）×1.2%=4 704（元）。

【例21-5】

2018年6月30日，某公司将原值为1 000万元的房屋对外出租，租期1年，每月收取不含增值税租金1万元。

从价计征房产税税率为1.2%，从租计征房产税税率为12%，当地省政府规定计算房产余值的减除比例为30%。

2018年度该房产应缴纳的房产税=1 000×（1-30%）×1.2%×1/2+1×6×12%=4.92（万元）。

房产税的纳税义务发生时间如下。

（1）纳税人将原有房产用于生产经营，从生产经营之月起缴纳房产税。

（2）纳税人自行新建房屋用于生产经营，从建成之次月起缴纳房产税。

（3）纳税人委托施工企业建设的房屋，从办理验收手续之次月起缴纳房产税。

（4）纳税人购置新建商品房，自房屋交付使用之次月起缴纳房产税。

（5）纳税人购置存量房，自办理房屋权属转移、变更登记手续，房地产权属登记机关签发房屋权属证书之次月起缴纳房产税。

（6）纳税人出租、出借房产，自交付出租、出借房产之次月起缴纳房产税。

（7）房地产开发企业自用、出租、出借本企业建造的商品房，自房屋使用或交付之次月起缴纳房产税。

（8）纳税人因房产的实物或权利状态发生变化而依法终止房产税纳税义务的，其应纳税款的计算截止到房产的实物或权利状态发生变化的当月末。

房产税在房产所在地缴纳；房产不在同一地方的纳税人，应按房产的坐落地点分别向房产所在地的税务机关申报纳税。房产税实行“按年计算、分期缴纳”的征收方法，具体纳税期限由省、自治区、直辖市人民政府确定。

21.5 契税

购房时会发生购房契税。购房契税，指房屋所有权发生变更时，就当事人所订契约按房价的一定比例向新业主（产权承受人）征收的种税。在企业生产经营的过程中，契税也是企业常常会遇到的税种。

21.5.1 契税的概念

契税，就是对在我国境内发生的土地使用权和房屋所有权变动的土地和房屋征收的一个税种。契税应税行为主要包括：土地使用权出让、土地使用权转让、房屋买卖、房屋赠送、房屋交换等。

注意：土地使用权转让，不包括农村集体土地承包经营权的转让。在房屋交换中，如果互相交换的房屋价值是相等的，就不需要缴纳契税；如果互相交换的房屋的价值不相等，则由支付差价的一方缴纳契税。

根据我国税收法律法规的规定，在我国境内转移土地、房屋权属，承受的单位和个人为契税的纳税人，应当依照规定缴纳契税。

21.5.2 契税的缴纳

契税的计税依据如下。

（1）国有土地使用权出让、土地使用权出售、房屋买卖，以成交价格为计税依据。

（2）土地使用权赠与、房屋赠与，由征收机关参照土地使用权出售、房屋买卖的市场价格核定计税依据。

（3）土地使用权交换、房屋交换，以所交换的土地使用权、房屋的价格的差额为计税依据。

注意：由于契税的计税依据是相关涉税业务的交易价格，因此交易双方为了达到少缴契税的目的，有充分的动力以较低的价格申报纳税。因此，对于这种情况，主管税务机关规定，如果交易的成交价格明显低于市场价格并且无正当理由的，或者所交换土地使用权、房屋价格的差额明显不合理并且无正当理由的，计税依据由征收机关参照市场价格核定。

契税的法定税率为3%～5%。而具体的适用税率由省、自治区、直辖市人民政府在规定的幅度内按照本地区的实际情况确定，并报财政部和国家税务总局备案。

契税的计算公式为：

应纳税额＝计税依据×税率

【例21-6】

公司的股东以其自有的别墅作价1 000万元作为资本金出资，假设公司所在地区的税务主管机关规定当地的契税税率为5%，请分析契税涉税业务。

本例中，公司股东以其拥有的别墅作为资本金出资，作为房屋的承受人——公司就是契税的纳税人。应当缴纳的契税=1 000×5%=50（万元）。

契税的纳税义务发生时间为纳税人签订土地、房屋权属转移合同的当天，或者纳税人取得其他具有土地、房屋权属转移合同性质凭证的当天。在确定了纳税义务发生时间后，纳税人应当自纳税义务发生之日起10日内，向土地、房屋所在地的契税征收机关办理纳税申报，并在契税征收机关核定的期限内缴纳税款。

21.6 城镇土地使用税

企业在生产经营过程中，需要占用或使用土地的，就需要缴纳城镇土地使用税。

21.6.1 城镇土地使用税的概念

城镇土地使用税，就是以属于城镇土地使用税征收范围的土地作为征税对象，以使用土地的单位和个人为纳税人的税种。属于城镇土地使用税的征收范围的土地是城市、县城、建制镇、工矿区。城市，是指行政划分的市，包括市区和市郊；县城，是指人民政府的所在地；建制镇，是指经过政府机关批准设立的，符合建制镇标准的镇的人民政府所在地；工矿区，是指工商业较为发达，人口较多的大型企业所在地，以及政府批准的其他地方。

21.6.2 城镇土地使用税的缴纳

城镇土地使用税实行有幅度的差别定额税率，而且每个幅度税额的差距为20倍。土地使用税每平方米年税额如下。

① 大城市为1.5～30元；

② 中等城市为1.2～24元；

③ 小城市为0.9～18元；

④ 县城、建制镇、工矿区为0.6～12元。

注意：县城、建制镇、工矿区具体适用的单位税额，应由当地政府根据市政建设状况、经济繁荣程度等条件，确定所辖地区的适用税额幅度。当地政府应当根据实际情况，将本地区土地划分为若干等级，在税收法律法规规定的税额幅度内，制定相应的适用税额标准，报上级主管机关批准执行。经省、自治区、直辖市人民政府批准，经济落后地区土地使用税的适用税额标准可以适当降低，但降低额不得超过规定最低税额的30%；经济发达地区土地使用税的适用税额标准可以适当提高，但须报经财政部批准。

城镇土地使用税要以纳税人实际占用的土地面积为计税依据，按照规定的税额计算征收。其计算公式为：应纳税额＝计税土地面积×适用税额。

不同的情形，城镇土地使用税的纳税义务发生时间也不同，如表21-9所示。

表21-9 城镇土地使用税的纳税义务发生时间

情形	纳税义务发生时间
纳税人购置新建商品房	自房屋交付使用之次月起
纳税人购置存量房	自办理房屋权属转移、变更登记手续，房地产权属登记机关签发房屋权属证书之次月起
纳税人出租、出借房产	自交付出租、出借房产之次月起
以出让或转让方式有偿取得土地使用权的	应由受让方从合同约定交付土地时间的次月起缴纳城镇土地使用税；合同未约定交付土地时间的，由受让方从合同签订的次月起缴纳城镇土地使用税
纳税人新征用的“耕地”	自批准征用之日起满1年时
纳税人新征用的“非耕地”	自批准征用次月起

城镇土地使用税在土地所在地缴纳；纳税人使用的土地不属于同一省、自治区、直辖市管辖的，由纳税人分别向土地所在地税务机关缴纳城镇土地使用税。城镇土地使用税实行“按年计算、分期缴纳”的征收方法。

21.7 耕地占用税

我国人多地少，地形又以山地丘陵为多，因此为了合理利用土地资源，加强土地管理，保护耕地，我国制定了耕地占用税。

21.7.1 耕地占用税的概念

根据我国税收法律法规的规定，在我国境内占用耕地建房或者从事非农业建设的单位或者个人，为耕地占用税的纳税人，应当缴纳耕地占用税。可见，耕地占用税是一种行为税，是对占用耕地从事非农业生产的行为征收的一种税。这里所说的耕地，是指用于种植农作物的土地。

21.7.2 耕地占用税的缴纳

耕地占用税以纳税人实际占用的耕地面积为计税依据，按照规定的适用税额一次性征收。耕地占用税税率如表21-10所示。

表21-10 耕地占用税税率

占用区域	定额税率（元/平方米）	占用区域	定额税率（元/平方米）
人均耕地不超过1亩的地区	10～50	人均耕地超过2亩但不超过3亩的地区	6～30
人均耕地超过1亩但不超过2亩的地区	22～40	人均耕地超过3亩的地区	5～25

这里所说的地区，是指以县级行政区域为单位的地区。

耕地占用税的定额税率是一个区间，在法定区间范围内，各地区具体的征收率由当地政府根据当地的实际情况自行决定。对于经济特区、经济技术开发区和经济发达且人均耕地特别少的地区，适用税额可以适当提高，但是提高的部分最高不得超过当地适用税额的50%。对于占用基本农田的，适用税额应在当地适用税额的基础上提高50%。

耕地占用税以纳税人实际占用的耕地面积为计税依据，按照适用税额标准计算应纳税额，一次性缴纳。

应纳税额＝实际占用耕地面积（平方米）×适用定额税率

耕地占用税的征税范围包括纳税人为建房或从事其他非农业建设而占用国家所有和集体所有的耕地。耕地，是指用于种植农作物的土地，包括菜地、园地。其中，园地包括花圃、苗圃、茶园、果园、桑园和其他种植经济林木的土地。占用鱼塘及其他农用土地建房或从事其他非农业建设，也视同占用耕地，必须依法征收耕地占用税。占用林地、牧草地、农田水利用地、养殖水面以及渔业水域滩涂等其他农用地建房或者从事非农业建设的，征收耕地占用税；用于农业生产并已由相关行政主管部门发放使用权证的草地，以及用于种植芦苇并定期进行人工养护管理的苇田，属于耕地占用税的征税范围。建设直接为农业生产服务的生产设施占用前款规定农用地的，不征收耕地占用税。

经批准占用耕地的，耕地占用税纳税义务发生时间为纳税人收到土地管理部门办理占用农用地手续通知的当天。获准占用耕地的单位或个人应当在收到土地管理部门的通知之日起30日内缴纳耕地占用税。未经批准占用耕地的，耕地占用税纳税义务发生时间为纳税人实际占用耕地的当天。

纳税人占用耕地或其他农用地，应当在耕地或其他农用地所在地申报纳税。

21.8 车船税

企业的生产经营中，购置并使用的车辆、船舶都需要缴纳车船税。

21.8.1 车船税的概念

根据我国税收法律法规的规定，车辆、船舶的所有人或者管理人为车船税的纳税人，应当依照规定缴纳车船税。因此，车船税是对在我国境内拥有车辆、船舶的所有人或者管理人征收的一个税种。

车船税的征税范围是指在中国境内属于车船税法所规定的应税车辆和船舶，具体包括以下内容。

（1）依法应当在车船登记管理部门登记的机动车辆和船舶。

（2）依法不需要在车船登记管理部门登记的在单位内部场所行驶或者作业的机动车辆和船舶。

21.8.2 车船税的缴纳

车船税以年度作为纳税期间，纳税人应当按年申报缴纳车船税。车船税征收范围不包括非机动车船（不包括非机动驳船），拖拉机，捕捞、养殖渔船。

车船税税率如表21-11所示。

表21–11 车船税税率

税目	计税单位	每年税额	备注
载客汽车	每辆	60～660元	包括电车
载货汽车	自重每吨	16～120元	包括半挂牵引车、挂车
三轮汽车低速货车	自重每吨	24～120元	
摩托车	每辆	36～1220元	
船舶	净吨位每吨	3～6元	拖船和非机动驳船分别按船舶税额的50%计算

车船税一般是在纳税人车辆购买保险时，由保险公司代收代缴，也可以由纳税人自行申报缴纳。表21-11中的税目并不详细，且在税目之下的子项里，按照具体的车辆型号，分别对应不同的税额。车船税的申报缴纳较为简单，且较为固定，企业不需要自行计算。

车船税实行“按年申报、分月计算、一次性缴纳”的征收方法。

扣缴义务人代收代缴车船税的，纳税地点为扣缴义务人所在地；纳税人自行申报缴纳车船税的，纳税地点为车船登记地的主管税务机关所在地；依法不需要办理登记的车船，其车船税的纳税地点为车船所有人或者管理人所在地。

从事机动车第三者责任强制保险业务的保险机构为机动车车船税的扣缴义务人，应当在收取保险费时依法代收车船税，并出具代收税款凭证；纳税人没有按照规定期限缴纳车船税的，扣缴义务人在代收代缴税款时，可以一并代收代缴欠缴税款的滞纳金；扣缴义务人已代收代缴车船税的，纳税人不再向车辆登记地的主管税务机关申报缴纳车船税；没有扣缴义务人的，纳税人应当向主管税务机关自行申报缴纳车船税。

已缴纳车船税的车船在同一纳税年度内办理转让过户的，不另纳税，也不退税。在一个纳税年度内，已完税的车船被盗抢、报废、灭失的，纳税人可以凭有关管理机关出具的证明和完税凭证，向纳税所在地的主管税务机关申请退还自被盗抢、报废、灭失月份起至该纳税年度终了期间的税款。

21.9 综合演练

21.9.1 印花税纳税申报表的填写

演练要求：

根据下列信息完成2018年印花税的纳税申报。

纳税人名称：广西明盛公司。

纳税人识别号：914505009987654321。

注册类型：私营有限公司。

行业类别：汽车制造。

经营地址：广西汽车产业园。

开户行及账号：中国银行河池分行619756789012。

该公司2018年签订的财产租赁合同金额为614 317元，货物运输合同金额为124 880元；营业账簿共5本（未记载实收资本和资本公积金额）。

演练解读：

财产租赁合同按租赁金额的1‰贴花，税额不足1元的按1元贴花；货物运输合同按运输费用的0.5‰贴花；记载资金的账簿，按实收资本和资本公积的合计金额的0.5‰贴花，其他账簿按5元/件贴花。

广西明盛公司2018年印花税纳税申报表如表21-12所示。

表21-12 明盛公司印花税纳税申报表

申报日期：2019年1月10日　　　　计算单位：元列至角分

<table>
<tr><td>纳税人名称</td><td colspan="2">广西明盛公司</td><td>注册类型</td><td>私营有限公司</td><td>行业类别</td><td>汽车制造</td><td>经营地址</td><td colspan="2">广西汽车产业园</td></tr>
<tr><td>税务登记号码</td><td colspan="2">914505009987654321</td><td>微机编码</td><td>开户银行</td><td colspan="5">中国银行河池分行619756789012</td></tr>
<tr><td>税种（费）名称</td><td>计税依据（税目）或计征依据</td><td colspan="2">税款所属时期</td><td>计税总值或课税数量</td><td>税（费）率或单位税额</td><td>应纳税（费）额</td><td>批准减免税（费）额</td><td>已纳税（费）额</td><td>应补（退）税（费）额</td></tr>
<tr><td>印花税</td><td>财产租赁合同</td><td>2018年1月1日</td><td>2018年12月31日</td><td>614 317.00</td><td>1‰</td><td>6143.17</td><td></td><td></td><td></td></tr>
<tr><td>印花税</td><td>货物运输合同</td><td>2018年1月1日</td><td>2018年12月31日</td><td>124 880.00</td><td>0.5‰</td><td>62.44</td><td></td><td></td><td></td></tr>
<tr><td>印花税</td><td>其他营业账簿</td><td>2018年1月1日</td><td>2018年12月31日</td><td>5</td><td>5.00</td><td>25.00</td><td></td><td></td><td></td></tr>
<tr><td></td><td></td><td></td><td></td><td></td><td></td><td></td><td></td><td></td><td></td></tr>
<tr><td></td><td></td><td></td><td></td><td></td><td></td><td></td><td></td><td></td><td></td></tr>
<tr><td></td><td></td><td></td><td></td><td></td><td></td><td></td><td></td><td></td><td></td></tr>
<tr><td></td><td></td><td></td><td></td><td></td><td></td><td></td><td></td><td></td><td></td></tr>
<tr><td></td><td></td><td></td><td></td><td></td><td></td><td></td><td></td><td></td><td></td></tr>
<tr><td colspan="6">合　　计</td><td>6 230.61</td><td></td><td></td><td></td></tr>
<tr><td colspan="3">以下各栏由纳税人（委托代理人）填写</td><td colspan="3">以下各栏由税务机关填写</td><td colspan="4">税务机关温馨提示</td></tr>
<tr><td colspan="3">法人代表或负责人：
财务负责人：
经办人：
（签章）</td><td colspan="3">受理人：
审核人：
受理日期：　年　月　日</td><td colspan="4">根据《征管法》的规定，未按照规定的期限办理纳税申报和报送纳税资料的，由税务机关责令限期改正，可以处二千元以下的罚款；情节严重的，可以处二千元以上一万元以下的罚款。未按照规定期限缴纳税款的，从滞纳税款之日起，按日加收滞纳税款万分之五的滞纳金</td></tr>
</table>

21.9.2 房产税纳税申报表的填写

演练要求：

广西明盛公司2018年3月共收取租金收入48 000元，其中5号车间租金收入为20 000元，8号仓库租金收入为28 000元（公司信息同21.9.1）。完成该公司当月房产税申报。

演练解读：

从租计征，房产税应纳税额=租金收入×12%或4%。

广西明盛公司2018年3月房产税纳税申报表如表21-13所示。

表21-13 明盛公司房产税纳税申报表

申报日期：2018年4月10日 计算单位：元列至角分

<table>
<tr><td>纳税人名称</td><td colspan="2">广西明盛公司</td><td>注册类型</td><td>私营有限公司</td><td>行业类别</td><td>汽车制造</td><td>经营地址</td><td colspan="2">广西汽车产业园</td></tr>
<tr><td>税务登记号码</td><td colspan="2">914505009987654321</td><td>微机编码</td><td></td><td>开户银行</td><td colspan="4">中国银行河池分行619756789012</td></tr>
<tr><td>税种（费）名称</td><td>计税依据（税目）或计征依据</td><td colspan="2">税款所属时期</td><td>计税总值或课税数量</td><td>税（费）率或单位税额</td><td>应纳税（费）额</td><td>批准减免税（费）额</td><td>已纳税（费）额</td><td>应补（退）税（费）额</td></tr>
<tr><td>房产税</td><td>5号车间</td><td>2018年3月1日</td><td>2018年3月31日</td><td>20 000.00</td><td>12%</td><td>2 400.00</td><td></td><td></td><td></td></tr>
<tr><td>房产税</td><td>8号仓库</td><td>2018年3月1日</td><td>2018年3月31日</td><td>28 000.00</td><td>12%</td><td>3 360.00</td><td></td><td></td><td></td></tr>
<tr><td></td><td></td><td></td><td></td><td></td><td></td><td></td><td></td><td></td><td></td></tr>
<tr><td></td><td></td><td></td><td></td><td></td><td></td><td></td><td></td><td></td><td></td></tr>
<tr><td></td><td></td><td></td><td></td><td></td><td></td><td></td><td></td><td></td><td></td></tr>
<tr><td></td><td></td><td></td><td></td><td></td><td></td><td></td><td></td><td></td><td></td></tr>
<tr><td></td><td></td><td></td><td></td><td></td><td></td><td></td><td></td><td></td><td></td></tr>
<tr><td></td><td></td><td></td><td></td><td></td><td></td><td></td><td></td><td></td><td></td></tr>
<tr><td colspan="6">合 计</td><td>5 760.00</td><td></td><td></td><td></td></tr>
<tr><td colspan="3">以下各栏由纳税人（委托代理人）填写</td><td colspan="3">以下各栏由税务机关填写</td><td colspan="4">税务机关温馨提示</td></tr>
<tr><td colspan="3">法人代表或负责人：
财务负责人：
经办人：
（签章）</td><td colspan="3">受理人：
审核人：
受理日期： 年 月 日</td><td colspan="4">根据《征管法》的规定，未按照规定的期限办理纳税申报和报送纳税资料的，由税务机关责令限期改正，可以处二千元以下的罚款；情节严重的，可以处二千元以上一万元以下的罚款。未按照规定期限缴纳税款的，从滞纳税款之日起，按日加收滞纳税款万分之五的滞纳金</td></tr>
</table>

第22章

纳税筹划

所谓纳税筹划，是指通过对涉税业务进行筹划，制定一整套完整的纳税操作方案，从而达到节税的目的。企业根据其涉税业务的内容，考虑需要缴纳多少税款、如何可以少交税、怎么样才能够晚交税，这些都属于纳税筹划的工作范围。因此，纳税筹划是企业涉税业务必不可少的内容。为了方便企业办理、规划涉税业务，本章将介绍现行的主要税收优惠政策及其理解和应用。

22.1 纳税筹划的概念

从理论上来讲，纳税筹划，就是企业在税收法律法规的框架下，以合法的纳税行为，根据企业的战略发展计划，选择不同的纳税方案和规划。

税收是企业经济利益的流出。因此，降低税负、减少纳税金额始终是企业纳税筹划的核心内容。纳税筹划是为了通过减少企业的纳税金额，降低企业的税负水平，来增强企业的价值；同时在纳税筹划工作中，还需要结合企业的实际情况，分析企业所处的经营环境，根据企业的战略发展规划，综合考虑企业的纳税筹划工作。

随着我国经济的发展，经济体制的不断健全，企业间的竞争更为激烈。进行纳税筹划，可以给企业带来利益，提高企业的整体价值。

纳税筹划在我国虽然起步较晚，但随着“入世”后，市场经济的快速发展，国际间通行做法的广泛运用，纳税筹划也必将为我国所认知和采用。因此，纳税筹划在社会中将发挥其应有的积极作用。

（1）纳税筹划能最大限度地发挥税收的经济杠杆作用。在经济建设的过程中，国家的宏观调控直接作用于市场，政策目标的实现依赖于作为市场主体的纳税人对国家政策作出正确积极的回应，政府更希望能尽量缩小这种政策时滞。所以，纳税筹划就意味着纳税人对国家制定的税收法律法规的全面理解和运用，并且做到对国家税收政策意图的准确把握。通过对纳税方案的择优，尽管在主观上是为了减轻企业的税收负担，但是客观上却是在国家税收经济杠杆作用下，逐步走向优化产业结构和合理配置资源的道路，体现了国家的产业政策，从而更好、更快地发挥国家的税收宏观调控职能。

（2）纳税筹划有利于提高纳税人纳税意识。纳税筹划的前提是不违反税法，不偷税、漏税、逃税、抗税。纳税人要进行纳税筹划，就得熟悉税收法律、法规，及时掌握各项税收政策。这就迫使企业认真学习税法，而这种学习比之其他任何的税法宣传教育都更见实效。在学习税法的同时，也就自觉地做到了依法纳税。纳税筹划的公开化，是纳税人纳税意识提高的表现，是与市场经济发展到一定水平相适应的。因为企业进行纳税筹划与企业增强纳税意识具有共同的要求，依法治税便成了纳税人的自觉行为。从某一角度讲，鼓励企业进行纳税筹划能在一定程度上加快普及税法，减少国家普及税法的成本。

（3）纳税筹划有利于增加国家税收收入，不断调整和完善税收法律法规政策。从长远和整体上看，纳税筹划不仅不会减少国家税款，而且还会使国家税款不断增加。因为企业进行纳税筹划，虽然会降低企业当期税收负担，但会对企业调整产品结构和加强经营管理产生影响，促使企业生产经营更加科学、规范，各项成本费用逐步下降，生产经营规模不断扩大，收入和利润不断增加，从而使各项税收收入逐步增多。国家的税收法律法规虽然在不断完善，但是在不同时期，由于经济的不断发展，仍可能存在一定的漏洞，出现一些不足之处。由于纳税筹划的反作用，为国家进一步完善税收法律法规提供了依据，并起到了对税收法律法规的验证作用。纳税筹划也促使税务部门及时了解税收法律法规和征收管理的不尽合理和不够完善之处，进而及时调整和完善税收政策，支持国家经济和产业结构调整，引导企业的投资、经营、消费等按照国家宏观政策和市场规律去运作，推动依法治税的进程。

（4）纳税筹划有利于降低征税和纳税成本。征税成本是指税务机关在税收征收管理活动中所发生的各项费用与支出。纳税成本是指纳税人在按照税法规定办理纳税事务过程中所发生的费用。纳税筹划使企业各项纳税方案更加科学合理、缜密规范，对纳税成本进行量化，减少了企业的纳税时间和物化劳动。纳税成了自觉行动，从而减少了税务稽查频率，提高了税收行政效率，同时也促进了税务机关及时调整和完善税制，达到降低税员和纳税成本的目的。

（5）纳税筹划有利于提高企业的经营管理水平。纳税筹划的目的是实现纳税人经济利益最大化。要想达到这个目的，就必须加强经营管理。纳税筹划要消耗人力和物力，如果降低纳税成本不足以抵消人力和物力的消耗，那么，纳税筹划就失去了意义。纳税筹划要把成本费用降到最低，要做到这一点，依法建立健全规范的财务制度和会计核算方式十分必要。也只有这样，才能给纳税筹划提供依据，才能进行有效的纳税筹划。

（6）纳税筹划有利于优化企业产业和产品结构，使企业的人、财、物、信息等资源得到合理配置。企业根据税法中各项优惠政策和税率的高低等进行投资、改组改造和产品结构调整等一系列活动，主观上通过纳税筹划来减轻自己的税收负担；但是客观上却是在国家税收政策的作用下，逐步走上了优化产业结构和生产力合理布局的道路，体现了国家的产业政策，有利于促进资本的合理流动和资源共享。

（7）纳税筹划有利于企业参与国内外竞争。我国加入世贸组织后，各项不符合国际惯例的限制在逐步取消，外资企业将大量涌入我国的各个行业和领域；同时我国企业也将走出国门，加入到国际市场中去。因此，企业的纳税筹划就显得尤为重要。外国企业热衷于纳税筹划，以此来维护自己的合法利益，如果我国的企业不按国际惯例去做，就要处于不利地位，因此进行纳税筹划有利于我国企业在国际市场竞争中取胜。

22.2 纳税筹划的流程

通过前面的介绍，已经对纳税筹划有了一个基本的概念。了解了纳税筹划的概念、纳税筹划对企业的有利之处，同时，也了解了纳税筹划与偷税、避税有着本质的不同。

接下来，不仅要了解纳税筹划的本质，更需要学会如何在一个企业进行纳税筹划。

22.2.1 预先设定纳税筹划的目的

不论是复杂的财务筹划还是简单的财务筹划，有3件事必须注意。

（1）纳税筹划必须是合法的。

企业的纳税筹划工作必须符合我国的税收法律法规，这样，企业才不会有违法的风险，企业的整体价值才不会受到损害。

将合法化作为纳税筹划的重要事项就不会使企业纳税筹划变成逃税、漏税、偷税行为，避免面临滞纳金、罚款、停购发票等税收方面的处罚。不论是简单的纳税筹划还是复杂的纳税筹划，都会耗费企业一定的人力、物力。如果企业耗费了资源完成纳税筹划并实施后，却触犯了有关的法律法规、受到税务方面的处罚，不仅无法达到通过纳税筹划减少纳税金额、增加企业整体价值的根本目标，甚至还可能使企业因此遭受到严重的损失。

（2）纳税筹划必须利用国家的各种税收政策来减少纳税金额。

将利用国家的税收政策作为纳税筹划的另一个重要内容，是给纳税筹划工作一个规范的条例。因为纳税筹划就是对企业经营活动中产生的纳税义务进行筹划。如果纳税筹划不是利用国家的各种税收政策，那么纳税筹划就无从谈起，也无法入手。脱离了国家各种税收政策的所谓筹划是严重脱离实际的行为，只会给企业带来不利的结果。

在我国特殊的经济体制下，税种多样，税法复杂，企业的不同经营活动所适用的税收政策区别很大。我国经济快速发展，新生的经济事务层出不穷，为了适应这种形式，国家的税收政策几乎每年都有变动和更迭。比如我国有大量的、涉及各种经济活动的税收优惠政策。企业通过纳税筹划，调整自身在经营活动中的做法，使之符合税收优惠政策的享受条件，就可以享受税收优惠政策，有针对性地完成纳税筹划的目标。

（3）纳税筹划工作必须要结合企业的实际情况和实际的经营环境。

我国的税收法律环境复杂，各地区经济发展不平衡，因此在纳税筹划工作中，根据企业的实际情况来进行纳税筹划尤其重要。比如有的企业可以享受“两免三减半”的税收优惠政策。所谓“两免三减半”的税收优惠政策，也就是企业在开业的前两年内免于缴纳企业所得税，从第3年到第5年，减半征收企业所得税，从第6年开始才按照正常的企业所得税政策征收企业所得税。在这种情况下，企业在前几年，就不能通过纳税筹划来延缓企业所得税的缴纳，而应该通过筹划增加企业所得税的税额。这样，虽然企业所得税应纳税所得额在前几年很高，但是却不需要缴纳企业所得税，企业所得税的现金流出是没有的，这种情况下，纳税筹划方案就会很好地帮助企业合理地避免不必要的税收，从而提高企业的利润和整体价值。

总而言之，开展纳税筹划工作，应当先经过管理层的讨论，结合企业的实际情况，有的放矢地预先设定企业纳税筹划的目的。

22.2.2 纳税筹划的评估

企业在确定了纳税筹划的目标后，必须明确纳税筹划是企业一项重要的经营管理活动，它不仅仅是一项财务管理活动，还是一项涉及企业各个部门、各种经营活动的综合管理活动。一个纳税筹划方案对企业的影响在时间和空间两个方面都是非常深远的。时间上，是因为一个纳税筹划方案选定之后，由于我国财务会计的一贯性原则，因此在某些方面的纳税筹划方案就必须一致沿用下去；如果改变，还需要对以前的财务数据进行追溯调整。空间上，一个纳税筹划方案在实施后，很可能影响企业的行为，使企业的行为符合纳税筹划方案的内在要求，从而潜移默化地改变着企业的经营管理。一个成功的纳税筹划方案不但可以降低企业的应纳税额，而且有助于提升企业的整体价值。

因此，这样一项重要的经营管理活动，在实施前，必须先进行评估。纳税筹划的评估，就是在综合考虑企业内外部环境条件的情况下，决定如何运作纳税筹划项目。

（1）需要评估企业的外部环境，也就是与企业经营活动相关的法规、政策。

企业作为一个纳税主体，必须根据经营活动所涉及的税收法律法规的规定，缴纳应当缴纳的税费；同时也能够根据相关税收法律法规的规定，充分利用其中有利于实现预先设定的纳税筹划目的的规定。所以，与企业经营活动相关的税收法律法规就成为了企业纳税筹划必须考虑的外部环境。实务中，在遵纪守法的前提下，企业所负担的纳税义务仍然有多种不同税负的方案可供选择。这种情况下，企业就可以通过纳税筹划来进行最有利于企业的选择。

另外一方面，企业的经营活动多种多样，不同的经营活动有时候能够达成相同的经营效果；而不同的经营活动所涉及的税收法律法规是不一样的，可能就负担着不同的纳税义务。在这种情况下，企业也可以通过纳税筹划来做有利于企业的选择。

可以看出，所有选择都是基于企业经营活动所涉及税收法律法规所提供的条件。而这些税收法律法规是由国家规定的，不受企业内部管理活动的制约。所以，企业经营活动所涉及的税收法律法规就成为企业纳税筹划的外部环境。因此在评估企业纳税筹划的运作时，首先就要对企业经营活动的外部环境进行评估。

（2）企业的纳税筹划活动是一项需要耗费人力、物力的经营管理活动。

对于企业来说，进行纳税筹划是需要一定成本的。在这种情况下，成本因素就成为企业进行纳税筹划工作的制约因素。

根据“成本—效益”原则，企业的任何经营管理活动，其成本所产生的效益必须大于其投入的成本，纳税筹划工作也不例外。评估纳税筹划的运作时，必须考虑企业所进行的纳税筹划活动是否经济可行。在考虑纳税筹划活动的经济成本时，必须考虑企业的内部环境，包括人员配置、人员的专业能力、资源的分布情况等。

如果企业为纳税筹划活动投入的人力、物力超出了这项活动所能带来的企业价值的提升，那么这种行为是得不偿失的。因此在评估纳税筹划工作的运作时应当考虑企业的内部环境因素。

（3）企业的经营是一件细水长流的事，因此在评估纳税筹划的运作时，还必须要目光长远，眼界宽广。

有的纳税筹划对企业来说虽然在短期可以起到降低税负水平、提高企业价值的作用，但是却会阻碍企业将来的发展，最终损害企业的长远利益。那么，这种纳税筹划也是不合格的。

企业的经营活动是动态的，企业所面临的内外部环境日新月异；而纳税筹划却是一个系统工程，一旦确定就不易经常改动。因此，在评估企业的纳税筹划运作时，必须考虑整个方案要留有修改和调整的余地，使之能够与时俱进，切实符合企业的实际需要。

22.2.3 确定纳税筹划的行政组织

完成了对纳税筹划的评估后，根据评估结果就可以着手进行人员的安排，即在公司的行政组织层面，确定纳税筹划小组的人员配置、汇报机制、实施程序等方面的内容。

（1）纳税筹划工作作为一项系统工程，是一个必须由参与纳税筹划工作的员工互相协作才能完成的工作。

因此，在选择参与纳税筹划工作的员工时，尽量根据各人的特长、专业、经验、能力等方面进行分工合作，避免重复劳动、无用工作和互相扯皮；从而组成一个高效的团队，提高纳税筹划工作的效率，降低企业进行纳税筹划的成本。

（2）在确定纳税筹划工作的行政组织安排时，一般应先确定一个总负责人，作为纳税筹划工作的经理。

确定的总负责人即整个纳税筹划工作的中心，他需要对参与纳税筹划工作的员工进行协调和安排，从而推动纳税筹划工作有序进行，实现纳税筹划工作的目的。担任此岗位的人员本身必须熟悉纳税筹划工作，有很扎实的专业知识和丰富的业务经验；必须具备管理团队的能力，懂得如何协调、推动团队工作；灵活应变能力强，善于创新，善于解决在工作推进中实际遇到的问题。

（3）从内部组织人员开展纳税筹划工作。

企业内部员工对于企业的情况比较了解，相对于外部专业机构，在细节问题上更为清楚。当然，企业也可以委托外部的专业机构进行纳税筹划。如果企业委托外部的专业机构进行纳税筹划，那么就必须和外部专业机构签订相关的协议或者合同。双方应当明确约定具体的工作时间、工作安排、工作效果等方面的事宜，同时也必须对违约责任等做出详细的规定。

总而言之，不论是利用企业内部现有员工、招募专业员工还是聘请外部专业机构进行纳税筹划，都应当明确责任人，使纳税筹划工作的推进得以顺利进行。在行政组织上对纳税筹划工作进行合理的安排，是实现纳税筹划目的的有力保证。

22.2.4 获取纳税筹划需要的信息

当安排好纳税筹划的行政组织后，相关人员已经确定。下一步，就是采集、分析纳税筹划所需要的信息。

1. 纳税筹划人员应当先收集企业的内部信息

在这一环节，纳税筹划人员需要弄清楚企业的基本信息、企业的财务状况、企业的战略规划、企业对涉税风险的容忍程度。

（1）了解企业的基本信息。

在我国，由于企业的所有制形式不同，所适用的税收政策是不同的。而企业的经营业务不同，所适用的税收政策也不同。即使是相同的经营业务，由于经营的方法不同，很有可能所适用的税收政策也不同。因此，在开展纳税筹划工作时，必须全面地了解企业的各项基本信息。

（2）了解企业的财务状况。

企业应纳税额的计算，毕竟是以财务状况为基础的。企业的财务信息是纳税筹划的核心信息。在实务中，不同的财务安排对企业纳税有不同的影响，即使是相同的企业行为，不同的财务安排就可以产生不一样的纳税行为。另外，企业纳税筹划工作的效果，也是通过企业财务信息来体现的。因此，在企业纳税筹划工作中，必须全面细致地了解企业的财务信息。

（3）了解企业的战略规划。

企业的战略规划是企业未来走向的基础。通过了解企业的战略规划，在开展纳税筹划工作时，才可以从企业的长远利益考虑，而不会因为企业的短期利益而使长期利益受到损害。

（4）评估企业对纳税筹划风险的容忍程度。

纳税筹划是一项具有风险的工作，这是由几个方面的原因影响的。从人员方面来说，由于纳税筹划是一项博大精深、外延广阔的工作，很可能使纳税筹划人员在进行纳税筹划时，由于不了解相关的法律法规而使企业处于违法的危险境地。从政策方面来说，很可能由于政策的变化，使原本合适的纳税筹划方案失去效果；甚至当政策要求追溯处理时，很可能使企业补交税款。

2. 纳税筹划人员必须全面收集企业的外部信息

纳税筹划人员在充分收集了所需要的企业内部信息后，还必须全面收集企业的外部信息。这里所指的企业的外部信息，主要是企业的经营活动所涉及的税收政策、税收法律法规。

（1）必须充分了解税收政策导向。

税收政策是政府对经济活动进行宏观调控的手段，通过不同的税收政策，政府可以对经济活动的重心进行调节。例如，政府对某一行业提供的鼓励型税收政策，就是希望资金可以进入到这一行业进行投资。由于企业的纳税筹划必须立足长远，因此，纳税筹划人员必须充分地了解税收政策导向。

（2）必须充分理解企业经营活动涉及的税收法律法规内容。

仅仅了解政策是不够的，政策仅仅是一个宏观指向，并不具有可操作性。要将政策落到实处，就需要通过一条条具体的法律法规来加以诠释。因此，纳税筹划人员还必须充分地理解企业经营活动所涉及的税收法律法规的内容。

22.2.5 设计纳税筹划方案

在收集了纳税筹划所需要的信息后，就可以着手设计纳税筹划方案了。在初步设计纳税筹划方案时，企业可以根据适用的税收优惠政策、经营业务所涉及的不同法律法规，以及企业财务上不同的核算安排，设计多种互相不同但都可行的纳税筹划方案。

然后，围绕这些初步方案进行选择。需注意，必须根据企业本身的业务特点，选择最有利于企业的纳税筹划方案。比如说，如果一家企业处于减免税优惠期间，那么就应该利用减免税优惠期间的优惠政策：在处理可以摊销的费用时，就可以少摊销，多留金额在资产负债表上，这样可以使利润较高；在实现利润时，就可以在享受税收优惠政策的期间内多实现利润，达到少缴所得税的目的。诸如此类的情况在企业纷繁复杂的经营过程中会经常遇到，所以设计纳税筹划方案必须根据企业本身的业务特点来进行。

总的来说，企业所选择的纳税筹划方案，需要考虑企业经营发展方方面面的问题，既要顾及当下，也要对将来的发展留有余地。

22.2.6 纳税筹划方案的实施和改进

在纳税筹划方案最后被确定后，纳税筹划人员就需要与其他部门的同事进行沟通，将纳税筹划方案实施到企业的日常经营管理活动中去。

注意：在这一时刻，纳税筹划方案仍然是一个纸面上看起来很美好的事物，它并没有经过实践的考验。只有通过实施纳税筹划方案，才能够知道方案的缺陷，才能够知道如何改进可以使纳税筹划方案更完美，从而使纳税筹划工作可以真正实现其目的。

一般而言，纳税筹划方案在实施中会遇到以下问题。

（1）细节缺失或细节错误。

纳税筹划方案在设计时，主要着眼点是如何通过纳税筹划工作，降低企业的纳税金额，提升企业的价值，实现纳税筹划的目的。因此，设计的纳税筹划方案往往容易忽视方案在具体实施时的流程细节方面的问题。这样，有的就会发现某一个环节的改变，确实可以有助于实现纳税筹划的目的。但是真正实施时也可能发现，由于企业的固有问题，或者成本问题，或者外部的压力，导致这样的改变是不可行的。

（2）预先收集的信息或者企业所处的环境发生变化。

由于企业纳税筹划方案的设计是在某一时段进行的，因此，方案本身是使企业在这一时段的经营环境中获得良好的纳税筹划效果。但是，随着时间的推移，企业的经营环境不是一成不变的。有的时候，在原来情况下效果良好的纳税筹划手段，在新的环境情况下反而会产生不好的效果。

可见，纳税筹划方案的设计不是一劳永逸的。要解决这些在纳税筹划工作中常常出现的问题，只有通过对纳税筹划方案的实施情况进行跟踪，对在纳税筹划方案实施过程中遇到的问题进行总结，改进原先实施的纳税筹划方案中已经不再适合的部分，从而使纳税筹划方案总是能够满足企业经营发展的需求。

22.3 纳税筹划的设计思路

由于从企业的角度来说，纳税筹划的目标是很明确的，就是通过降低企业的纳税支出达到企业整体价值的提升。而降低企业的税负，其实思路是很明显的。

22.3.1 减少应税面

我们知道，企业的纳税支出来源，就是企业的应税业务。如果企业没有应税业务，就不会有企业的纳税支出。而企业的应税业务越多，应税金额越高，企业的纳税支出自然也就越高。因此，减少企业的应税业务，就能够降低企业的纳税支出。

但是，单纯为了减少企业的应税业务金额而减少企业的应税业务是完全错误的。因为税收法律法规所规定的应税业务，就是企业的生产经营业务。仅仅为了减少企业的应税业务而减少企业的生产经营业务，企业就会经营萎缩，现金枯竭，更谈不上企业的发展了。虽然表面上企业的纳税支出减少了，但是企业的生产经营等各方面都会恶化，与企业的整体利益是背道而驰的。

因此，在企业的纳税筹划中所说的减少企业经营中的应税面，是指利用各种税收法律法规的规定，以及适当选用合适的财务核算方法，使原本属于企业应税面的应税业务，变为非应税业务，从而在不影响企业生产经营的前提下，减少企业的纳税支出，提高企业的整体价值。

22.3.2 尽量适用较低税率

我们知道，企业的应纳税额就是企业的应纳税所得额乘以适用的税率，如果在应纳税所得额相同的情况下，必然是适用税率较低的纳税方案所缴纳的税金较低。可见，通过纳税筹划使企业适用相对较低的税率也是一种纳税筹划的重要思路。

比如说，我国的企业所得税一般税率是25%，除此之外，还有高新技术企业的适用税率15%和小型微利企业的适用税率20%两个较低的税率档次。那么，企业在进行纳税筹划时，可以考虑如何设计纳税筹划方案，使企业适用较低的企业所得税税率。比如说，目前我国小型微利企业的认定标准是：小型微利企业是指从事国家非限制和禁止行业，且同时符合年度应纳税所得额不超过300万元、从业人数不超过300人、资产总额不超过5 000万元等条件的企业。企业通过纳税筹划，有意识地控制企业的年应纳税所得额、从业人数和资产总额符合小型微利企业的标准，就可以自2019年1月1日至2021年12月31日，对小型微利企业年应纳税所得额不超过100万元的部分，减按25%计入应纳税所得额，按20%的税率缴纳企业所得税；对年应纳税所得额超过100万元但不超过300万元的部分，减按50%计入应纳税所得额，按20%的税率缴纳企业所得税。相比于一般企业适用的25%企业所得税税率，小型微利企业的纳税支出减少了，税负水平降低了，企业的价值也就得到了提升。

22.3.3 降低计税依据

降低企业各项应税发生额的计税依据，也是一种很好的纳税筹划思路。这种方法比较适用于从涉税业务上无法避免，而计税依据的相关法律法规又留有余地的应税业务。

比如说企业所得税，是每一个企业都会涉及的税种，从涉税业务上来说，企业所得税是天然存在的，无可避免。因此，企业只能尽量通过纳税筹划使其适用较低的企业所得税税率。其实，企业还可以通过降低企业所得税的应税纳税所得额，也就是企业所得税的计税依据来减少应纳税额。在相同税率的情况下，更低的计税依据，意味着更少的纳税支出、更高的企业价值。

在企业所得税应纳税所得额的确定中，有许多可以在纳税筹划时善加应用的规定。比如说，根据《企业研究开发费用税前扣除管理办法（试行）》规定，企业的研发费用可以在计算企业所得税应纳税所得额时按照原发生额的50%加计扣除。也就是说，原本税前发生的费用100元，如果属于研发费用，就可以按照150元在计算企业所得税应纳税所得额时进行扣除。可见，对于企业所得税的纳税筹划方案，可以考虑如何使原本发生的费用归属于研发费用的类别，从而降低企业所得税的应纳税所得额，达到减少企业的纳税支出、提高企业价值的效果。

22.3.4 推迟税款的缴纳

前面说到，由于资金具有时间价值，因此企业推迟税款的缴纳，就是推迟了资金的流出时间，从而延长了资金的保有时间，占有了保有时间内资金的时间价值。

推迟税款的缴纳，主要是根据各个税种纳税义务发生时间的确定、纳税期限的规定等方面来筹划的。比如说，一般纳税人的增值税缴纳规定中，如果一般纳税人结存的增值税进项税额大于当期的增值税销项税额，那么由于进项税额可以完全抵扣当期需要缴纳的销项税额，企业就不需要立刻缴纳增值税了。针对这一规定，企业在纳税当期可以提前采用赊购的方式购买存货，并取得购买存货的增值税专用发票，从而使当期的进项税额大于当期的销项税额，这样企业在纳税当期就不需要缴纳增值税，并且通过赊购的形式也可以推迟货款的交付。这样，企业就保有了当期的资金，推迟了资金的流出，从而获得了资金的时间价值。

22.4 常见纳税筹划思路

经过以上章节的介绍，我们知道了什么是纳税筹划，以及纳税筹划给企业会带来的种种好处。为了让读者更好地理解纳税筹划，下面将介绍常用的纳税筹划方案，以供在实际工作中需要纳税筹划时进行参考。

22.4.1 增值税的纳税筹划

增值税在我国的财政收入中占有重要的比重，对于增值税的纳税申报，我国的税收法律法规也进行了严谨细致的规定，利用这些规定，可以巧妙地进行企业纳税筹划。

1. 利用纳税人的身份进行纳税筹划

我们知道，增值税纳税人在我国的税收法律法规体系中有两种身份，即增值税一般纳税人和增值税小规模纳税人。增值税一般纳税人是拥有抵扣进项税额权利的，其适用税率一般为16%，可以开具增值税专用发票；而小规模纳税人不能够抵扣进项税额，其适用的征收率一般为3%，不可以开具增值税专用发票，只能开具增值税普通发票。

利用增值税纳税人的身份来进行纳税筹划是非常常见的，两类纳税人的不同待遇为增值税纳税人进行纳税筹划提供了可能。利用纳税人的身份进行纳税筹划可以从销售产品的增值额、企业生产经营的发展两方面进行。

（1）通过增值税纳税人的身份选择进行纳税筹划。

前面已经介绍了小规模纳税人和一般纳税人的认定标准。一旦相应的业务规模超过了小规模纳税人的认定范围，根据现行税收法律法规的规定，纳税人身份就会自动变成一般纳税人。除此之外，企业的会计核算是否健全，也是主管税务机关认定增值税纳税人身份的一大因素。如果企业的会计核算健全，即使没有达到一般纳税人的销售规模要求，通过主动申请，也可以获取一般纳税人身份。对纳税人身份进行纳税筹划，首先要了解增值税纳税人身份的转换是以企业的增值税应税销售额的大小以及会计核算是否健全来区别的。因此，通过控制这两方面的因素，可以对企业的纳税人身份进行选择。

（2）增值税是对企业的销售产品的增值额进行征税。

企业销售产品形成的增值额，也就是企业的毛利。由于在一般纳税人身份下，企业购进商品的进项税额是可以抵扣的，因此，一般纳税人的增值税，就是对一般纳税人的销售毛利进行征税。而小规模纳税人身份下，企业购进商品的进项税额是不能够抵扣的，而是对不含税销售额征收增值税。可以看出，销售毛利越高的商品，一般纳税人的税负越重，而销售毛利越低的商品，小规模纳税人的税负越重。因此，从单纯降低企业税收负担的角度来考虑，企业销售毛利越低的商品选择一般纳税人身份越有利，销售毛利越高的商品选择小规模纳税人越有利。那么，具体如何划分呢？需要计算出毛利临界值。

毛利率=（销售收入－销售成本）÷销售收入

一般纳税人增值税应纳税额=销售收入×毛利率×13%

小规模纳税人增值税应纳税额=销售收入×3%

所谓毛利临界点，就是毛利率临界点。当毛利率处于这个临界点上时，一般纳税人与小规模纳税人的税负水平是一样的。因此，令一般纳税人增值税应纳税额等于小规模纳税人增值税应纳税额：

销售收入×毛利率×13%=销售收入×3%

临界毛利率=3%÷13%=23.07%

也就是说，如果企业销售商品的毛利率是23.07%，那么企业不论选择一般纳税人身份还是小规模纳税人身份，其纳税负担是一样的。但是，一旦企业的毛利率高于23.07%，那么作为小规模纳税人的纳税负担是低于一般纳税人的；反之，如果毛利率低于23.07%，作为一般纳税人的纳税负担就低于小规模纳税人。

在实务中，企业仅用毛利率来判断应当选择小规模纳税人身份还是一般纳税人身份是不够的。因为一般纳税人企业也可能需要从小规模纳税人处采购物资，这样，其取得的销售成本是含有增值税进项税额的，这部分增值税进项税额是不能够抵扣的。为了简化计算，引入按照所销售商品中可以抵扣的商品的比重来判断企业不同身份下的纳税负担。

销售收入×（1－可抵扣进项税额商品销售成本占销售额比重）×13%=销售收入×3%

可抵扣进项税额商品销售成本占销售额比重临界值=76.93%

也就是说，当可抵扣进项税额商品销售成本占销售额比重等于79.93%时，不论企业选择一般纳税人身份还是小规模纳税人身份，其纳税负担是一样的。而当可抵扣进项税额商品销售成本占销售额比重高于76.93时，企业选择一般纳税人身份其纳税负担小于选择小规模纳税人身份；当可抵扣进项税额商品销售成本占销售额比重低于76.93%时，企业选择小规模纳税人身份的纳税负担小于选择一般纳税人身份。

【例22-1】

顺达公司年销售额为100万元，销售成本为70万元，其中可抵扣进项税额商品销售成本为60万元，顺达公司符合一般纳税人申请条件，请分析顺达公司如何就增值税纳税人身份进行纳税筹划。

本例中，顺达公司的年销售额为100万元，销售成本为70万元，毛利率为30%。但是，由于其销售成本中可抵扣进项税额商品销售成本只有60万元，因此，可以采用可抵扣进项税额商品销售成本占销售额比重来界定选择何种纳税人身份更有利。根据题意，可抵扣进项税额商品销售成本占销售额比重=60÷100=60%，低于可抵扣进项税额商品销售成本占销售额比重临界值76.93%。因此，顺达公司选择成为小规模纳税人身份的增值税负担小于选择成为一般纳税人。从纳税负担角度来说，顺达公司应当选择小规模纳税人身份。

（3）从企业生产经营的发展来考虑。

一般纳税人除了能够抵扣进项税额外，在销售商品时，还可以开具增值税专用发票。由于小规模纳税人不能够开具增值税专用发票，只能开具增值税普通发票。因此，小规模纳税人的业务发展、推广将会受到影响。同样的一般纳税人企业，倾向于从一般纳税人那里购买货物，以便于抵扣进项税额。这里要指出的是，如果企业是零售业企业，其商品直接销售给最终消费者；根据我国增值税相关法律法规的规定，企业将商品销售给个人的，不能够开具增值税专用发票。

2. 利用混合销售进行纳税筹划

一项销售行为如果既涉及服务又涉及货物，为混合销售。混合销售的逻辑关系是：因为有了A，才有了B，B的发生以A的发生为前提，且两者之间有着密切关联，这是判断混合销售的关键。

税法规定：一项销售，如果既涉及服务又涉及货物，为混合销售。从事货物的生产批发，或者零售的单位和个体户的混合销售，按照销售货物缴纳增值税（13%）。其他单位和个体户的混合销售行为，按照销售服务缴纳增值税（如提供建筑服务为9%）。

混合销售的征收税率：从事货物的生产批发或者零售，包括以从事货物生产批发或零售为主，按照销售货物缴纳增值税（13%）。

“为主”是指材料费和设备费在整个收入中超过50%。

（1）对于钢结构安装、机电安装、消防工程安装、智能系统集成安装工程和装修工程的建筑企业，由于其经营的主业是建筑安装业务，建筑安装企业外购钢结构、设备和建筑材料进行施工应按照建筑服务适用的税率9%计算缴纳增值税。

（2）同时有生产、销售和安装资质的生产制造企业或销售企业，特别是既有钢结构生产资质又有钢结构销售和安装资质的钢结构生产企业或钢结构销售企业，如果在销售合同中分别注明销售材料价款和提供建筑服务价款，分别按照销售货物13%税率和提供建筑服务9%税率缴纳增值税。未分别注明的，按照混合销售的原则，应按照销售货物适用的税率13%计算缴纳增值税。

（3）同时有生产、销售和安装资质的建筑安装企业，特别是既有钢结构生产资质又有钢结构销售和安装资质的钢结构安装企业，施工合同中分别注明钢构价款和设计、施工价款的，而且财务上分别核算钢结构、设备、材料收入和安装收入的，则钢结构、设备、材料收入按照13%税率计算缴纳增值税，安装服务按照9%计算缴纳增值税。如果施工合同中未分别注明的，则钢结构、设备和材料在企业一年当中的收入比重超过50%的，按照13%税率计算缴纳增值税；在企业一年当中的收入比重未超过50%的，按照16%税率计算缴纳增值税。

对混合销售业务，可以按“应税服务混合销售，统一核算，降低货物销售的税率”或“应税货物和劳务混合销售，尽可能将应税服务业务单独成立公司，单独核算。避免应税服务按照销售货物缴税”这两个思路进行纳税筹划。

3. 利用兼营销售进行纳税筹划

“兼营”属于商事登记制度对企业经营不同种类业务所使用的专业术语，而税法对“兼营”的概念仅是指纳税人从事不同销售行为如销售货物、劳务、服务、无形资产或者不动产。工商登记确定的“兼营”不等于从税法角度定义的“兼营”，两种“兼营”概念的含义不同。所以，在纳税问题上判断是否属于兼营业务时，必须遵从税法的规定。

企业兼营适用不同增值税税率的货物或加工、修理修配劳务，应当分别核算不同税率货物或者应税劳务的销售额；未分别核算销售额的，从高适用税率。

纳税人兼营免税、减税项目的，应当分别核算免税、减税项目的销售额；未分别核算销售额的，不得免税、减税。

增值税一般纳税人兼营简易计税方法计税项目、免征增值税项目而无法划分不得抵扣的进项税额等，按照下列公式计算不得抵扣的进项税额。

不得抵扣的进项税额＝当期无法划分的全部进项税额×（当期简易计税方法计税项目销售额+免征增值税项目销售额）÷当期全部销售额

4. 利用特殊销售形式进行纳税筹划

所谓特殊销售形式，就是非常规性的经营业务。由于我国税法对于这些业务有专门的规定，因此企业在处理这些业务时，不同的处理方法会导致不同的纳税负担。因此，有必要对这些较为特殊的销售情况进行介绍。

（1）销售使用过的固定资产适用简易计税方法的增值税纳税筹划。

销售使用过的固定资产适用简易计税方法征收增值税的规定如下。

小规模纳税人（除其他个人外）销售自己使用过的固定资产，减按2%征收率征收增值税；应开具普通发票，不得由税务机关代开增值税专用发票。

一般纳税人销售自己使用过的固定资产，购进或者自制固定资产时为小规模纳税人，登记为一般纳税人后销售该固定资产或发生按简易计税方法征收增值税的应税行为，销售其按照规定不得抵扣且未抵扣进项税额的固定资产情形的，可按简易计税方法依3%征收率减2%征收增值税；应开具普通发票，不得开具增值税专用发票。

按下列公式确定销售额和应纳税额。

销售额＝含税销售额÷（1＋3%）

应纳税额＝销售额×2%

自2016年2月1日起，一般纳税人或小规模纳税人销售自己使用过的固定资产，适用简易计税方法依照3%征收率减按2%征收增值税政策的，可以放弃减税，按照简易计税方法依照3%征收率缴纳增值税，并可以开具增值税专用发票。

【例22-2】

绿城物业2016年5月实施“营改增”，登记为一般纳税人。2018年1月向明盛公司（一般纳税人）销售自己使用过的设备，含税销售额为100万元。该设备于2016年3月购买，支付款项120万元。绿城物业是否放弃享受减税？（已知绿城物业适用的城建税税率为5%，教育费附加征收率为3%，地方教育附加征收率为2%）

纳税筹划：

如果绿城物业选择享受减税，按照简易计税方法依3%征收率减按2%征收增值税，向明盛公司开具增值税普通发票。

绿城物业应纳增值税及附加=100÷（1+3%）×2%×（1+10%）=2.14（万元）；

绿城物业税后收入=100−2.14=97.86（万元）；

明盛公司取得增值税普通发票，不得抵扣进项税额，税后成本=100（万元）。

如果绿城物业放弃享受减税，按照简易计税方法依照3%征收率缴纳增值税，将销售额提高到102万元（含增值税），并向明盛公司开具增值税专用发票。

绿城物业应纳增值税及附加=102÷（1+3%）×3%×（1+10%）=3.27（万元）；

绿城物业税后收入=102-3.27=98.73（万元）；

明盛公司取得增值税专用发票，可以抵扣进项税额，税后成本=102-3.27= 98.73（万元）。

绿城物业放弃享受减税，税后收入增加0.87（98.73-97.86）万元，明盛公司税后成本降低1.27（100-98.73）万元，绿城物业和明盛公司一共增加税后利益2.14（0.87+1.27）万元。

【例22-3】

2018年2月，荣盛公司将一辆作固定资产使用的小汽车销售给张伟（个人），含税销售额为50万元。该公司2016年7月登记为一般纳税人，该小汽车于2016年2月购买，支付款项60万元。荣盛公司是否放弃享受减税？（已知荣盛公司适用的城建税税率为7%，教育费附加征收率为3%，地方教育附加征收率为2%）

纳税筹划：

如果荣盛公司选择享受减税，按照简易计税方法依3%征收率减按2%征收增值税，向张伟（个人）开具增值税普通发票。

荣盛公司应纳增值税及附加=50÷（1+3%）×2%×（1+12%）=1.09（万元）；

荣盛公司税后收入=50-1.09=48.91（万元）；

张伟（个人）取得普通发票，无法抵扣进项税额，税后成本为50万元。

如果荣盛公司放弃享受减税，按照简易计税方法依照3%征收率缴纳增值税，向张伟（个人）开具增值税普通发票。

荣盛公司应纳增值税及附加=50÷（1+3%）×3%×（1+12%）=1.63（万元）；

荣盛公司税后收入=50-1.63=48.37（万元）；

张伟（个人）取得普通发票，无法抵扣进项税额，税后成本为50万元。

不论荣盛公司是否放弃享受减税，张伟（个人）均无法抵扣进项税额，税后成本不变；而荣盛公司选择享受减税，荣盛公司税后收入增加0.54（48.91-48.37）万元。因此荣盛公司应选择享受减税。

由上面两个案例可知，一般纳税人或者小规模纳税人销售使用过的固定资产，适用简易计税方法征收增值税，当购买方是小规模纳税人或者消费者个人，不得抵扣进项税额，销售方应选择享受减税，减轻税负；当购买方是一般纳税人，可以抵扣进项税额，销售方应放弃享受减税，开具增值税专用发票，避免抵扣链条中断造成重复征税。

（2）折扣销售的发票处理纳税筹划。

这里说的销售折扣，就是企业将货物出售时给予购货方的折扣。我国税收法律法规规定，只有当企业将折扣额与销售额开具在同一张发票中时，折扣额才被主管税务机关认可，企业才可以根据折扣后的销售价格计算应当缴纳的增值税。

22.4.2 所得税的纳税筹划

由于流转税的税收法律法规规定较为死板，计算也较为简单，其纳税筹划的空间并不大。但是所得税不一样，所得税的相关法律法规较多，计税依据也较为复杂，因此所得税的纳税筹划空间较大。

1. 利用所得税税率进行纳税筹划

在我国的所得税体系中，企业所得税的基本税率为25%。但是，根据企业的实际情况，另外有两档低税率，分别是适用于高新技术企业的15%税率和适用于小型微利企业的20%税率。

显而易见，如果能够通过纳税筹划将企业从适用于一般档次的25%税率变成适用于另外两个较低档次的15%和20%税率，就能够在企业所得税的应纳税所得额相同的情况下，通过适用较低的税率达到减少企业纳税负担的效果。

因此，为了在企业所得税税率上做文章，必须先了解高新技术企业和小型微利企业的认定标准是什么。

高新技术企业，其产品、服务必须属于《国家重点支持的高新技术领域》的目录，拥有核心自主知识产权，研究开发费用、高薪技术产品和服务的收入占总收入的比重要达到规定的要求，企业的科技人员占企业职工总数的比例要达到规定的要求。符合这些条件的企业，就可以向主管税务机关申请获得高新技术企业认定，从而可以按照15%的企业所得税税率缴纳企业所得税。

《国家重点支持的高新技术领域》中详细规定的产品、服务，主要是属于电子信息技术、生物与新医药技术、航空航天技术、新材料技术、高技术服务业、新能源及节能技术、资源与环境技术等项目。

可见，高新技术企业的认定比小型微利企业的认定要难得多，门槛较高。高新技术企业的认定条件很难单纯地通过纳税筹划来完成，即使是勉强通过纳税筹划，调整业务结构使企业符合了高新技术企业的认定标准，对于企业来说，也需要花费较多人力物力，因此针对高新技术企业认定标准的纳税筹划是较难的。但是，如果企业有先天条件，只需要经过适当调整业务就可以符合高新技术企业的认定标准，选择这种方式不失为一种纳税筹划的好方法。

小型微利企业的认定标准，本来就是为了保护小型微利企业的发展而设立的。因此，在实际中，许多企业都符合小型微利企业的认定标准，不符合的，对企业的业务进行改造从而符合小型微利企业的认定标准也不是很难。因此，改造企业的业务，从而使企业成为小型微利企业，适用20%的企业所得税税率是一种常见的纳税筹划目标。

【例22-4】

顺达宾馆拥有资产800万元，员工60人，2018年企业所得税应纳税所得额为25万元。为了增加企业的效益，顺达宾馆准备将其拥有一个楼层中的空地进行装修，改造成咖啡厅经营餐饮业务。根据测算，咖啡厅改造完成后，酒店的收入会增加，在原有的基础上，资产增加250万元，员工增加25人，企业所得税应纳税所得额预计增加10万元。请分析顺达宾馆如何进行企业所得税纳税筹划。

本例中，顺达宾馆原有资产800万元、员工60人，2018年企业所得税应纳税所得额为25万元，根据相关法律法规的规定，企业符合小型微利企业的认定标准。在进行咖啡厅改造后，预计企业的资产增加到1 050万元，员工人数增加到85人，企业所得税应纳税所得额增加到35万元。均超过了小型微利企业的认定标准，因此如何使企业在改造咖啡厅后依然符合小型微利企业的认定标准就是纳税筹划的目标。

根据实际情况，顺达宾馆可以成立一家全资子公司，将改造后的咖啡厅业务交由全资子公司经营，这样就可以达到纳税筹划的目标。

纳税筹划方案：顺达宾馆出资300万元设立全资子公司顺利咖啡馆，注册资金300万元，将250万元用于咖啡厅的改造，50万元作为流动资金。顺利咖啡馆总资产300万元，员工25人，年企业所得税应纳税所得额预计为10万元。母公司顺达宾馆通过现金出资，现金减少300万元，长期投资增加300万元，资产总额不发生变化。这样顺达宾馆依然符合小型微利企业的认定标准，而全资子公司顺利咖啡馆也符合小型微利企业的认定标准，均按照小型微利企业的适用税率20%缴纳企业所得税。

经过纳税筹划后的顺达宾馆需要缴纳企业所得税=25×20%=5（万元），顺利咖啡馆需要缴纳所得税=10×5%=0.5（万元），两者合计需要缴纳企业所得税5.5（万元）。

不经过纳税筹划，顺达宾馆需要缴纳企业所得税=35×25%=8.75（万元）。

可见，通过纳税筹划，使顺达宾馆的企业所得税支出减少了3.25（万元）。

2. 存货核算中存在的纳税筹划

在我国的会计核算体系中，存货的核算原则是以历史成本作为计价基础，其核算方法有先进先出法、月末一次加权平均法和移动加权平均法、个别计价法等。这些核算方法之间的不同，主要在于存货出库时所使用的计价成本不同。在会计核算中，存货的出库对应的会计科目往往是营业成本，因此，存货计价方法的选择直接影响企业所得税应纳税所得额的计算。很自然，存货核算也是企业所得税纳税筹划的一部分。

存货计价方法不同，会产生不同的存货期末价值和销货成本，从而对企业财务状况、盈亏情况及所得税产生不同的影响。

企业持有存货的主要目的是最终实现对外销售，存货计价方法造成存货价值的差异对经营成果的影响主要通过销售成本发生作用。由公式“销售成本=期初存货+本期进货-期末存货；利润总额（税前利润）=销售收入-销售成本-期间费用”可知，期末存货的金额与销售成本成向变化。换言之，期末存货金额越大，销货成本便越小，销货毛利随之加大，应纳税所得额及所得税负也随之增加，对企业不利；期末存货金额越小，销售成本越大，销货毛利变小，应纳税所得额及所得税负也随之减少，对企业有利。因此，对存货计价方法在不同的税制环境和物价变动趋势下对纳税的影响进行分析，并合理选择，可以减轻企业的所得税负担。

（1）先进先出法下，由于期末存货成本是按最近购货金融确定，因此期末存货成本能较公允地反映其市场价值。但在通货膨胀条件下，先进先出法会高估企业库存存货价值，少计销售成本，使得当期利润虚增，加大企业所得税费用支出；反之，在物价持续下降的情况下，会导致期末存货价格较低，销货成本增加，从而减少应纳税所得额，达到“节税”的目的。

（2）月末一次加权平均法和移动加权平均法都是以平均数的形式对存货进行计价，使得本期销货成本介于早期购货成本与当期购货成本之间，较为折中；可以避免因销售成本的大幅波动而导致各期利润的忽高忽低，计算的所得税费用也较为均衡。

（3）个别计价法下，由于存货的成本流转和实物流转相一致，本期销售成本与本期销售利润比较适当，计算的企业所得税比其他方法都准确。

由于存货核算方法的选择对当期企业所得税应纳税所得额有影响，因此，企业所处的外部环境就决定了纳税筹划的目标和方向。

3. 根据收入限额扣除类费用的纳税筹划

我国企业所得税相关法律法规对于企业在税前开支的广告费、业务宣传费和业务招待费，在计算企业所得税应纳税所得额的扣除额时，做了限额规定。

（1）广告费与业务宣传费。

广告费与业务宣传费在作为税前支出扣除时，只有不超过当年销售收入的15%的部分可以在计算当年度企业所得税应纳税所得额时扣除；余下不能够扣除的部分，可以留存结转到以后年度继续按照相同的规则进行扣除。

也就是说，企业在计算当年度的企业所得税应纳税所得额时，其可以列支并进行扣除的广告费与业务宣传费不能够超过当年度销售收入的15%。虽然按照税法规定，当年度不足抵扣的部分可以结转到以后年度进行扣除，但是如果企业每一年度的广告费与业务宣传费支出都超过企业销售收入的15%，那么，理论上超出的部分永远都没有机会在以后年度的企业所得税应纳税所得额的计算中进行扣除。

（2）业务招待费。

我国税收法律法规规定，企业的业务招待费在当年度的企业所得税应纳税所得额的计算中，按照实际发生额的60%扣除，最高不能超过当年度销售收入的5‰。

广告费、业务宣传费与业务招待费，都是按照企业的销售收入的一定的比例进行扣除的，受到企业销售收入的限制。因此，如何更多地在计算企业所得税应纳税所得额时扣除企业发生的广告费、业务宣传费与业务招待费，就是这类企业纳税筹划的目标。

要达到纳税筹划的目标，就要从广告费、业务宣传费与业务招待费等根据销售收入的一定比例进行税前扣除的这类费用的特性入手，因此，如何通过纳税筹划增加企业的营业收入，就是要达成广告费、业务宣传费与业务招待费纳税筹划目标的关键。

【例22-5】

顺达建材公司主要从事门窗的生产和销售，该公司通过预算，预计2018年将获得销售收入1 200万元，发生广告费与业务宣传费250万元、业务招待费30万元。请针对2018年的预算案，分析2018年针对广告费与业务宣传费、业务招待费的纳税筹划方案（企业所得税税率为25%）。

可扣除的广告费与业务宣传费=1 200×15%=180（万元）；

可扣除的业务招待费为业务招待费发生额的60%，最高不超过销售收入的5‰。

30×60%=18（万元）>1 200×0.005=6（万元）。可扣除的业务招待费为6万元。

多负担的企业所得税=［（250-180）+（30-6）］×25%=23.5（万元）。

纳税筹划方案如下。

顺达建材公司可以将销售部门独立出来，设立一个独立的子公司，专门负责销售，而生产部分还是留在母公司里。顺达建材公司可以建立顺达销售公司，专门销售顺达建材公司生产的建筑材料。由于预计2018年收入是1 200万元，因此顺达建材公司可以以1 100万元的价格将该批建材销售给顺达销售公司，然后顺达销售公司再以1 200万元的价格对外出售。同时，将广告费、业务宣传费和业务招待费的预计发生额平均分摊在顺达建材公司和顺达销售公司。

顺达建材公司2018年度取得销售收入1 100万元，发生广告费与业务宣传费125万元，业务招待费15万元。根据企业所得税法的规定，其广告费与业务宣传费可以在计算企业所得税应纳税所得额时全额扣除，业务招待费在计算企业所得税应纳税所得额时可以扣除5.5万元。顺达销售公司取得销售收入1 200万元，其发生的广告费与业务宣传费可以全额扣除，发生的业务招待费可以扣除6万元。也就是说，通过将顺达建材公司的销售部门独立出来成立销售公司的办法，可以在计算企业所得税应纳税所得额时，扣除所有发生的广告费与业务宣传费和10.5万元业务招待费，只有18.5万元的业务招待费不能够进行税前扣除，也就是多负担企业所得税4.625万元。

比较经过纳税筹划后的方案和纳税筹划前的方案，顺达建材公司企业所得税应纳税额可以实际减少18.875万元。

4．母公司与子公司之间的费用分摊纳税筹划

母公司与子公司之间可以通过安排经营往来，提高企业集团整体的销售额，从而达到整体上在计算企业所得税应纳税所得额时增加可扣除项目的目的。其实，由于母公司和子公司之间拥有控制权的关系，因此对于其他费用，也可以采用类似的思路进行纳税筹划；如果结合各种税收优惠政策，那更可以起到意想不到的效果。

在实际工作中，常常会有这样的情形，即母公司下属多个子公司，母公司为子公司提供多种业务支持服务，由子公司开拓市场、经营业务，而母公司本身则不经营业务。在这种情况下，母公司由于没有收入，而费用较大，亏损严重，其成本费用与收入无法配比。而子公司由于很多支持性的业务由母公司提供，本身成本、费用较低，因此盈利可观，企业所得税的税收负担较重。可以看出，这样的组织结构和纳税安排，使母公司的费用无法抵扣集团整体的企业所得税应纳税所得额，因此企业整体税负较重。对于这样的母子公司体系，应当对其费用分摊进行筹划，使母公司向子公司收取提供各种业务支持的费用作为母公司的收入，而子公司将支付给母公司的费用作为自己的费用入账，在计算企业所得税应纳税所得额时予以扣除。

5．及时注意企业的亏损弥补情况

按照有关税收法律规定，企业在纳税年度发生的亏损，经过所得税汇算清缴被主管税务机关认可后，可以在以后的5个年度内抵扣当年度的企业所得税应纳税所得额；但是如果超过了5个年度，亏损额仍然没有被用来抵扣当年的企业所得税应纳税所得额，那么这笔亏损额不能够

继续用于在以后的年度内抵扣当年度的企业所得税应纳税所得额。

由于5年的时间较长，企业很容易由于人事变动、业务变动、企业扩张等原因忽略了对企业亏损弥补的关注，从而使可以用来抵扣当年度企业所得税应纳税所得额的亏损额白白地浪费了。因此，对于亏损弥补的纳税筹划，就是指在亏损额产生后，充分利用5年的时间来抵扣年度内的应纳税所得额，或者在无法弥补时将亏损额的产生年度向后推迟。

【例22-6】

顺达建材公司从事建筑材料的生产、销售。该公司成立于2012年，成立后的4年间经营一直处于亏损状态，2017年预计将会盈利。其过去的生产业绩和2012年的盈利预测如下。

2012年：亏损50万元；2013年：亏损60万元；2014年：亏损40万元；2015年：亏损20万元；2016年：盈利2万元；2017年：预计盈利20万元。

该公司在2017年年末预计2018年年初有一笔可以盈利28万元的生意，请对顺达建材公司进行纳税筹划。

在本例中，顺达建材公司是2012年成立的，并且在2012年当年发生50万元亏损。根据企业所得税法的规定，该笔亏损额可以在以后5个年度内抵扣当年度的企业所得税应纳税所得额。由于2013年到2015年均亏损，没有年度企业所得税应纳税所得额，因此2012年的亏损额没有进行抵扣。2016年顺达建材公司发生盈利2万元，2012年的亏损额可以进行抵扣，抵扣后2012年亏损还有48万元可以留待扣除。由于2017年是2012年亏损额可以进行扣除当年度应纳税所得额的最后一年，如果当年度不能用于抵扣当年度的企业所得税应纳税所得额，那么在以后年度这笔亏损额就不能够再用于抵扣当年度的应纳税所得额了。因此，在本例中，2017年预计盈利20万元，而2012年还余下的亏损额为48万元，抵扣了当年度的应纳税所得额20万元后，还有28万元就不能够在以后年度作为应纳税所得额的抵扣额使用了。因此，在2017年年末与2018年年初的一笔盈利28万元的生意，从纳税筹划的角度，在法律许可的情况下，可以在2017年年末入账，作为企业2017年的盈利额，这样就正好抵扣完企业2012年度留下的亏损额28万元，可以为企业节省企业所得税7万元。

22.4.3 其他方面的纳税筹划

除了流转税纳税筹划、所得税纳税筹划外，在企业的生产经营活动中，还有其他方面也可以进行纳税筹划。

1. 延缓纳税的纳税筹划

一般的纳税筹划致力于减少企业的纳税负担，从而提高企业的价值。而延缓纳税的纳税筹划，其着眼点是不同的。延缓纳税的纳税筹划，其目标不是减少企业的纳税负担，还是延后企业的纳税支出。企业是依靠现金流维持生存的，现金流之于企业就如同血液之于人体一样重要。所谓现金流，既包括现金流出，也包括现金流入。当现金流出大于现金流入时，企业的现金流就会渐渐枯竭，企业的生存状态也就越来越差；而当企业的现金流入大于企业的现金流出时，企业的现金流就越来越旺盛，企业的生存状态也就越来越好。而企业的纳税支出，就是企业的现金流出。因此，延缓企业的纳税支出，就是延缓企业的现金流出，有利于企业的现金流健康，有利于企业的生存发展。因此，延缓纳税也是一种纳税筹划方法。

（1）一般纳税人增值税延缓纳税的纳税筹划。

一般纳税人在一个会计期间内，如果当期发生的增值税销项税额大于累计发生的增值税进项税额，企业就需要在当期缴纳增值税，反之则不需要缴纳增值税。因此，一般纳税人增值税延缓纳税的纳税筹划关键，就是延后增值税销项税额的纳税义务发生时间，提前增值税进项税额的确认时间。

我国增值税相关法律法规规定，采用预收货款、托收承付、委托银行收款结算方式的，其增值税专用发票的开具时限为货物发出的当天，其增值税纳税义务发生时间，也是企业发出货物并且办妥收款手续的当天。其中，托收承付和委托银行收款结算方式下，货物发出的当天，企业并未实际收到货款，往往还要过一段时间才会收到货款。而由于采用这两种方式结算，在货物发出的当天就需要开具增值税专用发票，而在当月开具的增值税专用发票，其销项税就需要在次月初进行纳税申报。如果企业的进项税额不足抵扣，那么企业就需要缴纳增值税。而缴纳增值税时，往往依然还是没有收到采用托收承付和委托银行收款结算方式的货款。对于一般纳税人来说，增值税是价外税，其税金实质上是由购货方承担的。因此，在这种情况下，企业相当于提前垫付了增值税，相当于给予了购货方融资优惠。因此，为了减少企业的现金流出，推迟增值税的缴纳，应当避免采用这两种方式进行货款结算。

我国增值税相关法律法规规定，采用赊销或者分期收款方式销售货物的，其增值税的纳税义务发生时间为合同约定的收款日期当天，其增值税专用发票开具时限，也是合同约定的收款日期当天。而采用赊销或者分期收款方式签订的销售合同，其货款也不是在合同约定的当天一次性收取的，往往也是在合同中约定了分若干次收取。因此，企业在开具增值税专用发票时，应当按照合同约定的收款日当天收取的货款的金额来开具增值税专用发票，并据此进行纳税申报；而不是以合同的总金额作为开具增值税专用发票的依据，按照合同的总金额一并进行纳税申报。企业如果以合同的总金额作为增值税缴纳的依据，由于还有其他货款并未全部收到，因此企业势必又要垫付增值税税金。

一般纳税人在采购商品时，应当尽量在交易中采取委托银行收款或者托收承付结算方式，这样，就可以在还未支付货款时获得增值税进项税额。

（2）企业所得税延缓纳税的纳税筹划。

企业所得税延缓纳税的纳税筹划，就是延缓缴纳企业所得税。在这里，延缓纳税有两层意思：第一层意思是从企业的纳税年度来说，将本年度企业所得税的缴纳向以后年度延后；第二层意思就是从企业的季度预缴所得税来说，将企业所得税的缴纳延后到所得税汇算清缴。

将年度企业所得税的缴纳向以后年度延后。其办法就是根据企业的生产经营情况，收入、费用的支出情况，以及对将来的收入、费用的预测，合理安排年度内的收入、费用，以便减少当年度的应纳税所得额，从时间范围上推延应纳税所得额的发生。

【例22-7】

顺达公司2017年度预计当年度的企业所得税应纳税所得额为30万元，并计划在2018年1月进行一次企业员工全面培训，预计培训费为30万元。请对顺达公司2017年的企业所得税进行纳税筹划（企业所得税税率25%）。

在本例中，顺达公司预计2017年的企业所得税应纳税所得额为30万元，并且在2018年年初需要花费30万元进行培训。因此在2018年年初，企业的相关现金流出等于缴纳企业所得税7.5万元和培训费30万元。通过纳税筹划，可以将原预计在2018年1月支付的培训费提前到2017年12月支付，这样，在2017年年末原预计的企业所得税应纳税所得额30万元的基础上减去发生的费用30万元，这样在2018年年初就不需要缴纳企业所得税了。企业所得税的缴纳被推迟了1年，而发生的费用，可能只是提前了几个星期。

在企业年度内，预缴企业所得税的纳税推迟筹划。我国企业所得税的缴纳，是采用季度预缴，年终汇算清缴的方法来管理的。也就是说，企业在季度终了后，根据当季度的经营情况，自行计算当季度的企业所得税，并进行预先缴纳；然后在年度终了后，根据全年的实际情况对企业所得税进行汇算，并进行清缴。在这种纳税模式下，在季度所得税自行申报时，企业应当尽量避免预先缴纳所得税，而在年末汇算清缴中缴纳所得税，达到推迟缴纳所得税的目的。

2. 企业经营中的非直接涉税纳税筹划

在企业的生产经营活动中，除了以上介绍的企业直接涉税业务可以进行纳税筹划外，其实企业其他的很多生产经营活动，都或多或少地对涉税业务有影响。因此，企业的纳税筹划，不仅仅是对涉税业务进行纳税筹划，企业的其他生产经营方面也有纳税筹划的空间。

（1）在企业设立时就要考虑纳税因素。

企业设立时要考虑的纳税因素，主要包含以下两个方面的内容。

① 企业今后将进入的行业、开展的业务，在我国的税收法律法规中是否有相关的规定。

例如，我国税收法律法规规定，企业从事农、林、渔、牧的，其农、林、渔、牧业务的所得可以减征、免征企业所得税；又如，我国税收法律法规规定，创业投资企业采用股权投资方式，投资于未上市的中小型高新技术企业2年以上的，可以按照投资额的70%在股权持有满2年的当年度，从该企业的企业所得税应纳税所得额的计算中扣除，如果当年度扣除后还有投资额的，可以在以后年度继续扣除。这些都是我国税收法律法规中对于特殊行业、特殊业务的特别规定，如果企业将要进入的行业、开展的业务符合这些税收法律法规的要求，就可以根据这些法律法规进行纳税筹划。

② 企业的注册地因素。

由于我国区域经济的差异，因此不同区域的税收政策待遇是不同的。比如，我国税收法律法规规定，在深圳、珠海、汕头、厦门、海南经济特区和上海浦东新区新设立的需要国家重点扶持的高新技术企业，自取得第一笔生产经营收入开始，头两年免征企业所得税，第三年至第五年按照12.5%的税率征收企业所得税。可见，如果企业是属于上述法律法规所定义的企业的，在其注册设立时，就需要考虑到税收因素，如果注册设立在上述区域，就比注册设立在其他区域可以享受更多的企业所得税纳税优惠政策，减少企业的纳税负担。

（2）在建立下属机构时要考虑纳税因素。

所谓建立下属机构，就是企业设立自己的分公司或者子公司。在我国的法律体系中，分公司不具有法人资格，可以以自己的名义对外开展生产经营活动，但是不能够独自承担民事责任。而子公司具有法人资格，以自己的名义对外开展生产经营活动，同时独自承担民事责任。分公司与子公司的纳税是不一样的。在我国的税收法律法规中，分公司由于不是独立核算的会计主体，其应与母公司一并申报纳税；而子公司是独立核算的会计主体，因此其纳税申报是独立进行的。因此，分公司更像是母公司的一个部门，而子公司更像是一个独立的企业。由于存在着纳税上的差异，因此在设立分公司或者子公司时，应当要进行纳税筹划分析哪一种方式更合适。我们在前面的纳税筹划中曾经介绍过，可以通过母公司和子公司之间的关联交易来增加集团的营业收入，从而可以在企业所得税应纳税所得额的计算中多扣除受到营业收入限制的项目。选择这种纳税筹划方案就不能够设立分公司，因为分公司的财务核算、纳税申报都不是独立的。母公司和分公司之间的销售只是内部的货物变动，对外并不起作用。因此，若要选择此种纳税筹划方案，就需要设立子公司。

（3）企业闲置资金的使用也需要考虑税收因素。

企业闲置资金，不外乎两种情况：存在银行里或者进行对外投资，这看上去，似乎和企业的纳税申报没什么关系。其实不然，要知道，企业的方方面面业务几乎都是涉税业务，或多或少都能与税收发生关系。比如，企业的闲置资金可以用来购买国债以及存在银行，如果两种方式涉及的年利率皆为3%，那么企业应当选择哪一种闲置资金的使用方式？虽然名义上两种闲置资金的使用方式年利率都为3%，但是国债利息在计算当年度的企业所得税应纳税所得额时可以不计入应税所得，也就是说，国债利息收入是免征企业所得税的。如果将企业闲置资金存在银行里，企业所获得银行存款利息收入，在计算企业所得税应纳税所得额时要作为应税收入处理，这部分收入也就需要缴纳企业所得税。

22.5 综合演练

22.5.1 业务招待费的纳税筹划

演练要求：

对业务招待费进行纳税筹划。

演练解读：

税法规定，企业发生的与生产经营活动有关的业务招待费支出，按照发生额的60%扣除，但最高不得超过当年销售收入的5‰。这是防止企业为了减少利润而多找餐费发票来充当业务招待费。

那么，作为会计，就得做到让企业既能充分使用业务招待费的限额，又可以最大可能地减少纳税调整。

业务招待费与销售收入扣除之间的比例为5‰ ÷60%＝8.3‰。企业年初做预算时，先做出销售收入的预算，再按8.3‰的比例来预算当期的业务招待费。

比如预算当年销售收入为10 000万元，那么当年的业务招待费就不能超过10 000×8.3‰＝83（万元）。

如果实际发生的业务招待费为100万元，大于计划的83万元，那么，按业务招待费发生额的60%扣除，纳税调增100-60＝40（万元）；销售收入的5‰只有50万元，按照两方面限制孰低的原则进行比较，取其低值直接作纳税调整，共调整增加应纳税所得额50万元。计算缴纳企业所得税12.5万元，即实际消费100万元则要付出112.5万元的代价。

如果实际发生的业务招待费为40万元，小于计划的83万元，那么，业务招待费发生额的60%可以全部扣除，纳税调增40-24=16（万元）；销售收入的5‰为50万元，按照两方面限制孰低的原则进行比较，取其低值直接作纳税调整，只需要计算缴纳企业所得税4万元，即实际消费40万元却要支付44万元。

因此，得出如下结论：当企业的实际业务招待费大于销售收入的8.3‰时，超过60%的部分需要全部计税处理，超过部分每支付1 000元，就会导致250元的税金流出，等于消费了1 000元要支付1 250元费用；当企业的实际业务招待费小于销售收入的8.3‰时，60%的限额可以充分利用，只需要就40%部分作纳税调整，等于消费了1 000元只支付1 100元的费用。

22.5.2 个人所得税的纳税筹划

演练要求：

2018年维洁公司员工陈露每月应税工资薪金（已扣除“三险两金”）为6 000元，每季度奖金为6 000元（季度奖金于3月、6月、9月、12月发放）。

演练解读：

筹划前（2018年10月起实行新税率）：

1月、2月、4月、5月、7月、8月每月应纳个人所得税＝（6 000-3 500）×10%-105＝145（元）；3月、6月、9月每月应纳个人所得税＝（6 000+6 000-3 500）×20%-555＝1 145（元）；10月、11月每月应纳个人所得税＝（6 000-5 000）×3%＝30（元）；12月应纳个人所得税＝（6 000+6 000-5 000）×10%-210＝490（元）；2018年应纳个人所得税合计＝145×6+1 145×3+30×2+490×1＝4 855（元）。

筹划方法：

将季度奖金改为月度奖金，每月奖金为2 000元。

筹划后：

1—9月每月应纳个人所得税=（6 000+2 000−3 500）×10%−105=345（元）；10—12月每月应纳个人所得税=（6 000+2 000−5 000）×3%=90（元）；2018年应纳个人所得税合计＝345×9+90×3＝3 375（元）。

通过筹划全年节省个人所得税=4 855−3 375=1 840（元）。

第五篇　财务报表

第23章

财务报表概述

经过前面的处理，公司需要核算的经济业务经过了原始凭证—记账凭证—登记账簿这几个程序，在此基础上，可以运用账务处理程序编制汇总记账凭证或科目汇总表将核算结果汇总在几张财务报表上，通过财务报表反映一个公司经营的最终结果，对所有经济事项进行总括反映。

23.1 什么是财务报表

财务报表是综合反映企业一定时期财务状况、经营业绩的总结性文件，它是在日常会计核算资料基础上，对其进行加工、整理归类、汇总编制而成，具有统一格式和内容的报告文件。

不想做财务报表的会计不是好会计。财务流程就像接力赛，将会计分为很多岗位，有出纳、成本会计、结算会计、报表会计等，报表会计是这些“选手”中的最后一棒，是冲刺型选手，其目标是将所有工作成果汇集起来。财务报表又像企业的一面镜子，通过对比，企业管理者可以有的放矢地开展经营活动。

23.1.1 财务报表的产生过程

财务报表是企业财务工作的最终成果，企业会计工作的本质是对企业经济活动的货币信息逐步进行高度概括，使之有条理。这个过程主要分为三个步骤进行。

（1）第一个步骤是编制记账凭证。

通过记账凭证将企业纷繁杂乱的经济信息按会计制度要求进行分类，将同类业务记入相同会计科目。记账凭证的样式如图23-1所示。

记 账 凭 证

年 月 日 第 号

摘要	会计科目		借方金额	贷方金额	记账√
	总账科目	明细科目			
合计					

附单据 张

财务主管： 记账： 出纳： 审核： 制单：

图23-1 记账凭证

（2）第二个步骤是登记账簿。

账簿是对会计信息的进一步系统化，将同类型的凭证业务按某一特定时期集中登入同一账页，这是对企业信息进行的第二次归类。登记账簿是一个渐进过程，通过明细账把凭证信息进一步汇总，通过总账再汇聚一次信息，就形成财务报表。

账簿的样式如图23-2所示。

生产成本明细账

科目：生产成本

月	日	凭证号	摘要	借方（收入）			贷方（付出）		
				数量	单价	金额	数量	单价	金额
01	31	记099	生产车间领料	612	1 000.00	612 000.00			
01	31	记102	生产车间领用包装物			300.00			
01	31	记107	提取固定资产折旧			34 000.00			
01	31	记161	支付修理费			1 250.00			
01	31	记165	车间领料	10	1 000.00	10 000.00			
01	31	记166	生产领料	6	1 000.00	6 000.00			
……									

图23-2 账簿

（3）第三个步骤是编制财务报表。

在日常会计核算中，企业虽然已经通过记账将发生的各种经济业务归类登记在账簿中，但就某一个会计期间的企业活动整体状况而言，账簿所提供的会计信息仍显分散，还必须对账簿所反映的信息进行分类汇总，编制相应的财务报表，才能使企业整体状况一目了然。企业具体的账务处理流程如图23-3所示。

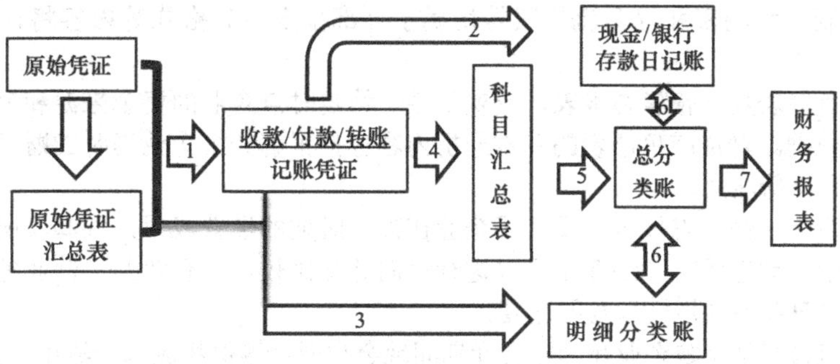

图23-3 账务处理流程

23.1.2 财务报表的编制目的

一个期间终了，需要让各级管理者了解企业的经营情况，需要向企业的利益关系人做财务会计报告，财务报表是财务会计报告的主要部分。

企业财务报表既反映了企业的财务状况，同时也是企业经营状况的综合反映。通过分析企业财务报表，就能对企业财务状况及整个经营状况有基本的了解，能够掌握反映企业经营状况的一系列基本指标和变化情况，了解企业的经营实力和业绩，并将它们与其他企业的情况进行比较，从而对企业的内在价值做出基本的判断。

财务报表应按期报送所有者、债权人、有关各方及当地财税机关、开户银行、主管部门。财务报表使用者及其对财务报表的利用如表23-1所示。

表23-1 财务报表使用者及其对财务报表的利用

使用者	要了解的内容	作用
投资者	了解企业盈利水平的高低以及发展趋势； 了解企业的财务状况及变动情况	做出是否继续追加投资、是否继续持有、是否需要收回或转移投资等决策
债权人	了解企业的财务状况，即资产结构、负债结构、资本结构以及三者之间的比例； 评估企业的长、短期偿债能力	保证向企业的贷款能及时收回，避免贷款的盲目性和冒险性； 督促企业严格执行贷款合同的规定，合理使用贷款，保护自己的权益
企业管理部门	了解企业的长、短期偿债能力和盈利能力； 了解企业的资金周转状况，即资金运用能力	评价企业经营管理情况，分析企业存在的问题，促进企业经营管理水平的提高
政府机构、工商税务部门	监督企业是否严格执行了国家的有关方针政策、法律法规和行政规定	履行国家管理职能，加强宏观经济管理

23.2 财务报表的分类

财务报表的内容包罗万象，是企业财务信息的高度浓缩，它需要从不同角度去理解和分析。财务报表可以按照不同的标准进行分类。

23.2.1 按服务对象分类

财务报表按服务对象可以分为外部报表和内部报表。

1. 外部报表

外部报表是企业必须定期编制，定期向上级主管部门、投资者、财税部门等报送或按规定向社会公布的财务报表。外部报表是一种主要的、定期规范化的财务报表，要求有统一的报表格式、指标体系和编制时间等。

资产负债表、利润表和现金流量表等均属于外部报表，其格式等内容将在后续章节详细讲解。

（1）资产负债表是一张静态报表，反映了某一特定时点企业的资金来源和分布状况，反映的是一个时点数据。对资产负债表的基本分析内容包括了解分析企业当时的财务结构、经营能力、盈利水平和偿债能力。

（2）利润表是一张动态报表，反映了企业在某一时期的经营成果，利润表所得到的是一个时段的数字反映。动态的含义还在于可以进行纵向计算比较，从企业的主营业务收入和增长率可以了解企业自身业务的规模和发展速度。

（3）现金流量表是反映企业在一定会计期间现金和现金等价物流入和流出的报表。

2. 内部报表

内部报表是企业根据其内部经营管理的需要而编制的，供其内部管理人员使用的财务报表。内部报表不要求统一格式，没有统一指标体系，如成本报表就属于内部报表。某公司餐饮部门的成本报表如表23-2所示。

表23-2　成本报表

制表时间：　　年　　月　　日　　　　　　　　　　　　　　　　　单位：元

项目	总计	餐饮部							KTV
		咖啡厅	豪生阁	栈	宴会厅	艺廊	客房送餐	迷你吧	
(不含服务费)营业收入									
上月盘余									
本月直购									
酒水仓领用									
部门调出									
部门调入									
本月盘余									
本月毛成本									
招待成本									
招待占饮品收入（%）									
高职餐成本									
高职餐占饮品收入（%）									
其他成本									
扣减项目合计									
本月净成本									
本月净成本率（%）									
减茶艺后收入									
减茶艺后成本									
减茶艺后成本率（%）									

23.2.2 按编制和报送时间分类

财务报表按编制和报送时间分为中期财务报表和年度财务报表。

中期财务报表有广义和狭义之分。广义的中期财务报表包括月份、季度、半年期财务报表；狭义的中期财务报表仅指半年期财务报表。未执行新金融工具准则和新收入准则企业适用的现金流量表（月报）格式如表23-3所示。

表23-3　现金流量表（月报）

单位名称：　　　　　　　　　　　　　　　　年　月　　　　　　　　　　　　　　　　单位：元

项　　目	注释	本期金额	上年同期金额
一、经营活动产生的现金流量：			
销售商品、提供劳务收到的现金			
收到的税费返还			
收到其他与经营活动有关的现金			
经营活动现金流入小计			
购买商品、接受劳务支付的现金			
支付给职工以及为职工支付的现金			
支付的各项税费			
支付其他与经营活动有关的现金			
经营活动现金流出小计			
经营活动产生的现金流量净额			
二、投资活动产生的现金流量：			
收回投资收到的现金			
取得投资收益收到的现金			
处置固定资产、无形资产和其他长期资产收回的现金净额			
处置子公司及其他营业单位收到的现金净额			
收到其他与投资活动有关的现金			
投资活动现金流入小计			
购建固定资产、无形资产和其他长期资产支付的现金			
投资支付的现金			
支付其他与投资活动有关的现金			
投资活动现金流出小计			
投资活动产生的现金流量净额			
三、筹资活动产生的现金流量：			
吸收投资收到的现金			
取得借款收到的现金			
发行债券收到的现金			
收到其他与筹资活动有关的现金			
筹资活动现金流入小计			
偿还债务支付的现金			
分配股利、利润或偿付利息支付的现金			
支付其他与筹资活动有关的现金			
筹资活动现金流出小计			
筹资活动产生的现金流量净额			
四、汇率变动对现金及现金等价物的影响			
五、现金及现金等价物净增加额			
加：期初现金及现金等价物余额			
六、期末现金及现金等价物余额			

年度财务报表是全面反映企业整个会计年度的经营成果、现金流量情况及年末财务状况的财务报表。企业每年年底必须编制并报送年度财务报表。未执行新金融工具准则和新收入准则企业适用的现金流量表（年报）格式如表23-4所示。

表23-4 现金流量表（年报）

20××年度

单位名称： 金额单位：人民币元

项　　目	注释	本期金额	上年同期金额
一、经营活动产生的现金流量：			
销售商品、提供劳务收到的现金			
收到的税费返还			
收到其他与经营活动有关的现金			
经营活动现金流入小计			
购买商品、接受劳务支付的现金			
支付给职工以及为职工支付的现金			
支付的各项税费			
支付其他与经营活动有关的现金			
经营活动现金流出小计			
经营活动产生的现金流量净额			
二、投资活动产生的现金流量：			
收回投资收到的现金			
取得投资收益收到的现金			
处置固定资产、无形资产和其他长期资产收回的现金净额			
处置子公司及其他营业单位收到的现金净额			
收到其他与投资活动有关的现金			
投资活动现金流入小计			
购建固定资产、无形资产和其他长期资产支付的现金			
投资支付的现金			
支付其他与投资活动有关的现金			
投资活动现金流出小计			
投资活动产生的现金流量净额			
三、筹资活动产生的现金流量：			
吸收投资收到的现金			
取得借款收到的现金			
发行债券收到的现金			
收到其他与筹资活动有关的现金			
筹资活动现金流入小计			
偿还债务支付的现金			
分配股利、利润或偿付利息支付的现金			
支付其他与筹资活动有关的现金			
筹资活动现金流出小计			
筹资活动产生的现金流量净额			
四、汇率变动对现金及现金等价物的影响			
五、现金及现金等价物净增加额			
加：期初现金及现金等价物余额			
六、期末现金及现金等价物余额			

23.2.3 按编报主体分类

财务报表按编报主体可以分为个别财务报表和合并财务报表。

个别财务报表是指在以母公司和子公司组成的具有控股关系的企业集团中，由母公司和子公司各自为主体分别单独编制的报表。

合并财务报表是以母公司和子公司组成的企业集团为一会计主体，以母公司和子公司单独编制的个别财务报表为基础，由母公司编制的综合反映企业集团经营成果、财务状况及资金变动情况的财务报表。

23.3 财务报表的编制

财务报表有严格的编制要求，即根据登记完整、核对无误的账簿记录和其他有关资料编制，做到数字真实、计算准确、内容完整、报送及时。除此之外，财务报表编制还有形式上的要求。

23.3.1 财务报表的编制要求

（1）数字真实。

编制的财务报表，首先就是要数字真实，这是对会计工作最基本的要求。财务报表中的各项数据必须真实可靠，能够如实地反映企业的财务状况、经营成果和现金流量。

（2）计算准确。

日常的会计核算以及编制财务报表，涉及大量的数字计算，只有准确的计算，才能保证数字的真实可靠，不能估计、推算。

财务报表是根据账簿中的数字计算编制的，所有报表的数据都来源于账簿，因此为保证财务报表数据的正确性，编制财务报表之前必须做好对账和结账工作，做到账证相符、账账相符、账实相符。这就和前面所提到的对账结账工作联系起来，形成了一个完整的流程。

（3）内容完整。

财务报表要求能够反映企业经济活动的全貌，全面反映企业的财务状况和经营成果，可以满足各财务报表使用者对会计信息的需要。

凡是国家要求提供的财务报表，企业必须全部编制并报送，不得漏编和漏报。凡是国家统一要求披露的信息，都必须披露，不得有所隐瞒。

（4）报送及时。

及时性是信息的重要特征，财务报表信息只有及时地传递给信息使用者，才能为使用者的决策提供依据。如果财务报表编制和报送不及时，对报告使用者来说，就大大降低了会计信息的使用价值。

23.3.2 财务报表编制形式上的要求

财务报表的编制除了要遵循上述内容方面的要求外，还要遵循形式上的要求。财务报表的表内格式一般是固定的，企业一般不应随意变动，另外企业还需注意对外提供的财务报表应加具封面、装订成册、加盖公章。

财务报表封面如图23-4所示。

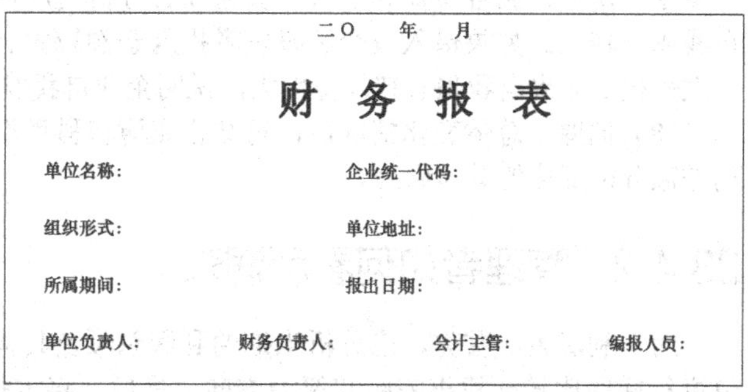
二〇　年　月

财　务　报　表

单位名称：　企业统一代码：

组织形式：　单位地址：

所属期间：　报出日期：

单位负责人：　财务负责人：　会计主管：　编报人员：

图23-4　财务报表封面

财务报表封面上应当注明单位名称、企业统一代码、组织形式、单位地址、所属期间、报出日期，并由单位负责人、财务负责人、会计主管和编报人员签名并盖章；设置总会计师的企业，还应当由总会计师签名并盖章。

23.4 管理者如何看财务报表

在企业管理中，做决策的管理者需要及时了解和掌握本单位的财务情况，就必须能够看懂财务报表。

23.4.1 管理者如何看资产负债表

对于资产负债表的分析有以下8个步骤。

（1）首先，浏览资产总额，结合利润表中的销售额和统计指标中的从业人数，判断企业的经营规模。单从资产总额方面考虑，4亿元以上的为大型企业，4 000万元以下的为小型企业，介于二者之间的为中型企业（资产总额作为企业经营规模的衡量指标仅适用于工业企业和建筑企业）。其次，看资产的来源即负债总额和所有者权益总额，把握企业债务规模和净资产的大小。最后，通过计算资产负债率或者产权比例，进而分析企业的财务风险。

（2）分析资产结构，计算流动资产和长期资产在总资产中的比重，判断企业类型。长期资产比重大的企业一般都是传统企业，而高新技术企业一般不需要很多的固定资产。

（3）通过计算流动资产中各项目的比重，了解企业资产的流动性及资产质量。一般情况下，存货占总资产的比重为50%，应收账款占总资产的比重为30%，现金占总资产的比重为20%，但先进的管理行业不执行该标准。

（4）计算长期资产中各项目的比重，了解企业资产的状况和潜能。长期投资的金额和比重大小，反映企业资本经营的规模和水平。固定资产净额和比重的大小，反映企业的生产能力和技术进步，进而反映其获利能力。如果固定资产的净额接近原值，说明企业要么是新的，要么是老企业的旧资产通过技术改造成为优质资产；如果固定资产的净额很小，说明企业技术落后，资金缺乏。无形资产金额和比重的大小，反映企业的技术含量。

（5）负债方面，计算流动负债与长期负债的比重。如果流动负债比重大，则反映企业偿债压力大；如果长期负债比重大，则说明企业财务负担重。此外，还需计算负债总额中信用性债务和结算性债务的比重与流动负债中临时性负债与自发性负债的比重，判断债务结构是否合理；计算长期负债与总资本的比率，分析总资本对长期负债的保障程度；计算长期负债与所有者权益的比率，分析债权人风险的大小。

（6）所有者权益方面，实收资本反映企业所有者对企业利益要求权的大小，资本公积反映投入资本本身的增值，留存收益（即盈余公积和未分配利润）是企业经营过程中的资本增值。如果留存收益大，则意味着企业自我发展的潜力大。

（7）最后对资产的期末、期初金额进行差额分析。资产总额的期末数大于期初数，说明资产发生了增值，结合负债和所有者权益项目分析资产增值的原因是借入资金、投资者投入还是自我积累转入。如果借入资金和投资者投入金额较大、自我积累转入金额小，可能是企业正在扩大规模；如果自我积累转入金额大，说明企业自我发展的潜力大。

（8）把握了总体变化情况后，再结合账簿和科目汇总表针对资产和权益各项目的期末、期初差额分析变化的具体原因。

23.4.2 管理者如何看利润表

对于利润表，首先，应分析当期的利润总额及其构成；其次，就企业本期的利润率与目标值进行横向比较，找出差距和努力方向；最后，将本报表最近几期的相关项目进行纵向比较，分析企业的发展趋势。

利润表分析的要点如下。

（1）分析利润总额及其构成。利润总额由营业利润、投资收益和营业外收支净额构成。通过分别计算营业利润、投资收益和营业外收支净额在利润总额中的比重，可以判断利润结构是否合理；通过分析主营业务利润和其他业务利润占营业利润的比重，可以判断营业利润的结构是否合理。如果处理资产的收益和投资收益比重过高，或者其他业务利润比重过高，说明企业的经营状况不正常，必须采取补救措施。

（2）将企业本期的利润率指标与目标值的差距利润率作为相对量指标，可以对同行业不同规模的企业进行比较。常用的利润率指标有销售毛利率和销售净利率。销售毛利是企业利润的直接来源，因此分析销售毛利率是利润表分析的头等大事。如果销售毛利率过低，就要考虑是价格低还是成本高造成的：如果是价格因素造成的，就要对价格调整的利弊进行分析后再作决策；如果是成本因素造成的，就要分析企业在降低成本方面是否有挖掘潜力；如果售价和成本都没有调整余地，就要按照薄利多销的原则，增加销售量。对于销售净利率也要进行分析，对于销售净利率低的商品，要分析出是毛利低还是费用高造成的，如果费用过高，则应在费用控制方面下大力气。

（3）针对利润表中的各项目进行纵向分析。就利润表中项目进行纵向比较，是利润表分析中较常用的方法，通过比较，可以找出企业经营轨迹的变化趋势，分析出发生这种变化的原因。

列举数期的利润金额，在历史数据中选择正常年份的指标作为基期，计算出经营成果各项目（按利润表的项目顺序列示）本期实现额与基期相比的增减变动额和增减变动率，分析本期的完成情况是否正常、业绩是增长还是下降。

将本期的营业收入结构和营业成本结构与合理的基期指标相比，计算出项目结构的增减变动，分析结构变动的原因，判断结构变动是否正常、对企业的发展是否有利。分析现销收入和赊销收入的增减变动，分析企业的营销策略和收款策略的合理性。

自从《企业会计制度》实施以后，利润表附表——销售利润明细表已不再对外报送，但对此表更应进行仔细分析。通过分析销售利润明细表，可以详细了解企业的经营情况，把握其畅销产品和滞销产品的销量及营业额，掌握各产品的营业利润及其弹性空间，在摸清市场的基础上，做出最佳的经营结构决策。

23.4.3 管理者如何看现金流量表

分析现金流量表包括三个方面。

（1）对现金流入和现金流出的结构以及流入流出比进行分析，判断现金收支结构的合理性。对于一个健康的、正在成长的企业来说，经营现金净流量应当是正数，投资现金净流量应当是负数，筹资现金净流量是正负相间的。

（2）利用现金流量表主表的数据，结合资产负债表和利润表，通过经营现金净流入和投入资源的比值计算企业获取现金的能力。这些指标包括销售现金比、每股现金净流量（或者净资产现金回收率）和总资产现金回收率。

销售现金比=经营现金净流入÷主营业务收入，该指标反映每元销售收入所获取的净现金。

净资产现金回收率=经营现金净流入÷净资产×100%，这里的净资产使用平均数，反映企业每元净资产获取现金的能力。

总资产现金回收率=经营现金净流入÷总资产×100%，这里的总资产也使用平均数，反映企业每元总资产获取现金的能力。

（3）根据现金流量表附表的相关数据计算净收益营运指数和现金营运指数，据此判断收益质量的好坏。

净收益营运指数是经营净收益在净收益中所占的比重，这里讲的净收益就是利润表中的净利润。然而这里说的经营净收益并不是利润表中的营业利润，因为营业外支出项目中的固定资产盘亏损失、罚没支出、捐赠支出、非常损失、债务重组损失、资产减值准备和营业外收入中的固定资产盘盈利得、罚没收入、非货币性资产交换收益以及补贴收入等均列入了经营净收益中。

现金营运指数是经营现金净流量与经营应得现金的比率。该指数小于1，说明企业收益质量不好。一方面，一部分收益尚未收到现金，停留在实物和债权资金形态，债权能否足额变现尚存在疑问，而实物资产更存在贬值的风险；另一方面，企业营运资金增加了，反映企业为取得同样的收益占用了更多的营运资金，取得收益的代价增大了，说明同样的收益代表较差的业绩。

23.4.4 管理者要对报表进行综合分析

对于财务报表的综合分析包括偿债能力分析、盈利能力分析和营运能力分析三个方面。

1. 偿债能力分析

企业的偿债能力指标除了资产负债率和产权比率外，还有利息保障倍数、流动比率、速动比率、流动资产对总负债的比率、现金净流量与到期债务比、现金净流量与流动负债比、现金净流量与债务总额比。

相关指标的计算公式如下。

资产负债率=负债总额÷资产总额×100%

产权比例=负债总额÷所有者权益总额×100%

流动比率=流动资产÷流动负债

速动比率=（流动资产－存货）÷流动负债

现金比率=（货币资金+短期投资+应收票据）÷流动负债

利息保障倍数=息税前利润÷利息费用

利息保障倍数反映税息前利润对利息总额的保障程度；流动比率和速动比率可以反映企业的短期偿债能力，该指标的合理数值因行业不同而有一定的差异，建议企业选择行业的平均水平作为比较依据。由于负债最终还需现金偿还，因此现金净流量与到期债务比、现金净流量与流动负债比、现金净流量与债务总额比能直接地反映企业的偿债能力和举借新债的能力。

现金净流量与到期债务比=经营现金净流量÷本期到期的债务

本期到期的债务是指本期到期的长期债务和应付票据。

现金净流量与流动负债比=经营现金净流量÷流动负债

现金净流量与债务总额比=经营现金净流量÷负债总额

2. 盈利能力分析

从经营指标角度看，盈利能力通过销售毛利率和销售利润率反映；从投资与报酬相结合的角度看，盈利能力的衡量指标有总资产报酬率、权益净利率、资本金利润率、每股净收益；从现金流量的角度看，盈利能力的衡量指标有每股经营现金净流量、净资产现金回收率、总资产现金回收率。

相关指标的计算公式如下。

总资产报酬率=息税前利润÷平均总资产×100%

息税前利润=利润总额+利息支出

平均总资产=（期初资产总额+期末资产总额）÷2

销售成本率=主营业务成本÷主营业务收入×100%

销售费用率=期间费用÷主营业务收入×100%

这里的期间费用不仅包括销售费用、财务费用和管理费用，还包括税金及附加。

销售净利率=净利润÷销售收入×100%

净资产收益率（也叫权益报酬率）=净利润÷平均净资产×100%

平均净资产=（期初所有者权益总额+期末所有者权益总额）÷2

将权益报酬率分解后该公式变为：

权益报酬率=销售净利率×总资产周转率×权益乘数

权益乘数=1÷（1-资产负债率）

资本金利润率=利润总额÷实收资本总额×100%

会计期间内若资本金发生变动，则公式中的“实收资本总额”用平均数。

实收资本点额=（期初实收资本余额+期末实收资本余额）÷2

资本金利润率反映投资者投入企业资本金的获利能力，该比率越高，说明资本的利用效果越高，企业资本金的盈利能力越强；反之，该比率越低，则说明资本的利用效果不佳，企业资本金的盈利能力越弱。

净资产现金回收率=经营现金净流入÷净资产×100%，这里的“净资产”使用平均数。

总资产现金回收率=经营现金净流入÷总资产×100%，这里的“总资产”使用平均数。

3. 营运能力分析

营运能力指标包括应收账款周转率、存货周转率、净营运资金周转率、流动资产周转率、总资产周转率。

相关指标的计算公式如下。

营业周期=存货周转天数+应收账款周转天数

应收账款周转天数=360÷应收账款周转率

应收账款周转率=销售收入÷平均应收账款

平均应收账款=（期初应收账款总额+期末应收账款总额）÷2

存货周转天数=360÷存货周转率

存货周转率=销售成本÷平均存货

平均存货=（期初存货总额+期末存货总额）÷2

营运资金周转天数=360÷营运资金周转率

应收账款周转率=销售收入÷平均营运资金

平均营运资金=[（期末流动资产总额-期末流动负债总额）+（期初流动资产总额-期初流动负债总额）]÷2

净营运资金周转率是销售收入与净营运资金平均占用额的比率。净营运资金是流动资产与流动负债的差额，它是流动资产中由长期资金来源供应的部分，是企业在业务经营中不断周转使用的资金。净营运资金越充裕，对短期债务的及时偿付越有保证，但获利能力相应会降低；周转次数越快，其运营越有效。在毛利大于0的情况下，应收账款周转率和存货周转率越快，获利越多；在毛利小于0的情况下，应收账款周转率和存货周转率越快，亏损越多。流动资产周转速度越快，会相应地节约流动资金，相当于相对扩大资产投入，增强企业的盈利能力。总资产周转率越快，反映企业销售能力越强，企业可以通过薄利多销的方法，加速资产的周转，带来利润绝对额的增加。

23.5 综合演练

23.5.1 财务报表的月报和季报

演练要求：

了解财务报表的月报和季报。

演练解读：

（1）报送财务报表的对象。

按照《税收征收管理法》和《企业所得税法》规定，纳税人需要向主管税务机关报送财务报表。

（2）报送财务报表的要求。

按规定需要向税务部门报送财务报表的纳税人，无论是网上报送还是纸质报送，在办理纳税申报时报送财务报表，财务报表一经报送即视为已完成向税务部门报送财务报表的义务。

财务报表的报送时间与企业所得税的纳税申报时间一致，即按月申报企业所得税的纳税人按月报送财务报表，按季申报企业所得税的纳税人按季报送财务报表。

23.5.2 财务报表的年报

演练要求：

了解财务报表年报的程序。

演练解读：

（1）报送财务报表的对象。

按照《税收征收管理法》和《企业所得税法》规定，纳税人需要向主管税务机关报送财务报表。

（2）报送财务报表的要求。

按规定需要向税务部门报送同财务报表的纳税人，无论是网上报送还是纸质报送，在办理纳税申报时报送财务报表，财务报表一经报送即视为已完成向税务部门报送财务报表的义务。

财务报表的报送时间与企业所得税的申报时间一致，即纳税年度终了后5个月内报送年度财务报表。年度财务报表除了网络电子财务报表外，应分别向税务部门另行报送年度纸质财务报表。

23.5.3 个体工商户的财务报表

演练要求：

了解个体工商户的财务报表。

演练解读：

个体工商户的财报表包括资产负债表和应税所得表，分别如表23-5和表23-6所示。

表23-5 资产负债表

纳税人编码：
编制单位：　　　　年 月 日　　　　单位：元

资产：	序号	年初数	期末数	负债及业主权益：	序号	年初数	期末数
现金	1			借入款项	14		
银行存款	2			应付款项	15		
应收款项	3			应付工资	16		
存货	4			未交税金	17		
待摊费用	5			负债合计	18		
待处理财产损溢	6						
固定资产原价	7						
减：累计折旧	8			业主权益：			
固定资产净值	9			业主投资	19		
固定资产清理	10			减：应弥补的亏损	20		
在建工程	11			留存利润	21		
无形资产	12			业主权益合计	22		
资产总计	13			负债及业主权益合计	23		

表23-6　应税所得表

纳税人编码：

编制单位：　　　　　　　　　　　　　年　月　日至　　年　月　日　　　　　　　　　　　　单位：元

项目	行次	本月数	本年累计数
营业收入	1		
减：营业税金	2		
营业成本	3		
营业费用	4		
营业外收支（净收益以“-”号表示）	5		
本年经营所得（如为经营亏损以“-”号表示）	6		
减：应弥补的以前年度亏损	7		
本年应税所得（如为亏损以“-”号表示）	8		

第24章

资产负债表

资产负债表是企业定期需要编制的重要财务报表之一。它是反映企业在某一特定时期（月末、季末、年末）财务状况的时点性财务报表，即报表上的数据反映的是报表公布时刻（如2018年12月31日）企业的财务状况。本章以爱米公司和四星通信设备有限公司的案例来讲解资产负债表的编制与分析。

24.1 资产负债表的格式和结构

资产负债表是企业经营活动的静态体现，反映了企业在某一特定日期的财务状况，诠释了“资产=负债+所有者权益”这一平衡公式。

资产负债表反映企业在某一日期资产、负债、所有者权益的总额及其结构，使用者可以一目了然地从资产负债表上了解企业在某一特定日期的资产、负债、所有者权益状况。

资产负债表还可以提供财务分析的基本资料，如将流动资产与流动负债进行比较，计算出流动比率；将速动资产与流动负债进行比较，计算出速动比率等。这些数据可以表明企业资产的变现能力、企业的偿债能力和资金周转能力，从而有助于报表使用者做出经济决策。

24.1.1 资产负债表的格式

资产负债表一般包括表首和正表两部分。

其中，表首概括地说明报表名称、编制单位、编制日期、货币单位等内容。正表是资产负债表的主体，列示了用以说明企业财务状况的各个项目。

通常见到的资产负债表正表的格式是按“资产=负债+所有者权益”的原理排列，采用左右结构，左边列示资产，右边列示负债和所有者权益。资产各项目的合计数等于负债和所有者权益各项目的合计数。

在我国，资产负债表采用账户式，每个项目按“期末余额”和“年初余额”两栏分别填列，采用企业会计准则的非金融企业的资产负债表格式如表24-1所示。

表24-1 资产负债表表样

资产负债表

会企01表

编制单位： 年 月 日 单位：元

资 产	期末余额	年初余额	负债和所有者权益	期末余额	年初余额
流动资产：			流动负债：		
货币资金			短期借款		
以公允价值计量且其变动计入当期损益的金融资产			以公允价值计量且其变动计入当期损益的金融负债		
衍生金融资产			衍生金融负债		
应收票据			应付票据		
应收账款			应付账款		
预付款项			预收款项		
应收利息			应付职工薪酬		
应收股利			应交税费		
其他应收款			应付利息		
存货			应付股利		
持有待售资产			其他应付款		
一年内到期的非流动资产			持有待售负债		
其他流动资产			一年内到期的非流动负债		
流动资产合计			其他流动负债		
非流动资产：			流动负债合计		
可供出售金融资产			非流动负债：		
持有至到期投资			长期借款		
长期应收款			应付债券		

续表

资　产	期末余额	年初余额	负债和所有者权益	期末余额	年初余额
长期股权投资			其中：优先股		
投资性房地产			永续债		
固定资产			长期应付款		
在建工程			专项应付款		
工程物资			预计负债		
固定资产清理			递延收益		
生产性生物资产			递延所得税负债		
油气资产			其他非流动负债		
无形资产			非流动负债合计		
开发支出			负债合计		
商誉			所有者权益：		
长期待摊费用			实收资本（或股本）		
递延所得税资产			其他权益工具		
其他非流动资产			其中：优先股		
非流动资产合计			永续债		
			资本公积		
			减：库存股		
			其他综合收益		
			盈余公积		
			未分配利润		
			所有者权益合计		
资产总计			负债和所有者权益总计		

24.1.2 资产负债表的结构

资产负债表的结构可以分为三个层级。

1. 会计要素

在资产负债表中，通常按资产、负债、所有者权益分类、分项反映企业的财务状况，也就是按照“资产=负债+所有者权益”的平衡公式列示企业的财务信息。

2. 项目类别

资产、负债项目按流动性大小分项列示，所有者权益项目按稳定程度排列。资产负债表第二层级总结如图24-1所示。

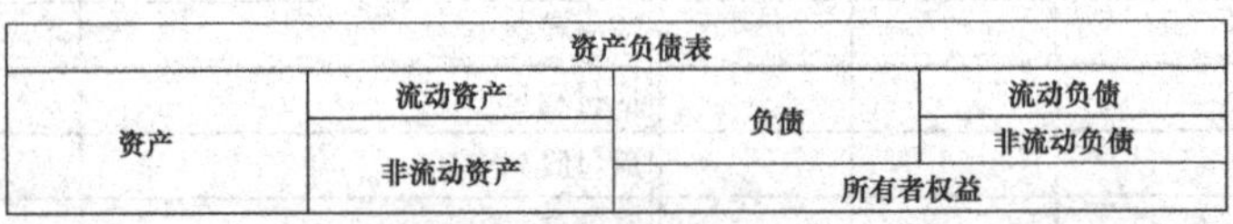

图24-1　资产负债表第二层级总结

在财务领域中，流动性、非流动性主要是指变现能力的强弱、变现时间的长短，针对负债而言，就是指需要偿还时间的长短，通常以一年为一个周期进行区分。

3. 报表科目

资产、负债项目按流动性大小分项列示后，流动资产（负债）、非流动资产（负债）及权益类科目又按照内容性质进一步细分。

（1）流动资产是流转速度比较快，预计在一个正常营业周期中变现、出售或耗用，或者主要为交易目的而持有，或者预计在资产负债表日起一年（含一年）内变现的资产，或者自资产负债表日起一年内交换其他资产或清偿负债的能力不受限制的现金或现金等价物。如存货随时可以出售，应收账款随时可能收回。资产负债表中列示的流动资产项目通常包括货币资金、交易性金融资产、应收票据和应收账款、预付款项、应收利息、应收股利、其他应收款、存货和一年内到期的非流动资产等。

（2）非流动资产是流动资产以外的资产。资产负债表中列示的非流动资产项目通常包括长期股权投资、固定资产、在建工程、工程物资、固定资产清理、无形资产、开发支出、长期待摊费用，以及其他非流动资产等。

（3）流动负债是预计在一个正常营业周期中清偿，或者主要为交易目的而持有，或者自资产负债表日起一年（含一年）内到期应予以清偿，或者企业无权自主地将清偿推迟至资产负债表日后一年以上的负债。资产负债表中列示的流动负债项目通常包括短期借款、应付票据、应付账款、预收款项、应付职工薪酬、应交税费、应付利息、应付股利、其他应付款、一年内到期的非流动负债等。

（4）非流动负债是流动负债以外的负债。非流动负债项目通常包括长期借款、应付债券和其他非流动负债等。

（5）所有者权益反映企业在某一特定日期股东（投资者）拥有的净资产的总额，一般按照实收资本、资本公积、盈余公积和未分配利润分项列示。

24.2 资产负债表的编制

资产负债表中各项目数据可直接根据账户余额填列，也可以根据账户余额分析计算填列。资产负债表的具体填列方式如下。

（1）根据总账账户余额直接填列。

（2）根据总账账户余额计算填列。

（3）根据明细账户余额计算填列。

（4）根据总账账户和明细账户余额分析计算填列。

（5）根据总账账户余额减去其备抵项目后的净额填列。

24.2.1 流动资产项目的解说

流动资产是可以在较短时期内产生现金价值的一类资产。

资产、负债项目的列示主要就是按照流动性划分，其中，流动资产是指企业可以在一年或者超过一年的一个营业周期内变现或者运用的资产，它是企业资产中必不可少的组成部分。流动资产转化为现金的过程与企业的生产销售周期基本一致，如图24-2所示。

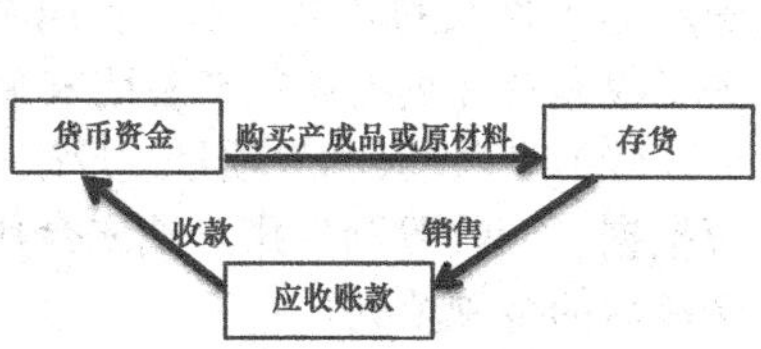

图24-2 流动资产的流转

流动资产的内容包括货币资金、应收票据、应收账款预付账款、存货、其他应收款等，各项目分别具有不同的特点。

1. “货币资金”项目

货币资金按其形式和用途的不同可分为库存现金、银行存款和其他货币资金。“货币资金”项目反映企业会计报告期末库存现金、银行存款、其他货币资金的合计数。本项目应根据“库存现金”“银行存款”“其他货币资金”三个总账账户的期末余额合计数填列。（注：备用金不属于其他货币资金，属于其他应收款。）

2. “应收票据”项目

“应收票据”项目，反映企业收到的未到期收款而且也未向银行贴现的商业承兑汇票和银行承兑汇票等应收票据余额，减去已计提的坏账准备后的净额。本项目应根据“应收票据”账户的期末余额减去“坏账准备”账户中有关应收票据计提的坏账准备期末余额后的金额填列。

3.“应收账款”项目

“应收账款”项目，反映企业因销售商品、提供劳务等而应向购买单位收取的各种款项，减去已计提的坏账准备后的净额。本项目应根据“应收账款”和“预收账款”账户所属各明细账户的期末借方余额合计，减去“应收账款”计提的“坏账准备”账户的贷方余额后的差额填列。如果“应收账款”账户所属明细账户期末为贷方余额，应在本表“预收账款”项目内填列。需要注意的是，企业与同一客户在购销商品结算过程中形成的债权债务关系，应当单独列示，不应相互抵销。即应收账款不能与预收账款相互抵销，应付账款不能与预付账款相互抵销，应付账款不能与应收账款相互抵销，预收账款不能与预付账款相互抵销。

4.“预付账款”项目

“预付账款”项目，反映企业预付的款项，减去已计提的坏账准备后的净额。本项目应根据“预付账款”和“应付账款”账户所属各明细账户的期末借方余额合计，减去“坏账准备”账户中有关预付账款计提的坏账准备期末余额后的金额填列。如果“预付账款”账户所属明细账户的期末为贷方余额，应在本表“应付账款”项目填列。

5.“存货”项目

“存货”项目，反映企业期末在库、在途和在加工中的各项存货的可变现净值，包括各种原材料、库存商品、在产品、半成品、发出商品、包装物、低值易耗品和委托代销商品等。本项目应根据“在途物资（材料采购）”“原材料”“低值易耗品”“库存商品”“周转材料”“委托加工物资”“委托代销商品”“生产成本”和“劳务成本”等账户的期末余额合计，减去“受托代销商品款”“存货跌价准备”账户期末余额后的金额填列。材料采用计划成本核算以及库存商品采用计划成本或售价核算的小企业，应按加或减材料成本差异、减商品进销差价后的金额填列。

6.“其他应收款”项目

“其他应收款”项目，反映企业除应收票据、应收账款、预付账款、应收股利、应收利息等经营活动以外的其他各种应收和暂付的款项，减去已计提的坏账准备后的净额。本项目应根据“其他应收款”账户的期末余额，减去“坏账准备”账户中有关其他应收款计提的坏账准备期末余额后的金额填列。

7. 流动资产的其他项目

（1）“应收利息”项目，反映企业因持有交易性金融资产、持有至到期投资和可供出售金融资产等应收取的利息。本项目应根据“应收利息”账户的期末余额减去“坏账准备”账户中有关应收利息计提的坏账准备期末余额后的金额填列。

（2）“应收股利”项目，反映企业应收取的现金股利和应收取其他单位分配的利润。本项目应根据“应收股利”账户期末余额减去“坏账准备”账户中有关应收股利计提的坏账准备期末余额后的金额填列。

（3）“一年内到期的非流动资产”项目，反映企业非流动资产项目中在一年内到期的金额，包括一年内到期的“持有至到期投资”、一年内摊销的“长期待摊费用”和一年内可收回的“长期应收款”。本项目应根据上述账户余额之和分析计算后填列。

（4）“其他流动资产”项目，反映企业除以上流动资产项目外的其他流动资产。本项目应根据有关账户的期末余额填列。如果其他流动资产价值较大，应在财务报表附注中披露其内容和金额。

24.2.2 非流动资产项目解说

流动资产和非流动资产的主要区别就是能不能在一定的周期内把资产转变为流动的资金使

用，这个周期一般为一年。非流动资产是不能在一年之内通过某种经济运作转化为资金，即流动资产以外的资产。

非流动资产的内容主要包括持有至到期投资、长期应收款、长期股权投资、投资性房地产、固定资产、在建工程、无形资产、长期待摊费用、可供出售金融资产等。非流动资产按照资产的类别可以进行以下分类。

（1）房产/厂房/设备类：包含投资性房地产、固定资产、在建工程、工程物资、固定资产清理。

（2）商誉/无形资产。

（3）长期投资类：包含持有至到期投资、长期应收款、长期股权投资等。

（4）其他资产类别：包括长期待摊费用、递延所得税资产、生产性生物资产、油气资产、其他非流动资产。

下面就常用的一些项目进行介绍。

1. “长期股权投资”项目

“长期股权投资”项目，反映企业可供出售金融资产的公允价值，包括划分为可供出售的股票投资、债券投资等金融资产。本项目应根据“长期股权投资”账户的期末借方余额减去“长期股权投资减值准备”账户期末贷方余额后填列。

2. “在建工程”项目

“在建工程”项目，反映企业尚未达到预定可使用状态的在建工程价值。本项目应根据“在建工程”账户期末余额，减去“在建工程减值准备”账户期末余额后填列。

3. “固定资产”项目

“固定资产”项目，反映企业固定资产的净值。本项目应根据“固定资产”账户期末借方余额，减去“累计折旧”和“固定资产减值准备”账户期末贷方余额后填列。融资租入固定资产的净值也包括在内。

4. “长期应收款”项目

“长期应收款”项目，反映企业因融资租赁产生的应收款项、采取递延方式具有融资性质的销售商品和提供劳务等产生的长期应收款项等。本项目应根据“长期应收款”账户期末余额，减去一年内到期的部分、“未确认融资收益”账户期末余额、“坏账准备”账户中按长期应收款计提的坏账准备后的金额填列。

5. “商誉”项目

商誉是指能在未来期间为企业经营带来超额利润的潜在经济价值，或一家企业预期的获利能力超过可辨认资产正常获利能力的资本化价值。商誉是企业整体价值的组成部分。在企业合并时，它是购买企业投资成本超过被合并企业净资产公允价值的差额。“商誉”项目，反映企业商誉的价值。本项目应根据“商誉”账户期末余额减去“商誉减值准备”账户期末余额后的金额填列。

6. “无形资产”项目

“无形资产”项目，反映企业持有的各项无形资产的净值。本项目应根据“无形资产”账户期末借方余额，减去“累计摊销”和“无形资产减值准备”账户的期末贷方余额填列。

7. “长期待摊费用”项目

“长期待摊费用”项目，反映企业尚未摊销的摊销期限在一年（不含一年）以上的各项费用。本项目应根据“长期待摊费用”账户的期末余额减去将于一年（含一年）内摊销的数额后的金额填列。

8. 非流动资产的其他项目

（1）“可供出售金融资产”项目，反映企业持有的可供出售金融资产的公允价值，包括划分为可供出售的股票投资、债券投资等金融资产。本项目应根据“可供出售金融资产”账户期末借方余额减去“可供出售金融资产减值准备”账户期末贷方余额填列。

（2）“持有至到期投资”项目，反映企业持有至到期投资的摊余成本。本项目应根据“持有至到期投资”账户期末借方余额减去一年内到期的投资部分和“持有至到期投资减值准备”账户期末贷方余额后的净额填列。

（3）“投资性房地产”项目，反映企业持有的投资性房地产。企业采用成本模式计量投资性房地产的，本项目应根据“投资性房地产”账户的期末余额，减去“投资性房地产累计折旧（摊销）”和“投资性房地产减值准备”账户余额后的金额填列；企业采用公允价值模式计量投资性房地产的，本项目应根据“投资性房地产”账户的期末余额填列。

（4）“递延所得税资产”项目，反映企业因可抵扣暂时性差异形成的递延所得税资产。本项目应根据“递延所得税资产”账户期末余额填列。

（5）“其他非流动资产”项目，反映企业除以上资产以外的其他非流动资产。本项目应根据有关账户的期末余额填列。

24.2.3 流动负债项目解说

流动负债是指需要在一年（含一年）或者超过一年的一个营业周期内偿还的各种债务。流动负债的内容包括短期借款、应付票据、应付账款、预收账款、应付职工薪酬、应交税费、其他应付款等。

流动负债从不同的角度，可以有不同的分类方式，且不同的行业也有不同的负债构成。流动负债的特点及分类如表24-2所示。

表24-2　流动负债的特点及分类

<table>
<tr><td>流动负债的特点</td><td colspan="2">偿还期短；
举债的目的是满足经营周转资金的需要；
负债数额相对较小；
一般以企业的流动资金来偿付</td></tr>
<tr><td rowspan="2">流动负债的分类</td><td>按流动负债产生的原因分类</td><td>借贷产生的流动负债，如向金融机构借款形成的“短期借款”；
结算过程中产生的流动负债，如采购过程中形成的应付票据、应付账款、预收账款、其他应付款等；
经营过程中产生的流动负债，如欠付的应付职工薪酬、应交税费等；
利润分配产生的流动负债，如应付股利</td></tr>
<tr><td>按照应付金额是否确定分类</td><td>应付金额确定的流动负债；
应付金额视经营情况而定的流动负债，如应交税费、应付股利等，一般需要按照公司经营利润规模来确定；
应付金额需要预估的流动负债，如企业销售货物负有售后责任条款的三包费用并不能提前确定，需要根据经验预计负债</td></tr>
</table>

1.“短期借款”项目

“短期借款”项目，反映企业借入尚未归还的一年期（含一年）以下的借款。本项目应根据“短期借款”账户的期末贷方余额填列。

2.“应付票据”项目

“应付票据”项目，反映企业为了抵付货款等而开出并承兑的、尚未到期付款的应付票据，包括银行承兑汇票和商业承兑汇票。本项目应根据“应付票据”账户的期末贷方余额填列。

3.“应付账款”项目

“应付账款”项目，反映企业购买原材料、商品和接受劳务供应等而应付给供应单位的款项。本项目应根据“应付账款”和“预付账款”账户所属各明细账户的期末贷方余额合计填列。

4.“预收账款”项目

“预收账款”项目，反映企业按合同规定预收的款项。本项目应根据“预收账款”和“应收账款”账户所属各明细账户的期末贷方余额合计填列。

5.“应付职工薪酬”项目

“应付职工薪酬”项目，反映企业应付未付的工资和社会保险费等职工薪酬。本项目应根据“应付职工薪酬”账户的期末贷方余额填列；如“应付职工薪酬”账户期末为借方余额，以“－”号填列。

6.“应交税费”项目

“应交税费”项目，反映企业期末未交、多交或未抵扣的各种税金。本项目应根据“应交税费”账户的期末贷方余额填列；如“应交税费”账户期末为借方余额，以“－”号填列。

注：“应交税费”科目下的“应交增值税”“未交增值税”“待抵扣进项税额”“待认证进项税额”“增值税留抵税额”等明细科目期末借方余额应根据情况，在资产负债表中的“其他流动资产”或“其他非流动资产”项目列示；“应交税费——待转销项税额”等科目期末贷方余额应根据情况，在资产负债表中的“其他流动负债”或“其他非流动负债”项目列示；“应交税费”科目下的“未交增值税”“简易计税”“转让金融商品应交增值税”“代扣代交增值税”等科目期末贷方余额应在资产负债表中的“应交税费”项目列示。

7.“其他应付款”项目

“其他应付款”项目，反映企业所有应付和暂收其他单位和个人的款项。本项目应根据“其他应付款”账户的期末余额填列。

8. 流动负债的其他项目

（1）“应付利息”项目，反映企业应付未付的各种利息。本项目应根据“应付利息”账户期末余额填列。

（2）“应付股利”项目，反映企业尚未支付的现金股利或利润。本项目应根据“应付股利”账户的期末余额填列。本项目不包括企业分派的股票股利。

（3）“一年内到期的非流动负债”项目，反映企业各种非流动负债在一年之内到期的金额，包括一年内到期的长期借款、长期应付款和应付债券、预计负债。本项目应根据上述账户分析计算后填列。

（4）“其他流动负债”项目，反映企业除以上流动负债以外的其他流动负债。本项目应根据有关账户的期末余额填列。

24.2.4 非流动负债项目解说

非流动负债是指偿还期在一年以上或者超过一年的一个营业周期以上的负债。

非流动负债的特点主要是与流动负债相比较而言的，二者除了偿还期不同这个关键特点以外，还有一些其他方面的差异。流动负债与非流动负债的区别如表24-3所示。

表24-3 流动负债与非流动负债的区别

区别	流动负债	非流动负债	区别	流动负债	非流动负债
偿还时间	短	长	举债目的	补充流动资金需要	重要投资需要
债务规模	小	大	筹资速度	快（容易取得）	慢
资本成本	低	高			

非流动负债也包含很多内容，可以按照筹资方式的不同进行分类。

（1）从银行筹资的长期借款。

（2）公开发行的应付债券。

（3）从政府申请的有专门用途的专项应付款。

（4）其他长期应付款等。

由于非流动负债金额较大、周期较长，企业持有的非流动负债可能存在不同的情况：大多数非流动负债会到期偿还，有些非流动负债可能提前偿还，有些非流动负债可能滞后偿还；不只是偿还时间，有时候非流动负债的偿还方式也可能发生变化。

与非流动负债相关的会计科目设置主要是按照筹措方式来区分的，包含长期借款、应付债券、长期应付款及其他非流动负债，下面逐项进行介绍。

1.“长期借款”项目

“长期借款”项目，反映企业借入尚未归还的一年期（不含一年）以上的各期借款。本项目应根据“长期借款”账户的期末余额减去一年内到期部分的金额填列。

2.“应付债券”项目

“应付债券”项目，反映企业尚未偿还的长期债券摊余价值。本项目应根据“应付债券”账户期末贷方余额减去一年内到期部分的金额填列。

3.“长期应付款”项目

“长期应付款”项目，反映企业除长期借款、应付债券以外的各种长期应付款。本项目应根据“长期应付款”账户的期末余额，减去“未确认融资费用”账户期末余额和一年内到期部分的长期应付款后填列。

4. 其他非流动负债

(1)“专项应付款”项目，反映企业取得政府作为企业所有者投入的具有专项或特定用途的款项。本项目应根据“专项应付款”账户的期末余额填列。

(2)“预计负债”项目，反映企业计提的各种预计负债。本项目应根据“预计负债”账户期末贷方余额填列。

(3)“递延所得税负债”项目，反映企业根据应纳税暂时性差异确认的递延所得税负债。本项目应根据“递延所得税负债”账户期末贷方余额填列。

(4)“其他非流动负债”项目，反映企业除长期借款、应付债券等负债以外的其他非流动负债。本项目应根据有关账户的期末余额填列。

24.2.5 所有者权益项目解说

资产负债表中的所有者权益是企业资产扣除负债后的剩余权益，反映企业在某一特定日期股东（投资者）拥有的净资产的总额，是一个企业真正具备的偿债能力。

所有者权益的特征如表24-4所示。

表24-4 所有者权益的特征

特征	内容
剩余权益	所有者权益是企业投资者对企业净资产的所有权，包括所有者对投入资产的所有权、使用权、处置权和收益分配权。但所有者权益是一种剩余权益，只有负债的要求权得到清偿后，所有者权益才能够被清偿。它受到总资产和总负债变动的影响而发生增减变动
风险与收益并存	所有者以其出资额的比例分享企业利润。与此同时，所有者也必须以其出资额承担企业的经营风险
掌控权	所有者权益还意味着所有者有法定的管理企业和委托他人管理企业的权利，但这种权利来自投资者投入的可供企业长期使用的资源
不定期的特性	所有者权益具有长期特性。所有者权益作为剩余权益，并不存在确切的、约定的偿付期限
间接性	所有者权益计量具有间接性。所有者权益除了投资者投入资本能够直接计量外，在企业存续期内任一时点都不能直接计量，而是通过计量资产和负债来间接计量的

所有者权益的内容包括实收资本、资本公积、盈余公积、未分配利润等，下面逐项进行介绍。

1.“实收资本”项目

“实收资本（股本）”项目，反映企业各投资者实际投入的资本总额。本项目应根据“股本(实收资本)”账户的期末贷方余额填列。

2.“资本公积”项目

“资本公积”项目，反映企业资本公积的期末余额。本项目应根据“资本公积”账户的期末贷方余额填列。

3. “盈余公积”项目

“盈余公积”项目，反映企业盈余公积的期末余额。本项目应根据“盈余公积”账户的期末贷方余额填列。

4. “未分配利润”项目

“未分配利润”项目，反映企业尚未分配的利润。本项目应根据“本年利润”账户和“利润分配”账户的期末余额计算填列；如为未弥补的亏损，在本项目内以“－”号填列。

24.2.6 其他项目解说

资产负债表各项目均需填列“年初余额”和“期末余额”两栏。企业应当根据上年末资产负债表“期末余额”栏有关项目填列本年度资产负债表“年初余额”栏。如果企业发生了会计政策变更、前期差错更正，应当对“年初余额”栏中的有关项目进行相应调整；如果企业上年度资产负债表规定的项目名称和内容与本年度不一致，应当对上年年末资产负债表相关项目的名称和金额按照本年度的规定进行调整，填入“年初余额”栏。

（1）“流动资产合计”项目，反映企业所有流动资产的总额。本项目应根据流动资产项目的金额相加填列。

（2）“非流动资产合计”项目，反映企业所有的非流动资产总额。本项目应根据非流动资产项目的金额相加填列。

（3）“资产总计”项目，反映企业所有的资产总额。本项目应根据“流动资产合计”和“非流动资产合计”两个项目之和填列。

（4）“流动负债合计”项目，反映企业所有流动负债的总额。本项目应根据流动负债项目的金额之和填列。

（5）“非流动负债合计”项目，反映企业所有非流动负债的总额。本项目应根据非流动负债项目的金额之和填列。

（6）“负债合计”项目，反映企业的负债总额。本项目应根据“流动负债合计”和“非流动负债合计”两个项目之和填列。

（7）“所有者权益合计”项目，反映企业所有者权益的总额。本项目应根据所有者权益之和填列。

（8）“负债和所有者权益总计”项目，反映企业全部负债和所有者权益的总额。本项目应根据“负债合计”项目、“所有者权益合计”项目之和填列。

由于资产=负债+所有者权益，资产负债表的“资产总计”与“负债和所有者权益总计”项目的金额一定是相等的，企业可以以此作为检验资产负债表是否正确的一个标准。

24.2.7 资产负债表的编制案例

为了便于理解，下面通过举例来直观地说明资产负债表的编制。

【例24-1】

爱米公司2018年6月30日各科目余额如表24-5所示。

表24-5 爱米公司2018年6月30日各科目余额

单元：元

科目名称	期末余额	科目名称	期末余额
库存现金	36 573.44	短期借款	600 000.00
银行存款	289 074.38	应付职工薪酬	256 745.87
应收账款	436 983.69	应交税费	96 482.46

续表

科目名称	期末余额	科目名称	期末余额
预付账款	589 122.92	其他应付款	35 632.65
其他应收款	66 300.00	实收资本	1 000 000.00
库存商品	450 823.98	未分配利润	356 742.38
固定资产	524 383.89		
累计折旧	47 658.94		

在填制资产负债表时，根据账簿的记录，对有关的项目计算如下。

（1）“货币资金”项目根据“库存现金”“银行存款”两个总账科目余额合计填列。

货币资金=36 573.44+289 074.38=325 647.82（元）。

（2）“固定资产”项目应根据“固定资产”科目期末余额减去“累计折旧”科目余额后的净额填列。

固定资产=524 383.89−47 658.94=476 724.95（元）。

（3）“存货”项目在本公司只涉及“库存商品”，直接填写上“库存商品”的期末余额数；

（4）“应收账款”“预付账款”“其他应收款”“其他应付款”“短期借款”“应付职工薪酬”“应交税费”“实收资本”“未分配利润”项目在本公司可直接根据相关科目余额填列。

爱米公司2018年6月资产负债表如表24-6所示。

表24-6 爱米公司2018年6月资产负债表

会企01表

编制单位：爱米公司　　2018年 6月 30日　　单位：元

资产	期末余额	年初余额	负债和所有者权益	期末余额	年初余额
流动资产：			流动负债：		
货币资金	325 647.82	293 547.93	短期借款	600 000.00	600 000.00
以公允价值计量且其变动计入当期损益的金融资产			以公允价值计量且其变动计入当期损益的金融负债		
衍生金融资产			衍生金融负债		
应收票据			应付票据		
应收账款	436 983.69	350 533.87	应付账款		
预付款项	589 122.92	495 301.25	预收款项		
应收利息			应付职工薪酬	256 745.87	159 534.45
应收股利			应交税费	96 482.46	63 658.27
其他应收款	66 300.00	56 300.00	应付利息		
存货	450 823.98	496 506.35	应付股利		
持有待售资产			其他应付款	35 632.65	42 173.24
一年内到期的非流动资产			持有待售负债		
其他流动资产			一年内到期的非流动负债		
流动资产合计	1 868 878.41	1 692 189.40	其他流动负债		
非流动资产：			流动负债合计	988 860.98	865 365.96
可供出售金融资产			非流动负债：		
持有至到期投资			长期借款		
长期应收款			应付债券		
长期股权投资			其中：优先股		
投资性房地产			永续债		
固定资产	476 724.95	407 836.22	长期应付款		

续表

资产	期末余额	年初余额	负债和所有者权益	期末余额	年初余额
在建工程			专项应付款		
工程物资			预计负债		
固定资产清理			递延收益		
生产性生物资产			递延所得税负债		
油气资产			其他非流动负债		
无形资产			非流动负债合计		
开发支出			负债合计	988 860.98	865 365.96
商誉			所有者权益：		
长期待摊费用			实收资本（或股本）	1 000 000.00	1 000 000.00
递延所得税资产			其他权益工具		
其他非流动资产			其中：优先股		
非流动资产合计	476 724.95	407 836.22	永续债		
			资本公积		
			减：库存股		
			其他综合收益		
			盈余公积		
			未分配利润	356 742.38	234 659.66
			所有者权益合计	1 356 742.38	1 234 659.66
资产总计	2 345 603.36	2 100 025.62	负债和所有者权益总计	2 345 603.36	2 100 025.62

24.3 资产负债表的综合分析

在阅读财务报表之前，应首先明确各种财务报表所能提供的信息内容，以便正确、及时地取得自己所需要的财务信息。如果动态地跟踪分析有关财务指标，就能较容易地找到企业财务状况变动的原因；如果和同行业企业的财务指标进行比较，就能掌握本企业在同行业中的地位；从而做出正确的决策，使企业的财务状况保持良性循环。

从财务报表中，可以获得企业以下几方面的信息：短期偿债能力、长期偿债能力、经营管理能力、获利能力。

实际经济业务中，为了对企业期末的财务状况进行评价和考核，财务人员常常需要对资产负债表进行分析。

资产负债表分析，是指基于资产负债表数据或者结构等而进行的财务分析。资产负债表反映了企业在特定时点的财务状况，是企业经营管理活动结果的集中体现；通过分析企业的资产负债表，能够了解企业的偿债能力，企业经营稳健与否或经营风险的大小，以及企业经营管理总体水平的高低等。

资产负债表分析的内容一般包括3个方面。

（1）资产负债表水平分析，是关于资产、负债、所有者权益总额的变动情况分析，主要可以了解企业的整体经济状况。

（2）资产负债表结构分析，是关于资产、负债、所有者权益内部结构的变动分析，主要可以了解企业的经营管理方向和偿还债务能力。

（3）资产负债表项目分析，是关于报表项目的变动分析，通过找出变动原因，进一步为企业经济决策服务。

24.3.1 资产负债表水平分析

资产负债表水平分析也称为总体分析，是将分析期的资产负债表各项目数值与基期（如上年同期）数据进行比较，计算出变动额、变动率及该项目对资产总额、负债总额和所有者权益总额的影响程度。

资产负债表水平分析是假定基期数据是合理准确的，再结合两个期间的不同经济形势与经营规模，据以判断分析报表期间的数据变动是否正常的一种分析方法。

资产负债表水平分析表就是将上述语言描述表格化，分别列示基期数据和报表期数据，并计算出两个期间的变动额及变动率。

为了方便说明，下面以四星通信设备有限公司为例进行资产负债表水平分析。

【例24-2】

四星通信设备有限公司2018年资产负债表水平分析表如表24-7所示。

表24-7 资产负债表水平分析表

编制单位：四星通信设备有限公司 2018年12月31日 单位：元

项目	基期金额	报表期金额	变动额	变动率
货币资金	10 060 800.00	22 894 100.00	12 833 300.00	128%
应收账款	10 447 500.00	19 455 000.00	9 007 500.00	86%
其他应收款	3 803 800.00	12 089 500.00	8 285 700.00	218%
资产合计	118 095 600.00	191 794 800.00	73 699 200.00	62%
负债合计	63 694 099.00	83 194 010.00	19 499 911.00	31%
实收资本	40 000 000.00	90 000 000.00	50 000 000.00	125%
所有者权益合计	54 401 501.00	108 600 790.00	54 199 289.00	100%

（1）分析总资产规模的变动状况及各类、各项资产的变动状况。

从报表中可以看出，2018年年末四星通信设备有限公司总资产规模较上一年度增长了62%，原因是为了确立行业领先地位，四星通信设备有限公司从2018年起加快扩张步伐，通过一年的努力，到2018年年末实现总资产规模翻番的骄人业绩，各类指标基本按比例平行增长。

（2）分析权益总额的变动状况及各类、各项筹资的变动状况。

从报表中可以看出，四星通信设备有限公司所有者权益金额增长金额较大，主要是因为实收资本增长了5 000万元；四星通信设备有限公司为了保证规模扩张需要足够的资金支持，从李老板的公司融资了5 000万元。双方洽谈成功后实现了双赢，四星通信设备有限公司资金方面如虎添翼，再无后顾之忧，李老板的公司看好通信行业却苦于没有经营经验，通过投资方式顺利进入这个行业。

（3）考察资产规模变动与所有者权益总额变动的适应程度，进而评价企业财务结构的稳定性和安全性。

四星通信设备有限公司总资产规模较上年翻了一番，增加了约7 369万元。其中，由净利润产生的部分很少，其中约1 949万元是由举债产生，5 000万元是由融资产生，融资资金不需要偿还，企业的财务结构基本稳定健康，不存在短期偿债风险。

（4）分析会计政策变动的影响。

会计政策变动的影响是指国家会计准则变动或者企业采用的会计政策变化对财务报表产生的影响，这部分影响不是由企业的经营状况导致的。四星通信设备有限公司2018年度财务报表没有受到会计政策变动的影响。

24.3.2 资产负债表结构分析

资产负债表结构分析就是通过计算资产负债表中各项目占资产总额、负债总额和所有者权益总额的比重或各项目之间的比例关系，来分析评价企业资产结构、负债结构和所有者权益结构变动的合理程度。资产负债表结构分析主要包括短期偿债能力分析和长期偿债能力分析两方面。

1. 短期偿债能力分析

短期偿债能力分析是对企业流动资产偿付流动负债的能力进行分析，因而不太强调盈利能力的重要性；长期偿债能力分析主要是为了确定该企业偿还债务本金与支付债务利息的能力，它不仅强调企业盈利能力的重要性，还必须将企业的负债总额与企业的规模、资本金数额结合起来进行比较。

在市场经济条件下，偿债能力的大小在很大程度上反映了企业经营的风险程度，对于财务报表使用者来说，更为关心的是企业的短期偿债能力。因为即使是一个盈利不错的企业，有时也会因资金调度不灵无法偿还短期债务而导致破产。

反映企业短期偿债能力的指标主要有营运资本、流动比率、速动比率、现金比率等。为了方便说明，下面以四星通信设备有限公司为例进行资产负债表结构分析。

【例24-3】

四星通信设备有限公司2018年资产负债表如表24-8所示。

表24-8 资产负债表

会企01表

编制单位：四星通信设备有限公司　　2018年12月31日　　单位：元

资产	期末余额	年初余额	负债和所有者权益	期末余额	年初余额
流动资产：			流动负债：		
货币资金	22 894 100.00	10 060 800.00	短期借款	33 570 000.00	5 040 000.00
以公允价值计量且其变动计入当期损益的金融资产	466 200.00	422 400.00	以公允价值计量且其变动计入当期损益的金融负债		
衍生金融资产			衍生金融负债		
应收票据	2 800 000.00	600 000.00	应付票据	1 867 400.00	7 251 200.00
应收账款	19 455 000.00	10 447 500.00	应付账款	7 686 500.00	8 562 000.00
预付款项	7 127 300.00	1 428 200.00	预收款项	812 600.00	1 003 800.00
应收利息			应付职工薪酬	3 141 700.00	3 877 500.00
应收股利			应交税费	2 944 100.00	2 732 700.00
其他应收款	12 089 500.00	3 803 800.00	应付利息		
存货	50 184 900.00	36 015 300.00	应付股利	8 000 000.00	6 000 000.00
持有待售资产			其他应付款	13 181 709.80	22 821 699.00
一年内到期的非流动资产			持有待售负债		
其他流动资产	7 186 400.00	2 617 000.00	一年内到期的非流动负债		
流动资产合计	122 203 400.00	65 395 000.00	其他流动负债		
非流动资产：			流动负债合计	71 204 009.80	57 288 899.00
可供出售金融资产			非流动负债：		
持有至到期投资			长期借款	9 840 000.00	5 855 200.00
长期应收款			应付债券		
长期股权投资	15 860 000.00	7 860 000.00	其中：优先股		
投资性房地产			永续债		
固定资产	45 033 000.00	39 841 800.00	长期应付款	2 000 000.00	400 000.00
在建工程			专项应付款		

续表

资产	期末余额	年初余额	负债和所有者权益	期末余额	年初余额
工程物资			预计负债		
固定资产清理			递延收益		
生产性生物资产			递延所得税负债		
油气资产			其他非流动负债	150 000.00	150 000.00
无形资产	1 878 400.00	1 408 800.00	非流动负债合计	11 990 000.00	6 405 200.00
开发支出			负债合计	83 194 009.80	63 694 099.00
商誉			所有者权益：		
长期待摊费用	6 820 000.00	3 590 000.00	实收资本（或股本）	90 000 000.00	40 000 000.00
递延所得税资产			其他权益工具		
其他非流动资产			其中：优先股		
非流动资产合计	69 591 400.00	52 700 600.00	永续债		
			资本公积	2 399 499.00	1 466 200.00
			减：库存股		
			其他综合收益		
			盈余公积	1 145 300.00	818 701.00
			未分配利润	15 055 991.20	12 116 600.00
			所有者权益合计	108 600 790.20	54 401 501.00
资产总计	191 794 800.00	118 095 600.00	负债和所有者权益总计	191 794 800.00	118 095 600.00

（1）营运资本分析。

营运资本是指可供企业经营周转使用的净流动资产，即企业的流动资产超过流动负债的部分。营运资本的计算公式为：

营运资本=流动资产-流动负债

在表24-8中，四星通信设备有限公司2018年12月31日资产负债表中“流动资产合计”项目期初数为65 395 000元，期末数为122 203 400元；“流动负债合计”项目期初数为57 288 899元，期末数为71 204 009.80元，则营运资本为：

营运资本（2018年）=122 203 400-71 204 009.80=50 999 390.20（元）；

营运资本（2017年）=65 395 000-57 288 899=8 106 101（元）。

营运资本是衡量企业短期偿债能力的重要指标。具有营运资本，表明企业有能力偿还短期负债，否则表明企业无力偿还短期负债，资金周转不灵。但这并不意味着营运资本越多越好。

过多地持有营运资本，说明企业利用外来资本扩大经营规模的潜在能力没有充分发挥，没有把握扩大经营、获取更多利润的机会。因此，流动资产与流动负债之间应当保持适当的比例。

此外，由于流动资产和流动负债的数据都来自于账面资料，而账面的流动资产价值往往低于现时价值，特别是短期证券和存货两项更是如此，因而更容易低估营运资本。这也是在运用营运资本指标衡量企业短期偿债能力时需要注意的。

（2）流动比率分析。

流动比率是将流动资产除以流动负债的比率。流动的比率的计算公式为：

流动比率=流动资产÷流动负债

此指标表示每一元流动负债有多少元流动资产作为偿付担保，反映了企业偿付短期负债的能力。

在表24-8中，四星通信设备有限公司2018年12月31日资产负债表中“流动资产合计”和“流动负债合计”两项期初数分别为65 395 000元和57 288 899元，而期末数分别为122 203 400元和71 204 009.8元，则流动比率为：

流动比率（2018年）=122 203 400÷71 204 009.8 =1.72；

流动比率（2017年）=65 395 000÷57 288 899 =1.14。

对企业来说，过高的流动比率表明企业资产利用率低下，管理松懈，资金浪费；同时也表明企业过于保守，没有充分使用目前的借款能力。

而流动比率过低，则表明企业短期负债偿付能力较弱，财务风险较大。

西方财务管理界人士认为，流动比率为2，对于大部分企业来说是比较合适的。因为流动资产中变现能力最差的存货约占流动资产的一半，剩下的流动性较大的流动资产至少要等于流动负债，企业的短期偿债能力才有保证。当然，这一比率是一种静态的衡量方法，它假定企业已濒临清算，而没有从持续经营的角度给企业一个动态的估价。

在分析一个企业的流动比率时，有必要与该企业的历史水平和同行业水平相比，以判断这个企业的流动比率是高还是低。表24-9所示的中国主板和中小板上市公司2016年上半年的几项财务指标，从中可以看到大多数公司的平均流动比率在1.5～2之间。

表24-9　2016年上半年中国主板和中小板上市公司平均指数

公司类型	毛利率	营业收入增长率	流动比率	资产负债率	总资产周转率
上市公司平均值	23.37%	5.93%	1.75	45.91%	0.30%

通过计算可以得出，四星通信设备有限公司2018年的流动比率在1.5～2之间，属于正常范围，并且2018年的流动比率大于2017年的流动率，说明该企业的短期偿债能力有所提高。

在计算流动比率的时候，还应当计算出应收账款周转率指标和存货周转率指标，它们有助于说明流动比率高或低的原因。

营业周期也与流动比率有关。一般来说，营业周期越短，正常的流动比率就越低；营业周期越长，正常的流动比率就越高，这种关系也可以用来说明流动比率。

与营运资本相比，流动比率更能反映企业的短期偿债能力。这是因为营运资本是绝对数；而流动比率是相对数，不受流动资产与流动负债规模的影响，更适用于企业间的比较，也更适用于不同历史时期的比较。

（3）速动比率分析。

速动比率也称酸性实验比率，是将流动资产扣除存货部分，再除以流动负债的比值。这样做是因为在流动资产中，存货的变现能力最低，变现时极有可能发生损失，将其扣除后，即使用变现能力较好的流动资产与流动负债相比，比较的结果更加令人信服。速动比率的计算公式为：

速动比率=（流动资产−存货）÷流动负债

速动比率在流动比率的基础上，将存货从流动资产中剔除，使得出的财务比率反映短期偿债能力更准确。因为存货用于偿付短期负债，存在以下不确定因素。

①在流动资产中存货的变现速度最慢。

②由于某种原因，部分存货可能已损失报废但还没有处理。

③部分存货已抵押给债权人。

④存货估价成本与合理市价相差悬殊。

除了存货以外，还可以从流动资产中扣除其他一些可能与当期变现能力无关或关系不大的项目，如待摊费用、预付账款、代售资产及其他杂项。但由于这些项目往往数额不大，也可以不考虑它们的影响。

影响速动比率可信性的重要因素是应收账款的变现能力。账面上的应收账款不一定都能变成现金，实际坏账可能比预计的坏账准备金要多，如季节性的变化，可能使报表的应收账款数额不能反映平均水平。从而引出了保守速动比率这一指标，其计算公式为：

保守速动比率=（现金+短期投资+应收账款净额）÷流动负债

在表24-8中，四星通信设备有限公司的速动比率计算如下。

速动比率（2018年）=（流动资产-存货）÷流动负债=（122 203 400-50 184 900）÷71 204 009.8= 1.01；

速动比率（2017年）=（流动资产-存货）÷流动负债=（65 395 000-36 015 300）÷57 288 899= 0.51。

一般而言，企业的速动比率不能低于1，否则偿债能力就会偏低。相对而言，四星通信设备有限公司2017年的速动比率偏低，2018年的速动比率正常。大体而言，两年的速动比率都不算高，由于扩大规模的需要，存货占用了比较多的资金。确定速动比率多大为好，这个标准不是绝对的，还必须视企业的性质和其他因素综合评价而定。如零售商店大量采用现金销售，应收账款较少，因此允许保持低于1的速动比率；另外一些应收账款较多的企业，则应保持较高的速动比率。

在分析企业的速动比率时，应同时考虑应收账款周转率指标，这便于说明速动比率的变化。

（4）现金比率分析。

现金比率是现金与短期证券之和，除以流动负债的比值。这是对短期变现能力要求较高的指标，适用于那些应收账款和存货的变现都存在问题并将预付账款等项目排除于流动资产之外的企业。现金比率的计算公式为：

现金比率=（现金+交易性金融资产+一年内到期的长期债券投资）÷流动负债

在表24-8所示的数据中，四星通信设备有限公司的现金比率计算如下。

现金比率（2018年）=（22 894 100+466 200+0）÷71 204 009.80=0.33；

现金比率（2017年）=（10 060 800+422 400+0）÷57 288 899=0.18。

从债权人的角度来看，将现金类资产与流动负债进行对比计算现金比率具有十分重要的意义。它比流动比率、速动比率更真实、更准确也更敏感地反映了企业的短期偿债能力。特别是在债权人发现企业的应收账款和存货的变现能力存在问题的情况下，现金比率更具有实际意义。

显然，四星通信设备有限公司2018年的现金比率比2017年有较小幅度的上升，相应地，企业短期偿债能力有所提高。但也不能把现金比率看得过重。因为在大多数情况下，作为债权人不可能要求企业保持足够还债的现金类资产，企业也不会同意，因为这样会降低企业的获利能力。现金比率的最大作用在于反映企业在最坏情况下的偿债能力，在正常情况下它只是债权人从稳健原则出发考察企业偿债能力的一个指标。

2. 长期偿债能力分析

长期偿债能力分析是指对企业偿还债务本金和支付债务利息的能力进行分析。进行长期偿债能力分析应该注意两个方面：一方面是要与企业的盈利能力分析结合起来，因为从长远观点看，利润是企业货币资金的基本来源，货币资金的变动最终决定了企业利润的形成；另一方面是要将企业的负债总额与企业的规模、资本金数额结合起来，因为在企业资金总额中，如果负债比例大，就意味着企业的大部分经营风险由债权人负担，负债比例越高，企业无力偿还债务本息的可能性就越大。

长期偿债能力分析有两种方法：一种是通过资产负债表分析企业的长期偿债能力，另一种是通过利润表分析企业的长期偿债能力。下面介绍通过资产负债表分析企业的长期偿债能力，主要指标有资产负债率和产权比率等。

（1）资产负债率。

资产负债率也称负债比率，是指企业的负债总额占资产总额的比率，用于衡量企业利用债权人提供资金进行经营活动的能力和债权人提供资金的安全程度。其计算公式为：

资产负债率=（负债总额÷资产总额）×100%

资产负债率是反映企业长期偿债能力的重要指标，它可以反映企业在总资产中通过举债而筹集资产的比例，也可以衡量企业在清算时保护债权人利益的程度。

① 长期稳定的流动负债约等于长期负债。

就企业的流动负债而言，单项的短期债务基本上是与长期性资金来源无关的，但流动负债作为一个整体却总是被企业长期地支配和占用着，因此，可以把短期债务作为长期性资金来源的一部分。比如，某个应付账款明细账户可能是短期性的，但企业却总是长期地保持着一个相对稳定的应付账款总额，这个相对稳定的应付账款总额就可以成为长期性资金来源的一部分。

② 长期负债需要用企业的全部资产作为保证。

就企业的偿债责任来看，流动资产用于偿还短期债务，短期债务一般不会给企业带来破产危机；但偿还长期负债以企业的全部资产作为保证，一旦企业因经营不善而难以为继，债权人可以依法要求企业破产还债，这时企业用于还债的不仅是流动资产，还有长期资产，因此考核企业长期偿债能力时应该用负债总额与资产总额进行比较。

资产负债率也是评价企业财务结构是否合理的一个重要指标。通过资产负债率，可以了解企业负债在全部资产中所占的比重，从而判断企业在财务上的支撑能力。一般来说，资产负债率以小于100%较为理想，从长期偿债能力的角度看，资产负债率越低越好。

在表24-8所示的数据中，四星通信设备有限公司的资产负债率为：

资产负债率（2018年）=（83 194 009.8÷191 794 800）×100%=43%；

资产负债率（2017年）=（63 694 099÷118 095 600）×100%=54%。

从上面的计算可以看出，四星通信设备有限公司2018年、2017年的负债约占到全部资产的一半，其负债比例基本持平，说明企业的债务政策比较稳定，企业在有序发展。

资产负债率的最大特点是可以揭示企业的负债是否适度。企业进行负债经营是很有必要的，它从侧面反映了企业管理当局的进取心，说明了企业运用债权人资金进行经营活动的能力。负债比例不能过大，负债比例越大，企业的财务风险也就越大，财务状况越不稳定；相反，如果企业根本不对外举债，或者举债经营比例很小，则说明企业畏缩不前，对前途信心不足，缺乏活力。

一般而言，在经济处于衰退时期，资产负债率低的企业遭受损失的风险较小，其所获得的预期利润也较小；相反，在经济繁荣时期，资产负债率高的企业承受着较大的财务风险，但赚取利润的机会也较多。因此，风险与机遇同在，企业在利用资产负债率制定借入资金决策时，必须充分估计预期利润和增加的风险，在两者之间权衡利害得失，尽量降低企业的财务风险。

在进行资产负债率指标分析时，还应该与行业平均指标结合起来进行对比，以便进一步揭示资产负债率指标的相对高低。

（2）产权比率。

产权比率也是衡量长期偿债能力的指标。这个指标是负债总额与股东权益总额之比，表明由债权人提供的资本与股东提供的资本的相对关系、企业基本财务结构的强弱，也表明债权人投入的资本受到股东权益保障的程度，或者表明企业清偿时对债权人利益的保护程度。从企业长期偿债能力的角度来讲，产权比率越低越好。该指标的计算公式为：

产权比率=（负债总额÷所有者权益总额）×100%

根据表24-8中所示的数据，四星通信设备有限公司的产权比率为：

产权比率（2018年）=83 194 009.8÷108 600 790.2×100%=77%；

产权比率（2017年）=63 694 099÷54 401 501×100%=117%。

通过上述计算可以看出，四星通信设备有限公司2018年产权比率比2017年略有下降，说明2018年所有者权益负担的负债比2017年要少，长期偿债能力保持不错。

资产负债率指标和产权比率指标相比，公式里的分子为同一数字，只不过比较的对象（分母）不同，两个指标可以相互补充使用。

3. 营运能力分析

企业营运能力分析，目的在于揭示企业经营水平和管理水平的高低，主要通过流动资产的周转状况来体现。这是因为，企业的资金运动从货币资产开始，经购进过程，货币资产转化为存货；经销售过程，存货又转化为应收账款，应收账款再转化为货币资产；这样周而复始，循环往复。可见，流动资产周转速度的快慢，体现着企业经营管理水平的高低；加速企业资产的周转，不仅可以节约资产的投入，而且可以大大增强企业的获利能力。

24.3.3 资产负债表项目分析

对资产负债表的水平分析和结构分析是从宏观角度分析资产负债表，那么资产负债表的各要素又有什么样的变化和特点呢？哪些是积极的因素，哪些是需要避免的情况呢？下面进行逐项分析。

1. 货币资金

（1）需要分析货币资金发生变动的原因。

一般影响货币资金变动的原因包括销售规模变动、信用政策变动、为大笔现金支出做准备、资金调度、所筹资金尚未使用等。

（2）需要分析货币资金规模及变动情况与货币资金比重及变动情况是否合理。

一般需要结合以下因素分析：货币资金的目标持有量、资产规模与业务量、企业融资能力、企业运用货币资金的能力、行业特点等。

通过观察四星通信设备有限公司的财务报表可以发现，该公司货币资金持有量较大。2018年12月31日，该公司的货币资金为2 289.41万元，总资产为19 179.48万元，货币资金约占资产总额的12%，这个数字表明企业的货币资金持有规模偏大。过高的货币资金持有量会浪费企业的投资机会，增加企业的筹资资本、企业持有现金的机会成本和管理成本。

2. 应收款项

应收款项包含应收票据、应收账款和其他应收款等，对于这部分款项，需要分析以下要点。

（1）应收款项原值变动原因。

① 分析企业应收款项的规模及变动情况。

② 分析企业会计政策变更和会计估计变更的影响。

③ 分析企业是否利用应收款项进行利润调节。

④ 关注企业是否有应收款项巨额冲销行为。

⑤ 企业是否存在违规拆借资金。

（2）坏账准备的分析。

① 分析企业坏账准备的提取方法、提取比例是否合理。

② 比较企业前后会计期间坏账准备提取方法、提取比例是否改变。

③ 区别企业坏账准备提取数变动的原因。

（3）应收账款比例较高。

四星通信设备有限公司2018年12月31日的应收账款为1 945.5万元，其他应收款为1 208.95万元，资产总额为19 179.48万元，应收款项占资产总额的比例约为16%（不考虑应收票据），比例较高。并且，应收账款高于应付账款数倍，全部应收款项也高于全部应付款项数倍，表明其对外融资（短期借款）获得的资金完全被外部占用，这说明企业应收账款的管理工作出现了问题，企业的信用政策可能过于宽松。

3. 存货

（1）存货规模与变动情况分析。

存货的规模通常与企业近期的发展政策紧密相关，企业处于经营扩张阶段，就会充分备货大力促销；企业处于稳定或者收缩阶段，就会精细化管理，控制存货规模。

（2）存货结构与变动情况分析。

企业经常会根据对市场的预期调整存货结构，如“H7N9”来袭，羽绒服企业预感到原材料价格会逐渐上涨就囤积大量羽绒材料，这样存货中的原材料、半成品、产品结构就会发生很大的变化。

（3）分析企业对存货计价方法的选择与变更是否合理。

（4）分析存货的盘存制度对确认存货数量和价值的影响。

存货盘存方法分为永续盘存制和实地盘存制：永续盘存制严格记录存货的入库、出库和结存，期末盘点存货时如有差异需要调整存货数量；实地盘存制只记录存货的入库，期末通过实地盘点确定结存数量，并倒挤出存货发出数量及金额，完成账簿记录，使账实相符。

如果企业不同期间改变了存货盘存制度，会对存货的价值有较大的影响。

（5）存货比率较大。

根据表24-8中所示的数据，四星通信设备有限公司2018年12月31日的存货净值为5 018.49万元，占流动资产的比例约为41%，占资产总额的比例约为26%，存货项目在资产中所占比重较大。

过多的存货会带来一系列不利的影响。首先，一次性大量采购存货商品不仅会增加企业保管、整理费用，还会增加存货损耗、丢失、被盗的危险；其次，大量存货会占用过多资金，造成企业资金周转困难，增加利息，降低资金使用效率；最后，现代市场经济中，新材料、新产品层出不穷，更新换代非常迅速，拥有大量存货不便应对复杂多变的市场。

4. 固定资产

（1）固定资产规模与变动情况分析。

固定资产是短期不能变现的资产，需要更进一步控制这类资产的支出与形成的规模。如果固定资产规模发生较大的变动，则需要分析该变动是否与经营规模的变动成正向变化。

（2）固定资产结构与变动情况分析。

分析生产用固定资产与非生产用固定资产之间比例的变化情况，考察未使用和不需用固定资产比例的变化情况，查明企业在处置闲置固定资产方面的工作是否具有效率，结合企业的生产技术特点，分析生产用固定资产内部结构是否合理。

（3）固定资产折旧分析。

分析企业固定资产折旧方法的合理性；考察固定资产折旧政策是否前后一致；分析企业固定资产预计使用年限和预计净残值确定的合理性。

（4）固定资产减值准备分析。

分析固定资产减值准备变动对固定资产的影响；固定资产可收回金额的确定方法；固定资产发生减值对生产经营的影响。

这是对实物形态资产进行的分析。需要把资产负债表所列固定资产项目的金额和相关账簿（如固定资产折旧明细账等）的金额相结合，这些数据表示在持续经营的条件下，各固定资产尚未折旧、折耗的金额并预期于未来各期间陆续收回。因此，应该特别注意，折旧、损耗是否合理将直接影响到资产负债表、利润表和其他各种报表的准确性。很明显，少提折旧就会增加当期利润，而多提折旧则会减少当期利润，有些公司常常就此埋下伏笔。

（5）固定资产比例较低。

四星通信设备有限公司2018年12月31日固定资产合计为4 503.3万元，占资产总额的比例约为23%。企业的固定资产比重与行业特征有关，但一般认为，工业企业固定资产占资产总额的比例为40%，商业企业固定资产占资产总额的比例为30%较为适宜。四星通信设备有限公司固定资产占资产总额的比例过低，其固定资产结构如表24-10所示。

表24-10　四星通信设备有限公司固定资产结构

单位：元

项目	金额	比例	项目	金额	比例
固定资产原值	57 833 000.00	100%	减：固定资产减值准备		
减：累计折旧	12 800 000.00	22%	固定资产净额	45 033 000.00	78%
固定资产净值	45 033 000.00	78%			

再进一步分析四星通信设备有限公司固定资产构成，可以得到以下两个结论：第一，该公司固定资产折旧程度较低。公司固定资产折旧总计为1 280万元，占固定资产原值的比例约为22%，折旧金额较低，这说明公司固定资产老化率并不严重。第二，公司固定资产减值为0。这说明公司现有固定资产的公允价值或现值较高，固定资产不存在更新换代的压力。

5. 短期借款

短期借款因为需要在一年之内偿还，具有较高的财务风险，需要时时关注变动的规模及原因，控制短期借款的规模。

短期借款的变动原因一般包括以下内容。

① 流动资金需要。

② 节约利息支出。

③ 调整负债结构和财务风险。

④ 增加企业资金弹性。

四星通信设备有限公司2018年12月31日短期借款为3 357万元，2017年同期短期借款为504万元，同比增长2 853万元。短期借款是为了解决流动资金的需要，同时因为公司整体财务状况较好，没有短期偿债风险，所以为了节约利息支出，主要增加了短期借款的融资方式，而较少考虑长期借款。

6. 应付款项

应付款项包含应付账款、应付票据和其他应付款，面对应付款项的变动，需要分析这些变动形成的原因：销售规模的变动、充分利用无成本资金、供应商商业信用政策的变动、企业资金的充裕程度等。

四星通信设备有限公司2018年12月31日应付账款为768.65万元，2017年同期应付账款为856.2万元，有下降趋势。随着四星通信设备有限公司的扩张，各项资产占用资金均有上升，而应付账款却呈下降趋势，表明该公司没有充分利用供应商的信用政策，或者说四星通信设备有限公司面对供应商缺少更多的话语权。

7. 应交税费

缴纳税款是每个公民及单位或者法人主体应该承担的义务和责任，如果应交税费发生变动，需要分析其产生的原因。

（1）有无拖欠税款现象。

（2）对企业支付能力的影响。

四星通信设备有限公司2018年12月31日应交税费为294.41万元，2017年同期金额为273.27万元，近两年间应交税费基本没有发生变动。

8. 长期借款

影响长期借款变动的因素有以下几个。

① 银行信贷政策及资金市场的供求情况。

② 企业长期资金需要。

③ 保持权益结构稳定性。

④ 调整负债结构和财务风险。

四星通信设备有限公司2018年12月31日长期借款为984万元，2017年同期金额为585.52万元，增长了近400万元，增长数额较大；但是相较于短期借款而言，长期借款的变动额并不算大。结合该公司整体财务状况，该公司基本不存在偿债风险。

9. 股东权益分析

股东权益包括股本、资本公积、盈余公积和未分配利润四个方面。分析股东权益，主要是了解股东权益中投入资本的不同形态及股权结构，了解股东权益中各要素的优先清偿顺序等。

四星通信设备有限公司2018年年末的实收资本较上一年度增加了5 000万元，这种股权融资没有偿债风险，可以无限期使用。

10. 管理建议

（1）降低货币资金比例。

货币资金拥有量过多会降低企业资金利用效率，增加企业成本。所以四星通信设备有限公司应当在2019年注意根据自身需求，确定一个最佳货币资金持有量，以合理调度货币资金余缺，避免货币资金持有量的不适当给企业造成不良后果。

（2）加强应收账款管理，减少坏账损失。

企业应收账款管理不利，在造成应收款项过高的同时，还会使坏账损失大量增加，影响应收账款质量。从上面的分析中可以看出，四星通信设备有限公司的应收账款管理工作出现了问题。

四星通信设备有限公司在2019年应该加强应收账款管理。首先，要建立科学的信用政策，树立公司的赊销门槛。也就是说，要通过对客户进行信用评估，将客户分为不同的信用等级，对相应的等级给予不同的信用额度。其次，做好应收账款的日常监控工作。通过对各项债权进行账龄分析，为企业制定或调整信用政策、组织催账工作，以及估计坏账损失提供依据。

（3）加强存货管理，降低流动资产比例。

流动资产过多将会占用大量资金，降低企业资金利用效率，因此四星通信设备有限公司在2019年应该尽量减少流动资产的比重。从上面的分析可以看出，该公司流动资产中很大一部分是存货项目，占到了流动资产的41%，过多的存货增大了流动资产比重。

存货是企业收益形成的直接基础或直接来源，保持适量的存货是企业维持生产经营活动所必需的条件。但是存货过多将会占用大量资金，产生大量储存、管理费用。因此，公司应该尽可能地采用各种管理手段来降低存货规模，减少资金占用量和仓储费用，降低市场变化可能带来的风险。

（4）提高负债比率，合理运用财务杠杆利益。

与权益资本相比，债务资本成本较低，又可以给企业带来财务杠杆利益。因此虽然债务资本具有一定风险，但是四星通信设备有限公司还是应该适度地拥有债务资本，以降低总的资本成本，获得财务杠杆利益。因此公司在2019年应该适度增加债务资本，提高负债比率，从而获得较低的资本成本，充分利用财务杠杆利益。

24.4 资产负债表日后事项

如果一些特殊事项确认时，财务报表已经报出，对财务报表的影响不是特别重大，一般视同当期事项处理；如果当时财务报表尚未报出，就形成了资产负债表日后事项。

资产负债表日后事项是指自年度资产负债表日至财务会计报出批准报出日之间发生的需要调整或说明的事项，简称日后事项，如图24-3所示。

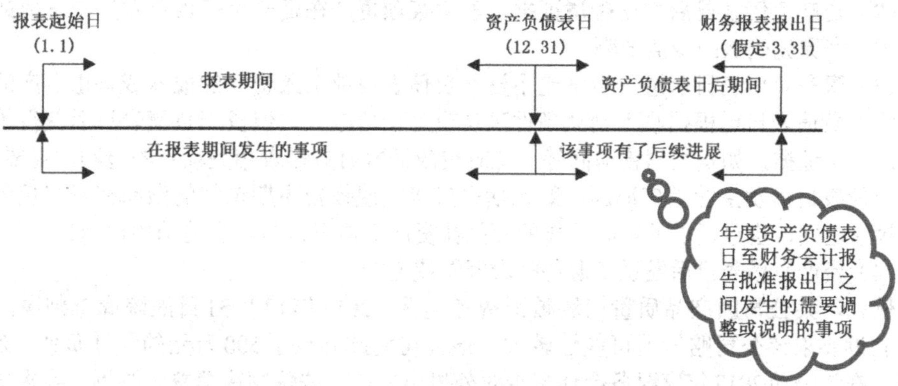

图24–3　资产负债表日后事项

24.4.1 日后事项的概念

1. 资产负债表日后期间

资产负债表日后事项所涵盖的期间，是指报告年度次年的1月1日至董事会、经理（厂长）会议或类似机构对财务会计报告的批准报出日之间的期间。

例如，某上市公司2017年的年度财务会计报告于2018年2月20日编制完成，董事会批准财务会计报告对外公布的日期为2018年4月17日，财务会计报告实际对外公布的日期为2018年4月23日，股东大会召开日期为2018年5月10日。根据资产负债表日后事项涵盖期间的规定，该公司2017年年报资产负债表日后事项涵盖的期间为2018年1月1日至2018年4月17日。如果在4月17日至23日之间发生了重大事项，需要调整财务报表相关项目的数字或需要在财务报表附注中披露。如果经调整或说明后的财务会计报告再经董事会批准报出的日期为2018年4月25日，实际报出的日期为2018年4月30日，则资产负债表日后事项涵盖的期间为2018年1月1日至2018年4月25日。

2. 资产负债表日后事项包括有利事项和不利事项

"有利或不利事项"是指资产负债表日后事项对企业财务状况和经营成果具有一定影响，既包括有利影响也包括不利影响。如果某些事项的发生对企业并无任何影响，那么，这些事项既不是有利事项，也不是不利事项，也就不属于这里所说的资产负债表日后事项。企业不应该根据事项性质和重要性判断事情的影响，不能因为事情的披露会对企业带来不利的影响而有所隐瞒。

24.4.2 日后事项的内容

根据资产负债表日之前是否存在相关情况，将资产负债表日后事项分为资产负债表日后调整事项（以下简称"调整事项"）和资产负债表日后非调整事项（以下简称"非调整事项"）。

1. 调整事项

资产负债表日后调整事项，是指对资产负债表日已经存在的情况提供了新的或进一步证据的事项。

如果资产负债表日及所属会计期间已经存在某种情况，但当时并不知道其存在或者不能知道确切结果，资产负债表日后发生的事项能够证实该情况的存在或者确切结果，则该事项属于资产负债表日后调整事项。如果资产负债表日后事项对资产负债表日的情况提供了进一步证据，证据表明的情况与原来的估计和判断不完全一致，则需要对原来的会计处理进行调整。

企业发生的资产负债表日后调整事项，通常包括下列各项内容。

（1）资产负债表日后诉讼案件结案，法院判决证实了企业在资产负债表日已经存在现时义务，需要调整原先确认的与该诉讼案件相关的预计负债，或确认一项新负债。

（2）资产负债表日后取得确凿证据，表明某项资产在资产负债表日发生了减值或者需要调整该项资产原先确认的减值金额。

（3）资产负债表日后进一步确定了资产负债表日前购入资产的成本或售出资产的收入。企业在资产负债表日已根据收入确认条件确认资产销售收入，但资产负债表日后获得关于资产收入的进一步证据，如发生销售退回等，此时也应调整财务报表相关项目的金额。需要说明的是，资产负债表日后发生的销售退回，既包括报告年度或报告中期销售的商品在资产负债表日后发生的销售退回，也包括以前期间销售的商品在资产负债表日后发生的销售退回。

（4）资产负债表日后发现了财务报表舞弊或差错。

例如，某公司因产品质量问题被消费者起诉。2017年12月31日法院尚未判决，考虑到消费者胜诉要求该公司赔偿的可能性较大，该公司为此确认了500万元的预计负债。2018年2月20日，在该公司2017年度财务会计报告对外报出之前，法院判决消费者胜诉，要求该公司支付赔偿款700万元。

该公司在2017年12月31日结账时已经知道消费者胜诉的可能性较大，但不知道法院判决的确切结果，因此确认了500万元的预计负债。2018年2月20日法院判决结果为该公司预计负债的存在提供了进一步的证据。此时，按照2017年12月31日存在状况编制的财务报表所提供的信息已不能真实反映企业的实际情况，应据此对财务报表相关项目的数字进行调整。

2. 非调整事项

资产负债表日后非调整事项，是指表明资产负债表日后发生情况的事项。非调整事项的发生不影响资产负债表日企业的财务报表数字，只说明资产负债表日后发生了某些情况。对于财务会计报告使用者而言，非调整事项说明的情况有的重要，有的不重要。其中重要的非调整事项虽然不影响资产负债表日的财务报表数字，但可能影响资产负债表日以后的财务状况和经营成果，不加以说明将会影响财务会计报告使用者做出正确估计和决策，因此需要适当披露。

企业发生的资产负债表日后非调整事项，通常包括下列各项内容。

① 资产负债表日后发生重大诉讼、仲裁、承诺。

② 资产负债表日后资产价格、税收政策、外汇汇率发生重大变化。

③ 资产负债表日后因自然灾害导致资产发生重大损失。

④ 资产负债表日后发行股票和债券及其他巨额举债。

⑤ 资产负债表日后资本公积转增资本。

⑥ 资产负债表日后发生巨额亏损。

⑦ 资产负债表日后发生企业合并或处置子公司。

3. 调整事项与非调整事项的区别

资产负债表日后发生的某一事项究竟是调整事项还是非调整事项，取决于该事项表明的情况在资产负债表日或资产负债表日以前是否已经存在。若该情况在资产负债表日或之前已经存在，则属于调整事项；反之，则属于非调整事项。

【例24-4】

甲公司2017年10月向乙公司出售2 000万元的手机产品，根据销售合同，乙公司应在收到货物后3个月内付款。至2017年12月31日，乙公司尚未付款。假定甲公司在编制2017年度财务会计报告时有以下两种情况。

（1）2017年12月31日，甲公司根据掌握的资料判断，乙公司有可能破产清算，估计该应收账款将有20%无法收回，故按20%的比例计提坏账准备；2018年1月20日，甲公司收到通知，乙公司已被宣告破产清算，甲公司估计有70%的债权无法收回。

（2）2017年12月31日，乙公司的财务状况良好，甲公司预计应收账款可按时收回；2018年1月20日，乙公司发生重大火灾，导致甲公司50%的应收账款无法收回。2018年3月31日，甲公司的财务会计报告经批准对外公布。

案例分析：

（1）导致甲公司应收账款无法收回的事实是乙公司财务状况恶化，该事实在资产负债表日已经存在，乙公司被宣告破产只是证实了资产负债表日乙公司财务状况恶化的情况。因此，乙公司破产导致甲公司应收款项无法收回的事项属于调整事项。

（2）导致甲公司应收账款损失的因素是火灾，火灾是不可预计的，应收账款发生损失这一事实在资产负债表日以后才发生，因此乙公司发生火灾导致甲公司应收款项发生坏账的事项属于非调整事项。

24.4.3 调整事项的账务处理

资产负债表日后事项有的直接影响财务会计报告年度的财务状态、经营成果和资金变动情况；有的虽然不影响财务会计报告，但会影响财务会计报告使用者的正确理解和决策。因此，企业对日后事项进行正确的会计处理对于提高会计核算质量和保证财务信息的真实、可靠具有十分重要的意义。

1. 调整事项的账务处理规范

企业发生的资产负债表日后调整事项，应当调整资产负债表日的财务报表。对于年度财务会计报告而言，由于资产负债表日后事项发生在报告年度的次年，报告年度的有关账目已经结转，特别是损益类账户在结账后已无余额。

（1）发生的调整事项应具体分别以下情况进行处理。

① 涉及损益的事项，通过“以前年度损益调整”科目核算，贷方用于调整增加以前年度利润或调整减少以前年度亏损，借方用于调整减少以前年度利润或调整增加以前年度亏损；调整完成后，将“以前年度损益调整”科目的贷方或借方余额，转入“利润分配——未分配利润”科目。

② 涉及利润分配调整的事项，直接在“利润分配——未分配利润”科目核算。

③ 不涉及损益及利润分配的事项，调整相关科目。

（2）通过上述账务处理后，还应同时调整财务报表相关项目的数字，包括以下内容。

① 资产负债表日编制的财务报表相关项目的期末数或本年发生数。

② 当期编制的财务报表相关项目的期初数或上年数。

③ 经过上述调整后，如果涉及报表附注内容的，还应当做出相应调整。

（3）在理解资产负债表日后事项的会计处理时，还需要明确以下两个问题。

① 如何确定资产负债表日后某一事项是调整事项还是非调整事项，是对资产负债表日后事项进行会计处理的关键。调整事项和非调整事项是一个广泛的概念，就事项本身而言可以有各种各样的性质，只要符合企业会计准则中对这两类事项的判断原则即可。另外，同一性质的事项可能是调整事项，也可能是非调整事项，这取决于该事项表明的情况是在资产负债表日或资产负债表日以前已经存在或发生还是在资产负债表日后发生。

②企业会计准则以列举的方式说明了资产负债表日后事项中哪些属于调整事项，哪些属于非调整事项，但并没有详尽列举。实务中，会计人员应按照资产负债表日后事项的判断原则，确定资产负债表日后发生的事项中哪些属于调整事项，哪些属于非调整事项。

2. 调整事项的具体账务处理

为了便于理解，对于资产负债表日后调整事项的账务处理，通过举例来直观地说明。

为简化处理，如无特殊说明，本章所有的例子均假定如下：财务会计报告批准报出日是次年3月31日，暂不考虑所得税的影响。

【例24-5】

甲公司与乙公司签订一项销售合同，合同中约定甲公司应在2017年8月销售给乙公司一批手机。由于甲公司未能按照合同发货，致使乙公司发生重大经济损失。2017年12月，乙公司将甲公司告上法庭，要求甲公司赔偿450万元。2017年12月31日法院尚未判决，甲公司按或有事项准则对该诉讼事项确认预计负债300万元。2018年2月10日，经法院判决甲公司应赔偿乙公司400万元，甲、乙双方均服从判决。判决当日，甲公司向乙公司支付赔偿款400万元。

本例中，2018年2月10日的判决证实了甲公司与乙公司在资产负债表日（2017年12月31日）分别存在现实赔偿义务和获赔权利，因此两公司都应将“法院判决”这一事项作为调整事项进行处理。其对应的会计分录如下。

（1）甲公司。

2018年2月10日，记录支付的赔款：

借：以前年度损益调整	1 000 000	
贷：其他应付款		1 000 000
借：预计负债	3 000 000	
贷：其他应付款		3 000 000

实际支付赔款时：

借：其他应付款　　4 000 000

　　贷：银行存款　　4 000 000

（2）乙公司。

2018年2月10日，记录应收的赔款：

借：其他应收款　　4 000 000

　　贷：以前年度损益调整　　4 000 000

实际收到赔款时：

借：银行存款　　4 000 000

　　贷：其他应收款　　4 000 000

【例24-6】

甲公司2017年11月8日销售一批商品给乙公司，取得收入120万元（不含税，增值税税率为16%）。甲公司发出商品后，按照正常情况已确认收入，并结转成本100万元。2017年12月31日，该笔货款尚未收到，甲公司未对应收账款计提坏账准备。2018年1月12日，由于产品质量问题，本批货物被退回。

本例中，销售退回业务发生在资产负债表日后事项涵盖期间内，属于资产负债表日后调整事项。其对应的会计分录如下。

（1）2018年1月12日，调整销售收入。

借：以前年度损益调整　　1 200 000

　　应交税费——应交增值税（销项税额）　　192 000

　　贷：应收账款　　1 392 000

（2）调整销售成本。

借：库存商品　　1 000 000

　　贷：以前年度损益调整　　1 000 000

（3）调整应缴纳的企业所得税。

借：应交税费——应交企业所得税　　50 000

　　贷：以前年度损益调整　　50 000

（4）将“以前年度损益调整”科目的余额转入利润分配。

借：利润分配——未分配利润　　150 000

　　贷：以前年度损益调整　　150 000

（5）调整盈余公积。

借：盈余公积　　15 000

　　贷：利润分配——未分配利润　　15 000

24.4.4 非调整事项的披露

资产负债表日后发生的非调整事项，是表明资产负债表日后发生情况的事项，与资产负债表日存在状况无关，不应当调整资产负债表日的财务报表。但有的非调整事项对财务会计报告使用者具有重大影响，如不加以说明，将不利于财务会计报告使用者做出正确估计和决策。因此，这类事项应在附注中加以披露。

资产负债表日后发生的非调整事项，应当在报表附注中披露每项重要的资产负债表日后非调整事项的性质、内容，及其对财务状况和经营成果的影响。无法做出估计的，应当说明原因。

属于资产负债表日后非调整事项的主要有以下几个。

（1）资产负债表日后发生的重大诉讼、仲裁、承诺。

资产负债表日后发生的重大诉讼等事项，对企业影响较大，为防止误导投资者及其他财务会计报告使用者，应当在报表附注中披露。

例如，2018年2月10日，甲公司向某通信公司采购一批货物，该批货物存在严重的质量问题，协商未果，甲公司向法院提起诉讼。甲公司预计会胜诉，并取得一定的赔偿收入，但金额不能确定。至报表报出日法院尚未对该诉讼做出判决。

此事项的发生时间是资产负债表日后期间，但是因为与资产负债表日存在状况无关，对以后年度的财务会计报告有重大影响，所以应该在报表附注中加以披露。

（2）资产负债表日后资产价格、税收政策、外汇汇率发生重大变化。

资产负债表日后资产价格、税收政策和外汇汇率发生的重大变化，虽然不会影响资产负债表日财务报表相关项目的数据，但对企业资产负债表日后期间的财务状况和经营成果有重大影响，应当在报表附注中予以披露。

（3）资产负债表日后因自然灾害导致资产发生重大损失。

例如，2018年2月甲公司一处仓库发生火灾，暂估损失800万元，预计可从保险公司获赔500万元。这也是典型的资产负债表日后非调整事项，需要在报表附注中加以披露。

（4）资产负债表日后发行股票和债券及其他巨额举债。

虽然这一事项与企业资产负债表日的财务状况无关，但这一事项的披露能使财务会计报告使用者了解与此有关的情况及可能带来的影响，因此应当在报表附注中进行披露。

（5）资产负债表日后资本公积转增资本。

企业以资本公积转增资本将会改变企业的资本（或股本）结构，影响较大，应当在报表附注中进行披露。

（6）资产负债表日后发生巨额亏损。

企业资产负债表日后发生巨额亏损将会对企业报告期以后的财务状况和经营成果产生重大影响，应当在报表附注中及时披露该事项，以便为投资者或其他财务会计报告使用者做出正确决策提供信息。

（7）资产负债表日后发生企业合并或处置子公司。

企业合并或者处置子公司的行为可以影响股权结构、经营范围等方面，对企业未来的生产经营活动能产生重大影响，应当在报表附注中进行披露。

（8）资产负债表日后，企业利润分配方案中拟分配的及经审议批准宣告发放的股利或利润。

该事项为资产负债表非调整事项。不过，该事项对企业资产负债表日后的财务状况有较大影响，可能导致现金大规模流出、企业股权结构变动等，为便于财务会计报告使用者更充分了解相关信息，企业需要在报表附注中适当披露该信息。

综上所述，这些事项有的直接影响财务会计报告年度的财务状态、经营成果和资金变动情况，有的虽然不影响财务会计报告，但会影响财务会计报告使用者的正确理解和决策。因此，企业对日后事项进行正确的会计处理，对于提高会计核算质量和保证财务信息的真实、可靠具有十分重要的意义。

24.5 综合演练

24.5.1 编制资产负债表

演练要求：

广西禹宗酒店有限公司适用于小企业会计准则，根据其2018年6月期末科目余额表（如表24-11所示）编制资产负债表。

表24-11 广西禹宗酒店有限公司2018年6月期末科目余额表

科目名称	期末余额	科目名称	期末余额
库存现金	2 387.30	累计折旧	2 860 154.88
银行存款	3 952 369.21	应付账款	85 714.26
应收账款	282 553.05	应付职工薪酬	300 000.00
其他应收款	1 024 898.98	应交税费	32 918.09
库存商品	1 158 027.93	其他应付款	851 139.09
周转材料	284 099.00	实收资本（或股本）	10 000 000.00
固定资产	8 235 548.52	未分配利润	809 957.67

演练解读：

根据资产负债表的列报方法，货币资金=库存现金+银行存款，存货=库存商品+周转材料。广西禹宗酒店有限公司2018年6月编制的资产负债表如表24-12所示。

表24-12 广西禹宗酒店有限公司2018年6月资产负债表

纳税人识别号	914505001234567888			纳税人名称	广西禹宗酒店有限公司		
报送日期	2018年7月		所属期起	2018年6月1日		所属期止	2018年6月30日
资产	行次	期末余额	年初余额	负债和所有者权益	行次	期末余额	年初余额
流动资产：				流动负债：			
货币资金	1	3 954 756.51	3 035 836.47	短期借款	31		
短期投资	2			应付票据	32		
应收票据	3			应付账款	33	85 714.26	82 563.17
应收账款	4	282 553.05	42 944.81	预收账款	34		
预付账款	5			应付职工薪酬	35	300 000.00	280 000.00
应收股利	6			应交税费	36	32 918.09	12 141.21
应收利息	7			应付利息	37		
其他应收款	8	1 024 898.98	1 886 939.98	应付利润	38		
存货	9	1 442 126.93	1 235 393.64	其他应付款	39	851 139.09	890 176.09
其中：原材料	10			其他流动负债	40		
在产品	11			流动负债合计	41	1 269 771.44	1 264 880.47
库存商品	12	1 158 027.93		非流动负债：			
周转材料	13	284 099.00		长期借款	42		
其他流动资产	14			长期应付款	43		
流动资产合计	15	6 704 335.47	6 201 114.90	递延收益	44		
非流动资产：				其他非流动负债	45		
长期债券投资	16			非流动负债合计	46		
长期股权投资	17			负债合计	47	1 269 771.44	1 264 880.47
固定资产原价	18	8 235 548.52	8 235 548.52				
减：累计折旧	19	2 860 154.88	2 500 154.88				
固定资产账面价值	20	5 375 393.64	5 735 393.64				
在建工程	21						
工程物资	22						
固定资产清理	23						
生产性生物资产	24			所有者权益（或股东权益）：			
无形资产	25			实收资本（或股本）	48	10 000 000.00	10 000 000.00
开发支出	26			资本公积	49		
长期待摊费用	27			盈余公积	50		
其他非流动资产	28			未分配利润	51	809 957.67	671 628.07
非流动资产合计	29	5 375 393.64	5 735 393.64	所有者权益（或股东权益）合计	52	10 809 957.67	10 671 628.07
资产总计	30	12 079 729.11	11 936 508.54	负债和所有者权益（或股东权益）合计	53	12 079 729.11	11 936 508.54

24.5.2 编制资产负债表分析报告

演练要求：

根据某服务性企业2018年的资产负债表分析表（如表24-13所示）编制资产负债表分析报告。

表24-13 资产负债表分析表

项目	年初数		年末数		增减变动	
流动资产：	金额	比重	金额	比重	金额	比重
货币资金	469 822.08	16.52%	611 587.20	13.53%	141765.12	8.46%
预付账款	124 721.00	4.39%	124 721.00	2.76%	0	0.00%
流动资产合计	594 543.08	20.90%	1 969 351.39	43.58%	1374808.31	82.10%
非流动资产合计	2 434 893.69	78.58%	2 534 701.52	56.09%	299807.83	17.90%
资产总计	2 844 136.77	100%	4 518 752.91	100%	1674616.14	100%
流动负债合计	1 152 811.18	100%	2 682 373.35	100%	1529562.17	100%
负债合计	1 152 811.18	100%	2 682 373.35	100%	1529562.17	100%

2016年年末的应收账款余额1 029 149.19元，2016年年末的流动资产总额为574 543.08元，2016年年末的固定资产净值为2 334 893.69元，2016年末资产总额为1 844 136.77元，2017年度营业收入为2 408 956元，2018年度营业收入为2 608 956元。

演练解读：

资产负债表的分析报告如下。

1. 资产规模和资产结构分析

（1）资产规模分析。

非流动资产的比重56.09%远远高于流动资产比重43.58%，说明该企业非流动资产周转缓慢，变现能力低，增大了企业的经营风险，削弱了企业的应变能力。

流动资产的比重，由20.90%上升到43.58%，非流动资产的比重由78.58%下降到56.09%，说明企业的抗风险能力和变现能力提高了，企业创造利润的能力和发展机会也增强了，加速资金周转的潜力较大。

（2）资产结构分析。

非流动资产占总资产的比重为56.09%，说明企业的非流动资产比重较高，进一步说明了企业的非流动资产周转缓慢，变现能力较低，增大了企业经营风险，削弱了企业的应变能力。

流动资产占总资产比重为43.58%，比重较低，说明该企业的底子较厚，但灵活性较差。

流动负债占总负债的比重为100%，说明企业对短期资金的依赖性很强，从而企业偿债的压力也就比较大。

非流动负债为0，说明该企业在经营过程中不借助外来长期资金，从而减轻了企业的偿债压力。

2. 短期偿债能力指标分析

该公司短期偿债能力指标分析如表24-14所示。

表24-14 短期偿债能力指标分析 单位：元

指标	期末余额	期初余额	变动情况
营运资金	−713 021.96	−558 268.10	−154 753.86
流动比率	0.734 2	0.515 7	0.218 5
速动比率	0.687 7	0.407 5	0.280 2
现金比率	0.228 0	0.407 5	−0.179 5

（1）营运资金分析。

年初的营运资金为-558 268.10元，年末营运资金为-713 021.96元，金额都为负，表明企业不能偿债的风险较大；营运资金年末数与年初数相比减少了154 753.86元，表明营运资金继续下降，增大了不能偿债的风险。

但是，营运资金是流动资产与流动负债之差，是个绝对数，相比的意义很有限，不便于不同企业的比较，因此在务实中很少直接使用。

（2）流动比率分析。

期初流动比率为0.515 7，期末流动比率为0.734 2，都小于1；按一般公认标准，说明该企业的偿债能力存在很大风险，并且存在短款长用的情况。虽然期末流动比率较期初增长了0.218 5，说明短期偿债能力有所好转，但与公认标准2还相差甚远，这说明该企业存在着一定的财务风险，因而该企业应积极采取措施。该企业可以尽快增加流动资产，尤其是流动资产中的现金；应尽快减少流动债务，以提高短期偿债能力，减小风险。

（3）速动比率分析。

期初速动比率为0.407 5，期末速动比率为0.687 7；就公认标准来说，该企业的短期偿债能力是较弱的，虽然期末有所上升，但仍然小于1，说明该企业仍然存在着较大的偿债风险。

该企业应根据不同情况采取以下措施：如果是由于应收账款过多，则应该对应收账款进行密切跟踪，以免成为坏账；如果不是，则应该对此高度重视，设置安全警戒线，以便临近或达到警戒线时及时调整；还有就是对速动资产的结构进行分析，以免造成虽然速动比率合理，但企业仍然面临困难的情况。

（4）现金比率分析。

期初现金比率为0.407 5，期末现金比率为0.228 0，比率比较适中，说明该企业直接偿付流动负债的能力较好。流动资金也得到了充分利用。

3. 长期偿债能力指标分析

该公司长期偿债能力指标分析，如表24-15所示。

表24-15　长期偿债能力指标分析

项目	期末数	期初数	变动情况
资产负债率	0.593 6	0.405 3	0.188 3
产权比率	1.460 7	0.681 6	0.779 1

（1）资产负债率。

期末资产负债率为0.593 6，期初资产负债率为0.405 3，都处于0.4～0.6之间，属于适宜水平；虽然期末该比率略微上升，但变化不是很大，说明该企业的长期偿债能力较强。

（2）产权比率。

期末产权比率为1.460 7，期初产权比率为0.681 6；期初的产权比率比较适中，此时的长期偿债能力较强；而期末产权比率过高，属于高风险高报酬的财务结构；期末的产权比率由期初的0.681 6提高到了1.460 7，说明该企业的长期偿债能力有所下降，且债权人的保障程度降低，承担风险增大。

4. 营运能力指标分析

（1）流动资产周转情况。

①应收账款周转率。

该公司2017年度和2018年度应收账款周转率的计算如表24-16所示。

表24-16　应收账款周转率的计算

项目	2016年	2017年	2018年
营业收入（元）		2 408 956.00	2 608 956.00
应收账款年末余额（元）	1 029 149.19	1 129 149.19	1 229 149.19

续表

项目	2016年	2017年	2018年
平均应收账款余额（元）		1 079 149.19	1 179 149.19
应收账款周转率（次）		2.23	2.21
应收账款周转期（天）		161.27	162.71

2017年及2018年的应收账款周转率较低，同时该公司2018年的应收账款周转率略低于2017年。这说明该企业的运营能力在进一步恶化。

② 流动资产周转率。

2017年和2018年的流动资产周转率的计算如表24-17所示。

表24-17　流动资产周转率的计算

项目	2016年	2017年	2018年
营业收入（元）		2 408 956.00	2 608 956.00
流动资产年末余额（元）	574 543.08	594 543.08	1 969 351.39
平均流动资产余额（元）		584 543.08	1 281 947.24
流动资产周转率（次）		4.12	2.04
流动资产周转期（天）		87.38	176.89

2017年度和2018年度的流动资产周转率都比较适中，且变化不大，说明该企业对流动资产的利用较好，但是，2018年度较2017年度，流动资产周转率有所下降，流动资产周转的次数由2.06次下降到2.04次，周转天数由174.71天增加到176.89天，说明该企业需要补充流动资金参加周转，而且当前的流动资金也形成了一定的浪费，相对上年度而言，企业的盈利能力也有所下降。其原因可能与营业收入的增幅小于流动资产的增幅有关。

可以从以下两方面着手改进：一方面，促进企业加强内部管理，充分有效地利用流动资产，比如降低成本、调动暂时闲置的货币资金用于短期投资创造收益等以增加营业收入；另一方面，还可以采取措施扩大销售，提高流动资产的综合使用效率。

（2）固定资产周转情况。

根据资产负债表及利润表的相关资料，同时假定：2016年年末的固定资产净值为2 334 893.69元，2017年度营业收入为2 408 956元。该企业2017年和2018年固定资产周转率的计算如表24-18所示。

表24-18　固定资产周转率的计算

单位：元

项目	2016年	2017年	2018年
营业收入		2 408 956.00	2 608 956.00
固定资产年末净值	2 334 893.69	2 234 893.69	2 534 701.52
平均固定资产净值		2 284 893.69	2 384 797.61
固定资产周转率（次）		1.05	1.09
固定资产周转期（天）		341.4598	329.06

2018年度与2017年度的资产周转率分别为1.09和1.05，变化不大，说明该企业的资产投资较稳定。2018年度固定资产周转率较2017年度略有上升，可能是由于企业的营业收入增幅高于固定资产净值的增幅，周转天数由341.4598天下降为329.0692天，这表明该企业对固定资产利用较上年度更加充分，企业投资和固定资产的结构也更加得当、合理。

上述数据表明该企业管理者2018年可能通过促进企业改善固定资产设备，提高设备生产率；改进经营管理，降低产品成本；加速产品销售与营业利润的实现，从而提高了企业生产经营效果。

（3）总资产周转情况。

该企业2017年和2018年总资产周转率的计算如表24-19所示。

表24-19　总资产周转率的计算

项目	2016年	2017年	2018年
营业收入（元）		2 408 956.00	2 608 956.00
资产年末合计（元）	1 844 136.77	2 844 136.77	4 518 752.91
平均资产合计（元）		2 344 136.77	3 681 444.84
总资产周转率（次）		1.027 7	0.708 7
总资产周转期（天）		350.31	507.98

2018年总资产周转率比2017年有所下降，从2017年的1.027 7下降到了2018年的0.708 7，这说明该企业的销售能力有所减弱，对资产的利用率较2017年度也在降低。

造成上述结果的主要原因可能是由于：该企业受到了金融危机的影响，使得企业进入了需求低增长、产品低价格的困难时期。由于营业收入的增幅（8%）远远低于平均资产总值的增幅（57%），而总资产周转率为营业收入与平均资产总额的比值，所以总资产周转率难以大幅提高，即总资产的利用效果也难以很快体现出来。

第25章 利润表

利润表是时期报表，它所反映的是企业在一定会计期间的经营成果。企业一定会计期间的经营成果既可能表现为盈利，也可能表现为亏损，因此，利润表也被称为损益表。利润表全面揭示了企业在某一特定时期实现的各种收入，发生的各种费用、成本或支出，以及企业实现的利润或发生的亏损情况。本章通过爱米公司和四星通信公司的案例来讲解利润表的编制与分析。

25.1 认识利润表

利润表是反映企业一定会计期间（月度、季度、半年度或年度）生产经营成果（收入、支出、利润等情况）的财务报表。

25.1.1 利润表的作用

编制利润表的主要目的是将企业经营成果的信息，提供给各种财务报表使用者。这些信息作为依据或参考数据，协助财务报表使用者进行经济活动的决策。具体来说，利润表的主要作用有以下几个。

1. 可据以解释、评价和预测企业的经营成果和获利能力

经营成果通常指以营业收入、其他收入抵扣成本、费用、税金等的差额所表示的收益信息。经营成果是一个绝对值指标，它可以反映企业财富增长的规模。获利能力是一个相对值指标，它指企业运用一定的经济资源（人力、物力）获取经营成果的能力。

企业利润表的使用者很多，当股东对某企业有投资意向时，就需要解释、评价和预测该企业的获利能力，在做出是否投资或追加投资、向谁投资、投资多少等决策时，就可以将利润表所提供的经营成果信息和获利信息作为依据。

2. 可据以解释、评价和预测企业的偿债能力

偿债能力是指企业以资产清偿债务的能力。利润表本身并不提供偿债能力的信息，然而企业的偿债能力不仅取决于资产的流动性和资本结构，也取决于获利能力。企业在个别年份获利能力不足，不一定影响偿债能力，但若一家企业长期丧失获利能力，则资产的流动性必然由好转坏，资本结构也将逐渐由优变劣，陷入资不抵债的困境。

企业的债权人和管理部门通过分析和比较利润表的有关信息，可以间接地解释、评价和预测企业的偿债能力，尤其是长期偿债能力，并揭示偿债能力的变化趋势，进而做出各种信贷决策和改进企业管理工作的决策，如维持、扩大或收缩现有信贷规模，应提出何种信贷条件等。管理部门则可据以找出偿债能力不强的原因，努力提高企业的偿债能力，改善企业的公关形象。

3. 企业管理人员可据以做出经营决策

企业管理人员就是通过比较和分析利润表中各种构成要素，了解各项收入、成本、费用与收益之间的消长趋势，发现工作中存在的问题，找出差距，改善经营管理，努力增收节支，避免损失的发生，从而做出合理的经营决策。

4. 可据以评价和考核管理人员的绩效

企业中优秀的中高层管理人员承担着把握企业发展方向、制定营销规划的重大责任，他们的绩效直接影响着企业业绩的好坏；反过来说，企业业绩也是他们绩效的一个评价标准。

通过比较前后两期利润表中各项收入、费用、成本及收益的增减变动情况，并考察其增减变动的原因，可以较为客观地评价各职能部门、各生产经营单位的绩效，以及这些部门和人员的绩效与整个企业经营成果的关系，以便评判各部门管理人员的功过得失，及时做出采购、生产、销售、筹资和人事等方面的调整，使各项活动趋于合理。

25.1.2 利润表的格式和结构

1. 利润表的格式

利润表一般由表首和正表两部分组成。其中，表首说明报表名称、编制单位、编制日期、报表编号、货币单位等；正表是利润表的主体，反映形成经营成果的各个项目和计算过程。

利润表一般有以下三种典型的格式。

（1）利润表的格式之一，即是把所有的项目，如“主营业务收入”“主营业务成本”“其他

业务收入”“其他业务成本”等都列出来，如表25-1所示。

表25-1　利润表样表一（部分）

编制单位：　　　　　　　　　　　　　年　月　　　　　　　　　　　　　单位：元

项　目	本期金额	累计金额
一、主营业务收入		
减：主营业务成本		
税金及附加		
二、主营业务利润		
加：其他业务收入		
减：其他业务成本		
……		

（2）为简化报表，将利润表项目中“其他业务收入”和“其他业务成本”合并为“其他业务利润”列示，如表25-2所示。

表25-2　利润表样表二（部分）

编制单位：　　　　　　　　　　　　　年　月　　　　　　　　　　　　　单位：元

项　目	本期金额	累计金额
一、主营业务收入		
减：主营业务成本		
税金及附加		
二、主营业务利润		
加：其他业务收入		
……		

（3）利润表的第三种格式，即不再区分主营业务与其他业务，将“主营业务收入”与“其他业务收入”合并，将“主营业务成本”与“其他业务成本”合并，如表25-3所示。

表25-3　利润表样表三

编制单位：　　　　　　　　　　　　　年　月　　　　　　　　　　　　　单位：元

项　目	本期金额	累计金额
一、营业收入		
减：营业成本		
税金及附加		
……		

企业会计准则下的利润表的标准表样如表25-4所示。

表25-4　利润表表样（未执行新金融工具和新收入准则）

利润表

会企02表

编制单位：　　　　　　　　　　　　　年　月　　　　　　　　　　　　　单位：元

项　目	本期金额	上期金额
一、营业收入		
减：营业成本		
税金及附加		
销售费用		
管理费用		
研发费用		

续表

项　　目	本期金额	上期金额
财务费用		
其中：利息费用		
利息收入		
资产减值损失		
加：其他收益		
投资收益（损失以“—”号填列）		
其中：对联营企业和合营企业的投资收益		
公允价值变动收益（损失以“－”号填列）		
资产处置收益（损失以“－”号填列）		
二、营业利润（亏损以“－”号填列）		
加：营业外收入		
减：营业外支出		
三、利润总额（亏损总额以“－”号填列）		
减：所得税费用		
四、净利润（净亏损以“－”号填列）		
（一）持续经营净利润（净亏损以“－”号填列）		
（二）终止经营净利润（净亏损以“－”号填列）		
五、其他综合收益的税后净额		
（一）不能重分类进损益的其他综合收益		
1. 重新计量设定受益计划变动额		
2. 权益法下不能重分类转损益的其他综合收益		
……		
（二）将重分类进损益的其他综合收益		
1. 权益法下可转损益的其他综合收益		
2. 可供出售金融资产公允价值变动损益		
3. 持有至到期投资重分类为可供出售金融资产损益		
4. 现金流量套期损益的有效部分		
5. 外币财务报表折算差额		
……		
六、综合收益总额		
七、每股收益		
（一）基本每股收益		
（二）稀释每股收益		

2. 利润表的结构

在利润表中，企业通常按各项收入、费用及构成利润的各个项目分类、分项列示。也就是说，收入按其重要性进行列示，主要包括营业收入、其他收益、营业外收入等；费用按其性质进行列示，主要包括营业成本、税金及附加、销售费用、管理费用、研发费用、财务费用、营业外支出、所得税费用等；利润按营业利润、利润总额、净利润等列示。

（1）构成营业利润的各项要素。

营业利润是从营业收入出发，减去营业成本、税金及附加、销售费用、管理费用、研发费用、财务费用、资产减值损失，加上其他收益（损失为“－”）、投资收益（损失为“－”）、公允价值变动收益（损失为“－”）、资产处置收益（损失为“－”）。

（2）构成利润总额的各项要素。

利润总额是在营业利润的基础上加（减）营业外收支后得出的。

（3）构成净利润的各项要素。

净利润是在利润总额的基础上，减去本期计入损益的所得税费用后得出的。

对于利润表的展开介绍，本书会按照利润表的顺序进行，也会有所调整。下面将首先介绍收入、成本类项目，再介绍费用类项目及其他项目。

25.2 利润表的编制

利润表是根据“收入-费用=利润”的基本关系编制的，其具体内容取决于收入、费用、利润等会计要素及其内容，利润表项目是收入、费用和利润要素内容的具体体现。从反映企业经营资金运动的角度看，利润表是一种反映企业经营资金动态表现的报表，主要提供有关企业经营成果方面的信息，属于动态财务报表。

25.2.1 利润表的编制步骤

利润表的填列与资产负债表的填列有本质的不同，因为利润表中的项目只有发生额没有余额，需要根据发生额填列。

利润表各项目均需填列“本期金额”和“上期金额”两栏：企业应当根据损益类科目和所有者权益类有关科目的发生额填列利润表上的“本期金额”栏；根据上年同期利润表“本期金额”栏内所列数字填列本年度利润表的“上期金额”栏。如果企业上年该期利润表规定的项目的名称和内容与本期不一致，应当对上年该期利润表相关项目的名称和内容按照本期的规定进行调整后，填入“上期金额”栏。

编制利润表可以分为3个步骤。

（1）以营业收入为基础，计算营业利润。

营业利润＝营业收入-营业成本-税金及附加-销售费用-管理费用-财务费用-资产减值损失+公允价值变动收益（-公允价值变动损失）+资产处置收益（-资产处置损失）+投资收益（-投资损失）

（2）以营业利润为基础，计算利润总额。

利润总额＝营业利润+营业外收入-营业外支出

（3）以利润总额为基础，计算净利润。

净利润＝利润总额-所得税费用。

利润表的编制只需要经过上述三步，简单明了；由于表中项目的名称与会计科目名称基本相同，故很多项目直接从账簿上找数字填写上去就可以。

25.2.2 营业收入项目解说

1. 营业收入的内容

营业收入包括主营业务收入和其他业务收入。

主营业务收入是指企业经常性的、主要业务所产生的基本收入。例如，制造业企业销售产品、产成品和提供工业性劳务作业的收入；商品流通企业的销售商品收入；旅游服务业企业的门票收入、客户收入、餐饮收入等。

其他业务收入是指企业除主营业务活动以外的其他经营活动实现的收入，包括出租房屋和设备等固定资产、出租无形资产、出租包装物和商品、销售材料、用材料进行非货币性资产交换或债务重组等实现的收入。

2. 利润表的填列

“营业收入”项目，反映企业经营主要业务和其他业务所确认的收入总额。本项目应根据“主营业务收入”和“其他业务收入”科目的发生额分析填列。

25.2.3 营业成本项目解说

1. 营业成本的内容

任何收获都是有代价的，企业取得营业收入的前提就是垫付了相当多的人力成本、时间成本和资金成本等，这些成本统称为营业成本。

主营业务成本是指公司生产和销售与主营业务有关的产品或服务所必须投入的直接成本，与“主营业务收入”相对应，主要包括原材料成本、人工成本（工资）和固定资产折旧等。

其他业务成本是指除主营业务以外的其他销售或其他业务所发生的成本，即企业取得其他业务收入相应发生的成本，与“其他业务收入”相对应，主要包括其他业务的销售成本、提供劳务所发生的相关成本、费用等。

2. 利润表的填列

“营业成本”项目，反映企业经营主要业务和其他业务所发生的成本总额。本项目应根据“主营业务成本”和“其他业务成本”科目的发生额分析填列。

25.2.4 税金及附加项目解说

1. 税金及附加的内容

税金及附加反映企业经营业务应负担的消费税、城市维护建设税、资源税、土地增值税和教育费附加等。这些税金及附加，一般根据当月销售额或税额，按照规定的税率计算，于下月初缴纳。

2. 利润表的填列

“税金及附加”项目，反映企业经营业务应负担的消费税、城市维护建设税、印花税、资源税、土地增值税和教育费附加等。本项目应根据“税金及附加”科目的发生额分析填列。

25.2.5 期间费用项目解说

1. 期间费用的内容

期间费用是指企业本期发生的、不能直接或间接归入某个特定产品成本的费用。期间费用随着时间推移而发生，与当期产品的管理和产品销售直接相关，而与产品的产量、产品的制造过程无直接关系；期间费用容易确定其发生的期间，但难以判别其所应归属的产品，不能列入产品制造成本，而应在发生的当期从损益中扣除。

期间费用包括直接从企业的当期产品销售收入中扣除的销售费用、管理费用和财务费用。

（1）销售费用。

销售费用是指企业销售产品、自制半成品和提供劳务过程中所发生的费用，是与企业取得销售收入密切相关的费用。销售费用具体包括应由企业负担的运输费、装卸费、包装费、保险费、展览费、销售佣金、委托代销手续费、广告费、租赁费和销售服务费用，以及专设销售机构人员工资、福利费、差旅费、办公费、折旧费、修理费、材料消耗、低值易耗品摊销及其他费用等。

（2）管理费用。

管理费用是企业管理和组织生产经营活动所发生的各项费用。管理费用包括的内容较多，以工业企业为例，具体包括企业管理人员工资、福利费、差旅费、办公费、折旧费、修理费、物料消耗、低值易耗品摊销、房租和其他经费等。例如，企业的行政、财务和人力资源、IT等部门都承担着管理职责，属于企业的后勤服务部门，为销售业务部门提供服务，其工作过程中发生的相关费用都在管理费用中列支。

（3）财务费用。

财务费用是企业为进行资金筹集等理财活动而发生的各项费用。财务费用主要包括利息净支出、汇兑净损失、金融机构手续费和其他因资金而发生的费用。

2. 利润表的填列

（1）“销售费用”项目，反映企业在销售商品过程中发生的包装费、广告费等费用，以及为销售本企业商品而专设的销售机构的职工薪酬、业务费等经营费用。本项目应根据“销售费用”科目的发生额分析填列。

（2）“管理费用”项目，反映企业为组织和管理生产经营发生的管理费用。本项目应根据“管理费用”科目的发生额分析填列。

（3）“财务费用”项目，反映企业筹集生产经营所需资金等而发生的筹资费用。本项目应根据“财务费用”科目的发生额分析填列。

25.2.6 营业外收支项目解说

1. 营业外收支的内容

营业外收支包括营业外收入和营业外支出。营业外收支虽然是与企业的日常经营无直接关系的收益和支出，但它也是企业财务成果必不可少的组成部分。

营业外收支具有以下几个主要特点。

① 营业外收入和营业外支出一般彼此相互独立，不具有因果关系。

② 营业外收支通常是偶然发生的，不重复出现，一般企业难以控制。

③ 数额相对较小。

④ 营业外收支在核算上采用收付实现制处理。

针对这些特点，企业的各项营业外收入必须按国家有关规定，认真核实，据实入账，不得转移、截留和作为其他财务收入处理；企业应划清营业外支出与成本支出及利润分配的界限，避免相互挤占。

（1）营业外收入。

营业外收入并不是由企业经营资金耗费所产生的，不需要企业付出代价，实际上是一种纯收入，它不可能也不需要与有关费用进行配比。

营业外收入主要有固定资产盘盈利得、处置固定资产净收益、罚款收入、出售无形资产净收益、因债权人原因确实无法支付的应付款项、教育费附加返还款等。营业外收入的内容如表25-5所示。

表25-5 营业外收入的内容

项目	内容
固定资产盘盈利得	它是指企业在财产清查中发现的账外固定资产的估计原值减去估计折旧后的净值
处置固定资产净收益	它是指处置固定资产所获得的处置收入扣除处置费用及该项固定资产账面净值与所计提的减值准备相抵差额后的余额
罚款收入	它是指对方违反国家有关行政管理法规，按照规定支付给本企业的罚款，主要包括员工罚款和合作商违约罚款
出售无形资产净收益	它是指企业出售无形资产时，所得价款扣除相关税费后的差额，大于该项无形资产的账面余额与所计提的减值准备相抵差额的部分
因债权人原因确实无法支付的应付款项	它主要是指因债权人单位变更登记或撤销等而无法支付的应付款项等
教育费附加返还款	它是指自办职工子弟学校的企业，在缴纳教育费附加后，教育部门返还给企业的所办学校经费补贴费

（2）营业外支出。

营业外支出是独立于营业外收入存在的，二者没有配比关系，这点与主营业务成本和其他业务成本有本质的不同。

营业外支出是指不属于企业生产经营费用，与企业生产经营活动没有直接的关系，但应从企业实现的利润总额中扣除的支出。

营业外支出主要包括固定资产盘亏损失、处置资产净损失、出售无形资产净损失、罚款支出、债务重组损失等。营业外支出的内容如表25-6所示。

表25–6 营业外支出的内容

项目	内容
固定资产盘亏损失	它是指在财产清查中，因实际固定资产实有数低于固定资产账面数而发生的固定资产盘亏损失
处理固定资产净损失	它是指企业在生产经营期间处置固定资产时所取得的价款不足以抵补应支付的相关税费和该项固定资产的账面净值与所计提的减值准备相抵差额而发生的差额
出售无形资产净损失	它是指企业出售无形资产时，所得价款不足以抵补应支付的相关税费及该项无形资产的账面余额与所计提的减值准备相抵后的差额所发生的损失
罚款支出	它是指企业因违反法律或未履行经济合同、协议而支付的赔偿金、违约金、罚息、罚款、滞纳金等，以及因违法经营而发生的被没收财物损失
捐赠支出	它是指企业对外捐赠的各种财产的价值
非常损失	它是指自然灾害造成的各项资产净损失，还包括由此造成的停工损失和善后清理费用
债务重组损失	它是指按照债务重组会计处理的有关规定应计入营业外支出的债务重组损失

2. 利润表的填列

（1）“营业外收入”项目，反映企业发生的与经营业务无直接关系的各项收入。本项目应根据“营业外收入”科目的发生额分析填列。

（2）“营业外支出”项目，反映企业发生的与经营业务无直接关系的各项支出。本项目应根据“营业外支出”科目的发生额分析填列。

25.2.7 所得税费用项目解说

1. 所得税费用的内容

所得税费用即当期确认的企业所得税。企业所得税是指对中国境内的企业和其他取得收入的组织以其生产经营所得为课税对象所征收的一种所得税。所得税是指以纳税人的所得额为征税对象的各种税收的统称，税务机关依照相关法律对所得额乘以一定税率进行计算征缴。税法规定的所得额，是指纳税人在一定时期内，由于生产、经营等取得的可用货币计量的收入，扣除为取得这些收入所需各种耗费后的净额。

（1）所得税基础要素。

想要理解所得税，必须了解所得税三要素，即什么样的企业需要交税、什么样的经济行为需要交税、按照什么比率交税，也是所得税基础三要素的通俗理解。所得税三要素包含纳税人、征税对象和税率，如图25-1所示。

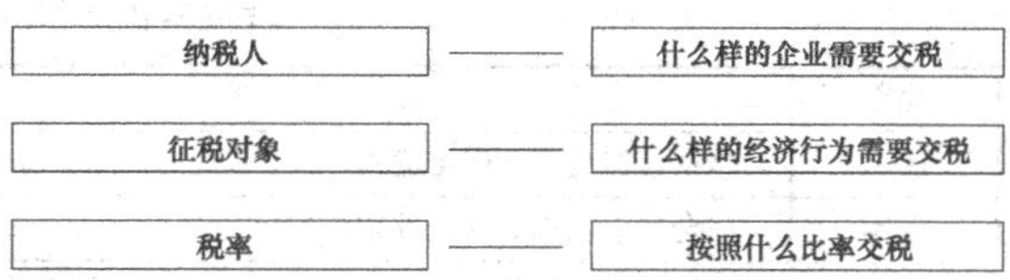

图25–1 所得税三要素

①纳税人。

纳税人即所有实行独立经济核算的中国境内的内资企业或其他组织，包括国有企业、集体企业、私营企业、联营企业、股份制企业、有生产经营所得和其他所得的其他组织。

特别需要说明的是，个人独资企业、合伙企业不缴纳企业所得税，对这两类企业征收个人所得税，这样可以避免重复征税。

② 征税对象。

企业所得税的征税对象是纳税人取得的所得，包括销售货物所得、提供劳务所得、转让财产所得、股息红利所得、利息所得、租金所得、特许权使用费所得、接受捐赠所得和其他所得。

③ 税率。

企业所得税采用税率为25%的比例税率。企业所得税法定税率为25%，内资企业和外资企业适用相同税率；国家需要重点扶持的高新技术企业的企业所得税税率为15%，小型微利企业的企业所得税税率为20%，非居民企业的企业所得税税率为20%。

（2）应纳税所得额。

企业所得税法规定：企业应纳税所得额，是企业的收入总额减去成本、费用、损失，以及准予扣除项目的金额。

税法所指的收入总额和准予扣除的成本、费用金额并非财务报表中的对应项目。由于会计与税法的目的不同，二者之间存在着许多差异，在实际工作中存在着会计与税法差异的调整与协调问题。

企业销售收入的确认，必须遵循权责发生制原则和实质重于形式原则，如企业所得税法及实施条例另有规定，计算所得税时需遵从该规定。例如，企业以商品进行投资或者捐赠等，会计上不确认为收入，但税法规定该收入为应税收入。

对于会计中的一些收入，并不一定都确认为税法上的收入，主要有两种情况：一种是税法规定免除征收该部分收入的所得税，即不征税收入；另一种是按照规定应该征收相关税金，在一定时期为了鼓励特殊产业或者特殊人群，暂时免征该部分收入的所得税，即免税收入。典型的不征税收入和免税收入项目如表25-7所示。

表25-7　不征税收入和免税收入项目

收入类别	具体项目
不征税收入	财政拨款
	依法收取并纳入财政管理的行政事业性收费、政府性基金
	国务院规定的其他不征税收入
免税收入	国债利息收入
	符合条件的居民企业之间的股息、红利等权益性投资收益
	在中国境内设立机构、场所的非居民企业取得与该机构、场所有实际联系的股息、红利等权益性投资收益
	符合条件的非营利组织的收入

在计算所得税时准予从计税收入中扣除的项目是指与纳税人取得收入有关的成本、费用、税金和损失。纳税人的财务会计处理与税法规定不一致的，应按照税法规定予以调整。

只要与税法规定不冲突，凡是符合企业会计准则规定成本、费用、税金和损失，均可在税前扣除。税前扣除项目范围的具体规定如表25-8所示。

表25-8　税前扣除项目范围

类别	具体项目
成本	包括直接成本和间接成本
费用	与会计上的期间费用基本相同
税金	是指企业发生的除企业所得税和允许抵扣的增值税以外企业缴纳的消费税、城建税等税金及附加
损失	是指企业在生产经营活动中发生的盘亏、毁损、报废损失、转让财产损失、呆账损失、坏账损失、自然灾害等不可抗力因素造成的损失

2. 利润表的填列

“所得税费用”项目，反映企业应从当期利润总额中扣除的所得税费用。本项目应根据“所得税费用”科目的发生额分析填列。

25.2.8 其他项目解说

1. 资产减值损失

资产减值损失是指因资产的账面价值高于其可收回金额而造成的损失。

资产的主要特征之一是必须能够为企业带来经济利益的流入，如果资产不能够为企业带来经济利益或者带来的经济利益低于其账面价值，那么该资产就不能再予以确认，或者不能再以原账面价值予以确认。

因此，当企业资产的可收回金额低于其账面价值时，即表明资产发生了减值，企业应当确认资产减值损失，并把资产的账面价值减记至可收回金额。

“资产减值损失”项目，反映企业各项资产发生的减值损失。本项目应根据“资产减值损失”科目发生额分析填列。

2. 公允价值变动收益

公允价值变动收益是指企业以各种资产，如投资性房地产、交易性金融资产等公允价值变动形成的应计入当期损益的利得或损失，即公允价值与账面价值之间的差额。该项目反映了资产在持有期间因公允价值变动而产生的损益。

“公允价值变动收益”项目，反映企业应当计入当期损益的资产或负债公允价值变动收益。本项目应根据“公允价值变动损益”科目的发生额分析填列；如为净损失，本项目以“—”号填列。

3. 投资收益

投资收益是指企业在一定的会计期间对外投资所取得的回报。投资收益包括对外投资所分得的股利和收到的债券利息，以及投资到期收回的或到期前转让债权取得款项高于账面价值的差额等。投资活动也可能遭受损失，如投资到期收回的或到期前转让所得款低于账面价值的差额，即为投资损失。投资收益减去投资损失则为投资净收益。

随着企业管理和运用资金权力的日益增大，管理者会将闲置资金更多地投入到各种投资活动中，并随之产生收益或者发生亏损。这部分收益或亏损虽不是企业自身主营业务或劳务活动所得，却是企业利润的重要组成部分，并且随着资本市场的日益完善，其在企业资产中的所占比重越来越大。

“投资收益”项目，反映企业以各种方式对外投资所取得的收益。本项目应根据“投资收益”科目的发生额分析填列；如为投资损失，本项目以“—”号填列。

4. 净利润

在资产负债表中，未分配利润是具有综合性的项目；对于利润表而言，净利润也是具有综合性的项目，它汇集了所有经济行为的最终成果。净利润是指在利润总额中按规定缴纳了所得税后公司的利润留成，一般也称为税后利润。

净利润的计算公式为：

净利润=利润总额-所得税

净利润是一个企业经营的最终成果：净利润多，企业的经营效益就好；净利润少，企业的经营效益就差；它是衡量一个企业经营效益的主要指标。

“净利润”项目，反映企业实现的净利润；如为亏损，本项目以“—”号填列。

5. 其他项目

(1)“利润总额”项目，反映企业实现的利润；如为亏损，本项目以“—”号填列。

(2)“每股收益”项目，包括基本每股收益和稀释每股收益两项指标，反映普通股或潜在普通股已公开交易的企业，以及正在公开发行普通股或潜在普通股过程中的企业的每股收益信息。

基本每股收益=归属于普通股股东的当期净利润÷当期发行在外普通股的加权平均数

稀释每股收益=归属于普通股股东的当期净利润÷假定稀释性潜在普通股转为已发行普通股前提下普通股股数的加权平均数

(3)“其他综合收益的税后净额”项目，反映企业根据企业会计准则规定未在损益中确认的各项利得和损失扣除所得税影响后的净额。

（4）“综合收益总额”项目，反映企业净利润与其他综合收益的税后净额的合计金额。

25.2.9 利润表的编制案例

为了便于理解，对于利润表的编制，通过举例来直观地说明。

【例25-1】

爱米公司2018年12月损益类科目的发生额如表25-9所示。

表25-9 爱米公司2018年12月损益类科目的发生额 单位：元

科目名称	期末余额	科目名称	期末余额
主营业务收入	3 926 483.73	管理费用	256 733.64
主营业务成本	3 275 647.87	财务费用	53 475.64
其他业务收入	1 880 190.12	税金及附加	68 145.65
其他业务成本	1 197 799.35	所得税费用	123 576.94
销售费用	474 552.38		

在填制利润表时，需要计算填列的项目为：

“营业收入”=“主营业务收入”+“其他业务收入”= 3 926 483.73+1 880 190.12=5 806 673.85（元）；

“营业成本”=“主营业务成本”+“其他业务支出”= 3 275 647.87+1 197 799.35=4 473 447.22（元）。

其他项目可直接依据相关科目发生额填列，在此基础上计算填例利润表中有关项目，最终填列的利润表如表25-10所示。

表25-10 爱米公司2018年12月利润表

会企02表

编制单位：爱米公司 2018年12月 单位：元

项 目	本期金额	上期金额
一、营业收入	5 806 673.85	4 269 310.61
减：营业成本	4 473 447.22	3 311 632.63
税金及附加	68 145.65	47 350.62
销售费用	474 552.38	378 387.81
管理费用	256 733.64	202 543.37
财务费用	53 475.64	46 783.88
资产减值损失		
加：公允价值变动收益（损失以“－”号填列）		
投资收益（损失以“－”号填列）		
其中：对联营企业和合营企业的投资收益		
资产处置收益（损失以“－”号填列）		
其他收益		
二、营业利润（亏损以“－”号填列）	480 319.32	282 612.30
加：营业外收入		
减：营业外支出		
三、利润总额（亏损总额以“－”号填列）	480 319.32	282 612.30
减：所得税费用	123 576.94	47 952.62
四、净利润（净亏损以“－”号填列）	356 742.38	234 659.68
（一）持续经营净利润（净亏损以“－”号填列）		
（二）终止经营净利润（净亏损以“－”号填列）		
五、其他综合收益的税后净额		
（一）以后不能重分类进损益的其他综合收益		
1. 重新计量设定受益计划净负债或净资产的变动		

续表

项　　目	本期金额	上期金额
2. 权益法下在被投资单位不能重分类进损益的其他综合收益中享有的份额		
……		
（二）以后将重分类进损益的其他综合收益		
1. 权益法下在被投资单位以后将重分类进损益的其他综合收益中享有的份额		
2. 可供出售金融资产公允价值变动损益		
3. 持有至到期投资重分类为可供出售金融资产损益		
4. 现金流量套期损益的有效部分		
5. 外币财务报表折算差额		
……		
六、综合收益总额		
七、每股收益		
（一）基本每股收益		
（二）稀释每股收益		

25.3 利润表的综合分析

想要综合分析和评价一个企业的财务状况，除了要分析资产负债表以外，还要分析利润表。

利润表中的项目除了可以分别揭示收入、成本和费用规模大小以外，将这些项目综合起来对比分析，还可以发现许多不易察觉的小细节，如企业的毛利率、资产报酬率、资产周转率等，分析它们可以综合判断企业取得同样收益所付出的代价。

利润表分析的内容主要包括三个方面。

25.3.1 利润表变动分析

利润表变动分析，就是对利润表具体项目的比较分析，主要是对各项利润的增减变动及影响利润的收入与成本进行分析。利润表的变动分析主要考察企业是否赚钱，是否比前一年赚取了更多的钱。

利润表变动分析包括两方面，一方面是利润增减变动分析，另一方面是利润结构变动分析。通过利润增减变动分析，从利润的形成角度，反映利润额的变动情况，揭示企业在利润形成过程中的管理业绩及存在的问题。通过利润结构变动分析，主要是在对利润表进行垂直分析的基础上，揭示各项利润及成本、费用与收入的关系，以反映企业各环节的利润构成、利润及成本、费用水平。

【例25–2】

通过四星通信公司2018年12月的利润表及明细数据，看看该公司经过一年的辛苦经营，究竟取得了多少收入、花费了多少成本，总体利润情况怎么样。

（1）利润表数据。

四星通信公司2018年12月的利润表数据如表25-11所示，其中：

主营业务收入：本期金额18 272 160元，上期金额14 056 170元；

主营业务成本：本期金额10 546 550元，上期金额8 433 702.20元；

其他业务收入：本期金额178 335元，上期金额145 877.00元；

其他业务成本：本期金额99 410元，上期金额71 963.00元。

表25-11　四星通信公司2018年12月利润表

会企02表

编制单位：四星通信公司　　　　2018年12月　　　　单位：元

项　目	本期金额	上期金额
一、营业收入	18 450 495.00	14 202 047.00
减：营业成本	10 645 960.00	8 505 665.20
税金及附加	936 920.00	720 740.00
销售费用	1 854 980.00	1 435 300.00
管理费用	1 615 620.00	1 226 000.00
财务费用	1 048 680.00	871 550.00
资产减值损失		
加：公允价值变动收益（损失以“－”号填列）		
投资收益（损失以“－”号填列）	1 900 000.00	1 000 000.00
其中：对联营企业和合营企业的投资收益		
资产处置收益（损失以“－”号填列）		
其他收益		
二、营业利润（亏损以“－”号填列）	4 248 335.00	2 442 791.80
加：营业外收入	105 000.00	83 570.00
减：营业外支出	35 087.00	63 300.00
三、利润总额（亏损总额以“－”号填列）	4 318 248.00	2 463 061.80
减：所得税费用	1 079 562.00	615 765.45
四、净利润（净亏损以“－”号填列）	3 238 686.00	1 847 296.35
（一）持续经营净利润（净亏损以“—”号填列）		
（二）终止经营净利润（净亏损以“—”号填列）		
五、其他综合收益的税后净额		
（一）以后不能重分类进损益的其他综合收益		
1．重新计量设定受益计划净负债或净资产的变动		
2．权益法下在被投资单位不能重分类进损益的其他综合收益中享有的份额		
……		
（二）以后将重分类进损益的其他综合收益		
1．权益法下在被投资单位以后将重分类进损益的其他综合收益中享有的份额		
2．可供出售金融资产公允价值变动损益		
3．持有至到期投资重分类为可供出售金融资产损益		
4．现金流量套期损益的有效部分		
5．外币财务报表折算差额		
……		
六、综合收益总额		
七、每股收益		
（一）基本每股收益		
（二）稀释每股收益		

（2）利润额增减变动分析。

从表25-11及相关资料可以看出，四星通信公司2018年的主营业务收入约为1 827万元，2017年的主营业务收入约为1 405万元，2018年度较2017年度有较大幅度的增长；随着收入的增长，成本支出也加大了。综合来看，主营业务利润增长了约210万元，这主要是因为收入的增幅超过成本增幅形成的。这一变化可以从收入成本增长变动表的折线上升角度形象地观察出来，如图25-2所示。

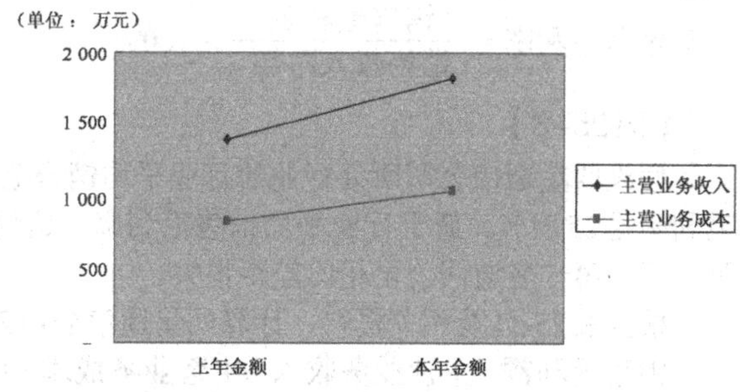

图25-2　主营业务收入与主营业务成本增长变动

其他业务利润的发展基本持平；费用类成本有所增长，2018年与2017年期间费用金额分别约为452万元和353万元，增长了约99万元，基本上是在合理范围内的增长，因为随着收入的增长，公司的相关投入也会有所变化；2018年的投资收益为190万元，2017年为100万元，增长了90万元，说明四星通信公司的管理层很有眼光，投资已经开始得到回报，并且回报金额逐渐提高。

总体来说，四星通信公司2018年度实现净利润约324万元，较上年度增长近一倍，数据很可观，说明该公司在拓展业务的同时，不忘节约成本，既开源又节流，取得了较好的成效。

这两年智能手机的爆发式增长给四星通信公司带来了新的发展机遇，为了不错失这个千载难逢的机会，四星通信公司抓管理、抓销售，通过各种激励和奖励措施发挥员工的干劲，数据可以证明该公司确实又焕发了新的生机和活力。

（3）利润结构变动情况分析。

从表25-11及相关资料可以看出，四星通信公司2018年度的主营业务利润约为773万元，其他业务利润约为8万元；相应的2017年度的数据分别约为562万元和7.5万元，从收入和利润的贡献比例来看，主营业务利润仍然占绝对比重。

从成本费用来看，可以得出同样的结论。从成本支出角度分析，四星通信公司2018年度的主营业务成本约为1 054万元，其他业务成本约为10万元；相应的2017年度的数据分别约为843万元和7万元，可以看出，主营业务成本占绝大部分比重。从费用角度分析，销售费用大于管理费用，管理费用大于财务费用，在两个会计年度之间，各项费用并没有发生特别大的波动。

通过以上分析可以得出结论：四星通信公司的利润结构构成方面，主营业务一直占绝大部分比重，并且费用消耗方面也没有大的变动；该公司经营目标和发展思路比较平稳和成熟，短期之内应该不会发生突然性的变化。

25.3.2　利润表盈利能力分析

从利润表变动分析中可以得知企业是否赚钱，而通过利润表盈利能力分析，可以了解企业赚取这些钱占用了多少资本。

盈利能力是指企业获取利润的能力。利润是企业内外有关各方都关心的问题，是投资者取得投资收益、债权人收取本息的资金来源，是经营者经营业绩和管理效能的集中表现，也是职工集体福利设施不断完善的重要保障。因此，对企业盈利能力进行分析十分重要。

盈利能力分析体现了企业利用可支配的资源开展经营活动，从而获取经济利益的程度。一般来说，企业的盈利能力只涉及正常的营业状况，非正常的营业状况不能说明企业的盈利能力。

企业盈利能力分析是指通过对企业生产过程中的产出、耗费和利润之间的比例关系，来研究和评价企业的获利能力。反映企业盈利能力的指标主要有销售毛利率、销售利润率、成本费用利润率，总资产净利润率、每股收益、市盈率等。

1. 销售毛利率

$$销售毛利率=\frac{销售毛利额}{销售收入净额}\times 100\%$$

【例25-3】

假设四星通信公司所处行业的行业平均销售毛利率为27.37%。四星通信公司2017年的销售毛利率是25.81%，低于行业平均销售毛利率，这说明四星通信公司当年的盈利能力不强，特别是与行业第一名迪信公司相比差距很大。

根据表25-11及相关资料，计算四星通信公司2018年的销售毛利率并分析。

销售毛利额=主营业务收入-主营业务成本-税金及附加=18 272 160-10 546 550-936 920=6 788 690（元）；

$$销售毛利率=\frac{销售毛利额}{销售收入净额}\times 100\% =\frac{6\ 788\ 690}{18\ 272\ 160}\times 100\% = 37\%。$$

四星通信公司2018年销售毛利率达到了37%，无论是从行业角度，还是从全行业平均值角度来分析，这都是一个很可观的指标，说明四星通信公司在管理方法上经过改进和修炼，已经进入优秀公司的行列。

2. 销售利润率

销售利润率受销售结构、销售价格、销售成本等的影响，它与净利润成正向变化关系，与销售收入成反向变化关系。企业在增加销售收入额的同时，必须相应地获取更多的利润，才能使销售利润率保持不变或有所提高。通过分析销售利润率的升降变动，可以促使企业在扩大销售的同时，注意改进经营管理，提高盈利水平。

销售利润率是企业利润总额与销售收入净额的比率，它反映企业销售收入中，企业为社会新创价值所占的份额。销售利润率的计算公式为：

$$销售利润率=\frac{利润总额}{销售收入净额}\times 100\%$$

【例25-4】

根据表25-11及相关资料，计算四星通信公司销售利润率并分析。

$$销售利润率（2017年）=\frac{2\ 463\ 061}{1\ 4056\ 170}\times 100\%=17.52\%；$$

$$销售利润率（2018年）=\frac{4\ 318\ 248}{18\ 272\ 160}\times 100\%= 23.63\%。$$

销售利润率越高，表明企业为社会新创价值越多，贡献越大；也反映企业在增产的同时，多创造了利润，实现了增产增收。可以看到，四星通信公司的销售利润率呈现越来越高的趋势，这是一个好趋势。

销售利润率指标中的利润也可以按销售利润计算。考虑到利润总额的构成比较广泛，其中有些收益同产品销售收入无直接联系，为保证计算的口径一致，用产品销售利润更为适宜。

3. 成本费用利润率

成本费用利润率是指企业利润总额与成本费用总额的比率，它是反映企业生产经营过程中发生的耗费与获得的收益之间关系的指标。

成本费用利润率从耗费角度补充评价企业的收益状况和盈利水平，有利于促进企业加强内部管理，节约支出，提高经营效益。成本费用利润率的计算公式为：

$$成本费用利润率=\frac{利润总额}{成本费用总额}\times 100\%$$

【例25-5】

根据表25-11中显示的资料，计算四星通信公司成本费用利润率并分析。

2017年的成本费用总额=主营业务成本+其他业务成本+销售费用+管理费用+财务费用=8 433 702.20+71 963+1 435 300+1 226 000+871 550=12 038 515.2（元）。

$$成本费用利润率（2017年）=\frac{2\,463\,061.8}{12\,038\,515.2}\times100\%=20.46\%；$$

2018年的成本费用总额=主营业务成本+其他业务成本+销售费用+管理费用+财务费用=10 546 550+99 410+1 854 980+1 615 620+1 048 680=15 165 240（元）。

$$成本费用利润率（2018年）=\frac{4\,318\,248}{15\,165\,240}\times100\%=28.47\%。$$

以上结果表明，该企业成本费用利润率指标2018年比2017年上升了8%。成本费用利润率越高，表明企业耗费所取得的收益越高。成本费用利润率是一个能直接反映增收节支、增产节约效益的指标；企业生产销售的增加和费用开支的节约，都能使这一比率提高。企业应当深入检查导致成本费用上升的因素，改进有关工作，以便扭转效益指标下降的状况。

4. 总资产净利率

总资产净利率是企业净利润与企业资产平均总额的比率，即资金利润率。总资产净利率是反映企业资产综合利用效果的指标，也是衡量企业利用债权人和所有者权益总额所取得盈利的重要指标。总资产净利率的计算公式为：

$$总资产利润率=\frac{净利润}{资产平均总额}\times100\%$$

把企业一定期间的净利润与企业的资产相比较，表明企业资产利用的综合效果。该指标值越大，表明资产的利用效率越高，说明企业在增加收入和节约资金使用等方面取得了良好的效果。

总资产净利率是一个综合指标。企业的资产是由投资人投入或举债形成的，净利润的多少与企业资产的多少、资产的结构、经营管理水平有着密切的关系。为了正确评价企业经济效益的高低、挖掘提高利润水平的潜力，可以用该指标与本企业前期、计划值、本行业平均水平和本行业内先进企业进行对比，分析形成差异的原因。影响总资产净利率高低的因素主要有：产品的价格、单位产品成本、产品的产量和销售数量、资金占用量等。

【例25-6】

假设四星通信公司2016年年末的总资产为107 000 837元，2017年年末的总资产为118 095 600元，2018年末的总资产为191 794 800元。根据表25-11中显示的资料，计算四星通信公司总资产净利率并分析。

2017年的资产平均总额=（2016年年末总资产+（2017年年末总资产）÷2=（107 000 837+118 095 600）÷2=225 096 437÷2=112 548 218.50（元）；

$$总资产净利率（2017年）=\frac{1\,847\,296.35}{112\,548\,218.50}\times100\%=1.64\%$$

2018年的资产平均总额=（2017年年末总资产）+（2018年年末总资产）÷2=（118 095 600+191 794 800）÷2=309 890 400÷2=154 945 200（元）；

$$总资产净利率（2018年）=\frac{3\,238\,686}{154\,945\,200}\times100\%=2.09\%。$$

计算结果表明，该企业资产综合利用效率2018年比2017年稍好，企业资产的使用情况、增产节约工作开展情况等都利用得不错；资产利用的效益越好，整个企业获利能力越强，经营管理水平越高。

总资产净利率反映的是公司运用全部资产获取净利润的水平，即公司每占用1元的资产平均所能获得的净利润。该指标越高，表明公司投入产出水平越高，资产运营越有效，成本费用的控制水平越高。

5. 每股收益

每股收益是指本年净收益与年末普通股份总数的比值。如果股份公司发行了优先股还要扣除优先股应分的股利，然后除以流通股数，即发行在外的普通股平均股数。每股收益的计算公式如下：

$$每股收益=\frac{净利润}{年末普通股份总数}\times 100\%$$

根据上一章资产负债表分析中表24-8中所列资料，四星通信设备有限公司2018年和2017年分别有普通股9 000万股和4 000万股，假设该公司2018年和2017年净利润分别为326万元和177万元，可以计算出每股收益分别是0.036元和0.044元。该指标值略有下降，是因为该公司2018年融资了5 000万元，稀释了股份，融资金额需要投入生产运营再慢慢转化为利润，并不会马上实现效益。

6. 市盈率

市盈率是普通股每股市场价格与普通股每股利润的比率，它是反映股票盈利状况的重要指标，也是投资者对从某种股票获得1元利润所愿支付的价格。市盈率的计算公式如下：

$$市盈率=\frac{普通股每股市场价格}{普通股每股利润}$$

市盈率越高，表明企业获利的潜力越大；反之，则表明企业的前景并不乐观。股票投资可以将市盈率用作投资选择的参考。

明显地，市盈率是一个衡量上市公司股票价格与价值的比率指标。可以简单地认为，市盈率高的股票，其价格与价值的背离程度就越高。也就是说市盈率越低，其股票越具有投资价值。

市盈率作为衡量上市公司股票价格和价值关系的一个指标，其高低标准并非绝对的，与本国货币的存款利率水平有着紧密联系。如果市盈率过高，投资不如存款，大家就会放弃投资而把钱存在银行收取利息；反之，如果市盈率过低，大家就会把存款取出来进行投资以获取比存款利息更高的收益。

25.3.3 利润表营运能力分析

企业的营运能力主要是指企业营运资产的效率和效益。营运能力不仅反映企业的盈利水平，而且反映基础管理、经营决策、市场营销等方面的状况，营运能力分析的重要意义如下。

①通过资产营运能力分析，确立合理的资产存量规模。

②通过资产营运能力分析，促进各项资产的合理配置。

③通过资产营运能力分析，促进企业资产利用效率的提高。

一般来说，按照资产类别的不同，营运能力分析内容包括流动资产营运能力分析、总资产营运能力分析和不良资产比率分析。

1. 流动资产营运能力分析

流动资产营运能力分析涉及的指标有很多，如应收账款周转率、存货周转率、营业周期、流动资产周转率等。

（1）应收账款周转率。

应收账款是企业因赊销产品、材料、物资和提供劳务而应向购买方收取的各种款项。应收账款在流动资产中具有举足轻重的地位。企业的应收账款如能及时收回，企业的资金使用效率便能大幅提高。应收账款周转率就是反映企业应收账款周转速度的比率，它说明一定期间内企业应收账款转为现金的平均次数。应收账款周转率的两种表示方法如下。

$$应收账款周转次数=\frac{主营业务收入净额}{应收账款平均余额}$$

$$应收账款周转天数=\frac{应收账款平均余额}{主营业务收入净额}\times 360$$

对应收账款周转率进行分析应注意以下事项。

（1）应收账款既包括应收账款、应收票据、其他应收款，也包括坏账准备，这里认为企业的应收款项坏账准备为0。

（2）主营业务收入净额是企业当期销售产品、提供劳务等主要经营活动所取得的收入减去折扣与折让后的数额，这里认为折扣与折让为0。

（3）报告期天数，一年均以360天计，一季度均以90天计，一月均以30天计。

【例25-7】

四星通信设备有限公司2018年的主营业务收入为18 272 160元，根据上章中表24-8中的数据，计算该公司应收账款平均余额如表25-12所示。

表25-12　应收账款平均余额

项 目	期末余额	期初余额	应收账款平均余额
应收票据	2 800 000.00	600 000.00	—
应收账款	19 455 000.00	10 447 500.00	—
其他应收款	12 089 500.00	3 803 800.00	—
合 计	34 344 500.00	14 851 300.00	24 597 900.00

$$2018年四星通信设备有限公司应收账款周转次数=\frac{主营业务收入净额}{应收账款平均余额}=\frac{18\,272\,160}{24\,597\,900}=0.74（次）；$$

$$2018年四星通信设备有限公司应收账款周转天数=\frac{应收账款平均余额}{主营业务收入净额}\times 360=\frac{24\,597\,900}{18\,272\,160}\times 360=485（天）。$$

应收账款周转率越高，说明企业资金收回速度越快；反之，说明营运资金过多呆滞在应收账款上，影响企业正常资金周转及偿债能力。

应收账款周转率，要与企业的经营方式结合考虑。以下几种情况使用该指标不能反映实际情况。

①季节性经营的企业。

②大量使用分期收款结算方式。

③大量使用现金结算的销售。

④年末大量销售或年末销售大幅度下降。

如果排除以上因素，应收账款周转率偏低时，需要分析以下原因：销货条件或收账方针不当，财务计划不力，客户发生财务困难，同业竞争加剧，物价水平波动等。

（2）存货周转率。

存货周转率是指企业一定时期主营业务成本与存货平均余额的比率。存货周转率评价企业从取得存货、投入生产到销售收回（包括现金销售和赊销）等环节的综合管理状况，反映存货的周转速度，即存货的流动性及存货资金占用量的合理与否。

存货周转率的计算公式如下。

$$存货周转次数=\frac{主营业务成本}{存货平均余额}$$

$$存货周转天数=\frac{360}{存货周转次数}$$

【例25-8】

四星通信设备有限公司2018年度的主营业务成本为10 546 550元，根据表24-8中显示的数据，计算该公司存货的相关数据如表25-13所示。

表25-13　存货平均余额计算表

项目	期末余额	期初余额	存货平均余额
存货	50 184 900.00	36 015 300.00	43 100 100.00

$$2018年四星通信设备有限公司存货周转次数=\frac{主营业务成本}{存货平均余额}=\frac{10\ 546\ 550}{43\ 100\ 100}=0.24(次);$$

$$2018年四星通信设备有限公司存货周转天数=\frac{360}{存货周转次数}=\frac{360}{0.24}=1\ 500（天）。$$

存货周转率的考察与应收账款周转率基本相似，反映了企业对于存货采购、仓储、销售的整体管理水平高低，任何一个环节的滞后都会影响该指标。

（3）营业周期。

营业周期是指企业从取得存货开始到销售存货并收回现金所需耗用的时间，相当于应收账款周转天数与存货周转天数的综合。营业周期的计算公式如下。

营业周期=应收账款周转天数+存货周转天数

营业周期越短，企业资金周转速度越快，企业的流动资产管理水平越高，盈利水平也越高；反之，资金周转速度越慢。

（4）流动资产周转率。

流动资产周转率表明企业流动资产周转速度的快慢，其计算公式如下。

$$流动资产周转率=\frac{主营业务收入净额}{平均流动资产总额}\times100\%$$

实现流动资产的良性变动，应以主营业务收入增幅高于流动资产增幅作为保证。

2. 总资产营运能力分析

总资产营运能力分析主要通过总资产周转率这个指标来考核。总资产周转率是企业一定时期主营业务收入净额同平均资产总额的比值。总资产周转率的计算公式如下。

$$总资产周转率=\frac{主营业务收入净额}{平均资产总额}\times100\%$$

所以，总资产流动速度取决于以下两个因素。

流动资产周转率，加速流动资产周转，就会使总资产周转速度加快。

流动资产占总资产的比重，流动资产占总资产的比重越大，总资产周转速度越快。

一般情况下，该指标数值越高，资产周转速度越快，资产利用率越高。

总资产周转率反映了企业全部资产的管理质量和利用效率，是企业一定时期的实际产出质量及对每单位资产实现价值的补偿。

3. 不良资产比率分析

不良资产比率是企业年末不良资产总额占年末资产总额的比率，是从企业资产管理角度对企业资产营运状况进行的修正。不良资产比率的计算公式如下。

$$不良资产比率=\frac{年末不良资产总额}{年末资产总额}\times100\%$$

不良资产比率着重从不能正常循环运转以谋取收益的资产角度，反映了企业资产的质量；

该指标在用于评价工作的同时，也有利于企业发现自身不足，改善管理，提高资产利用效率；一般情况下，该指标越高，资产利用率越差。

25.4 综合演练

25.4.1 编制利润表

演练要求：

广西明盛公司适用于企业会计准则，根据其2018年全年损益类科目发生额（如表25-14所示）编制利润表。

表25-14 2018年全年损益类科目发生额

主营业务收入	159 703 438.37	税金及附加	243 260.60
其他业务收入	39 925 859.59	销售费用	1 096 781.11
主营业务成本	141 841 718.56	管理费用	14 223 626.84
其他业务成本	35 460 429.64	财务费用	6 701 322.20

演练解读：

根据利润表的列报方法，营业收入=主营业务收入+其他业务收入，营业成本=主营业务成本+其他业务成本。

广西明盛公司2018年利润表如表25-15所示。

表25-15 广西明盛公司2018年利润表

会企02表

编制单位：广西明盛公司　　2018年1-12月　　单位：元

项目	本期金额	上期金额
一、营业收入	199 629 297.96	177 565 059.78
减：营业成本	177 302 148.20	159 751 504.63
税金及附加	243 260.60	256 915.37
销售费用	1 096 781.11	1 041 184.38
管理费用	14 223 626.84	10 606 427.71
财务费用	6 701 322.20	6 011 672.13
资产减值损失		
加：公允价值变动收益（损失以“－”号填列）		
投资收益（损失以“－”号填列）		
其中：对联营企业和合营企业的投资收益		
资产处置收益（损失以“－”号填列）		
其他收益		
二、营业利润（亏损以“－”号填列）	62 159.01	−102 644.44
加：营业外收入		246 721.43
减：营业外支出		246 275.61
三、利润总额（亏损总额以“－”号填列）	62 159.01	−102 198.62
减：所得税费用		
四、净利润（净亏损以“－”号填列）	62 159.01	−102 198.62

续表

项目	本期金额	上期金额
（一）持续经营净利润（净亏损以“－”号填列）		
（二）终止经营净利润（净亏损以“－”号填列）		
五、其他综合收益的税后净额		
（一）以后不能重分类进损益的其他综合收益		
1．重新计量设定受益计划净负债或净资产的变动		
2．权益法下在被投资单位不能重分类进损益的其他综合收益中享有的份额		
……		
（二）以后将重分类进损益的其他综合收益		
1．权益法下在被投资单位以后将重分类进损益的其他综合收益中享有的份额		
2．可供出售金融资产公允价值变动损益		
3．持有至到期投资重分类为可供出售金融资产损益		
4．现金流量套期损益的有效部分		
5．外币财务报表折算差额		
……		
六、综合收益总额		
七、每股收益		
（一）基本每股收益		
（二）稀释每股收益		

25.4.2 编制利润表分析报告

演练要求：

根据财务状况（如表25-16所示）进行利润表分析。

表25-16　维洁公司财务状况

项 目	金额		增减额	增减率
	2017年	2018年		
营业收入	175 411.19	231 659.69	56 248.50	32.07%
营业成本	144 365.62	185 936.04	41 570.42	28.80%
税金及附加	574.20	655.26	81.06	14.12%
销售费用	19 850.64	28 906.86	9 056.22	45.62%
管理费用	5 093.28	7 239.58	2 146.30	42.14%
财务费用	−478.17	1 106.03	1 584.20	331.31%
营业利润	6 280.86	7 886.03	1 605.17	25.56%
利润总额	6 309.43	7 644.27	1 334.84	21.16%
净利润	5 259.80	6 370.21	1 110.41	21.11%
应收账款	13 580.41	15 943.38	2 362.96	17.40%
经营活动现金净流量	1 696.28	9 671.67	7 975.38	470.17%

演练解读：

详见利润表综合分析章节，利润表分析报告如下。

1．利润总额增长及构成分析

2018年，维洁公司累计实现营业收入总额231 659.69万元，较同期增加32.07%；实现净利润6 370.21万元，较同期增加21.11%。从净利润的形成过程来看：营业利润为7 886.03万元，较同期增加25.56%；利润总额为7 644.27万元，较同期增加21.16%。

2. 成本费用分析

2018年，维洁公司发生成本费用累计223 843.77万元，比同期增加32.13%，其中营业成本185 936.04万元，占成本费用总额的83.07%；税金及附加655.26元，占成本费用总额的0.29%；销售费用为28 906.86万元，占成本费用总额的12.91%；管理费用为7 239.58万元，占成本费用总额的3.23%；财务费用为1 106.03万元，占成本费用总额的0.49%。

公司营业收入较去年同期增加32.07%，成本费用总额较去年同期增加32.13%。其中营业成本同期增加28.80%，销售费用较同期增加45.62%，管理费用较同期增加42.14%，财务费用较同期增加331.31%。变化幅度最大的是财务费用。

3. 收入质量分析

2018年，维洁公司累计营业收入同比增加32.07%，同时应收账款同比增加17.40%。营业收入和营业利润同比都在增加，营业收入增幅更大，应注意控制成本费用上升。收入扩大的同时经营现金净流量也同时增加。

第26章

现金流量表

会计平常所做的财务报表有时领导们就不爱看，他们常说的一句话就是："你算的利润都是虚的，钱没进来，算出来赚得再多又有什么用？"而现金流量表就是解决这个问题的，直接反映现金的变动。本章以张氏公司的案例来讲解现金流量表的编制与分析。

26.1 认识现金流量表

现金流量表是反映企业在一定会计期间现金和现金等价物流入和流出的报表，表明企业获得现金和现金等价物的能力。一个企业是否有足够的现金流入至关重要，这不仅关系到其支付股利、偿还债务的能力，还关系到企业的生存和发展。

26.1.1 以收付实现制为基础

权责发生制又称应收应付制、应计制，该原则要求"凡是当期已经实现的收入和已经发生或应当负担的费用，不论款项是否收付，都应作为本期的收入和费用；凡是不属于本期的收入和费用，即使款项已经在当期收付，也不应作为本期的收入和费用。

【例26-1】

张氏公司2018年1月1日借给李氏公司230万元人民币，帮助缓解该公司的资金紧张状况。张氏公司同年5月1日收到还款，分析这个事项对报表的影响。

张氏公司借款时的会计分录：

借：其他应收款　　2 300 000

　　贷：银行存款　　2 300 000

张氏公司收到还款时的会计分录：

借：银行存款　　2 300 000

　　贷：其他应收款　　2 300 000

对于资产负债表而言，其反映的是资产负债等科目的余额，本例中，"其他应收款"和"银行存款"期末均未发生变动，所以对资产负债表不产生影响。

对于利润表而言，本事项不涉及损益变动，所以对利润表不产生影响。

对于现金流量表而言，其反映的是现金的收入和支出，是一个过程表，因此"支付其他与经营活动有关的现金"与"收到其他与经营活动有关的现金"项目分别应该列示230万元。所以这个事项在现金流量表上有所反映。

26.1.2 现金流量表的内容

现金流量是指一定会计期间内企业现金和现金等价物的流入和流出。企业从银行提取现金、用现金购买短期到期的国债等现金和现金等价物之间的转换不属于现金流量。

现金是指企业的库存现金以及可以随时用于支付的存款，包括库存现金、银行存款和其他货币资金（如外埠存款、银行汇票存款、银行本票存款等）等。不能随时用于支付的存款不属于现金。

现金等价物是指企业持有的期限短、流动性强、易于转换为已知金额现金、价值变动风险很小的投资。期限短，一般是指从购买日起3个月内到期。现金等价物通常包括3个月内到期的债券投资等。权益性投资变现的金额通常不确定，因而不属于现金等价物。企业应当根据具体情况，确定现金等价物的范围，一经确定不得随意变更。

现金流量表包括以下内容。

（1）经营活动产生的现金流量。

经营活动是指企业投资活动和筹资活动以外的所有交易和事项。经营活动主要包括销售商品、提供劳务、购买商品、接受劳务、支付工资和缴纳税费等流入和流出现金和现金等价物的活动或事项。

（2）投资活动产生的现金流量。

投资活动是指企业长期资产的购建和不包括在现金等价物范围内的投资及其处置活动。投资活动主要包括购建固定资产、处置子公司及其他营业单位等流入和流出现金和现金等价物的活动或事项。

（3）筹资活动产生的现金流量。

筹资活动是指导致企业资本及债务规模和构成发生变化的活动。筹资活动主要包括吸收投资、发行股票、分配利润、发行债券、偿还债务等流入和流出现金和现金等价物的活动或事项。偿付应付账款、应付票据等商业应付款属于经营活动，不属于筹资活动。

26.1.3 现金流量表的格式和结构

1. 现金流量表的格式

现金流量表的标准表样如表26-1所示。

表26-1 现金流量表标准表样

会企03表

编制单位： 年 月 日 单位：元

项目	本期金额	上期金额
一、经营活动产生的现金流量：		
销售商品、提供劳务收到的现金		
收到的税费返还		
收到其他与经营活动有关的现金		
经营活动现金流入小计		
购买商品、接受劳务支付的现金		
支付给职工以及为职工支付的现金		
支付的各项税费		
支付其他与经营活动有关的现金		
经营活动现金流出小计		
经营活动产生的现金流量净额		
二、投资活动产生的现金流量：		
收回投资收到的现金		
取得投资收益收到的现金		
处置固定资产、无形资产和其他长期资产收回的现金净额		
处置子公司及其他营业单位收到的现金净额		
收到其他与投资活动有关的现金		
投资活动现金流入小计		
购建固定资产、无形资产和其他长期资产支付的现金		
投资支付的现金		
取得子公司及其他营业单位支付的现金净额		
支付其他与投资活动有关的现金		
投资活动现金流出小计		
投资活动产生的现金流量净额		
三、筹资活动产生的现金流量：		
吸收投资收到的现金		
取得借款收到的现金		
收到其他与筹资活动有关的现金		
筹资活动现金流入小计		
偿还债务支付的现金		

续表

项目	本期金额	上期金额
分配股利、利润或偿付利息支付的现金		
支付其他与筹资活动有关的现金		
筹资活动现金流出小计		
筹资活动产生的现金流量净额		
四、汇率变动对现金及现金等价物的影响		
五、现金及现金等价物净增加额		
加：期初现金及现金等价物余额		
六、期末现金及现金等价物余额		
补充资料	本期金额	上期金额
1. 将净利润调节为经营活动现金流量：		
净利润		
加：资产减值准备		
固定资产折旧、油气资产折耗、生产性生物资产折旧		
无形资产摊销		
长期待摊费用摊销		
处置固定资产、无形资产和其他长期资产的损失（收益以“—”号填列）		
固定资产报废损失（收益以“—”号填列）		
公允价值变动损失（收益以“—”号填列）		
财务费用（收益以“—”号填列）		
投资损失（收益以“—”号填列）		
递延所得税资产减少（增加以“—”号填列）		
递延所得税负债增加（减少以“—”号填列）		
存货的减少（增加以“—”号填列）		
经营性应收项目的减少（增加以“—”号填列）		
经营性应付项目的增加（减少以“—”号填列）		
其他		
经营活动产生的现金流量净额		
2. 不涉及现金收支的重大投资和筹资活动：		
债务转为资本		
一年内到期的可转换公司债券		
融资租入固定资产		
3. 现金及现金等价物净变动情况：		
现金的期末余额		
减：现金的期初余额		
加：现金等价物的期末余额		
减：现金等价物的期初余额		
现金及现金等价物净增加额		

从表26-1中可以清晰地看到，根据企业业务活动的性质和现金流量的来源，现金流入和流出通过三部分内容来展现，这也是现金流量表主表的结构构成。

2. 现金流量表的结构

现金流量表采用报告式结构，分类反映三种活动产生的现金流量，最后汇总反映企业某一期间现金及现金等价物净增加额。

现金流量表一般有表首、主表、补充资料三部分。

（1）表首说明报表名称、编制单位、编制日期、报表编号、货币单位等。

（2）主表是现金流量表的主体，采用报告式的结构，分类反映经营活动产生的现金流量、投资活动产生的现金流量和筹资活动产生的现金流量，最后汇总反映企业现金及现金等价物净增加额。在有外币现金流量及境外子公司的现金流量折算为人民币的企业，正表中还应单设“汇率变动对现金的影响”项目。

（3）补充资料包括以下三部分内容。

①将净利润调节为经营活动的现金流量。

②不涉及现金收支的投资活动和筹资活动。

③现金及现金等价物净增加情况。

26.2 现金流量表的编制方法

在编制现金流量表之前，首先看看资产负债表和利润表的编制方法。

资产负债表主要反映资产、负债、所有者权益项目的期末余额，将相关科目的账户余额分析填列在报表中；利润表主要反映企业损益类项目的发生额，将相关账户的发生额分析填列在报表中；现金流量表作为财务报表中的第三张报表，综合了前两张报表的特点，在编制过程中既需要考虑资产负债表项目目的余额，又需要考虑利润表项目的发生额，是一张综合的报表。

编制现金流量表时，经营活动产生的现金流量的填列方法有两种，一是直接法，二是间接法。这两种方法通常也称为编制现金流量表的直接法和间接法。采用直接法编制现金流量表时，可以采用工作底稿法或“T”型账户法，也可以根据有关科目记录分析填列。

26.2.1 直接法和间接法

关于现金流量表编制方法中的直接法和间接法，如图26-1所示。面对一堆食品，如果需要列出哪些是水果，那么有两种方法：一是直接法，就是逐项列示桃子、苹果、梨、香蕉等；二是间接法，也称为排除法，就是将所有的食品扣除非水果部分，即逐项扣除面包、水饺、香肠等。

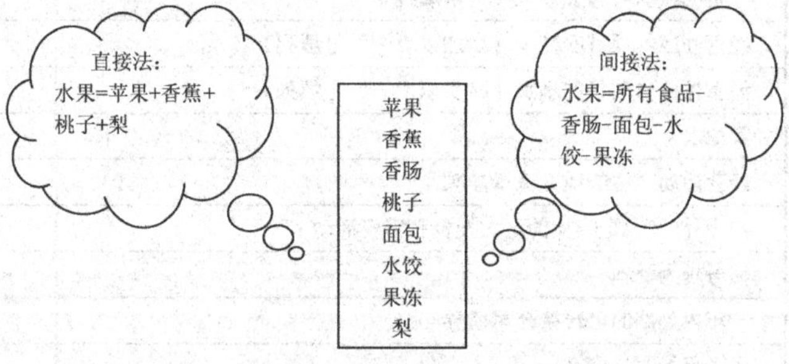

图26-1 直接法、间接法

1. 直接法

所谓直接法，即通过现金收入和现金支出总括分类反映企业经营活动产生的现金流量。采用直接法编制经营活动的现金流量时，有关企业现金收入和现金支出的资料可以从会计记录中直接获得，也可以在利润表中营业收入、营业成本、销售费用等数据的基础上，通过调整与经营活动各项目有关的增减变动获得。

直接法下，现金流量表的项目分为三大类：经营活动产生的现金流量、投资活动产生的现金流量、筹资活动产生的现金流量。相较而言，投资活动和筹资活动产生的现金流量都比较容易计算，因为业务比较少而且也比较集中，只要理解定义、明确哪些项目由哪些业务构成，就可以计算出来。经营活动发生很频繁，琐碎且复杂，填列经营活动产生的现金流量时相对较难，而且容易出错。

直接法的主要优点是显示了经营活动产生的现金流量中各项目流入、流出的具体内容，与间接法相比较，它更能全面地反映企业一定时期的现金收支全貌，其所提供的信息有助于预测企业未来现金流量，有助于揭示企业的偿债能力、投资能力和支付股利的能力。

采用直接法具体编制现金流量表时，可以采用工作底稿法或“T”型形账户法。业务简单的企业，也可以根据有关科目的记录分析填列现金流量表。

2. 间接法

所谓间接法，即通过将企业非现金交易、过去或者未来经营活动产生的现金收入或支出的递延或应计项目，以及与投资活动或筹资活动产生的现金流量相关的收益或费用项目对净损益的影响进行调整，从而反映企业经营活动产生的现金流量。

间接法以利润表上的净利润为起点，通过调整某些相关项目后得出经营活动产生的现金流量。间接法的优点是通过对企业净利润与现金净流量的差异的揭示，有助于分析影响现金流量的原因，进而从现金流量的角度分析企业净利润的质量。

我国《企业会计制度》一方面要求企业按直接法编制现金流量表，另一方面又要求在现金流量表“补充资料”中提供按间接法将净利润调节为经营活动产生的现金流量的信息，从而兼顾了两种方法的优点。

26.2.2 工作底稿法

采用工作底稿法编制现金流量表，是以工作底稿为手段，以利润表和资产负债表数据为基础，对每一项目进行分析并编制调整分录，从而编制出现金流量表。在直接法下，整个工作底稿纵向分成三段，第一段是资产负债表项目，其中又分为借方项目和贷方项目两部分；第二段是利润表项目；第三段是现金流量表项目。工作底稿横向各部分分为五栏。在资产负债表部分，第一栏是项目栏，填列资产负债表各项目名称；第二栏是期初数，用来填列资产负债表项目的期初数；第三栏是调整分录的借方；第四栏是调整分录的贷方；第五栏是期末数，用来填列资产负债表项目的期末数。在利润表和现金流量表部分，第一栏也是项目栏，用来填列利润表和现金流量表项目名称；第二栏空置不填；第三、第四栏分别是调整分录的借方和贷方；第五栏是本期数，利润表部分这一栏数字应和本期利润表数字核对相符，现金流量表部分这一栏数字可直接用来编制正式的现金流量表。

工作底稿法下现金流量表的编制程序如下。

（1）将资产负债表的期初数和期末数过入工作底稿的期初数栏和期末数栏。

（2）对当期业务进行分析并编制调整分录。调整分录大体有这样几类：第一类是涉及利润表中的收入、成本和费用项目以及资产负债表中的资产、负债及所有者权益项目，通过调整，将权责发生制下的收入、费用转换为现金基础；第二类是涉及资产负债表和现金流量表中的投资、筹资项目，反映投资和筹资活动的现金流量；第三类是涉及利润表和现金流量表中的投资和筹资项目，目的是将利润表中有关投资和筹资方面的收入和费用列入到现金流量表投资活动和筹资活动产生的现金流量中去。此外，还在一些调整分录并不涉及现金收支，只是为了核对资产负债表项目的期末数变动。

在调整分录中，有关现金和现金等价物的事项，并不直接借记或贷记现金，而是分别记入“经营活动产生的现金流量”“投资活动产生的现金流量”“筹资活动产生的现金流量”项目，借记表明现金流入，贷记表明现金流出。

（3）将调整分录过入工作底稿中的相应部分。

（4）核对调整分录，借贷合计应当相等，资产负债表项目期初数加减调整分录中的借贷金额以后，应当等于期末数。

（5）根据工作底稿中的现金流量表项目部分编制正式的现金流量表。

26.2.3 "T"型账户法

"T"型账户法是以"T"型账户为手段，以利润表和资产负债表数据为基础，对每一项目进行分析并编制调整分录，从而编制出现金流量表的方法。

采用"T"型账户法编制现金流量表的程序如下。

（1）为所有的非现金项目（包括资产负债表项目和利润表项目）分别开设"T"型账户，并将各自的期末、期初变动数过入各该科目。

（2）开设一个大的"现金及现金等价物""T"型账户，每边分为经营活动、投资活动和筹资活动3个部分，每个部分左边记现金流入，右边记现金流出。与其他账户一样，将该账户涉及的期末、期初变动数过入该账户。

（3）以利润表项目为基础，结合资产负债表分析每一个非现金项目的增减变动，并据此编制调整分录。

（4）将调整分录过入各"T"型账户，并进行核对，该账户借贷相抵后的余额与原先过入的期末期初变动数应当一致。

（5）根据大的"现金及现金等价物""T"型账户编制正式现金流量表。

26.3 现金流量表的编制

现金流量表的数据部分分为主表和附表（补充资料）两大部分。主表的各项目金额实际上就是每笔现金流入、流出的归属，而补充资料的各项目金额则是相应会计账户的当期发生额或期末与期初余额的差额。补充资料是现金流量表中不可或缺的一部分。

下面重点介绍如何用直接法编制现金流量表主表。

【例26-2】

2018年张氏公司利润表有关项目的明细资料如下。

（1）管理费用的组成：职工薪酬17 100元，无形资产摊销60 000元，折旧费20 000元，其他费用60 000元。

（2）财务费用的组成：计提借款利息11 500元，支付应收票据贴现利息30 000元。

（3）资产减值损失的组成：计提坏账准备900元，计提固定资产减值准备30 000元。上年年末坏账准备余额为900元。

（4）投资收益的组成：收到股息收入30 000元，与本金一起收回的交易性股票投资收益500元，公允价值变动损益结转投资收益1 000元。

（5）营业外收入的组成：处置固定资产净收益50 000元（所处置固定资产原值为400 000元，累计折旧为150 000元，收回处置收入300 000元）。假定不考虑与固定资产处置相关的税费。

（6）营业外支出的组成：报废固定资产净损失19 700元（所报废固定资产原价为200 000元，累计折旧为180 000元，支付清理费用500元，收到残值收入800元）。

（7）所得税费用的组成：当期所得税费用92 800元。

（8）销售费用共89 000元，其中20 000元至期末已经支付。

（9）主营业务收入为1 250 000元，主营业务成本为750 000元，税金及附加为2 000元。

（10）当年净利润为455 790元。

资产负债表有关项目的明细资料如下。

（1）应交税费的组成：本期增值税进项税额42 466元，增值税销项税税额212 500元，已交增值税100 000元；应交所得税期末余额为20 097元，应交所得税期初余额为0。

（2）应付职工薪酬期初余额为180 000元，期末余额为110 000元。

（3）存货的期初余额为2 580 000元，期末余额为2 484 700元。

（4）往来科目的组成：应收账款期初余额为29 910元，期末余额为598 200元；应收票据期初余额为246 000元，期末余额为66 000元（5个月以后到期）；应付账款的期初余额为953 800元，期末余额为953 800元；应付票据的期初余额为200 000元，期末余额为100 000元；预付账款的期初、期末余额均为100 000元。

（5）货币资金的期初余额为380 908元，期末余额为97 739元。

根据以上资料，编制张氏公司2018年现金流量表。

26.3.1 经营活动产生的现金流量

“经营活动产生的现金流量”项目分为7类，分别是销售商品、提供劳务收到的现金，收到的税费返还，收到其他与经营活动有关的现金，购买商品、接受劳务支付的现金，支付给职工及为职工支付的现金，支付的各项税费，支付其他与经营活动有关的现金，它们的编制方法各有不同，下面逐项进行学习。

1. 销售商品、提供劳务收到的现金

“销售商品、提供劳务收到的现金”项目，反映企业销售商品、提供劳务实际收到的现金，包括本期销售商品与提供劳务收到的现金、收回前期销售商品与提供劳务的款项、本期预收的账款、本期收回前期已核销的坏账，扣除本期发生的销售退回所支付的现金。企业销售材料和代购代销业务收到的现金，也在本项目反映。

销售商品、提供劳务收到的现金=营业收入+本期收到的增值销项税额+应收账款（期初余额-期末余额）+应收票据（期初余额-期末余额）+预收账款（期末余额-期初余额）-当期计提的坏账准备-当期票据贴现所支付的利息等

本节现金流量表编制公式中，引用资产、负债项目时均会注明期初余额、期末余额或借方发生额、贷方发生额；引用损益项目时，如无特殊说明，收入类项目均为贷方发生额，成本费用类项目均为借方发生额。

【例26-2】中，张氏公司2018年销售商品、提供劳务收到的现金=营业收入+本期收到的增值销项税额+应收账款（期初余额-期末余额）+应收票据（期初余额-期末余额）-当期计提的坏账准备-当期票据贴现所支付的利息=1 250 000+212 500+（299 100-598 200）+（246 000-66 000）-900-30 000=1 312 500（元）。

2. 收到的税费返还

“收到的税费返还”项目，反映企业收到返还的增值税、所得税、消费税、关税和教育费附加返还款等各种税费。

收到的税费返还=补贴收入-税费返还+税金及附加-税费返还+所得税-税费返还等

3. 收到其他与经营活动有关的现金

“收到其他与经营活动有关的现金”项目，反映企业除了上述各项目外，与经营活动有关的其他现金流入，如罚款收入、逾期未退还出租和出借包装物没收的押金收入、流动资产损失中由个人赔偿的现金收入等。其他现金流入如价值较大，应单列项目反映。

收到其他与经营活动有关的现金=营业外收入（处理固定资产收益等除外）+其他应收款（期初余额-期末余额）+其他应付款（期末余额-期初余额）等

4. 购买商品、接受劳务支付的现金

“购买商品、接受劳务支付的现金”项目，反映企业购买商品、接受劳务实际支付的现金，包括本期购入商品、接受劳务支付的现金，以及本期支付前期购入商品、接受劳务的未付款项和本期预付款项。本期发生的购货退回收到的现金应从本项目内扣除。

购买商品、接受劳务支付的现金=营业成本+支付的增值税进项税额存货（期末余额-期初余额）+应付账款（期初余额-期末余额）+应付票据（期初余额-期末余额）+预付账款（期末

余额－期初余额）

【例26-2】中，张氏公司2018年购买商品、接受劳务支付的现金＝营业成本＋支付的增值税进项税＋存货（期末余额－期初余额）＋应付账款（期初余额－期末余额）＋应付票据（期初余额－期末余额）＋预付账款（期末余额－期初余额）＝750 000+42 466+（2 484 700−2 580 000）＋（953 800−953 800）＋（200 000−100 000）＋（100 000−100 000）=797 166（元）。

5. 支付给职工及为职工支付的现金

“支付给职工及为职工支付的现金”项目，反映企业实际支付给职工的工资及其他为职工支付的现金。为职工支付的工资包括本期实际支付给职工的工资、奖金、各种津贴和补贴等；其他为职工支付的现金包括为职工支付的养老保险、待业保险等社会保险基金，为职工支付的商业保险基金，支付给职工的住房困难补助等。该项目不包括支付给在建工程人员的工资。

支付给职工及为职工支付的现金＝应付职工薪酬（借方发生额）

【例26-2】中，张氏公司2018年支付给职工及为职工支付的现金＝生产成本、制造费用、管理费用中职工薪酬＋应付职工薪酬（期初余额－期末余额）=17 100+（180 000−110 000）＝87 100（元）。

本例中不能直接取得应付职工薪酬的借方发生额，于是可以换一个思路：通过费用中的职工薪酬发生额和应付职工薪酬的净减少额计算出实际支付的金额。这样的例子有很多，体现了现金流量表编制的综合性和复杂性。

6. 支付的各项税费

“支付的各项税费”项目，反映企业实际支付的各种税费，不包括本期退回的增值税、消费税、所得税等，本期退回的上述税费在“收到的税费返还”项目反映。本项目也不包括计入固定资产价值实际支付的固定资产投资方向调节税、耕地占用税等。

支付的各项税费＝税金及附加＋应交税费（未交增值税＋已交税费）＋应交税费（除增值税以外的应交税费发生额）等

【例26-2】中，张氏公司2018年支付的各项税费＝所得税费用＋税金及附加＋已交增值税－应交所得税（期末余额－期初余额）=92 800+ 2 000+100 000−（20 097−0）=174 703（元）。

7. 支付其他与经营活动有关的现金

“支付其他与经营活动有关的现金”项目，反映企业支付的罚款支出，支付的差旅费、业务招待费、保险费，经营租赁支付的现金等其他与经营活动有关的现金流出。金额较大的其他现金支出应当单独列示。

支付其他与经营活动有关的现金＝营业外支出（处理固定资产损失、固定资产报废损失、实物捐赠支出等除外）＋其他应付款（期末余额－期初余额）＋管理费用（支付的工资、福利费、税金、折旧、无形资产摊销、计提坏账除外）＋销售费用（支付的其他费用）＋财务费用（支付的其他费用）＋待摊费用（期末余额－期初余额）－预提费用（期末余额－期初余额）等

【例26-2】中，张氏公司2018年支付的其他与经营活动有关的现金＝其他管理费用＋销售费用=60 000+ 20 000=80 000（元）。

8. 经营活动产生的现金流量的汇总填列

通过上述计算过程，将【例26-2】中的“经营活动产生的现金流量”汇总填列，如表26-2所示。

表26-2 经营活动产生的现金流量

项目	行次	金额
一、经营活动产生的现金流量：	1	
销售商品、提供劳务收到的现金	2	1 312 500.00
收到的税费返还	3	
收到其他与经营活动有关的现金	4	

续表

项目	行次	金额
经营活动现金流入小计	5	1 312 500.00
购买商品、接受劳务支付的现金	6	797 166.00
支付给职工以及为职工支付的现金	7	87 100.00
支付的各项税费	8	174 703.00
支付其他与经营活动有关的现金	9	80 000.00
经营活动现金流出小计	10	1 138 969.00
经营活动产生的现金流量净额	11	173 531.00

26.3.2 投资活动产生的现金流量

【例26-3】

相关数据承接【例26-2】，张氏公司在该年度还发生了以下事项。

（1）本期收回交易性股票投资本金15 000元，公允价值变动1 000元，同时实现投资收益500元。

（2）当年取得投资收益31 500元。

（3）本期用现金购买固定资产101 000元。

1. 收回投资收到的现金

“收回投资所收到的现金”项目，反映企业出售、转让或到期收回除现金等价物以外的短期投资、长期股权投资而收到的现金，以及收回长期债权投资本金而收到的现金。本项目不包括长期债权投资收回的利息，以及收回的非现金资产。

收回投资收到的现金=短期投资（贷方发生额）+投资收益（收回投资而取得的收益）+长期股权投资（投资收益贷方发生额）+长期债权投资（投资收益贷方发生额）等

【例26-3】中，张氏公司2018年收回投资收到的现金=交易性金融资产贷方发生额+与交易性金融资产一起收回的投资收益=15 000+1 000+500=16 500（元）。

2. 取得投资收益收到的现金

“取得投资收益所收到的现金”项目，反映企业因股权性投资而分得的现金股利和分回利润所收到的现金，以及债权性投资取得的现金利息收入。

取得投资收益收到的现金=投资收益-长期股权投资——损益调整（期末余额-期初余额）-应收股利（期末余额-期初余额）+长期债权投资——溢价摊销-长期债权投资——折价摊销-应收利息（期末余额-期初余额）-长期债权投资——应计利息（期末余额-期初余额）等

【例26-3】中，张氏公司2018年取得投资收益所收到的现金=投资收益-与交易性金融资产相关的投资收益=31 500-1 000-500=30 000（元）。

3. 处置固定资产、无形资产和其他长期资产收回的现金净额

“处置固定资产、无形资产和其他长期资产所收回的现金净额”项目，反映处置上述各项长期资产所取得的现金，减去为处置这些资产所支付的有关费用后的净额。

处置固定资产、无形资产和其他长期资产收回的现金净额=清理转出固定资产等原值-清理转出固定资产等已提的累计折旧+营业外收入——处置固定资产收益-营业外支出——处置固定资产损失-固定资产非现金交易而减少的净值（如资产置换）等

“处置固定资产、无形资产和其他长期资产所收回的现金净额”项目所收回的现金净额为负数，应在“支付的其他与投资活动有关的现金”项目填列。

【例26-3】中，张氏公司2018年处置固定资产、无形资产和其他长期资产所收回的现金净额=营业外收入（清理收入）+营业外支出（残值收入-清理费用）=300 000+（800-500）=300 300（元）。

4. 收到其他与投资活动有关的现金

该项目反映除上述各项目以外，收到的其他与投资活动有关的现金流入。如果企业发生一些投资活动未在上述项目中列示，则可以在“收到的其他与投资活动有关的现金”中填列，填列方法与其他项目类似。

5. 购建固定资产、无形资产和其他长期资产支付的现金

该项目反映企业购买、建造固定资产，取得无形资产和其他长期资产所支付的现金。企业为购建固定资产支付的现金，包括购买固定资产支付的现金价款及增值税款，但不包括购建固定资产的借款利息支出和融资租入固定资产的租赁费。

购建固定资产、无形资产和其他长期资产支付的现金=固定资产（借方发生额）+无形资产（借方发生额）+在建工程（期末余额-期初余额）等

【例26-3】中，张氏公司2018年购建固定资产、无形资产和其他长期资产所支付的现金=用现金购买的固定资产=101 000（元）。

6. 投资支付的现金

该项目反映企业在现金等价物以外进行交易性金融资产、长期股权投资、持有至到期投资所实际支付的现金，包括佣金手续费所支付的现金，但不包括企业购买股票和债券时，实际支付价款中包含的已宣告但尚未领取的现金股利或已到付息期但尚未领取的债券利息。

投资支付的现金=交易性金融资产（借方发生额）+长期股权投资——投资成本+长期债权投资——债券面值、溢价（借方发生额)+长期债权投资——折价（贷方发生额)+应收股利——购入股利（借方发生额）+应收利息——购入利息（借方发生额）等

7. 支付其他与投资活动有关的现金

该项目反映企业除了上述各项以外，支付的与投资活动有关的现金。该项目包括企业购买股票和债券时，实际支付价款中包含的已宣告但尚未领取的现金股利，或已到付息期但尚未领取的债券利息等。

8. 投资活动产生的现金流量的汇总填列

通过上述计算过程，将【例26-3】中的“投资活动产生的现金流量”汇总填列，如表26-3所示。

表26-3 投资活动产生的现金流量

项目	行次	金额
二、投资活动产生的现金流量：	12	
收回投资收到的现金	13	16 500.00
取得投资收益收到的现金	14	30 000.00
处置固定资产、无形资产和其他长期资产收回的现金净额	15	300 300.00
处置子公司及其他营业单位收到的现金净额	16	
收到其他与投资活动有关的现金	17	
投资活动现金流入小计	18	346 800.00
购建固定资产、无形资产和其他长期资产支付的现金	19	101 000.00
投资支付的现金	20	
取得子公司及其他营业单位支付的现金净额	21	
支付其他与投资活动有关的现金	22	
投资活动现金流出小计	23	101 000.00
投资活动产生的现金流量净额	24	245 800.00

26.3.3 筹资活动产生的现金流量

筹资活动与投资活动是相对应的，企业在资金溢余时经常主动进行投资，企业在资金匮

乏时经常主动筹集资金。筹资活动产生的现金流入和现金流出包括的各项目的内容和填列方法如下。

1. 吸收投资收到的现金

该项目反映企业收到投资者投入的现金，包括以发行股票、债券等方式筹集资金实际收到的款项净额（发行收入减去支付的佣金等发行费用后的净额）。

吸收投资所收到的现金＝实收资本（贷方发生额）＋应付债券（贷方发生额）等

2. 取得借款收到的现金

该项目反映企业举借各种短期借款、长期借款而收到的现金。

取得借款所收到的现金＝短期借款（贷方发生额）＋长期借款（贷方发生额）等

【例26–4】

相关数据承接【例26-2】、【例26-3】，张氏公司在该年度又发生了以下事项。

（1）应付利息均为短期借款利息，其中本期计提利息11 500元，支付利息12 500元。

（2）本期用现金偿还短期借款250 000元，偿还一年内到期的长期借款1 000 000元；借入长期借款560 000元。

【例26-4】中，张氏公司2018年取得借款所收到的现金＝借入的长期借款=560 000（元）。

3. 收到其他与筹资活动有关的现金

该项目反映企业除上述各项以外，收到的其他与筹资活动有关的现金。

4. 偿还债务支付的现金

该项目反映企业以现金偿还债务的本金，包括偿还金融机构的借款本金、偿还到期的债券本金等。请注意，本项目特指的是债务本金，债务利息会在其他项目内核算。

偿还债务所支付的现金＝短期借款（借方发生额）＋长期借款（借方发生额）＋应付债券（借方发生额）等

【例26-4】中，张氏公司2018年偿还债务所支付的现金＝偿还的短期借款＋偿还的长期借款=250 000+1 000 000=1 250 000（元）。

5. 分配股利、利润或偿还利息所支付的现金

该项目反映企业在特定期间已经实际支付的现金股利、支付给投资人的利润或用现金支付的借款利息、债券利息等。

分配股利、利润或偿还利息所支付的现金＝应付股利（借方发生额）＋财务费用——利息支出（借方发生额）等

【例26-4】中，张氏公司2018年分配股利、利润或偿还利息所支付的现金＝偿还的短期借款利息=12 500（元）。

6. 支付的其他与筹资活动有关的现金

该项目反映除了上述各项目以外，支付的与筹资活动有关的现金。例如，发行股票、债券所支付的审计、咨询等费用。

7. 筹资活动产生的现金流量的汇总填列

通过上述计算过程，将【例26-4】中的“筹资活动产生的现金流量”汇总填列，如表26-4所示。

表26–4 筹资活动产生的现金流量

单位：元

项目	行次	金额
三、筹资活动产生的现金流量	25	
吸收投资收到的现金	26	
其中：子公司吸收少数股东投资收到的现金	27	
取得借款收到的现金	28	560 000.00
收到其他与筹资活动有关的现金	29	
筹资活动现金流入小计	30	560 000.00

续表

项目	行次	金额
偿还债务支付的现金	31	1 250 000.00
分配股利、利润或偿付利息支付的现金	32	12 500.00
其中：子公司支付给少数股东的股利、利润	33	
支付其他与筹资活动有关的现金	34	
筹资活动现金流出小计	35	1 262 500.00
筹资活动产生的现金流量净额	36	−702 500.00

26.3.4 现金及现金等价物净增加情况（主表）

通过经营活动产生的现金流量、投资活动产生的现金流量、筹资活动产生的现金流量，可以了解到企业一定期间常见的现金流入流出过程及净流量；如果企业有外币现金流量或者境外子公司的现金流量，还需要折算出汇率变动对现金及现金等价物的影响。

1. 汇率变动对现金及现金等价物的影响

该项目反映企业的外币现金流量发生日所采用的汇率与期末汇率的差额对现金的影响数额。这是一个特殊的项目，受国际汇率变动影响，并不是企业可以控制的，对于外贸企业来说较常发生，但对其他行业企业很少产生较大的影响。

【例26-4】中，张氏公司2018年度未产生外币现金流量。

2. 现金及现金等价物净增加额

该项目是将现金流量表中“经营活动产生的现金流量净额”“投资活动产生的现金流量净额”“筹资活动产生的现金流量净额”和“汇率变动对现金及现金等价物的影响”四个项目相加得出的。

【例26-2】～【例26-4】中，张氏公司2018年现金及现金等价物的净增加额=经营活动产生的现金流量净额+投资活动产生的现金流量净额+筹资活动产生的现金流量净额=173 531+245 800−702 500=−283 169（元）。

3. 期末现金及现金等价物余额

该项目是将计算出来的现金及现金等价物净增加额加上期初现金及现金等价物金额求得的。它应该与企业期末的全部货币资金与现金等价物的合计余额相等。

【例26-2】～【例26-4】中，现金等价物为0。

期末现金及现金等价物余额=现金及现金等价物的净增加额+期初现金及现金等价物余额=−283 169+380 908=97 739（元）。

资产负债表的期末现金及现金等价物余额，即“货币资金”余额也是97 739元，与计算出来的数据保持一致，逻辑相符。

一般情况下，补充资料可以直接取相应会计账户的发生额或余额，下面逐项解释现金流量表补充资料填列的相关内容。

26.3.5 将净利润调节为经营活动产生的现金流量

任何时候净利润都不会绝对等于经营活动产生的现金净流量，因为经营活动产生的现金流量是在收付实现制的规则下计算的，而净利润是在权责发生制规则下计算的。比如，因业务发生的应收账款被计入净利润当中，而在收付实现制下，由于未收到现金，所以未被计入经营活动产生的现金流量。

将净利润调节为经营活动产生的现金流量，是指以本期净利润为起点，通过调整不涉及现金的收入、费用、营业外收支，以及经营性应收应付等项目的增减变动，调整不属于经营活动的现金收支项目，据此计算并列报经营活动产生的现金流量。

虽然净利润并不等于经营活动产生的现金流量，但是二者包含的内容绝大部分相似，只需要做一些调整就可以实现二者的对等关系，将这个调整过程形象地描绘成图，如图26-2所示。

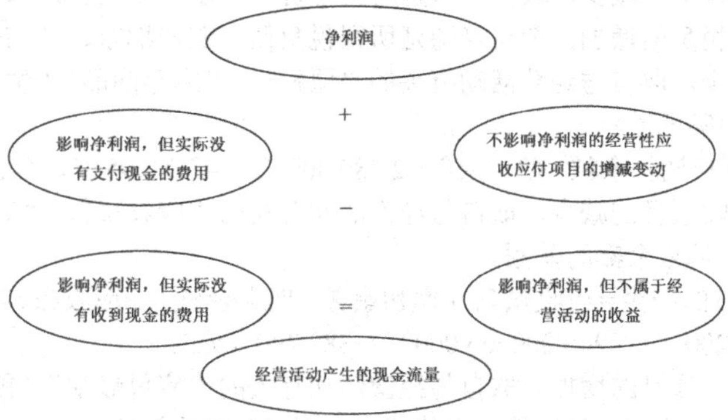

图26-2　经营活动现金流量的调整

在上述经营活动现金流量的调整图的指导下，就可以针对资产负债表和利润表的一些项目进行考察，分析出来它们对于净利润及经营活动产生的现金流量的影响，逐项将这些影响项目总结归纳，并列示出来。

1. 经营活动产生的现金流量的调整过程

现金流量表附表中将净利润调节为经营活动产生的现金流量的过程通常按照以下项目循序展开，只需要按规定的项目填列数据，即可完成调整。

（1）净利润，取自利润分配表“净利润”项目。

净利润＝当年净利润=455 790（元）。

（2）资产减值准备，取自当期计提的资产减值准备。

资产减值准备＝坏账准备＋固定资产减值准备=900+30 000=30 900（元）。

（3）固定资产折旧，取自“制造费用”“管理费用”“销售费用”“其他业务成本”等账户所属的“折旧费”明细账户借方发生额。

固定资产折旧＝管理费用中折旧费=20 000（元）。

（4）无形资产摊销，取自“管理费用——无形资产摊销”明细账户借方发生额。

无形资产摊销＝管理费用中无形资产摊销费=60 000（元）。

（5）长期待摊费用摊销，取自“制造费用”“销售费用”“管理费用”等账户所属“长期待摊费用摊销”明细账户借方发生额。

（6）处置固定资产、无形资产和其他长期资产的损失，取自“营业外收入”“营业外支出”“其他业务收入”“其他业务成本”等账户所属“处置固定资产净收益”“处置固定资产净损失”“出售无形资产收益”“出售无形资产损失”等明细账户的借方发生额与贷方发生额的差额。

处置固定资产、无形资产和其他长期资产的损失=−营业外收入（处置固定资产净收益）+营业外支出（处置固定资产净损失）=−50 000+19 700=−30 300（元）。

（7）固定资产报废损失，取自“营业外支出——固定资产盘亏”明细账户借方发生额与“营业外收入——固定资产盘盈”贷方发生额的差额。

（8）预提费用增加，取自“预提费用”账户的期末、期初余额的差额。

（9）财务费用，取自“财务费用——利息支出”明细账户借方发生额，不包括“利息收入”等其他明细账户发生额。

财务费用＝计提借款利息＋支付应收票据贴现利息=11 500+30 000=41 500（元）。

（10）投资损失，取自“投资收益”账户借方发生额。

投资损失=收到股息收入+交易性股票投资收益+公允价值变动损益=-（30 000+500+1 000=-31 500（元）。

（11）递延所得税资产减少，取自“递延所得税资产”账户期初、期末余额的差额。

（12）递延所得税负债增加，取自“递延所得税负债”账户期末、期初余额的差额。

（13）存货的减少，取自与经营活动有关的“原材料”“库存商品”“生产成本”等所有存货账户的期初、期末余额的差额。

存货的减少=存货期初余额-期末余额=2 580 000-2 484 700=95 300（元）。

（14）经营性应收项目的减少，取自与经营活动有关的“应收账款”“其他应收款”“预付账款”等账户的期初、期末余额的差额。

经营性应收项目的减少=应收账款（期初余额-期末余额）+应收票据（期初余额-期末余额）=（29 910-598 200）+（246 000-66 000）=-388 290（元）。

（15）经营性应付项目的增加，取自与经营活动有关的“应付账款”“预收账款”“应付职工薪酬”“应交税费”“其他应付款”等账户的期末、期初余额的差额。

经营性应付项目的增加=应付票据（期末余额-期初余额）+应付职工薪酬（期末余额-期初余额）+应交税费（期末余额-期初余额）=（100 000-200 000）+（110 000-180 000）+（212 500-42 466-100 000+20 097）=-79 869（元）。

（16）其他类。

2. 将净利润调节为经营活动产生的现金流量的汇总填列

通过以上计算过程，将“将净利润调节为经营活动现金流量”汇总填列，如表26-5所示。

表26-5 将净利润调节为经营活动现金流量

项目	行次	金额
1. 将净利润调节为经营活动产生的现金流量：	39	
净利润	40	455 790.00
加：资产减值准备	41	30 900.00
固定资产折旧、油气资产折耗、生产性生物资产折旧	42	20 000.00
无形资产摊销	43	60 000.00
长期待摊费用摊销	44	
待摊费用减少（增加以“－”号填列）	45	
预提费用增加（减少以“－”号填列）	46	
处置固定资产、无形资产和其他长期资产的损失（收益以“－”号填列）	47	-30 300.00
固定资产报废损失（收益以“－”号填列）	48	
公允价值变动损失（收益以“－”号填列）	49	
财务费用（收益以“－”号填列）	50	41 500.00
投资损失（收益以“－”号填列）	51	-31 500.00
递延所得税资产减少（增加以“－”号填列）	52	
递延所得税负债增加（减少以“－”号填列）	53	
存货的减少（增加以“－”号填列）	54	95 300.00
经营性应收项目的减少（增加以“－”号填列）	55	-388 290.00
经营性应付项目的增加（减少以“－”号填列）	56	-79 869.00
其他	57	
经营活动产生的现金流量净额	58	173 531.00

可以对比一下用直接法计算出来的“经营活动产生的现金流量”中的数据与表26-2中的数据是否一致，结果当然是一致的。两种方法出发的方向虽然不同，但它们的最终目标是相同的。

26.3.6 不涉及现金收支的投资与筹资活动

不涉及现金收支的重大投资和筹资活动，反映企业一定期间内影响资产或负债但不形成该期现金收支的所有投资和筹资活动的信息。这些投资和筹资活动虽然不涉及现金收支，但对以后各期的现金流量有重大影响。

企业应当在附注中披露不涉及当期现金收支，但影响企业财务状况或在未来可能影响企业现金流量的重大投资和筹资活动。

1. 债务转为资本，反映企业本期转为资本的债务金额

下面通过张氏公司的实例来认识这种经济现象。

【例26-5】

2018年5月1日，张氏公司应付账款中有对李氏公司的负债余额5 000万元，偿还日期是9个月之后。李氏公司一直很看好张氏公司的发展前景，认可其公司的管理水平，两家公司经过友好协商，李氏公司决定向张氏公司投资，将本笔债务转为投资成本。

张氏公司应该这样记账：

借：应付账款　　50 000 000

　　贷：实收资本　　50 000 000

那么，对于张氏公司而言，债务转为资本的这个经济行为，并没有影响到本年度内的现金流变动，但是减少了下一年度的现金流出5 000万元，因此对于现金流量表而言也是很重要的事项，需要在其中披露。

2. 一年内到期的可转换公司债券

一年内到期的可转换公司债券，反映企业一年内到期的可转换公司债券的本息。可转换公司债券指的是可以转为资本的债券，一般公司债券负债规模较大，企业需要筹措并准备大量资金用于偿还债务，也需要考虑债权人将债权转为股本投资的可能性和规模。这对于企业而言也是重要的信息，需要进行对外披露。

3. 融资租入固定资产

融资租入固定资产，反映企业本期融资租入的固定资产。企业融资租入设备，将形成的负债记入“长期应付款”账户，当期并不支付设备款及租金，但以后各期必须为此支付现金，从而在一定期间内形成了一项固定的现金支出。

下面通过张氏公司的实例来认识这种经济现象。

【例26-6】

张氏公司采用融资租赁方式租入生产设备一台，按照租赁合同的规定双方确定的租赁资产公允价值为1 600万元，租赁期限为5年，最低租赁付款额为2 400万元。为偿还设备款，每年需分摊财务费用160万元，支付租金480万元。

本例中，张氏公司虽然本年度没有发生1 600万元设备款的支出，但是之后5年每年要支出相关金额640（160+480）万元，此事项对公司有长期的影响，应在现金流量表补充资料中披露出来。

26.3.7 现金及现金等价物净增加情况（附表）

现金流量表主表和附表都有关于现金及现金等价物净增加情况的内容。这部分内容主要是为了与资产负债表的数据形成勾稽关系，便于核对数据填列的正确性。本项目的填列很简单。

一般企业很少有其他现金等价物，通常只需要关注资产负债表中“货币资金”的变动，并关注“应收票据”及“交易性金融资产”3个月以内即将到期的部分，相关计算公式如下。

现金及现金等价物的期末余额=资产负债表“货币资金”期末余额+“应收票据”及“交易

性金融资产”3个月以内即将到期的部分

现金及现金等价物的期初余额=资产负债表“货币资金”期初余额+“应收票据”及“交易性金融资产”3个月以内即将到期的部分

现金及现金等价物的净增加额=现金及现金等价物的期末余额-现金及现金等价物的期初余额

张氏公司2018年12月货币资金的期初余额为380 908元、期末余额为234 939元，应收票据及交易性金融资产均无3个月内到期的部分，所以该公司现金及现金等价物净增加情况如下。

现金及现金等价物的期末余额=资产负债表“货币资金”期末余额=97 739（元）。

现金及现金等价物的期初余额=资产负债表“货币资金”期初余额=380 908（元）。

现金及现金等价物的净增加额=97 739-380 908=-283 169（元）。

26.4 现金流量表综合分析

现金流量表是以收付实现制为编制基础，反映企业在一定时期内现金收入和现金支出情况的报表。对现金流量表的分析，既要掌握该表的结构及特点，分析其内部构成，又要结合利润表和资产负债表进行综合分析，以求全面、客观地评价企业的财务状况和经营业绩。因此，现金流量表的分析可从以下几方面着手。

26.4.1 现金流量表及其结构分析

1. 现金流入比重

分别计算经营活动现金流入、投资活动现金流入和筹资活动现金流入占现金总流入的比重，了解现金的主要来源。一般来说，经营活动现金流入占现金总流入比重大的企业，经营状况较好，财务风险较低，现金流入结构较为合理。

下面来看一下张氏公司2018年这些项目的比重，如表26-6所示。

表26-6 现金流入比重

单位：元

项目	本期金额	比重
经营活动现金流入小计	1 312 500.00	59%
投资活动现金流入小计	346 800.00	16%
筹资活动现金流入小计	560 000.00	25%
现金总流入	2 219 300.00	100%

从表26-6中可以看出，经营活动现金流量占现金总流入的60%，筹资活动现金流入占比为25%，该公司经营状况尚可，需要进一步加强经营活动的变现能力。

2. 现金流出比重

分别计算经营活动现金支出、投资活动现金支出和筹资活动现金支出占现金总流出的比重，它们能具体反映企业的现金用于哪些方面。一般来说，经营活动现金支出比重大的企业，其生产经营状况正常，现金支出结构较为合理。张氏公司2018年这些项目的比重如表26-7所示。

表26-7 现金流出比重

单位：元

项目	本期金额	比重
经营活动现金流出小计	1 138 969.00	46%
投资活动现金流出小计	101 000.00	4%
筹资活动现金流出小计	1 262 500.00	50%
现金总流出	2 502 469.00	100%

从现金流出的角度可以得出同样的结论，张氏公司筹资活动现金流出量占比为50%，该公司需要进一步加强经营活动的管理水平及规模。

26.4.2 现金流量表与资产负债表比较分析

资产负债表是反映企业期末资产和负债状况的报表，将现金流量表的有关指标与资产负债表有关指标比较，可以更为客观地评价企业的偿债能力和盈利能力及支付能力。

1. 偿债能力分析

资产负债表分析中的流动比率分析可以在一定程度上反映企业的偿债能力，但是许多流动性不强的项目，如呆滞的存货、有可能收不回的应收账款、本质上属于费用的待摊费用等，它们虽然具有资产的性质，但事实上却不能再转变为现金，不再具有偿付债务的能力。而且，不同企业的流动资产结构差异较大，资产质量各不相同，因此，仅用流动比率等指标来分析企业的偿债能力，往往有失偏颇。这时候需要引入现金支付能力的概念。

现金支付能力是在计算出资产负债表中货币资金、应收票据、交易性金融资产、应付票据各项数据的基础上，按照下面的公式求得的。

企业的现金支付能力=货币资金+应收票据+交易性金融资产-短期借款-应付票据

下面来看一看张氏公司的现金支付能力如何。

张氏公司2018年年末的现金支付能力=97 739+66 000+0-0-100 000=63 739（元），这项指标为正数，表明该公司拥有足够偿付短期债务的流动资金，没有短期偿债风险。

如果企业的现金支付能力的计算结果为正，表示企业拥有现金或现金存款，企业的各项现金收入之和大于现金支出之和；企业的现金支付能力的计算结果为负，表示企业缺乏支付资金，不能满足生产经营或投资对现金的需要，企业依靠短期借款或透支维持生存。

2. 盈利能力及支付能力分析

企业可运用现金净流量与资产负债表相关指标进行对比分析，作为每股收益、净资产收益率等盈利指标的补充。

（1）每股经营活动现金净流量与总股本之比。

这一比率反映每股资本获取现金净流量的能力，该比率越高，说明企业支付股利的能力越强。

（2）经营活动现金净流量与净资产之比。

这一比率反映投资者投入资本创造现金的能力，该比率越高，说明企业创造现金的能力越强。

26.4.3 现金流量表与利润表比较分析

利润表是反映企业一定期间经营成果的重要报表，它揭示了企业利润的计算过程和利润的形成过程。利润被看成是评价企业经营业绩及盈利能力的重要指标，但却存在一定的缺陷。由于收入与费用是按其归属来确认的，而不管是否实际收到或付出了现金，以此计算的利润常常使一个企业的盈利水平与其真实的财务状况不符。

有的企业账面利润很大，看似业绩可观，而现金却入不敷出，举步维艰；有的企业虽然巨额亏损，却现金充足，周转自如。所以，仅以利润来评价企业的经营业绩和获利能力有失偏颇；如能结合现金流量表所提供的现金流量信息，特别是经营活动现金净流量的信息进行分析，则较为客观全面。

其实，利润和现金净流量是两个从不同角度反映企业业绩的指标，二者的关系可以通过现金流量表的补充资料揭示出来。具体分析时，可将现金流量表的有关指标与利润表的相关指标进行对比，以评价企业利润的质量。

1. 经营活动产生的现金净流量与净利润比较

经营活动产生的现金净流量与净利润比较，能在一定程度上反映企业利润的质量。该指标反映了企业每实现1元的账面利润中，实际有多少现金支撑；比率越高，利润质量越高。但这一指标只有在企业经营正常，既能创造利润又能赢得现金净流量时才可比，分析这一比率也才有意义。为了与经营活动产生的现金净流量计算口径一致，净利润指标应剔除投资收益和筹资费用。

张氏公司2018年净利润是455 790元，而经营活动现金净流量是173 531元，说明该年度净利润的实现没有足够的现金净流量以支撑，利润完成质量不是很高，需要进一步分析造成这种现象的原因。

经过分析发现，造成这种现象的原因是张氏公司本年度偿还债务较多，形成的现金流出金额比例较大，这样的话未来的债务风险就会减少。

2. 销售商品、提供劳务收到的现金与主营业务收入比较

销售商品、提供劳务收到的现金与主营业务收入比较，可以大致说明企业销售回收现金的情况及企业的销售质量。收现数所占比重大，说明销售收入实现后所增加的资产转换现金速度快、质量高。

张氏公司2018年度销售商品、提供劳务收到的现金是1 312 500元，主营业务收入是1 250 000元，说明销售收入实现的现金数量可观，质量较高。

26.5 综合演练

26.5.1 编制现金流量表

演练要求：

根据洪氏公司2018年资产负债表（如表26-8所示）、利润及利润分配表（如表26-9所示）编制现金流量表。

表26-8 洪氏公司资产负债表

编制单位：洪氏公司　　2018年度　　单位：元

资　产	期初余额	期末余额	负债和所有者权益	期初余额	期末余额
流动资产：			流动负债：		
货币资金	25 654.04	89 928.38	短期借款		200 000.00
交易性金融资产			交易性金融负债		
应收票据			应付票据		
应收账款	227 237.00	483 507.00	应付账款	274 156.16	260 051.74
预付款项			预收款项		
应收利息			应付职工薪酬	7 500.00	
应收股利			应交税费	1 963.98	1 126.87
其他应收款	330 000.00	100 000.00	应付利息		
存货	35 515.09	246 510.83	应付股利		
一年内到期的非流动资产			其他应付款		100 000.00
其他流动资产			一年内到期的非流动负债		
流动资产合计	618 406.13	919 946.21	其他流动负债		
非流动资产：			流动负债合计	283 620.14	561 178.61
可供出售金融资产			非流动负债：		

续表

资　产	期初余额	期末余额	负债和所有者权益	期初余额	期末余额
持有至到期投资			长期借款		
长期应收款			应付债券		
长期股权投资			长期应付款		
投资性房地产			专项应付款		
固定资产原价	8 500.85	46 558.32	预计负债		
减：累计折旧	5 667.22	6 500.85			
固定资产净值	2 833.63	40 057.47			
在建工程			递延所得税负债		
工程物资			其他非流动负债		
固定资产清理			非流动负债合计		
生产性生物资产			负债合计	283 620.14	561 178.61
油气资产			所有者权益		
无形资产			实收资本	430 000.00	500 000.00
开发支出			资本公积		
商誉			减：库存股		
长期待摊费用			盈余公积		
递延所得税资产			未分配利润	−92 380.38	−101 174.93
其他非流动资产			所有者权益合计	337 619.62	398 825.07
非流动资产合计	2 833.63	40 057.47			
资产总计	621 239.76	960 003.68	负债和所有者权益总计	621 239.76	960 003.68

表26-9　洪氏公司利润及利润分配表

编制单位：洪氏公司　　　　2018年度　　　　单位：元

项目	本期金额	上期金额
一、营业收入	1 234 149.02	
减：营业成本	994 070.96	
税金及附加	4 897.59	
销售费用	156 520.79	
管理费用	86 420.00	
财务费用	1 034.23	
资产减值损失		
加：公允价值变动收益（损失以“－”号填列）		
投资收益（损失以“－”号填列）		
其中：对联营企业和合营企业的投资收益		
二、营业利润（亏损以“－”号填列）	−8 794.55	
加：营业外收入		
其中：非流动资产处置利得		
减：营业外支出		
其中：非流动资产处置损失		
三、利润总额（亏损总额以“－”号填列）	−8 794.55	
减：所得税费用		
四、净利润（净亏损以“－”号填列）	−8 794.55	
（以下项目略）		

演练解读：

现金流量表自动生成编制原理：根据资产负债表、利润及利润分配表各账户的变动情况进行分析，并补充若干表外数据，然后将这些账户的分析结果分别归入现金流量表的各项目，以此自动生成现金流量表。这一编制方法，实质是报表余额编制法，获取尽量少的表外数据是其编制原则，在速度和精确性之间，本方法选择的是速度。本编制方法主要是根据两大主表编制，仅从明细账簿中提取少量数据。由于两大主表科目反映的是各科目余额，无法反映各科目的发生额，因此根据本方法编制的现金流量表并不能完全反映公司现金流量的真实情况，只能反映大概状况，仅供对外使用，如公司决策需要，则须按明细账簿认真分析，另行编制。

根据以上信息，编制的表外数据录入如表26-10所示。

表26-10　洪氏公司表外数据录入

单位：元

序号	项目	金额
1	支付给职工的工资、奖金及各项津贴	90 000.00
	养老保险金	21 116.19
	医疗保险金	
	失业保险费	
	住房公积金	
	劳动保护费	
	支付给职工的其他福利费	3 315.58
	支付给职工以及为职工支付的现金合计	114 431.77
2	主营业务收入（17%增值税部分）	1 234 149.02
	主营业务收入（13%增值税部分）	
	主营业务收入（6%增值税部分）	
	主营业务收入（4%增值税部分）	
	非应税项目主营业务收入(本栏仅供校验勾稽关系不计算销项税额)	
	销项税额合计	209 805.33
	主营业务成本（17%增值税部分）	994 070.96
	主营业务成本（13%增值税部分）	
	小规模纳税人主营业务成本(本栏仅供校验勾稽关系不计算进项税额)	
	非增值税行业主营业务成本(本栏仅供校验勾稽关系不计算进项税额)	
	存货增加额（17%部分）	210 995.74
	存货增加额（13%部分）	
	小规模纳税人进货增加额(本栏仅供校验勾稽关系不计算进项税额)	
	进项税额合计	204 861.34
	应交增值税	4 943.99
	在“税金及附加”科目列支的各项税金	4 897.59
	所得税	—
	未通过“应交税金”科目核算的其他税金	
	支付的各项税费合计	10 678.69
3	收到的税费返还合计	—
	出口退税	
	增值税返回	
	所得税返回	
	财政扶持补贴	
	其他税收返回	
4	分配股利、利润或偿付利息所支付的现金合计	—

续表

序号	项目	金额
	分配股利所支付的现金	
	分配利润所支付的现金	
	利息支出(根据财务费用科目明细提取，不抵减利息收入)	
	减：应收票据贴现利息支出	
	非经营性利息净支出	—
5	计提的资产减值准备合计	—
	坏账准备	—
	短期投资跌价准备	
	存货跌价准备	
	长期投资减值准备	
	固定资产减值准备	—
	无形资产减值准备	
	在建工程减值准备	
	委托贷款减值准备	
6	无形资产摊销	
7	长期待摊费用摊销	
8	固定资产报废损失	
9	处置固定资产、无形资产和其他长期资产的损失(减：损益)	
10	收到投资分红或利润	
11	处置固定资产和无形资产收回的现金净额	
	处置其他长期资产收回的现金净额	
	处置固定资产、无形资产和其他长期资产所收回的现金净额合计	—
12	收到的其他与投资活动有关的现金	
13	支付的其他与投资活动有关的现金	
14	收到的其他与筹资活动有关的现金	
15	支付的其他与筹资活动有关的现金	

最后编制的洪氏公司现金流量表如26-11所示。

表26-11 洪氏公司现金流量表

编制单位：洪氏公司　　2018年度　　单位：元

项目	本期金额	上期金额	补充资料	本期金额	上期金额
一、经营活动产生的现金流量：			1. 将净利润调节为经营活动现金流量：		
销售商品、提供劳务收到的现金	1 187 684.35		净利润	-8 794.55	
收到的税费返还			加：资产减值准备		
收到其他与经营活动有关的现金	278 823.21		固定资产折旧、油气资产折耗、生产性生物资产折旧	833.63	
经营活动现金流入小计	1 466 507.56		无形资产摊销		
购买商品、接受劳务支付的现金	1 424 032.46		长期待摊费用摊销		
支付给职工以及为职工支付的现金	114 431.77		处置固定资产、无形资产和其他长期资产的损失（收益以“—”号填列）		
支付的各项税费	10 678.69		固定资产报废损失（收益以“—”号填列）		
支付其他与经营活动有关的现金	85 032.83		公允价值变动损失（收益以“—”号填列）		

续表

项目	本期金额	上期金额	补充资料	本期金额	上期金额
经营活动现金流出小计	1 634 175.75		财务费用（收益以“—”号填列）		
经营活动产生的现金流量净额	-167 668.19		投资损失（收益以“—”号填列）		
二、投资活动产生的现金流量：			递延所得税资产减少（增加以“—”号填列）		
收回投资收到的现金			递延所得税负债增加（减少以“—”号填列）		
取得投资收益收到的现金			存货的减少（增加以“—”号填列）	-210 995.74	
处置固定资产、无形资产和其他长期资产收回的现金净额			经营性应收项目的减少（增加以“—”号填列）	-26 270.00	
处置子公司及其他营业单位收到的现金净额			经营性应付项目的增加（减少以“—”号填列）	77 558.47	
收到其他与投资活动有关的现金			其他		
投资活动现金流入小计			经营活动产生的现金流量净额	-167 668.19	
购建固定资产、无形资产和其他长期资产支付的现金	38 057.47				
投资支付的现金					
取得子公司及其他营业单位支付的现金净额					
支付其他与投资活动有关的现金					
投资活动现金流出小计	38 057.47				
投资活动产生的现金流量净额	-38 057.47		2. 不涉及现金收支的重大投资和筹资活动：		
三、筹资活动产生的现金流量：			债务转为资本		
吸收投资收到的现金	70 000.00		一年内到期的可转换公司债券		
取得借款收到的现金	200 000.00		融资租入固定资产		
收到其他与筹资活动有关的现金					
筹资活动现金流入小计	270 000.00				
偿还债务支付的现金					
分配股利、利润或偿付利息支付的现金					
支付其他与筹资活动有关的现金					
筹资活动现金流出小计			3. 现金及现金等价物净变动情况：		
筹资活动产生的现金流量净额	270 000.00		现金的期末余额	89 928.38	
四、汇率变动对现金及现金等价物的影响			减：现金的期初余额	25 654.04	
五、现金及现金等价物净增加额	64 274.34		加：现金等价物的期末余额		
加：期初现金及现金等价物余额	25 654.04		减：现金等价物的期初余额		
六、期末现金及现金等价物余额	89 928.38		现金及现金等价物净增加额	64 274.34	

26.5.2 编制现金流量表分析报告

演练要求：

根据黄氏公司的财务状况表（如表26-12所示）进行现金流量表分析。

表26-12　黄氏公司财务状况表

单位：万元

项 目	年度		增减额	增减率
	2017年	2018年		
经营现金净流量	1 696.28	9 671.66	7 975.38	470.17%
投资现金净流量	−6 933.13	−8 453.42	−1 520.29	−21.93%
筹资现金净流量	−3 389.85	−1 595.55	1 794.30	52.93%
现金净增加额	−8 626.68	−377.31	8 249.37	95.63%
经营活动现金流入	124 405.11	158 304.51	33 899.40	27.25%
经营活动现金流出	122 708.83	148 632.85	25 924.02	21.13%
投资活动现金流入	4.15	309.09	304.94	7 347.95%
投资活动现金流出	6 937.28	8 762.51	1 825.23	26.31%
筹资活动现金流入	78.37	6 408.68	6 330.31	8 077.47%
筹资活动现金流出	3 468.22	8 004.23	4 536.01	130.79%

演练解读：

详见现金流量表综合分析章节，现金流量表表分析报告如下。

1. 现金净流量变动趋势分析

2018年，黄氏公司现金及现金等价物净减少377.31万元，同比增加95.63%，其中经营活动现金净增加7 975.38万元，同比增加470.17%；投资活动现金净减少1 520.29万元，同比减少21.93%；筹资活动现金净减少1 794.30万元，同比增加52.93%。

2. 现金流入流出结构对比分析

2018年，黄氏公司实现现金总流入1 650 222.8万元，其中经营活动产生的现金流入158 304.51万元，占总现金流入的比例为95.93%；实现现金总流出165 399.59万元，其中经营活动产生的现金流出148 632.85万元，占总现金流出的比例为89.86%。

3. 现金流量质量分析

经营状况较为稳定，经营活动带来的稳定现金流入可在偿还债务的同时继续满足投资需求。

第27章

所有者权益变动表和财务报表附注

在企业会计准则（2006年）颁布以前，通用的财务报表只有3张，即资产负债表、利润表和现金流量表。所有者权益变动表并不是主要报表，在公司的财务会计报告中，它仅作为资产负债表的附表；然而在该准则颁布以后，所有者权益变动表成为主要报表之一，其地位和作用突现。财务报表附注是对财务报表本身无法或难以充分表述的内容和项目所做的补充说明与详细解释。本章以刘氏公司的案例来讲解所有者权益变动表及财务报表附注的编制。

27.1　所有者权益变动表

所有者权益变动表是反映公司本期（年度或中期）内至截至期末所有者权益变动情况的报表。所有者权益变动表应当全面反映一定时期所有者权益变动的情况。

27.1.1　所有者权益变动表产生的原因及意义

所有者权益变动表是反映构成所有者权益各组成部分当期增减变动情况的报表。所有者权益变动表应当全面反映一定时期所有者权益变动的情况，不仅包括所有者权益总量的增减变动，还包括所有者权益增减变动的重要结构性信息。特别是要反映直接计入所有者权益的利得和损失，让报表使用者准确理解所有者权益增减变动的根源。

所有者权益变动表能够脱颖而出缘于我国会计准则与国际会计准则趋同的大势所趋，更缘于我国经济发展带来的会计环境的巨大变化。在所有者权益变动表的背后，是会计目标的变化引发的会计固有理论、程序和方法与变化的经济环境的摩擦、碰撞与协调。

（1）为适应新型金融工具核算的需要。

20世纪90年代以后，保险衍生品等金融工具的创新为公司带来了机遇，但同时也隐含着巨大的风险。由于历史成本原则、收入实现原则、谨慎性原则的限制，可供出售金融资产公允价值变动等已确认未实现的利得和损失无法在利润表中列示，只能绕过利润表直接在资产负债表中的所有者权益中确认。在这种情况下，可行的解决办法是在现行的财务报表体系中增加第四张财务报表来容纳衍生金融工具公允价值变动，使财务会计报告体系中各要素之间能够继续保持紧密的联系。

（2）体现了我国在报告全面收益方面取得的实质性进步。

所有者权益变动表的另一使命是报告全面收益。全面收益以资产负债观为基础，突破了传统的收入费用观，将未确认的利得和损失纳入收益报告的范围。到新准则的颁布，我国在国内外环境的驱动下，终于向报告全面收益迈出了一大步。

27.1.2　所有者权益变动表的格式和结构

所有者权益变动表一般有表首、正表两部分。表首说明报表名称、编制单位、编制日期、报表编号、货币单位等；正表是所有者权益变动表的主体，从年初项目变动影响、本年增减变动影响两个方面揭示年末所有者权益的构成。

我国企业所有者权益变动表的格式如表27-1所示。

所有者权益变动表属于动态报表，从左到右列示了所有者权益的组成项目，自上而下反映了各项目年初至年末的增减变动过程。

为了清楚地表明构成所有者权益的各组成部分当期的增减变动情况，所有者权益变动表以矩阵的形式列示。

（1）会计政策变更和前期差错更正的累积影响金额。

会计政策变更和前期差错更正会对所有者权益期初余额产生影响。旧会计制度主要调整资产负债表的年初数、利润表上年数的相关被影响项目，以及利润分配表的“年初未分配利润”，并在财务报表附注中披露，一般容易被报表使用者忽视；而新会计准则在所有者权益变动表上直接将上述两项列示，使会计政策变更和前期差错更正对所有者权益的影响一目了然。

表27-1　所有者权益变动表格式

会企04表

编制单位：　　　　　　　年　月　日　　　　　　　单位：元

项目	本年金额							上年金额						
	实收资本（或股本）	资本公积	减：库存股	其他综合收益	盈余公积	未分配利润	所有者权益合计	实收资本（或股本）	资本公积	减：库存股	其他综合收益	盈余公积	未分配利润	所有者权益合计
一、上年年末余额														
加：会计政策变更														
前期差错更正														
二、本年年初余额														
三、本年增减变动金额（减少以“—”号填列）														
（一）综合收益总额														
（二）所有者投入和减少资本														
1. 所有者投入资本														
2. 股份支付计入所有者权益的金额														
3. 其他														
（三）利润分配														
1. 提取盈余公积														
2. 对所有者（或股东）的分配														
3. 其他														
（四）所有者权益内部结转														
1. 资本公积转增资本（或股本）														
2. 盈余公积转增资本（或股本）														
3. 盈余公积弥补亏损														
4. 其他														
四、本年年末余额														

（2）所有者投入和减少资本。

该项目反映企业当年所有者投入的资本和减少的资本。其中“所有者投入资本”项目，反映企业接受投资者投入形成的实收资本（或股本）和资本溢价或股本溢价，并对应列在“实收资本”和“资本公积”栏。“股份支付计入所有者权益的金额”项目，反映企业处于等待期中以权益结算的股份支付当年计入资本公积的金额，并对应列在“资本公积”栏。

（3）利润分配。

该项目反映当年对所有者（或股东）分配的利润（或股利）金额和按照规定提取的盈余公积金额，并对应列在“未分配利润”和“盈余公积”栏。其中，“提取盈余公积”项目，反映企业按照规定提取的盈余公积；“对所有者（或股东）的分配”项目，反映对所有者（或股东）分配的利润（或股利）金额。

（4）所有者权益内部结转。

为了全面反映所有者权益各组成部分的增减变动情况，所有者权益内部结转也是所有者权益变动表的重要组成部分，主要指不影响所有者权益总额、所有者权益的各组成部分当期的增减变动。它包括资本公积转增资本（或股本）、盈余公积转增资本（或股本）、盈余公积弥补亏损。

（5）实收资本或股本、资本公积、盈余公积、未分配利润的期初和期末余额及其调节情况。

该部分主要指所有者权益变动表各项目的纵向结构和逻辑关系，通过这些调节过程形成了所有者权益变动表的整体架构。

27.1.3 所有者权益变动表的编制

所有者权益变动表是资产负债表权益项目的细化和利润表损益的补充，是对于所有者权益项目的展开阅读；通过所有者权益变动表可以分析各个项目的变化及其原因，有利于财务会计报告使用者进一步了解公司净资产状况。

所有者权益变动表一方面列示所有者权益变动的交易或事项，改变了以往仅仅按照所有者权益的各组成部分反映所有者权益变动情况，而是从所有者权益变动的来源对一定时期所有者权益变动进行全面反映；另一方面，按照所有者权益的各组成部分（包括实收资本、资本公积、盈余公积、未分配利润和库存股）及其总额列示交易或事项对所有者权益的影响。此外，所有者权益变动表还就各项目再分为“本年金额”和“上年金额”两栏分别填列，提供比较所有者权益变动表。

所有者权益变动表是一张局部报表，反映的内容有限，并不像其他报表一样反映经济主体的全部内容，所以它的编制方法很简单，需要了解以下逻辑关系。

（1）本年年末余额=本年年初余额+本年增减变动金额。

（2）本年年初余额=上年年末余额+会计政策变更+前期差错更正。

（3）本年增减变动金额=净利润+直接计入所有者权益的利得和损失+所有者投入和减少资本+利润分配+所有者权益内部结转。

我们已经清楚了所有者权益变动表的逻辑关系，接下来，通过刘氏公司的例子做进一步的检验。

【例27-1】

刘氏公司2018年年初的实收资本是500万元，盈余公积是12万元，未分配利润是108万元，合计为620万元，未发生会计政策变更及前期差错更正事项。2018年该公司从外部吸收资本200万元，净利润为80万元，根据法定规定计提盈余公积8万元，无其他所有者权益变动事项。

要求：结合2018年刘氏公司所有者权益变动表的数据，编制所有者权益变动表并进一步加深理解这些数据的逻辑关系。

（1）由于本年年初余额等于上年年末余额加上会计政策变更和前期差错更正，而会计政策变更和前期会计差错更正为0，因此本年年初余额等于上年年末余额。

（2）2018年刘氏公司吸收资本200万元，因此所有者投入资本的变动额为200万元；当年度实现净利润80万元，按照10%的比例计提盈余公积，由此提取盈余公积8万元，因此盈余公积的变动额为8万元；未分配利润的变动额由两部分组成，一部分是净利润的增项80万元，另一部分是盈余公积的减项8万元，本期变动金额为72万元。

由前两个步骤的计算结果，可以得出刘氏公司所有者权益项目的期末余额。

（3）2018年实收资本的期末余额=500+200=700（万元）。

（4）2018年本年度盈余公积的期末余额=12+8=20（万元）。

（5）2018年未分配利润的期末余额=108+72=180（万元）。

（6）2018年所有者权益的期末余额=上述项目的期末余额之和=700+20+180=900（万元）。

27.1.4 所有者权益变动表分析

对所有者权益变动表各个项目进行分析，可以为报表使用者提供较为真实的所有者权益总额及其变动信息，尤其是对于上市公司而言，有时所有者持股比重的变动对一般的散户投资者投资能够起到风向标的作用。通过分析所有者权益的来源及其变动情况，可以了解会计期间内影响所有者权益增减变动的具体原因，判断组成所有者权益各个项目变动的合法性与合理性，为报表使用者提供较为真实的所有者权益总额及其变动信息，从而为股东、投资者、债权人以及其他报表使用者提供全面的财务信息，为他们进行经济决策提供依据。

1．水平分析

对所有者权益变动表的直接分析可以从水平分析和垂直分析两方面入手。所有者权益变动表的水平分析，是将所有者权益各个项目的本年数与基准数（可以是上年数）进行对比分析，从动态角度揭示公司当期所有者权益各个项目绝对数的变动情况，从而反映所有者权益各个项目增减变动的具体原因和存在的问题。

一般用变动额和变动率两个指标来反映所有者权益各个项目的本年数（报告期）与上年数（基期）的变动情况，其计算公式为：

某项目的变动额=报告期数据-基期数据

【例27-2】

根据【例27-1】资料，水平分析刘氏公司2018年所有者权益变动表。

刘氏公司2018年年初实收资本是500万元，由于公司管理制度良好及公司前景光明，吸引了机构投资者的注意，获取了部分投资款。

该公司实收资本的变动额=700-500=200（万元）。刘氏公司吸引到的投资款虽然并不是很多，但是占到了当时原始投资额的40%，获得了很大的资金支持。这对于该公司来说，是个利好消息，可以借此获得供应商和客户的信任和好感。

2．垂直分析

所有者权益变动表的垂直分析，是将所有者权益变动表各个项目的本期发生数与所有者权益变动表本期期末余额进行比较（各个项目金额占本期期末余额的比重），从而揭示公司当年所有者权益内部结构的情况，从静态角度判断所有者权益变动表各个项目构成的合理性。同时，将报告期各个项目所占的比重与基期各个项目所占的比重进行对比分析，从动态角度反映所有者权益各个项目的变动情况，找出影响所有者权益变动的主要项目，为报表使用者进行经济决策提供新的思路。

【例27-3】

根据【例27-1】的资料，垂直分析刘氏公司2018年所有者权益变动表。

刘氏公司2018年所有者权益变动表中，“对所有者（或股东）的分配”项目为0，该公司为了积累资本继续扩大规模，没有对股东分配股利。在某一个期间，黄氏公司对刘氏公司非常感兴趣，有意投资，但是黄氏公司管理者在长线投资的同时，希望能定期获取股利回报，经过分析刘氏公司的所有者权益变动表及进一步了解其他信息后放弃了这一计划。

对于投资者来说，除了关注被投资公司亮眼的业绩以外，更希望获得很好的股利回报。股利的发放政策既关系到公司股东和债权人的利益，又关系到公司的未来发展。较低的股利，虽然使公司有较多的发展资金，但与公司股东的愿望相违背，降低了股东对公司的期望值。

27.2 财务报表附注

财务报表附注是财务会计报告的重要组成部分，是对财务报表本身无法或难以充分表述的内容和项目所做的补充说明与详细解释。报表使用者想要了解企业的财务状况、经营成果和现金流量，应当全面阅读财务报表附注，财务报表附注与财务报表具有同样重的作用。根据会计准则的规定，财务报表附注应当按照一定的结构进行系统合理的排列和分类，有顺序地披露信息。本节会针对为什么要编制财务报表附注、财务报表附注的意义进行讲述。财务报表附注没有固定的格式，没有严格的编制方法指导，只有灵活掌握编制财务报表附注的方法和财务报表附注的意义及特点，才能把握重点信息来编写或者阅读财务报表附注。

27.2.1 编制财务报表附注的意义

财务报表与与财务报表附注之间存在着主次关系：财务报表是根，财务报表附注是补充。没有财务报表的存在，财务报表附注就失去了依靠，其功能也就无处发挥；没有财务报表附注恰当的延伸、说明，财务报表的功能就难以有效地实现。两者相辅相成，形成一个完善的有机整体。

编制财务报表附注的意义主要体现在以下几个方面。

1. 解释性

财务报表项目反映的是被高度浓缩的会计信息，且由于经济业务的复杂性和企业在编制财务报表时可能选择了不同的会计政策，企业需要通过财务报表附注对财务报表的编制基础、编制依据、编制原则和方法及主要事项等进行解释，以此增进会计信息的可理解性，使不同企业会计信息的差异更具可比性，便于进行对比分析。

2. 无固定格式，灵活性

正是由于财务报表必须遵守一定的格式、项目和填列方法，才使得表内信息不能完整地反映一个企业的综合素质。而财务报表附注只需要遵守一定的结构规范，没有固定的格式，因而可以充分、自由地完善财务报表信息，使表内信息更容易理解，更加相关。

3. 提高会计信息的相关性和可靠性

会计信息既要相关又要可靠。由于财务会计本身的局限，相关性和可靠性的选择犹如鱼与熊掌的选择，很多时候是不可兼得的。但是，财务报表附注披露可以在不降低会计信息可靠性的前提下提高信息的相关性，如或有事项的处理。或有事项由于发生的不确定性而不能直接在主表中进行确认，但等到完全可靠或基本能够预期的时候，又可能因为及时性的丧失而损伤了信息的相关性。为此，可以通过在财务报表附注中进行披露，揭示或有事项的类型和影响，以此来提高信息的相关性。

4. 增强不同行业和行业内部不同企业之间信息的可比性

会计信息是由多种因素综合促成的，经济环境的不确定性、不同行业的不同特点，以及各个企业前后各期情况的变化，都会降低不同企业之间会计信息的可比性，以及企业前后各期会计信息的一贯性。财务报表附注可以通过披露企业的会计政策和会计估计的变更等情况，向投资者传递相关信息，使投资者能够“看透”会计方法的实质，而不被会计方法误导。

27.2.2 财务报表附注的编制形式

财务报表附注的编制形式灵活多样，常见的有5种，如表27-2所示。

表27-2 财务报表附注的编制形式

财务报表附注的编制形式	说明
尾注说明	这是财务报表附注的主要编制形式，一般适用于说明内容较多的项目
括号说明	此种形式常用于为财务报表主体内提供补充信息，因为它把补充信息直接纳入财务报表主体，所以比起其他形式来，显得更直观，不易被人忽视； 缺点是包含的内容过少
备抵账户与附加账户	设立备抵账户与附加账户，在财务报表中单独列示，能够为财务报表使用者提供更多有意义的信息；这种形式目前主要用于坏账准备等账户的设置
脚注说明	指在报表下端进行的说明，例如，说明已贴现的商业承兑汇票和已包括在固定资产原价内的融资租入的固定资产原价等
补充说明	有些无法列入财务报表主体中的详细数据、分析资料，可用单独的补充报表进行说明，例如，可利用补充报表的形式来揭示关联方关系和交易等内容

财务报表附注必须按照一定的规则来编制，无论对于企业来说是利好消息还是利空消息，只要是足够重要的信息，都必须在财务报表附注中进行披露。会计准则要求在财务报表附注中至少披露下列内容，但是，非重要项目除外。

财务报表附注的主要内容包括：企业的基本情况；财务报表的编制基础；遵循企业会计准则的声明；重要会计政策和会计估计；会计政策和会计估计变更以及差错更正的说明；报表重要项目的说明；或有和承诺事项、资产负债表日后非调整事项、关联方关系及其交易等需要说明的事项；有助于财务报表使用者评价企业管理资本的目标、政策及程序的信息。

针对其他综合收益，企业应当披露下列信息：其他综合收益各项目及其所得税影响；其他综合收益各项目原计入其他综合收益，当期转出计入当期损益的金额；其他综合收益各项目的期初和期末余额及其调节情况。

1. 企业的基本情况

本部分主要介绍企业的注册时间、注册地址、所属集团公司及主营业务等。

2. 重要会计政策和会计估计

根据财务报表列报准则的规定，企业应当披露采用的重要会计政策和会计估计，不重要的会计政策和会计估计可以不披露。

由于企业经济业务的复杂性和多样性，某些经济业务可以有多种会计处理方法，即存在不止一种可供选择的会计政策。例如，存货的计价方法有先进先出法、加权平均法、个别计价法等；固定资产的折旧方法有平均年限法、工作量法、双倍余额递减法、年数总额法等。企业在发生某项经济业务时，必须从允许的会计政策中选择适合本企业特点的，企业选择不同的会计政策，可能极大地影响企业的财务状况和经营成果，进而编制出不同的财务报表。为了有助于报表使用者理解，有必要对这些会计政策加以披露。

财务报表列报准则强调了对会计估计不确定因素的披露要求，企业应当披露会计估计中所采用的关键假设和不确定因素的确定依据，这些关键假设和不确定因素在下一会计期间内很可能导致对资产、负债账面价值进行重大调整。

上述会计政策、会计估计一旦确定一般不允许更改，如果企业所处经济环境确实发生重大变化确需修改，应在财务报表附注中予以披露；企业发生重大会计差错更正也需要进行披露。

3. 重要报表项目的说明

企业应当以文字和数字描述相结合、尽可能以列表形式披露财务报表重要项目的构成或当期增减变动情况；同时，财务报表重要项目的明细金额合计，应当与财务报表项目金额相衔接。在披露顺序上，一般应当按照资产负债表、利润表、现金流量表、所有者权益变动表的顺序及其项目列示的顺序披露。

4. 其他需要说明的重要事项

该部分主要包括或有和承诺事项、资产负债表日后非调整事项、关联方关系及其交易等，具体的披露要求须遵循相关准则的规定。

在该部分最后，还要披露企业财务报表的批准报出机构及日期，这也是重要信息。

下面就结合上述理论介绍刘氏公司的财务报表附注。

27.2.3 企业的基本情况

1. 企业注册时间、注册地、组织形式和总部地址

这是会计准则要求必须披露的信息。例如，作为刘氏公司的客户，在与之合作之前，需要了解该公司的注册信息：注册时间越长，表明公司具有的生命力越强，公司的经营能力较好。这些信息无法从财务报表中得知，一般需从财务报表附注中取得。

以下是刘氏公司财务报表附注中关于这部分的披露信息。

刘氏公司系由北京市工商行政管理局朝阳分局登记注册，由刘总等人出资。该公司为于2003年5月9日注册成立的有限责任公司，取得的企业法人营业执照注册号为×××××××××××××××，注册资本4 000万元，注册地址为北京市朝阳区×××号，法定代表人为刘总。

2. 母公司及集团最终母公司的名称

刘氏公司的出资人是刘总本人，没有其他母公司。

3. 企业的业务性质和主要经营活动

比如，新兴公司准备采购一批手机，需要在刘氏公司和黄氏公司之间进行选择。新兴公司从财务报表附注中了解到刘氏公司的主营业务就是手机产品，而黄氏公司主要做计算机产品的经销，新兴公司认为专业的公司才能做专业的事情。企业的主营业务性质对于新兴公司的决策可能会起到很大的作用。刘氏公司财务报表附注中对这部分内容的披露为：刘氏公司经营范围主要包括销售、维修通信设备及配件（不含无线电发射设备及地面卫星接收设备）、电子产品（不含电子出版物）、计算机及配件、会展服务等。

27.2.4 重要会计政策和会计估计

会计准则规定了很多可以选择的会计政策和会计估计方法，允许企业结合实际情况进行选择，这些政策和方法会影响到企业重要财务数据的列报，一经选定，一般不得轻易变更。为了使外部机构能够充分了解企业财务报表的编报基础，会计准则要求，企业需要在财务报表附注中披露企业正在执行的重要会计政策和会计估计。它具体包括以下几点。

1. 遵循企业会计准则的声明

刘氏公司执行我国财政部颁发的《企业会计准则》和《企业会计制度》及其补充规定。

2. 企业的会计年度

刘氏公司以1月1日起至12月31日止为一个会计年度。

3. 企业的记账本位币

刘氏公司以人民币为记账本位币。

4. 记账基础和计价原则

刘氏公司会计核算以权责发生制为记账基础，资产以历史成本为计价原则。

5. 应收账款坏账核算办法

刘氏公司坏账确认标准：债务单位撤销、破产、资不抵债、现金流量严重不足、发生严重自然灾害等导致停产而在可预见的时间内无法偿付债务等；债务单位逾期未履行偿债义务超过3年（或一定年限）；其他确凿证据表明确实无法收回或收回的可能性不大。

6. 坏账损失的核算方法

备抵法。

7. 固定资产计价及其折旧方法

刘氏公司的固定资产确认标准为：使用年限在一年以上的房屋、建筑物、机器、机械、运输工具，以及其他与生产、经营有关的设备、器具、工具等；不属于生产、经营主要设备的，单位价值在2 000元以上并且使用年限在两年以上的资产，也作为固定资产。

（1）固定资产按实际成本计价。

（2）固定资产折旧采用直线法计算。直线法按固定资产的原值和估计使用年限扣除残值率（原值的5%）确定其折旧率。固定资产折旧资料如表27-3所示。

表27-3　固定资产折旧资料

类别	折旧年限（年）	残值率（%）	年折旧率（%）	类别	折旧年限（年）	残值率（%）	年折旧率（%）
房屋建筑物	50	5	1.9	电子设备	5	5	19
办公设备	5	5	19	其他	5	5	19
运输工具	5	5	19				

（3）固定资产的后续支出。

与固定资产有关的后续支出，如果存在下列情况之一，使可能流入本公司的经济利益超过了原先的估计，则应当计入固定资产账面价值，其增计金额不应超过该固定资产的可收回金额，否则应在发生时确认为费用。

① 延长了固定资产的使用寿命。

② 使产品的质量有实质性提高。

③ 使产品成本有实质性降低。

（4）固定资产减值准备的确认标准及计提方法。

期末按各单项固定资产可收回金额低于其账面价值的差额计提固定资产减值准备。对存在下列情况之一的固定资产，全额计提减值准备。

① 长期闲置不用，在可预见的将来不会再使用，且已无转让价值的固定资产。

② 虽然尚可使用，但使用后产生大量不合格品的固定资产。

③ 已遭毁损，不再具有使用价值和转让价值的固定资产。

④ 其他实质上已经不能给本公司带来经济利益的固定资产。

8. 无形资产计价及其摊销方法

刘氏公司对购入或按法律程序申请取得的无形资产，按实际支付金额（包括买价、手续费、律师费、注册费等相关费用）入账；对接受投资转入的无形资产，按合同约定或评估确认的价值入账。各种无形资产在其有效期内按直线法摊销。

期末按单个无形资产的可收回金额低于其账面成本的差额提取无形资产减值准备。存在下列一项或多项情况时，计提无形资产减值准备。

① 某项无形资产已被其他新技术等替代，使其为企业创造经济利益的能力受到重大不利影响。

② 某项无形资产的市价在当期大幅下跌，在剩余摊销年限内预期不会恢复。

③ 某项无形资产已超过法律保护期限，但仍然具有部分使用价值。

④其他足以证明某项无形资产实质上已经发生了减值的情形。

9. 收入的确认原则

刘氏公司按以下规定确认营业收入实现，并按已实现的收入记账，计入当期损益。

销售商品满足以下条件时确认收入：企业已将商品所有权上的主要风险和报酬转移给购货方；企业既没有保留通常与所有权相联系的继续管理权，也没有对已售出的商品实施有效控制；收入的金额能够可靠地计量；相关的经济利益很可能流入企业；相关的已经发生或将发生的成本能够可靠地计量。

提供劳务：在同一年度内开始并完成的劳务，在完成劳务时确认收入；劳务的开始和完成分属不同的会计年度，在提供劳务交易结果能够可靠估计的情况下，于资产负债表日按完工百分比法确认相关的劳务收入。

10. 利润分配顺序

刘氏公司按《公司法》及其他有关规定进行利润分配，缴纳所得税后的利润，除国家另有规定外，按照下列顺序分配。

（1）弥补企业以前年度亏损。

（2）提取法定盈余公积金。

（3）向投资者分配利润。

11. 所得税的会计处理方法

刘氏公司所得税的会计处理采用应付税款法。

汇算清缴的方式：季度预缴，年终汇算清缴。

刘氏公司的主要税项如表27-4所示。

表27-4　公司的主要税项

主要税项	适用税率	主要税项	适用税率
增值税	16%	教育费附加	3%
城市维护建设税	7%	所得税	25%

12. 会计政策和会计估计变更及差错更正的说明

上述会计政策、会计估计一旦确定一般不允许更改，如果公司所处经济环境确实发生重大变化确需修改，应在财务报表附注中予以披露；企业发生重大会计差错更正也需要进行披露。

刘氏公司重大的会计政策变更和会计估计变更，需经总经理办公会批准。

13. 其他重要报表项目的说明

根据企业所处的不同行业和不同经济环境确定需要披露的内容。

27.2.5 重要报表项目的说明

本节内容是对财务报表数字的细化解释。例如，将资产负债表应收账款项目进一步细化到客户和账龄，将利润表营业务收入项目进一步细化到贡献收入的具体项目。在披露顺序上，一般应当按照资产负债表、利润表、现金流量表、所有者权益变动表的顺序及其项目列示。

下面列示刘氏公司的重要报表项目。

1. 货币资金

货币资金一般按照其组成项目进行列示，外币资金一般应单独列示出来。刘氏公司的货币资金如表27-5所示。

表27-5　货币资金

单位：元

项　目	年初余额	年末余额	项　目	年初余额	年末余额
库存现金	60 800.00	14 100.00	其他货币资金	0.00	0.00
银行存款	10 000 000.00	22 880 000.00	合计	10 060 800.00	22 894 100.00

2. 交易性金融资产

交易性金融资产一般列示投资的内容。刘氏公司的交易性金融资产如表27-6所示。

表27-6　交易性金融资产

单位：元

项　目	年初余额	年末余额	项　目	年初余额	年末余额
苏宁公司股票	466 200.00	422 400.00			
合计	466 200.00	422 400.00			

3. 应收账款

应收账款一般按照账龄列示应收账款余额及坏账准备余额，如果某些客户特别重要也可以按照客户列示。刘氏公司的应收账款如表27-7所示。

表27-7　应收账款

单位：元

账　龄	年初余额		年末余额	
	年初余额	坏账准备	年末余额	坏账准备
1年以内	10 447 500.00	0.00	19 455 000.00	0.00
1～2年	0.00	0.00	0.00	0.00
2～3年	0.00	0.00	0.00	0.00
3年以上	0.00	0.00	0.00	0.00
合计	10 447 500.00	0.00	19 455 000.00	0.00

4. 固定资产

固定资产一般按照资产类别列示，如办公设备、运输设备、电子设备、生产设备等。刘氏公司的固定资产如表27-8所示。

表27-8　固定资产

单位：元

项　目	年初余额	本年增加	本年减少	年末余额
一、固定资产原价	58 445 378.00	8 453 614.00	725 712.00	66 173 280.00
办公设备	27 509 164.47	3 215 200.00	350 250.00	30 374 114.47
运输工具	14 583 068.35	1 268 000.00	0.00	15 851 068.35
电子设备	16 353 145.18	3 970 414.00	375 462.00	19 948 097.18
二、累计折旧	18 603 578.00	2 657 654.00	120 952.00	21 140 280.00
办公设备	8 756 362.00	1 250 908.86	58 375.00	9 948 895.86
运输工具	4 641 894.00	663 127.71	0.00	5 305 021.71
电子设备	5 205 322.00	743 617.43	62 577.00	5 886 362.43
三、固定资产净值	39 841 800.00	5 795 960.00	604 760.00	45 033 000.00
办公设备	18 752 802.47	1 964 291.14	291 875.00	20 425 218.61
运输工具	9 941 174.35	604 872.29	0.00	10 546 046.64
电子设备	11 147 823.18	3 226 796.57	312 885.00	14 061 734.75

5. 应付账款

应付账款一般按照账龄列示。

6. 应交税费

应交税费一般按照需要缴纳的税种列示。刘氏公司的应交税费如表27-9所示。

表27-9　应交税费

单位：元

项　目	年初余额	年末余额	项　目	年初余额	年末余额
增值税	1 402 586.05	1 220 826.97	印花税	24 561.62	155 396.62
城建税	28 181.02	487 628.31	教育费附加	20 179.30	217 033.15
企业所得税	472 516.33	157 324.48	地方教育费附加	27 161.93	131 269.24
个人所得税	320 053.00	137 115.48	合 计	2 295 239.25	2 506 594.25

7. 实收资本

实收资本按照投资者名称列示，如表27-10所示。

表27-10　实收资本

单位：元

投资者名称	年初余额		本年增加	本年减少	年末余额	
	投资金额	所占比例			投资金额	所占比例
刘总	50 000 000.00	100%	—	—	50 000 000.00	100%
合计	50 000 000	100%	—	—	50 000 000	100%

8. 主营业务收入

主营业务收入一般按照收入类别列示，如表27-11所示。

表27-11　主营业务收入

单位：元

项　目	本年金额	年末金额	项　目	本年金额	年末金额
销售手机	14 316 494.00	10 943 702.00	手机维修服务	1 827 216.00	1 405 617.00
销售配件	2 128 450.00	1 706 851.00	合计	18 272 160.00	14 056 170.00

9. 销售费用

销售费用一般按照费用类别列示，如表27-12所示。

表27-12　销售费用

单位：元

项　目	本年金额	上年金额	项　目	本年金额	上年金额
员工工资	620 370.00	547 006.00	房租	362 891.00	326 800.00
福利费	74 444.40	65 640.72	水电费	53 698.00	48 900.00
基本保险	111 666.60	113 530.00	物流费	6 958.00	5 982.00
补充医疗保险	37 857.00	54 700.60	培训费	194 643.00	0.00
办公费	235 890.00	186 589.00	其他费用	33 562.00	3 851.68
差旅费	123 000.00	82 300.00	合计	1 854 980.00	1 435 300.00

10. 其他项目

刘氏公司还有一些其他重要项目，列示方法基本相似。由于篇幅所限，不再一一展示，大家可以仿照以上项目尝试编制财务报表附注。

27.2.6 其他需要说明的重要事项

本节主要介绍除企业的基本情况、会计政策、会计估计、重要报表项目以外的其他需要说明的重要事项。它主要包括或有和承诺事项、资产负债表日后非调整事项、关联方关系及其交易、财务报表的批准信息等，具体内容包括以下几点。

1. 或有事项的说明

或有事项，是指过去的交易或者事项形成的，其结果须由某些未来事件的发生或不发生才能决定的不确定事项，主要包括未决诉讼、担保、质量保证等。

例如，刘氏公司与新兴公司有一笔官司至财务报表报出时尚未结案，未来判决情况具有较大的不确定性，该公司就需要在此处披露这类事项。

2. 资产负债表日后事项的说明

例如，资产负债表日后刘氏公司库房发生火灾，损失比较严重。虽然这个事项并不影响当年年度报表，但是因为事情比较重大，需要在财务报表附注中予以披露。

3. 重要资产转让及其出售的说明

刘氏公司本年度无重要资产转让及其出售的事项。

假如一个玻璃厂只有3条生产线，因为经营不善出售其中最大的一条生产线，产能下降了40%。这个信息对于该企业来说就是重要的资产转让，需要在此披露。

4. 企业合并、分立等重组事项说明

刘氏公司本年无企业合并、分立等重组事项。

5. 其他重要事项

除上述事项以外的其他重要事项。

6. 财务报表的批准信息

该部分一般需要列示报告期间、执行准则、有权批准报告报出的部门。

刘氏公司总有一些信息，是其管理者希望传播或者不希望传播的，即利好消息或利空消息，这些信息的披露与否不是管理者能够决定的。为了维护报表使用者的权益，需要会计准则对这类信息披露与否进行统一约束。

在上述刘氏公司2018年财务报表附注中，总体结构方面就是按照会计准则的规定进行列示的。如果该公司发生了合并、分立等重要事项，就必须按规定进行如实、详细披露；在数据细节方面，如果会计科目数据是根据公司的重点项目进行选择列示的，一些不重要的项目可以不列示或简要列示。

27.3 综合演练

27.3.1 所有者权益变动表的编制

演练要求：

根据下列数据填写春风公司2018年所有者权益变动表。

上年年末余额：实收资本（或股本）8 000 000元、资本公积4 000 000元、盈余公积2 000 000元、未分配利润3 000 000元。

前期差错调整：盈余公积-6 000元、未分配利润-54 000元。

本年利润100万元。

假设本年内提取盈余公积100 000元，支付现金股利200 000元，发放股票股利100 000元。

补提上年坏账准备80 000元。

资本公积转增资本500 000元。

演练解读：

账务处理（单位：万元）：

（1）假设本年度内提取盈余公积10万元，支付现金股利20万元，发放股票股利10万元。

借：利润分配——未分配利润　10

　　贷：盈余公积　10

借：利润分配——应付股利　20

　　贷：应付股利　20

借：利润分配——应付股利　10

　　贷：股本　10

（2）补提上年坏账准备8万元

借：以前年度损益调整　8

　　贷：坏账准备　8

借：应交税费——应交企业所得税　2

　　贷：以前年度损益调整　2

借：利润分配——未分配利润　6

　　贷：以前年度损益调整　6

借：盈余公积　0.6

　　贷：利润分配——未分配利润　0.6

（3）资本公积转增资本50万元

借：资本公积　50

　　贷：股本　50

春风公司2018年所有者权益变动表如表27-13所示。

表27-13　春风公司2018年所有者权益变动表

编制单位：春风公司　　2018年　　单位：元

项目	本年金额									
	实收资本（或股本）	其他权益工具			资本公积	减：库存股	其他综合收益	盈余公积	未分配利润	所有者权益合计
		优先股	永续债	其他						
一、上年年末余额	8 000 000.00				4 000 000.00			2 000 000.00	3 000 000.00	17 000 000.00
加：会计政策变更										
前期差错更正								-6 000.00	-54 000.00	-60 000.00
其他										
二、本年年初余额	8 000 000.00				4 000 000.00			1 994 000.00	2 946 000.00	16 940 000.00
三、本年增减变动金额（减少以“—”填列）	600 000.00				-500 000.00			100 000.00	-400 000.00	-200 000.00
（一）综合收益总额										
（二）所有者投入和减少资本										
1. 所有者投入的普通股										
2. 其他权益工具持有者投入资本										
3. 股份支付计入所有者权益的金额										
4. 其他										

续表

项目	本年金额									
	实收资本（或股本）	其他权益工具			资本公积	减：库存股	其他综合收益	盈余公积	未分配利润	所有者权益合计
		优先股	永续债	其他						
（三）利润分配	100 000.00							100 000.00	-400 000.00	-200 000.00
1．提取盈余公积								100 000.00	-100 000.00	—
2．对所有者（或股东）的分配	100 000.00								-300 000.00	-200 000.00
3．其他										
（四）所有者权益内部结转	500 000.00				-500 000.00					—
1．资本公积转增资本（或股本）	500 000.00				-500 000.00					—
2．盈余公积转增资本（或股本）										
3．盈余公积弥补亏损										
4．其他										
四、本年年末余额	8 600 000.00				3 500 000.00			2 094 000.00	2 546 000.00	16 740 000.00

27.3.2　财务报表附注的编制

演练要求：

根据财务报表编制财务报表附注。

演练解读：

企业财务报表附注模板。

××有限公司

20××年度财务报表附注

一、公司的基本情况

××有限公司(以下简称“本公司”)根据《中华人民共和国公司法》于××年×月×日正式成立，领取了武汉市工商行政管理局××分局×××号企业法人营业执照。本公司注册资本：人民币××万元整；注册地址：×××；法定代表人：××；经营范围：×××。

二、遵循小企业会计准则的声明

公司编制的财务报表符合《小企业会计准则》的要求，真实、完整地反映了企业的财务状况、经营成果和现金流量等有关信息。

三、财务报表的编制基础

本公司财务报表以持续经营假设为基础，根据实际发生的交易和事项，按照中国财政部颁布的《小企业会计准则》的规定进行确认和计量，在此基础上编制财务报表。

四、公司主要会计政策和会计估计

1．会计期间

公司采用公历年度，即从每年1月1日起至12月31日止。

2．记账本位币

公司记账本位币为人民币。

3．记账基础和计价原则

公司会计核算以权责发生制为基础，以历史成本为计价原则。

4．存货核算方法

（1）公司存货分为：原材料、在产品、半成品、产成品、商品、周转材料、委托加工物资、消耗性生物资产。

（2）发出存货的计价方法：加权平均法。

（3）存货的盘点制度：永续盘存制。

（4）周转材料采用“一次转销法”（或分次转销法）摊销。

5．长期债券投资核算方法

长期债权投资取得时，按实际支付的全部价款计价，包括税金、手续费等相关费用，但实际支付的全部价款中包含的已到期但尚未领取的债券利息不计入长期债券投资成本。

6．长期股权投资核算方法

（1）公司长期股权投资采用成本法核算。

（2）以支付现金取得的长期股权投资，按照购买价款和相关税费作为成本，但实际支付的价款中包含的已宣告但尚未领取的现金股利不计入长期股权投资成本。

（3）通过非货币性资产交换取得的长期股权投资，按照换出非货币性资产的评估价值和相关税费作为成本进行计量。

7．固定资产计价和折旧方法

固定资产的标准为：公司为生产产品、提供劳务、出租或经营管理而持有的，使用寿命超过一年的有形资产。

固定资产成本按实际成本（或评估价值和相关税费）确定。

固定资产折旧采用年限平均法计提。

固定资产分类、预计使用年限，预计残值率和年折旧率如表27-14所示。

表27-14　固定资产折旧资料

类　别	使用年限（年）	残值率（%）	年折旧率（%）	类　别	使用年限（年）	残值率（%）	年折旧率（%）
1．房屋、建筑物				5．设备			
2．机器				6．器具			
3．机械				7．工具			
4．运输工具							

8．无形资产核算方法

（1）无形资产成本计价。

A．购入的无形资产按购买价款、相关税费和相关的其他支出（含相关的借款费用）计价。

B．投资者投入的无形资产，按照评估价值和相关税费计价。

C．自行开发的无形资产，按符合资本化条件后至达到预定用途前发生的支出（含相关的借款费用）计价。

（2）无形资产的摊销方法。

A．无形资产在其使用寿命内采用直线法进行摊销，摊销期自其可供使用时开始至停止使用或出售时止。

B．有关法律规定或合同约定了使用年限的，可以按照规定或约定的使用年限分期摊销。

C．不能可靠估计无形资产使用寿命的，按不低于10年的期限摊销。

9．长期待摊费用摊销方法

长期待摊费用在其摊销期限内采用年限平均法进行摊销。

（1）已提足折旧的固定资产的改建支出，按照固定资产预计尚可使用年限分期摊销。

（2）经营租入固定资产的改建支出，按照合同约定的剩余租赁期限分期摊销。

（3）固定资产的大修理支出，按照固定资产尚可使用年限分期摊销。

（4）其他长期待摊费用，按不低于3年的期限摊销。

10．收入确认原则

（1）销售商品：在发出商品且收到货款或取得收款权利时，确认销售商品收入。

（2）提供劳务：同一会计年度内开始并完成的劳务，在提供劳务交易完成且收到款项或取得收款权利时，确认提供劳务收入；劳务的开始和完成分属不同会计年度的，按照完工进度确认提供劳务收入。

11．所得税的会计处理方法

公司采用应付税款法进行所得税的会计处理。

五、税项

公司主要适用的税种和税率。

（1）增值税：税率为16%。

（2）城市维护建设税：税率为7%。

（3）教育费附加：征收率为3%。

（4）地方教育附加：征收率为2%。

（5）企业所得税：税率为25%。

六、财务报表主要项目注释

1．货币资金

项　目	期末账面余额	年初账面余额	项　目	期末账面余额	年初账面余额
库存现金			其他货币资金		
银行存款			合 计	合 计	合 计

2．短期投资

项　目	期末账面余额	期末市价	期末账面余额与市价的差额	项　目	期末账面余额	期末市价	期末账面余额与市价的差额
1．股票				4．其他			
2．债券				合 计			
3．基金							

3．应收票据

票据种类	期末账面余额	年初账面余额	票据种类	期末账面余额	年初账面余额
银行承兑汇票			合 计		
商业承兑汇票					

4．应收账款

账龄结构	期末账面余额	年初账面余额	账龄结构	期末账面余额	年初账面余额
1年以内（含1年）			3年以上		
1年至2年（含2年）			合 计		
2年至3年（含3年）					

5．预付账款

账龄结构	期末账面余额	年初账面余额	账龄结构	期末账面余额	年初账面余额
1年以内（含1年）			3年以上		
1年至2年（含2年）			合 计		
2年至3年（含3年）					

6. 其他应收款

账龄结构	期末账面余额	年初账面余额	账龄结构	期末账面余额	年初账面余额
1年以内（含1年）			3年以上		
1年至2年（含2年）			合 计		
2年至3年（含3年）					

7. 存货

类 别	期末账面余额	期末市价	期末账面余额与市价的差额	类 别	期末账面余额	期末市价	期末账面余额与市价的差额
1. 原材料				5. 生物资产			
2. 在产品							
3. 库存商品							
4. 周转材料				合 计			

8. 长期股权投资

被投资单位	期初余额	本期增加	本期收回	期末余额
合 计				

9. 固定资产

分 类	原价	累计折旧	期末账面价值	分 类	原价	累计折旧	期末账面价值
1. 房屋、建筑物				5. 设备			
2. 机器				6. 器具			
3. 机械				7. 工具			
4. 运输工具				合 计			

10. 在建工程

项目名称	期初余额	本期增加	本期结转	期末余额
合 计				

11. 无形资产

类 别	成本额		摊销额		期末余额
	期初额	本期增加	本期摊销	累计摊销	
土地使用权					
合 计					

12. 短期借款

（1）短期借款明细情况。

借款条件	期初余额	本期增加	本期还款	期末余额
质押借款				
合 计				

（2）按贷款单位列示。

贷款银行	期末贷款余额	贷款利率	贷款用途	到期日
合 计				

13．应付票据

票据种类	期末账面余额	年初账面余额
银行承兑汇票		
商业承兑汇票		
合 计		

14．应付账款

期初余额　　元，期末余额　　元；

其中：金额较大的前5家往来结算单位明细如下。

单位名称	欠款金额	比例	单位名称	欠款金额	比例

15．应付职工薪酬

项　目	期末账面余额	年初账面余额	项　目	期末账面余额	年初账面余额
1．职工工资			7．职工教育经费		
2．奖金、津贴和补贴			8．非货币性福利		
3．职工福利费			9．辞退福利		
4．社会保险费			10．其他		
5．住房公积金			合　计		
6．工会经费					

16．应交税费

项　目	期末账面余额	年初账面余额	项　目	期末账面余额	年初账面余额
1．增值税			7．房产税		
2．消费税			8．车船税		
3．城市维护建设税			9．教育费附加（含地方教育附加）		
4．企业所得税			10．代扣代缴的个人所得税		
5．土地增值税					
6．城镇土地使用税			合　计		

17．其他应付款

期初余额　　元，期末余额　　元；

其中：金额较大的前5家往来结算单位明细如下。

单位名称	欠款金额	比例	单位名称	欠款金额	比例

18．长期借款

（1）长期借款明细情况。

借款条件	期初余额	本期增加	本期还款	期末余额
抵押借款				
合 计				

（2）按贷款单位列示。

贷款银行	期末贷款余额	贷款利率	贷款用途	到期日
合 计				

19．实收资本

股东名称	期初余额	本年增减	期末余额	比例
合 计				100.00%

20．资本公积

项 目	期初余额	本期增加	本期减少	期末余额
资本溢价				
合 计				

21．盈余公积

项 目	期初余额	本期增加	本期减少	期末余额
法定盈余公积				
任意盈余公积				
合 计				

22．未分配利润

项 目	行次	本年金额	上年金额
一、净利润	1		
加：年初未分配利润	2		
其他转入	3		
二、可供分配的利润	4		
减：提取法定盈余公积	5		
提取任意盈余公积	6		
提取职工奖励及福利基金	7		
提取储备基金	8		
提取企业发展基金	9		
利润归还投资	10		
三、可供投资者分配的利润	11		
减：应付利润	12		
四、未分配利润	13		

七、对外担保、未决诉讼、未决仲裁

包括用于对外担保的资产名称、账面余额及形成的原因；未决诉讼、未决仲裁以及对外提供担保所涉及的金额。

本公司无此类事项。

八、公司持续经营的计划、未来经营的方案。

（根据公司实际情况编写，发生严重亏损的，应当披露持续经营的计划、未来经营的方案。）

九、已在资产负债表和利润表中所示项目与企业所得税法规定定存在差异的纳税调整过程。

项　目	报表列示额	纳税调整额	可税前列支额
国债利息收入			
无形资产研究开发费用			
业务招待费			
广告费和业务宣传费			
滞纳金、罚款			
合 计			

十、其他重要事项

本公司无其他重要事项。

×××有限公司

二〇××年××月××日